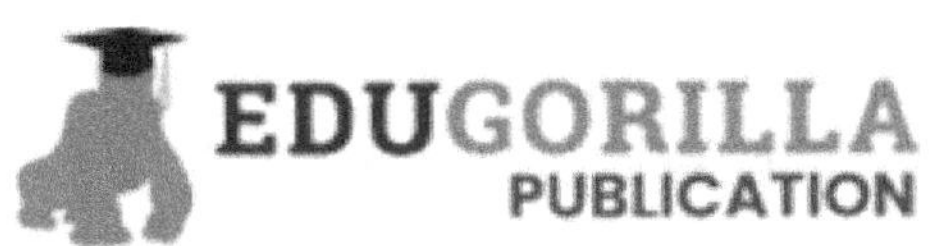

उत्तर प्रदेश पुलिस

सब इंस्पेक्टर (SI) परीक्षा

नवीनतम संस्करण

अभ्यास किट

10 टेस्ट्स

03 गतवर्षीय प्रश्न पत्र

07 मॉक टेस्ट्स

वास्तविक परीक्षा प्रारूप पर आधारित टेस्ट

✓ पूर्णतः संशोधित और अद्यतन

✓ सभी बहुविकल्पीय प्रश्नो का विस्तृत विश्लेषण

शीर्षक	: उत्तर प्रदेश पुलिस सब इंस्पेक्टर (SI) परीक्षा
लेखक का नाम	: **Mr. Rohit Manglik**
प्रकाशक	: **EduGorilla Community Pvt. Ltd.**
प्रकाशक का पता	: 12/651 प्रथम तल, अरविन्दो पार्क के सामने, निकट जामा मस्जिद, इंदिरा नगर लखनऊ, उत्तर प्रदेश, 226016, भारत।

कॉपीराइट EduGorilla

अस्वीकरण EduGorilla

यद्यपि लेखक और प्रकाशक ने इस पुस्तक में जानकारी की सटीकता सुनिश्चित करने के लिए हर संभव प्रयास किया है, लेखक और प्रकाशक त्रुटियों के लिए जिम्मेदार नहीं हैं और इस त्रुटि या चूक के कारण किसी भी पार्टी को हुए किसी भी नुकसान, क्षति, या व्यवधान के लिए के लिए किसी भी दायित्व को अस्वीकार करते हैं।

Compiled and created by EduGorilla Community Pvt. Ltd

EduGorilla Community Pvt. Ltd. द्वारा मुद्रित

रोहित मांगलिक
सीईओ, **EduGorilla**

प्रिय छात्रों,

एक बहुत ही प्रचलित कहावत है कि "सफलता उन्हीं को मिलती है जो उसके लिए कड़ी मेहनत करते हैं।" लेकिन मैंने लोगों को उनकी परीक्षाओं के लिए दिन-रात एक करके मेहनत करते हुए देखा है, पर फिर भी वे सफल नहीं हो पाते। तो वहीं दूसरी ओर, कुछ लोग बस आधी मेहनत करके परीक्षा में सफलता प्राप्त करते हैं। तो, क्या वे किस्मत वाले हैं? नहीं मेरा मानना है, कि ऐसा इसलिए है क्योंकि वे सिर्फ कड़ी नहीं बल्कि कुशल तरीके से अपनी तैयारी करते हैं। इसी तरह आपको भी अपनी परीक्षाओं की तैयारी के लिए अपनी योजना बनानी चाहिए, ताकि आपकी भी सफलता की संभावना बढ़ सके। तो तैयार हो जाइये EduGorilla के साथ अपनी परीक्षा में चयन होने की संभावना को 16 गुना बढ़ाने के लिए।

EduGorilla आपको न केवल कड़ी मेहनत करने में मदद करता है, बल्कि एक स्मार्ट और योजनाबद्ध तरीके से तैयारी करने में भी सहायता प्रदान करता है। EduGorilla की तैयारी पैकेज के साथ आप अपने परीक्षा में चयन होने के रास्ते को सहज और मनोरंजक बना सकते हैं। अपनी तैयारी के लिए सही रास्ता खोजना मुश्किल हो सकता है, यदि आप ये नहीं जानते कि आपको किस दिशा में जाना है। चिंता न करें हम आपके साथ खड़े हैं! EduGorilla आपकी सफलता में आपका मार्गदर्शक बनेगा। हमारे तैयारी पैकेज के साथ आप रणनीतिक रूप से तैयारी कर, अपनी परीक्षा में सिर्फ एक ही प्रयास में सफल हो सकते हैं।

EduGorilla के तैयारी पैकेज में शामिल हैं-

• टेस्ट सीरीज़ • किताबें

हमारे तैयारी पैकेज को सभी तरह के नये बदलवों, विशेषज्ञों की राय एवं छात्रों के प्रतिक्रिया के अनुसार तैयार किया गया है। जो आपको परीक्षा के प्रत्येक चरण की चयन प्रक्रिया को पार करने के योग्य बनाता है।

हमारी किताबें शिक्षकों और विशेषज्ञों द्वारा आपकी परीक्षा के लिए तैयार की गई हैं, 150+ वर्षों के अनुभव के साथ; ताकि आपको आसान, कुशल और प्रभावी शिक्षण प्रदान किया जा सके। हमारी स्मार्ट किताबें न सिर्फ आपको प्रश्नों के उत्तर देने की समझ देती हैं, अपितु आपके अभ्यास के लिए समान रूप के प्रश्न भी प्रदान करती हैं।

EduGorilla की सक्षम टेस्ट सीरीज आपको वास्तविक अनुभव और आत्मविश्वास प्रदान करती हैं, जिसके माध्यम से आप केवल एक प्रयास में अपनी ऑफलाइन अथवा ऑनलाइन परीक्षा पास कर सकते हैं। वर्तमान में हम 82,000+ मॉक टेस्ट्स और 1,440+ प्रतियोगी एवं शैक्षणिक परीक्षाओं की तैयारी कराते हैं।

अर्थात, EduGorilla आपकी तैयारी में आपकी सहायता करने का कोई भी मौका नहीं छोड़ता है और परीक्षा के सभी चरणों को कवर करता है, ताकि परीक्षा की तैयारी के लिए आपको कहीं और भटकना ना पड़े।

हम आपको डिफेन्स, बैंकिंग, टीचिंग और अन्य राष्ट्रीय एवं राज्य स्तरीय परीक्षाओं के लिए सम्पूर्ण तैयारी पैकेज प्रदान करते हैं। अतः इससे कोई फर्क नहीं पड़ता कि आप किस परीक्षा के लिए तैयारी कर रहे हैं, क्योंकि आप सफलता हासिल करेंगे।

आपको परीक्षा की शुभकामनाएं!

रोहित मांगलिक,
संस्थापक और मुख्य कार्यकारी अधिकारी, **EduGorilla**

प्रस्तावना

EduGorilla छात्रों को उनकी परीक्षा में सफल होने के लिए मार्गदर्शन प्रदान करता है। जिसको ध्यान में रखते हुए हमारे कुल 150+ वर्षों का अनुभव रखने वाले प्रतिष्ठित विशेषज्ञों ने कड़े प्रयासों के द्वारा "उत्तर प्रदेश पुलिस : सब इंस्पेक्टर (SI) परीक्षा" को तैयार किया है। इस किताब के प्रश्नों को हाल ही में परीक्षा के पाठ्यक्रम और पैटर्न में हुए सभी बदलावों को ध्यान में रखकर बनाया गया है। वो प्रश्न जिनकी UP Police Sub Inspector (UPSI) परीक्षा में आने कि संभवना काफी प्रबल है, उनको इस किताब में रखा गया है। आप EduGorilla की "उत्तर प्रदेश पुलिस : सब इंस्पेक्टर (SI) परीक्षा" के माध्यम से अपनी सफलता की संभावना को 16 गुना बढ़ा सकते हैं।

EduGorilla ये अपनी संपूर्ण तैयारी पैकेज के माध्यम से साकार करता है। इस किट में आपको प्रश्न अच्छी तरह अवधारित एवं संरचित रूप मे मिलेंगे जिन्हे आपकी जरूरतों के अनुसार बनाया गया है। इसके माध्यम से आपको स्मार्ट तरीके से परीक्षा के लिए अभ्यास करने में मदद मिलेगी। साथ ही आपको सहायक, समाधान और स्मार्ट उत्तर पत्रिका भी प्रदान की जायेंगी। जिससे आप अपना मूल्यांकन स्वयं कर सकते हैं। आप स्वयं की समीक्षा कर, उन सभी बिन्दुओं पर खुद को बेहतर तरीके से तैयार कर सकते हैं।

EduGorilla आपको अपनी परीक्षा में सफलता दिलाने और आपके लक्ष्य को हासिल करने में आपकी सहायता करने का वादा करता हैं। हम अपने प्रतिभागियों पर पूरा भरोसा करते हैं और उन्हें मेरिट सूची के शीर्ष पर देखते हैं। शीर्ष स्थान की ओर आपका पहला कदम है हमारे साथ तैयारी शुरू करना। EduGorilla की "उत्तर प्रदेश पुलिस : सब इंस्पेक्टर (SI) परीक्षा" की विशेषताएं कुछ इस प्रकार हैं।

➤ अच्छी तरह से शोध किया हुआ पाठ्यक्रम

➤ उच्च गुणवत्ता

➤ विस्तृत उत्तर और विश्लेषण

➤ स्मार्ट उत्तर पत्रिका

➤ परीक्षा सुसंगत प्रश्न

इस प्रकार EduGorilla आपकी तैयारी को मजबूत और आपको परीक्षा में सफल होने के योग्य बनाता है।

UP Police Sub Inspector (UPSI)
परीक्षा की योग्यता, परीक्षा पैटर्न, विषय को जानने के लिए QR कोड को स्कैन करें।

Book ID: 0015

विषय-सूची

मॉक टेस्ट	1-188
मॉक टेस्ट - 1	1-28
मॉक टेस्ट - 2	29-53
मॉक टेस्ट - 3	54-80
मॉक टेस्ट - 4	81-107
मॉक टेस्ट - 5	108-134
मॉक टेस्ट - 6	135-162
मॉक टेस्ट - 7	163-188

विगत वर्षीय प्रश्नपत्र	189-279
2 दिसंबर 2021 (शिफ्ट - III)	189-219
2 दिसंबर 2021 (शिफ्ट - I)	220-248
12 नवम्बर 2021 (शिफ्ट-II)	249-279

General Hindi

Q.1 'गंगा' का पर्यायवाची शब्द क्या है?

A. कालिन्दी   B. सरिता   C. जलज   D. मंदाकिनी

Ques (2-4):निर्देश: प्रस्तुत गद्यांश को पढ़िए और दिए गए विकल्पों में से उचित विकल्प का चयन करके प्रश्न का उत्तर दीजिये।

जीवन में बहुत अंधकार है और अंधकार की ही भाँति अशुभ और अनीति है। कुछ लोग इस अंधकार को स्वीकार कर लेते हैं और तब उनके भीतर जो प्रकाश तक पहुँचने और पाने की आकांक्षा थी, वह क्रमशः क्षीण होती जाती है। मैं अंधकार की इस स्वीकृति को मनुष्य का सबसे बड़ा पाप कहता हूँ। यह मनुष्य का स्वयं अपने प्रति किया गया अपराध है। उसके दूसरों के प्रति किए गए अपराधों का जन्म इस मूल पाप से ही होता है। यह स्मरण रहे कि जो व्यक्ति अपने ही प्रति इस पाप को नहीं करता है, वह किसी के भी प्रति कोई पाप नहीं कर सकता है। किन्तु कुछ लोग अंधकार के स्वीकार से बचने के लिए उसके अस्वीकार में लग जाते हैं। उनका जीवन अंधकार के निषेध का ही सतत उपक्रम बन जाता है।

Q.2 गद्यांश में 'अंधकार' शब्द किस ओर संकेत करता है?

A. पाप की ओर   B. छिपे हुए दुःख की ओर

C. अपराधों की ओर   D. गरीबी की ओर

Q.3 लेखक ने किसे सबसे बड़ा पाप कहा है?

A. प्रकाश पाने की क्षीण आकांक्षा

B. मनुष्य का अपने प्रति पाप न करना

C. अंधकार को स्वीकार न करना

D. अंधकार को स्वीकार कर लेना

Q.4 'अंधकार का निषेध' किस ओर संकेत करता है?

A. अन्याय, शोषण, बुराइयों को सदा के लिए समाप्त करना

B. समाज में फैले अंधकार को प्रकाश में बदल देना

C. समाज को अंधकार से मुक्त करने के लिए प्रयत्नशील रहना

D. यह मानना कि समाज में अन्याय, शोषण, बुराइयाँ नहीं हैं

Q.5 शिल्पगत आधार पर दोहे का उल्टा छन्द है:

A. रोला   B. चौपाई   C. सोरठा   D. बरवै

Q.6 'कमल' का पर्यायवाची है:

A. अम्बर   B. दिनकर   C. नीरज   D. पुष्प

Q.7 रस का शाब्दिक अर्थ है:

A. आनंद   B. मनोरंजन   C. भावुकता   D. आत्मीयता

Q.8 सर्वनाम के भेद हैं:

A. चार   B. पाँच   C. छह   D. तीन

Q.9 निम्नलिखित विकल्पों में से दिए गए मुहावरे के सही अर्थ वाले विकल्प का चयन करें।

सावन हरे न भादों सूखे

A. सावन में प्रसन्न दिखना

B. भादों में दुखी दिखना

C. सावन भादों में हरा-भरा होना

D. सदैव एक समान रहना

Q.10 निम्न विकल्पों में से उस विकल्प का चयन करें जो दिए लोकोक्ति के अर्थ का सबसे अच्छा विकल्प है।

थोथा चना बाजे घना

A. किए का फल भोगना पड़ता है

B. आस पास दोष का पलना

C. बिलकुल अनपढ़

D. ओछा व्यक्ति सदा दिखावा करता है

Q.11 'सत्याग्रह' का समास-विग्रह क्या होगा?

A. सत्या से ग्रह   B. सत्य में ग्रह

C. सत्य के लिए आग्रह   D. सत्य पर आग्रह

Q.12 निम्नलिखित में से तत्सम शब्द कौन-सा है?

A. शिखा   B. चंदा   C. रात   D. बात

Q.13 निम्नलिखित विकल्पों में से तद्भव शब्द है:

A. यौवन   B. निर्झर   C. जीभ   D. स्थान

Q.14 मधुशाला काव्य के रचयिता कौन हैं?

A. हरिवंश राय बच्चन   B. जयशंकर प्रसाद

C. तुलसीदास   D. चिंतामणि

Q.15 'भूर्जा' का संधि-विच्छेद किस तरह होगा?

A. भु + र्जा   B. भु + ऊर्जा

C. भू + ऊर्जा   D. भुज + र्

Q.16 'राजा की रानी मर गयी' में कौन सा कारक है?

A. संबंध कारक   B. संप्रदान कारक

C. कर्म कारक   D. करण कारक

Q.17 वालिद का स्त्रीलिंग शब्द है:

A. वलीदा   B. वालीदा   C. वालिदा   D. विलादा

Q.18 निर्देश: निम्नलिखित विकल्पों में से दिए गए शब्द के विलोम शब्द का चयन करें।

उपकार

A. प्रतिकार   B. परोपकार   C. अपकार   D. अनुपकार

Q.19 निर्देश: निम्नलिखित विकल्पों में से दिए गए शब्द के विलोम शब्द का चयन करें।

सौम्य

A. सौभाग्य   B. उग्र   C. शत्रु   D. दुराशय

Q.20 निम्नलिखित विकल्पों में से दिए गए शब्द के बहुवचन शब्द का चयन करें।

दवा

A. दवाएँ   B. दवाये

C. दवे   D. इनमें से कोई नहीं

Q.21 निम्नलिखित विकल्पों में से दिए गए शब्द के बहुवचन शब्द का चयन करें।

श्रीमती

A. श्रीमतिनी   B. श्रीमतिएँ   C. श्रीमतीय   D. श्रीमतियाँ

Q.22 अर्द्धमागधी अपभ्रंश से किसका विकास हुआ है?

| A. पश्चिमी हिंदी | B. पूर्वी हिंदी |
| C. मराठी | D. गुजराती |

Q.23 निम्नलिखित में से कौन सा स्वर कंठतालव्य है?

A. ई　　　B. आ　　　C. औ　　　D. ए

Q.24 हिन्दी भाषा में वे कौन-सी ध्वनियाँ हैं जो स्वतंत्र रूप से बोली या लिखी जाती है?

A. स्वर　　　B. व्यंजन　　　C. वर्ण　　　D. अक्षर

Q.25 "प्राचीन आदर्श के अनुकूल चलने वाला" वाक्यांश के लिए शब्द क्या होगा?

| A. गत | B. गोतीत |
| C. गणितज्ञ | D. गतानुगतिका |

Q.26 ''पर्वत, वृक्ष, नगीना' के लिए कौन सा अनेकार्थी शब्द सही है, चयन कीजिये।

A. आराम　　　B. नग　　　C. गुण　　　D. तात

Q.27 निर्देश: निम्नलिखित प्रश्न में शब्द-युग्म के सही अर्थ-भेद का चयन कीजिए।

कंगाल-कंकाल

| A. कुल-कूल | B. किया हुआ-खरीदा हुआ |
| C. कंजूस-कठार | D. भिखारी-ठठरी |

Q.28 दिए गए विकल्पों में से शुद्ध वाक्य का चयन कीजिए।

A. राम ने रावण को बाण मारा।
B. राम से रावण को बाण मारा था।
C. राम ने रावण को बाण से मारा।
D. राम द्वारा रावण को बाण मारा।

Q.29 'कोई' शब्द में कौन से विशेषण का बोध होता है?

| A. परिणामवाचक विशेषण | B. सार्वनामिक विशेषण |
| C. मूलावस्था | D. उत्तरावस्था |

Q.30 निम्न में से कौन सा वाक्य सम्भाव्य भविष्य काल का नहीं है?

A. शायद बारिश आएगी।
B. मैं आगे भी पढ़ सकती हूँ।
C. भूकंप आने की सम्भावना है।
D. राजू तो पक्का आएगा।

Q.31 निर्देश: नीचे दिए गए वाक्य में उचित अव्यय को पहचानिए।
मुकुंद यहाँ से चला गया।

| A. संबंध बोधक अव्यय | B. समुच्चयबोधक अव्यय |
| C. क्रिया-विशेषण अव्यय | D. निपात अव्यय |

Q.32 दिए गए विकल्पों में 'लचकीला' शब्द में कौन-सा प्रत्यय है?

A. ला　　　B. कीला　　　C. इला　　　D. ईला

Q.33 'परित्यक्त' शब्द से उपसर्ग पृथक करने पर मूल शब्द क्या होगा?

A. परि　　　B. त्यक्त　　　C. यक्त　　　D. परी

Q.34 निम्नलिखित प्रश्न में, चार विकल्पों में से, उस विकल्प का चयन करें जो विराम चिह्न युक्त वाक्य का सही विकल्प हो।

A. वह अपराधी है? फिर भी, उसे सजा नहीं मिली?
B. वह अपराधी है फिर भी, उसे सजा नहीं मिली?
C. वह अपराधी है! फिर भी, उसे सजा नहीं मिली!
D. वह अपराधी है फिर भी, उसे सजा नहीं मिली।

Q.35 कृष्णा सोबती को उनकी किस रचना के लिए साहित्य अकादमी पुरस्कार मिला था?

| A. सूरजमुखी अंधेरे के | B. दिलो दानिश |
| C. जिंदगीनामा | D. ऐ लड़की |

Q.36 निम्न वाक्यों में से भाव वाच्य का चयन कीजिए।

A. मुझसे चला नहीं जाता।　　　B. वे गा नही सकते।
C. आइये, चलें।　　　D. अब चलते हैं।

Q.37 "मिट्टी की बारात" रचना के रचनाकार का नाम चुनिए।

| A. भारत भूषण | B. शिवमंगल सिंह सुमन |
| C. हरिनारायण व्यास | D. राधाकृष्ण दास |

Q.38 "सूर सागर" किस भाषा की कृति है?

[UPSESSB TGT Hindi, 2016]

A. खड़ी बोली　　B. ब्रज भाषा　　C. अवधी　　D. पंजाबी

Q.39 'मोहन ने अविनाश को पढ़ाया' वाक्य में कौन सी क्रिया है?

| A. प्रेरणार्थक | B. संयुक्त क्रिया |
| C. अकर्मक | D. सकर्मक |

Q.40 अशुद्ध वाक्य की पहचान कीजिए:

A. तुम बीस तारीख को कहाँ रहोगे?
B. प्रातः काल घूमना चाहिए।
C. आपके प्रश्न का उत्तर मेरे पास है।
D. मौर्यकालीन समय में लोग सुखी थे।

General Knowledge/Law & Constitution

Q.41 पद्म भूषण 2020 पुरस्कार प्राप्त करने वालों में से एक, एस. सी. जमीर को उनके योगदान के लिए किस क्षेत्र में पुरस्कार मिला?

[SSC MTS, 2021]

| A. सार्वजनिक मामले | B. व्यापार और उद्योग |
| C. कला | D. साहित्य और शिक्षा |

Q.42 किसे मिस यूनिवर्स 2021 का ताज पहनाया गया है?

| A. रोशनारा इब्राहिम | B. नोआ कोचबास |
| C. हरनाज़ संधू | D. नंदिता बन्ना |

Q.43 अगस्त 2017 में फिल्म प्रमाणन बोर्ड का नया अध्यक्ष किसे नियुक्त किया गया?

[Super TET Paper - I, 2018]

| A. अनुपम खेर | B. शेखर कपूर |
| C. जावेद अख्तर | D. प्रसून जोशी |

Q.44 महिला और बाल विकास मंत्रालय ने पीएम केयर्स फॉर चिल्ड्रन योजना को 28 _________ तक बढ़ा दिया था।

| A. फरवरी 2022 | B. मार्च 2022 |
| C. फरवरी 2022 | D. दिसंबर 2022 |

Q.45 हाल ही में चल रहे स्वच्छता सर्वेक्षण 2021 में बिहार को किस स्थान पर शामिल किया गया है?

[Delhi Forest Guard, 2021], [UPSSSC Rajasva Lekhpal, 2015]

A. 1　　　B. 10　　　C. 12　　　D. 13

Q.46 बिहार में एकमात्र जीनोम सीक्वेंसिंग लैब कहाँ से शुरू हुई है?

[Delhi Forest Guard, 2021]

A. पटना　　B. दरभंगा　　C. गया　　D. वैशाली

Q.47 तरकारी एक्सप्रेस बिहार के निम्नलिखित में से किस शहर से शुरू की गई थी?

A. दरभंगा   B. पटना   C. गया   D. मुंगेर

Q.48 इथेनॉल आधारित खाना पकाने के चूल्हे का नाम क्या है, जो हाल ही में बिहार में शुरू हुआ है?

A. लैपिस फ्लेम   B. इथेनॉल फ्लेम
C. कुकिंग फ्लेम   D. इनमें से कोई नहीं

Q.49 चल रहे सिंगापुर इंटरनेशनल में भारोत्तोलन में स्वर्ण पदक किसने जीता?

[Delhi Forest Guard, 2021]

A. मीराबाई चानू   B. स्वाति सिंह
C. कुंजारानी देवी   D. कर्णम मल्लेश्वरी

Q.50 नीतीश कुमार ने 15 अगस्त 2021 को आजादी के बाद गाँधी मैदान में सर्वाधिक 15 वीं बार झंडा फहराकर किस पूर्व मुख्यमंत्री के 14 बार झंडा फहराने का रिकॉर्ड तोड़ा?

A. गोपाल   B. श्री कृष्णा सिंह
C. दीक्षा   D. जगन्नाथ मिश्रा

Q.51 वारली चित्रकला भारत के किस राज्य की है?

A. महाराष्ट्र   B. राजस्थान
C. गुजरात   D. हिमाचल प्रदेश

Q.52 किसी तत्व का सर्वाधिक अभिलाक्षणिक गुणधर्म निम्नलिखित में से कौन-सा है?

A. धनत्व   B. क्वथनांक
C. द्रव्यमान संख्या   D. परमाणु क्रमांक

Q.53 द्वितीय विश्व युद्ध के दौरान किस जर्मन जनरल और सैन्य सिद्धांतकार का उपनाम 'डेज़र्ट फ़ॉक्स' रखा गया था?

A. जनरल नेल्सन   B. जनरल इरविन रोमेल
C. एडॉल्फ हिटलर   D. इनमें से कोई नहीं

Q.54 1942 के भारत छोड़ो आंदोलन के बारे में निम्नलिखित में से कौन सा अवलोकन सही नहीं है?

A. यह आंदोलन, भारत अगस्त आंदोलन के नाम से भी जाना जाता था।
B. इसका नेतृत्व गहात्मा गांधी ने किय। था।
C. यह एक सहज आंदोलन था।
D. इसने सामान्य रूप से श्रमिक वर्ग को आकर्षित नहीं किया था।

Q.55 लाइसेर्जिक एसिड डायथाइलैमाइड (LSD) एक दवा है जिसका प्रयोग किया जाता है:

A. विभ्रामक(Hallucinogens)
B. दर्दनाशक(Analgesic)
C. शामक(Sedative)
D. स्टेरॉयड(Steroid)

Q.56 भारत के पहले मुख्य चुनाव आयुक्त कौन थे?

[DSSSB TGT Social Science, 2014]

A. के. वी. के. सुंदरम   B. एस. पी. सेन वर्मा
C. सुकुमार सेन   D. राजमन्नार

Q.57 भारत का सबसे लंबा नदी डेल्टा क्षेत्र कौन सा है?

A. गोदावरी डेल्टा   B. कावेरी डेल्टा
C. गंगा डेल्टा   D. कृष्णा डेल्टा

Q.58 सूर्य अपनी ऊर्जा कैसे प्राप्त करता है?

A. गुरुत्वाकर्षण दबाव से   B. परमाणु विखंडन से

C. परमाणु संलयन से   D. इनमें से कोई नहीं

Q.59 इल्तुतमिश ने कहाँ पर अध्ययन केन्द्र की स्थापना की?

A. मुल्तान   B. कोलकाता   C. अलवर   D. पटना

Q.60 कौन सा अनुच्छेद प्रेस की स्वतंत्रता से संबंधित है?

A. अनुच्छेद 19(1) A   B. अनुच्छेद 20
C. अनुच्छेद 22   D. अनुच्छेद 21

Q.61 मानव में कपाल तंत्रिकाओं के कितने जोड़े होते हैं?

A. 8   B. 12   C. 25   D. 31

Q.62 भारतीय संविधान के किस अनुच्छेद में स्वतंत्रता का अधिकार वर्णित है?

A. अनुच्छेद 12-18   B. अनुच्छेद 19-22
C. अनुच्छेद 23-28   D. अनुच्छेद 29-50

Q.63 भारत के निर्वाचन आयोग के चुनावों से संबंधित नहीं है:

A. उपराष्ट्रपति   B. नगर पालिका
C. राष्ट्रपति   D. इनमे से कोई नहीं

Q.64 निम्नलिखित में से कौन सी समिति भारत सरकार अधिनियम 1919 के तहत स्थापित की गई थी?

A. लोक लेखा समिति
B. प्राक्कलन समिति
C. सार्वजनिक उपक्रम पर समिति
D. इनमें से कोई नहीं

Q.65 केंद्रीय सतर्कता आयोग की स्थापना किसकी सिफारिश पर की गई थी?

A. बलवंतराय मेहता समिति
B. कृपलानी समिति
C. संथानम समिति
D. बासवान समिति

Q.66 भारत के संविधान में मौलिक कर्तव्यों को निम्नलिखित में से किस संशोधन में शामिल किया गया था?

A. 40वां संशोधन   B. 44वां संशोधन
C. 43वां संशोधन   D. 42वां संशोधन

Q.67 निम्नलिखित में से कौन सा विकल्प रक्तप्रवाह को प्रभावित कर सकता है, जिससे मृत्यु हो सकती है?

A. कैडमियम   B. एस्बेस्टस धूल
C. कार्बन मोनोऑक्साइड   D. लेड

Q.68 निम्नलिखित महाद्वीपों में से किसका सबसे छोटा भूमि क्षेत्र है?

A. एंटार्कटिका   B. ऑस्ट्रेलिया
C. उत्तर अमेरिका   D. दक्षिण अमेरिका

Q.69 गुरुत्वानुवर्तन क्या है?

A. गुरुत्वाकर्षण के सापेक्ष पौधों की वृद्धि
B. सूर्य के प्रकाश के सापेक्ष पौधों की वृद्धि
C. पोषक तत्वों के सापेक्ष पौधों की वृद्धि
D. जल के सापेक्ष पौधों की वृद्धि

Q.70 नवजात शिशु में कितनी अस्थियाँ होती हैं?

A. लगभग 300   B. लगभग 206
C. लगभग 211   D. लगभग 411

Q.71 भारतीय दंड संहिता की कौनसी धारा "अस्वस्थ मन (दिमागी रूप से अस्वस्थ) वाले व्यक्ति के कार्य" सेसंबंधित है?

| A. धारा 83 | B. धारा 84 | C. धारा 85 | D. धारा 86 |

| A. 100 | B. 91 | C. 64 | D. 81 |

Q.72 भारतीय दंड संहिता की धारा 82 के तहत किसी बच्चे द्वारा किया गया अपराध, अपराध की श्रेणी में नहीं आता है यदि उस बच्चे की उम्र _____ से कम हो।

| A. 6 वर्ष | B. 7 वर्ष | C. 5 वर्ष | D. 8 वर्ष |

Q.73 प्रसिद्ध पुस्तक किताब-उल-हिंद किसने लिखी है?

A. फ़िरदौसी
B. अबुल फजल
C. अमीर खुसरो
D. अल-बिरूनी

Q.74 निम्नलिखित में से कौन भारत के दूसरे सर्वोच्च पद पर काबिज है?

A. भारत के राष्ट्रपति
B. भारत के मुख्य न्यायाधीश
C. भारत के प्रधान मंत्री
D. भारत के उपराष्ट्रपति

Q.75 रेडियो तरंगों के विक्षेपण के लिए वायुमंडल की निम्न में से कौन सी परत जिम्मेदार है?

A. क्षोभमंडल
B. आयनमंडल
C. समतापमंडल
D. मध्यमंडल

Q.76 निम्नलिखित में से किसने ऐतिहासिक "उद्देश्य संकल्प" प्रस्तुत किया था?

A. जवाहर लाल नेहरू
B. मोतीलाल नेहरू
C. डॉ भीमराव अंबेडकर
D. महात्मा गांधी

Q.77 आपातकाल के दौरान निम्नलिखित में से कौन से मौलिक अधिकार रद्द नहीं किए जा सकते?

A. संगठन की स्वतंत्रता
B. भाषण और अभिव्यक्ति की स्वतंत्रता
C. जीवन और व्यक्तिगत स्वतंत्रता
D. शस्त्र रहित संगठित होने की स्वतंत्रता

Q.78 किस भारतीय अर्थशास्त्री को संयुक्त राष्ट्र के सलाहकार बोर्ड के सदस्य के रूप में नामित किया गया है?

A. जयति घोष
B. अभिजीत सेनो
C. रोहिणी पांडे
D. बीना अग्रवाल

Q.79 केंद्रीय बजट 2022 में अंतरिक्ष विभाग को कितनी धनराशि आवंटित की गई है?

A. 13,700 करोड़
B. 11,700 करोड़
C. 10,700 करोड़
D. 700 करोड़

Q.80 पूर्वोत्तर क्षेत्र के विकास के लिए केंद्रीय बजट 2022-23 में निम्नलिखित में से किस योजना की घोषणा की गई है?

A. उत्तर-पूर्व के लिए प्रधानमंत्री की विकास पहल (PM-DevINE)
B. प्रधानमंत्री गति शक्ति मास्टर प्लान
C. पूर्वोत्तर के लिए प्रधानमंत्री की विस्तृत बुनियादी ढांचा योजना (PM-DevINE)
D. उत्तर-पूर्व के लिए प्रधानमंत्री की विस्तृत पहल (PM-DevINE)

Numerical & Mental Ability

Q.81 समकोण समद्विबाहु त्रिभुज का क्षेत्रफल 8 सेमी² है। इसके कर्ण की लंबाई है:

| A. $\sqrt{32}$ सेमी | B. $\sqrt{16}$ सेमी | C. $\sqrt{48}$ सेमी | D. $\sqrt{24}$ सेमी |

Q.82 निम्न श्रृंखला में '?' के स्थान पर कौन सी संख्या आएगी?

1, 9, 25, 49, ?, 121

Q.83 560 के 23% के 19% का मान क्या है?

| A. 24.472 | B. 23.572 | C. 25.762 | D. 27.342 |

Q.84 एक व्यक्ति ने 3 साल के लिए 10% प्रति वर्ष साधारण ब्याज पर एक निश्चित राशि का निवेश किया। अगर उसने उसी समय के लिए 15% प्रति वर्ष साधारण ब्याज पर उसी राशि का निवेश किया होता, तो वह 90 रु अधिक अर्जित करता। निवेश की गई राशि क्या है?

| A. 600 रु | B. 900 रु | C. 450 रु | D. 300 रु |

Q.85 यदि ' +' को ' !' के रूप में कोडित किया जाता है, ' ÷' को '@' के रूप में कोडित किया जाता है, ' ×' को ' %' के रूप में कोडित किया जाता है और ' —' को ' ^' के रूप में कोडित किया जाता है तो दिए गए समीकरण का मान होगा:

13! 102@6%2^41

| A. 6 | B. 9 | C. 14 | D. 12 |

Q.86 दिए गए समीकरण में '?' का मान ज्ञात कीजिए।

$72 \times 25 + 45 \times 20 = 15^3 - ?$

| A. 525 | B. 675 | C. 575 | D. 625 |

Q.87 दिए गए समीकरण में ' ?' का मान ज्ञात कीजिए।

$8.25 \times 32 + 12.25 \times 36 - 1.85 \times 80 = ?$

| A. 653 | B. 583 | C. 557 | D. 623 |

Q.88 एक $\triangle ABC$ मे, $AB = 4$ सेमी ओर $AC = 8$ सेमी है। यदि M, BC का मध्य बिंदु है और $AM = 3$ सेमी है, तो BC की लंबाई है:

| A. $2\sqrt{26}$ | B. $2\sqrt{31}$ | C. $\sqrt{31}$ | D. $\sqrt{26}$ |

Q.89 यदि 3 # 42 % 6 = 21 और 4 # 24 % 3 = 32 तो 5 # 52% 10 का मान ज्ञात करें।

| A. 30 | B. 28 | C. 26 | D. 32 |

Q.90 निम्न श्रृंखला में '?' के स्थान पर कौन सी संख्या आएगी?

4, 7, 12, 19, 28, ?

| A. 49 | B. 36 | C. 30 | D. 39 |

Q.91 एक व्यक्ति ' v' गति से यात्रा की आधी दूरी और एक चौथाई दूरी ' $2v$' गति से और शेष दूरी ' $\frac{v}{4}$' गति से तय करता है। यात्रा की औसत गति क्या है?

| A. $\frac{7v}{13}$ | B. $\frac{8v}{13}$ | C. $\frac{5v}{13}$ | D. $\frac{6v}{13}$ |

Q.92 दिए गए समीकरण में ' ?' का मान ज्ञात कीजिए।

$\sqrt[3]{8000} - \sqrt[3]{4096} - \sqrt[3]{64} = ?$

| A. −8 | B. −7 | C. 0 | D. 6 |

Q.93 5 : 3 के अनुपात में दो लोग X और Y के पास धन था। जब X ने Y को रु 20 दिए तो अनुपात 13 : 11 हो गया। X के पास शुरू में कितना धन था?

| A. रु 130 | B. रु 140 | C. रु 120 | D. रु 150 |

Q.94 एक धन राशि को 3 : 7 : 12 के अनुपात में P, Q और R के बीच विभाजित किया जाना है। यदि Q और R के भाग में अंतर रु 93000 है, तो कुल धनराशि ज्ञात करे।

| A. रु 110000 | B. रु 124000 |

C. रु 132000   **D.** रु 409200

Q.95 सोहन ने 2500 रु में एक पुराना फ्रिज खरीदा, फिर इसकी मरम्मत पर 500 रुपये खर्च किए और इसे 3300 रु में बेच दिया। उसका हानि या लाभ % पता लगाएं।

A. 10%   **B.** 20%   **C.** 30%   **D.** 14%

Q.96 A, 15 दिनों में और B, 20 दिनों में किसी कार्य को कर सकते है। यदि वे 4 दिनों के लिए इस पर एक साथ काम करते हैं, तो बचा हुआ कार्य है:

A. $\frac{1}{4}$ **B.** $\frac{1}{10}$ **C.** $\frac{7}{15}$ **D.** $\frac{8}{15}$

Q.97 एक देश में 55% जनसंख्या महिलाओं की है। 80% पुरुष जनसंख्या साक्षर है। यदि कुल साक्षरता 58% है तो कितने प्रतिशत महिलाएं साक्षर हैं?

A. 45%   **B.** 55%   **C.** 40%   **D.** 22%

Q.98 1 से 969 तक गिनती लिखने में आवश्यक अंकों की कुल संख्या ज्ञात करें।

A. 2365   **B.** 2493   **C.** 2799   **D.** 1345

Q.99 निम्नलिखित वेन आरेख से A ∩ (B ∪ C) का मान ज्ञात करें।

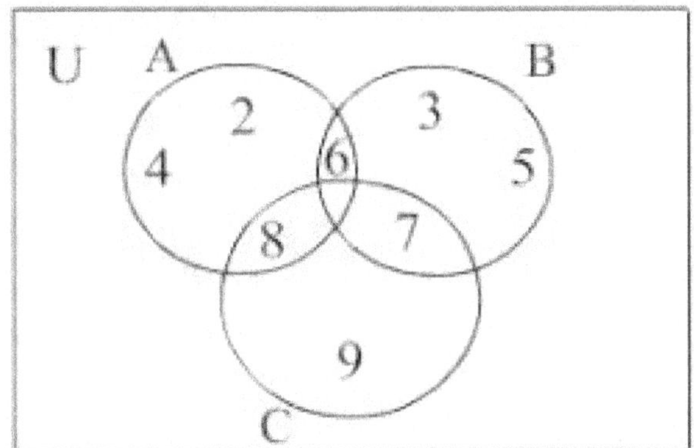

A. {7, 8, 9}   **B.** {6, 8}
C. {3, 5, 6, 7, 8, 9}   **D.** {2, 4, 6, 8}

Q.100 यदि A और B दो समुच्चय हैं, तो A ∩ (A ∩ B)' बराबर होगा:

A. A ∩ B'   **B.** A   **C.** φ   **D.** B

Q.101 यदि दो संख्याओं का योग 10 है तथा उसके व्युत्क्रमों का योग $\frac{5}{12}$ है, तो संख्याएँ होगी।

A. 8 तथा 2   **B.** 6 तथा 4   **C.** 7 तथा 3   **D.** 9 तथा 1

Q.102 23808 रुपये की राशि को A, B, C और D के बीच इस तरह विभाजित किया जाता है कि A और B के हिस्से का अनुपात 8 : 9 है, B और C का अनुपात 3 : 5 है, और C और D का अनुपात 1 : 2 है। तो B का हिस्सा क्या है?

A. 3456 रुपये   **B.** 3264 रुपये
C. 3072 रुपये   **D.** 3546 रुपये

Q.103 निर्देश: निम्नलिखित प्रश्न में प्रश्न चिन्ह (?) के स्थान पर कौन सा मान आना चाहिए?

$$4 \times 576 \div 48 \times 9 \div 3 \div 2 \ = ? \times \sqrt[3]{512}$$

A. 27   **B.** 81   **C.** 9   **D.** 729

Q.104 यदि, ' $+$ ' को ' $-$ ' के रूप में कोडित किया जाता है, ' $\div$ ' को ' $+$ ' के रूप में कोडित किया जाता है, ' $\times$ ' को ' $\div$ ' के रूप में कोडित किया जाता है और ' $-$ ' को ' $\times$ ' के रूप में कोडित किया जाता है तो इसका मान होगा

$$12 + 7 \div 9 - 10 \times 5$$

A. 27   **B.** 22   **C.** 30   **D.** 23

Q.105 दो संख्याओं का म.स तथा ल.स 20 तथा 540 है। यदि एक संख्या 90 हो तो दूसरी संख्या क्या होगी?

A. 120   **B.** 140   **C.** 110   **D.** 115

Q.106 एक टेन पहले 10 मिनट में 35 किमी /घंटा की गति पर और अगले 5 मिनट में 20 किमी /घंटा की गति से चली। कुल 15 मिनट में ट्रेन की औसत गति कितनी रही?

A. 30 किमी /घंटा   **B.** 23 किमी /घंटा
C. 31 किमी /घंटा   **D.** 29 किमी /घंटा

Q.107 एक विक्रेता रुपये 225 की कलाई की घड़ी खरीदता है और उसकी मरम्मत पर रुपये 15 खर्च करता है। यदि वह उसे रुपये 300 में बेचता है तो उसे कितने प्रतिशत लाभ होगा ?

A. 15%   **B.** 20%   **C.** 25%   **D.** 30%

Q.108 दिए गए समीकरण में ' ?' का मान ज्ञात कीजिए।

$$\frac{(469+174)^2 - (469-174)^2}{(469 \times 174)} = ?$$

A. 1   **B.** 4   **C.** 295   **D.** 643

Q.109 किसी संख्या के 45% का 15%, 105.3 है। उस संख्या का 24% क्या है?

A. 385.5   **B.** 374.4   **C.** 390   **D.** 375

Q.110 एक किराने की दुकान में लगातार 5 महीनों के लिए 6435 रु, 6927 रु, 6855 रु, 7230 रु और 6562 रु की बिक्री होती है। छठे महीने में उसकी कितनी बिक्री होनी चाहिए जिससे उसकी औसत बिक्री 6500 रु हो?

A. 4991 रु   **B.** 5991 रु   **C.** 6001 रु   **D.** 6091 रु

Q.111 20 दिनों में 3 कुशल कामगारों द्वारा एक कार्य पूर्ण किया जा सकता है। वही कार्य 30 दिनों में 5 लड़कों द्वारा पूर्ण किया जा सकता है। यदि वे एक साथ काम करते हैं तो उन्हें कार्य पूर्ण करने में कितने दिन लगेंगे?

A. 8 दिन   **B.** 10 दिन   **C.** 11 दिन   **D.** 12 दिन

Q.112 यदि $25a + 25b = 115$ तो, a और b का औसत क्या है?

A. 2.4   **B.** 3.4
C. 4.5   **D.** इनमें से कोई नहीं

Q.113 रमेश की उम्र 60 वर्ष और निशा की उम्र 30 वर्ष है। फिर ज्ञात कीजिए कि कितने वर्षों के बाद उनकी आयु का अनुपात 5: 4 होगा।

A. 40   **B.** 70   **C.** 90   **D.** 80

Q.114 अनुजा संपत्ति के $66\frac{2}{3}\%$ की मालिक है। यदि उसके पास की संपत्ति का 30% हिस्सा 125000 रुपए हैं, तो संपत्ति के 45% का मूल्य (रुपये में) क्या है?

[SSC CGL, 2020]

A. 262500   **B.** 281250   **C.** 225000   **D.** 270000

Q.115 तीन साथियों ने एक व्यापार में 1000 रूपए, 1500 रूपए और 2000 रूपए निवेश किये। 810 रूपए के कुल मुनाफे में अंतिम साथी का हिस्सा क्या होगा?

A. 320 रूपए **B.** 350 रूपए **C.** 400 रूपए **D.** 360 रूपए

Ques (116-120):निर्देश: निम्नलिखित तालिका का ध्यानपूर्वक अध्ययन कीजिये और उसके अनुसार दिए गए प्रश्नों के उत्तर।

दी गई तालिका 5 वर्षों के दौरान विभिन्न कंपनियों द्वारा बेचे गए लैपटॉप की संख्या दर्शाती है।

वर्ष → ब्रांड ↓	2017	2018	2019	2020	2021
एचपी	110	105	90	85	110
डेल	75	95	110	95	75
लेनोवो	90	80	90	90	100
एप्पल	75	70	110	80	65

Q.116 किस वर्ष, बेचे गए लैपटॉप की कुल संख्या सबसे अधिक थी?

A. 2018 **B.** 2019 **C.** 2020 **D.** 2021

Q.117 2018 और 2019 में एप्पल द्वारा बेचे गए लैपटॉप की कुल संख्या और 2020 में डेल द्वारा बेचे गए लैपटॉप की संख्या के बीच का अंतर कितना है?

A. 85 **B.** 15 **C.** 75 **D.** 95

Q.118 2017 और 2018 में लेनोवो द्वारा बेचे गए लैपटॉप की कुल संख्या और 2019 और 2020 में एचपी द्वारा बेचे गए लैपटॉप की संख्या का अनुपात कितना है?

A. 10 : 11 **B.** 34 : 35 **C.** 35 : 34 **D.** 11 : 10

Q.119 सभी 5 वर्षों के दौरान लेनोवो द्वारा बेचे गए लैपटॉप की औसत संख्या कितनी है?

A. 80 **B.** 85 **C.** 90 **D.** 95

Q.120 2019 में एचपी द्वारा बेचे गए लैपटॉप की संख्या, 2021 में डेल द्वारा बेचे गए लैपटॉप की संख्या से कितने प्रतिशत अधिक है?

A. $\frac{50}{3}$% **B.** 20% **C.** $\frac{40}{3}$% **D.** 15%

Mental Aptitude & Reasoning

Q.121 निम्नलिखित प्रश्न में, दिए गए अक्षरों से संबंधित विकल्प का चयन करें।

HI : RS :: EF : ?

A. OQ **B.** OO **C.** UV **D.** VU

Q.122 उस विकल्प का चयन करें जो प्रश्नवाचक चिन्ह (?) के स्थान पर आएगा।

729 : 324 :: 512 : ?

A. 144 **B.** 196 **C.** 64 **D.** 49

Q.123 निम्नलिखित प्रश्न में, दिए गए विकल्पों में से संबंधित संख्या को चुनिए।

169 : 16 :: 248 : ?

A. 14 **B.** 10 **C.** 20 **D.** 18

Q.124 निम्नलिखित प्रश्न में, दिए गए विकल्पों में से संबंधित संख्या को चुनिए।

ANT : 35 :: HEN : ?

A. 32 **B.** 27 **C.** 33 **D.** 29

Q.125 निम्नलिखित प्रश्न में, दिए गए विकल्पों में से संबंधित शब्द को चुनिए।

शैवाल : फ़ाइकोलॉजी :: ? : जीवाश्मिकी

A. पौधे **B.** मत्स्य **C.** कवक **D.** जीवाश्म

Q.126 बिंदु B, बिंदु A से उत्तर की ओर 3 मीटर है। बिंदु C, बिंदु B से पश्चिम की ओर 3 मीटर है। बिंदु D, बिंदु C से दक्षिण की ओर 5 मीटर है। बिंदु E, बिंदु D से पूर्व की ओर 7 मीटर है। बिंदु B के संबंध में बिंदु E निम्न में से किस दिशा की ओर है?

A. दक्षिण-पूर्व **B.** उत्तर-पूर्व

C. दक्षिण **D.** इनमे से कोई नहीं

Q.127 एक विशिष्ट कूट भाषा में "NUMBER" को "156897" लिखा जाता है और "BARREN" को "847791" लिखा जाता है। इस कूट भाषा में "RUBBER" को किस प्रकार लिखा जाएगा?

A. 759597 **B.** 758897 **C.** 795957 **D.** 795579

Q.128 दिए गए विकल्पों में से विषम संख्या का चयन करें।

A. 8741 **B.** 1983 **C.** 2774 **D.** 9362

Q.129 दो विमान एक ही हवाई अड्डे से उड़ान भरते हैं। A 50 कि.मी. पूर्व की ओर उड़ता है। B 15 कि.मी. उत्तर की ओर उड़ता है, फिर पूर्व की ओर मुड़ता है और 20 कि.मी. उड़ता है, फिर अपनी दायीं ओर मुड़ जाता है और 15 कि.मी. उड़ता है। A की स्थिति से अब B कहाँ पर है?

A. 30 कि.मी. पूर्व **B.** 70 कि.मी. पूर्व

C. 30 कि.मी. पश्चिम **D.** 70 कि.मी. पश्चिम

Q.130 मजबूत _______ का मतलब है कि आपके पास नीति और नैतिक व्यवहार की एक उच्च भावना है जो दूसरों द्वारा सम्मान प्राप्त कराती है।

A. सहयोग **B.** विश्वास **C.** रवैया **D.** चरित्र

Q.131 एक लड़की का परिचय कराते हुए अंजलि कहती है, "वह मेरी माँ के बेटे की इकलोती बहन की बेटी है |" वह लड़की अंजलि से कैसे संबंधित है?

A. चचेरी बहन **B.** बेटी

C. ननद **D.** भांजी

Q.132 वाल्टर ने हैली से कहा "आपकी मां मेरी पत्नी की बहन की मां हैं।" वाल्टर और हैली कैसे संबंधित है?

A. पति-पत्नी

B. भाई-बहन

C. कजिंस

D. ज्ञात नहीं किया जा सकता

Q.133 निम्नलिखित शब्दों को शब्दकोश में आने वाले क्रम के अनुसार लिखें।

i. Opposite

ii. Optimist

iii. Orthodox

iv. Operation

A. iii, i, ii, iv **B.** iv, i, ii, iii

C. ii, i, iii, iv **D.** iv, iii, ii, i

Ques (134-135):निर्देश: निम्नलिखित प्रश्नों में तीन कथन दिए गए हैं और इन कथनों के बाद दो निष्कर्ष I. और II. दिए गए हैं। आपको दिए गए तीनों कथनों को सत्य मानना है, भले ही वे सर्वज्ञात तथ्यों से भिन्न प्रतीत होते हों। निष्कर्षों को पढ़ें और फिर तय करें कि कौन सा निष्कर्ष दिए गए तीनों कथनों का तार्किक रूप से अनुसरण करता है।

Q.134 कथन:

(1) सभी मेज कुर्सी हैं।

(2) कुछ मेज, स्केल हैं।

(3) कोई स्केल पेंसिल नहीं है।

निष्कर्ष:

I. कुछ पेंसिल मेज हैं।

II. कुछ स्केल कुर्सी हैं।

A. सिर्फ निष्कर्ष I अनुसरण करता है

B. सिर्फ निष्कर्ष II अनुसरण करता है

C. या तो निष्कर्ष I या II अनुसरण करता है

D. ना तो निष्कर्ष I ना II अनुसरण करता है

Q.135 कथन:

(1) कुछ कैंडी, पेपर हैं।

(2) सभी पेपर, वनीला हैं।

(3) कुछ वनीला, ट्राम हैं।

निष्कर्ष:

I. कुछ वनीला, कैंडी हैं।

II. कुछ पेपर, ट्राम हैं।

A. केवल I अनुसरण करता है

B. दोनों I और II अनुसरण करते हैं

C. कोई अनुसरण नहीं करता है

D. या तो I या II अनुसरण करता है

Q.136 निर्देश: नीचे दी गई सारणी में पहली पंक्ति में अंग्रेजी वर्णमाला के बड़े अक्षर और दूसरी पंक्ति में प्रतीक दिए गए है। प्रतीक और अक्षर एक दूसरे के कोड है। दिए गए अक्षरों के लिए सही कोड का चयन करें?

A	C	E	G	H	I	O	N	P	R	T	S	B	I
+	−	÷	×	=	(	)	[	]	╱	!!	#	!	>

NATION

A. [+!! ( )[

B. [+!!)([

C.] + !! ( )]

D. ×)+= !!

Q.137 बरूण. संजय से लंबा हैं। बिपुल, बरूण से लंबा हैं। कृष्णा उतना लंबा नही हैं जितना बिपुल हैं, किन्तु बरूण से लंबा हैं। सबसे लंबा कौन हैं?

A. कृष्णा

B. संजय

C. बरूण

D. बिपुल

Q.138 कौन सी उत्तर आकृति प्रश्न आकृति के प्रतिरूप को पूरा करेगी?

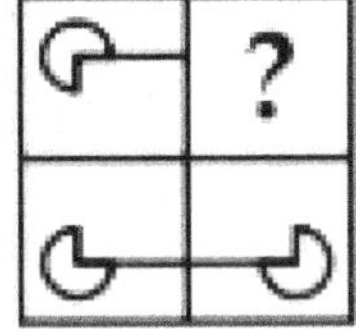

[UP Police Constable, 2019], [SSC MTS, 2017]

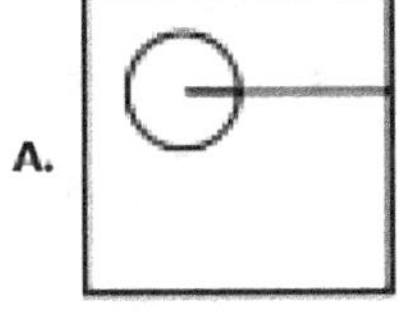 **A.**

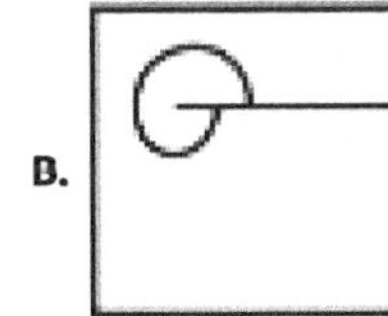 **B.**

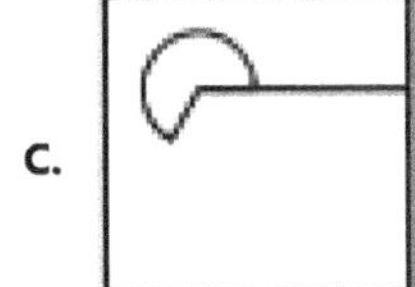 **C.**

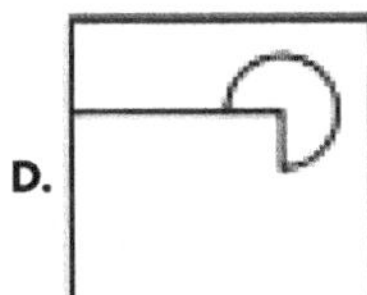 **D.**

Q.139 एक व्यक्ति 15 मी पूर्व दिशा की ओर चलता है और 90 डिग्री दक्षिणावर्त घूमता है और वह फिर से 14 मीटर चलता है और 270 डिग्री वामावर्त घूमता है और फिर वह 20 मीटर चलता है। वह अंत में किस दिशा की ओर उन्मुख है?

A. पश्चिम

B. उत्तर

C. दक्षिण

D. पूर्व

Q.140 अक्षरो की पंक्ति में, एक अक्षर बाँये से 5 वाँ और दाहिने से 12 वाँ है। पंक्ति में कुल कितने अक्षर है?

A. 15

B. 16

C. 17

D. 18

Q.141 एक पंक्ति में पांच अलग-अलग मकान A से E (उत्तरमुखी) हैं। A, B के तुरन्त दाई ओर है। E, C के तुरन्त बाई ओर तथा A के तुरन्त दाई ओर है। B, D के तुरन्त दाई ओर है। कौन सा घर बीच में है?

A. A

B. B

C. C

D. D

Q.142 दिए गए प्रश्न में, निम्नलिखित विकल्पों में से वह शब्द चुनिए जो दिए गए शब्द के अक्षरों का प्रयोग करके नहीं बनाया जा सकता है।

HANDSOME

A. HATS

B. HOME

C. NAME

D. SAND

Q.143 दिए गए प्रश्न में, निम्नलिखित विकल्पों में से वह शब्द चुनिए जो दिए गए शब्द के अक्षरों का प्रयोग करके नहीं बनाया जा सकता है।

ADMINISTRATORS

A. STARDOM

B. TRAITOR

C. DORMANT

D. MINISTER

Q.144 एक निश्चित कोड में 'POTTERY' को 'ONSTFSZ' के रूप में कोडित किया गया है। तो उसी कोड में 'TRAINED' को कैसे कोडित किया जाएगा?

A. SQZIOFE

B. SQIZOEF

C. SQZOIFE

D. SQZIEOF

Q.145 दी गई उत्तर आकृतियों में से उस उत्तर आकृति को चुनिए जिस में प्रश्न आकृति निहित है।

प्रश्न आकृति:

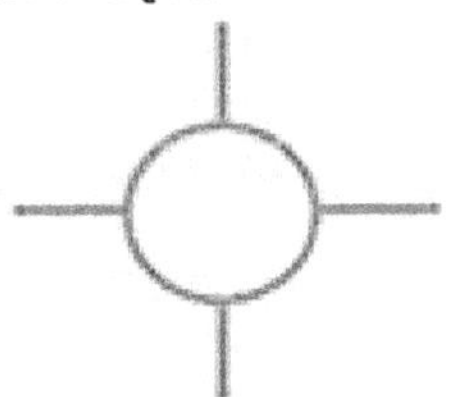

उत्तर आकृतियां:

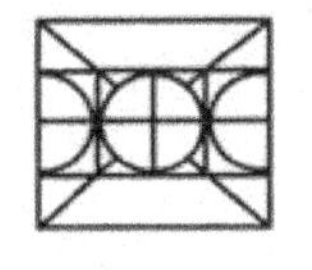 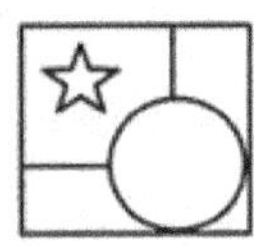 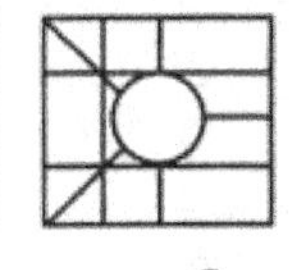 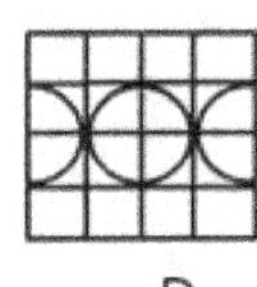

A   B   C   D

A. A

B. B

C. C

D. D

Q.146 निम्न विकल्पों में से कौन सा दी गई आकृति की दर्पण छवि देगा जब दर्पण को MN रेखा के साथ स्थापित किया जाता है?

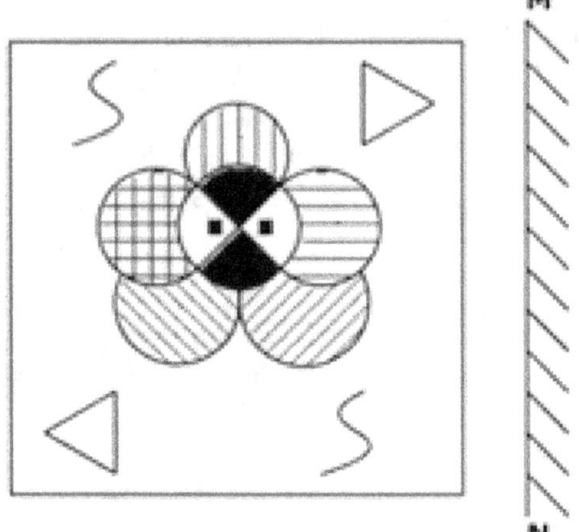

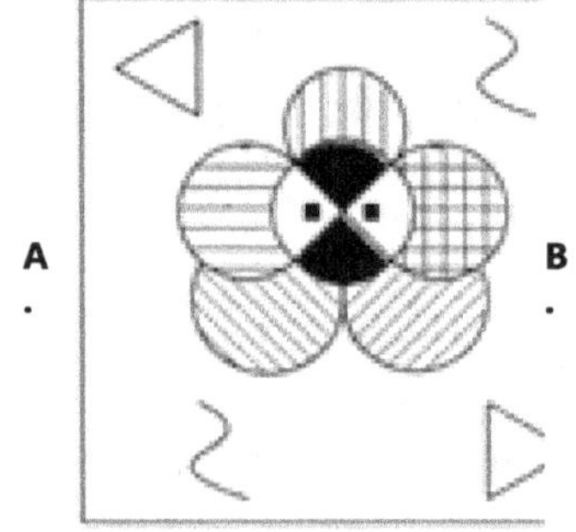
A.

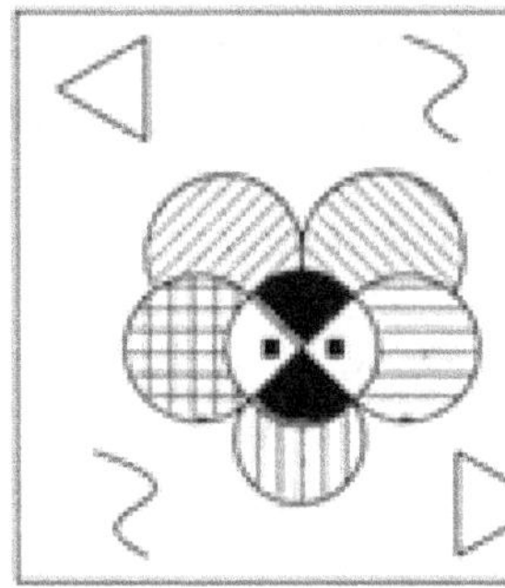
B.

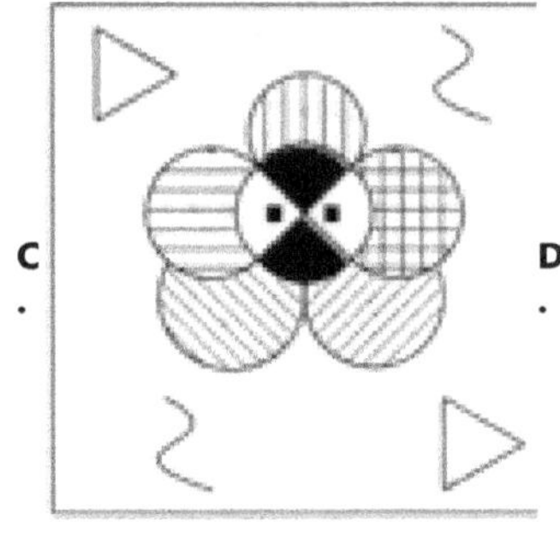
C.

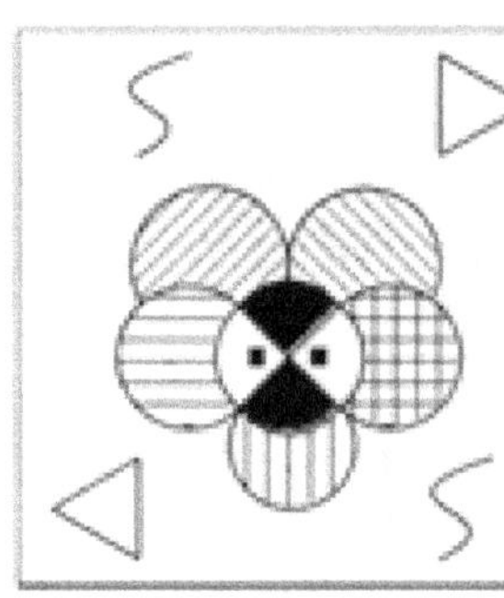
D.

Q.147 निम्न दिए गए विकल्पों में से ज्ञात करें कि प्रश्न में दी गई आकृति को मोड़कर कौन सी आकृति नहीं बनाई जा सकती है?

प्रश्न आकृति:

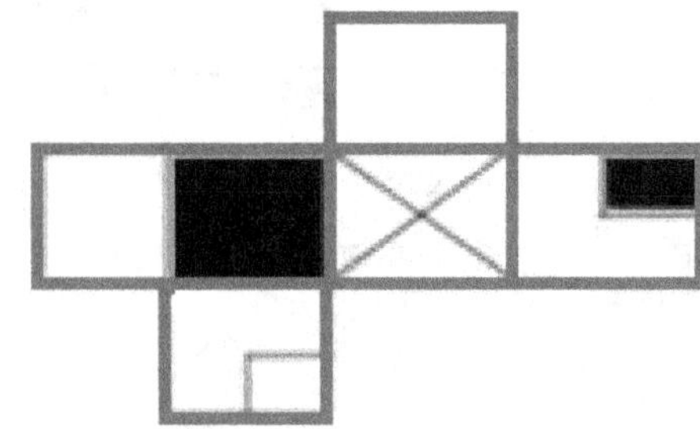

उत्तर आकृति:

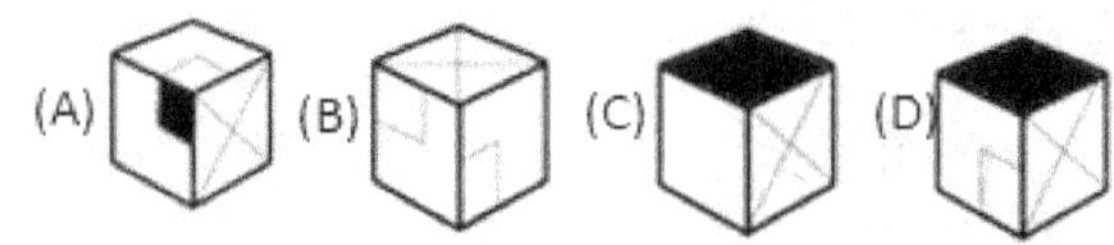

A. आकृति (A)   **B.** आकृति (B)
C. आकृति (C)   **D.** आकृति (D)

Q.148 निम्नलिखित आकृति में, वर्ग, कपास का प्रतिनिधित्व करता है, त्रिभुज, शर्ट का प्रतिनिधित्व करता है, वृत्त, सफेद का और आयत, कपड़ों का प्रतिनिधित्व करता है। अक्षरों का कौन सा सेट कपड़ों का प्रतिनिधित्व करता है जो या तो सफेद या कपास है लेकिन दोनों नहीं है?

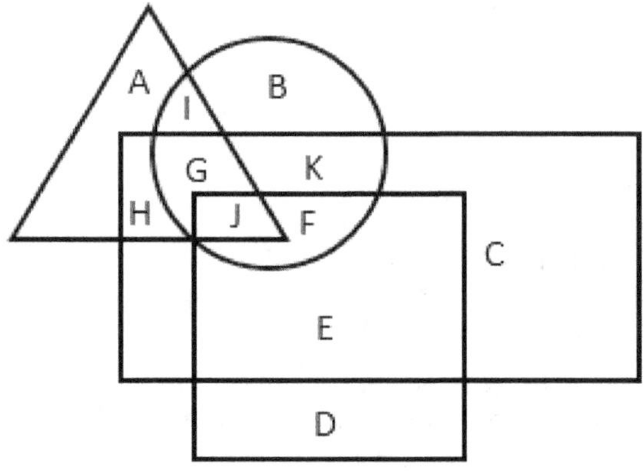

A. G, K, J, F, E   **B.** G, K, E
C. G, K, C, E   **D.** J, F

Q.149 एक अनुक्रम दिया गया है, जिसमें से एक पद लुप्त है। दिए गए विकल्पों में से वह सही विकल्प चुनिए, जो अनुक्रम को पूरा करे।

5, 23, 59, 119, ?, 335

A. 219   **B.** 199   **C.** 229   **D.** 209

Q.150 निम्नलिखित प्रश्न में दिए गए विकल्पों में से लुप्त अंक ज्ञात कीजिये।

32	56	42
05	?	06
37	67	48

A. 16   **B.** 21   **C.** 8   **D.** 11

Q.151 निम्नलिखित प्रश्न में दिए गए विकल्पों में से लुप्त अंक ज्ञात कीजिये।

6	15	20
8	4	5
3	5	20
51	65	?

A. 120   **B.** 51   **C.** 12   **D.** 56

Q.152 नीचे एक घन की चार स्थितियां दी गयी हैं, तो संख्या 6 के विपरीत फलक पर कौन सी संख्या होगी?

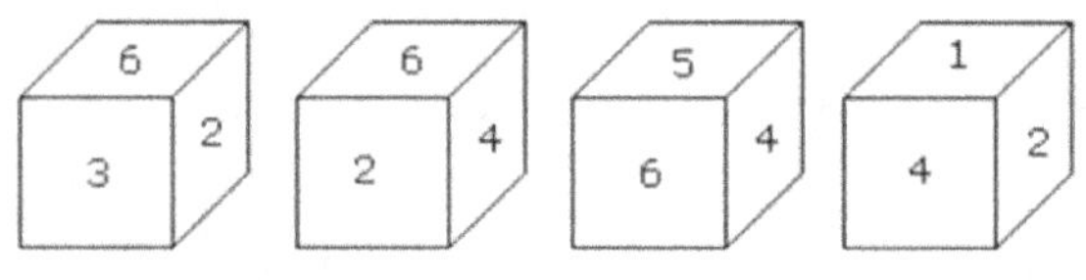

A. 4   **B.** 1   **C.** 2   **D.** 3

Q.153 निम्न श्रृंखला में लुप्त पद ज्ञात कीजिये।

S, P, L, ?, A

A. H   **B.** G   **C.** P   **D.** N

Q.154 निर्देश: निम्नलिखित प्रश्न में दो कथन दिए गए हैं और इन कथनों के बाद दो निष्कर्ष। और ।। दिए गए हैं। आपको दिए गए दो कथनों को सत्य मानना है, भले ही वे सर्वज्ञात तथ्यों से भिन्न प्रतीत होते हों। निष्कर्षों को पढ़ें और फिर तय करें कि कौन सा निष्कर्ष दिए गए दो कथनों का तार्किक रूप से अनुसरण करता है।

कथन:

।. सभी बुलेट, कॉफी हैं।

।।. कोई कॉफी, ट्रक नहीं हैं।

निष्कर्ष:

।. कोई बुलेट, ट्रक नहीं है।

।।. सभी कॉफी, बुलेट हैं।

A. ना तो। और ना ।। अनुसरण करता है

B. दोनों। और ।। अनुसरण करते हैं

C. केवल ।। अनुसरण करता है

D. केवल । अनुसरण करता है

Q.155 निम्नलिखित प्रश्न में दिए गए विकल्पों में से विषम अक्षरों को चुनिए।

A. B4F **B.** I12O **C.** Z14D **D.** S21W

Q.156 एक व्यक्ति उत्तर की ओर सम्मुख है। अपने दाईं ओर मुड़ते हुए, वह 25 मीटर चलता है। वह फिर अपनी बाईं ओर मुड़ता है और 30 मीटर चलता है। इसके बाद, वह अपने दाईं ओर 25 मीटर चलता है। वह फिर अपने दाईं ओर मुड़ता है और 55 मीटर चलता है। अंत में, वह दाईं ओर मुड़ता है और 40 मीटर चलता है। वह अपने शुरुआती बिंदु से किस दिशा में है?

A. दक्षिण पश्चिम **B.** दक्षिण

C. उत्तर पश्चिम **D.** दक्षिण पूर्व

Q.157 निम्नलिखित विकल्पों में से कौन सा विकल्प नीचे दिये हुए शब्दों का सार्थक क्रम दर्शाता है?

1. रेखा (लाइन)

2. कोण

3. चौकोर (वर्ग)

4. त्रिभुज

A. 2, 1, 4, 3 **B.** 3, 4, 1, 2 **C.** 4, 2, 1, 3 **D.** 1, 2, 4, 3

Q.158 नीचे दिए गए वर्गों के बीच संबंधों का सबरो अच्छा प्रतिनिधित्व करने वाले आरेख का चयन करें।

गणित, अंकगणित, बीजगणित

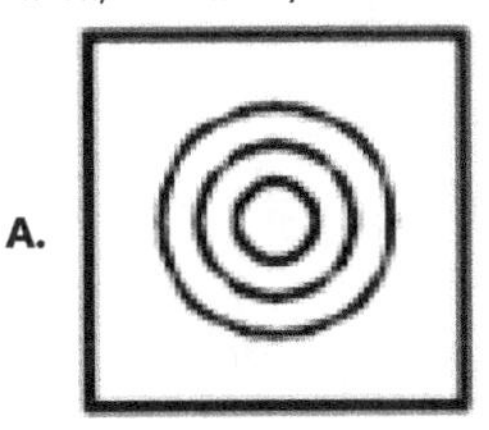
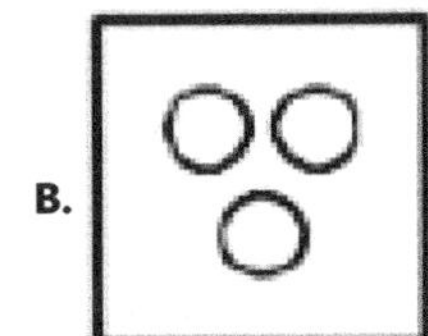
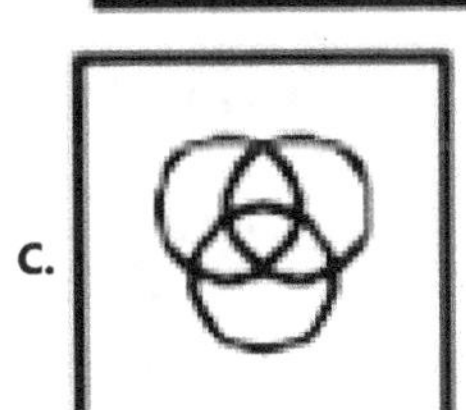
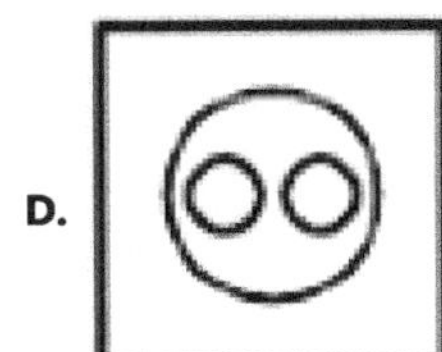

Q.159 उस आरेख की पहचान करें जो नीचे दिए गए वर्गों के बीच संबंधों का सबसे अच्छा प्रतिनिधित्व करता है।

मनुष्य, लड़के, लड़कियां, शेर

A.
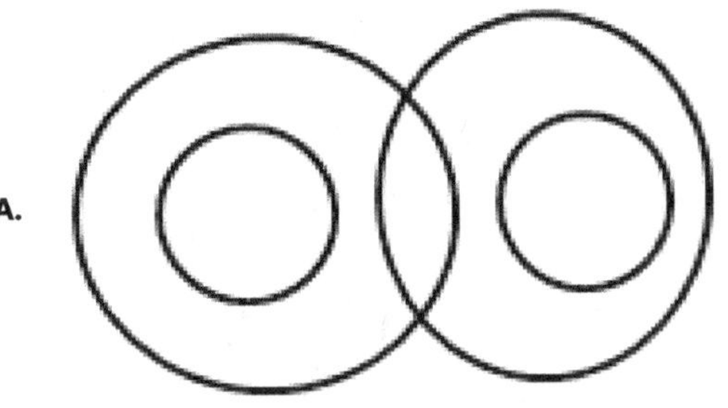

B.
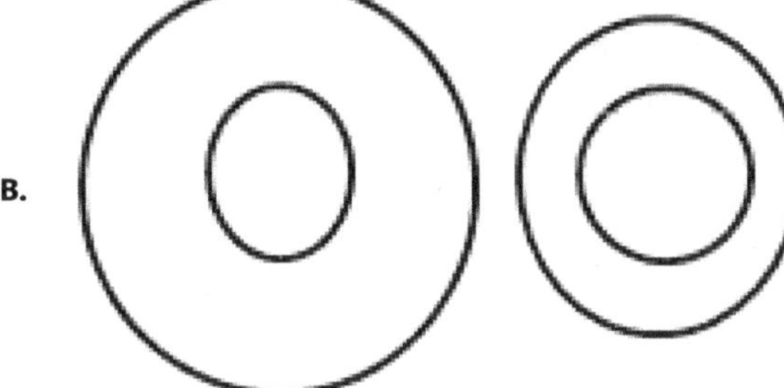

C.
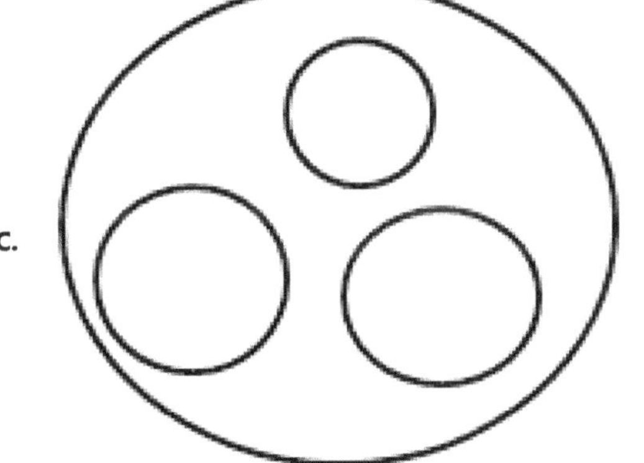

D.
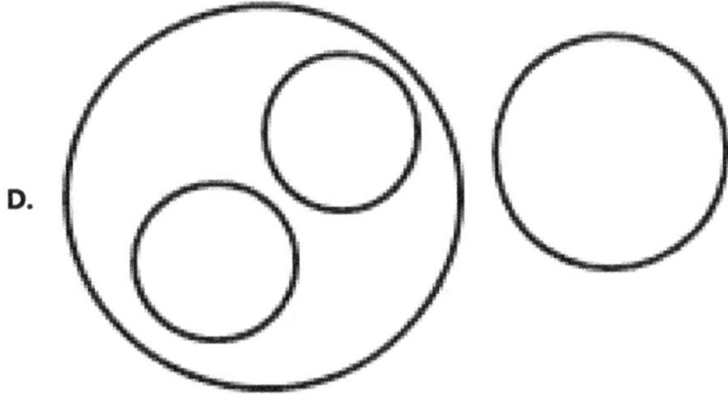

Q.160 उस वैकल्पिक आकृति का पता लगाएं जिसमें उसके भाग के रूप में नीचे दी गयी आकृति सन्निहित है।

A.
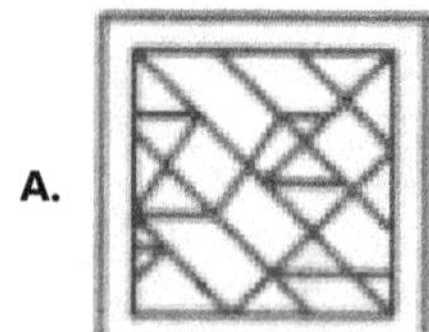

B.
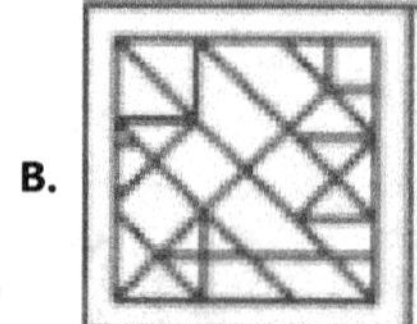

C.
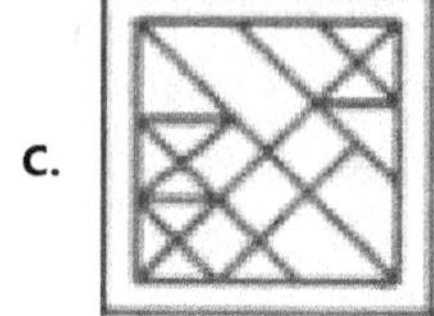

D.
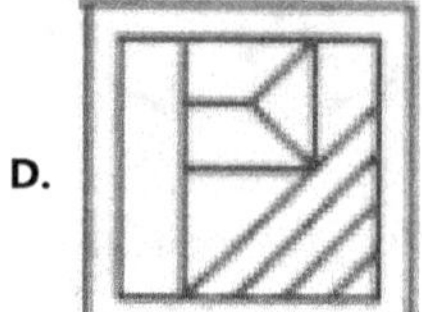

// स्मार्ट उत्तर पुस्तिका //

सही उत्तर — उन छात्रों के प्रतिशत को इंगित करता है जिन्होंने प्रश्नों का सही उत्तर दिया था।

छोड़ दिया — उन छात्रों के प्रतिशत को इंगित करता है जिन्होंने प्रश्नों को छोड़ दिया था।

प्रश्न संख्या	उत्तर	सही उत्तर / छोड़ दिया	प्रश्न संख्या	उत्तर	सही उत्तर / छोड़ दिया	प्रश्न संख्या	उत्तर	सही उत्तर / छोड़ दिया	प्रश्न संख्या	उत्तर	सही उत्तर / छोड़ दिया	प्रश्न संख्या	उत्तर	सही उत्तर / छोड़ दिया
1	D	50.29 % / 1.59 %	17	C	79.43 % / 0.0 %	33	B	45.28 % / 1.96 %	49	A	47.65 % / 1.38 %	65	C	40.04 % / 1.57 %
2	A	47.84 % / 1.31 %	18	C	43.1 % / 1.1 %	34	D	67.88 % / 1.27 %	50	B	47.92 % / 1.77 %	66	D	58.13 % / 1.77 %
3	D	41.95 % / 1.45 %	19	B	40.14 % / 1.88 %	35	C	52.84 % / 1.89 %	51	A	53.68 % / 1.06 %	67	C	63.8 % / 1.22 %
4	D	52.81 % / 1.51 %	20	A	83.51 % / 0.0 %	36	A	49.66 % / 1.14 %	52	D	43.05 % / 1.81 %	68	B	78.41 % / 0.0 %
5	C	55.71 % / 1.97 %	21	D	83.6 % / 0.0 %	37	B	66.94 % / 1.91 %	53	B	23.19 % / 4.61 %	69	A	69.57 % / 1.38 %
6	C	82.21 % / 0.0 %	22	B	60.25 % / 1.8 %	38	B	49.14 % / 1.95 %	54	D	65.6 % / 1.97 %	70	A	58.01 % / 1.29 %
7	A	42.04 % / 1.81 %	23	D	59.57 % / 1.37 %	39	D	45.17 % / 1.11 %	55	A	63.51 % / 1.85 %	71	B	52.36 % / 1.88 %
8	C	87.01 % / 0.0 %	24	A	53.63 % / 1.72 %	40	D	48.58 % / 1.5 %	56	C	62.35 % / 1.64 %	72	B	54.1 % / 1.03 %
9	D	50.48 % / 1.59 %	25	D	51.15 % / 1.85 %	41	A	16.87 % / 4.64 %	57	C	76.35 % / 0.0 %	73	D	40.09 % / 1.18 %
10	D	57.21 % / 1.43 %	26	B	57.03 % / 2.0 %	42	C	28.18 % / 4.78 %	58	C	65.21 % / 1.35 %	74	D	87.51 % / 0.0 %
11	C	47.25 % / 1.38 %	27	D	51.65 % / 1.13 %	43	D	64.49 % / 1.77 %	59	D	53.94 % / 1.32 %	75	B	79.04 % / 0.0 %
12	A	61.4 % / 1.63 %	28	C	61.29 % / 1.8 %	44	A	68.23 % / 1.45 %	60	A	68.76 % / 1.64 %	76	A	56.62 % / 1.12 %
13	C	52.61 % / 1.84 %	29	B	44.01 % / 1.95 %	45	D	67.32 % / 1.72 %	61	B	64.91 % / 1.19 %	77	C	45.41 % / 1.04 %
14	A	47.64 % / 1.05 %	30	D	48.9 % / 1.97 %	46	A	66.6 % / 1.71 %	62	B	51.73 % / 1.71 %	78	A	68.5 % / 1.17 %
15	C	69.09 % / 1.04 %	31	C	68.67 % / 1.42 %	47	B	65.59 % / 1.74 %	63	B	42.5 % / 1.9 %	79	A	54.45 % / 1.42 %
16	A	55.71 % / 1.21 %	32	D	65.54 % / 1.86 %	48	A	59.33 % / 1.55 %	64	A	56.04 % / 1.53 %	80	A	58.98 % / 1.56 %

प्रश्न संख्या	उत्तर	सही उत्तर / छोड़ दिया
81	A	67.4 % / 1.79 %
82	D	87.5 % / 0.0 %
83	A	84.72 % / 0.0 %
84	A	17.2 % / 4.37 %
85	A	67.63 % / 1.29 %
86	B	76.06 % / 0.0 %
87	C	66.36 % / 1.58 %
88	B	11.2 % / 3.54 %
89	C	54.66 % / 1.9 %
90	D	40.52 % / 1.81 %
91	B	58.6 % / 1.58 %
92	C	69.8 % / 1.15 %
93	D	31.5 % / 4.23 %
94	D	30.61 % / 4.21 %
95	A	45.9 % / 1.63 %
96	D	56.81 % / 1.96 %

प्रश्न संख्या	उत्तर	सही उत्तर / छोड़ दिया
97	C	14.33 % / 4.02 %
98	C	54.82 % / 1.21 %
99	B	64.06 % / 1.06 %
100	A	26.39 % / 4.37 %
101	B	49.14 % / 1.72 %
102	A	79.18 % / 0.0 %
103	C	54.41 % / 1.73 %
104	D	10.4 % / 3.41 %
105	A	81.99 % / 0.0 %
106	A	40.59 % / 1.61 %
107	C	43.41 % / 1.57 %
108	B	11.39 % / 4.75 %
109	B	41.78 % / 1.21 %
110	A	68.7 % / 1.13 %
111	D	46.8 % / 1.05 %
112	D	63.81 % / 1.17 %

प्रश्न संख्या	उत्तर	सही उत्तर / छोड़ दिया
113	C	65.23 % / 1.83 %
114	B	67.93 % / 1.02 %
115	D	62.32 % / 1.3 %
116	B	55.16 % / 1.47 %
117	A	59.6 % / 1.63 %
118	B	51.0 % / 1.81 %
119	C	68.59 % / 1.7 %
120	B	46.05 % / 1.44 %
121	C	50.06 % / 1.51 %
122	C	65.7 % / 1.4 %
123	A	64.28 % / 1.08 %
124	B	17.29 % / 4.57 %
125	D	84.1 % / 0.0 %
126	A	67.7 % / 1.32 %
127	B	47.14 % / 1.0 %
128	B	56.92 % / 1.89 %

प्रश्न संख्या	उत्तर	सही उत्तर / छोड़ दिया
129	C	44.01 % / 1.55 %
130	D	57.94 % / 1.99 %
131	B	63.07 % / 1.8 %
132	D	43.35 % / 1.99 %
133	B	86.88 % / 0.0 %
134	B	58.94 % / 1.39 %
135	A	54.53 % / 1.93 %
136	A	87.06 % / 0.0 %
137	D	66.58 % / 1.68 %
138	D	88.9 % / 0.0 %
139	A	42.7 % / 1.77 %
140	B	82.91 % / 0.0 %
141	A	40.11 % / 1.8 %
142	A	88.73 % / 0.0 %
143	D	81.02 % / 0.0 %
144	A	60.87 % / 1.54 %

प्रश्न संख्या	उत्तर	सही उत्तर / छोड़ दिया
145	D	80.77 % / 0.0 %
146	A	69.1 % / 1.11 %
147	B	14.76 % / 3.74 %
148	B	44.76 % / 1.28 %
149	D	12.33 % / 3.31 %
150	D	66.06 % / 1.54 %
151	A	25.67 % / 4.81 %
152	B	48.99 % / 1.5 %
153	B	40.38 % / 1.43 %
154	D	64.65 % / 1.76 %
155	C	14.3 % / 3.24 %
156	D	84.03 % / 0.0 %
157	D	53.89 % / 1.97 %
158	D	87.22 % / 0.0 %
159	D	80.09 % / 0.0 %
160	A	68.71 % / 1.71 %

कार्य विश्लेषण

औसत अंक (%)	65.5%
टॉपर्स स्कोर (%)	68.0%
आपका स्कोर	

//संकेत और समाधान//

1. 'गंगा' का पर्यायवाची शब्द 'मंदाकिनी' है।

'गंगा' के अन्य पर्यायवाची शब्द - देवनदी, मंदाकिनी, भागीरथी, विश्वपगा, देवपगा, ध्रुवनंदा, सुरसरि, त्रिपथगा, जाह्नवी, सुरसरिता, सुरधुनी, इत्यादि है।

अतः विकल्प (D) सही है।

2. गद्यांश की पंक्ति, "मैं अंधकार की इस स्वीकृति को मनुष्य का सबसे बड़ा पाप कहता हूँ।" से अंधकार "पाप" की ओर संकेत करता है।

अतः विकल्प (A) सही है।

3. अंधकार अर्थात बुराइयों को स्वीकार कर लेना मनुष्य द्वारा अपने जीवन में किया गया सबसे बड़ा पाप है। इस पाप के बोझ से मनुष्य निरंतर दबता चला जाता है।

अतः विकल्प (D) सही है।

4. दिए गए गद्यांश में 'अंधकार का निषेध' से तात्पर्य लोगों द्वारा यह मानना है कि बुराई या अन्याय नाम की कोई प्रवृत्ति नहीं होती अर्थात वे लोग बुराइयों से जान-बूझकर दूर भागते हैं।

अतः विकल्प (D) सही है।

5. शिल्पगत आधार पर दोहे का उल्टा छंद सोरठा है। इसके विषम चरणों (प्रथम तथा तृतीय) में 11-11 मात्राएँ और सम चरणों (द्वितीय तथा चतुर्थ) में 13-13 मात्राएँ होती हैं।

अतः विकल्प (C) सही है।

6. 'कमल' का पर्यायवाची 'नीरज' है। 'अम्बर' के पर्यायवाची आकाश, नभ, गगन, व्योम, अभ्र, शून्य, अंतरिक्ष आदि हैं। 'दिनकर' सूर्य का पर्यायवाची है। 'पुष्प' के पर्यायवाची कुसुम, प्रसून, पुहुप आदि हैं।

अतः विकल्प (C) सही है।

7. रस का शाब्दिक अर्थ 'आनंद' है। किसी काव्य को पढ़ने या सुनने से जिस आनंद की प्राप्ति होती है, वह रस कहलाता है।

अतः विकल्प (A) सही है।

8. सर्वनाम के कुल छह भेद हैं। वे हैं: पुरुषवाचक सर्वनाम, निश्चयवाचक सर्वनाम, अनिश्चयवाचक सर्वनाम, संबंधवाचक सर्वनाम, प्रश्नवाचक सर्वनाम, निजवाचक सर्वनाम।

अतः विकल्प (C) सही है।

9. 'सावन हरे न भादों सूखे' मुहावरे का अर्थ है 'सदैव एक समान रहना'। इस मुहावरे का प्रयोग किसी की आदत और व्यवहार को बताने के लिए किया जाता है जैसे कोई काम से आलसी हो, किसी में कोई बदलाव न हो और वह हमेशा से एक ही स्थिति में रह रहा हो।

अतः विकल्प (D) सही है।

10. थोथा चना बाजे घना इस लोकोक्ति का अर्थ है: ओछा व्यक्ति सदा दिखावा करता है।

वाक्य प्रयोग - वह दो बार नौवी में फेल हो चुका धिखाता है जैसे कितना होशियार हो। यह तो वही कहावत साबित हो गयी थोथा चना बाजे घना।

लोकोक्ति 'लोकोक्ति' शब्द 'लोक + उक्ति' शब्दों से मिलकर बना है जिसका अर्थ है- लोक में प्रचलित उक्ति या कथन'। संस्कृत में 'लोकोक्ति' अलंकार का एक भेद भी है तथा सामान्य अर्थ में लोकोक्ति को 'कहावत' कहा जाता है।

अतः विकल्प (D) सही है।

11. 'सत्याग्रह' का समास-विग्रह 'सत्य के लिए आग्रह' होगा।

- 'सत्याग्रह' शब्द में तत्पुरुष समास है।
- इसमें 'के लिए' सम्प्रदान कारक का प्रयोग हुआ है। इसलिए, इसमें 'तत्पुरुष समास' है।
- जिस समास में उत्तरपद प्रधान हो तथा समास करने के उपरांत विभक्ति (कारक चिन्ह) का लोप हो, वहाँ तत्पुरुष समास होता है।

अतः विकल्प (C) सही है।

12. दिए गए शब्दों में 'शिखा' शब्द तत्सम है।

ऐसे शब्द जो संस्कृत से ज्यों के त्यों लिए गए, तत्सम होते हैं।

अन्य सभी विकल्प तद्भव शब्द हैं।

तद्भव	तत्सम
चंदा	चन्द्र
रात	रात्रि
बात	वार्ता

अतः विकल्प (A) सही है।

13. दिये गये शब्दों में 'जीभ' तद्भव शब्द है। इसका तत्सम शब्द 'जिह्वा' होता है जबकि 'यौवन', 'निर्झर', तथा 'स्थान' तत्सम शब्द हैं। इनके तद्भव शब्द क्रमशः 'जोबन', 'झरना' तथा 'जगह' होते हैं।

अतः विकल्प (C) सही है।

14. मधुशाला हिंदी के बहुत प्रसिद्ध कवि और लेखक हरिवंश राय बच्चन (1907-2003) का अनुपम काव्य है। इसमें एक सौ पैंतीस रूबाइयां (यानी चार पंक्तियों वाली कविताएं) हैं। मधुशाला बीसवीं सदी की शुरुआत के हिन्दी साहित्य की अत्यंत महत्वपूर्ण रचना है, जिसमें सूफीवाद का दर्शन होता है।

अतः विकल्प (A) सही है।

15. 'भूर्जा' का सन्धि विच्छेद 'भू + ऊर्जा' होगा। यह दीर्घ संधि का उदाहरण है। जब समान स्वर मिलते हैं तो उनका दीर्घीकरण हो जाता है। दीर्घ संधि के अन्य उदाहरण हैं:

विद्या + आलय = विद्यालय

हिम + आलय = हिमालय

महा + आत्मा = महात्मा

नदी + ईश = नदीश

अतः विकल्प (C) सही है।

16. 'राजा की रानी मर गयी' में संबंध कारक है। शब्द के जिस रूप से किसी एक वस्तु का दूसरी वस्तु से संबंध प्रकट हो वह संबंध कारक कहलाता है। इसका विभक्ति चिह्न 'का', 'के', 'की', 'रा', 'रे', 'री' है।

अतः विकल्प (A) सही है।

17. वालिद का स्त्रीलिंग शब्द 'वालिदा' है।

वालिद अर्थ पिता और वालिदा का अर्थ माता होता है।

अतः विकल्प (C) सही है।

18. 'उपकार' शब्द का विलोम 'अपकार' होता है जबकि दूसरे पर किये गए उपकार को, परोपकार और उपकार के प्रति किये गए उपकार को, प्रत्युपकार कहते हैं।

अतः विकल्प (C) सही है।

19. 'सौम्य' शब्द का विलोम 'उग्र' होता है। इसी प्रकार सौभाग्य का विलोम दुर्भाग्य, शत्रु का विलोम मित्र और दुराशय का विलोम सदाशय होता है।

अतः विकल्प (B) सही है।

20. 'दवा' शब्द का बहुवचन 'दवाएँ' होगा।

अतः विकल्प (A) सही है।

21. 'श्रीमती' शब्द का बहुवचन 'श्रीमतियाँ' होगा।

अत: विकल्प (D) सही है।

22. 'पूर्वी हिंदी' का विकास अर्द्धमागधी से हुआ है।

- 'पश्चिमी हिंदी' का विकास शौरसेनी से हुआ है।
- 'मराठी' का विकास महाराष्ट्री से हुआ है।
- 'गुजराती' का विकास शौरसेनी से हुआ है।

अत: विकल्प (B) सही है।

23. 'ए' स्वर कंठतालव्य है।

कंठतालव्य स्वर:

- इनका उच्चारण कंठ और तालु स्थानों से मिलकर होता है।
- 'ए' और 'ऐ' को कंठतालव्य वर्ण या कंठतालव्य कहते हैं।

अत: विकल्प (D) सही है।

24. 'स्वर' वह ध्वनियाँ हैं जिनके उच्चारण में अन्य स्वरों से सहायता लेने की आवश्यकता नहीं होती, 'व्यंजन' वह ध्वनियाँ हैं जिनके उच्चारण में अन्य स्वरों की सहायता लेने की आवश्यकता होती है, 'वर्ण' भाषा की सबसे छोटी इकाई है, 'अक्षर' वह है जो कभी नष्ट नहीं हो सकता तथा अक्षर में स्वर और व्यंजन सब मिश्रित होते हैं।

अत: विकल्प (A) सही है।

25. "प्राचीन आदर्श के अनुकूल चलने वाला" वाक्यांश के लिए शब्द गतानुगतिका होगा। अन्य विकल्प असंगत हैं।

अन्य विकल्प:

शब्द	वाक्यांश
गत	जो बीत चुका हो
गोतीत	जो इन्द्रियों के ज्ञान के बाहर है
गणितज्ञ	गणित शास्त्र को जानने वाला

अत: विकल्प (D) सही है।

26. नग शब्द के अनेकार्थी शब्द पर्वत, वृक्ष, नगीना'।

नग के अन्य अनेकार्थी शब्द हैं - निशाचर, राक्षस, प्रेत, उल्लू, साँप, चोर।

अन्य विकल्प:

- आराम - बाग, विश्राम, रोग का दूर होना।
- गुण - कौशल, शील, रस्सी, स्वभाव, धनुष की डोरी।
- तात - पिता, भाई, बड़ा, पूज्य, प्यारा, मित्र।

अत: विकल्प (B) सही है।

27. दिए गए विकल्पों में से कंगाल शब्द का अर्थ 'भिखारी' तथा कंकाल शब्द का अर्थ 'ठठरी' है, इस आधार पर 'कंगाल-कंकाल' शब्द-युग्म का सही अर्थ-भेद भिखारी-ठठरी है। अन्य विकल्प असंगत हैं। अतः सही विकल्प भिखारी-ठठरी है।

अन्य विकल्प:

शब्द-युग्म	अर्थ
कुल-कूल	वंश, सब-किनारा
कृत-क्रीत	किया हुआ-खरीदा हुआ
कृपण-कृपाण	कंजूस-कटार

अत: विकल्प (D) सही है।

28. "राम ने रावण को बाण से मारा" यहाँ वाक्य का शुद्ध रूप है। यहाँ ने, को, से कारक विभक्ति का सही प्रयोग किया गया है। अन्य विकल्प असंगत हैं।

अत: विकल्प (C) सही है।

29. 'कोई' शब्द सार्वनामिक विशेषण है।

जब वाक्य में संज्ञा से पहले कोई ओर कुछ जैसे सर्वनाम शब्द आते हैं एवं विशेषण की तरह संज्ञा शब्द की विशेषता बताते हैं, तो हम इन्हें अनिश्चयवाचक सार्वनामिक विशेषण कहते हैं।

दिए गए अन्य विकल्प इसके अनुचित उत्तर हैं।

अत: विकल्प (B) सही है।

30. 'राजू तो पक्का आएगा।' वाक्य सामान्य भविष्य काल का है। अन्य सभी विकल्प सम्भाव्य भविष्य काल के हैं। अतः सही उत्तर विकल्प 'राजू तो पक्का आएगा' है।

सामने भविष्य और सम्भाव्य भविष्य में अंतर - सामान्य भविष्य में क्रिया सामान्य रूप से भविष्य काल में होती है जबकि सम्भाव्य भविष्य काल में कार्य के भविष्य में होने की सम्भावना होती है।

अत: विकल्प (D) सही है।

31. 'मुकुंद यहाँ से चला गया।' इस वाक्य में 'यहाँ' शब्द के कारण क्रिया-विशेषण होगा।

जिन शब्दों से क्रिया की विशेषता का पता चले, वहाँ क्रिया विशेषण अव्यय होता है। जहाँ पर यहाँ, तेज, अब, रात, धीरे-धीरे, प्रतिदिन, सुंदर, वहाँ, तक, जल्दी, अभी, बहुत शब्द आते हैं, वहाँ क्रिया-विशेषण होता है।

अन्य विकल्प:

संबंधबोधक अव्यय: वे शब्द जो संज्ञा, सर्वनाम शब्दों को अन्य संज्ञा, सर्वनाम शब्दों के साथ सम्बन्ध का बोध कराते हैं।

समुच्चयबोधक: दो शब्दों या वाक्यों को जोड़ने वाले संयोजक शब्द को समुच्चयबोधक अव्यय कहते है।

निपात अव्यय: जो वाक्य में नवीनता या चमत्कार उत्पन्न करते हैं, उन्हें निपात अव्यय कहते हैं। इसे अवधारक शब्द भी कहते हैं। जहां पर ही, भी, तक, मात्र, भर, मत, सा, जी, केवल आते हैं वहाँ पर निपात अव्यय होता है।

अत: विकल्प (C) सही है।

32. 'ईला' प्रत्यय के योग से 'लचकीला' शब्द बना है।

लचक + ईला = लचकीला। इसमें गुणवाचक तद्धित प्रत्यय है।

इसके अन्य सभी विकल्प का कोई सार्थक अर्थ न होने की वजह से गलत हैं।

गुणवाचक तद्धित प्रत्यय- जिनसे किसी गुण का बोध होता है, उन्हें गुण वाचक तद्धित प्रत्यय कहते हैं। जैसे- चमकीला, रंगीला आदि। संज्ञा के अन्त में आ, इत, ई, ईय, ईला, वान इन प्रत्ययों को लगाकर गुणवाचक संज्ञाएँ बनायी जाती हैं।

प्रत्यय- शब्द के उपरांत जिस शब्द का प्रयोग किया जाता है वह प्रत्यय है।

जैसे - ता, औना, अन, अत

श्रो + ता = श्रोता

अत: विकल्प (D) सही है।

33. दिये गए विकल्पों में उचित उत्तर 'त्यक्त' है। अन्य विकल्प अनुचित उत्तर हैं।

'परित्यक्त' शब्द दो शब्दों 'परि+त्यक्त से मिलकर बना है।

'परि' उपसर्ग हटाने पर इसका मूल शब्द 'त्यक्त' है।

'परित्यक्त' का अर्थ होता है जिसे उपेक्षापूर्वक छोड़ दिया गया हो।

अत: विकल्प (B) सही है।

34. 'वह अपराधी है फिर भी, उसे सजा नहीं मिली।' यह विराम चिह्न का उपयुक्त उदाहरण है।

विराम चिह्न का अर्थ है ठहराव, विश्राम, रुकना।

अर्थात वाक्य लिखते समय विराम को प्रकट करने के लिए लगाए जाने वाले चिह्न को विराम चिह्न कहते हैं।

अन्य विकल्प इसके अनुचित उत्तर हैं।

अत: विकल्प (D) सही है।

35. कृष्णा सोबती को उनकी रचना 'जिंदगीनामा' के लिए 1980 में साहित्य अकादमी पुरस्कार मिला था।

यह एक आँचलिक उपन्यास है जिसमें पंजाब में रहने वाले लोगों की जिंदगी का यथार्थ चित्रण है।

मानवीय स्वतंत्रता और रूढ़ि का प्रतिरोध इस उपन्यास की विशेषता है।

उपन्यास में विभाजन पूर्व पंजाब के जनजीवन और संस्कृति का अद्भुत, शांत और सद्भावपूर्ण जीवन को दर्शाया गया है।

अत: विकल्प (C) सही है।

36. 'मुझसे चला नहीं जाता' वाक्य भाववाच्य है। इस वाक्य में 'चलने' की क्रिया प्रधान है। भाववाच्य में भाव अर्थात् क्रिया के अर्थ की प्रधानता होती है।

अन्य विकल्प:

वाक्य	वाच्य
वे गा नही सकते	कर्तृवाच्य
आइये, चलें	कर्तृवाच्य
अब चलते हैं	कर्तृवाच्य

अत: विकल्प (A) सही है।

37. मिट्टी की बारात हिन्दी के विख्यात साहित्यकार शिवमंगल सिंह सुमन द्वारा रचित एक कविता–संग्रह है जिसके लिये उन्हें सन् 1974 में साहित्य अकादमी पुरस्कार से सम्मानित किया गया।

अत: विकल्प (B) सही है।

38. सूरसागर, ब्रजभाषा में महाकवि सूरदास द्वारा रचे गए कीर्तनों-पदों का एक सुंदर संकलन है जो शब्दार्थ की दृष्टि से उपयुक्त और आदरणीय है। इसमें प्रथम नौ अध्याय संक्षिप्त है, पर दशम स्कन्ध का बहुत विस्तार हो गया है। इसमें भक्ति की प्रधानता है।

अत: विकल्प (B) सही है।

39. 'मोहन ने अविनाश को पढ़ाया।' यह वाक्य सकर्मक क्रिया का उदाहरण है।

जब किसी वाक्य में कर्ता, क्रिया और कर्म तीनों उपस्थित हों, तो वहां सकर्मक क्रिया होती है।

उपर्युक्त वाक्य में कर्ता 'मोहन' क्रिया 'पढ़ाया' और उसका फल अविनाश पर पड़ना 'अविनाश' उसका कर्म होगा।

इसमें कर्ता द्वारा किए गए कार्य से कोई दूसरी चीज प्रभावित होती है।

अत: विकल्प (D) सही है।

40. मौर्यकालीन समय में लोग सुखी थे, यह एक अशुद्ध वाक्य है।

उक्त वाक्य वर्तनी और उच्चारण की दृष्टि से शुद्ध है परन्तु इसमें विशेषण सम्बन्धित अशुद्धता है, अत: अशुद्ध वाक्य का विकल्प (D) मौर्यकालीन समय में लोग सुखी थे ही होगा।

अशुद्ध वाक्य - मौर्यकालीन समय में लोग सुखी थे।

शुद्ध वाक्य - मौर्यकाल में लोग सुखी थे।

अत: विकल्प (D) सही है।

41. पद्म भूषण 2020 पुरस्कार प्राप्त करने वालों में से एक, एस. सी. जमीर को उनके योगदान के लिए सार्वजनिक मामले में पुरस्कार मिला।

भारत के एक राजनेता और ओडिशा के पूर्व राज्यपाल एससी जमीर का जन्म 17 अक्टूबर, 1931 को हुआ था। उन्होंने महाराष्ट्र के राज्यपाल, गुजरात के राज्यपाल और गोवा के राज्यपाल के पदों पर कार्य किया है। वह नागालैंड के मुख्यमंत्री भी हैं। सार्वजनिक मामलों में उनकी सेवा के लिए 2020 में, उन्हें भारत का तीसरा सर्वोच्च नागरिक सम्मान पद्म भूषण मिला।

अतः विकल्प (A) सही है।

42. 2000 में लारा दत्ता के खिताब जीतने के दो दशक बाद, चंडीगढ़ की रहने वाली भारत की हरनाज़ संधु को मिस यूनिवर्स 2021 का ताज पहनाया गया है।

उसने पराग्वे और दक्षिण अफ्रीका के प्रतियोगियों को हराया।

13 दिसंबर 2021 को इज़राइल के इलियट में आयोजित प्रतियोगिता में उन्हें ताज पहनाया गया।

भारत ने इससे पहले 1994 में सुष्मिता सेन और 2000 में लारा दत्ता के साथ दो बार प्रतिष्ठित ताज जीता था।

अतः विकल्प (C) सही है।

43. अगस्त 2017 में फिल्म प्रमाणन बोर्ड का नया अध्यक्ष किसे नियुक्त किया गया?

- केंद्रीय सूचना और प्रसारण मंत्रालय ने प्रसून जोशी को नियुक्त किया है। उन्होंने पहलाज निहलानी की जगह ली और उनका कार्यकाल तीन साल का होगा।
- केंद्रीय फिल्म प्रमाणन बोर्ड फिल्म रेटिंग सिस्टम को सेंसर बोर्ड के नाम से भी जाना जाता है।
- यह भारत सरकार के सूचना और प्रसारण मंत्रालय के तहत एक सांविधिक सेंसरशिप और वर्गीकरण निकाय है।
- इसे सिनेमाटोग्राफी अधिनियम 1952 के प्रावधानों के तहत फिल्मों के विनियमन और सार्वजनिक प्रदर्शनी के साथ स्थापित किया गया है।

अतः विकल्प (D) सही है।

44. महिला और बाल विकास मंत्रालय ने 28 फरवरी 2022 तक पीएम केयर्स फॉर चिल्ड्न योजना को बढ़ा दिया था। पहले यह योजना 31 दिसंबर 2021 तक वैध थी। यह योजना उन सभी बच्चों को कवर करती है, जिन्होंने 11 मार्च 2020 से कोविड- 19 महामारी के कारण माता-पिता, जीवित माता-पिता, या कानूनी अभिभावक/दत्तक माता-पिता/एकल दत्तक माता-पिता दोनों को खो दिया है।

अतः विकल्प (A) सही है।

45. केंद्र सरकार ने स्वच्छता सर्वेक्षण 2021 की राज्य रेंकिंग जारी की, जिसमें बिहा 100 से अधिक नगर निकायों वाले राज्यों में 13वें स्थान पर है, जबकि गया जिल अखिल भारतीय की जिला रेंकिंग में देश भर के 659 जिलों में से 289वें स्थान पर। वहीं सुपौल को 300वां, पटना को 313वां और मुजफ्फरपुर को 351वां स्थान मिला है।

अतः विकल्प (D) सही है।

46. पटना के पास राज्य की एकमात्र जीनोम सीक्वेंसिंग लैब है। पटना स्थित इंदिरा गांधी इंस्टीट्यूट ऑफ मेडिकल साइंसेज (आईजीआईएमएस) में बिहार की पहली और एकमात्र जीनोम-अनुक्रमण सुविधा अभिकर्मकों की कमी के कारण पिछले सप्ताह से गैर-संचालन हो गई है। कोविड - 19 के ओमिक्रॉन

संस्करण का पता लगाने के लिए इस समय राज्य में किसी भी नमूने का परीक्षण नहीं किया जा रहा है।

अतः विकल्प (A) सही है।

47. बिहार के सहकारिता मंत्री सुभाष सिंह ने 24 अगस्त, 2021 को तरकारी एक्सप्रेस का शुभारंभ किया। यह पटना के निवासियों को उनके दरवाजे पर आधी कीमत पर सब्जियां पहुंचाने की सेवा है। सब्जियां सीधे किसानों के खेतों से प्राप्त होती हैं और पटना के सभी मोहल्लों में ई-रिक्शा से पहुंचती हैं।

अतः विकल्प (B) सही है।

48. हाल ही में बिहार में "लैपिस फ्लेम" नाम के एथेनॉल कुकिंग स्टोव का ट्रायल किया गया। यह परीक्षण बिहार की इथेनॉल नीति और राज्य में इथेनॉल उत्पादन कारखानों की स्थापना की पृष्ठभूमि में आयोजित किया गया था।

अतः विकल्प (A) सही है।

49. मीराबाई चानू ने सिंगापुर इंटरनेशनल में भारोत्तोलन में स्वर्ण पदक जीता।

भारोत्तोलन में 2020 टोक्यो ओलंपिक की रजत पदक विजेता, मीराबाई चानू ने 25 फरवरी 2022 को चल रहे सिंगापुर इंटरनेशनल में स्वर्ण पदक जीता। इस जीत ने उन्हें बर्मिंघम में आगामी 2022 राष्ट्रमंडल खेलों में एक स्थान सुरक्षित करने में भी मदद की। नए भार वर्ग −55 किग्रा में प्रतिस्पर्धा करते हुए चानू ने स्नैच में कुल 191 किग्रा- 86 किग्रा और क्लीन एंड जर्क में 105 किग्रा भार उठाकर स्वर्ण पदक जीता।

अतः विकल्प (A) सही है।

50. नीतीश कुमार ने 15 अगस्त 2021 को आजादी के बाद गाँधी मैदान में सर्वाधिक 15 वीं बार झंडा फहराकर श्री कृष्णा सिंह पूर्व मुख्यमंत्री के 14 बार झंडा फहराने का रिकॉर्ड तोड़ा।

15 अगस्त को बिहार के मुख्यमंत्री नीतीश कुमार ने 15 वीं बार तिरंगा झंडा फहराया। इससे पहले सबसे अधिक बार बिहार के मुख्यमंत्री रहते हुए झंडा फहराने का रिकॉर्ड श्री कृष्णा सिंह के पास था।

अतः विकल्प (B) सही है।

51. वारली चित्रकला एक प्राचीन भारतीय कला है जो की महाराष्ट्र की एक जनजाति वारली द्वारा बनाई जाती है और यह कला उनके जीवन के मूल सिद्धांतों को प्रस्तुत करती है। इन चित्रों में मुख्यतः फसल पैदावार ऋतु, शादी, उत्सव, जन्म और धार्मिकता को दर्शाया जाता है। यह कला वारली जनजाति के सरल जीवन को भी दर्शाती है।
अतः विकल्प (A) सही है।

52. परमाणु संख्या किसी तत्व के मूलभूत गुण हैं। प्रत्येक परमाणु की पहचान उसके विशिष्ट परमाणु संख्या से होती है। परमाणु संख्या, तत्व के एक परमाणु में मौजूद प्रोटॉन की संख्या के बराबर है।

अतः विकल्प (D) सही है।

53. जनरल इरविन रोमेल (15 नवंबर 1891 - 14 अक्टूबर 1944) एक जर्मन जनरल और सैन्य सिद्धांतकार थे। डेज़र्ट फ़ॉक्स के रूप में लोकप्रिय, उन्होंने द्वितीय विश्व युद्ध के दौरान नाजी जर्मनी के वेहरमैच (सशस्त्र बलों) में फील्ड मार्शल के रूप में सेवा की, साथ ही वेइमार गणराज्य के रेचेज़वेहर और इंपीरियल जर्मनी की सेना में सेवा की।

अतः विकल्प (B) सही है।

54. भारत छोड़ो आंदोलन:

- अगस्त 1942 में, गांधीजी ने 'भारत छोड़ो आंदोलन' शुरू किया और भारत में ब्रिटिश शासन को समाप्त करने के लिए एक

सामूहिक सविनय अवज्ञा आंदोलन 'करो या मरो' शुरू करने का फैसला किया।

- गांधीजी को जल्द ही पुणे के आगा खान पैलेस में कैद कर दिया गया और लगभग सभी नेताओं को गिरफ्तार कर लिया गया।

- इसे मूल रूप से एक अहिंसक और असहयोगी आंदोलन के रूप में प्रचारित किया गया था। अत: कथन 1 सही है।

- आंदोलन को भारत अगस्त आंदोलन या भारत छोडो आंदोलन के रूप में भी जाना जाता था।

- इसे 8 अगस्त, 1942 को महात्मा गांधी द्वारा अखिल भारतीय कांग्रेस कमेटी (AICC) के बॉम्बे सत्र में लॉन्च किया गया था।

- ब्रिटिश सरकार ने अगले ही दिन सभी प्रमुख कांग्रेस नेताओं को गिरफ्तार करके गांधी के आह्वान का जवाब दिया। गांधी, नेहरू, पटेल आदि सभी को गिरफ्तार कर लिया गया। इसने आंदोलन को जयप्रकाश नारायण और राम मनोहर लोहिया जैसे युवा नेताओं के हाथों में छोड़ दिया।

- लोगों ने गांधी के आह्वान का बड़े पैमाने पर जवाब दिया। अत: कथन 3 सही है।

- भारत छोड़ो आंदोलन का अधिकांश हिस्सा मजदूर वर्ग द्वारा चलाया गया था क्योंकि उन्होंने बंद और हड़ताल के माध्यम से आंदोलन किया था। अत: कथन 4 सही नहीं है।

अतः विकल्प (D) सही है।

55. लाइसेर्जिक एसिड डायथाइलैमाइड (LSD) एक दवा है जिसका उपयोग एक विभ्रामक (Hallucinogens) के रूप में किया जाता है।

LSD, पहली बार 1938 में संश्लेषित किया गया, एक अत्यंत शक्तिशाली विभ्रामक है। यह कृत्रिम रूप से लाइसेर्जिक एसिड से बनाया गया है, जो कि एरगोट में पाया जाता है, एक कवक जो राई और अन्य अनाजों पर उगता है। यह इतना शक्तिशाली है कि इसकी खुराक माइक्रोग्राम (mcg) श्रेणी में होती है।

अतः विकल्प (A) सही है।

56. सुकुमार सेन भारत के पहले मुख्य चुनाव आयुक्त थे।

सुकुमार सेन (1898-1963) भारतीय सिविल सेवा (ICS) के एक अधिकारी थे। वह भारत के पहले मुख्य चुनाव आयुक्त (सीईसी) थे, जो 21 मार्च 1950 से 19 दिसंबर 1958 तक सेवारत थे। उनकी देखरेख में दो आम चुनाव (1951-52 और 1957 में) हुए थे।

अतः विकल्प (C) सही है।

57. गंगा डेल्टा भारत का सबसे लंबा नदी डेल्टा क्षेत्र है।

गंगा डेल्टा, जिसे गंगा ब्रह्मपुत्र डेल्टा, सुंदरबन डेल्टा या बंगाल डेल्टा भी कहा जाता है, जहाँ गंगा और ब्रह्मपुत्र नदियाँ बंगाल की खाड़ी में बहती हैं। यह दुनिया का सबसे बड़ा डेल्टा है।

अतः विकल्प (C) सही है।

58. परमाणु संलयन से सूर्य को अपनी ऊर्जा मिलती है।

- परमाणु संलयन एक प्रतिक्रिया है जिसमें दो या दो से अधिक परमाणु नाभिक एक या एक से अधिक भिन्न परमाणु नाभिक और उप-परमाणु कण (न्यूट्रॉन या प्रोटॉन) बनाने के लिए पर्याप्त रूप से करीब आते हैं।

  — $1H^2 + 1H^2 \rightarrow 2He^4$

- हाइड्रोजन बम एक अत्यंत शक्तिशाली बम है जिसकी विनाशकारी शक्ति हाइड्रोजन (ड्यूटेरियम और ट्रिटियम) के समस्थानिकों के परमाणु संलयन के दौरान एक ट्रिगर के रूप में परमाणु बम का उपयोग करके ऊर्जा के तेजी से प्रकाशन से आती है।

- सूर्य परमाणु संलयन का सबसे अच्छा उदाहरण है जिसमें परमाणुओं के छोटे नाभिक बहुत उच्च तापमान और दबाव में बड़े नाभिक में जुड़ते हैं।

- यह संलयन सूर्य के केंद्र के अंदर होता है और ऊर्जा बाद में सूर्य की सतह पर चली जाती है।

- यह सौर विकिरण के उत्पादन के लिए जिम्मेदार है।

अतः विकल्प (C) सही है।

59. इल्तुतमिश दिल्ली सल्तनत का तीसरा शासक था, जो मामलुक वंश से संबंधित था। उसने पटना के अजीमाबाद में अध्ययन का एक केंद्र स्थापित किया। उसने मौद्रिक प्रणाली, कुलीनता और साथ ही मैदान और जागीरों के वितरण को फिर से संगठित किया और कई इमारतों को खड़ा किया।

अतः विकल्प (D) सही है।

60. प्रेस की स्वतंत्रता की गारंटी देने के लिए हमारे संविधान में कोई विशेष प्रावधान नहीं है क्योंकि प्रेस की स्वतंत्रता को व्यापक स्वतंत्रता अभिव्यक्ति में शामिल किया गया है जो कि अनुच्छेद 19 (1) A द्वारा गारंटी दी गई है।

अभिव्यक्ति की स्वतंत्रता का अर्थ है, न केवल अपने विचारों को व्यक्त करने की स्वतंत्रता बल्कि दूसरों के विचारों और मुद्रण सहित साधनों से भी।

अतः विकल्प (A) सही है।

61. मानव में कपाल तंत्रिकाओं के 12 जोड़े होते हैं। मस्तिष्क से निकलने वाली नसों को कपाल तंत्रिका कहा जाता है।

जिस तन्त्र के द्वारा विभिन्न अंगों का नियंत्रण और अंगों और वातावरण में सामंजस्य स्थापित होता है उसे तन्त्रिका तन्त्र कहते हैं। तंत्रिकातंत्र में मस्तिष्क, मेरुरज्जु और इनसे निकलने वाली तंत्रिकाओं की गणना की जाती है। तन्त्रिका कोशिका, तन्त्रिका तन्त्र की रचनात्मक एवं क्रियात्मक इकाई है।

अतः विकल्प (B) सही है।

62. स्वतंत्रता का अधिकार नागरिकों को अन्य चीजों के बीच गरिमा का जीवन जीने की स्वतंत्रता प्रदान करता है। ये भारतीय संविधान के अनुच्छेद 19, 20, 21 A और 22 में वर्णित हैं।

अतः विकल्प (B) सही है।

63. भारत निर्वाचन आयोग का राज्य में नगर पालिका के चुनावों से संबंधित नहीं है। भारत निर्वाचन आयोग एक स्वायत्त संवैधानिक प्राधिकारी है जो भारत में चुनाव प्रक्रियाओं के संचालन के लिए उत्तरदायी है। यह निकाय भारत में लोकसभा और राज्यों की विधानसभाओं और देश में राष्ट्रपति और उप राष्ट्रपति के कार्यालयों के लिए चुनाव संचालित करता है। निर्वाचन आयोग संविधान के अनुच्छेद 324 के अंतर्गत कार्य करता है।

अतः विकल्प (B) सही है।

64. लोक लेखा समिति की स्थापना भारत सरकार अधिनियम 1919 के तहत की गई थी।

लोक लेखा समिति भारतीय संसद के कुछ चुने हुए सदस्यों वाली समिति है जो भारत सरकार के व्यय का लेखा-जोखा करती है। यह समिति संसद द्वारा निर्मित है। इस समिति में 22 सदस्य होते हैं, जिसमें 15 सदस्य लोकसभा द्वारा तथा 7 सदस्य राज्य सभा द्वारा एक वर्ष के लिये निर्वाचित किए जाते हैं। यह समिति भारत के नियंत्रक महालेखा परीक्षक द्वारा दिये गये लेखा परीक्षण सम्बन्धी प्रतिवेदनों की जाँच करती है।

अतः विकल्प (A) सही है।

65. केंद्रीय सतर्कता आयोग की स्थापना संथानम समिति की सिफारिश पर की गई थी।

केंद्रीय सतर्कता आयोग की स्थापना सरकार ने सतर्कता के क्षेत्र में केंद्र सरकार की एजेंसियों को सलाह देने और मार्गदर्शन करने के लिए श्री के. संथानम की अध्यक्षता में भ्रष्टाचार निरोधक समिति की सिफारिशों पर फरवरी 1964 में की थी।

अतः विकल्प (C) सही है।

66. सरकार द्वारा गठित स्वर्ण सिंह समिति के अनुरोध पर नागरिकों के मौलिक कर्तव्यों को 1976 में 42वें संशोधन द्वारा संविधान में जोड़ा गया था।

अतः विकल्प (D) सही है।

67. कार्बन मोनोऑक्साइड विषाक्तता आमतौर पर बहुत अधिक कार्बन मोनोऑक्साइड (CO) में सांस लेने से होती है। अधिक समय तक कार्बन मोनोऑक्साइड में सांस लेने से बेहोशी और मृत्यु भी हो सकती है।

अतः विकल्प (C) सही है।

68. हमारी पृथ्वी के 7 महाद्वीप हैं एशिया, अफ्रीका, अंटार्कटिका, ऑस्ट्रेलिया, यूरोप, उत्तरी अमेरिका, दक्षिण अमेरिका।

पृथ्वी का सबसे बड़ा महाद्वीप एशिया और सबसे छोटा ऑस्ट्रेलिया है।

अतः विकल्प (B) सही है।

69. गुरुत्वाकर्षण के बल के प्रत्युत्तर में पौधों के हिस्सों की वृद्धि को गुरूत्वानुवर्तन कहा जाता है। पौधों की ऊपर की ओर की वृद्धि को नकारात्मक गुरूत्वानुवर्तन कहा जाता है। जड़ों की नीचे की ओर की वृद्धि को सकारात्मक गुरूत्वानुवर्तन कहा जाता है।

अतः विकल्प (A) सही है।

70. नवजात शिशु में लगभग 300 अस्थियाँ होती हैं। एक बच्चे का कंकाल मुख्यतः उपास्थि का बना होता है। जैसे जैसे व्यक्ति बड़ा होता है, अधिकतर उपास्थियाँ अस्थियों में परिवर्तित हो जाती है जिस प्रक्रिया को ओसिफिकेशन (अस्थिकरण) कहते हैं। व्यस्क होते होते कंकाल में 206 अस्थियाँ रहती हैं।

अतः विकल्प (A) सही है।

71. भारतीय दंड संहिता की धारा 84 "अस्वस्थ मन (दिमागी रूप से अस्वस्थय) वाले व्यक्ति के कार्य" से संबंधित है। इसमें कहा गया है कि "उस व्यक्ति द्वाराकिया गया कार्य अपराध की श्रेणी में नहीं आएगा जो अपराध करते समय दिमागी रूप से अस्वस्थयहो और उसे यह ज्ञात न हो कि वह जो कर रहा है वह सही है या गलत।"

अतः विकल्प (B) सही है।

72. भारतीय दंड संहिता की धारा 82 के अनुसार, 7 वर्ष से कम आयु के शिशु द्वारा किया गया कोई भी कार्य अपराध नहीं है।

अतः विकल्प (B) सही है।

73. प्रसिद्ध पुस्तक किताब-उल-हिंद अल-बिरूनी ने लिखी है।

भारत में प्रचलित हिंदू आस्था की खोज के बाद अल-बिरूनी द्वारा किताब-उल-हिंद को लिखा गया था। अल-बिरूनी एक ईरानी विद्वान था जो ख्वारज़्म क्षेत्र से आया था, जो वर्तमान पश्चिमी उज्बेकिस्तान और उत्तरी तुर्कमेनिस्तान है। उन्हें 11वीं शताब्दी के आरंभिक भारत के उल्लेखनीय विवरण के लिए "इंडोलॉजी का संस्थापक" और "पहला मानवविज्ञानी" शीर्षक दिया गया।

अतः विकल्प (D) सही है।

74. भारत के उपराष्ट्रपति भारत के दूसरे सर्वोच्च पद पर काबिज है।

उन्हें प्रधानता के आधिकारिक वारंट में भारत के राष्ट्रपति से अगला स्थान दिया गया है। यह कार्यालय अमेरिकी उपराष्ट्रपति की तर्ज पर बनाया गया है।

अतः विकल्प (D) सही है।

75. रेडियो तरंगों के विक्षेपण के लिए वायुमंडल की आयनमंडल परत जिम्मेदार है।

ताप मंडल के निचले भाग में, 100 से 400 किमी के बीच, वायुमंडलीय गैसों का आयनीकरण होता है और परत को आयनमंडल कहा जाता है। आयनमंडल सौर विकिरण द्वारा आयनित होता है। 250 किलोमीटर पर आयनित कणों की सबसे अधिक सांद्रता होती है जो रेडियो तरंगों के विक्षेपण के लिए जिम्मेदार है।

अतः विकल्प (B) सही है।

76. जवाहर लाल नेहरू ने ऐतिहासिक "उद्देश्य संकल्प" प्रस्तुत किया था।

संविधान सभा में 300 सदस्य थे। इनमें से छह सदस्यों ने विशेष रूप से महत्वपूर्ण भूमिका निभाई।

इनमें से तीन कांग्रेस के प्रतिनिधि थे, जवाहरलाल नेहरू, वल्लभ भाई पटेल और राजेंद्र प्रसाद।

अतः विकल्प (A) सही है।

77. आपातकाल के दौरान, जीवन और व्यक्तिगत स्वतंत्रता के अधिकार को रद्द नहीं किया जा सकता है।

राष्ट्रीय आपातकाल के दौरान, भारतीय नागरिकों के कई मौलिक अधिकारों को निलंबित किया जा सकता है। स्वतंत्रता के अधिकार के तहत, छह निर्दलीय अपने आप निलंबित हो जाते हैं। इसके विपरीत, जीवन और व्यक्तिगत स्वतंत्रता के अधिकार को मूल संविधान के अनुसार निलंबित नहीं किया जा सकता है।

अतः विकल्प (C) सही है।

78. भारतीय विकास अर्थशास्त्री, जयती घोष को संयुक्त राष्ट्र महासचिव एंटोनियो गुटेरेस ने प्रभावी बहुपक्षवाद पर एक नए उच्च स्तरीय सलाहकार बोर्ड में नियुक्त किया है।

- वह मैसाचुसेट्स एमहर्स्ट विश्वविद्यालय में प्रोफेसर हैं।
- उससे पहले वे जवाहरलाल नेहरू विश्वविद्यालय में प्रोफेसर थीं।
- वह आर्थिक और सामाजिक मामलों पर संयुक्त राष्ट्र के उच्च स्तरीय सलाहकार बोर्ड की सदस्य भी हैं।

अतः विकल्प (A) सही है।

79. वित्तमंत्री निर्मला सीतारमण ने केंद्रीय बजट में अंतरिक्ष विभाग को 13,700 करोड़ रुपये आवंटित किए हैं।

आवंटन पिछले बजट में 12,642 करोड़ रुपये के संशोधित अनुमान से 1,058 करोड़ रुपये की वृद्धि थी। आवंटन का एक बड़ा हिस्सा - 10,534 करोड़ रुपये - अंतरिक्ष प्रौद्योगिकी के तहत बनाया गया है जो ISRO के अधिकांश केंद्रों को कवर करता है।

अतः विकल्प (A) सही है।

80. केंद्रीय वित्त मंत्री निर्मला सीतारमण ने 01 फरवरी 2022 को केंद्रीय बजट 2022-23 पेश करते हुए एक नई योजना, पूर्वोत्तर के लिए प्रधानमंत्री विकास पहल, PM-DevINE की घोषणा की है।

- PM-DevINE को नॉर्थ-ईस्टर्न काउंसिल के जरिए लागू किया जाएगा।
- नई योजना के लिए 1,500 करोड़ रुपये का प्रारंभिक आवंटन किया जाएगा।
- यह प्रधानमंत्री गतिशक्ति की भावना में बुनियादी ढांचे और उत्तर-पूर्व की महसूस की गई जरूरतों के आधार पर सामाजिक विकास परियोजनाओं को वित्तपोषित करेगा।

अतः विकल्प (A) सही है।

81. यह दिया गया है कि, समकोण समद्विबाहु त्रिभुज का क्षेत्रफल 8 सेमी^{2} है।

हम जानते हैं कि, त्रिभुज का क्षेत्रफल = (आधार × ऊँचाई)/2   ----(1)

हम जानते हैं कि एक समकोण समद्विबाहु त्रिभुज के लिए, आधार = ऊंचाई

इसलिए, समीकरण (1) से,

क्षेत्रफल = (आधार^2)/2

अब, प्रश्न के अनुसार मान रखने पर,

8 = (आधार^2)/2

⇒ 8 × 2 = आधार^2

⇒ आधार = 4 सेमी

इसलिए, आधार = ऊंचाई = 4 सेमी

अब, पाइथागोरस प्रमेय से,

कर्ण = √(आधार^2 + ऊंचाई^2)

कर्ण = √(2 × आधार)^2

$$= \sqrt{2 \times 4 \times 4}$$

$$= \sqrt{32} \text{ सेमी}$$

अतः विकल्प (A) सही है।

82. यहाँ पैटर्न है:

$1^2 = 1$

$3^2 = 9$

$5^2 = 25$

$7^2 = 49$

$9^2 = 81$

$11^2 = 121$

इसलिए, 81, '?' के स्थान पर आएगा।

अतः विकल्प (D) सही है।

83. दिया है:

560 के 23% का 19%

सरलीकरण से हम प्राप्त करते हैं,

$$= 560 \times \left(\frac{23}{100}\right) \times \left(\frac{19}{100}\right)$$
$$= 24.472$$

अतः विकल्प (A) सही है।

84. माना कि निवेश की गई राशि 100x रु है।

10% प्रति वर्ष पर 1 वर्ष के लिए साधारण ब्याज = 100x का 10% = 10x रु

3 वर्ष के लिए साधारण ब्याज 10% प्रति वर्ष = 3 × 10x = 30x रु

1 वर्ष के लिए साधारण ब्याज 15% प्रति वर्ष = 100x का 15% = 15x रु

3 वर्षों के लिए साधारण ब्याज 15% प्रति वर्ष = 3 × 15x = 45x रु

अंतर = 45x - 30x =15x रु

यह दिया है, 15x = 90

⇒ x = 6

इसलिए, निवेश की गई राशि = 100x रु = (100 × 6) रु = 600 रु

अतः विकल्प (A) सही है।

85. दी गयी समीकरण है

13! 102@6%2^41

प्रश्न के अनुसार सभी चिह्नों को बदलने पर,

$= 13 + 102 \div 6 \times 2 - 41$

$= 13 + \left(\frac{102}{6}\right) \times 2 - 41$

$= 13 + 17 \times 2 - 41$

$= 13 + 34 - 41$

$= 47 - 41$

$= 6$

अतः विकल्प (A) सही है।

86. दिया गया समीकरण है:

$\Rightarrow 72 \times 25 + 45 \times 20 = 15^3 - ?$

उपरोक्त समीकरण को सरल करने पर,

$\Rightarrow 1800 + 900 = 3375 - ?$

$\Rightarrow ? = 3375 - 2700 = 675$

अतः विकल्प (B) सही है।

87. दिया गया समीकरण है:

$8.25 \times 32 + 12.25 \times 36 - 1.85 \times 80 = ?$

$\Rightarrow 264 + 441 - 148 = ?$

$\Rightarrow ? = 557$

अतः विकल्प (C) सही है।

88. यह दिया गया है कि $\triangle ABC$ में, $AB = 4$ सेमी और $AC = 8$ सेमी

M, BC का मध्य बिंदु है और $AM = 3$ सेमी है।

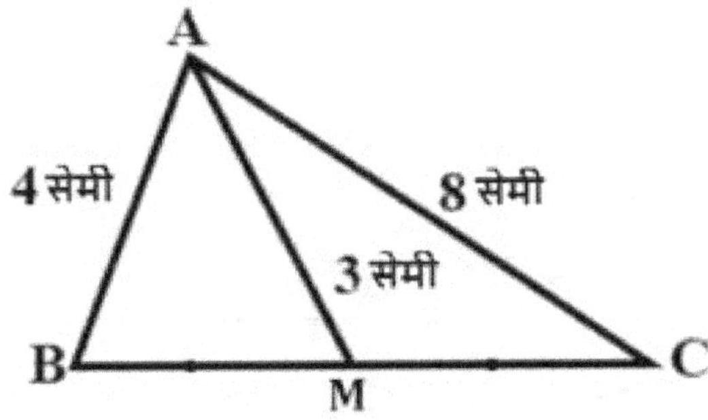

एपोलोनियस की प्रमेय का उपयोग करने पर,
$AB^2 + AC^2 = 2(AM^2 + BM^2)$
$\Rightarrow 4^2 + 8^2 = 2(3^2 + BM^2)$
$\Rightarrow 16 + 64 = 2(9 + BM^2)$
$\Rightarrow BM^2 = 31$
$\Rightarrow BM = \sqrt{31}$
$\because BC = 2BM$

$\therefore BC = 2\sqrt{31}$

अतः विकल्प (B) सही है।

89. उपरोक्त समीकरण को हल करने के बाद हम देख सकते हैं कि '#' का उपयोग '×' के लिए और '%' का उपयोग '÷' के लिए हुआ है। इसलिए,

$3 \times 42 \div 6 = 21$

$4 \times 24 \div 3 = 32$

$5 \times 52 \div 10 = 26$

अतः विकल्प (C) सही है।

90. यहाँ पैटर्न है:

पहली संख्या = 4

दूसरी संख्या = 4 + 3 = 7

तीसरी संख्या = 7 + 5 = 12

चौथी संख्या = 12 + 7 = 19

पांचवी संख्या = 19 + 9 = 28

इसलिए,

अगली संख्या = 28 + 11 = 39

अतः विकल्प (D) सही है।

91. माना कि यात्रा की कुल दूरी x है।

हम यह जानते हैं कि,

समय $=$ (दूरी /चाल)

तो, कुल समय $= \left(\frac{x}{2v}\right) + \left(\frac{x}{(4 \times 2v)}\right) + \left(\frac{x}{\left(4 \times \left(\frac{v}{4}\right)\right)}\right)$

$= \frac{13x}{8v}$

औसत गति $=$ कुल दूरी / कुल समय

$= \frac{x}{\left(\frac{13x}{8v}\right)}$

$= \frac{8v}{13}$

अतः विकल्प (B) सही है।

92. दिया गया समीकरण है:

$= \sqrt[3]{8000} - \sqrt[3]{4096} - \sqrt[3]{64}$

$= 20 - 16 - 4$

$= 0$

अतः विकल्प (C) सही है।

93. दिया है-

X और Y के पास $5:3$ के अनुपात में धन था।

माना कि X का भाग $= 5a$

माना कि Y का भाग $= 3a$

प्रश्न के अनुसार,

X ने Y को रु 20 दिए।

X का नया भाग $= 5a - 20$

Y का नया भाग $= 3a + 20$

$\frac{5a-20}{3a+20} = \frac{13}{11}$

$\Rightarrow 55a - 220 = 39a + 260$

$\Rightarrow 16a = 480$

$\Rightarrow a = 30$

धन जो X के पास शुरू में था $= 5a$

$= 5 \times 30$

$= $ रु 150

अतः विकल्प (D) सही है।

94. दिया है-

$3 : 7 : 12$ के अनुपात में एक राशि P, Q और R के बीच विभाजित किया जाना है।

माना कि P का भाग है $= 3a$

माना कि Q का भाग है $= 7a$

माना कि R का भाग है $= 12a$

प्रश्न के अनुसार,

Q और R के भाग में अंतर रु 93000 है।

$\Rightarrow 12a - 7a = 93000$

$\Rightarrow 5a = 93000$

$\Rightarrow a = $ रु 18600

कुल धनराशि $= 3a + 7a + 12a$

$= 22a$

$= $ रु (22×18600)

$= $ रु 409200

अतः विकल्प (D) सही है।

95. फ्रिज का क्रय मूल्य $(CP) = 2500 + 500 = 3000$ रु

विक्रय मूल्य $(SP) = 3300$ रु

यह स्पष्ट है कि वह लाभ प्राप्त कर रहा है। इसलिए,

लाभ $= SP - CP = 3300 - 3000 = 300$

इसलिए, लाभ $\% = ($लाभ $\times 100)/CP = \frac{300 \times 100}{3000} = 10\%$

अतः विकल्प (A) सही है।

96. माना की कुल कार्य 1 इकाई है।

तो,

A का 1 दिन का काम $= \frac{1}{15}$

B का 1 दिन का काम $= \frac{1}{20}$

$(A + B)$ का 1 दिन का काम $= \left(\frac{1}{15} + \frac{1}{20}\right) = \frac{7}{60}$

$(A + B)$ का 4 दिन का काम $= \left(\frac{7}{60} \times 4\right) = \frac{7}{15}$

इसलिए, शेष कार्य $= \left(1 - \frac{7}{15}\right) = \frac{8}{15}$

अतः विकल्प (D) सही है।

97. माना, कुल जनसंख्या $= 100$

तो, महिलाएं $= 100$ का $55\% = 55$

पुरुष $= 100 - 55 = 45$

अब, साक्षर जनसंख्या $= 100$ का $58\% = 58$

पुरुष साक्षर जनसंख्या $= 45$ का $80\% = 36$

महिला साक्षर $+$ पुरुष साक्षर $= $ कुल साक्षर

तो, महिला साक्षर $= 58 - 36 = 22$

इसलिए,

महिला साक्षर $\% = \frac{22}{55} \times 100 = 40\%$

अतः विकल्प (C) सही है।

98. 1 से 9 .... 9 संख्याएँ$= 9$ अंक।

10 से 99 ....90 संख्याएँ $= 90 \times 2 = 180$ अंक।

100 से 969 .... 870 संख्याएँ $= 870 \times 3 = 2610$

इसलिए,

कुल अंक $= 9 + 180 + 2610 = 2799$

अतः विकल्प (C) सही है।

99. दिए गए आरेख से हम देख सकते हैं कि:

A = {2,4,6,8}

B = {3,5,6,7}

C = {7,8,9}

इसलिए, A ∩ (B ∪ C) = {6,8}

अतः विकल्प (B) सही है।

100. यदि A और B दो समुच्चय हैं तो,

$\Rightarrow$ A ∩ (A ∩ B)' $=$ A ∩ (A' ∪ B') (डिमॉर्गन का नियम)

$\Rightarrow$ (A ∩ A') ∪ (A ∩ B') $= \varphi \cup (A \cap \varphi B')$

$\therefore$ A ∩ (A ∩ B)' $=$ A ∩ B'

अतः विकल्प (A) सही है।

101. दिया है

$x + y = 10$

इसलिए, $y = 10 - x$

और, $\frac{1}{x} + \frac{1}{y} = \frac{5}{12}$

इसलिए, $\frac{x+y}{xy} = \frac{5}{12}$

$\Rightarrow \frac{10}{xy} = \frac{5}{12}$

$\therefore xy = 24$

यहाँ y का मान रखते है,

$x(10 - x) = 24$

$\Rightarrow 10x - x^2 = 24$

$\Rightarrow x^2 - 10x + 24 = 0$

$\Rightarrow (x - 6)(x - 4) = 0$

$\therefore x = 6, 4$

अतः विकल्प (B) सही है।

102. यह दिया गया है कि,

कुल राशि = 23808 रुपये

दिए गए अनुपात हैं,

A : B = 8 : 9   ---- (1)

B : C = 3 : 5   ---- (2)

C : D = 1 : 2   ---- (3)

समीकरण (2) से,

B : C = 3 : 5

$\Rightarrow$ B : C = 3 × 3 : 5 × 3 = 9 : 15

इसलिए,

$\Rightarrow$ A : B : C = 8 : 9 : 15

इसलिए, C : D = 1 : 2 = 15 : 30

$\therefore$ A : B : C : D = 8 : 9 : 15 : 30

अब, B का हिस्सा $= \frac{9}{62} \times 23808 = 3456$ रुपये

अतः विकल्प (A) सही है।

103. दिया है:

$4 \times 576 \div 48 \times 9 \div 3 \div 2 = ? \times \sqrt[3]{512}$

$4 \times \frac{576}{48} \times 9 \times \frac{1}{3} \times \frac{1}{2} = ? \times 8$

$4 \times 12 \times \frac{3}{2} = ? \times 8$

$? = \frac{24 \times 3}{8}$

$? = 3 \times 3$

$? = 9$

अतः विकल्प (C) सही है।

104. सबसे पहले, हम वास्तविक चिन्हों का उपयोग करके चिन्हों को प्रतिस्थापित करते हैं।'

$12 - 7 + 9 \times 10 \div 5$

यह BODMAS के नियम से हल किया जाएगा।

$= 12 - 7 + (9 \times 2)$

$= 12 - 7 + 18$

$= 23$

अतः विकल्प (D) सही है।

105. दूसरी संख्या को खोजने के लिए, हम सूत्र का उपयोग कर सकते है:

पहली संख्या × दूसरी संख्या = ल.स × म.स

$\Rightarrow$ 90 × दूसरी संख्या = 540 × 20

दूसरी संख्या $= \frac{540 \times 20}{90} = 120$

अतः विकल्प (A) सही है।

106. दिया है,

पहले 10 मिनट में ट्रेन द्वारा तय की गई दूरी = 35 किमी /घंटा

$= \frac{35 \times 10}{60} = \frac{35}{6}$ किमी

अगले 5 मिनट में ट्रेन द्वारा तय की गई दूरी = 20 किमी /घंटा

$= \frac{20 \times 5}{60} = \frac{10}{6}$ किमी

तो, ट्रेन द्वारा तय की गई कुल दूरी $= \left(\frac{35}{6} + \frac{10}{6} \right)$ किमी $= \frac{45}{6}$ किमी

दिया है, कुल समय = 15 मिनट $= \frac{1}{4}$ घंटा

$\therefore$ ट्रेन की औसत गति = कुल दूरी / कुल समय $= \frac{45}{6} \times 4 = 30$ किमी

अतः विकल्प (A) सही है।

107. दिया है,

विक्रेता 225 रुपये की एक कलाई घड़ी खरीदता है और इसकी मरम्मत करने के लिए 15 रुपये खर्च करता है। तो, कलाई घड़ी का क्रय मूल्य = 225 + 15 = 240 रु.

फिर, वह कलाई घड़ी को 300 रुपये में बेचता है।

तो, कलाई घड़ी पर उसका लाभ,

$\Rightarrow$ विक्रय मूल्य - क्रय मूल्य = 300 - 240 = 60 रु.

तो, लाभ का % $= \left(\frac{60}{240} \right) \times 100 = 25\%$

अतः विकल्प (C) सही है।

108. दिया गया समीकरण है:

$\frac{(469+174)^2 - (469-174)^2}{(469 \times 174)} = ?$

हम जानते हैं कि, $4ab = (a+b)^2 - (a-b)^2$

$\therefore \frac{(469+174)^2 - (469-174)^2}{(469 \times 174)}$

$= \frac{4 \times 469 \times 174}{469 \times 174}$

= 4

अतः विकल्प (B) सही है।

109. माना कि संख्या x है। इसलिए, प्रश्नानुसार,

$\Rightarrow x \times \frac{15}{100} \times \frac{45}{100} = 105.3$

$\Rightarrow x = 1560$

इसलिए, आवश्यक संख्या $= \frac{24}{100} \times 1560 = 374.4$

अतः विकल्प (B) सही है।

110. किराने की दुकान में लगातार 5 महीनों की कुल बिक्री = (6435 + 6927 + 6855 + 7230 + 6562) रु

= 34009 रु

∴ आवश्यक बिक्री = [(6500 × 6) - 34009] रु

= (39000 - 34009) रु

= 4991 रु

अतः विकल्प (A) सही है।

111. 3 कुशल कामगारों का 1 दिन का काम $= \frac{1}{20}$

5 लड़कों का 1 दिन का काम $= \frac{1}{30}$

(3 कुशल कामगार + 5 लड़के) का 1 दिन का काम $= \left(\frac{1}{20} + \frac{1}{30}\right)$

$= \frac{5}{60}$

$= \frac{1}{12}$

∴ 3 पुरुष और 5 लड़के 12 दिनों में काम पूरा करेंगे।

अतः विकल्प (D) सही है।

112. दिया गया समीकरण है:

$25a + 25b = 115$

$\Rightarrow 25(a + b) = 115$

$\Rightarrow a + b = \frac{115}{25}$

$\Rightarrow a + b = \frac{23}{5}$

∴ a और b का औसत $= \frac{a+b}{2}$

$= \frac{23}{5} \times \frac{1}{2}$

$= \frac{23}{10}$

= 2.3

अतः विकल्प (D) सही है।

113. दिया है:

रमेश की आयु = 60 वर्ष

निशा की आयु = 30

गणना:

रमेश की वर्तमान आयु = 60 वर्ष

निशा की उम्र = 30 वर्ष

माना कि x वर्ष बाद रमेश और निशा की उम्र का अनुपात 5 : 4 है

रमेश की आयु x वर्ष के बाद = 60 + x

निशा की आयु x वर्ष के बाद = 30 + x

प्रश्न के अनुसार,

$\Rightarrow \frac{(60+x)}{(30+x)} = \frac{5}{4}$

$\Rightarrow (240 + 4x) = (150 + 5x)$

$\Rightarrow x = 90$

∴ 90 वर्ष के बाद रमेश और निशा की उम्र का अनुपात 5 : 4 है।

अतः विकल्प (C) सही है।

114. दिया है:

अनुजा $66\frac{2}{3}\%$ या संपत्ति के $\left(\frac{2}{3}\right)$ की मालिक है $\left(66\frac{2}{3}\% = \frac{2}{3}\right)$

अनुजा की स्वयं की संपत्ति के 30% का मूल्य 125000 रुपए है

माना संपत्ति का मूल्य 'x' है,

प्रश्न के अनुसार,

x के $\left(\frac{2}{3}\right)$ का 30% $= 125000$

$\Rightarrow x =$ 625000 रुपए

625000 का 45% = 625000 का $\left(\frac{45}{100}\right)$

= 281250 रुपए

∴ कुल संपत्ति का 45% का मूल्य 281250 रुपए है।

अतः विकल्प (B) सही है।

115. दिया है: तीन साथियों ने एक व्यापार में 1000 रूपए, 1500 रूपए और 2000 रूपए निवेश किये।

कुल लाभ = 810 रूपए

हम जानते हैं,

तीनों के निवेश अनुसार मुनाफे को समान अनुपात में बाँटा जाएगा।

तीन साथियों के निवेश का अनुपात = 1000 : 1500 : 2000 = 2 : 3 : 4

810 रूपए में अंतिम साथी का हिस्सा $= \frac{4}{2+3+4} \times 810 =$

$\frac{4}{9} \times 810 =$ 360 रूपए

∴ अंतिम साथी को कुल लाभ में से 360 रुपये मिलेंगे।

अतः सही विकल्प (D) है।

116. 2017 में बेचे गए लैपटॉप की कुल संख्या = 110 + 75 + 90 + 75

= 350

2018 में बेचे गए लैपटॉप की कुल संख्या = 105 + 95 + 80 + 70

= 350

2019 में बेचे गए लैपटॉप की कुल संख्या = 90 + 110 + 90 + 110

= 400

2020 में बेचे गए लैपटॉप की कुल संख्या = 85 + 95 + 90 + 80

= 350

2021 में बेचे गए लैपटॉप की कुल संख्या = 110 + 75 + 100 + 65

= 350

∴ 2019 में बेचे गए लैपटॉप की कुल संख्या सबसे अधिक थी।

अत: विकल्प (B) सही है।

117. 2018 और 2019 में एप्पल द्वारा बेचे गए लैपटॉप की कुल संख्या = 70 + 110

= 180

2020 में डेल द्वारा बेचे गए लैपटॉप की संख्या = 95

= 95

आवश्यक अंतर = 180 - 95

∴ अभीष्ट अंतर 85 है।

अत: विकल्प (A) सही है।

118. लेनोवो द्वारा 2017 और 2018 में बेचे गए लैपटॉप की कुल संख्या = 90 + 80

= 170

2019 और 2020 में एचपी द्वारा बेचे गए लैपटॉप की कुल संख्या = 90 + 85

= 175

अभीष्ट अनुपात = 170 : 175

⇒ अभीष्ट अनुपात = 34 : 35

∴ अभीष्ट अनुपात 34 : 35 है।

अत: विकल्प (B) सही है।

119. दिया है:

लेनोवो द्वारा अलग-अलग वर्षों में बेचे गए लैपटॉप की संख्या 90, 80, 90, 90, 100 है।

सूत्र:

औसत = (सभी प्रेक्षणों का योग)/(प्रेक्षणों की संख्या)

गणना:

$$\text{आवश्यक औसत} = \frac{90+80+90+90+100}{5}$$

$$= \frac{450}{5}$$

औसत = 90

∴ सभी वर्षों के दौरान लेनोवो द्वारा बेचे गए लैपटॉप की औसत संख्या 90 है।

अत: विकल्प (C) सही है।

120. दिया है:

2019 में एचपी द्वारा बेचे गए लैपटॉप की संख्या = 90

2021 में डेल द्वारा बेचे गए लैपटॉप की संख्या = 75

गणना:

बेचे गए लैपटॉप की संख्या में अंतर = 90 - 75

बेचे गए लैपटॉप की संख्या में अंतर = 15

$$\text{आवश्यक प्रतिशत} = \frac{15}{75} \times 100$$

आवश्यक प्रतिशत = 20%

∴ 2019 में एचपी द्वारा बेचे गए लैपटॉप की संख्या, 2021 में डेल द्वारा बेचे गए लैपटॉप की संख्या से 20% अधिक है।

अत: विकल्प (B) सही है।

121. यदि हम अक्षरों को उनके विपरीत अक्षरों के साथ रखते हैं जैसा कि नीचे दिखाया गया है, हम अनुसरित स्वरूप देख सकते हैं:

A　B　C　D　E　F　G　H　I　J　K　L　M

Z　Y　X　W　V　U　T　S　R　Q　P　O　N

इस प्रकार, EF, UV से संबंधित है।

अत: विकल्प (C) सही है।

122. यहां जिस स्वरुप का अनुसरण किया जा रहा है, वह इस प्रकार है,

$$729 \rightarrow 7 + 2 + 9 = 18^2 = 324$$

इसी तरह, 512 को निम्न रूप में लिखा जा सकता है,

$$512 \rightarrow 5 + 1 + 2 = 8^2 = 64$$

अत: विकल्प (C) सही है।

123. यहाँ दूसरी संख्या पहली संख्या के अंकों का योग है।

तो, 169 = 1 + 6 + 9 = 16,

उसी प्रकार, 248 = 2 + 4 + 8 = 14

अत: विकल्प (A) सही है।

124. यहाँ, संख्या अंग्रेजी वर्णमाला श्रृंखला में अक्षर के संख्यात्मक मान का योग दर्शाती है (A के रूप में 1, B के रूप में 2 और इसी तरह)।

इसलिए, 35, A = 1, N = 14 और T = 20 का योग है।

इसी तरह,

27, H = 8, E = 5 और N = 14 का योग होगा।

अत: विकल्प (B) सही है।

125. शैवाल के वैज्ञानिक अध्ययन को फ़ाइकोलॉजी कहा जाता है।

इसी प्रकार, जीवाश्मों के वैज्ञानिक अध्ययन को जीवाश्मिकी कहा जाता है।

अत: विकल्प (D) सही है।

126. दी गई जानकारी से, हम निम्नलिखित आरेख बना सकते हैं:

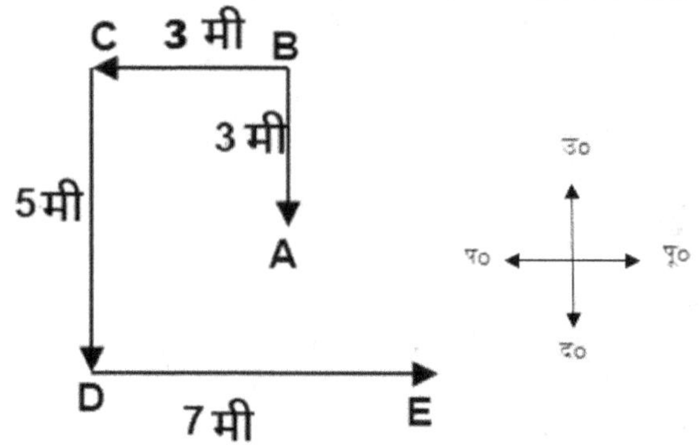

इसलिए, बिंदु E, बिंदु B के दक्षिण-पूर्व में है।
अतः विकल्प (A) सही है।

127. "NUMBER" और "BARREN" के कूट इस प्रकार हैं:

N = 1	B = 8
U = 5	A = 4
M = 6	R = 7
B = 8	R = 7
E = 9	E = 9
R = 7	N = 1

इसलिए, "RUBBER" का कूट 758897 होगा।

अतः विकल्प (B) सही है।

128. यहाँ पैटर्न है:

$8741 \Rightarrow 8 + 7 + 4 + 1 = 20$

$1983 \Rightarrow 1 + 9 + 8 + 3 = 21$

$2774 \Rightarrow 2 + 7 + 7 + 4 = 20$

$9362 \Rightarrow 9 + 3 + 6 + 2 = 20$

इसलिए, 1983 विषम संख्या है।
अतः विकल्प (B) सही है।

129. दिए गए निर्देशों के साथ, हम निम्नलिखित आरेख बना सकते हैं:

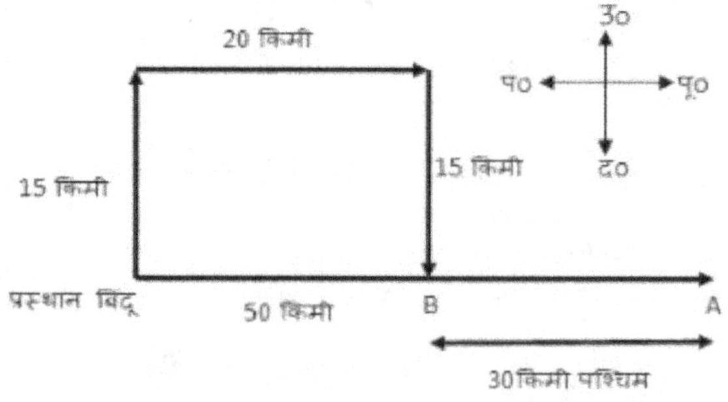

आरेख से हम देख सकते हैं कि B, A के पश्चिम में 30 किमी दूर है।

अतः विकल्प (C) सही है।

130. मजबूत चरित्र का मतलब है कि आपके पास नीति और नैतिक व्यवहार की एक उच्च भावना है जो दूसरों द्वारा सम्मान प्राप्त कराती है।

अतः विकल्प (D) सही है।

131. उपरोक्त जानकारी से, हम निम्नलिखित आरेख बना सकते हैं:

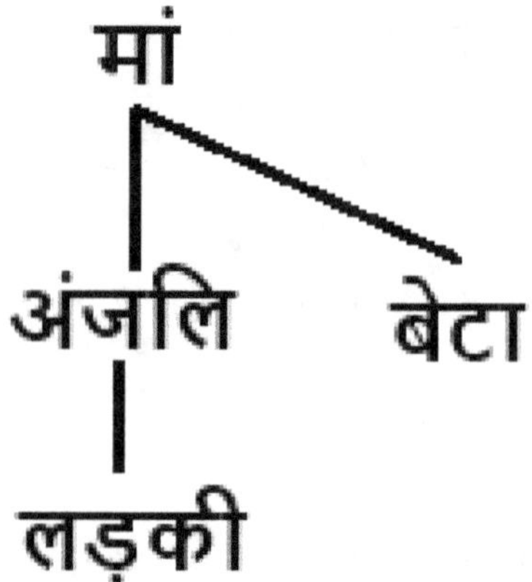

आरेख से हम देख सकते हैं कि अंजलि की मां के दो बच्चे हैं: अंजलि और एक बेटा। अंजलि दिए गए बयान में उल्लेखित बेटे की एकमात्र बहन है। इसलिए, अंजलि उस लड़की की मां है जिसका वह परिचय दे रही है।
अतः विकल्प (B) सही है।

132. यह दिया गया है कि, हैली की मां वाल्टर की पत्नी की बहन की मां हैं। इसका अर्थ यह है कि हैली की मां वाल्टर की पत्नी की मां हैं। इसका अर्थ यह है कि हैली की मां वाल्टर की सास हैं। चूंकि, हैली का लिंग अज्ञात है इसलिए हम संबंध का निर्धारण नहीं कर सकते हैं।
अतः विकल्प (D) सही है।

133. दिए गए शब्द हैं:

Opposite, Optimist, Orthodox and Operation

शब्दकोश क्रम होगा:

Operation > Opposite > Optimist > Orthodox

इसलिए, शब्दकोष क्रम iv, i, ii, iii होगा।
अतः विकल्प (B) सही है।

134. दिए गए कथनों से, हम नीचे दिए गए आरेख को बना सकते हैं:

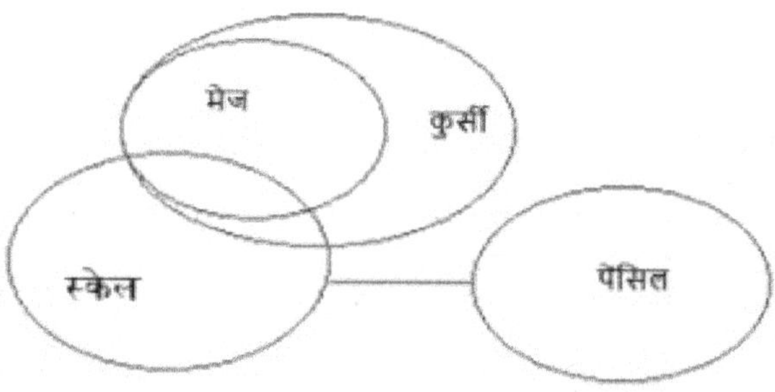

I. कुछ पेंसिल मेज हैं = यह संभव है लेकिन निश्चित नहीं है। तो, यह अनुसरण नहीं करता है।

II. कुछ स्केल कुर्सी हैं = यह स्पष्ट है कि कुछ स्केल कुर्सी हैं। तो, यह अनुसरण करता है।

अतः विकल्प (B) सही है।

135. दिए गए कथनों से, हम नीचे दिया गया आरेख बना सकते हैं:

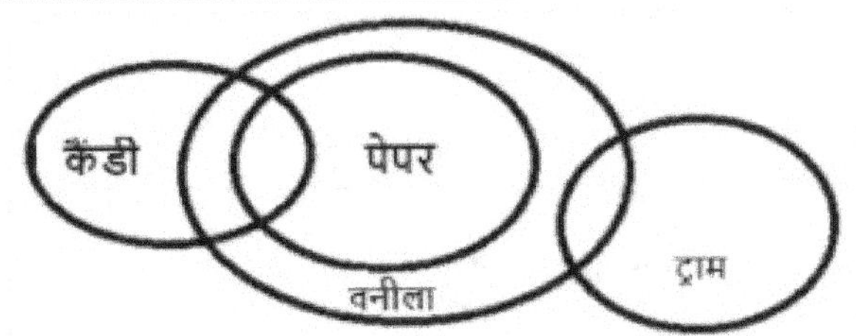

I. कुछ वनीला, कैंडी हैं = आरेख से स्पष्ट है कि कुछ वानीला कैंडी हैं। इसलिए यह अनुसरण करता है।

II. कुछ पेपर, ट्राम हैं = यह संभव है लेकिन निश्चित नहीं है। इसलिए यह अनुसरण नहीं करता है।

अतः विकल्प (A) सही है।

136. नीचे दी गई तालिका है जो संबंधित अक्षरों के प्रतीकों को दिखाती है:

A	C	E	G	H	I	O	N	P	R	T	S	B	I
+	−	÷	×	=	(	)	[	]	,	!!	#	!	>

उपरोक्त तालिका से, हम 'NATION' शब्द के प्रतीकों को निकाल सकते हैं।

$$N \quad A \quad T \quad I \quad O \quad N$$
$$[\quad + \quad !! \quad (\quad) \quad [$$

अतः विकल्प (A) सही है।

137. यहाँ, यह दिया गया है कि बरुण, संजय से लंबा है और बिपुल, बरुण से लंबा है। इसलिए,

बिपुल > बरुण > संजय

लेकिन, यह भी दिया गया है कि कृष्णा, बरुण से अधिक लम्बा है। इसलिए,

बिपुल > कृष्णा

तो, यह स्पष्ट है कि बिपुल सबसे लंबा है।

अतः विकल्प (D) सही है।

138. प्रश्न के अनुसार, विकल्प (D) की आकृति पैटर्न का आकृति को पूरा करेगी।

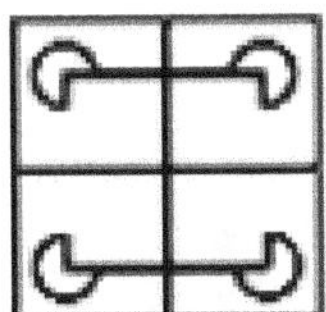

अतः विकल्प (D) सही है।

139. दी गई जानकारी से हम निम्नलिखित आरेख बना सकते हैं:

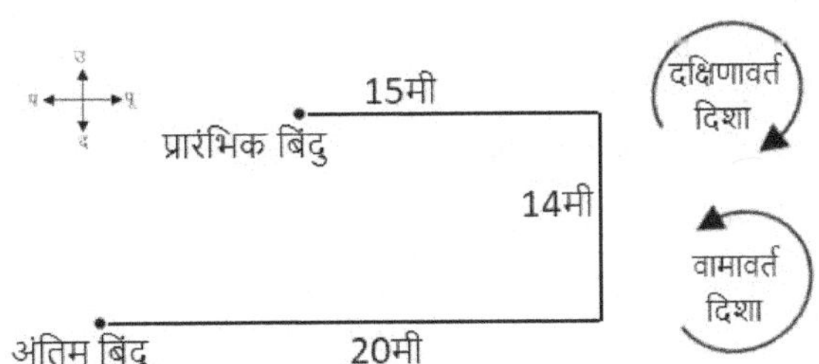

इसलिए, हम आरेख से देख सकते हैं कि वह पश्चिम दिशा की ओर उन्मुख है।

अतः विकल्प (A) सही है।

140. अक्षर 'X' (माना) बाएं छोर से 5 वें और दाहिने छोर से 12 वें स्थान पर है।

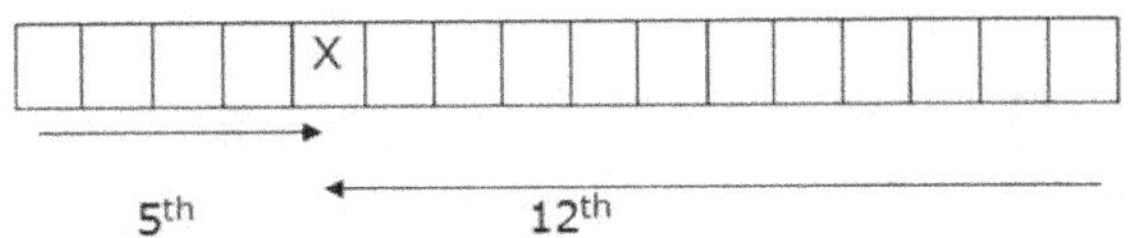

इसलिए एक पंक्ति में अक्षरों की कुल संख्या = 5 + 12 − 1 = 16

अतः विकल्प (B) सही है।

141. प्रश्न में दिए गए कथन हैं,

A, B के तुरन्त दाईं ओर है। B, D के तुरन्त दाईं ओर है। E, C के तुरन्त बाएं और A के तुरन्त दाएं है।

तो, हमें निम्नलिखित आरेख मिलता है:

तो, हम देख सकते हैं कि घर A बीच में है।
अतः विकल्प (A) सही है।

142.

H A N D S **OME** ⇒ HOME

H **A**N D S **OME** ⇒ NAME

H **AND S** OME ⇒ SAND

चूंकि 'HANDSOME' शब्द में कोई 'T' शामिल नहीं है, इसलिए 'HATS' शब्द नहीं बनाया जा सकता है।

अतः विकल्प (A) सही है।

143. 'MINISTER' को बनाने के लिए हमें आवश्यक रूप से एक 'E' की भी आवश्यकता होगी जो कि 'ADMINISTRATORS' शब्द में उपस्थित नहीं है इसलिए 'MINISTER' शब्द प्रश्न में दिए शब्द के अक्षरों का प्रयोग करके नहीं बनाया जा सकता है। बाकी तीनो शब्द प्रश्न में दिए शब्द के अक्षरों का प्रयोग करके बनाये जा सकते है:-

A **D M** I N I **S T R A** T **O** R S ⇒ STARDOM

A D M I N I **S T R A T O R** S ⇒ TRAITOR

A **D M** I N I **S T R A T O** R S ⇒ DORMANT

अतः विकल्प (D) सही है।

144. दिया गया कूट निम्न प्रकार है:

P	O	T	T	E	R	Y		T	R	A	I	N	E	D
−	−	+	+	+	+	+		−	−	−	+	+	+	+
1	1	1	0	1	1	1		1	1	1	0	1	1	1
O	N	S	T	F	S	Z		S	Q	Z	I	O	F	E

अतः विकल्प (A) सही है।

145. दिए गए आरेख को ध्यान से देखने के बाद, आकृति D में दी गयी आकृति निहित है।

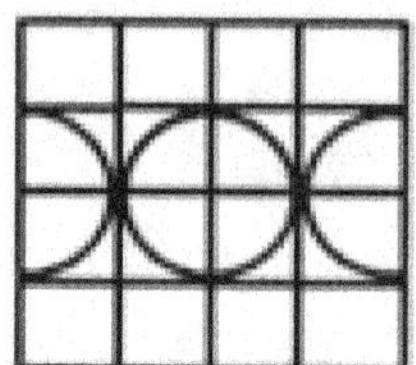

अतः विकल्प (D) सही है।

146. विकल्पों को देखने पर हम देख सकते हैं कि विकल्प (A) के तहत दी गयी आकृति उचित उत्तर है।

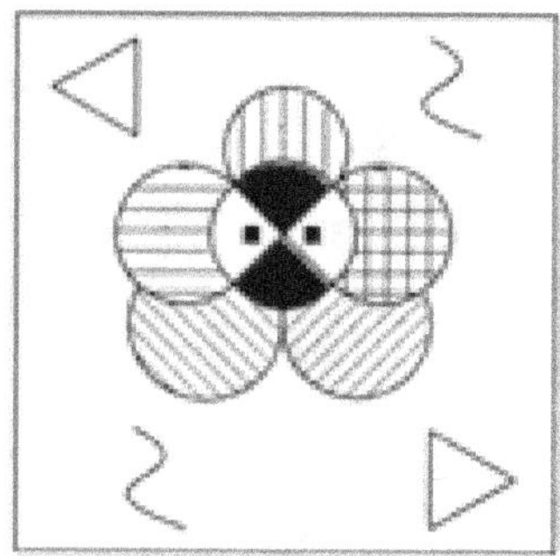

अतः विकल्प (A) सही है।

147.

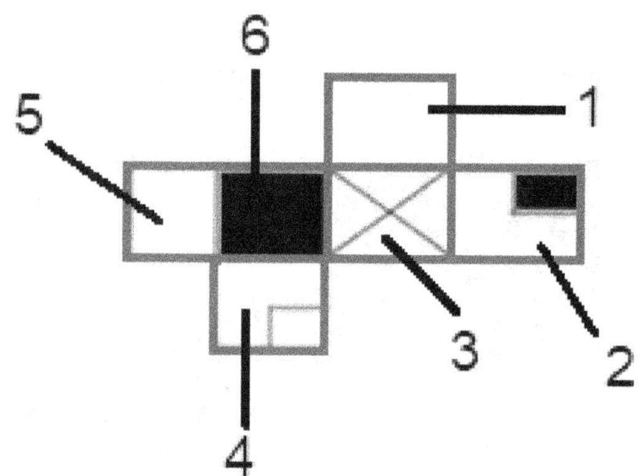

भाग 1, 4 के विपरीत होगा।

भाग 2, 6 के विपरीत होगा।

भाग 3, 5 के विपरीत होगा।

विकल्प (B) में क्यूब पर 2 छोटे आयत हैं जो दी गयी आकृति में मौजूद नहीं हैं।

अतः विकल्प (B) सही है।

148. दिया है,

वर्ग, कपास का प्रतिनिधित्व करता है,

त्रिभुज, शर्ट का प्रतिनिधित्व करता है,

वृत्त, सफेद का प्रतिनिधित्व करता है और

आयत, कपड़ों का प्रतिनिधित्व करता है।

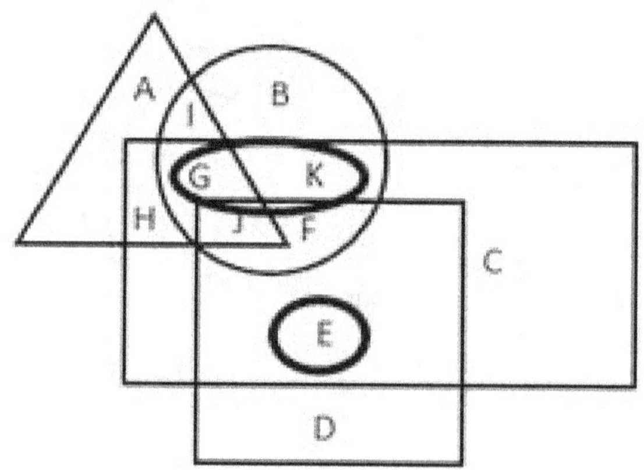

इस प्रकार, G, K, E अक्षरों का समूह जो कपड़ों का प्रतिनिधित्व करता है जो या तो सफेद या कपास हैं लेकिन दोनों ही नहीं हैं।

अतः विकल्प (B) सही है।

149. यहाँ, अनुक्रम पैटर्न का अनुसरण करता है:

$$2^3 - 3 = 5$$

$$3^3 - 4 = 23$$

$$4^3 - 5 = 59$$

$$5^3 - 6 = 119$$

$$6^3 - 7 = 209$$

$$7^3 - 8 = 335$$

इसलिए, 209 श्रृंखला में लुप्त पद है।

अतः विकल्प (D) सही है।

150. यहाँ पैटर्न है:

3+2=5, 5+32=37

5+6=11, 11+56=67

4+2=6, 6+42=48

अतः विकल्प (D) सही है।

151. यहाँ पैटर्न है:

पहला कॉलम : $6 \times 8 + 3 = 48 + 3 = 51$

दूसरा कॉलम : $15 \times 4 + 5 = 60 + 5 = 65$

तीसरा कॉलम : $20 \times 5 + 20 = 100 + 20 = 120$

अतः विकल्प (A) सही है।

152. दी गयी घन की स्थितियों से हम देख सकते हैं कि, संख्या 2, 3, 4 और 5, 6 के समीप हैं। इसलिए, 6 के विपरीत फलक पर संख्या 1 है।

अतः विकल्प (B) सही है।

153. यहाँ अनुसरण किया गया स्वरूप निम्न प्रकार है:

S − 3 = P

P − 4 = L

L – 5 = G

G – 6 = A

इसलिए, 'G' दी गयी श्रृंखला को पूरा करेगा।

अतः विकल्प (B) सही है।

154. दिए गए कथनों से, हम निम्नलिखित आरेख बना सकते हैं:

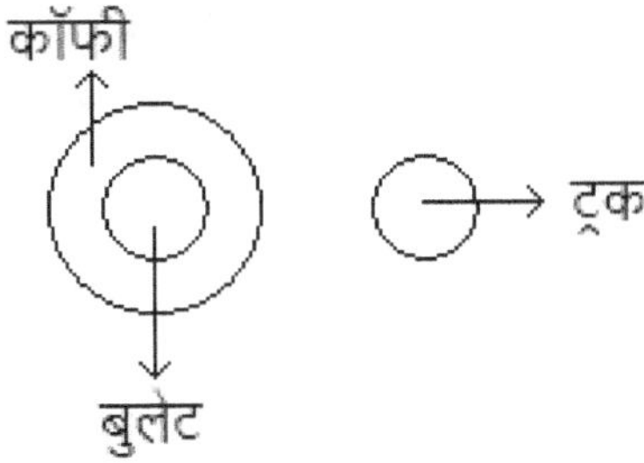

निष्कर्ष I: कोई बुलेट, ट्रक नहीं है। हम आरेख से देख सकते हैं कि यह अनुसरण करता है।

निष्कर्ष II: सभी कॉफी, बुलेट हैं। हम आरेख से देख सकते हैं कि यह अनुसरण नहीं करता है।

तो, केवल निष्कर्ष I अनुसरण करता है।

अतः विकल्प (D) सही है।

155. Here, the middle digit is observed by dividing the sum of numeric positions of the first and third letter in the English alphabet series.

B	4	F		I	12	O		Z	14	D		S	21	W
2		6		9		15		26		4		19		23

$$\left(\tfrac{2+6}{2}=4\right) \quad \left(\tfrac{9+15}{2}=12\right) \quad \left(\tfrac{26+4}{2}=15\right)$$
$$\left(\tfrac{19+23}{2}=21\right)$$

All the given options except option (C) follow the pattern.

Hence, the correct option is (C).

156. व्यक्ति द्वारा तय किया गया मार्ग इस प्रकार है:

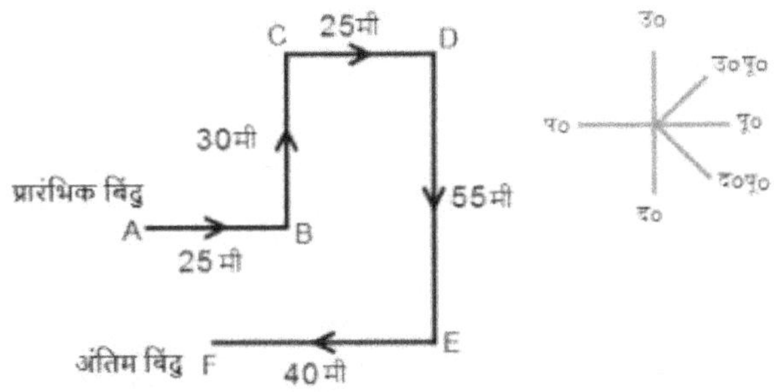

जैसा कि हम आरेख में देख सकते हैं, व्यक्ति अपने शुरुआती बिंदु से दक्षिण पूर्व दिशा में है।

अतः विकल्प (D) सही है।

157. शब्दों का सार्थक क्रम:

1. रेखा

↓

2. कोण

↓

4. त्रिभुज

↓

3. चौकोर

अतः विकल्प (D) सही है।

158. गणित एक विषय है जिसमे अंकगणित और बीजगणित जैसी कई शाखाएं हैं।

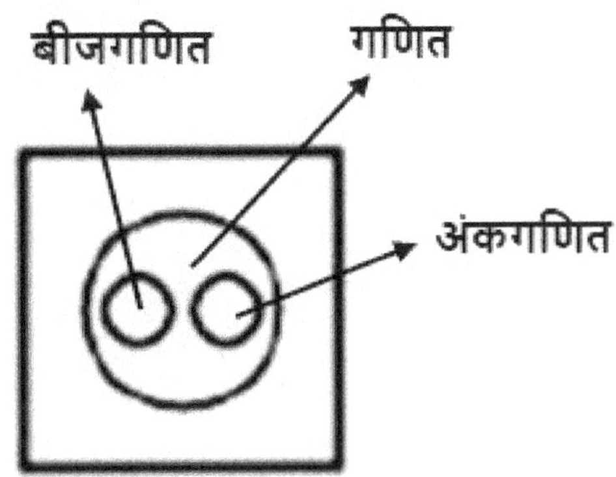

अतः विकल्प (D) सही है।

159. शेर जानवर हैं जबकि लड़के और लड़कियां मनुष्य हैं। हम इस संबंध को नीचे दिए गए आरेख से दिखा सकते हैं:

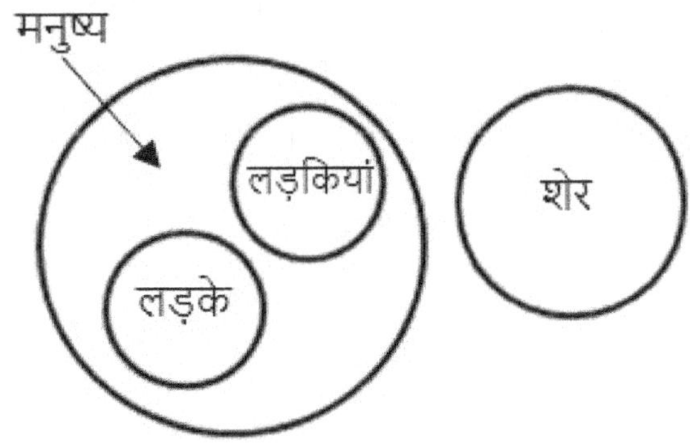

अतः विकल्प (D) सही है।

160. अवलोकन करने पर हम देख सकते हैं कि दी गयी आकृति विकल्प (A) में सन्निहित है जैसा कि नीचे दिखाया गया है:

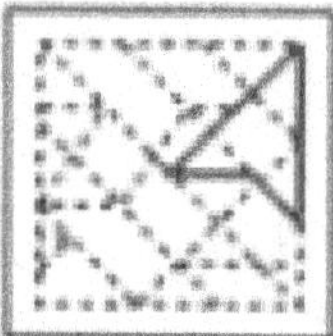

अतः विकल्प (A) सही है।

General Hindi

Q.1 "बढ़त-बढ़त सम्पत्ति सलिल मन-सरोज बढ़ जाए। घटत-घटत फिर ना घटै करु सामूल कुम्हिलाय।", में कौन-सा अलंकार है?
A. यमक
B. विरोधाभास
C. श्लेष
D. रूपक

Q.2 निम्नलिखित में कौन सा अनिश्चयवाचक सर्वनाम नहीं है?
A. कुछ भी
B. कुछ-न-कुछ
C. सब कुछ
D. जो, वह

Q.3 'भौम' का विशेष्य रूप है-
A. भौमिक
B. भूमित्व
C. भूमि
D. भूमिक

Q.4 निम्नलिखित में से कौन सा शब्द तद्भव है?
A. पक्ष
B. पक्षी
C. पतन
D. पत्ता

Q.5 "वाम अंग शिव शोभित, शिवा उदार।
सरद सुवारिद में जनु, तड़ित बिहार।।"
उपर्युक्त पंक्तियों में कौन-सा छंद है?
A. सोरठा
B. घनाक्षरी
C. रोला
D. बरवै

Q.6 "प्रभु गोद जिसकी वह यशोमति, दे रहे हरि मान हैं।
गोपाल बैठे आधुनिक रथ, पर सहित सम्मान हैं॥
मुरली अधर धर श्याम सुन्दर, जब लगाते तान हैं।
सुनकर मधुर धुन भावना में, बह रहे रसखान हैं॥"
उपर्युक्त पद्य में कौन-सा छंद है?
A. मालिनी
B. चौपाई
C. कवित्त
D. हरिगीतिका

Q.7 'परमेश्वर' में कौन सा समास है?

[UPSSSC Village Development Officer, 2018]

A. द्वंद
B. कर्मधारय
C. अव्ययीभाव
D. तत्पुरूष

Q.8 रस उत्पत्ति को सबसे पहले परिभाषित करने का श्रेय किन्हें जाता है?
A. भरत मुनि
B. नारद मुनि
C. वाल्मीकि
D. तुलसीदास

Q.9 रस के मुख्य रूप से कितने अंग हैं?
A. 2
B. 4
C. 6
D. 8

Q.10 कवि बिहारी मुख्यत: किस रस के कवि हैं?
A. करुण
B. भक्ति
C. श्रृंगार
D. वीर

Q.11 'शान्त रस' की उत्पत्ति कब होती है?
A. संसार से वैराग्य होने पर
B. क्रोध भाव दर्शाने के बाद
C. घोर विनाश के पश्चात
D. भय की स्थिति उत्पन्न होने पर

Q.12 सर्वश्रेष्ठ रस किसे माना जाता है?
A. रौद्र रस
B. श्रृंगार रस
C. करुण रस
D. वीर रस

Q.13 'इमली के पात पर बारात का डेरा' लोकोक्ति का उपयुक्त अर्थ है-
A. कमाल दिखाना
B. साधन थोड़े, बातें बड़ी
C. असम्भव बात
D. अत्यन्त कंजूस होना

Q.14 'दूध के दांत न टूटना' मुहावरे का क्या अर्थ है?
A. दूध में अरुचि होना
B. अनुभवी होना
C. अनुभव न होना
D. इनमें से कोई नहीं

Q.15 'जो पहले नहीं हुआ हो' को कहते हैं-
A. अदभुत
B. अपूर्व
C. अनुपम
D. अभूतपूर्व

Q.16 'ज्ञ' व्यंजन किन ध्वनियों के मेल से बनता है?
A. ग्+अ
B. ज्+ञ
C. ग्+ज
D. ज्+अ

Q.17 अरे भैया! क्यों रो रहे हो? वाक्य में कौन सा कारक है?
A. कर्म
B. संबंध
C. सम्बोधन
D. अपादान

Q.18 'भारतीय' शब्द का बहुवचन क्या होता है?
A. भारतीयों
B. भारती
C. भारतियों
D. उपरोक्त में से कोई नहीं

Ques (19-21):निर्देश: प्रस्तुत गद्यांश को पढ़िए और उचित विकल्पों का चयन करके उत्तर दीजिये ।

समय बहुत मूल्यावान होता है। यह बीत जाए तो लाखों-करोड़ों रुपये खर्च करके भी इसे वापस नहीं लाया जा सकता। इस संसार में जिसने भी समय की कद्र की है, उसने सुख के साथ जीवन गुजारा है और जिसने समय की बर्बादी की, वह खुद ही बर्बाद हो गया है। समय का मूल्य उस खिलाड़ी से पूछिए, जो सेकंड के सौवे हिस्से से पदक चूक गया हो। स्टेशन पर खड़ी रेलगाड़ी एक मिनट के विलंब से छूट जाती है। आजकल तो कई विद्यालयों में देरी से आने पर विद्यालय में प्रवेश भी नहीं करने दिया जाता। छात्रों को तो समय का मूल्य और भी अच्छी तरह समझ लेना चाहिए, क्योंकि इस जीवन की कद्र करके वे अपने जीवन के लक्ष्य को पा सकते हैं।

Q.19 गद्यांश में किसे और क्यों मूल्यवाने बताया गया है?
A. जीवन को
B. अनुशासन को
C. समय को
D. खेल को

Q.20 समय को महत्त्व देने वालों का जीवन कैसा होगा?
A. सुखमय
B. कष्टदायक
C. आरामदायक
D. उपरोक्त में से कोई नहीं

Q.21 "समय का हर पल कीमती होता है। इस कथन के लिए गद्यांश में कौन-सा उदाहरण पेश किया गया है?
A. खिलाड़ी जिसने मामूली अंतर से पदक गंवा दिया हो
B. वह यात्री जिसकी ट्रेन छूट गई
C. उपर्युक्त दोनों
D. इनमें से कोई नहीं

Q.22 निम्नलिखित में से ' निन्दा ' का विलोम क्या होगा?
A. स्तुति
B. निंदय
C. श्लाध्य
D. निरुद्ध

Q.23 कौन-सा शब्द अँधकार का पर्यायवाची नहीं है।
A. तम
B. अँधेरा
C. अमावस्या
D. तिमिर

Q.24 कौन-सा स्त्रीलिंग शब्द है?
A. छाछ
B. तिल
C. काढ़ा
D. रायता

Q.25 निम्नलिखित प्रश्न में, चार विकल्पों में से, उस विकल्प का चयन करें, जो सही स्त्रीलिंग वाला विकल्प है।

A. पुलाव   B. हीरा   C. यंत्र   D. भाषा

Q.26 दिए गए विकल्पों में से कौन सा वाक्य एकवचन का उचित उदाहरण होगा।

A. लोग बोलते रहे हैं।

B. शेर जंगल का राजा है।

C. स्त्रियाँ हमेशा संघर्ष करती हैं।

D. छात्रगण बहुत व्यस्त होते हैं।

Q.27 इनमें से 'कबूतर' किसका पर्यायवाची शब्द है?

A. कुक्कुट   B. कोर   C. भीरु   D. पारावात

Q.28 दिए गए विकल्पों में से अतल का विलोम क्या होगा?

A. अश्रु   B. अधिक   C. वितल   D. अग्र

Q.29 'अधोमुखी' में कौन – सा उपसर्ग है?

A. अधः   B. अध   C. अधो   D. अ

Q.30 निम्नलिखित में से किस शब्द में 'आनी' प्रत्यय नहीं है?

A. नौकरानी   B. जेठानी   C. इंद्राणी   D. देवरानी

Q.31 दिए गए विकल्पों में से वाक्य के शुद्ध रूप का चयन कीजिए।

A. युद्ध से केवल नुकसान होता है।

B. युद्ध का केवल नुकसान होता है।

C. युद्ध से केवल नुकसान होते है।

D. युद्ध का केवल नुकसान होते है।

Q.32 शुद्ध वाक्य का चयन कीजिए।

A. घटनास्थल पर काफ़ी भीड़ एकत्रित हो गयी।

B. घटनास्थल पर काफ़ी भीड़ एकत्रित हो गयी थी।

C. घटनास्थल पर काफ़ी भीड़ एकत्र हो गयी।

D. घटनास्थल पर काफ़ी भीड़ एकत्रित है।

Q.33 'मछली, शंख, मोती' के लिए कौन-सा अनेकार्थी शब्द उचित है?

A. फंदा   B. जीवन   C. जलज   D. तीर

Q.34 'आशा है मैं फिर आपके काम आऊंगा' वाक्य भविष्य काल का कौनसा प्रकार है ?

A. सामान्य भविष्य   B. सम्भाव्य भविष्य

C. हेतुहेतुमद भविष्य   D. इनमें से कोई नहीं

Q.35 निम्न वाक्यों में से भाव वाच्य का चयन कीजिए -

A. मुझसे चला नहीं जाता।   B. वे गा नहीं सकते।

C. आइये, चलें।   D. अब चलते हैं।

Q.36 नीचे दिए गए वाक्य में उचित अव्यय को पहचानिए।
मुकुंद यहाँ से चला गया।

A. संबंध बोधक अव्यय   B. समुच्चयबोधक अव्यय

C. क्रिया-विशेषण अव्यय   D. निपात अव्यय

Q.37 किन वर्णों का उच्चारण स्थान तालु है:

A. अ, आ   B. इ, ई   C. स, न   D. न, म

Q.38 निम्नलिखित में से कौन-सा वर्ण स्वर नहीं है?

A. अ   B. इ   C. उ   D. ण

Q.39 निम्नलिखित में से व्यास सम्मान हिंदी साहित्य की किस विधा में दिया जाता है?

A. आत्मकथा   B. ललित निबंध

C. समीक्षा   D. उपरोक्त सभी

Q.40 "आगे कुआँ, पीछे खाई" लोकोक्ति किस अर्थ में प्रयुक्त होती है?

A. जब कोई कठिन परिस्थिति हो

B. जहाँ दोनों ओर संकट हो

C. जब कोई साथ देने को तैयार न हो

D. जहाँ मार्ग कंटकाकीर्ण हो

General Knowledge/Law & Constitution

Q.41 शिकायतों, योजनाओं, कार्यक्रमों और नीतियों की निगरानी के लिए किस राज्य के ऊर्जा विभाग ने 'संभव' प्लेटफॉर्म / पोर्टल लॉन्च किया है?

A. राजस्थान   B. उत्तर प्रदेश

C. मध्य प्रदेश   D. बिहार

Q.42 निम्नलिखित में से किस क्षेत्र में भारत और रूस के बीच जनवरी 2022 में पैसेज अभ्यास आयोजित किया गया था?

A. लाल सागर   B. अरब सागर

C. दक्षिण चीन सागर   D. भूमध्य सागर

Q.43 29 अप्रैल 2022 को किस मिशन के तहत INS घड़ियाल महत्वपूर्ण जीवन रक्षक दवाएं वितरित के लिए कोलंबो पहुंचा?

A. MAITRI-22   B. DOSTI-IV

C. MISSION DOSTI   D. SAGAR IX

Q.44 अप्रैल 2022 में, संघ लोक सेवा आयोग (UPSC) के अध्यक्ष के रूप में किसे नियुक्त किया गया है?

A. विक्रम सिंह मेहता   B. डॉ. मनोज सोनी

C. गोपाल शर्मा   D. संजय शर्मा

Q.45 प्लासी का युद्ध किस वर्ष लड़ा गया था?

A. 1757   B. 1782   C. 1748   D. 1764

Q.46 निम्नलिखित में से कौन दिल्ली सल्तनत के तुगलक राजवंश का अंतिम शासक था?

A. नासिर-उद-दीन महमूद

B. गयासुद्दीन तुगलक शाह द्वितीय

C. फिरोज शाह तुगलक

D. नसरत शाह

Q.47 किसने कहा, "मेरा अंतिम लक्ष्य हर आंखों से हर आँसू पोंछना है"?

A. महात्मा बुद्ध   B. दयानंद सरस्वती

C. बाल गंगाधर तिलक   D. जवाहर लाल नेहरू

Q.48 बलफकरम राष्ट्रीय उद्यान स्थित है:

A. कर्नाटक   B. तमिलनाडु   C. मेघालय   D. सिक्किम

Q.49 नंदा देवी राष्ट्रीय उद्यान में स्थित है-

A. गुजरात   B. झारखंड   C. छत्तीसगढ़   D. उत्तराखंड

Q.50 किसके अंतर्गत खरीदारों और विक्रेताओं को बाजार स्थितियों की संपूर्ण जानकारी होगी?

A. द्वि-अधिकार   B. पूर्ण प्रतियोगिता

C. एकाधिकारी प्रतियोगिता   D. अल्पाधिकार

Q.51 निम्नलिखित में से कौन सा राज्य सिंधु और गंगा नदी प्रणालियों के बीच जल विभाजन का निर्माण करता है?

A. दिल्ली और पंजाब   B. दिल्ली और हरियाणा

C. हरियाणा और पंजाब   D. दिल्ली और राजस्थान

Q.52 DNA का पूर्ण नाम क्या है?

A. डीऑक्सीराइबोन्यूक्लिक एसिड

B. डाइऑक्सीराइबो न्यूक्लिक एसिड
C. डिनिट्रेस न्यूक्लिक एसिड
D. डिरिबोक्सी न्यूक्लिक एसिड

Q.53 जीन के उत्परिवर्तन का क्या अर्थ है?
A. कुछ परिवर्तनों के साथ पीढ़ियों के भीतर प्रकृति का परिवर्तन
B. क्रोमोसोमल संरचना में परिवर्तन
C. एक जीन में क्रमिक परिवर्तन जो कि न्यायसंगत नहीं है
D. जीन में अचानक परिवर्तन जो अंतर्निहित है

Q.54 बार-चुंबक के केंद्र में चुंबकत्व ______ होता है।
A. न्यूनतम
B. अधिकतम
C. लगभग शून्य
D. न्यूनतम या अधिकतम

Q.55 न्यूटन का पहले नियम को कहते हैं:
A. आघूर्णा का नियम
B. जड़त्व का नियम
C. ऊर्जा का नियम
D. संवेग का नियम

Q.56 अवोगाद्रो संख्या का सही मान है:
A. 6.025×10^{25}
B. 6.023×10^{24}
C. 6.025×10^{23}
D. 6.023×10^{23}

Q.57 'द खालिस्तान कॉन्सपेरेसी',नामक पुस्तक किसने लिखी है?
A. रस्किन बॉण्ड
B. अरविन्द अडिग
C. रोहिंटन मिस्त्री
D. जीबीएस सिद्धू

Q.58 भौतिक साक्ष्य से प्राप्त हड़प्पा के लोगों की राजनीति थी:
A. धर्मनिरपेक्ष-संघीय
B. लोकतांत्रिक-संघीय
C. कुलीनतंत्र
D. लोकतांत्रिक-एकात्मक

Q.59 हड़प्पा का स्थान किस नदी के तट पर स्थित है:
A. सरस्वती
B. सिंधु
C. सतलुज
D. रावी

Q.60 किसी क्षेत्र की कुल आबादी द्वारा कुल आय को विभाजित करने पर निम्नलिखित में से कौन सा प्राप्त होता है?
A. सकल घरेलु उत्पाद
B. प्रति व्यक्ति आय
C. सकल राष्ट्रीय उत्पाद
D. राष्ट्रीय आय

Q.61 निम्नलिखित में से कौन भारत की सबसे ऊंची पर्वत चोटी है?
A. चौखम्बा
B. नंदादेवी
C. कंचनजंगा
D. कामेट पर्वत

Q.62 देशों को उनकी संगत संसदों से मिलाएं।

1. जर्मनी	a. मजलिस-ए-शूरा
2. ऑस्ट्रेलिया	b. संघीय संसद
3. बांग्लादेश	c. बुंदेस्टैग संसद
4. पाकिस्तान	d. जातीय संसद

A. 1-d, 2-b, 3-c, 4-a
B. 1-c, 2-b, 3-d, 4-a
C. 1-d, 2-a, 3-b, 4-c
D. 1-c, 2-b, 3-a, 4-d

Q.63 अंतर्राष्ट्रीय मुद्रा कोष (IMF) में उपस्थित कुल सदस्य देश ____ हैं।
A. 191
B. 185
C. 195
D. 190

Q.64 भारतीय संविधान में दूसरी अनुसूची के भाग B में क्या है?
A. राज्यों और अनुसूचित क्षेत्रों और अनुसूचित जनजातियों के प्रशासन और नियंत्रण
B. राष्ट्रपति और राज्य के राज्यपाल का वेतन और परित्याग
C. राज्यों और केंद्र शासित प्रदेश
D. इनमे से कोई भी नहीं

Q.65 पहला एशियाई खेल का आयोजन किया गया था?
A. जकार्ता
B. नई दिल्ली
C. कुआलालंपुर
D. काहिरा

Q.66 अंतर्राष्ट्रीय साक्षरता दिवस प्रतिवर्ष मनाया जाता है।
A. 8 सितंबर
B. 8 मार्च को
C. 8 दिसंबर
D. 8 जून

Q.67 निम्नलिखित में से किसने अपनी नई पुस्तक 'द पैराडॉक्सिकल प्राइम मिनिस्टर' पेश की?
A. नरेंद्र मोदी
B. राम नाथ कोविंद
C. अरुण जेटली
D. शशि थरूर

Q.68 निम्नलिखित में से कौन से नैतिक सिद्धांत हैं जो मानव व्यवहार के कुछ मानकों का वर्णन करते हैं और नियमित रूप से कानूनी अधिकारों के रूप में संरक्षित हैं?
A. राष्ट्रीय अधिकार
B. मानवाधिकार
C. महिलाओं के अधिकार
D. पुरुष अधिकार

Q.69 भारत के राष्ट्रीय मानवाधिकार आयोग (NHRC) का गठन कब हुआ?
A. 1990
B. 1991
C. 1995
D. 1993

Q.70 गियर वाले वाहन के लिए लाइसेंस प्राप्त करने की न्यूनतम आयु क्या है?
A. 16
B. 18
C. 20
D. 21

Q.71 Z की ज़हर देकर हत्या करने के लिए X और Y सहमत थे और Y को ज़हर खरीदना था लेकिन उन्होंने इसकी खरीद नहीं की। X और Y दोषी हैं:
A. हत्या के लिए उकसाना
B. हत्या का प्रयास
C. कोई अपराध नहीं
D. आपराधिक षड्यंत्र

Q.72 A ने B के दोनों पैर तोड़ दिए; मजिस्ट्रेट ने उसे अपने दोनों पैर तोड़ने का आदेश देकर दंडित किया। मजिस्ट्रेट ने इस मामले में सजा के किस सिद्धांत का पालन किया?
A. निवारक
B. प्रतिशोधात्मक
C. निंदा करने वाला
D. सुधारात्मक

Q.73 निम्नलिखित में से कौन सी सबसे महत्वपूर्ण मानव गतिविधि है जो वन्यजीवों के विलुप्त होने के लिए अग्रणी है?
A. वनीकरण
B. प्रदूषण स्तर का नियंत्रण
C. प्राकृतिक आवासों का विनाश
D. जानवरों का शिकार

Q.74 गंगा ब्रह्मपुत्र डेल्टा में कौन सा प्रमुख जानवर पाया जाता है?
A. शेर
B. याक
C. रॉयल बंगाल टाइगर
D. भेड़

Q.75 स्टॉप साइन की आकृति होती है:
A. अष्टकोणीय आकार
B. गोल आकार
C. त्रिकोणीय आकार
D. कोई भी आकृति

Q.76 सुप्रीम कोर्ट के जज को कौन हटा सकता है?
A. सर्वोच्च न्यायालय के मुख्य न्यायाधीश
B. केवल राष्ट्रपति
C. केवल संसद
D. संसद और राष्ट्रपति दोनों

Q.77 प्रदूषण मुक्त पर्यावरण का अधिकार आता है?
A. अनुच्छेद 21, जीवन का अधिकार
B. अनुच्छेद 14, समानता का अधिकार
C. अनुच्छेद 30, संस्थानों की स्थापना और प्रशासन का अधिकार
D. अनुच्छेद 19, आंदोलन का अधिकार

Q.78 बर्मिंघम में राष्ट्रमंडल खेल 2022 में, किसने पुरुषों के फ्रीस्टाइल 125 किग्रा वर्ग में कांस्य पदक जीता?

A. जेरेमी लालरिनुंगा
B. मोहित ग्रेवाल
C. अचिंता शुली
D. संकेत महादेव सरगर

Q.79 भारत और अमेरिका के बीच संबंधों को मजबूत करने में उनकी भूमिका के लिए US-इंडिया स्ट्रेजिक पार्टनरशिप फोरम (USISPF) द्वारा किसे सम्मानित किया गया है?

A. सेवानिवृत्त जनरल एम. एम. नरवणे
B. प्रधानमंत्री नरेंद्र मोदी
C. अमिताभ बच्चन
D. रक्षा मंत्री राजनाथ सिंह

Q.80 राष्ट्रीय MSME पुरस्कार 2022 में किस राज्य को प्रथम पुरस्कार से सम्मानित किया गया है?

A. केरल
B. पंजाब
C. गुजरात
D. ओडिशा

Numerical & Mental Ability

Q.81 निम्नलिखित प्रश्न में प्रश्न चिह्न (?) के स्थान पर क्या आएगा?

$$3\frac{1}{6} + 7\frac{2}{3} - 4\frac{1}{4} = ? + 2\frac{1}{6}$$

A. $8\frac{7}{15}$
B. $5\frac{7}{15}$
C. $7\frac{3}{10}$
D. $4\frac{5}{12}$

Q.82 एक दुकानदार अंकित मूल्य पर 10% छूट पर एक पुस्तक बेचने पर 12% का लाभ कमाता है। पुस्तक की लागत मूल्य और अंकित मूल्य का अनुपात है:

A. $45:56$
B. $45:51$
C. $47:56$
D. $47:51$

Q.83 एक दुकानदार एक वस्तु पर 20% का लाभ कमाना चाहता है, जबकि वह 20% की नकद छूट देता है। इसके अलावा, अपने प्रीमियम ग्राहक को एक दर्जन वस्तु खरीदने के बाद 4 और वस्तु मुफ्त में देता है। लागत मूल्य से कितना प्रतिशत अधिक उसे अपने वस्तु पर अंकित करना होगा।

[IBPS PO, 2021]

A. 50%
B. 65%
C. 100%
D. 75%

Q.84 4 वर्ष में 5% प्रति वर्ष चक्रवृद्धि ब्याज के कारण 78000 रुपये का वर्तमान मूल्य है:

A. 6417.11 रुपये
B. 64500 रुपये
C. 65650 रुपये
D. 75849 रुपये

Q.85 एक आयत और एक वर्ग समान क्षेत्रफल के हैं। यदि एक आयत की लंबाई और परिधि क्रमशः 25 सेमी और 58 सेमी है, तो वर्ग की परिधि और क्षेत्रफल ज्ञात करें?

A. 100,20
B. 100,40
C. 200,35
D. 220,45

Q.86 यदि 'R' का अर्थ '-', 'A' का अर्थ '+', 'B' का अर्थ '÷' और 'C' का अर्थ '×' है, तो दिए गए समीकरण का मान क्या है? (BODMAS नियम लागू नहीं होगा)

25 A 37 C 2 B 4 R 1 =?

A. 32
B. 35
C. 30
D. 27

Q.87 3200 रुपये को क्रमशः $3:5:8$ के अनुपात में A, B और C के बीच विभाजित किया गया है। B और C के हिस्सेदारी के बीच (रुपये में) क्या अंतर है?

A. 400
B. 600
C. 800
D. 900

Q.88 एक खोखले गोले का आंतरिक त्रिज्या और बाह्य त्रिज्या क्रमशः 7 सेमी और 8 सेमी है, उसे पिघलाकर 26 सेमी के व्यास का एक शंकु का बनाया गया है। शंकु की ऊंचाई क्या होगी?

A. 8 सेमी
B. 12 सेमी
C. 4 सेमी
D. 17 सेमी

Q.89 दो संख्याओं का HCF 11 है और उनका LCM 693 है। यदि संख्याओं में से एक संख्या 77 है, तो दूसरी संख्या ज्ञात कीजिए।

A. 88
B. 99
C. 11
D. 49

Q.90 निर्देश: निम्नलिखित श्रृंखला में दिए गए विकल्पों में से लुप्त पद ज्ञात कीजिए।

6 , 8 , 22 , 78 , ?

A. 256
B. 332
C. 195
D. 412

Ques (91-94):निर्देश: आंकड़ों का ध्यानपूर्वक अध्ययन करें और दिए गए प्रश्नों के उत्तर दें:

तालिका 5 अलग-अलग महीनों में 6 अलग-अलग दुकान द्वारा बेचे गए खिलौनों की संख्या दर्शाती है।

शॉप	फरवरी	मार्च	अप्रैल	मई	जून
Xi	250	300	305	290	305
Mi	315	395	360	145	225
Pi	285	240	320	330	285
Di	405	310	415	195	185
Ki	275	325	375	245	335
Ri	390	285	265	215	405

Q.91 सभी महीनों में Xi द्वारा बेचे गए खिलौनों की औसत संख्या को सभी महीनों में दुकान Di द्वारा बेचे जाने वाले खिलौनों की औसत संख्या के बीच क्या अंतर है?

A. 12
B. 15
C. 18
D. 25

Q.92 यदि मार्च में शॉप की द्वारा बेचे गए 1 खिलौने की लागत मूल्य 20 रु. है और मार्च में शॉप की द्वारा बेचे गए 1 खिलौने की बिक्री मूल्य 35 रु. है, तो मार्च में शॉप की द्वारा अर्जित कुल लाभ ज्ञात कीजिए।

A. 4275 रु
B. 4675 रु
C. 3875 रु
D. 4875 रु

Q.93 जून में दुकान Ri द्वारा बेचे जाने वाले खिलौनों की संख्या लगभग कितनी है, फरवरी, मई और जून में दुकान Mi द्वारा बेचे गए खिलौनों की संख्या का कितना प्रतिशत है?

A. 45%
B. 48%
C. 55%
D. 60%

Q.94 शॉप Pi द्वारा सभी महीनों में एक साथ बेचे गए खिलौनों की औसत संख्या क्या है?

A. 285
B. 290
C. 292
D. 295

Q.95 यदि किसी नाव की प्रतिप्रवाह गति 20 किमी / घंटा है और अनुप्रवाह गति 50 किमी / घंटा है, तो फिर पानी में नाव की गति क्या होगी?

A. 28
B. 17
C. 56
D. 35

Q.96 रश्मि उत्तर की ओर 10 किमी चलती है। वह दक्षिण की ओर 6 किमी चलती है फिर यहाँ से वह 3 किमी पूर्व की ओर चलती है। वह अपने प्रारंभिक बिंदु के संदर्भ में कितनी दूर है?

A. 5 किमी
B. 8 किमी
C. 10 किमी
D. 12 किमी

Q.97 पहले 2 वर्षों के लिए ब्याज दर 4% प्रतिवर्ष है, अगले 3 वर्षों के लिए 6% प्रतिवर्ष है और 5 वर्ष से अधिक अवधि के लिए 10%

प्रतिवर्ष है। यदि 6 वर्ष के लिए एक व्यक्ति को साधारण ब्याज के रूप में 1260 रुपये मिलते हैं, तो उसने कितना पैसा जमा किया?

A. 3800 B. 4200 C. 4000 D. 3500

Q.98 $\left[10 + \left\{4 \times \left(\frac{2}{3} \dfrac{-}{} + \frac{1}{4} \times \sqrt{\frac{144}{121}} + 23\right) \div 12 + 5\right\} - 3\right]$ का मान ज्ञात कीजिए।

A. 20 B. 8 C. 10 D. 15

Q.99 एक दुकानदार ने लागत मूल्य पर एक वस्तु बेचा, लेकिन उसने 1 किग्रा वजन के स्थान पर 960 ग्राम वजन का उपयोग किया। उसका लाभ % ज्ञात कीजिगे?

A. $2\frac{1}{3}$ B. $3\frac{1}{6}$ C. $4\frac{1}{6}$ D. $3\frac{1}{5}$

Q.100 6400 रुपये को तीन श्रमिकों के बीच $\frac{3}{5} : 2 : \frac{5}{3}$ के अनुपात में बांटा गया है। दूसरे श्रमिक का हिस्सा (रु. में) है।

A. 3000 B. 2000 C. 2500 D. 2700

Q.101 निम्नलिखित प्रश्न में, दिए गये विकल्पों से लुप्त संख्या ज्ञात कीजिये?

$1053, 351, 117, 39, 13, ?$

A. 3.33 B. 3.67 C. 4.67 D. 4.33

Q.102 32 के 2% का 7% का मान क्या है?

A. 0.0238 B. 0.0448 C. 0.3868 D. 0.0548

Q.103 150 अंकों की एक परीक्षा में, राहुल परीक्षा में 5% से फेल हो गया और 45 अंक प्राप्त किए, परीक्षा में उत्तीर्ण अंक क्या है?

A. 47.5 B. 52.5 C. 45.5 D. 37.5

Q.104 एक व्यक्ति 16 फल को 24 रु. की दर से खरीदता है और 8 फल को 18 रु. की दर से बेचता है उसका लाभ प्रतिशत क्या है?

A. 50% B. 60% C. 40% D. 25%

Q.105 निम्नलिखित प्रश्न में, प्रश्न चिन्ह (?) के स्थान पर कौन सी संख्या आयेगी?

2	4	3
2	3	2
5	6	4
23	75	?

A. 24 B. 27 C. 32 D. 36

Q.106 ऊंचाई 14 सेगी और आधार त्रिज्या 7 सेमी के एक तृत्तीग शंकु की कुल सतह क्षेत्रफल होगा:

A. 498.35 सेमी² B. 128.35 सेमी²
C. 328.35 सेमी² D. 454.35 सेमी²

Q.107 r त्रिज्या वाले ठोस धातु के गोले को पिघलाकर R त्रिज्या का एक ठोस समवृत्तीय बेलन बनाया जाता है। यदि बेलन की ऊंचाई गोले की त्रिज्या की दोगुनी है, तब

A. $R = \sqrt{\frac{2r}{3}}$ B. $R = r$

C. $R = r\sqrt{\frac{2}{3}}$ D. $R = 4r$

Q.108 $[25 + 4\sqrt{39}]$ का सकारात्मक वर्गमूल है।

A. $\sqrt{13} + 2\sqrt{3}$ B. $\sqrt{13} + 3\sqrt{2}$
C. $\sqrt{11} + 2\sqrt{3}$ D. $11 + 3\sqrt{2}$

Q.109 निम्नलिखित वेन आरेख से, $A \cap B$ है:

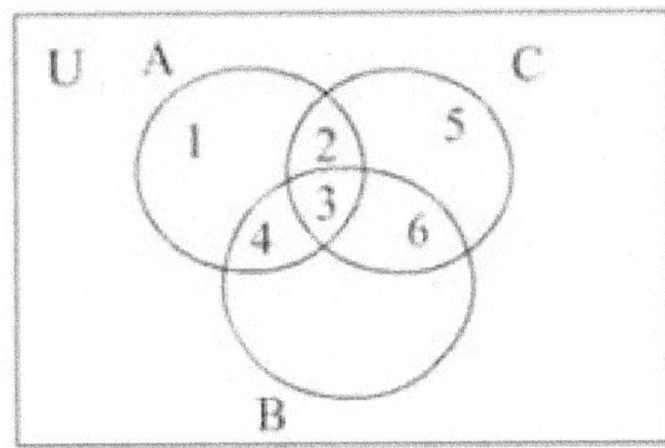

A. {2} B. {3, 4, 6}
C. {1, 2, 3, 4, 5, 6} D. {4, 3}

Q.110 पिता और पुत्र की वर्तमान आयु (वर्ष में) का अनुपात $15 : 8$ है। छ: वर्ष पहले, उनकी आयु का अनुपात $13 : 6$ था। पिता की वर्तमान आयु ज्ञात कीजिए।

A. 45 वर्ष B. 58 वर्ष C. 65 वर्ष D. 78 वर्ष

Q.111 दिए गए शब्दों से, उस शब्द का चयन करें जिसे दिए गए शब्द के अक्षरों का उपयोग करके नहीं बनाया जा सकता है।

BATTERIES

A. STREET B. BEATER
C. TRIBE D. STRIFE

Q.112 n संख्याओं का माध्य $x_1, x_2, \dots x_n$ m है। यदि x_n को x से बदल दिया जाता है, तो नया माध्य है।

A. $m - x_n + x$ B. $\frac{nm - x_n + x}{n}$
C. $\frac{(n-1)m + x}{n}$ D. $\frac{m - x_n + x}{n}$

Q.113 $2, 1, 2, 3, 3, 6, 4, 8, 14, 9, 4, 8, 4$ उपयुक्त आँकड़ों का बहुलक है:

A. 9 B. 4 C. 6 D. 7

Q.114 एक मासिक परीक्षा में 16 विधार्थियों के गणित में प्राप्तांक 0, 0, 2, 2, 3, 3, 3, 4, 5, 5, 5, 6, 6, 7, 8 हैं, तो बहुलक होगा।

[UPTET Science and Maths, 2018]

A. 5 B. 6 C. 3 D. 7

Q.115 छह फलक वाले दो पासे फेंके गए। जब दोनों पासों का कुल योग 6 हो तो पहले पासे में 2 आने की प्रायिकता ज्ञात करें।

A. $\frac{1}{5}$ B. $\frac{2}{5}$ C. $\frac{3}{5}$ D. $\frac{4}{5}$

Q.116 निर्देश: अनुक्रमिक रूप से दिए गए अक्षर श्रृंखला में अंतराल पर रखे जाने पर अक्षरों का कौन सा एक सेट इसे पूरा करेगा?

BE, HK, NQ, ?

A. PR B. SU C. TW D. UW

Q.117 निर्देश: दिए गए प्रश्न में, निम्नलिखित विकल्पों में से वह शब्द चुनिए जो दिए गए शब्द के अक्षरों का प्रयोग करके नहीं बनाया जा सकता है।

ENCOURAGEMENT

A. Game   **B.** Tear   **C.** Neck   **D.** Meat

Q.118 संकेतों के कौन से अंतर परिवर्तन निम्नलिखित समीकरण को सही बनाएंगे?

$$(16 - 4) \times 6 \div 2 + 8 = 30$$

A. ÷ और −   **B.** ÷ और +

C. − और +   **D.** ÷ और x

Q.119 दो प्राकृतिक संख्याओं का गुणनफल $13,300$ है और इन संख्याओं का विभाजक $\frac{19}{28}$ है। इन दोनों संख्याओं का योग क्या है?

A. 140   **B.** 235   **C.** 195   **D.** 205

Q.120 यदि $x - \frac{1}{x} = 4$ है, तो $x^2 + \left(\frac{1}{x}\right)^2$ का मान ज्ञात कीजिये।

A. 18   **B.** 16   **C.** 14   **D.** 20

Mental Aptitude & Reasoning

Q.121 भारतीय 'CID' के जनक के रूप में किसे माना जाता है?

A. राय बहादुर पंडित शंभू नाथ

B. रवींद्र कौशिक

C. C. E. हॉवर्ड विंसेंट

D. इनमे से कोई भी नहीं

Q.122 दिए गए विकल्पों में से संबंधित शब्द/अक्षर/संख्या को चुनिए।
सचिन तेंदुलकर : क्रिकेट : : रोजर फेडरर : ?

A. टेनिस   **B.** फुटबॉल

C. बास्केट बॉल   **D.** वॉलीबॉल

Q.123 दिए गए विकल्पों में से संबंधित शब्द/अक्षर/संख्या को चुनिए।
Tu : Ab : : Cd : ?

A. jj   **B.** KK   **C.** kj   **D.** Jk

Q.124 पुलिस ने कोर्ट में चार्जशीट दाखिल की:

A. यदि पुलिस किसी व्यक्ति को गिरफ्तार करती है

B. यदि किसी व्यक्ति संदिग्ध है

C. यदि कोई व्यक्ति अपराध करता है

D. यदि जांच में व्यक्ति दोषी साबित होता है

Q.125 निम्नलिखित प्रश्न में दिए गए विकल्पों में से संबंधित संख्या को चुनिए।
66 : 36 : : 99 : ?

A. 18   **B.** 27   **C.** 81   **D.** 108

Q.126 अंग्रेजी वर्णमाला के क्रम के अनुसार व्यवस्थित होने पर कौन सा शब्द चौथे स्थान पर आयेगा?

A. Deterioration   **B.** Determination

C. Degrade   **D.** Density

Q.127 निम्नलिखित में से कौन एक बचाव पक्ष वकील का कार्य है?

A. जाँच पड़ताल करना

B. आरोपी को गिरफ्तार करना

C. आरोपी का बचाव करना

D. सजा देना

Q.128 दिए गए विकल्पों में से विषम शब्द/ अक्षर /संख्या/संख्या युग्म को चुनिए।

A. 1296   **B.** 2401   **C.** 6561   **D.** 4094

Q.129 निर्देश: एक अनुक्रम दिया गया है, जिसमें से एक पद लुप्त है। दिए गए विकल्पों में से सही विकल्प चुनिए, जो अनुक्रम को पूरा करे।

121, 253, 374, 495, ?

A. 565   **B.** 523   **C.** 5116   **D.** 5102

Q.130 निर्देश: निम्नलिखित प्रश्न में दिए गए विकल्पों में से लुप्त अंक ज्ञात कीजिए।

7	6	5
2	3	3
98	?	75

A. 108   **B.** 216   **C.** 144   **D.** 288

Q.131 गिरफ्तारी के 24 घंटे के भीतर मजिस्ट्रेट के सामने एक गिरफ्तार व्यक्ति को किस धारा के अंतर्गत पेश किया जाना चाहिए?

A. अधिनियम 42   **B.** अधिनियम 51

C. अधिनियम 56   **D.** अधिनियम 22

Q.132 निर्देश: अनुक्रमिक रूप से दिए गए अक्षर श्रृंखला में अंतराल पर रखे जाने पर अक्षरों का कौन सा एक सेट इसे पूरा करेगा?

$$Z, S, W, N, T, I, Q, D, ? ?$$

A. N, B **B.** N, C **C.** N, Y **D.** O, A

Q.133 निम्नलिखित शब्दों को शब्दकोष में आने वाले क्रम के अनुसार लिखें।

i. Collaborate

ii. Constant

iii. Correspondence

iv. Combination

A. iv, ii, i, iii   **B.** iii, ii, iv, i

C. iv, iii, i, ii   **D.** i, iv, ii, iii

Q.134 निम्नलिखित शब्दों को शब्दकोष में आने वाले क्रम के अनुसार लिखें।

(a) Critical

(b) Criterion

(c) Crisis

(d) Crisp

A. c, d, b, a   **B.** a, c, d, b   **C.** c, d, a, b   **D.** d, c, a, b

Q.135 एक अनुक्रम दिया गया है, जिसमें से एक पद लुप्त है। दिए गए विकल्पों में से वह सही विकल्प चुनिए, जो अनुक्रम को पूरा करे।

? , 85, 116, 185, 316

A. 65   **B.** 74   **C.** 58   **D.** 44

Q.136 एक श्रृंखला दी गई है, जिसमें एक शब्द लापता है। दिए गए विकल्पों में से सही विकल्प का चयन करें, जो श्रृंखला को पूर्ण करेगा।

Display, Ideal, Indian, Disdain, Brands, ?

A. Jurisdiction   **B.** Found

C. Adsorbed   **D.** Handshake

Q.137 निर्देश: दिए गए विकल्पों में से विषम शब्द/ अक्षर संख्या /संख्या युग्म चुनिए।

A. 85431   **B.** 23870   **C.** 99300   **D.** 11559

Q.138 P, Q से 4 वर्ष बड़ा है। Q, R से 7 वर्ष छोटा है। R, S से 5 वर्ष बड़ा है। S, T से 8 वर्ष छोटा है। सबसे छोटा कौन है?

A. *P* **B.** *Q* **C.** *R* **D.** *S*

Q.139 निर्देश: निम्नलिखित प्रश्न में दिए गए विकल्पों में से विषम संख्या समूह को चुनिए।

A. 130,26 **B.** 75,16 **C.** 35,7 **D.** 65,13

Q.140 P, Q, R, S और T एक कतार में खड़े है। P कद में S से लंबा है, किन्तु Q से छोटा है T, S से छोटा है किन्तु R से लम्बा है, तो दूसरा सबसे लम्बा व्यक्ति कौन है?

A. T **B.** S **C.** R **D.** P

Q.141 रैंकिंग विधि किसके लिए सबसे उपयुक्त है:

A. मिश्रित संगठन **B.** बड़े संगठन
C. छोटे संगठन **D.** उपरोक्त में से कोई नहीं

Q.142 नौकरी का मूल्यांकन किसके द्वारा किया जाता है?

A. समूह **B.** व्यक्तिगत
C. (A) और (B) दोनों **D.** इनमे से कोई भी नहीं

Q.143 यदि एक दर्पण को लाइन AB पर रखा गया है, तो दिए गए आकृति की सही छवि कौन सी है?

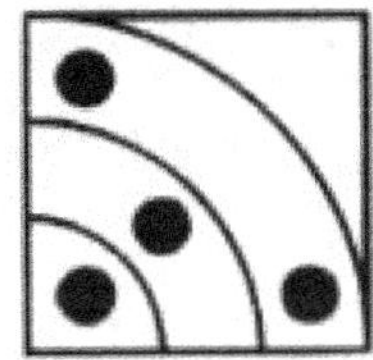

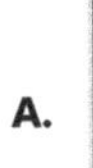 **A.** 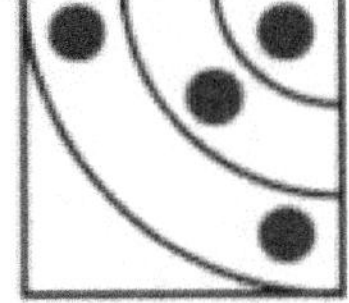

B.

 **C.**  **D.**

Q.144 यदि NETWORK को KBQTLOH के रूप में कोडित किया गया है तो METAL को किस प्रकार कोडित किया जाएगा?

A. JBQXI **B.** JCRSV **C.** NFQXU **D.** PHWDO

Q.145 किसी विशिष्ट कोड भाषा में "ROYALTY" को "ZUMBZPS" लिखा जाता है | इस कोड भाषा में "LINGER" को किस प्रकार लिखा जाएगा?

A. SFHJOM **B.** SFHOJM
C. SHFOJM **D.** SHFOMJ

Q.146 उस आरेख की पहचान करें जो नीचे दी गई श्रेणियों के बीच संबंधों का सबसे अच्छा प्रतिनिधित्व करता है:

गौरैया, पक्षी, बिल्ली

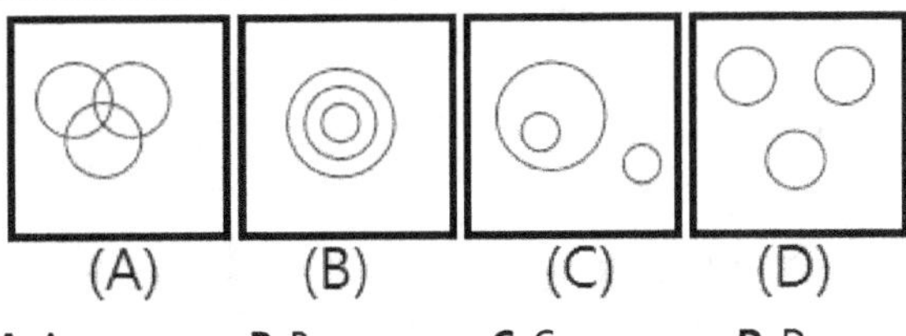

A. A **B.** B **C.** C **D.** D

Q.147 जनहित याचिका (PIL) के साथ जोड़ा जा सकता है:

A. न्यायिक समीक्षा **B.** न्यायिक सक्रियता
C. न्यायिक हस्तक्षेप **D.** न्यायिक शुचिता

Q.148 जनहित याचिका की अवधारणा उत्पन्न हुई:

A. कनाडा **B.** संयुक्त राज्य
C. ऑस्ट्रेलिया **D.** यूनाइटेड किंगडम

Q.149 एक महिला की ओर इशारा करते हुए, रोहित ने कहा कि वह मेरे पिता की पत्नी के बेटे की बेटी की बहन है। रोहित का संबंध महिला से कैसे है?

A. बेटी **B.** बहन
C. भांजी **D.** बेटी या भतीजी

Q.150 निर्देश: निम्न उत्तर आकृतियों में से वे आकृति चुनें जिसमें दी गई प्रश्न आकृति निहित है।

प्रश्न आकृति:

उत्तर आकृतियां:

(A)  (B) 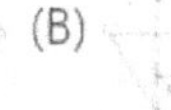 (C) 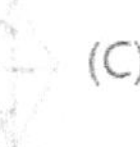 (D) 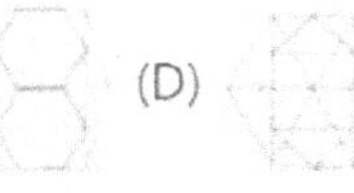

A. आकृति (A) **B.** आकृति (B)
C. आकृति (C) **D.** आकृति (D)

Q.151 उन सभी लोगों की संख्या ज्ञात करें जो तमिल और तेलुगु दोनों भाषा बोल सकते हैं?

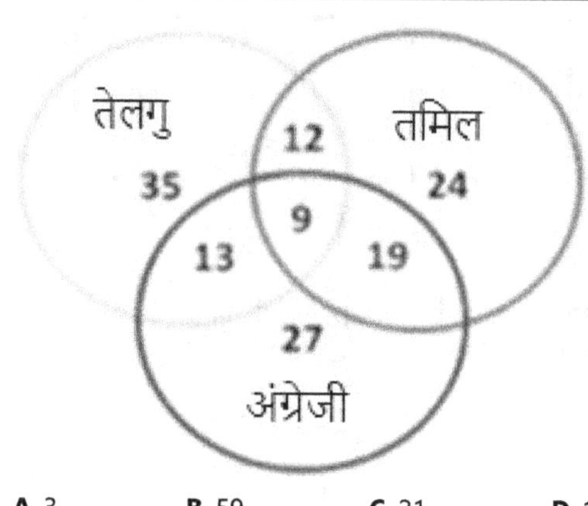

A. 3　　　**B.** 59　　　**C.** 21　　　**D.** 112

Q.152 रीता लड़कियों की पंक्ति में बाएं छोर से 13 वें और वानी, दाई ओर से 17 वें स्थान पर है। मीना, रीता की दाई तरफ से 13 वें और वानी से दाई तरफ की ओर 6 वें स्थान पर है। पंक्ति में कितनी लड़कियां हैं?

A. 36　　　**B.** 34　　　**C.** 37　　　**D.** 35

Q.153 यदि एक दर्पण को MN रेखा जाए, तो दी गई उत्तर आकृतियों में से कौन-सी आकृति प्रश्न आकृति की सही प्रतिबिम्ब होगी?

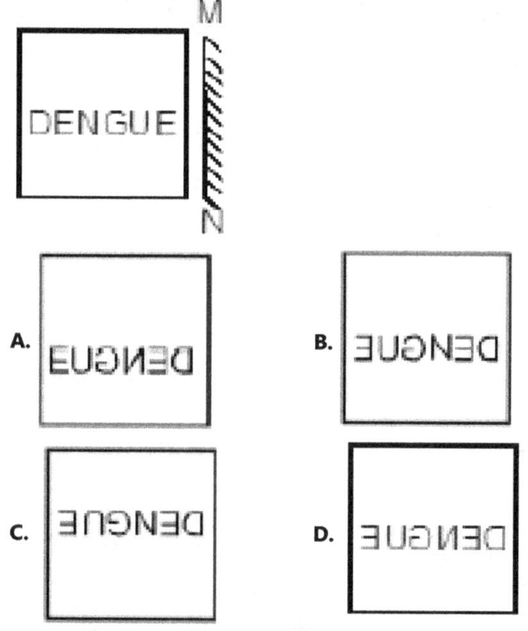

Q.154 निर्देश: प्रश्न में दो कथनों के बाद दो निष्कर्ष I और II दिए गए हैं। आपको कथनों को सत्य मानना है चाहे वे सामान्य ज्ञात तथ्यों से भिन्न प्रतीत होते हों। आपको तय करना है कि दिए गए निष्कर्षों में से कौन सा, यदि कोई हो तो, दिए गए कथनों का अनुसरण करता है।

कथन:

1: कोई भी मोबाइल स्टील नहीं है।

2: सभी स्टील सिल्वर हैं।

निष्कर्ष

I: कुछ सिल्वर स्टील हैं।

II: कुछ मोबाइल सिल्वर नहीं हैं।

A. केवल निष्कर्ष I अनुसरण करता है

B. केवल निष्कर्ष II अनुसरण करता है

C. दोनों I और II अनुसरण करते हैं

D. न तो I न ही II अनुसरण करता है

Q.155 नीचे के प्रश्न आकृतियों में दिखाए अनुसार कागज को मोड़कर छेदने तथा खोलने के बाद वह किस उत्तर आकृति जैसा दिखाई देगा?

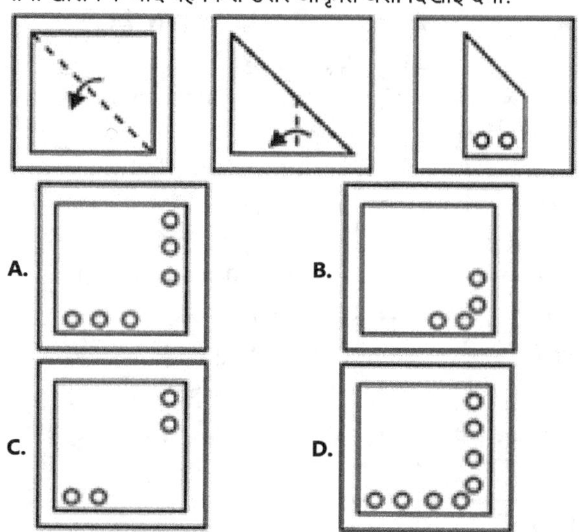

Q.156 निर्देशः दिए गए विकल्पों में से निम्नलिखित श्रृंखला का लुप्त पद ज्ञात करें।

ACE , HJL , PRT , ?

A. XZB　　　**B.** YAC　　　**C.** WYZ　　　**D.** ACE

Q.157 निर्देश: नीचे दिए गए प्रश्न में एक कथन शामिल है, उसके बाद दो तर्क I और II दिए गए हैं। आपको यह तय करना होगा कि कौन सा तर्क एक 'मजबूत' तर्क है और कौन सा 'कमजोर' तर्क है।

कथन: क्या भारत को अपनी ऊर्जा आवश्यकताओं को पूरा करने के लिए सौर ऊर्जा के दोहन का प्रयास करना चाहिए?

तर्क:

I. हाँ, क्योंकि वर्तमान में उपयोग किए जाने वाले अधिकांश ऊर्जा स्रोत क्षय ऊर्जा स्रोत (अनवीकरणीय ऊर्जा स्रोत) हैं।

II. नहीं, सौर ऊर्जा का उपयोग करने के लिए बहुत अधिक पूंजी की आवश्यकता होती है, जिसकी भारत में कमी है।

A. केवल तर्क II मजबूत है　　　**B.** केवल तर्क I मजबूत है

C. या तो I या II मजबूत है　　　**D.** I और II दोनों मजबूत हैं

Q.158 वह आरेख चुनिए जो नीचे दिए गए वर्गों के बीच के संबंध का सही निरूपण करता है।

हाथी, चूहा, बिल्ली

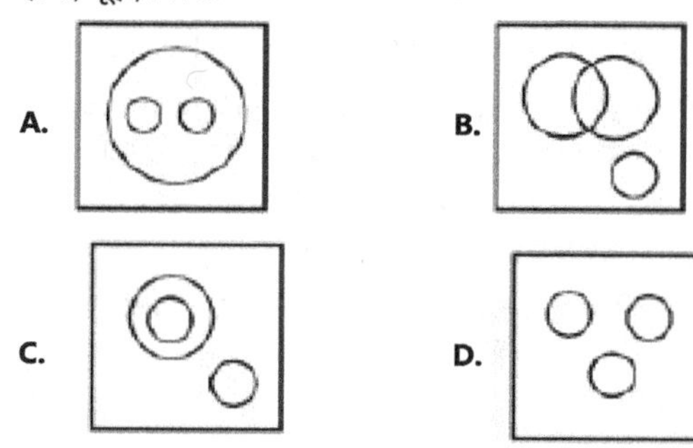

Q.159 वह आरेख चुनिए जो नीचे दिए गए वर्गों के बीच के संबंध का सही निरूपण करता है।

सब्जी, पार्क, गाजर

A. 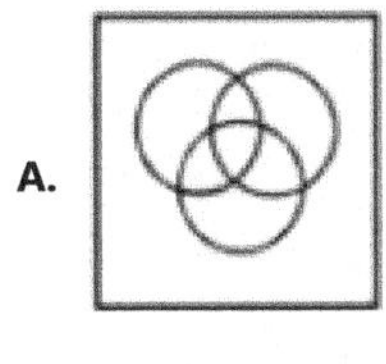

B. 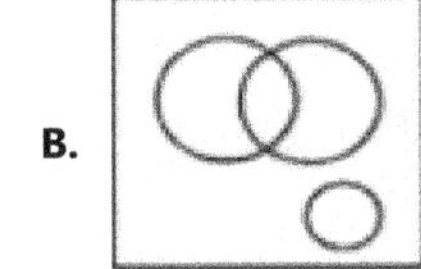

C. 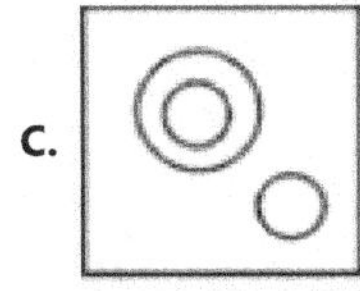

D. 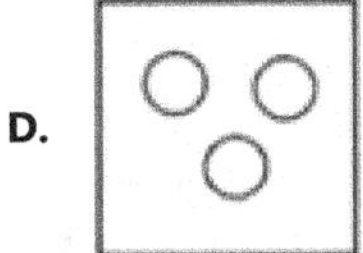

Q.160 यदि वर्ग उन लोगों को दर्शाता है जो कॉफी पसंद करते हैं, त्रिकोण उन लोगों को दर्शाता है जो चाय पसंद करते हैं, वृत्त उन लोगों को दर्शाता है जो दूध पसंद करते हैं, और समचतुर्भुज उन लोगों को दर्शाता है जिन्हें जूस पसंद है, तो वे लोग कौन हैं जो कम से कम 3 पेय को पसंद करते हैं?

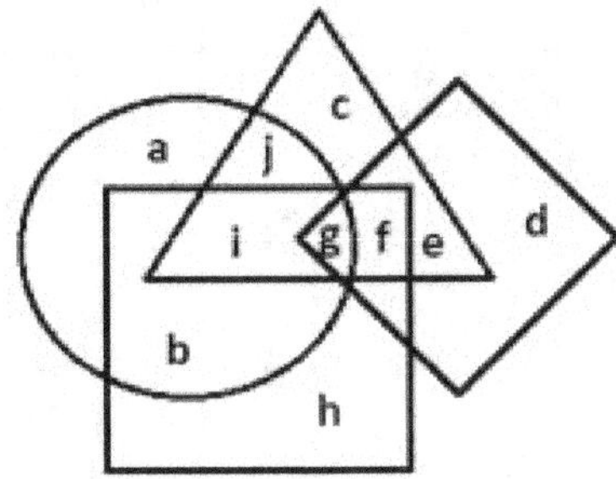

A. g+f+e **B.** g+f **C.** g+f+i **D.** e+g+f+i

// स्मार्ट उत्तर पुस्तिका //

| सही उत्तर | उन छात्रों के प्रतिशत को इंगित करता है जिन्होंने प्रश्नों का सही उत्तर दिया था। |

| छोड़ दिया | उन छात्रों के प्रतिशत को इंगित करता है जिन्होंने प्रश्नों को छोड़ दिया था। |

प्रश्न संख्या	उत्तर	सही उत्तर / छोड़ दिया	प्रश्न संख्या	उत्तर	सही उत्तर / छोड़ दिया	प्रश्न संख्या	उत्तर	सही उत्तर / छोड़ दिया	प्रश्न संख्या	उत्तर	सही उत्तर / छोड़ दिया	प्रश्न संख्या	उत्तर	सही उत्तर / छोड़ दिया
1	D	56.9 % / 1.31 %	17	C	48.08 % / 1.82 %	33	C	63.74 % / 1.33 %	49	D	61.19 % / 1.79 %	65	B	46.39 % / 1.66 %
2	D	26.75 % / 3.43 %	18	A	88.74 % / 0.0 %	34	B	41.62 % / 1.5 %	50	B	63.14 % / 1.67 %	66	A	12.73 % / 4.31 %
3	C	87.19 % / 0.0 %	19	C	24.44 % / 4.04 %	35	A	47.43 % / 1.91 %	51	B	53.11 % / 1.66 %	67	D	13.16 % / 4.29 %
4	D	53.7 % / 1.96 %	20	A	28.49 % / 3.47 %	36	D	60.85 % / 1.97 %	52	A	63.81 % / 1.54 %	68	B	21.38 % / 3.23 %
5	D	29.74 % / 4.61 %	21	C	18.23 % / 3.62 %	37	B	65.73 % / 1.18 %	53	D	61.02 % / 1.18 %	69	D	61.09 % / 1.06 %
6	D	56.98 % / 1.44 %	22	A	16.46 % / 3.2 %	38	D	80.04 % / 0.0 %	54	C	52.68 % / 1.76 %	70	B	86.11 % / 0.0 %
7	B	51.35 % / 1.07 %	23	C	65.98 % / 1.35 %	39	D	28.68 % / 3.55 %	55	B	63.97 % / 1.72 %	71	D	49.54 % / 1.72 %
8	A	63.43 % / 1.52 %	24	A	28.4 % / 3.75 %	40	B	51.33 % / 1.79 %	56	D	53.13 % / 1.53 %	72	B	51.78 % / 1.15 %
9	B	84.38 % / 0.0 %	25	D	48.43 % / 1.86 %	41	B	21.05 % / 3.3 %	57	D	62.51 % / 1.27 %	73	C	44.38 % / 1.1 %
10	C	41.22 % / 1.94 %	26	B	60.79 % / 1.2 %	42	B	58.19 % / 1.82 %	58	D	19.96 % / 4.95 %	74	C	58.48 % / 1.56 %
11	A	80.7 % / 0.0 %	27	D	67.87 % / 1.99 %	43	D	48.58 % / 1.92 %	59	D	54.56 % / 1.1 %	75	A	40.02 % / 1.92 %
12	B	79.6 % / 0.0 %	28	C	57.63 % / 1.02 %	44	B	69.42 % / 1.82 %	60	B	41.3 % / 1.48 %	76	D	52.42 % / 1.46 %
13	C	66.61 % / 1.51 %	29	A	16.78 % / 4.51 %	45	A	64.31 % / 1.11 %	61	C	84.98 % / 0.0 %	77	A	85.85 % / 0.0 %
14	C	28.33 % / 3.9 %	30	C	45.27 % / 1.33 %	46	A	14.36 % / 3.62 %	62	B	19.71 % / 4.19 %	78	B	65.31 % / 1.96 %
15	D	44.24 % / 1.63 %	31	A	43.34 % / 1.2 %	47	D	50.61 % / 1.94 %	63	D	58.06 % / 1.53 %	79	A	60.1 % / 1.0 %
16	B	42.54 % / 1.95 %	32	C	24.88 % / 3.05 %	48	C	57.55 % / 1.85 %	64	D	55.44 % / 1.41 %	80	D	42.39 % / 1.15 %

प्रश्न संख्या	उत्तर	सही उत्तर / छोड़ दिया
81	D	66.79 % / 1.63 %
82	A	84.24 % / 0.0 %
83	C	13.03 % / 3.01 %
84	A	86.17 % / 0.0 %
85	B	61.31 % / 1.08 %
86	C	16.03 % / 3.34 %
87	B	54.38 % / 1.14 %
88	C	18.57 % / 3.25 %
89	B	88.68 % / 0.0 %
90	B	77.63 % / 0.0 %
91	A	40.5 % / 1.75 %
92	D	48.72 % / 1.21 %
93	D	43.05 % / 1.92 %
94	C	42.97 % / 1.56 %
95	D	42.77 % / 1.29 %
96	A	23.93 % / 4.75 %

प्रश्न संख्या	उत्तर	सही उत्तर / छोड़ दिया
97	D	58.69 % / 1.78 %
98	A	21.99 % / 3.17 %
99	C	43.94 % / 1.09 %
100	A	69.33 % / 1.01 %
101	D	55.47 % / 1.7 %
102	B	89.53 % / 0.0 %
103	B	67.45 % / 1.32 %
104	A	24.81 % / 4.77 %
105	B	43.62 % / 1.1 %
106	A	11.23 % / 3.31 %
107	C	54.49 % / 1.58 %
108	A	66.69 % / 1.64 %
109	D	86.05 % / 0.0 %
110	A	67.88 % / 1.11 %
111	D	46.15 % / 1.74 %
112	B	29.64 % / 4.82 %

प्रश्न संख्या	उत्तर	सही उत्तर / छोड़ दिया
113	B	89.17 % / 0.0 %
114	A	88.96 % / 0.0 %
115	A	82.13 % / 0.0 %
116	C	48.76 % / 1.22 %
117	C	47.41 % / 1.22 %
118	A	50.47 % / 1.22 %
119	B	32.31 % / 3.93 %
120	A	42.34 % / 1.46 %
121	A	44.15 % / 1.28 %
122	A	60.88 % / 1.25 %
123	D	15.77 % / 4.12 %
124	D	87.25 % / 0.0 %
125	C	14.13 % / 3.25 %
126	B	89.54 % / 0.0 %
127	C	69.28 % / 1.88 %
128	D	44.93 % / 1.36 %

प्रश्न संख्या	उत्तर	सही उत्तर / छोड़ दिया
129	C	67.9 % / 1.99 %
130	A	46.32 % / 1.5 %
131	D	63.33 % / 1.3 %
132	C	29.21 % / 4.77 %
133	D	83.57 % / 0.0 %
134	A	65.04 % / 1.62 %
135	B	24.73 % / 4.57 %
136	A	16.46 % / 4.79 %
137	B	40.73 % / 1.81 %
138	B	84.11 % / 0.0 %
139	B	57.45 % / 1.38 %
140	D	68.57 % / 1.12 %
141	C	77.32 % / 0.0 %
142	A	80.82 % / 0.0 %
143	B	45.27 % / 1.14 %
144	A	88.11 % / 0.0 %

प्रश्न संख्या	उत्तर	सही उत्तर / छोड़ दिया
145	B	29.29 % / 4.63 %
146	C	51.93 % / 1.63 %
147	B	81.41 % / 0.0 %
148	B	67.44 % / 1.83 %
149	D	45.42 % / 1.01 %
150	C	50.78 % / 1.74 %
151	C	45.34 % / 1.14 %
152	A	41.32 % / 1.03 %
153	D	89.14 % / 0.0 %
154	A	58.18 % / 1.01 %
155	D	51.08 % / 1.86 %
156	B	26.23 % / 4.56 %
157	B	13.52 % / 3.49 %
158	D	77.03 % / 0.0 %
159	C	20.81 % / 4.15 %
160	C	13.1 % / 3.85 %

कार्य विश्लेषण	
औसत अंक (%)	**49.75%**
टॉपर्स स्कोर (%)	**64.0%**
आपका स्कोर	

//संकेत और समाधान//

1. "बढ़त-बढ़त सम्पत्ति सलिल मन-सरोज बढ़ जाए। घटत-घटत फिर ना घटै करु सामूल कुम्हिलाय।", में रूपक अलंकार है। इसमें उपमेय (सम्पत्ति एवं मन) का उपमान (सलिल एवं सरोज) के रूप में कहने के कारण यहाँ रूपक का प्रयोग हुआ है।

अतः विकल्प (D) सही है।

2. दिए गए विकल्पों में 'जो वह' में अनिश्चयवाचक सर्वनाम नहीं है। यह सम्बंधवाचक सर्वनाम के अंतर्गत आता है।

अतः विकल्प (D) सही है।

3. 'भौम' का विशेष्य रूप 'भूमि' है। जबकि दिए अन्य विकल्प भौमिक, भूमित्व तथा भूमिक, 'भूमि' (संज्ञा) के विशेषण शब्द हैं।

अतः विकल्प (C) सही है।

4. दिए गए विकल्प में 'पक्ष', 'पक्षी' तथा 'पतन' तत्सम शब्द है। 'पत्ता' तद्भव शब्द है। 'पत्ता' का तत्सम् 'पत्र' है। अन्य शब्दों तद्भव रूप इस प्रकार हैं-

तत्सम	तद्भव
पक्ष	पाख
पक्षी	पच्छी
पतन	पड़ना

अतः विकल्प (D) सही है।

5. दी गयी पंक्तियों में 'बरवै' छन्द है। बरवै अर्ध सम मात्रिक छन्द है। जिसके विषम चरणों में 12 और सम चरणों में 7 मात्राएँ होती हैं। यति प्रत्येक चरण के अन्त में होती है। सम चरणों के अन्त में जगण या तगण होने से बरवै की मिठास बढ़ जाती है।

अतः विकल्प (D) सही है।

6. दी गयी पंक्तियों में 'हरिगीतिका' छन्द है। हरिगीतिका चार चरणों वाला एक सम मात्रिक छंद है। इसके प्रत्येक चरण में 16 व 12 के विराम से 28 मात्रायें होती हैं तथा अंत में लघु गुरु आना अनिवार्य है।

अतः विकल्प (D) सही है।

7. 'परमेश्वर-परम ईश्वर' में कर्मधारय समास है। इस समास में उतर पद प्रधान होता हैं तथा पूर्व पद व उतर पद में उपमान-उपमेय अथवा विशेषण-विशेष्य का सम्बन्ध होता है।

जैसे- प्राणप्रिय - प्राणों के समान प्रिय

लालमणि - लाल है जो मणि

अतः विकल्प (B) सही है।

8. भरत मुनि ने नाट्य शास्त्र की रचना की। इसमें सर्वप्रथम रस सिद्धांत की चर्चा तथा इसके प्रसिद्ध सूत्र -'विभावानुभाव संचारीभाव संयोगद्रस निष्पति:" की स्थापना की गयी थी।

अतः विकल्प (A) सही है।

9. रस के मुख्य रूप से 4 अंग हैं: स्थायी भाव, विभाव, अनुभाव, संचारी भाव।

अतः विकल्प (B) सही है।

10. कविवर बिहारी मुख्यत: श्रृंगार रस के कवि हैं। बिहारी की अतिप्रसिद्ध रचना सतसई (सप्तशती) है।

अतः विकल्प (C) सही है।

11. 'शांत' रस का स्थायी भाव निर्वेद होता है। इस रस में तत्व ज्ञान कि प्राप्ति अथवा संसार से वैराग्य होने पर, परमात्मा के वास्तविक रूप का ज्ञान होने पर मन को जो शान्ति मिलती है, वहाँ शान्त रस कि उत्पत्ति होती है।

अतः विकल्प (A) सही है।

12. सर्वश्रेष्ठ रस श्रृंगार रस को माना जाता है। इसे रसराज भी कहा जाता है।

अतः विकल्प (B) सही है।

13. 'इमली के पात पर बारात का डेरा' लोकोक्ति का उपयुक्त अर्थ है 'असम्भव बात'।

अतः विकल्प (C) सही है।

14. 'दूध के दांत न टूटना' मुहावरे का अर्थ 'अनुभव न होना' है।

उदाहरण: रमेश की बात मानना व्यर्थ है। उसके तो अभी दूध के दांत भी नहीं टूटे हैं।

अतः विकल्प (C) सही है।

15. 'जो पहले नहीं हुआ हो' को 'अभूतपूर्व' कहते हैं। शेष सभी विकल्प सही नहीं हैं।

अतः विकल्प (D) सही है।

16. 'ज्ञ' एक संयुक्त व्यंजन है। यह ज्+ञ ध्वनियों के मेल से बनता है।

अतः विकल्प (B) सही है।

17. जिससे किसी को बुलाने अथवा सचेत करने का भाव प्रकट हो उसे संबोधन कारक कहते है और संबोधन चिह्न (!) लगाया जाता है। इसीलिए उपरोक्त वाक्य में सम्बोधन कारक है।

अतः विकल्प (C) सही है।

18. भारतीय का बहुवचन भारतीयों होगा।

उदाहरणार्थ-भारतीयों ने प्राणप्रण से अपनी सनातन संस्कृति की रक्षा की।

अतः विकल्प (A) सही है।

19. गद्यांश में समय को मूल्यवान बताया गया है। ऐसा इसलिए क्योंकि यदि वह बीत जाए तो इसे लाखों करोड़ों रुपये खर्च करके भी बीता हुआ समय वापिस नहीं हो सकता है।

अतः विकल्प (C) सही है।

20. समय के महत्त्व को समझने वालों को जीवन सुखमय होता है। वे अपना जीवन आनंदपूर्वक व्यतीत करते हैं।

अतः विकल्प (A) सही है।

21. इस कथन के लिए गद्यांश में खिलाड़ी का उदाहरण पेश किया गया है, जो सेकंड के सौवें हिस्से के अंतर से पदक नहीं जीत सका था। स्टेशन पर खड़ी रेलगाड़ी एक मिनट के विलंब से छूट जाती है।

अतः विकल्प (C) सही है।

22. 'निन्दा' का विलोम 'स्तुति' होगा, जबकि निंदय , श्लाध्य और निरुद्ध असंगत है।

अतः विकल्प (A) सही है।

23. उपर्युक्त विकल्पों में से 'अमावस्या' अंधकार का पर्यायवाची शब्द नहीं हैं। अन्य विकल्प अंधकार के पर्यायवाची शब्द हैं।

अंधकार का पर्यायवाची - अँधेरा, तम, तिमिर, अंधियारा, तमस आदि।

अतः विकल्प (C) सही है।

24. उपर्युक्त विकल्पों में से 'छाछ' स्त्रीलिंग शब्द है। खाने पीने की सभी चीजें स्त्रीलिंग होती हैं, जैसे- कचौड़ी, पूरी, खीर, दाल, पकौड़ी, रोटी, चपाती, तरकारी, सब्जी, खिचड़ी इत्यादि परन्तु इसका अपवाद भी है- पराठा, हलवा, भात, दही , रायता इत्यादि पुल्लिंग हैं। शेष विकल्प तिल, काढ़ा, टेसू पुल्लिंग शब्द हैं।

अतः विकल्प (A) सही है।

25. उपर्युक्त विकल्पों में से 'भाषा' शब्द स्त्रीलिंग है। जैसे- हिन्दी भाषा, अंग्रेजी भाषा, उर्दू भाषा आदि। अन्य सभी पुल्लिंग शब्द हैं।

जिन संज्ञा शब्दों से पुरुष जाति का पता चलता है,पुल्लिंग होते हैं।

अतः विकल्प (D) सही है।

26. उपर्युक्त विकल्पों में वाक्य 'शेर जंगल का राजा है।' एकवचन का उदाहरण है। अन्य विकल्पों में 'लोग (बहुत सारे), स्त्रियाँ (स्त्री), छात्रगण छात्रों का समूह)' ये शब्द बहुवचन के उदाहरण हैं।

राजा जिसे नृप, भूपति, भूप, नरेश, महीपति, अवनीश, नरपति, नरेन्द्र, महिपाल आदि पर्यायवाची शब्दों से भी संबोधित किया जाता है।

अतः विकल्प (B) सही है।

27. दिए गए विकल्पों में 'पारावात' शब्द कबूतर का पर्यायवाची शब्द है।

कबूतर का पर्यायवाची– कलरव, कपोत, पारावत, हारिल, रक्तलोचन।

अतः विकल्प (D) सही है।

28. उपर्युक्त विकल्पों में से 'वितल' सही उत्तर है।

अतल का अर्थ – तल रहित

वितल का अर्थ – तल सहित

अतः विकल्प (C) सही है।

29. 'अधोमुखी' शब्द 'अधः' उपसर्ग से बना है।

- 'अधः' उपसर्ग से बनने वाले अन्य शब्द - अधोमुखी, अधोलिखित, अधःपतन आदि।
- 'अध' का अर्थ – नीचे
- अधः उपसर्ग के समान प्रयुक्त होने वाला संस्कृत का अव्यय (उपसर्गवत्) है।

अतः विकल्प (A) सही है।

30. इंद्राणी शब्द में 'आनी' प्रत्यय नहीं है।

मूल शब्द 'इंद्र' में 'आणी' प्रत्यय के योग से 'इंद्राणी' शब्द का निर्माण हुआ है।

प्रत्यय वे शब्द होते हैं जो दूसरे शब्दों के अन्त में जुड़कर, अपनी प्रकृति के अनुसार, शब्द के अर्थ में परिवर्तन कर देते हैं। प्रत्यय शब्द दो शब्दों से मिलकर बना है - प्रति + अय। प्रति का अर्थ होता है 'साथ में, पर बाद में' और अय का अर्थ होता है 'चलने वाला', अतः प्रत्यय का अर्थ होता है साथ में पर बाद में चलने वाला।

अतः विकल्प (C) सही है।

31. उपर्युक्त विकल्पों में 'युद्ध से केवल नुकसान होता है' वाक्य शुद्ध है। यहाँ 'से' विभक्ति का प्रयोग किया गया तथा अंत में 'होता है' है जो की सही है, परन्तु अन्य सभी विकल्पों में विभक्ति तथा व्याकरण से सम्बंधित त्रुटियाँ की गई हैं।

अतः विकल्प (A) सही है।

32. दिए गये विकल्पों में मात्र एक वाक्य पूर्ण रूप से शुद्ध है। इसके अतिरिक्त सभी में किसी न किसी प्रकार की त्रुटि है। यहाँ चारों वाक्य का अर्थ समान है मगर सिर्फ एक ही वाक्य शुद्ध है। यहाँ 'घटनास्थल पर काफ़ी भीड़ एकत्र हो गयी' शुद्ध वाक्य है।

अतः विकल्प (C) सही है।

33. 'मछली, शंख, मोती' के लिए 'जलज' शब्द है। दिए गए सभी शब्द 'जलज' के अनेकार्थी हैं जिसका अर्थ होता है जल से उत्पन्न होने वाला।

अन्य विकल्प:

- फंदा – जाल, फरेब
- जीवन – जल, प्राण
- तीर – किनारा, तट

अतः विकल्प (C) सही है।

34. 'आशा है मैं फिर आपके काम आऊंगा' वाक्य सम्भाव्य भविष्य काल का है।

सम्भाव्य भविष्य काल में भविष्य में किसी काम के होने की संभावना बनी रहती है।

अतः विकल्प (B) सही है।

35. 'मुझसे चला नहीं जाता' वाक्य भाववाच्य है। इस वाक्य में 'चलने' की क्रिया प्रधान है।

भाववाच्य में भाव अर्थात् क्रिया के अर्थ की प्रधानता होती है।

अतः विकल्प (A) सही है।

36. 'मुकुंद यहाँ से चला गया।' में उचित अव्यय क्रिया-विशेषण है। जिन शब्दों से क्रिया की विशेषता का पता चले, वहाँ क्रिया विशेषण अव्यय होता है।

जहाँ पर यहाँ, तेज, अब, रात, धीरे-धीरे, प्रतिदिन, सुंदर, वहाँ, तक, जल्दी, अभी, बहुत शब्द आते हैं, वहाँ क्रिया-विशेषण होता है। 'मुकुंद यहाँ से चला गया।' इस वाक्य में 'यहाँ' शब्द के कारण क्रिया-विशेषण होगा।

अतः विकल्प (D) सही है।

37. उपर्युक्त विकल्पों में 'इ, ई' का उच्चारण स्थान तालु है।

अन्य तालव्य वर्ण हैं - च, छ, ज, झ, ञ, य, श।

तालव्य व्यंजन वो व्यंजन होते हैं जिनके उच्चारण में जीभ के पिछले भाग को तालू से संघर्ष करना पड़ता है।

अतः विकल्प (B) सही है।

38. ण के उच्चारण में अ वर्ण की ध्वनि सुनाई देती है। इस आधार पर इसकी गणना स्वरों में नहीं की जा सकती। 'ण' स्वर नहीं अपितु व्यंजन है।

अतः विकल्प (D) सही है।

39. व्यास राम्मान भारतीय साहित्य में किये गये योगदान के लिए दिया जाने वाला ज्ञानपीठ पुरस्कार के बाद दूसरा सबसे बड़ा साहित्य सम्मान है। इस पुरस्कार को वर्ष 1991 में के. के. बिड़ला फाउंडेशन ने प्रारंभ किया था। 1991 में शुरू किया गया व्यास सम्मान पिछले 10 वर्षों के दौरान प्रकाशित किसी भारतीय नागरिक द्वारा लिखित हिंदी में उत्कृष्ट साहित्यिक कार्य के लिए दिया जाता है। इसमें एक प्रशस्ति पत्र और पट्टिका के साथ चार लाख रुपये का पुरस्कार प्रदान किया जाता है। व्यास सम्मान के नियमों के अनुसार कृति साहित्य की किसी विधा में हो सकती है। सृजनात्मक साहित्य के अतिरिक्त अन्य विधाओं जैसे- आत्मकथा, ललित निबंध, समीक्षा व आलोचना, साहित्य और भाषा का इतिहास आदि पुस्तकों पर भी विचार किया जाता है।

अतः विकल्प (D) सही है।

40. "आगे कुआँ, पीछे खाई" लोकोक्ति 'जहाँ दोनों ओर संकट हो।' अर्थ में प्रयुक्त होती है।

वाक्य प्रयोग:

- आगे कुआँ पीछे खाई' कहावत का अर्थ = हर तरफ से हानि का होना।
- प्रयोग- रोहित के सामने तब आगे कुआँ, पीछे खाई वाली बात हो गई जब चोरों ने कहा कि या तो वह गोली खा ले या सारा सामान उनको दे दे।

अतः विकल्प (B) सही है।

41. ऊर्जा और शहरी विकास मंत्री अरविंद शर्मा ने उत्तर प्रदेश में दो विभागों के सार्वजनिक शिकायतों और निगरानी कार्यक्रमों और योजनाओं के निपटान के लिए संभव (सिस्टमिक एडमिनिस्ट्रेशन मैकेनिज्म फॉर ब्रिंगिंग हैप्पीनेस एंड वैल्यू) पोर्टल लॉन्च किया है।

अतः विकल्प (B) सही है।

42. भारत और रूस की नौसेनाओं ने 14 जनवरी 2022 को अरब सागर में एक पासिंग अभ्यास किया।

भारतीय नौसेना के स्वदेशी रूप से डिजाइन और निर्मित निर्देशित-मिसाइल विध्वंसक आईएनएस कोच्चि ने रूसी संघ की नौसेना के विध्वंसक एडमिरल ट्रिब्यूट्स के साथ अभ्यास किया। यह सुनिश्चित करने के लिए एक पासिंग अभ्यास किया जाता है कि इसमें भाग लेने वाली दो नौसेनाएं आपदा या युद्ध के समय में सुचारू रूप से समन्वय और संवाद करने में सक्षम हों।

अत: विकल्प (B) सही है।

43. INS घड़ियाल, मिशन SAGAR IX के हिस्से के रूप में, 29 अप्रैल 2022 को कोलंबो पहुंचा और 107 प्रकार की महत्वपूर्ण जीवनरक्षक दवाओं के 760 किलोग्राम से अधिक का वितरण किया। इसका उद्देश्य चल रहे संकट के दौरान श्रीलंका को महत्वपूर्ण चिकित्सा सहायता प्रदान करना था। मई 2020 से, भारतीय नौसेना ने 18 मित्र देशों में दस जहाजों को तैनात करते हुए, ऐसे आठ मिशन सफलतापूर्वक संपन्न किए हैं।

अतः विकल्प (D) सही है।

44. संघ लोक सेवा आयोग (UPSC) के अध्यक्ष के रूप में डॉ. मनोज सोनी को नियुक्त किया गया है। वह वर्तमान में यूपीएससी के सदस्य हैं। उन्होंने 2005 में MS विश्वविद्यालय के देश के सबसे कम उम्र के कुलपति के रूप में कार्य किया। उन्होंने अगस्त 2009 से जुलाई 2015 के बीच अहमदाबाद में डॉ. बाबासाहेब अम्बेडकर मुक्त विश्वविद्यालय के कुलपति के रूप में भी कार्य किया।

अतः विकल्प (B) सही है।

45. प्लासी की लड़ाई, 23 जून 1757 को मुर्शिदाबाद के दक्षिण में 22 मील दूर नदिया जिले में गंगा नदी के किनारे 'प्लासी' नामक स्थान में हुआ था। इस युद्ध में एक ओर ब्रिटिश ईस्ट इंडिया कंपनी की सेना थी तो दूसरी ओर थी बंगाल के नवाब की सेना। कंपनी की सेना ने रॉबर्ट क्लाइव के नेतृत्व में नवाब सिराजुद्दौला को हरा दिया था।

अतः विकल्प (A) सही है।

46. दिल्ली सल्तनत के तुगलक वंश के अंतिम शासक नसीरुद्दीन मुहम्मद शाह थे।

नासिर-उद-दीन महमूद (1225-1266) 1246 से 1266 तक दिल्ली सल्तनत के मामलुक राजवंश का पैदिश था, जो अला-उद-दीन मसूद का उत्तराधिकारी था और रियास-उद-दीन बलबन से पहले था।

महमूद का जन्म 1225 में बंगाल के सुल्तान महमूद के यहाँ हुआ था। वह दिल्ली के सदन से थे, सुत्री मुस्लिम तुर्कों का एक वंश जो दिल्ली सल्तनत पर शासन करता था।

अतः विकल्प (A) सही है।

47. "मेरा अंतिम लक्ष्य हर आँख से हर आँसू पोंछना है", यह पंक्ति जवाहरलाल नेहरू ने कही थी वह भारत के पहले प्रधान मंत्री थे

अतः विकल्प (D) सही है।

48. बलफकरम राष्ट्रीय उद्यान मेघालय के गारो हिल्स के चरम दक्षिण में स्थित है। इसकी तुलना अक्सर संयुक्त राज्य अमेरिका के ग्रांड कैन्यन नेशनल पार्क से की जाती है। इसे अक्सर "निरंतर हवाओं का निवास" और साथ ही "आत्माओं की भूमि" के रूप में जाना जाता है। इसका उद्घाटन 27 दिसंबर 1987 को राष्ट्रीय उद्यान के रूप में किया गया था।

अतः विकल्प (C) सही है।

49. नंदा देवी राष्ट्रीय उद्यान या नंदा देवी बायोस्फीयर रिज़र्व उत्तराखंड राज्य में नंदा देवी के शिखर पर स्थित है। इसकी स्थापना 1988 में हुई थी। राष्ट्रीय उद्यान को 1988 में यूनेस्को द्वारा विश्व विरासत स्थल के रूप में अंकित किया गया था।

अतः विकल्प (D) सही है।

50. पूर्ण प्रतियोगिता के अंतर्गत खरीदारों और विक्रेताओं को बाजार स्थितियों की संपूर्ण जानकारी होगी। पूर्ण प्रतियोगिता बाजार के उस रूप का नाम है जिसमें विक्रेताओं की संख्या की कोई सीमा नहीं होती।

खरीदारों और विक्रेताओं को सही प्रतिस्पर्धा के तहत बाजार की स्थितियों का सही ज्ञान होगा। सही ज्ञान का मतलब है कि खरीदार और विक्रेता दोनों को बाजार मूल्य के बारे में पूरी जानकारी है।

अतः विकल्प (B) सही है।

51. जल विभाजन भौगोलिक रूप से दो या अधिक जल निकासी वाले क्षेत्रों को विभाजित करने वाला एक ऊंचा क्षेत्र है। सिंधु और गंगा दोनों ही प्रमुख नदियाँ हैं जिनकी उत्पत्ति हिमालय में हुई है। भारत में हरियाणा और दिल्ली में जल निकासी प्रणाली के बीच पानी का विभाजन होता है।

अतः विकल्प (B) सही है।

52. DNA का पूर्ण नाम डीऑक्सीराइबोन्यूक्लिक एसिड है। मानव का शरीर तरह-तरह की कोशिकाओं से मिलकर बना होता है, जिसमें से एक अणु DNA होता है। आप डीएनए की सहायता से परिवार या किसी के वंश के बारे में आसानी से पता लगा सकते हैं।

अतः विकल्प (A) सही है।

53. जब किसी जीन के DNA में कोई स्थाई परिवर्तन होता है तो उसे उत्परिवर्तन (म्यूटेशन) कहा जाता है।

उत्परिवर्तन जीन में अचानक और स्थायी परिवर्तन होता है जो ज्यादातर पर्यावरणीय (बाहरी) कारणों से होता है जैसे सूर्य से पराबैंगनी विकिरण।

अतः विकल्प (D) सही है।

54. 'बार चुंबक के केंद्र' में चुंबकत्व शून्य होता है। चुंबकत्व चुंबक के उत्तरी और दक्षिणी ध्रुवों पर उच्च होता है केंद्र में लगभग शून्य है। इसका कारण यह है कि चुंबकीय क्षेत्र रेखाएं केंद्र में चुंबक की लंबाई के समानांतर चलती हैं।

अतः विकल्प (C) सही है।

55. न्यूटन का पहले नियम को जड़त्व का नियम भी कहते हैं। न्यूटन के पहले नियम में कहा गया है कि "यदि कोई व्यक्ति स्थिर अवस्था (विराम की अवस्था) में है तो वह स्थिर अवस्था में ही रहेगी और यदि वस्तु एकसमान गति की अवस्था में तो वह समान रूप से गतिशील ही रहेगी, जब तक कि उस वस्तु पर कोई बाह्य बल कार्यरत न हो।" वस्तु के विरामावस्था में रहने या एकसमान वेग से गतिशील रहने की प्रवृति अथार्त अपनी मूल अवस्था को बनाये रखने की प्रवृति को जड़त्व कहा जाता है।

अतः विकल्प (B) सही है।

56. अवोगाद्रो स्थिरांक या अवोगाद्रो की संख्या हमें एक मोल में कणों की संख्या बताती है। इसका नाम प्रसिद्ध वैज्ञानिक अमेडियो अवोगाद्रो के नाम पर रखा गया है और इसका मान 6.023×10^{23} है।

अतः विकल्प (D) सही है।

57. रिसर्च एंड एनालिसिस विंग (रॉ) के पूर्व खुफिया अधिकारी जीबीएस सिद्धू ने यह किताब लिखी है।

किताब 'द खालिस्तान कॉन्सपिरेसी', एक प्रथम-व्यक्ति खाता है जो खालिस्तान आंदोलन और इसे बनाने और बनाए रखने में उस समय के वरिष्ठ राजनेताओं की भूमिका के बारे में अल्पज्ञात तथ्यों को सामने लाता है।

अतः विकल्प (D) सही है।

58. भौतिक साक्ष्य से प्राप्त हड़प्पा के लोगों की राजनीति लोकतांत्रिक-एकात्मक थी।

अतः विकल्प (D) सही है।

59. 1. हड़प्पा: -रावी

2. मोहनजोदड़ो: - सिंधु

3. रोपड़: - सतलुज

4. कालीबंगा: - घग्गर

5. लोथल: -भोगवा

6. बावली: - सरस्वती

अतः विकल्प (D) सही है।

60. प्रति व्यक्ति आय (PCI) या औसत आय एक निर्धारित वर्ष में किसी व्यक्ति (शहर, क्षेत्र, देश, आदि) में प्रति व्यक्ति अर्जित औसत आय को मापती है। इसकी गणना क्षेत्र की कुल आय को उसकी कुल जनसंख्या से विभाजित करके की जाती है। प्रति व्यक्ति आय जनसंख्या के आकार से विभाजित राष्ट्रीय आय है।

अतः विकल्प (B) सही है।

61. कंचनजंगा भारत की सबसे ऊँची पर्वत चोटी है और 8,586 मीटर (28,169 फीट) की ऊँचाई के साथ दुनिया की तीसरी सबसे ऊँची चोटी है। सबसे ऊंचा पर्वत कंचनजंगा, महान हिमालय श्रृंखला, सिक्किम में भारत और नेपाल की सीमा पर स्थित है।

अतः विकल्प (C) सही है।

62. जर्मनी एक लोकतांत्रिक, संघीय संसदीय गणराज्य है, जहां संघीय विधायी शक्ति बुंडेस्टैग (जर्मनी की संसद) और बुंडेसराट (लैन्डर, जर्मनी के क्षेत्रीय राज्यों का प्रतिनिधि निकाय) में निहित है।

ऑस्ट्रेलिया की संसद (आधिकारिक तौर पर संघीय संसद , जिसे राष्ट्रमंडल संसद भी कहा जाता है) ऑस्ट्रेलिया सरकार की विधायी शाखा है।

बांग्लादेश की संसद (राष्ट्रीय संसद या जातीय संसद) बांग्लादेश की सर्वोच्च विधायी रांरथा है।

पाकिस्तान की संसद (मजलिस-ए-शूरा का शाब्दिक अर्थ है "पाकिस्तान सलाहकार परिषद" या "पाकिस्तान सलाहकार सभा") पाकिस्तान की संघीय और सर्वोच्च विधायी संस्था है।

अतः विकल्प (B) सही है।

63. अंतर्राष्ट्रीय मुद्रा कोष (IMF) 190 देशों का एक संगठन है, जो वैश्विक मौद्रिक सहयोग को बढ़ावा देने, वित्तीय स्थिरता को सुरक्षित करने, अंतर्राष्ट्रीय व्यापार को सुविधाजनक बनाने, उच्च रोजगार को बढ़ावा देने और सतत आर्थिक विकास को बढ़ावा देने और दुनिया भर में गरीबी को कम करने के लिए काम कर रहा है।

अतः विकल्प (D) सही है।

64. दूसरे अनुसूची में, राष्ट्रपति, राज्यपालों, राज्यों के अध्यक्ष, अध्यक्ष और लोक सभा के उपाध्यक्ष और राज्यों की परिषद के अध्यक्ष, उपाध्यक्ष , विधान सभा के अध्यक्ष और उपाध्यक्ष शामिल होते हैं।

अतः विकल्प (D) सही है।

65. पहला एशियाई खेल 1951 में नई दिल्ली में आयोजित किए गए थे। एशियाई खेल, जिसे एशियाड के नाम से भी जाना जाता है, पूरे एशिया के एथलीटों के बीच हर चार साल में आयोजित एक महाद्वीपीय बहु-खेल प्रतियोगिता है।

एशियाई खेलों को 1951 से 1978 तक एशियाई खेल महासंघ द्वारा विनियमित किया गया था। 1982 के बाद से, एशियाई खेल परिषद अब एशियाई खेलों को नियंत्रित करती है।

अतः विकल्प (B) सही है।

66. अंतर्राष्ट्रीय साक्षरता दिवस, 8 सितंबर को प्रतिवर्ष मनाया जाता है। अंतर्राष्ट्रीय साक्षरता दिवस 1966 में यूनेस्को द्वारा अंतर्राष्ट्रीय समुदाय को व्यक्तिगत, समुदायों और समाजों के लिए साक्षरता के महत्व को याद दिलाने के लिए घोषित किया गया था, और अधिक साक्षर समाजों को गहन प्रयास की आवश्यकता थी।

अतः विकल्प (A) सही है।

67. शशि थरूर 'दि पैराडॉक्सिकल प्राइम मिनिस्टर' के लेखक हैं। किताब नरेंद्र मोदी के बारे में है।

अतः विकल्प (D) सही है।

68. मानवाधिकार मानव के लिए निहित अधिकार हैं, जो हमारे निवास स्थान, मूल, राष्ट्रीयता, लिंग, धर्म, भाषा या किसी भी अन्य स्थिति में हैं। ये अधिकार सभी परस्पर, अन्योन्याश्रित और अविभाज्य हैं।

अतः विकल्प (B) सही है।

69. भारत का राष्ट्रीय मानवाधिकार आयोग 12 अक्टूबर 1993 को गठित किया गया था। यह एक स्वायत्त सार्वजनिक निकाय है। इसका गठन 1993 में मानव अधिकार अध्यादेश के संरक्षण के तहत किया गया था।

अतः विकल्प (D) सही है।

70. बिना गियर वाले वाहन चलाने के लिए न्यूनतम आयु 16 वर्ष है, गियर वाले वाहन के लिए यह 18 वर्ष है और परिवहन वाहन के लिए यह 21 वर्ष है।

अतः विकल्प (B) सही है।

71. भारतीय दंड संहिता की धारा 120-A के अनुसार, 1860, X और Y आपराधिक षड्यंत्र के दोषी हैं। आईपीसी की धारा 120-A के अनुसार, जब दो या दो से अधिक व्यक्ति ऐसा करने के लिए सहमत होते हैं या करने का कारण बनते हैं, तो एक अवैध तरीके से, इस तरह के एक समझौते को एक आपराधिक साजिश नामित किया गया है।

अतः विकल्प (D) सही है।

72. प्रतिशोधात्मक सिद्धांत बदला लेने या प्रतिशोध के आदर्शों पर आधारित होता है अर्थात दंड गलत कार्य के कारण होने वाले नुकसान या हानि के बराबर अनुपात में दिया जाना चाहिए।

अतः विकल्प (B) सही है।

73. प्राकृतिक आवास का विनाश सबसे महत्वपूर्ण मानव गतिविधि है जो वन्यजीवों के विलुप्त होने के लिए अग्रणी है। जानवरों के प्राकृतिक आवासों का वनों की कटाई पूरे क्षेत्र की प्रजातियों को प्रभावित करती है।

अतः विकल्प (C) सही है।

74. गंगा-ब्रह्मापुत्र डेल्टा में प्रमुख प्राकृतिक आवास रॉयल बंगाल टाइगर का हैं। गंगा ब्रह्मापुत्र बेसिन में उष्णकटिबंधीय गर्गापाती तन हैं जो बहुमूल्य लकड़ी का उत्पादन करते हैं: इन क्षेत्रों में साल, सागौन और पीपल के पेड़ पाए जाते हैं।

अतः विकल्प (C) सही है।

75. स्टॉप साइन की आकृति अष्टकोणीय होती है। स्टॉप साइन एक संकेत है जो अक्सर चौराहे पर रखा जाता है जब किसी सड़क पर ट्रैफिक लाइट नहीं होती है। यह संकेत चालकों को निर्देश देता है कि वे जब चौराहे पर पहुंचें तो रुकें और अन्य वाहनों के गुजरने का इंतजार करें।

अतः विकल्प (A) सही है।

76. न्यायाधीश को हटाने का प्रस्ताव संसद के दोनों सदनों में विशेष बहुमत से पारित किया जाना चाहिए, जबकि पद से हटाने का निर्णय राष्ट्रपति द्वारा लिया जाता है।

अतः विकल्प (D) सही है।

77. पर्यावरण संरक्षण के लिए अनुच्छेद 21 का उपयोग किया गया है। मानव अधिकारों को अपमानित या प्रदूषित वातावरण में सुरक्षित नहीं किया जा सकता है। मिट्टी के क्षरण और वनों की कटाई और जहरीले रसायनों, खतरनाक कचरे, और दूषित पेयजल से जीवन के मौलिक अधिकार को खतरा है।

अतः विकल्प (A) सही है।

78. मोहित ग्रेवाल ने बर्मिंघम में राष्ट्रमंडल खेल 2022 में पुरुषों के फ्रीस्टाइल 125 किग्रा वर्ग में कांस्य पदक जीता। उन्होंने जमैका के आरोन जॉनसन को हराया। भारतीय पहलवान ने केवल 3 मिनट और 30 सेकंड में पदक जीता।

अतः विकल्प (B) सही है।

79. पूर्व भारतीय सेना प्रमुख जनरल मनोज मुकुंद नरवणे को भारत और अमेरिका के बीच संबंधों को मजबूत करने में उनकी भूमिका के लिए US-इंडिया स्ट्रेटेजिक पार्टनरशिप फोरम द्वारा सम्मानित किया गया है। चीफ ऑफ स्टाफ के रूप में अपने कार्यकाल के दौरान, जनरल नरवणे ने भारत और अमेरिका के बीच रक्षा साझेदारी में सुधार करने में मदद की।

अतः विकल्प (A) सही है।

80. ओडिशा के सूक्ष्म, लघु और मध्यम उद्यम (MSME) विभाग को राष्ट्रीय एमएसएमई पुरस्कार 2022 में प्रथम पुरस्कार से सम्मानित किया गया है। इसे "एमएसएमई क्षेत्र के प्रचार और विकास में उत्कृष्ट योगदान के लिए राज्यों / केंद्रशासित प्रदेशों" की श्रेणी में सम्मानित किया गया है।

अतः विकल्प (D) सही है।

81. दिया है:

$$3\frac{1}{6} + 7\frac{2}{3} - 4\frac{1}{4} = ? + 2\frac{1}{6}$$

$$\Rightarrow 3\frac{1}{6} + 7\frac{2}{3} - 4\frac{1}{4} - 2\frac{1}{6} = ?$$

$$\Rightarrow ? = (3 + 7 - 4 - 2) + \left(\frac{1}{6} + \frac{2}{3} - \frac{1}{4} - \frac{1}{6}\right)$$

$$\Rightarrow ? = 4 + \frac{2+8-3-2}{12}$$

$$\Rightarrow ? = 4 + \frac{5}{12}$$

$$\Rightarrow ? = \frac{53}{12}$$

$$\Rightarrow ? = 4\frac{5}{12}$$

अतः विकल्प (D) सही है।

82. माना, CP 100 है।

इसलिये, SP $= 100 + 100$ का $12\% = 112$

यदि अंकित मूल्य x है, तो

$$90\% \times x = 112$$

$$\Rightarrow x = \frac{112 \times 100}{90}$$

$$\Rightarrow x = \frac{1120}{9} \text{ रु}$$

इस प्रकार, आवश्यक अनुपात

$$= 100 : \frac{1120}{9}$$

$$= 900 : 1120$$

$$= 45 : 56$$

अतः विकल्प (A) सही है।

83. माना, एक वस्तु का क्रय मूल्य $= 100$ रु

16 वस्तु का क्रय मूल्य $= 1600$ रु

अब, वह 12 वस्तु खरीदने के बाद 4 वस्तु मुफ्त में दे रहा है।

इसलिए, 12 वस्तु का क्रय मूल्य $= 120\% \times$ क्रय मूल्य $\times 16$ वस्तु

$$\Rightarrow 120\% \times 1600 = 1920$$

एक वस्तु का विक्रय मूल्य $= \frac{1920}{12} = 160$ रु

विक्रय मूल्य पर 20% छूट के बाद एक वस्तु का अंकित मूल्य $= 160 \times \frac{100}{80}$

$= 200$ रु

इस प्रकार, आवश्यक प्रतिशत $= [(200 - 100) \times 100]\% = 100\%$

अतः विकल्प (C) सही है।

84. दिया है:

4 वर्ष के बाद ब्याज के साथ राशि $= 78000$ रु.

दर $(r) = 5\%$

हम जानते हैं कि, $A = P\left(1 + \frac{R}{100}\right)^n$

$$\Rightarrow P = \frac{A}{\left(1 + \frac{R}{100}\right)^n}$$

$$\Rightarrow P = \frac{78000}{\left(1 + \frac{5}{100}\right)^4}$$

$$\Rightarrow P = \frac{78000}{\left(\frac{21}{20}\right)^4}$$

$$\Rightarrow P = \left(\frac{78000}{12155}\right) = 6417.11$$

अतः विकल्प (A) सही है।

85. माना, आयत की लंबाई $(l) = 25$ सेमी

चौड़ाई $= b$ सेमी

वर्ग की भुजा $= a$ सेमी

वर्ग का क्षेत्रफल $=$ आयत का क्षेत्रफल

$$a^2 = lb \ldots\ldots(i)$$

$\therefore$ परिधि $= 2(l + b) = 58$

$\Rightarrow l + b = 29$

$\Rightarrow b = 4$ सेमी

समीकरण (i) में b का मान रखने पर, हमें प्राप्त होगा

वर्ग का क्षेत्रफल $= (a^2) = lb = 25 \times 4 = 100$ सेमी²

$\Rightarrow a = 10$ सेमी

वर्ग की परिधि $= 4a$

$\Rightarrow 4 \times 10 = 40$ सेमी

अतः विकल्प (B) सही है।

86. प्रश्न के अनुसार, R = −, A = +, D = ÷, C = ×

25 A 37 C 2 B 4 R 1 = ?

$\Rightarrow ? = 25 + 37 \times 2 \div 4 - 1$

$\Rightarrow ? = 62 \times 2 \div 4 - 1$

$\Rightarrow ? = 124 \div 4 - 1$

$\Rightarrow ? = 31 - 1 = 30$

अतः विकल्प (C) सही है।

87. माना A, B और C को $3x, 5x$ और $8x$ रुपये मिलते है।

प्रश्न के अनुसार, $3x + 5x + 8x = 3200$

$\Rightarrow 16x = 3200$

$\Rightarrow x = 200$

इसलिए B का हिस्सा $= 5x = 5 \times 200 = 1000$

C का हिस्सा $= 8x = 8 \times 200 = 1600$

B और C की हिस्सेदारी के बीच अंतर $= 1600 - 1000 = 600$

अतः विकल्प (B) सही है।

88. दिया है:

खोखले गोले का आंतरिक त्रिज्या $(r) = 7$ सेमी

खोखले गोले का बाह्य त्रिज्या $(R) = 8$ सेमी

ठोस शंकु का व्यास $(d) = 27$ सेमी

$\Rightarrow$ त्रिज्या $(r) = 13$ सेमी

हम जानते हैं कि,

एक खोखले गोले का आयतन $=$ शंकु का आयतन

$\frac{4}{3}\pi(R^3 - r^3) = \frac{1}{3}\pi r^2 h$

$\Rightarrow \frac{4}{3}\pi \times (8^3 - 7^3) = \frac{1}{3} \times \pi \times 13^2 \times h$

$\Rightarrow 4 \times (512 - 343) = 169 \times h$

$\Rightarrow 4 \times 169 = 169 \times h$

$\Rightarrow h = 4$ सेमी

अतः विकल्प (C) सही है।

89. जैसा कि हम जानते हैं कि,

LCM $\times$ HCF $=$ पहली संख्या $\times$ दूसरी संख्या

$\therefore$ दूसरी संख्या $=$ (HCF $\times$ LCM) / पहली संख्या

इसलिए, दूसरी संख्या $= \left(\frac{11 \times 693}{77}\right) = 99$

अतः विकल्प (B) सही है।

90.

श्रृंखला पैटर्न	दी गयी श्रृंखला
-	6
(6 + 2) × 1	= 8
(8 + 3)× 2	= 22
(22 + 4) × 3	= 78
(78 + 5) × 4	= 332

अतः विकल्प (B) सही है।

91. दुकान Xi द्वारा बेचे जाने वाले खिलोनों की औसत संख्या $= \frac{250+300+305+290+305}{5}$

$= \frac{1450}{5} = 290$

दुकान Di द्वारा बेचे जाने वाले खिलौनों की औसत संख्या $= \frac{405+310+415+195+185}{5}$

$= \frac{1510}{5} = 302$

अंतर $= 302 - 290 = 12$

अतः विकल्प (A) सही है।

92. मार्च में शॉप Ki द्वारा बेचे गए खिलौनों की संख्या $= 325$

1 खिलौने पर लाभ $= 35 - 20 = 15$ रु

मार्च में शॉप की द्वारा अर्जित कुल लाभ $= 325 \times 15 = 4875$ रु

अतः विकल्प (D) सही है।

93. जून में दुकान Ri द्वारा बेचे गए खिलौनों की संख्या $= 405$

फरवरी, मई और जून में शॉप एमआई द्वारा बेचे गए खिलौनों की संख्या

$= 315 + 145 + 225$

$= 685$

आवश्यक प्रतिशत $= \frac{405}{685} \times 100$

$= 59.12\% \approx 60\%$

अतः विकल्प (D) सही है।

94. सभी महीनों में दुकान Pi द्वारा बेचे गए खिलौनों की संख्या $= 285 + 240 + 320 + 330 + 285$

$= 1460$

औसत $= \frac{1460}{5} = 292$

अतः विकल्प (C) सही है।

95. माना की नाव की गति $= A$ किमी / घंटा

और पानी की गति $= B$ किमी / घंटा

अनुप्रवाह गति, $A + B = 50$ किमी / घंटा ... ... (1)

और प्रतिप्रवाह गति, $A - B = 20$ किमी / घंटा ... ... (2)

समीकरण जोड़ने पर (1) और (2)

$(A + B + A - B) = 70$ किमी / घंटा

$\Rightarrow 2A = 70$

पानी में नाव की गति $(A) = 35$ किमी / घंटा

अतः विकल्प (D) सही है।

96. यह स्पष्ट है, रश्मि A से B की ओर उत्तर दिशा में 10 किमी चलती है, फिर B से C की तरफ 6 किमी दक्षिण की ओर चलती है, फिर पूर्व की ओर मुड़ती है और D से 3 किमी चलती है।

$AC = (AB - BC) = 10 - 6 = 4$ किमी

$CD = 3$ किमी

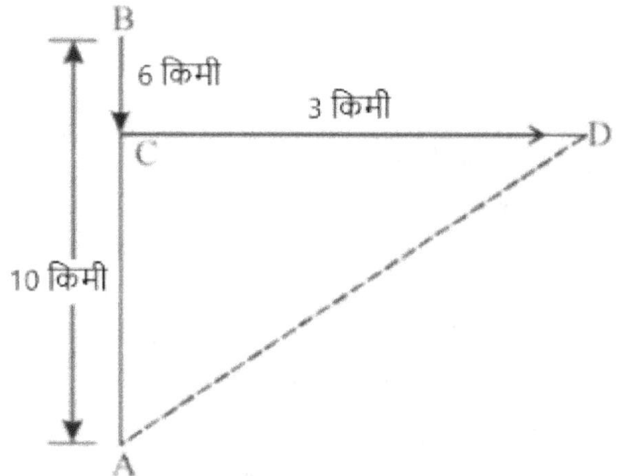

$\therefore$ बिंदु A से रश्मि की दूरी

$AD = \sqrt{AC^2 + CD^2} = \sqrt{4^2 + 3^2}$

$= \sqrt{16 + 9} = \sqrt{25} = 5$

आकृति से, D 5 किमी की दूरी पर है।

अतः विकल्प (A) सही है।

97. माना कि जमा किया गया पैसा 100 है।

पहले 2 वर्षों के लिए ब्याज $= 8$ रु.

अगले 3 साल के लिए ब्याज $= 18$ रु

6 वें वर्ष के लिए ब्याज $= 10$ रु.

कुल ब्याज $= 36$ रु.

प्रश्नानुसार, 1260 रु.पर ब्याज 36 रु. है।

$\Rightarrow 1260 \times \frac{100}{36} = 3500$ रु.

अतः विकल्प (D) सही है।

98. दिया है:

$$\left[10 + \left\{ 4 \times \left(\frac{2}{3} + \frac{1}{4} \times \sqrt{\frac{144}{121}} + 23 \right) \div 12 + 5 \right\} - 3 \right]$$

$$\Rightarrow \left[10 + \left\{ 4 \times \left(\frac{11}{12} \times \frac{12}{11} + 23 \right) \div 12 + 5 \right\} - 3 \right]$$

$$\Rightarrow [10 + \{ 4 \times (1 + 23) \div 12 + 5 \} - 3]$$

$$\Rightarrow [10 + \{ 4 \times 24 \div 12 + 5 \} - 3]$$

$$\Rightarrow 20$$

अतः विकल्प (A) सही है।

99. दिया है:

शुद्ध वजन $= 1$ किग्रा $= 1000$ ग्राम

अशुद्ध वजन $= 960$ ग्राम

हम जानते हैं कि,

लाभ % = (शुद्ध वजन $-$ अशुद्ध वजन) /अशुद्ध वजन $\times 100$

$= \frac{1000 - 960}{960} \times 100$

$= \frac{40}{960} \times 10$

$= \frac{25}{6} = 4\frac{1}{6}$ %

अतः विकल्प (C) सही है।

100. दिया है:

कुल राशि $= 6400$

माना पहले श्रमिक का हिस्सा $= \frac{3}{5} x$

दूसरे श्रमिक का हिस्सा $= 2x$

तीसरे श्रमिक का हिस्सा $= \frac{5}{3} x$

प्रश्नानुसार, $\frac{3}{5} x + 2x + \frac{5}{3} x = 6400$

$\Rightarrow \frac{9x + 30x + 25x}{15} = 6400$

$\Rightarrow 64x = 6400 \times 15$

$\Rightarrow x = 1500$

$\therefore$ दूसरे श्रमिक का हिस्सा $= 1500 \times 2 = 3000$

अतः विकल्प (A) सही है।

101. संख्याओं को 3 के सामान्य अनुपात के साथ ज्यामितीय श्रेणी में व्यवस्थित किया जाता है।

विकल्प के अनुसार,

$1053 \div 3 = 351$

$351 \div 3 = 117$

$117 \div 3 = 39$

$39 \div 3 = 13$

$13 \div 3 = 4.33$

अतः विकल्प (D) सही है।

102. दिया है:

32 के 2% का 7%

सरलीकरण से हम प्राप्त करते हैं।

$\Rightarrow 32 \times \left(\frac{2}{100}\right) \times \left(\frac{7}{100}\right)$

$\Rightarrow \frac{448}{10000} = 0.0448$

अतः विकल्प (B) सही है।

103. दिया है:

राहुल को प्राप्त अंक $= 45$

परीक्षा में कुल अंक $= 150$

कुल अंकों का 5% $= 5 \times \frac{150}{100} = 7.5$

इसलिए उत्तीर्ण अंक $= 45 + 7.5$

$= 52.5$

अतः विकल्प (B) सही है।

104. दिया है:

16 फलों का क्रय मूल्य $= 24$ रु.

8 फलों का विक्रय मूल्य $= 18$ रु.

$\therefore$ 16 फलों का विक्रय मूल्य $= 36$ रु.

लाभ $=$ विक्रय मूल्य $-$ क्रय मूल्य

$= 36 - 24 = 12$ रु.

इस प्रकार, आवश्यक लाभ प्रतिशत $=$ (लाभ / क्रय मूल्य) $\times 100$

$= \frac{12}{24} \times 100 = 50\%$

अतः विकल्प (A) सही है।

105. यह प्रश्न निम्नलिखित प्रतिरूप का अनुसरण करता है:

$5 \times 2 \times 2 + 3 = 23$

$6 \times 3 \times 4 + 3 = 75$

इसलिए, $3 \times 2 \times 4 + 3 = 27$

अतः विकल्प (B) सही है।

106. दिया हैं:

ऊंचाई $(h) = 14$ सेमी, और त्रिज्या $(r) = 7$ सेमी

सूत्र से, $l^2 = h^2 + r^2$

इसलिए, $l^2 = (7)^2 + (14)^2 = 245$

$l = 7\sqrt{5}$ सेमी

कुल पृष्ठीय क्षेत्रफल $= \pi r l + \pi r^2$

$= \frac{22}{7} \times 7 \times 7\sqrt{5} । \frac{22}{7} \times 7 \times 7$

$= 154(\sqrt{5} + 1)$

$= (1543.236)$ सेमी²

$= 498.35$ सेमी²

अतः विकल्प (A) सही है।

107. रूपान्तरित करने पर, गोले का आयतन एक बेलन के आयतन के बराबर होगा।

$\therefore \frac{4}{3}\pi r^3 = \pi R^2 H$

$\Rightarrow \frac{4}{3}\pi r^3 = \pi R^2 \times 2r$

$\Rightarrow \frac{2}{3} r^2 = R^2$

$\Rightarrow R = r\sqrt{\frac{2}{3}}$

अतः विकल्प (C) सही है।

108. दिया है: $[25 + 4\sqrt{39}]$

$= [25 + 2\sqrt{4 \times 39}] = [25 + 2\sqrt{156}]$

$= 13 + 12 + 2\sqrt{13 \times 12}$

$= \sqrt{(13)^2} + \sqrt{(12)^2} + 2\sqrt{13 \times 12}$

अब, हम जानते हैं कि

$a^2 + b^2 + 2ab = (a + b)^2$

$= \left(\sqrt{13} + \sqrt{12}\right)^2$

इस प्रकार, वर्गमूल $= \sqrt{13} + \sqrt{12}$

$= \sqrt{13} + 2\sqrt{3}$

अतः विकल्प (A) सही है।

109. गणित में, दो सेट A और B के उभयनिष्ठ पद को A ∩ B द्वारा निरूपित किया जाता है, A के सभी पदों से युक्त सेट है जो B से भी संबंधित है (या समकक्ष, B के सभी पद भी A से संबंधित हैं)।

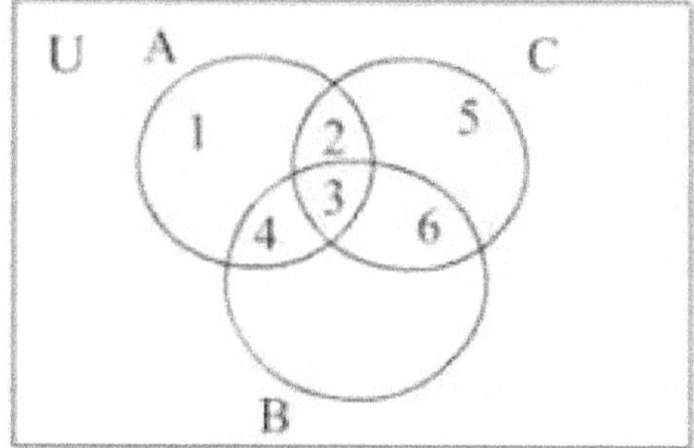

उपरोक्त आकृति से, $A \cap B = \{4, 3\}$

अतः विकल्प (D) सही है।

110. माना पिता की वर्तमान आयु $15x$ वर्ष है।

इसलिए, पुत्र की आयु $= \left(15x \times \dfrac{8}{15}\right) = 8x$

अब, प्रश्नानुसार,

$$\dfrac{15x - 6}{8x - 6} = \dfrac{13}{6}$$

$$\Rightarrow 90x - 36 = 104x - 78$$

$$\Rightarrow 14x = 42$$

$$\Rightarrow x = 3$$

पिता की वर्तमान आयु $= 15 \times 3 = 45$ वर्ष

अतः विकल्प (A) सही है।

111. 'F' अक्षर शब्द BATTERIES में मौजूद नहीं है, इस प्रकार शब्द STRIFE का गठन नहीं किया जा सकता है।

अतः विकल्प (D) सही है।

112. दिया है,

माध्य $= \dfrac{x_1 + x_2 + x_3 + \cdots + x_n}{n} = m$

$$\Rightarrow x_1 + x_2 + \cdots + x_n = nm$$

$$\Rightarrow x_1 + x_2 + \cdots x_{n-1} + x_n = nm$$

$$\Rightarrow x_1 + x_2 + \cdots + x_{n-1} = nm - x_n$$

नया योग $= x_1 + x_2 + \cdots + x_{n-1} + x$

नया माध्य $= \dfrac{x_1 + x_2 + x_3 + \cdots + x_n}{n}$

$$= \dfrac{nm - x_n + x}{n}$$

अतः विकल्प (B) सही है।

113. दिया है, 2,1,2,3,3,6,4,8,14,9,4,8,4

दिए गए आँकड़ों को आरोही क्रम में व्यवस्थित करें:

1,2,2,3,3,4,4,4,6,8,8,9,14

दिए गए आँकड़ों में, 4 की आवृत्ति अधिकतम है, अर्थात, यह तीन बार आता है।

इस प्रकार, दिए गए आँकड़ों का बहुलक 4 है।

अतः विकल्प (B) सही है।

114. बहुलक एक सांख्यिकीय शब्द है जो संख्याओं के एक सेट में पाए जाने वाले सबसे अधिक बार होने वाली संख्या को संदर्भित करता है। अधिकतम संख्याओं के साथ संख्या सेट का बहुलक है। यहां 5 की आवृत्ति 4 है इसलिए यह सबसे अधिक होने वाली संख्या है।

अतः विकल्प (A) सही है।

115. प्रश्नानुसार, हमें दिया गया है कि पासों का योग 6 है: $(1,5), (2,4), (3,3), (4,2), (5,1)$ पांच स्थितियों में पासों का योग 6 है,जिनमें से केवल $(2,4)$ में पहले पासे में 2 है।

अतः प्रायिकता $\dfrac{1}{5}$ है।

अतः विकल्प (A) सही है।

116. दिया गया प्रश्न निम्न प्रतिरूप का अनुसरण करते हैं:

B(+3) = E

E(+3) = H; H(+3) = K

K(+3) = N; N(+3) = Q

इसी तरह, Q(+3) = T; T(+3) = W

इसलिए '?' = TW

अतः विकल्प (C) सही है।

117. दिए गए शब्द में 'K' अक्षर नहीं है। इसलिए शब्द 'Neck' नहीं बनाया जा सकता है।

अतः विकल्प (C) सही है।

118. पहले विकल्प से, हमें मिलेगा:

$$(16 - 4) \times 6 \div 2 + 8 = 30$$

$$\Rightarrow (16 \div 4) \times 6 - 2 + 8 = 30$$

$$\Rightarrow 4 \times 6 - 2 + 8 = 30$$

$$\Rightarrow 24 - 2 + 8 = 30$$

$$\Rightarrow 32 - 2 = 30$$

अतः विकल्प (A) सही है।

119. दिया है,

दो प्राकृतिक संख्याओं का गुणनफल $= 13{,}300$

संख्याओं का विभाजक $= \dfrac{19}{28}$

इन दो प्राकृतिक संख्याओं को हम x और y मान लेते हैं,

$$\Rightarrow x \times y = 13{,}300 \ldots\ldots(i)$$

$$\Rightarrow \dfrac{x}{y} = \dfrac{19}{28}$$

$$\Rightarrow x = \dfrac{19y}{28}$$

समीकरण (i) में मान प्रतिस्थापित करने पर,

$$\Rightarrow \left(\frac{19y}{28}\right) \times y = 13,300$$

$$\Rightarrow 19y^2 = 13,300 \times 28$$

$$\Rightarrow y^2 = 19,600$$

$$\Rightarrow y = 140$$

x के मान के लिए,

$$\Rightarrow x = 19 \times \frac{140}{28} = 95$$

∴ संख्याओं का योग

$$= x + y = 95 + 140 = 235$$

अतः विकल्प (B) सही है।

120. हम जानते हैं कि,

$$(a - b) = a^2 + b^2 - 2ab$$

$$\Rightarrow \left(x - \frac{1}{x}\right)^2 = x^2 + \left(\frac{1}{x}\right)^2 - 2(x)\left(\frac{1}{x}\right)$$

$$\Rightarrow \left(x - \frac{1}{x}\right)^2 = x^2 + \left(\frac{1}{x}\right)^2 - 2$$

चूँकि, यह दिया गया है कि $x - \frac{1}{x} = 4$

$$\Rightarrow 4^2 = x^2 + \left(\frac{1}{x}\right)^2 - 2$$

$$\Rightarrow x^2 + \left(\frac{1}{x}\right)^2 = 16 + 2$$

$$\therefore x^2 + \left(\frac{1}{x}\right)^2 = 18$$

अतः विकल्प (A) सही है।

121. राय बहादुर पंडित शंभू नाथ [किंग्स पुलिस मेडलिस्ट (KPM)] और ब्रिटिश साम्राज्य (MBE) के सदस्य को "भारतीय CID का जनक" माना जाता है।

अतः विकल्प (A) सही है।

122. जिस प्रकार सचिन रमेश तेंदुलकर एक पूर्व भारतीय क्रिकेटर हैं, उसी प्रकार रोजर फ़ेडरर एक पेशेवर टेनिस खिलाड़ी हैं।

अतः विकल्प (A) सही है।

123. जिस प्रकार Tu का सम्बन्ध Ab से है:

```
T       u
+7      +7
↓       ↓
A       b
```

उसी प्रकार Cd, Jk से संबंधित है।

```
C       d
+7      +7
↓       ↓
J       k
```

अतः विकल्प (D) सही है।

124. पुलिस कोर्ट में चार्जशीट दाखिल करती है यदि जांच में व्यक्ति दोषी साबित होता है। चार्जशीट एक औपचारिक रिकॉर्ड है जिसमें व्यक्ति का नाम, आरोपों की प्रकृति आदि का उल्लेख किया गया जाता है। इसमें गवाहों के बयान, अभियुक्त पर आरोप, परीक्षण रिकॉर्ड आदि जैसी जानकारी शामिल होती है।

अतः विकल्प (D) सही है।

125. जिस प्रकार 66 का संबंध 36 से है:

6 × 6 = 36

उसी प्रकार 99 का संबंध 81 से है:

9 × 9 = 81

अतः विकल्प (C) सही है।

126. वर्णमाला क्रम के अनुसार,

(A) → Degrade, (B) → Density, (C) → Deterioration (D) Determination

अतः विकल्प (B) सही है।

127. एक बचाव पक्ष का वकील एक वह वकील होता है जो एक कानूनी मामले में आरोपी पक्ष का प्रतिनिधित्व करता है। सरल शब्दों में, वह एक वकील है जो आरोपी व्यक्ति की ओर से अपील करता है।

अतः विकल्प (C) सही है।

128. 4094 को छोड़कर, प्रत्येक संख्या किसी ना किसी संख्या का एक वर्ग है।

$1296 = 36^2$

$2401 = 49^2$

$6561 = 81^2$

अतः विकल्प (D) सही है।

129. दिया गया प्रश्न निम्न प्रतिरूप का अनुसरण करते हैं:

XYZ ⇒ X + Z=Y

121 ⇒ 1+1=2

253 ⇒ 2+3=5

374 ⇒ 3+4=7

495 ⇒ 4+5=9

इसलिए, ? = 5116 ⇒ 5+6=11

अतः विकल्प (C) सही है।

130. पहली पंक्ति के वर्गों को दूसरी पंक्ति में संबंधित संख्या से गुणा किया जाता है, जिससे तीसरी पंक्ति प्राप्त होती है।

$5^2 \times 3 = 75$

$6^2 \times 3 = 108$

$7^2 \times 2 = 98$

अतः विकल्प (A) सही है।

131. भारतीय संविधान के अधिनियम -22 (2) में कहा गया है कि गिरफ्तारी करने वाले पुलिस अधिकारी को गिरफ्तार व्यक्ति को गिरफ्तारी के 24 घंटे के भीतर मजिस्ट्रेट के समक्ष पेश करना होगा, ऐसा करने में विफल रहने पर वह उसे गलत तरीके से हिरासत में लेने के लिए उत्तरदायी होगा।

अतः विकल्प (D) सही है।

132. मूल श्रृंखला $Z, S, W, N, T, I, Q, D, ??$ है।

उपरोक्त अनुक्रम दो श्रृंखलाओं का संयोजन है।

I. $Z, W, T, Q, ?$ और

II. $S, N, I, D, ?$

श्रृंखला I इस प्रकार है:

$$Z \xrightarrow{-3} W \xrightarrow{-3} T \xrightarrow{-3} Q \xrightarrow{-3} N$$

श्रृंखला II इस प्रकार है.

$$S \xrightarrow{-5} N \xrightarrow{-5} I \xrightarrow{-5} D \xrightarrow{-5} Y$$

इस प्रकार N, Y लुप्त शब्द है।

अतः विकल्प (C) सही है।

133. वर्णमाला क्रम है:

i. Collaborate

iv. Combination

ii. Constant

iii. Correspondence

इसलिए सही क्रम (i, iv, ii, iii) है।

अतः विकल्प (D) सही है।

134. शब्दकोश में शब्दों का क्रम विकल्प (A) में दिए अनुसार है।

(c) Crisis

(d) Crisp

(b) Criterion

(a) Critical

अतः विकल्प (A) सही है।

135. दी गई श्रृंखला निम्नलिखित पैटर्न का अनुसरण करती है:

$85 + (3^3 + 4) = 85 + 31 = 116$

$116 + (4^3 + 5) = 116 + 69 = 185$

$185 + (5^3 + 6) = 185 + 131 = 316$

यहां लुप्त संख्या होगी,

$? + (2^3 + 3) = ? + 11 = 85$

इसलिए? $= 85 - 11 = 74$

इस प्रकार लुप्त संख्या 74 है।

अतः विकल्प (B) सही है।

136. यहाँ,

Ideal → 'D' दूसरे स्थान पर है।

Indian → 'D' तीसरे स्थान पर है।

Disdain → 'D' चौथे स्थान पर है।

Brands → 'D' पांचवें स्थान पर है।

इसलिए अगले शब्द में 'D' को छठे स्थान पर होना चाहिए।

इस प्रकार श्रृंखला में अगला शब्द 'Jurisdiction' है।

अतः विकल्प (A) सही है।

137. दिए गए प्रश्न में, विकल्प (B) को छोड़कर सभी विकल्पों का योग 21 है।

$8 + 5 + 4 + 3 + 1 = 21$

$2 + 3 + 8 + 7 + 0 = 20$

$9 + 9 + 3 + 0 + 0 = 21$

$1 + 1 + 5 + 5 + 9 = 21$

अतः विकल्प (B) सही है।

138. माना कि T की उम्र 20 वर्ष है।

S की आयु $= 20 - 8 = 12$

R की आयु $= 12 + 5 = 17$ वर्ष

Q की आयु $= 17 - 7 = 10$ वर्ष

P की आयु $= 10 + 4 = 14$ वर्ष

इस प्रकार Q सबसे छोटा है।

अतः विकल्प (B) सही है।

139. दिए गए विकल्पों से,

(A) $\dfrac{130}{26} = 5$

(B) $\dfrac{75}{16} = 4.6875$

(C) $\dfrac{35}{7} = 5$

(D) $\dfrac{65}{13} = 5$

स्पष्टतः, (B) के अलावा, शेष जोड़ों में, पहली संख्या को दूसरी संख्या से विभाजित करने पर हमें भागफल के रूप में संख्या 5 प्राप्त होता हैं।

अतः विकल्प (B) सही है।

140. P, S से लंबा है लेकिन Q से छोटा है।

$Q > P > S$

T, S से छोटा है लेकिन R से लंबा है।

$Q > P > S > T > R$

इस प्रकार P उनमें से दूसरा सबसे लंबा व्यक्ति है।

अतः विकल्प (D) सही है।

141. रैंकिंग विधि छोटे संगठनों के लिए सबसे उपयुक्त है। रैंकिंग विधि सरलतम प्रदर्शन मूल्यांकन विधियों में से एक है। इस पद्धति में, कर्मचारियों को एक समूह में सर्वश्रेष्ठ से निम्नतम प्रदर्शन का रैंक दिया जाता है।

अतः विकल्प (C) सही है।

142. नौकरी मूल्यांकन समूहों द्वारा किया जाता है। चूंकि नौकरी का मूल्यांकन व्यक्तिपरक है, विशेष रूप से प्रशिक्षित कर्मियों या नौकरी विश्लेषकों को इसका संचालन करना चाहिए। जब इस उद्देश्य के लिए प्रबंधकों के समूह का उपयोग किया जाता है, तो समूह को नौकरी मूल्यांकन समिति कहा जाता है।

अतः विकल्प (A) सही है।

143. एक क्षैतिज दर्पण रखा गया है, शीर्ष पर स्थित वस्तु नीचे की स्थिति में उल्टी स्थिति में दिखाई देगी। इस प्रकार, नीचे बाईं ओर स्थित तीन चाप अब शीर्ष बाईं ओर दिखाई देगी।

दर्पण छवि:

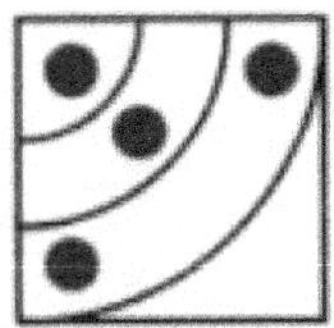

अतः विकल्प (B) सही है।

144. जिस प्रकार NETWORK को KBQTLOH के रूप में कोडित किया गया है:

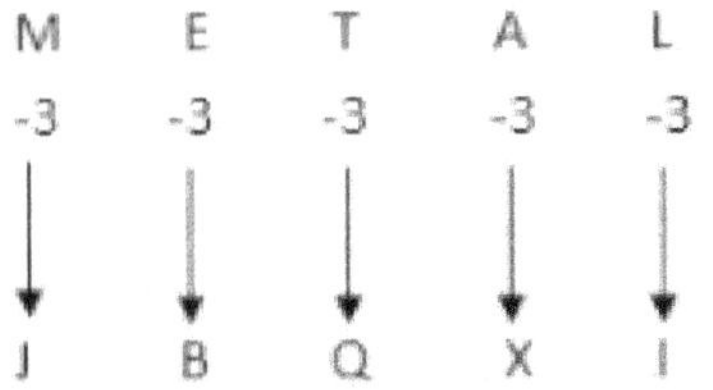

उसी प्रकार MENTAL को कोडित किया जाएगा:

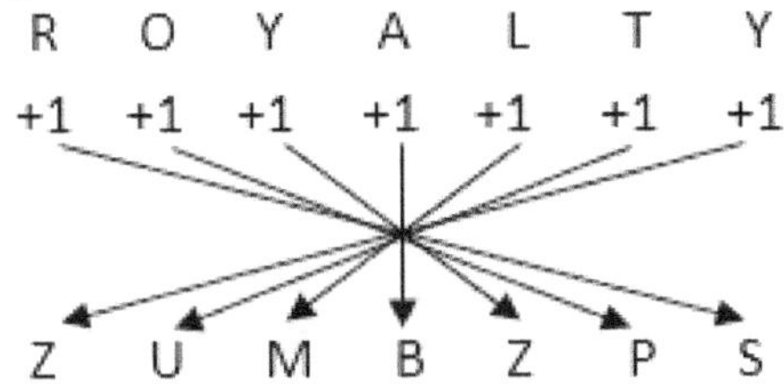

अतः विकल्प (A) सही है।

145. किसी विशिष्ट कोड भाषा में "ROYALTY" को "ZUMBZPS" लिखा जाता है:

इसी कोड भाषा में "LINGER" को लिखा जाएगा:

अतः विकल्प (B) सही है।

146. सभी गौरैया पक्षी हैं। लेकिन बिल्ली पूरी तरह से अलग है।

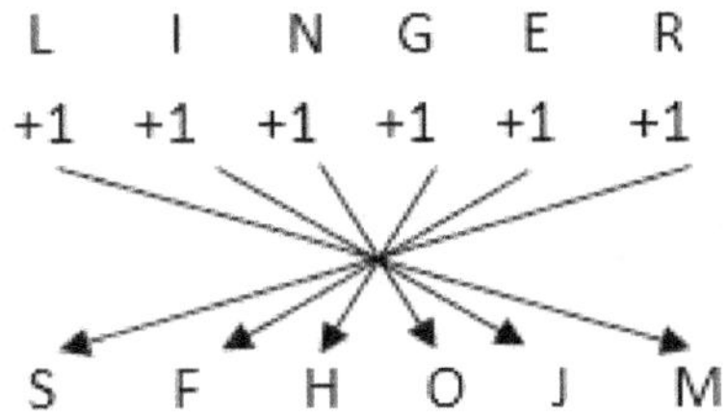

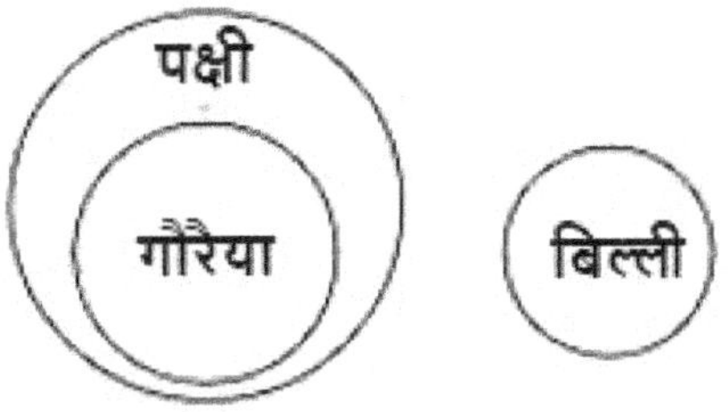

अतः विकल्प (C) सही है।

147. जनहित याचिका (PIL) को न्यायिक सक्रियता के साथ जोड़ा जा सकता है। जनहित याचिका(PIL) एक ऐसी याचिका है, जिसे जनता के किसी भी सदस्य द्वारा जनहित के किसी भी मामले के लिए दायर किया जा सकता है।

अतः विकल्प (B) सही है।

148. PIL शब्द की उत्पत्ति संयुक्त राज्य अमेरिका में 1980 के दशक के मध्य में हुई। उन्नीसवीं शताब्दी के बाद से, उस देश में विभिन्न आंदोलनों ने सार्वजनिक हित कानून में योगदान दिया था, जो कानूनी सहायता आंदोलन का हिस्सा था। पहला कानूनी सहायता कार्यालय 1876 में न्यूयॉर्क में स्थापित किया गया था।

अतः विकल्प (B) सही है।

149. रोहित के पिता की पत्नी का बेटा = या तो रोहित या उसका भाई

अब, लड़की रोहित या उसके भाई की बेटी की बहन है।

महिला या तो उसकी बेटी है या उसकी भतीजी है।

अतः विकल्प (D) सही है।

150. विकल्पों को देखने पर, हम देख सकते हैं कि विकल्प (C) के तहत दिया गया आकृति वास्तव में मूल आकृति में अंतर्निहित है। इसे नीचे दर्शाया गया है:

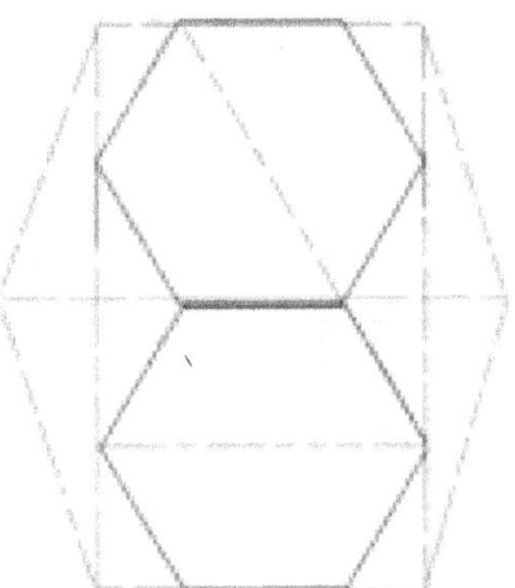

अतः विकल्प (C) सही है।

151. आकृति से हम 9 + 12 लोगों को देख सकते हैं, तमिल और तेलुगु भाषा यानि 21 बोल सकते हैं।

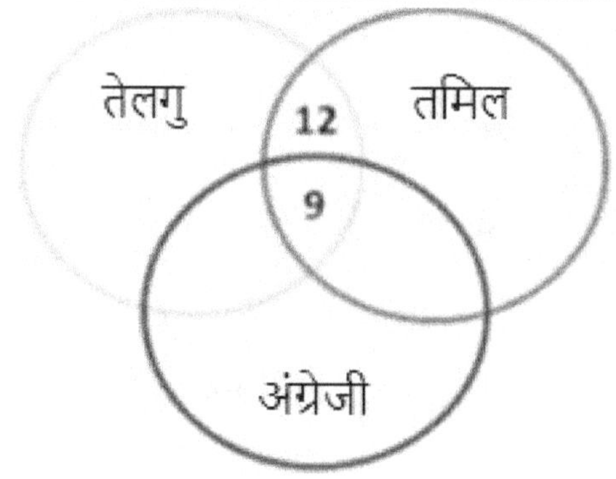

अतः विकल्प (C) सही है।

152. रीता लड़कियों की पंक्ति में बाएं छोर से 13वें स्थान पर है।

वाणी दाएं छोर से 17वें स्थान पर है। मीना वाणी के दाईं ओर 6वें स्थान पर है। इसलिए, मीना दाएं छोर से 11वें स्थान पर है।

रीता के बाईं ओर 12 लड़कियां, रीता और मीना के बीच में 12 लड़कियां और मीना के बाद 10 लड़कियां हैं।

पंक्ति में लड़कियों की संख्या ⇒ 12 + 1(रीता)+ 12 + 1 (मीना)+ 10 = 36

अतः विकल्प (A) सही है।

153. जब एक क्षैतिज दर्पण को MN पर रखा जाता है, तो शीर्ष पर स्थित वस्तु नीचे की ओर उल्टी स्थिति में दिखाई देती है, और इसके विरीत नीचे की वस्तु शीर्ष पर दिखाई देगी।

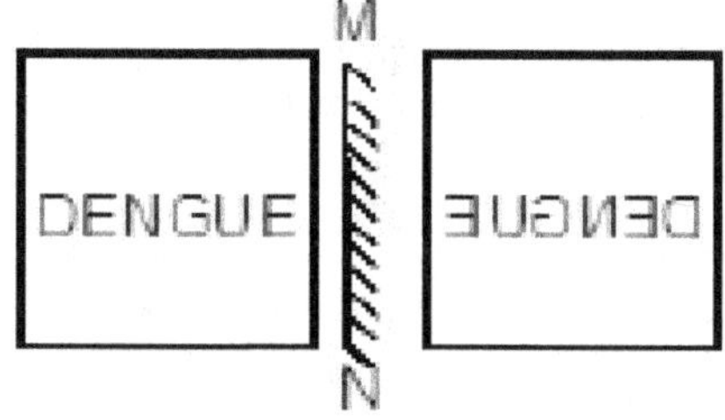

अतः विकल्प (D) सही है।

154. दिए गए कथन के लिए संभव वेन आरेख इस प्रकार है:

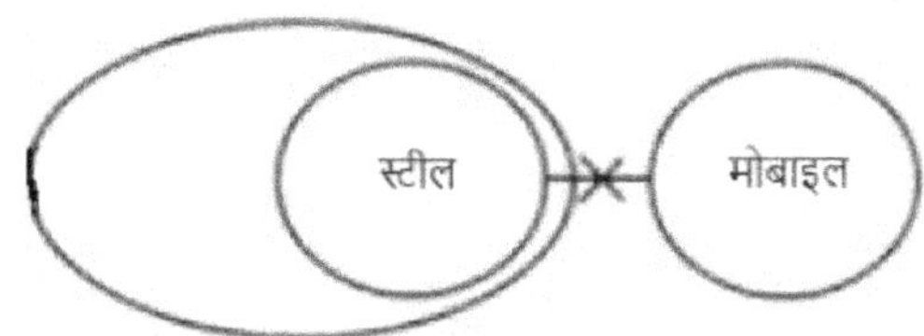

उपरोक्त वेन आरेख से, सभी मोबाइल सिल्वर हो सकते हैं, इस प्रकार निष्कर्ष || का पालन नहीं किया जाता है। इस प्रकार केवल निष्कर्ष I अनुसरण करता है।

अतः विकल्प (A) सही है।

155. कागज को मोड़कर छेदने तथा खोलने के बाद वह निम्न चित्र की आकृति जैसा दिखाई देगा:

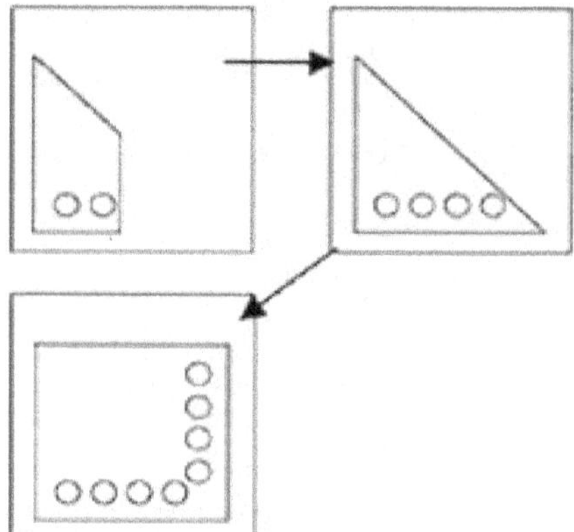

अतः विकल्प (D) सही है।

156. दी गई श्रृंखला निम्नलिखित पैटर्न का अनुसरण करती है:

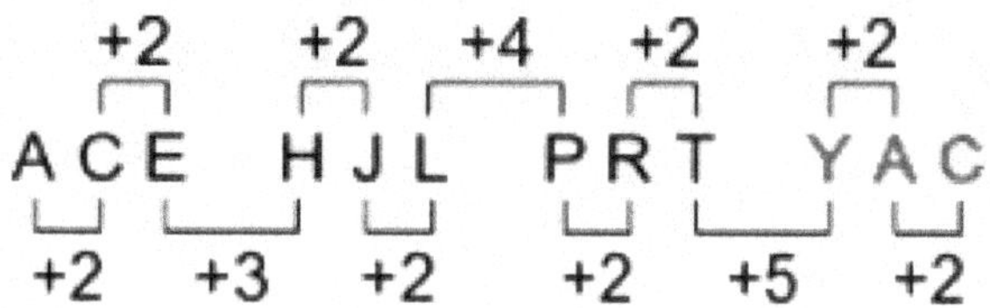

उपरोक्त चित्र के अनुसार, लुप्त पद YAC है।

अतः विकल्प (B) सही है।

157. स्पष्ट रूप से, सौर ऊर्जा का उपयोग करना सहायक होगा क्योंकि यह अन्य संसाधनों के विपरीत एक अक्षय संसाधन है। इसलिए, I तर्क मजबूत है। लेकिन तर्क II अस्पष्ट है क्योंकि सौर ऊर्जा ऊर्जा का सबसे सस्ता रूप है।

अतः विकल्प (B) सही है।

158. यहाँ, सभी दिया गया वर्ग प्रकृति में अलग और स्वतंत्र हैं इसलिए हाथी, चूहा, बिल्ली में सबसे अच्छा सम्बन्ध निम्न चित्र दर्शाता है:

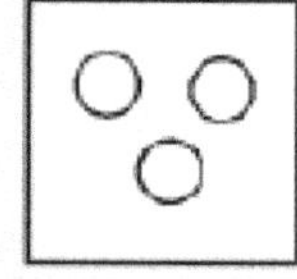

अतः विकल्प (D) सही है।

159. गाजर एक प्रकार की सब्ज़ी है इसलिए यह सब्ज़ी का एक उप-समूह है जबकि पार्क एक स्वतंत्र सेट है। इसलिए, आरेख जो स्थिति का सबसे अच्छा वर्णन करता है:

V: सब्ज़ी

C: गाजर

P: पार्क

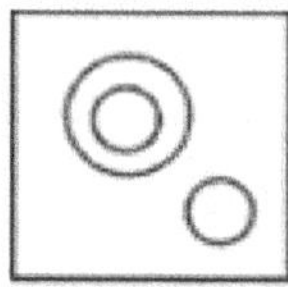

अतः विकल्प (C) सही है।

160. यह दिया गया है कि वर्ग कॉफी पसंद करने वाले लोगों का प्रतिनिधित्व करता है, त्रिकोण चाय पसंद करने वालों का प्रतिनिधित्व करता है, वृत्त उन लोगों का प्रतिनिधित्व करता है जो दूध पसंद करते हैं और समचतुर्भुज उन लोगों का प्रतिनिधित्व करता है जो जूस पसंद करते हैं।

स्पष्ट रूप से, जो लोग कम से कम 3 पेय पसंद करते हैं: g + f + i

अतः विकल्प (C) सही है।

General Hindi

Q.1 नीचे दिये गए विकल्पों में से कौन सा विकल्प सही नहीं है?

A. बाण - शर, विशिख, आशुग

B. वृक्ष - तरु, द्रुम, पेड़

C. सिंह - शार्दुल, व्याघ्र, विटप

D. उत्कर्ष - समृद्धि, उन्नति, प्रगति

Q.2 छंद के चरणान्त की अक्षर-मैत्री को क्या कहते हैं?

A. गण   **B.** तुक   **C.** यति   **D.** मात्रा

Q.3 निम्नलिखित में से विभक्ति संबंध त्रुटि वाला वाक्य पहचानिए।

A. वह स्कूल से चला गया

B. घर में रहना

C. सेब को चाकू में काट दो

D. राजू ने दरवाजा खोल दिया

Q.4 दी गई पंक्तियों में कौन सा रस है?

"अक्लमंद से कह रहे,

मिस्टर मूर्खानंद,

देश-धर्म में क्या धरा, पैसे में आनंद।"

A. वीर   **B.** श्रृंगार   **C.** हास्य   **D.** करुण

Q.5 इनमें से कौन सा विकल्प असंगत है?

A. अहम्+कार   **B.** पम्+चम

C. भौ+उक   **D.** उत्+लास

Q.6 अपादान कारक के संबंध में कौन-सा उदाहरण सही नहीं है?

A. मैं जयपुर से चला आ रहा हूँ

B. सूर्य पृथ्वी से दूर है

C. राजीव छत से कूद पड़ा

D. सब प्राणी आँखों से देखतें हैं

Ques (7-8):निर्देश: नीचे दी गई जानकारी पढ़कर उस पर आधारित प्रश्न का उत्तर दीजिए?

नीचे दिए गए मुहावरों और लोकोक्तियों के अर्थ बताने के लिए चार-चार विकल्प दिए गए हैं। प्रत्येक के लिए उपयुक्त अर्थ वाला विकल्प चुनिए।

Q.7 गंगा गए गंगादास, जमुना गए जमुनादास-

A. जिसका कोई दृढ़ सिद्धान्त नहीं होता

B. अपने-अपने घर जाना

C. अपना-अपना काम करना

D. किसी की नहीं सुनना

Q.8 अढ़ाई दिन की हुकूमत-

A. लम्बे समय तक शासन करना

B. सुचारू रूप से सत्ता सँभालना

C. कुछ दिनों का शासन करना

D. हुक्म देना

Q.9 'नीली कमीज वाला लड़का अभी-अभी गया है।' रेखांकित पद ____ है।

A. संज्ञा उपवाक्य   **B.** विशेषण उपवाक्य

C. क्रिया विशेषण उपवाक्य   **D.** प्रधान उपवाक्य

Q.10 वचन संबंधी अशुद्ध वाक्य है-

A. तुम लोग अंधा नहीं है

B. पिताजी ने अपनी बेटी को बुलाया

C. रामू, भारती और रजनी आई और वे बीमार हो गए

D. एक लड़का, दो जवान और कई महिलाएं आती हैं

Q.11 इनमें से कौन सी रचना हरिवंश राय बच्चन द्वारा रचित नहीं है?

A. नए पुराने झरोखे   **B.** टूटी - छूटी कड़ियाँ

C. मधुशाला   **D.** साहित्य देवता

Q.12 इन्दुमति किस विधा की रचना है?

A. उपन्यास   **B.** कहानी   **C.** नाटक   **D.** निबंध

Q.13 विधाता शब्द का स्त्रीलिंग रूप क्या होगा?

A. विधात्री   **B.** विधि   **C.** दात्री   **D.** विधाती

Q.14 निम्नलिखित में से किस शब्द का बहुवचन नहीं होगा?

A. दूध   **B.** रायता

C. दही   **D.** उपर्युक्त सभी

Q.15 'नदी' शब्द का बहुवचन रूप क्या है ?

A. नदी   **B.** नदियाँ   **C.** नदीयाँ   **D.** नदियों

Ques (16-18):निर्देश: निम्नलिखित गद्यांश को पढ़कर पूछे गए प्रश्नों के सबसे उपयुक्त उत्तर वाले विकल्प को चुनिए:

सब प्रांतों के उग्र और उदार देशभक्त, क्रांतिकारी और देश-विदेश के धुरंधर लोग, संवाददाता आदि गांधीजी को पत्र लिखते और गांधीजी 'यंग इंडिया' के कॉलमों में उनकी चर्चा किया करते। महादेव गांधी जी की यात्राओं के और प्रतिदिन की उनकी गतिविधियों के साप्ताहिक विवरण भेजा करते। इसके अलावा महादेव, देश विदेश के अग्रगण्य समाचार पत्र, जो आँखों में तेल डालकर गांधी की प्रतिदिन की गतिविधियों को देखा करते थे और उन पर बराबर टीका टिप्पणी करते रहते थे उनको आड़े हाथ लेने वाले लेख भी समय-समय पर लिखा करते थे। बेजोड़ कॉलम, भरपूर चौकसाई, ऊंचे से ऊंचे ब्रिटिश समाचार पत्रों की परंपराओं को अपनाकर चलने का गांधीजी का आग्रह और कट्टर से कट्टर विरोधियों के साथ भी पूरी-पूरी सत्यनिष्ठा में से उत्पन्न होने वाली विनय विवेक युक्त विवाद करने की गांधी जी की तालीम इन सब गुणों ने तीव्र मतभेदों और विरोधी प्रचार के बीच भी देश-विदेश के सारे समाचार पत्रों की दुनिया में और एंग्लो-इंडियन समाचार पत्रों के बीच भी व्यक्तिगत रूप से एम.डी. को सबका लाडला बना दिया था।

गाँधीजी के पास आने से पहले अपनी विद्यार्थी अवस्था में महादेव ने सरकार के अनुवाद विभाग में नौकरी की थी। नरहरि भाई उनके जिगरी दोस्त थे। दोनों एक साथ वकालत पढ़े थे। दोनों ने अहमदाबाद में वकालत भी साथ-साथ ही शुरू की थी। इस पेशे में आमतौर पर स्याह को सफ़ेद और सफ़ेद को स्याह करना होता है। साहित्य व संस्कार के साथ इनका कोई संबंध नहीं रहता। लेकिन इन दोनों ने तो उसी समय से टैगोर, शरतचन्द्र आदि के साहित्य को उलटना-पुलटना शुरू कर दिया था। चित्रांगदा कच-देवयानी की कथा पर टैगोर द्वारा रचित 'विदाई का अभिशाप' शीर्षक नाटिका, शरत बाबू की कहानियाँ आदि अनुवाद उस समय की उनकी साहित्यिक गतिविधियों की देन है।

Q.16 महादेव के किन गुणों ने उन्हें सबका लाडला बना दिया था?

A. साहित्य और संस्कार में उनके संबंध के

B. तीव्र मतभेद और विरोधी प्रचार के

C. लिखावट की शुद्धता और विनम्र स्वभाव के

D. विनय युक्त विवाद के

Q.17 गांधीजी को पत्र किस प्रकार के लोगो द्वारा लिखा जाता था?
A. उग्र और उदार
B. विनय और विवेक
C. विरोधी और प्रचारक
D. आग्रह और कट्टर

Q.18 गांधीजी 'यंग इंडिया' के कॉलमों में किसकी चर्चा किया करते थे?
A. प्रतिदिन की गतिविधियों की
B. संवाददाता के द्वारा लिखे गये पत्र की
C. देश-विदेश के खबरों की
D. विरोधियों के द्वारा गयी टीका-टिप्पणी की

Q.19 'गंगा' का पर्यायवाची शब्द है:
A. कालिन्दी   **B.** सरिता   **C.** नदी   **D.** मंदाकिनी

Q.20 दीपशिखा इनमें से किसकी रचना है?
A. महादेवी वर्मा
B. माखनलाल चतुर्वेदी
C. सुमित्रानंदुन पंत
D. जयशंकर प्रसाद

Q.21 दिए गए विकल्पों में 'प्रभुत्व' कौन-सा शब्द है?
A. तत्सम   **B.** तद्भव   **C.** देशज   **D.** विदेशज

Q.22 निम्नलिखित में से तद्भव शब्द कौन सा है?
A. भक्त   **B.** मातृ   **C.** महापात्र   **D.** भाप

Q.23 निम्नलिखित में से सुमित्रानंदन पंत की किस रचना को ज्ञानपीठ पुरस्कार से नवाजा गया था?
A. युगपथ   **B.** स्वच्छंद   **C.** चिदम्बरा   **D.** पल्लविनी

Q.24 निम्नलिखित में से उप-विराम चिह्न कौन-सा है?
A. :   **B.** ,   **C.** ;   **D.** -

Q.25 'अपने आप यह काम सीख लूँगा।' इस वाक्य में निजवाचक सर्वनाम है:
A. आप   **B.** सीख   **C.** यह   **D.** काम

Q.26 "जिस पक्ष में क्रिया पक्ष में क्रिया के पूरी तरह समाप्त होने का बोध हो" उसे कहते हैं?
A. प्रगतिद्योतक पक्ष
B. सातपय बोधक पक्ष
C. पूर्णता द्योतक पक्ष
D. उपरोक्त में से कोई नहीं

Q.27 'मै अभी खाकर बैठा हूँ' इस वाक्य में कौन-सा काल है?
A. पूर्ण भूतकाल
B. सामान्य वर्तमानकाल
C. आसन्न भूतकाल
D. अपूर्ण वर्तमानकाल

Q.28 'मुझसे गाया नहीं जाता' में कौन सा वाच्य है?
A. कर्तृवाच्य
B. कर्मवाच्य
C. भाववाच्य
D. उपर्युक्त सभी

Q.29 किस शब्द में द्वंद्व समास है?
A. पाप-पुण्य   **B.** पंकज   **C.** नवरात्र   **D.** महापुरुष

Q.30 दिए गए विकल्पों में से 'अधो' शब्द का विलोम क्या होगा?
A. उत्क्रण   **B.** ऊर्ध्व   **C.** उद्धृत   **D.** उदात्त

Q.31 दिए गए विकल्पों में से 'इति' शब्द का विलोम क्या होगा?
A. अथ   **B.** अधक   **C.** अति   **D.** पृथक

Q.32 'अत्युक्ति' में उपसर्ग है:
A. अत्य   **B.** अत   **C.** अति   **D.** अत्यु

Q.33 निर्देश: दिए गए वाक्यांश के लिए एक शब्द बताएं।
'जिसका वर्णन नहीं हो सकता'
A. अवर्णनीय   **B.** अल्पभाषी   **C.** अभेद्य   **D.** दर्शनीय

Q.34 'कल' का अनेकार्थी शब्द समूह है।
A. मन, वायु, वाण
B. बीता हुआ कल, वायु, वाण
C. मन, वायु, सुन्दर
D. बीता हुआ कल, शान्ति, सुन्दर

Q.35 भारोपीय भाषा परिवार किस भाषा परिवार का विभाजन है?
A. अफ्रीकी-एशियाई भाषा परिवार
B. हिन्द -आर्य भाषा परिवार
C. द्रविड़ भाषा परिवार
D. अंडमानी भाषा परिवार

Q.36 निम्न में से अल्पप्राण वर्ण समूह कौन-सा है?
A. अ, ब   **B.** क, ख   **C.** य, ध   **D.** फ, भ

Q.37 ए, ऐ वर्ण क्या कहलाते है ?
A. कंठ तालु   **B.** अर्ध संवृत   **C.** विवृत   **D.** कंठ ओष्ठ

Q.38 'अन्न-अन्य' शब्द युग्म के सही अर्थ भेद का चयन कीजिए -
A. अनाज-दूसरा
B. अनाज-फल
C. पेड़-पौधे
D. दूसरा-पराया

Q.39 'धौंकनी' शब्द में कौन सा प्रत्यय प्रयुक्त हुआ है
A. अनी   **B.** कनी   **C.** नी   **D.** ईय

Q.40 "अफ़सोस! मैं नहीं जा सका" में रेखांकित शब्द का अव्यय प्रकार बताइये?
A. संबंधसूचक अव्यय
B. शोकसूचक अव्यय
C. आश्चर्यसूचक अव्यय
D. हर्षसूचक अव्यय

General Knowledge/Law & Constitution

Q.41 2022 में संयुक्त राष्ट्र महिला कोर बजट में भारत का क्या योगदान है?
[Delhi Forest Guard, 2021], [HSSC Canal Patwari, 2021]
A. यूएसडी 10,000
B. यूएसडी 50,000
C. यूएसडी 100,000
D. यूएसडी 500,000

Q.42 'गज महोत्सव' प्रतिवर्ष भारत के किस शहर में मनाया जाता है?
A. भोपाल   **B.** कोटा   **C.** जयपुर   **D.** उदयपुर

Q.43 किस दिल्ली सुल्तान को बुद्धिमान मूर्ख राजा कहा जाता था?
A. फिरोज शाह तुगलक
B. मोहम्मद-बिन-तुगलक
C. सिकंदर लोदी
D. रजिया सुल्तान

Q.44 भारतीय संविधान को कितने दिनों में तैयार किया गया था?
A. 2 वर्ष 10 महीने 15 दिन
B. 3 वर्ष 05 महीने 14 दिन
C. 2 वर्ष 04 महीने 20 दिन
D. 2 वर्ष 11 महीने 18 दिन

Q.45 "गवर्नर-जनरल" की उपाधि को किस वर्ष बदलकर वायसराय कर दिया गया?
A. 1858 ईस्वी
B. 1885 ईस्वी
C. 1905 ईस्वी
D. 1917 ईस्वी

Q.46 दंड प्रक्रिया संहिता, 1973 की धारा 306 के तहत माफी देने के लिए-
A. गवाह को सीधे अपराध में शामिल नहीं होना चाहिए
B. अपराध को 10 वर्ष से अधिक कारावास के साथ दंडनीय नहीं होना चाहिए
C. आरोपी को क्षमा पाने वाले व्यक्ति को जिरह करने का अवसर दिया जाना चाहिए था

D. क्षमा प्राप्त करने वाले व्यक्ति को पुलिस हिरासत में होने की आवश्यकता नहीं है

Q.47 निम्न में से किस वर्ष में 26 जनवरी को स्वतंत्रता दिवस के रूप में मनाया गया था?

A. 1919 **B.** 1942 **C.** 1946 **D.** 1930

Q.48 __________ भारत में सबसे नवीन पर्वत श्रृंखला है।

A. अरावली **B.** हिमालय **C.** नीलगिरी **D.** विंध्याचल

Q.49 कोवलम समुद्र तट भारत के किस राज्य में स्थित है?

A. तमिलनाडु **B.** केरल **C.** गोवा **D.** आंध्र प्रदेश

Q.50 निम्नलिखित में से किस संविधान (संशोधन) अधिनियम ने भारत के संविधान में मौलिक कर्तव्यों को जोड़ा?

A. संविधान (40वां संशोधन) अधिनियम, 1976
B. संविधान (42वां संशोधन) अधिनियम, 1976
C. संविधान (44वां संशोधन) अधिनियम, 1978
D. संविधान (45वां संशोधन) अधिनियम, 1980

Q.51 कौन सा राष्ट्रीय उद्यान एक सींग वाले गेंडे के लिए प्रसिद्ध है?

A. रणथंभौर राष्ट्रीय उद्यान **B.** कान्हा राष्ट्रीय उद्यान
C. दुधवा राष्ट्रीय उद्यान **D.** काजीरंगा राष्ट्रीय उद्यान

Q.52 कलकत्ता उच्च न्यायालय भारत में __________ उच्च न्यायालय है।

A. सबसे नया **B.** सबसे पुराना
C. सबसे बड़ा **D.** सबसे छोटा

Q.53 निम्नलिखित में से कौन सा लेख 86 वें संवैधानिक संशोधन अधिनियम 2002 द्वारा जोड़ा गया था?

A. अनुष्छेद 21 A **B.** अनुष्छेद 51 A
C. अनुष्छेद 31 B **D.** अनुष्छेद 243 BG

Q.54 कौन प्रमाणित करता है कि एक विशेष बिल वित्त बिल है या नहीं?

A. राष्ट्रपति
B. लोकसभा अध्यक्ष
C. भारत का मुख्य न्यायाधीश
D. वित्त मंत्री

Q.55 राष्ट्रपति जम्मू-कश्मीर में आपातकाल की घोषणा कर सकता हैं-

A. संसद की पूर्व सहमति से
B. भारत के मुख्य न्यायाधीश की सहमति से
C. राज्य विधायिका की सहमति से
D. राज्यपाल की सहमति से

Q.56 आमतौर पर मांग वक्र का आकार __________ होता है।

A. क्षैतिज
B. उर्ध्वाधर
C. ऊपर की ओर झुका हुआ
D. नीचे की ओर झुका हुआ

Q.57 भारतीय अर्थव्यवस्था में तृतीयक क्षेत्र का सम्बन्ध __________ से है।

A. प्राकृतिक संसाधन **B.** विनिर्माण
C. सेवाओं **D.** कच्चा माल

Q.58 निकासी, एकत्रीकरण और निर्माण के उदाहरण हैं __________

A. कॉर्पोरेट रणनीति **B.** ग्रैंड या उच्च रणनीति
C. रणनीतिक दिशानिर्देश **D.** रणनीतिक विकल्प

Q.59 पेनिसिलिन जिसका उपयोग जीवाणु संक्रमण के इलाज के लिए किया जाता है, का निर्माण किया जाता है:

A. लाइकेन **B.** कवक **C.** शैवाल **D.** काई

Q.60 'बी-कॉम्प्लेक्स' के निम्नलिखित विटामिनों में से कौन सा अपने संबंधित नामों के साथ सही ढंग से जोड़ा गया है

1. विटामिन B2-थायमीन
2. विटामिन B3-नियासिन
3. विटामिन B6-पाइरोडोक्सिन
4. विटामिन B12- राइबोफ्लेविन

A. केवल 2 और 4 **B.** केवल 2 और 3
C. केवल 1 और 4 **D.** उपरोक्त सभी

Q.61 भारतीय संविधान में 'लोक हितकारी राज्य' का आदर्श किसमे प्रतिष्ठापित है?

A. प्रस्तावना
B. राज्य के नीति निर्देशक तत्व
C. मौलिक अधिकार
D. सातवीं अनुसूची

Q.62 केसर जो एक मसाला है, पौधे के किस हिस्से से प्राप्त किया जा सकता है?

A. स्टिग्मा और शैली **B.** पराग सहित पुंकेसर
C. पुष्प-केसर **D.** पराग

Q.63 मानव शरीर में लाल रक्त कणिकाओं का औसत जीवन क्या है?

A. 100 - 120 दिन **B.** 50 - 70 दिन
C. 25 - 30 दिन **D.** 70 - 85 दिन

Q.64 निम्नलिखित में से कौन सा कथन सही है?

A. अधिकार नागरिकों के खिलाफ राज्य के दावे हैं।
B. अधिकार वे विशेषाधिकार हैं जो किसी राज्य के संविधान में सम्मिलित हैं।
C. अधिकार, राज्य के खिलाफ नागरिकों के दावे हैं।
D. अधिकार अनेक नागरिकों के खिलाफ कुछ नागरिकों के विशेषाधिकार हैं।

Q.65 होडोफोबिया निम्नलिखित में से किस का डर है?

A. मवेशी **B.** जल
C. नशीले पदार्थ **D.** यात्रा

Q.66 मानव शरीर में रक्त की मात्रा __________ है।

A. शरीर के वजन का 10% **B.** शरीर के वजन का 7%
C. शरीर के वजन का 5% **D.** शरीर के वजन का 12%

Q.67 आधुनिक रसायन शास्त्र के पिता के रूप में कौन जाना जाता है?

A. अर्नेस्ट रदरफोर्ड **B.** अल्बर्ट आइंस्टाइन
C. एंटोनी लैवोजियर **D.** सी वी रमन

Q.68 आमतौर पर क्वार्ट्ज घड़ियों में उपयोग होने वाले क्वार्ट्ज क्रिस्टल का रासायनिक नाम क्या होता है?

A. सिलिकॉन डाइऑक्साइड
B. जर्मेनियम ऑक्साइड
C. सिलिकॉन डाइऑक्साइड और जर्मेनियम ऑक्साइड का मिश्रण
D. सोडियम सिलिकेट

Q.69 किसे "परमाणु बम के जनक" के रूप में जाना जाता है?

A. सैमुअल कोहेन **B.** एडवर्ड टेलर
C. जे रॉबर्ट ओपनहाइमर **D.** वर्नर वॉन ब्रॉन

Q.70 ध्वनि प्रदूषण के स्तर की इकाई क्या है?

A. लक्स **B.** डेसिबल

C. पीपीएम

D. इनमे से कोई नहीं

Q.71 पास्कल का नियम _________ऑटोमोबाइल में काम करने की व्याख्या करता है।

A. इंजन

B. क्लच

C. हाइड्रोलिक ब्रेक

D. इनमें से कोई नहीं

Q.72 उत्पादन प्रक्रिया में एक अर्थव्यवस्था या एक फर्म द्वारा खपत की जाने वाली पूंजी को कहा जाता है:

A. पूंजी हानि

B. उत्पादन लागत

C. कुल भार नुकसान

D. मूल्यह्रास

Q.73 निम्नलिखित में से कौन सा भारत के परमाणु ऊर्जा संयंत्रों की उनकी स्थापित बिजली उत्पादन क्षमता के बढ़ते क्रम में सही क्रम है?

A. कैगा-तारापुर-नरोरा-रावतभाटा

B. तारापुर-नरोरा-कैगा-रावतभाटा

C. रावतभाटा-नरोरा-कैगा-तारापुर

D. नरोरा-कैगा-रावतभाटा-तारापुर

Q.74 प्रतिष्ठित वैश्विक ऊर्जा पुरस्कार 2022 किसने जीता?

A. प्रोफेसर अरिंदम बनर्जी

B. प्रोफेसर गौरव वोहरा

C. प्रोफेसर कौशिक राजशेखर

D. उपरोक्त में से कोई नहीं

Q.75 भारत की पहली पंचवर्षीय योजना कब शुरू हुई थी?

A. 1949

B. 1950

C. 1952

D. 1951

Q.76 यूनेस्को का मुख्यालय _____ में स्थित है।

A. लंदन

B. पेरिस

C. मास्को

D. वियना

Q.77 समप्रति रक्षा अभ्यास किन देशों के बीच आयोजित किया जाता है-

A. भारत और बांग्लादेश

B. भारत और श्रीलंका

C. भारत और थाईलैंड

D. भारत और यू.एस.

Q.78 स्वयं सहायता समूह (एसएचजी) में बचत और ऋण गतिविधियों के बारे में निर्णय कौन लेता है?

A. गैर-सरकारी बैंक

B. भारतीय रिजर्व बैंक

C. समूह के सदस्य

D. गैर-सरकारी संगठन

Q.79 भारतीय संविधान के किस अनुच्छेद में प्रसाद का सिद्धांत (Doctrine of pleasure) का साधारण कानून शामिल है?

A. अनुच्छेद 134

B. अनुच्छेद 217

C. अनुच्छेद 310

D. अनुच्छेद 365

Q.80 भारतीय दंड संहिता कितने अध्यायों और धाराओं में विभाजित है?

A. XXIXII अध्याय और 511 धारा

B. XIIXVI अध्याय और 501 धारा

C. XIXIII अध्याय और 512 धारा

D. XXIII अध्याय और 511 धारा

Numerical & Mental Ability

Q.81 एक दूधवाले के पास 500 लीटर दूध है और वह प्रत्येक ग्राहक को 50 लीटर दूध बेचता है। 50 लीटर दूध बेचने के बाद वह पुनः उतने ही पानी से उसकी पूर्ति कर देता है। इस प्रक्रिया को पहले 4 ग्राहकों के साथ दोहराया जाता है। पांचवें ग्राहक के मिश्रित घोल में दूध की मात्रा कितनी होगी?

A. 26.5 लीटर

B. 29.5 लीटर

C. 32.8 लीटर

D. 35 लीटर

Q.82 सपना की आयु उसके पिता की आयु का $\frac{1}{6}$ है। 10 वर्ष बाद, सपना के पिता की आयु, भुवनेश की आयु की दोगुनी होगी। यदि दो वर्ष पहले भुवनेश का आठवां जन्मदिन मनाया गया था, तो सपना की वर्तमान आयु कितनी है?

A. 24 वर्ष

B. 6 वर्ष

C. 30 वर्ष

D. इनमें से कोई नहीं

Q.83 A और B ने एक व्यापार में 45000 रूपये और 38000 रूपये का निवेश किया। 4 महीनें बाद, C व्यापार में 50000 रूपये के निवेश से शामिल हो गया और C के व्यापार में शामिल होने के 4 महीने बाद, A व्यापार से अलग हो गया। यदि संयुक्त रूप से A और C का शेयर और B के शेयर के बीच का अंतर 3382 रूपये है, तो वार्षिक लाभ कितना है?

A. 13288 रूपये

B. 13439 रूपये

C. 13376 रूपये

D. 13528 रूपये

Q.84 रश्मि द्वारा बेची गयी प्रत्येक वस्तु का क्रय मूल्य समान है। 20% छूट पर वस्तुएं बेचने के बाद भी, वह 20% का लाभ अर्जित करती है। यदि किसी विशेष दिन उसे वस्तुओं को अंकित मूल्य पर बेचने पर 100 वस्तुओं के क्रय मूल्य के बराबर लाभ होता है, तो उस विशेष दिन उसने कितनी वस्तुओं को बेचा है?

A. 100

B. 150

C. 200

D. 300

Q.85 उदय अपनी वार्षिक आय के 24% के बराबर आयकर का भुगतान करता है। शेष आय का $\frac{1}{7}$ किराए के रूप में दिया जाता है। शेष आय (किराया देने के बाद) का $\frac{2}{3}$ व्यय करने के बाद वह 3.8 लाख रुपए प्रति वर्ष बचत करता है। उदय की वार्षिक आय कितनी है?

A. 15,00,000 रुपए

B. 17,50,000 रुपए

C. 18,00,000 रुपए

D. 19,50,000 रुपए

Q.86 एक चिड़िया 20 किमी/घंटा की गति से उड़ सकती है। वह एक बिंदु से उड़ना शुरू करती है और $\frac{2}{3}$ दूरी उड़ने के बाद उसके उड़ने की विपरीत दिशा से हवा आती है। हवा के कारण वह अपने गंतव्य स्थान पर 20 मिनट की देरी से पहुंचती है। हवा की गति 5 किमी/घंटा है। चिड़िया द्वारा तय की गई कुल दूरी ज्ञात करें?

A. 68 किमी

B. 66 किमी

C. 64 किमी

D. 60 किमी

Q.87 एक नाव धारा के अनुकूल 12 किमी. की दूरी और धारा के प्रतिकूल 12 किमी. की दूरी को तय करने में कुल 2 घंटे 15 मिनट का समय लेती है। यदि धारा की गति 4 किमी/घंटा है, तो स्थिर पानी में नाव की गति कितनी है?

A. 8 किमी/घंटा

B. 16 किमी/घंटा

C. 12 किमी/घंटा

D. 15 किमी/घंटा

Q.88 निर्देश: निम्नलिखित प्रश्न में दो समीकरण I व II दिए गए हैं। आपको दोनों समीकरणों को हल करना है तथा सही विकल्प का चयन करना है।

I. $x^2 + 15x + 44 = 0$

II. $y^2 + 18y - 88 = 0$

A. $x < y$

B. $x > y$

C. $x \leq y$

D. $x = y$ या संबंध स्थापित नहीं किया जा सकता है

Q.89 निर्देश: निम्नलिखित प्रश्न में दो समीकरण I व II दिए गए है। आपको दोनों समीकरणों को हल करना है तथा सही विकल्प का चयन करना है।

I. $x^2 - 31x + 240 = 0$

II. $y^2 + 19y - 20 = 0$

A. $x < y$ B. $x > y$ C. $x \leq y$ D. $x \geq y$

Q.90 सबसे बड़ा अंश खोजें:

A. $\frac{41}{7}$ B. $\frac{41}{17}$ C. $\frac{41}{27}$ D. $\frac{41}{77}$

Q.91 x मान ज्ञात करें।

$$\frac{63}{21} = \sqrt{\frac{x}{81}}$$

A. 36   B. 49   C. 729   D. $\frac{1}{49}$

Q.92 $(51 + 52 + 53\ldots\ldots\ldots\ldots +100)$ के बराबर है:

A. 3775   B. 2525   C. 2975   D. 3225

Q.93 निर्देश: श्रृंखला का अगला पद ज्ञात करें।
48.0, 120.0, 420.0, 1890.0, 10395.0, ?

A. 67480.5   B. 67762.5   C. 67395.5   D. 67567.5

Q.94 निर्देश: श्रृंखला का अगला पद ज्ञात करें।
21, 91, 211, 381, 601, ?

A. 891   B. 82   C. 881   D. 871

Q.95 एक लड़के को एक संख्या को $\frac{7}{8}$ से गुणा करने के लिए कहा गया, इसके बजाय उसने संख्या को $\frac{7}{8}$ से विभाजित कर दिया और परिणाम वास्तविक परिणाम से 15 अधिक मिला। वह संख्या क्या थी?

A. 96   B. 36   C. 56   D. 65

Q.96 समीकरण $\log\frac{11}{5} + \log\frac{14}{3} - \log\frac{22}{15}$ के बराबर है

A. log 2   B. log 3   C. log 7   D. log 5

Q.97 एक प्रकार के तरल में 25% दूध है, दूसरे में 30% दूध होता है। एक कैन पहले तरल के 6 भागों और दूसरे तरल के 4 भागों से भरा होता है। नए मिश्रण में दूध का प्रतिशत ज्ञात करें।

A. 28%   B. 25%   C. 30%   D. 27%

Q.98 एक ड्रम में पेट्रोल और डीजल के मिश्रण को $7:9$ के अनुपात में रखा जाता है। इस मिश्रण में से कितना भाग निकाला जाये और उसे पेट्रोल से प्रतिस्थापित किया जाये, जिससे कि परिणामी मिश्रण में डीजल और पेट्रोल का अनुपात $7:6$ हो जाये?

A. $\frac{5}{112}$वां   B. $\frac{7}{115}$वां   C. $\frac{5}{117}$वां   D. $\frac{8}{119}$वां

Q.99 एक कंपनी के सभी कर्मचारियों का औसत वेतन 25000 रुपये है। 22 प्रबंधकों का औसत वेतन 45000 रुपये है और शेष कर्मचारियों का यह 20000 रुपये है। कंपनी में कुल कर्मचारियों की संख्या कितनी है?

A. 10   B. 95   C. 88   D. 110

Q.100 निर्देश: निम्नलिखित प्रश्न में दिए गए विकल्पों में से संबंधित अक्षरों को चुनिए।

FG : UT : : HI : ?

A. IH   B. GH   C. SR   D. ED

Q.101 निर्देश: निम्नलिखित प्रश्न में दिए गए विकल्पों में से संबंधित संख्या को चुनिए।

64 : 2 : : 51 : ?

A. 4   B. 3   C. 0   D. 1

Q.102 निर्देश: निम्नलिखित प्रश्न में दिए गए विकल्पों में से विषम शब्द को चुनिए।

A. मील   B. सेंटीमीटर   C. लीटर   D. गज़

Q.103 निर्देश: निम्नलिखित प्रश्न में दिए गए विकल्पों में से विषम संख्या को चुनिए।

A. 65   B. 91   C. 83   D. 39

Q.104 If $'\div'$ means $'+', '-'$ means $'\times', '\times'$ means $'\div'$ and $'+'$ means $'-'$, then find the value of $15 - 8 \times 6 \div 12 + 4$.

A. 20   B. 28   C. $8\frac{4}{7}$ D. $2\frac{2}{3}$

Q.105 यदि $56 \times 11 = 9$, $37 \times 13 = 6$, $42 \times 12 = 3$, तो 87×77 का मान बताइए।

A. 1   B. 2   C. 3   D. 4

Q.106 एक वृत्त की त्रिज्या कितनी है जिसे 81सेमी² क्षेत्रफल के वर्ग में बनाया जा सकता है?

A. 1.5 सेमी   B. 4.5 सेमी   C. 6.5 सेमी   D. 8.5 सेमी

Q.107 एक निश्चित कोड भाषा में, 'PLUS' को 'SULQ' के रूप में और 'MASK' को 'KSAN' के रूप में कोडित किया जाता है। उसी कोड भाषा में 'FLIP' को कैसे कोडित किया जाएगा?

A. PILG   B. PILE   C. GLIP   D. ELIP

Q.108 दो पासे को एक साथ फेंकने में, कुल 7 प्राप्त करने की संभावना क्या है?

A. $\frac{1}{6}$ B. $\frac{1}{4}$ C. $\frac{2}{3}$ D. $\frac{3}{4}$

Q.109 दो संख्याओं के म.स.प. और ल.स.प. क्रमशः 12 और 924 हैं। फिर ऐसी जोड़ी की संख्या है:

A. 0   B. 1   C. 2   D. 3

Q.110 सरलीकरण पर $1 - \frac{1}{1+\sqrt{2}} + \frac{1}{1-\sqrt{2}}$ का मान है?

A. $2\sqrt{2} - 1$ B. $1 - 2\sqrt{2}$
C. $1 - \sqrt{2}$ D. $-2\sqrt{2}$

Q.111 दो ट्रेनों की गति $6:7$ के अनुपात में है। यदि दूसरी ट्रेन 4 घंटे में 364 किमी चलती है, तो पहली ट्रेन की गति है:

A. 60 किमी/घंटा   B. 72 किमी/घंटा
C. 78 किमी/घंटा   D. 84 किमी/घंटा

Q.112 पहले वर्ष में 4% और दूसरे वर्ष में 8% की दर से चक्रवृद्धि ब्याज के साथ 2 वर्ष में 250 रुपये मूल धन पर कितनी राशि मिलेगी?

A. 280 रु   B. 280.80 रु
C. 468 रु   D. 290.80 रु

Ques (113-117): निर्देश: निम्नलिखित जानकारी का अध्ययन करें और संबंधित प्रश्न के उत्तर दें।

$P, Q, R, S, T, A, B, C, D$ और E एक कंपनी के कर्मचारी हैं। तालिका में कंपनी के किन्हीं दो कर्मचारियों की औसत आयु दी गई है।

कर्मचारी	P	Q	R	S	T
A	39.5				27

	B	42		22.5		
C			42			
D				36.5	42.5	
E			44.5			36

A और P की औसत आयु $\frac{A+P}{2} = 39.5$

A और B की औसत आयु 27.5 है।

Q.113 T की आयु क्या है?

A. 27   **B.** 29   **C.** 33   **D.** 39

Q.114 D, R और S की औसत आयु क्या है?

A. 25   **B.** 31

C. 32   **D.** इनमें से कोई नहीं

Q.115 Q और E की आयु का अनुपात क्या है?

A. 46:43   **B.** 43:46   **C.** 23:25   **D.** 25:23

Q.116 पांच वर्षों के बाद A, B, C, D और E की संपूर्ण आयु का औसत क्या होगा?

A. 39.8   **B.** 40   **C.** 42.6   **D.** 45.5

Q.117 यदि P और Q की आयु 50% घटा दी जाए तथा A और B की आयु में 20% की वृद्धि कर दी जाए, तो P, Q, R, S और T की कुल आयु तथा A, B, C, D और E की कुल आयु का अनुपात क्या होगा?

A. 51:50   **B.** 50:51

C. 199:133   **D.** 133:199

Q.118 यदि $(10a^3 + 4b^3):(11a^3 - 15b^3) = 7:5$, फिर

$(3a + 5b):(9a - 2b) =?$

[SSC CGL, 2020]

A. 3:2   **B.** 10:13   **C.** 8:7   **D.** 5:4

Q.119 एक महिला प्रत्येक वर्ष की शुरूआत में 5% वार्षिक की चक्रवृद्धि ब्याज दर पर 2000 रुपये का निवेश करती है। दूसरे वर्ष के अंत में उसका कुल निवेश कितना होगा?

[RRB (NTPC), 2017]

A. 4355 रुपये   **B.** 4305 रुपये

C. 430 रुपये   **D.** 4350 रुपये

Q.120 एक टंकी में दो नल लगे होते हैं। नल B टंकी को 45 मिनट में खाली कर सकता है। लेकिन नल A टंकी को सिर्फ 30 मिनट में भर सकता है। रोहित ने अनजाने में दोनों नल खोल दिया लेकिन 30 मिनट के बाद अपनी गलती का एहसास हुआ। उसने तुरंत नल B को बंद कर दिया। अब इसके बाद टंकी कितने समय में भर जाएगी?

A. 30 मिनट   **B.** 45 मिनट   **C.** 15 मिनट   **D.** 20 मिनट

Mental Aptitude & Reasoning

Q.121 निम्नलिखित प्रश्न में दिए गए विकल्पों में से संबंधित शब्द को चुनिए।

फ्लैश लाइट : कैमरा : : माउस : ?

A. वन   **B.** मॉनिटर   **C.** कम्प्यूटर   **D.** तार

Q.122 अप्रैल, 2001 की किन तारीखों में बुधवार आता है?

A. 2, 9, 16, 23 वीं   **B.** 1, 8, 15, 22 , 29 वीं

C. 4 ,11, 18, 25 वें   **D.** 3,10, 17, 24 वीं

Q.123 निम्नलिखित प्रश्न में दिए गए विकल्पों में से संबंधित अक्षरों को चुनिए।

LMOI : OHRD : : EUTX : ?

A. HPVS   **B.** IQWS   **C.** IPVS   **D.** HPWS

Q.124 भारतीय संविधान में न्यायिक समीक्षा निम्नलिखित में से किस पर आधारित है?

A. कानून की उचित प्रक्रिया

B. कन्वेंशन

C. कानून द्वारा स्थापित प्रक्रिया

D. कानून का शासन

Q.125 PIL का पूर्ण रूप क्या है

A. निजी ब्याज मुकदमेबाजी

B. सार्वजनिक हित लिमिटेड

C. सार्वजनिक हित याचिका

D. सार्वजनिक पहल मुकदमेबाजी

Q.126 परिवार न्यायालय से संबंधित विवादों का फैसला करता है

A. उपभोक्ता मामले   **B.** विवाह संबंधी मामले

C. संपत्ति के मामलों   **D.** घरेलू हिंसा

Q.127 सर्वोच्च न्यायालय में न्यायाधीशों की संख्या बढ़ाने की शक्ति किसके पास है?

A. प्रधानमंत्री   **B.** राष्ट्रपति

C. संसद   **D.** कानून मंत्रालय

Q.128 निम्नलिखित प्रश्न में दिए गए विकल्पों में से विषम अक्षरों को चुनिए।

A. BF   **B.** PT   **C.** JP   **D.** VB

Q.129 निम्नलिखित प्रश्न में दिए गए विकल्पों में से विषम शब्द को चुनिए।

A. पीला   **B.** लाल   **C.** नीला   **D.** नारंगी

Q.130 भारत में सर्वोच्च न्यायालय के कार्यवाहक मुख्य न्यायाधीश को _______ द्वारा नियुक्त किया जाता है।

A. सर्वोच्च न्यायालय के मुख्य न्यायाधीश

B. प्रधानमंत्री

C. राष्ट्रपति

D. कानून मंत्री

Q.131 केंद्र और राज्य के बीच विवादों को तय करने के लिए भारत के सर्वोच्च न्यायालय की शक्ति _______ के अंतर्गत आती है।

A. सलाहकार क्षेत्राधिकार   **B.** अपील न्यायिक क्षेत्र

C. संवैधानिक क्षेत्राधिकार   **D.** मूल न्यायाधिकार

Q.132 जब कोई कानून का उल्लंघन करता है, तो हम तुरंत सूचित करते हैं:

A. पड़ोसियों   **B.** सापेक्ष   **C.** न्यायाधीश   **D.** पुलिस

Q.133 दिए गए शब्दों को अनुक्रम में व्यवस्थित करें जिसमें वे शब्दकोश में होते हैं।

1) Luggage
2) Labelling
3) Loaded
4) Luminous
5) Luxury

A. 23415   **B.** 23451   **C.** 23145   **D.** 23514

Q.134 निम्नलिखित शब्दों को शब्दकोष में आने वाले क्रम के अनुसार लिखें।

1) Cholesterol
2) Choreography
3) Chocolatier
4) Chrestomathy

A. 1324   **B.** 3142   **C.** 1234   **D.** 3124

Q.135 निम्नलिखित प्रश्न में अक्षरों का कौन सा समूह खाली स्थानों पर क्रमवार रखने से दी गई अक्षर श्रृंखला को पूरा करेगा?

p_rrq_p_rr_p

A. qqqp   **B.** qpqq   **C.** pqqr   **D.** rppq

Q.136 एक अनुक्रम दिया गया है, जिसमें से एक पद लुप्त है। दिए गए विकल्पों में से वह सही विकल्प चुनिए, जो अनुक्रम को पूरा करे।

A, D, I, AF, BE, CF, ?

A. AI   **B.** DC   **C.** DI   **D.** AC

Q.137 निम्नलिखित प्रश्न में दिए गए विकल्पों में से लुप्त अंक ज्ञात कीजिये।

$$6 + \sqrt{216}; 7 + \sqrt{343}; 8 + \sqrt{512}; 9 + \sqrt{729}; ?$$

A. $10 + \sqrt{10000}$ **B.** $10 + \sqrt{10^5}$
C. $10 + \sqrt{100}$ **D.** $10 + \sqrt{1000}$

Q.138 पुलिस आम तौर पर करती है: -
A. फाइल की रिपोर्ट
B. एक व्यक्ति को गिरफ्तार करना
C. दोनों (A और B)
D. इनमें से कोई नहीं

Q.139 छात्रों की एक पंक्ति में जॉन बांयें से 18वें स्थान पर है, और जॉनसन, जो दाहिने से 8वें स्थान पर है, अपना – अपना स्थान परस्पर बदल लेते हैं। जॉन बायें से 33वें स्थान पर हो जाता है। पंक्ति में कुल कितने छात्र हैं?

A. 38   **B.** 39   **C.** 40   **D.** 41

Q.140 एक कार्यालय में 25 अधीनस्थों की औसत आयु 30 वर्ष हैं। यदि प्रबंधक की आयु मिला दी जाए तो औसत आयु बढ़कर 31 वर्ष हो जाती है। प्रबंधक की आयु क्या है?

A. 26   **B.** 36   **C.** 45   **D.** 56

Q.141 निर्देश: निम्नलिखित जानकारी को ध्यान से पढ़ें तथा दिए गए निम्न प्रश्न के उत्तर दें।
(i) 'P+Q' का अर्थ है 'P, Q की बहन है'।
(ii) 'P×Q' का अर्थ है 'P, Q का भाई है'।
(iii) 'P-Q' का अर्थ है 'P, Q की माता है'।
(iv) 'P÷Q' का अर्थ है 'P, Q के पिता हैं'।
निम्न में से किसका अर्थ है कि 'M, T के मामा हैं'?

A. M÷K+T   **B.** M×K+T   **C.** M×K-T   **D.** M÷K-T

Q.142 दिए गए प्रश्न में, निम्नलिखित विकल्पों में से वह शब्द चुनिए जो दिए गए शब्द के अक्षरों का प्रयोग करके नहीं बनाया जा सकता है।

TRANSFORM

A. TRAIN   **B.** FORT
C. ROAM   **D.** RANSOM

Q.143 दिए गए प्रश्न में, निम्नलिखित विकल्पों में से वह शब्द चुनिए जो दिए गए शब्द के अक्षरों का प्रयोग करके नहीं बनाया जा सकता है।

COMMUNICATION

A. UNION   **B.** ACTION
C. MUSIC   **D.** CAUTION

Q.144 किसी खास कोड भाषा में 'bring the white board' को 'ka na di pa' और 'white and black board' को 'na di sa ra' लिखा जाता है इस कोड में 'the' कैसे लिखा जाएगा ?
A. ka   **B.** pa
C. ka या pa   **D.** डाटा अपर्याप्त है

Q.145 एक आरोपी व्यक्ति का फैसला करने का अधिकार किसके पास है?
A. पुलिस   **B.** अदालत
C. व्यक्ति स्वयं   **D.** ये सभी

Q.146 यदि 'A ', '+' को दर्शाता है, 'B', '-' को दर्शाता है और 'C', '×' को दर्शाता है, तो (10 C 4) A (4 C 4) B 6 का मान ज्ञात कीजिए।
A. 46   **B.** 50   **C.** 52   **D.** 58

Q.147 आपराधिक न्याय प्रणाली के प्रमुख खिलाड़ी हैं: -
A. पुलिस और सरकारी अभियोजक
B. बचाव पक्ष के वकील और न्यायाधीश
C. दोनों (A) और (B)
D. इनमें से कोई नहीं

Q.148 कुछ समीकरणों को एक निश्चित प्रणाली के आधार पर हल किया जाता है। उस आधार पर समेकित समीकरण के लिए सही उत्तर का पता लगाएं।

$$9 \times 8 = 63, \ 7 \times 8 = 49, \ 5 \times 6 = 25, \ 11 \times 7 = ?$$

A. 70   **B.** 66   **C.** 12   **D.** 77

Q.149 यदि $56 \times 11 = 9$, $37 \times 13 = 6$, $42 \times 12 = 3$, तो 87×34 का मान बताइए।
A. 8   **B.** 2   **C.** 3   **D.** 4

Q.150 निम्नलिखित प्रश्न में दिए गए विकल्पों में से लुप्त अंक ज्ञात कीजिये।

456	22	434
268	29	239
194	?	121

A. 32   **B.** 54   **C.** 73   **D.** 8

Q.151 निम्नलिखित प्रश्न में दिए गए विकल्पों में से लुप्त अंक ज्ञात कीजिये।

254	108	12
178	70	42
?	82	38
305	96	16

A. 72   **B.** 6   **C.** 127   **D.** 132

Q.152 निम्न आकृति में कितने वर्ग हैं?

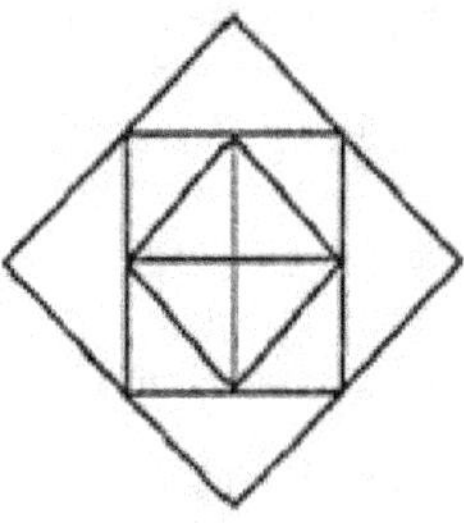

A. 4   **B.** 7   **C.** 6   **D.** 8

Q.153 दी गई आकृति में कितने त्रिभुज हैं?

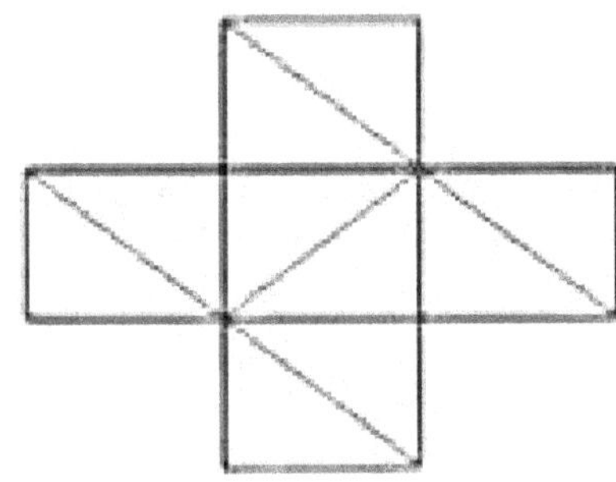

[Territorial Army Officer, 2017]

A. 10 **B.** 1 **C.** 15 **D.** 16

Q.154 प्रश्न में तीन कथनों के बाद दो निष्कर्ष I और II दिए गए हैं। आपको कथनों को सत्य मानना है चाहे वे सामान्य ज्ञात तथ्यों से भिन्न प्रतीत होते हों। आपको तय करना है कि दिए गए निष्कर्षों में से कौन सा, यदि कोई हो तो, दिए गए कथनों का अनुसरण करता है।

कथन:

1. कुछ सेब लाल हैं।

2. सभी लाल खाद्य हैं।

3. सभी मीठे खाद्य हैं।

निष्कर्ष:

I. कुछ सेब मीठे हैं।

II. कुछ खाद्य सेब हैं।

A. केवल निष्कर्ष I अनुसरण करता है

B. केवल निष्कर्ष II अनुसरण करता है

C. दोनों I और II अनुसरण करते हैं

D. न तो I न ही II अनुसरण करता है

Q.155 प्रश्न में, तीन कथनों के बाद दो निष्कर्ष I, II और III दिए गए हैं। आपको कथनों को सत्य मानना है चाहे वे सामान्य ज्ञात तथ्यों से भिन्न प्रतीत होते हों। आपको तय करना है कि दिए गए निष्कर्षों में से कौन सा, यदि कोई हो तो, दिए गए कथनों का अनुसरण करता है।

कथन:

I. कुछ कीबोर्ड, स्टेंसिल हैं।

II. कुछ स्टेंसिल, स्टीकर हैं।

III. सभी स्टीकर, पेन हैं।

निष्कर्ष:

I. कुछ पेन, स्टेंसिल हैं।

II. कुछ स्टीकर, कीबोर्ड हैं।

III. कुछ स्टेंसिल, कीबोर्ड हैं।

A. केवल (I) और (III) अनुसरण करते हैं

B. केवल (II) और (I) अनुसरण करते हैं

C. केवल I अनुसरण करता है

D. कोई भी अनुसरण नहीं करता है

Q.156 यहाँ एक पासे की तीन स्थितियों को नीचे दर्शाया गया है, पासे की सतह पर बिंदु, वृत्त, त्रिभुज, वर्ग, क्रॉस और तीर के चिह्न हैं। पासे की तीन अलग-अलग स्थितियों के आकृतियों को (X), (Y), और (Z) से दर्शाया गया है।

कौन सा चिह्न बिंदु के विपरीत है?

A. वृत्त **B.** त्रिभुज **C.** तीर **D.** क्रॉस

Q.157 दिए गए विकल्पों में से चुनें, जिसे आकृति (X) को मोड़कर बनाया जा सकता है।

प्रश्न आकृति:

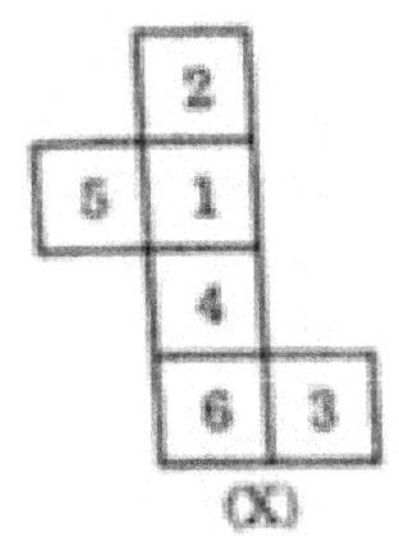

उत्तर आकृति:

(a) (b) (c) (d)

A. आकृति (a) **B.** आकृति (b)
C. आकृति (c) **D.** आकृति (d)

Q.158 नीचे दिए गए प्रश्न दिए गए आरेख पर आधारित है। आपको दिए गए आरेख को सही होने के लिए भी लेना होगा, भले ही यह सामान्य रूप से ज्ञात तथ्यों से भिन्नता का हो और फिर यह तय करें कि प्रत्येक प्रश्न के पांच विकल्पों में से कौन सा दिए गए आरेख से तार्किक रूप से अनुसरण करता है।

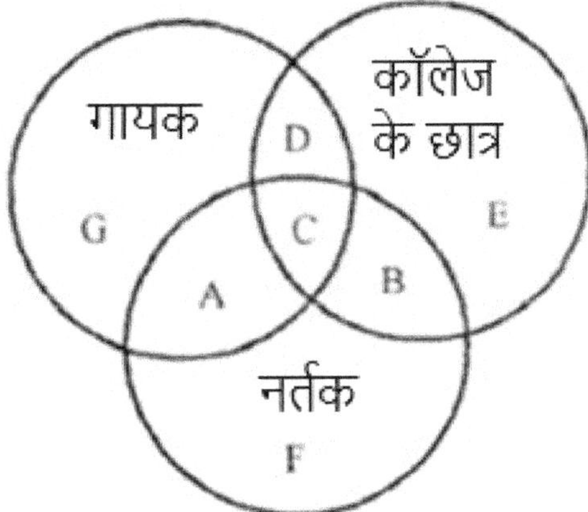

निम्नलिखित में से कौन कॉलेज के छात्र हैं जो केवल गायक हैं और नर्तक नहीं हैं?

A. केवल E **B.** C और D
C. B, C और D **D.** केवल D

Q.159 परस्पर एक-दूसरे को काटने वाले वृत्त अंग्रेजी ज्ञान प्राप्त व्यक्तियों, खिलाड़ियों और सिपाहियों के रूप में काम करने वाले व्यक्तियों को दर्शाते हैं। आकृति में इस प्रकार के विभिन्न क्षेत्रों को 1, 2, 3, 4, 5, 6 और 7 के रूप में अंकित किया गया है।

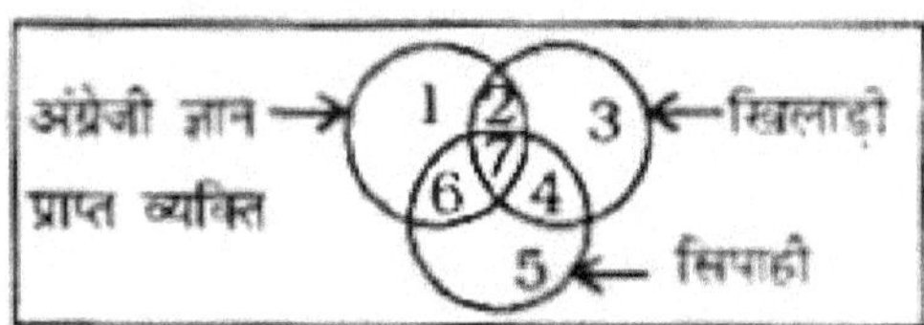

यदि आप ऐसे व्यक्तियों को चुनते हैं। जो अंग्रेजी जानने वाले और सिपाही नहीं है तो किस क्षेत्र को चुनेंगे?

A. 7 **B.** 6 **C.** 3 **D.** 2

Q.160 वह आरेख चुनिए जो नीचे दिए गए वर्गों के बीच के संबंध का सही निरूपण करता है।

कुत्तों, पालतू जानवरों, पशुओं

A. 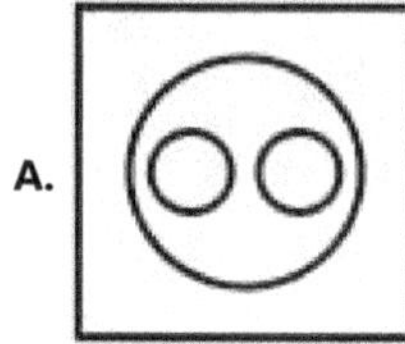

B. 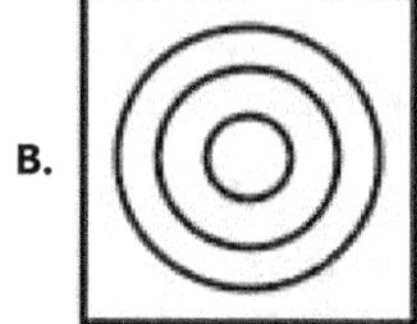

C. 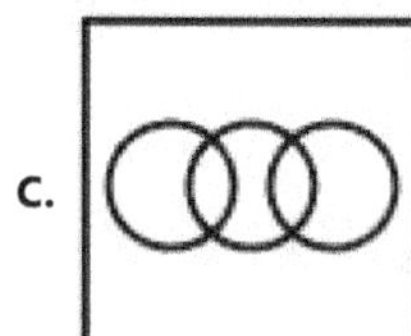

D. 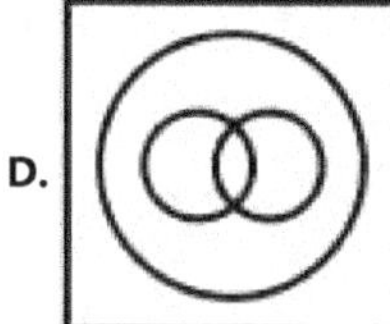

// स्मार्ट उत्तर पुस्तिका //

सही उत्तर — उन छात्रों के प्रतिशत को इंगित करता है जिन्होंने प्रश्नों का सही उत्तर दिया था।

छोड़ दिया — उन छात्रों के प्रतिशत को इंगित करता है जिन्होंने प्रश्नों को छोड़ दिया था।

प्रश्न संख्या	उत्तर	सही उत्तर / छोड़ दिया
1	C	62.73 % / 1.61 %
2	B	45.59 % / 1.45 %
3	C	61.41 % / 1.25 %
4	C	60.02 % / 1.81 %
5	C	42.17 % / 1.83 %
6	D	86.24 % / 0.0 %
7	A	44.58 % / 1.94 %
8	C	84.11 % / 0.0 %
9	B	49.7 % / 1.77 %
10	A	43.29 % / 1.02 %
11	D	53.72 % / 1.21 %
12	B	45.85 % / 1.76 %
13	A	81.8 % / 0.0 %
14	D	59.23 % / 1.45 %
15	B	78.1 % / 0.0 %
16	C	62.14 % / 1.57 %

प्रश्न संख्या	उत्तर	सही उत्तर / छोड़ दिया
17	A	56.63 % / 1.97 %
18	B	85.09 % / 0.0 %
19	D	77.45 % / 0.0 %
20	A	59.8 % / 1.23 %
21	A	59.79 % / 1.94 %
22	D	40.39 % / 1.28 %
23	C	53.07 % / 1.84 %
24	A	86.79 % / 0.0 %
25	A	60.09 % / 1.51 %
26	C	43.42 % / 1.98 %
27	C	40.55 % / 1.44 %
28	C	57.06 % / 1.21 %
29	A	47.56 % / 1.44 %
30	B	54.15 % / 1.23 %
31	A	81.61 % / 0.0 %
32	C	79.12 % / 0.0 %

प्रश्न संख्या	उत्तर	सही उत्तर / छोड़ दिया
33	A	56.96 % / 1.44 %
34	D	43.88 % / 1.61 %
35	B	56.55 % / 1.54 %
36	A	63.91 % / 1.85 %
37	A	42.11 % / 1.44 %
38	A	67.77 % / 1.61 %
39	C	77.92 % / 0.0 %
40	B	55.81 % / 1.16 %
41	D	81.41 % / 0.0 %
42	C	60.93 % / 1.93 %
43	B	48.81 % / 1.15 %
44	D	51.17 % / 1.0 %
45	A	10.32 % / 3.97 %
46	D	31.88 % / 3.13 %
47	D	80.83 % / 0.0 %
48	B	54.49 % / 1.95 %

प्रश्न संख्या	उत्तर	सही उत्तर / छोड़ दिया
49	B	42.38 % / 1.41 %
50	B	50.55 % / 1.48 %
51	D	84.01 % / 0.0 %
52	B	43.38 % / 1.64 %
53	A	60.25 % / 1.36 %
54	B	48.62 % / 1.1 %
55	C	62.22 % / 1.6 %
56	D	54.1 % / 1.57 %
57	C	46.2 % / 1.65 %
58	B	18.62 % / 4.52 %
59	B	60.11 % / 2.0 %
60	B	44.07 % / 1.19 %
61	B	60.48 % / 1.88 %
62	A	45.63 % / 1.76 %
63	A	59.2 % / 1.8 %
64	C	46.34 % / 1.13 %

प्रश्न संख्या	उत्तर	सही उत्तर / छोड़ दिया
65	D	40.88 % / 1.35 %
66	B	41.62 % / 1.64 %
67	C	54.56 % / 1.56 %
68	A	45.96 % / 1.85 %
69	C	64.81 % / 1.45 %
70	B	65.76 % / 1.06 %
71	C	61.53 % / 1.63 %
72	D	62.36 % / 1.84 %
73	D	17.45 % / 3.41 %
74	D	62.75 % / 1.22 %
75	D	45.69 % / 1.97 %
76	B	48.62 % / 1.64 %
77	A	64.44 % / 1.03 %
78	C	53.77 % / 1.45 %
79	C	53.87 % / 1.13 %
80	D	66.58 % / 1.26 %

प्रश्न संख्या	उत्तर	सही उत्तर / छोड़ दिया	प्रश्न संख्या	उत्तर	सही उत्तर / छोड़ दिया	प्रश्न संख्या	उत्तर	सही उत्तर / छोड़ दिया	प्रश्न संख्या	उत्तर	सही उत्तर / छोड़ दिया	प्रश्न संख्या	उत्तर	सही उत्तर / छोड़ दिया
81	C	58.2 % / 1.21 %	97	D	63.11 % / 1.35 %	113	B	54.16 % / 1.98 %	129	D	87.41 % / 0.0 %	145	B	57.89 % / 1.99 %
82	D	62.66 % / 1.71 %	98	C	41.47 % / 1.07 %	114	D	53.33 % / 1.19 %	130	C	53.89 % / 1.79 %	146	B	53.44 % / 1.19 %
83	D	42.98 % / 1.98 %	99	D	43.64 % / 1.79 %	115	C	48.8 % / 1.06 %	131	D	68.38 % / 1.05 %	147	C	41.44 % / 1.06 %
84	C	51.66 % / 1.76 %	100	C	68.81 % / 1.83 %	116	C	19.94 % / 4.53 %	132	D	62.22 % / 1.05 %	148	B	52.62 % / 1.06 %
85	B	53.64 % / 1.45 %	101	A	62.65 % / 1.8 %	117	D	64.49 % / 1.05 %	133	C	44.55 % / 1.49 %	149	A	52.2 % / 1.24 %
86	D	57.29 % / 1.54 %	102	C	40.73 % / 1.95 %	118	B	59.53 % / 1.52 %	134	D	49.8 % / 1.84 %	150	C	64.26 % / 1.46 %
87	C	51.34 % / 1.7 %	103	C	49.64 % / 1.21 %	119	B	55.3 % / 1.78 %	135	B	56.7 % / 1.93 %	151	C	63.02 % / 1.68 %
88	D	25.13 % / 3.11 %	104	B	40.22 % / 1.73 %	120	D	62.94 % / 1.17 %	136	C	66.59 % / 1.48 %	152	B	64.24 % / 1.96 %
89	B	49.39 % / 1.97 %	105	A	78.3 % / 0.0 %	121	C	54.77 % / 1.54 %	137	D	19.52 % / 4.28 %	153	D	45.4 % / 1.94 %
90	A	63.44 % / 1.47 %	106	B	59.17 % / 1.1 %	122	C	62.13 % / 1.15 %	138	C	57.83 % / 1.72 %	154	B	68.56 % / 1.5 %
91	C	50.14 % / 1.99 %	107	A	57.31 % / 1.32 %	123	D	51.39 % / 1.53 %	139	C	68.79 % / 1.4 %	155	A	52.84 % / 1.18 %
92	A	47.23 % / 1.81 %	108	A	17.92 % / 4.03 %	124	C	62.7 % / 1.32 %	140	D	77.29 % / 0.0 %	156	D	64.42 % / 1.65 %
93	D	68.72 % / 1.53 %	109	C	40.12 % / 1.06 %	125	C	80.83 % / 0.0 %	141	C	57.98 % / 1.89 %	157	D	46.98 % / 1.24 %
94	D	61.67 % / 1.44 %	110	B	64.28 % / 1.37 %	126	B	43.84 % / 1.24 %	142	A	57.65 % / 1.83 %	158	D	43.15 % / 1.76 %
95	C	47.46 % / 1.59 %	111	C	66.65 % / 1.17 %	127	C	54.62 % / 1.54 %	143	C	59.62 % / 1.31 %	159	C	47.13 % / 1.37 %
96	C	55.78 % / 1.42 %	112	B	43.76 % / 1.88 %	128	B	83.4 % / 0.0 %	144	C	65.01 % / 1.03 %	160	C	44.09 % / 1.11 %

कार्य विश्लेषण	
औसत अंक (%)	65.0%
टॉपर्स स्कोर (%)	71.0%
आपका स्कोर	

//संकेत और समाधान//

1. 'सिंह - शार्दुल, व्याघ्र, विटप' में से 'विटप' शब्द सिंह का पर्यायवाची नहीं है। इसलिए यह विकल्प इस प्रश्न का सही उत्तर है।

'विटप' शब्द 'वृक्ष' का पर्यायवाची शब्द है।

अतः विकल्प (C) सही है।

2. छंद के चरणान्त की अक्षर-मैत्री (समान स्वर-व्यंजन की स्थापना) को तुक कहते हैं।

जिस छंद के अंत में तुक हो उसे तुकान्त छंद और जिसके अन्त में तुक न हो उसे अतुकान्त छंद कहते हैं। अतुकान्त छंद को अंग्रेज़ी में ब्लैंक वर्स कहते हैं।

अतः विकल्प (B) सही है।

3. 'सेब को चाकू में काट दो' वाक्य में विभक्ति संबंध त्रुटि है।

'सेब को चाकू में काट दो' वाक्य में करण कारक विभक्ति संबंधी दोष है।

यहाँ 'में' के स्थान पर 'से' आएगा।

अतः विकल्प (C) सही है।

4. काका हाथरसी द्वारा रचित इन पंक्तियों में हास्य रस का बोध होता है।

हास्य रस- किसी व्यक्ति या वस्तु की असाधारण वेशभूषा, आकृति, वाणी तथा चेष्टा आदि को देखकर हृदय में जो आनंद (विनोद) का भाव जाग्रत होता है, उसे ही हास कहा जाता है। यही हास जब विभाव, अनुभाव और संचारी भावों से पुष्ट हो जाता है तो उसे 'हास्य रस' कहते है।

अतः विकल्प (C) सही है।

5. 'भौ+उक=भावुक' में अयादि स्वर संधि है क्योंकि 'औ+उ=वु' हुआ है।

- 'अहम्+कार= अहंकार' में व्यंजन संधि है क्योंकि 'म्' के बाद कोई व्यंजन वर्ण आये तो 'म्' का अनुस्वार हो जाता है।
- 'पम्+चम=पंचम' में व्यंजन संधि है क्योंकि 'म्' के बाद कोई व्यंजन वर्ण आये तो 'म्' का अनुस्वार हो जाता है।
- 'उत्+लास=उल्लास' में भी व्यंजन संधि है क्योंकि 'त् - द्' के बाद 'ल' रहे तो 'त् - द्','ल' में बदल जाते है और 'न्' के बाद 'ल' के आने पर अनुनासिक 'ल' होता है।

अतः विकल्प (C) सही है।

6. अपादान कारक के संबंध में 'सब प्राणी आँखों से देखतें हैं।' उदहारण सही नहीं है।

"वाक्य में जिस स्थान या वस्तु से किसी व्यक्ति या वस्तु की पृथकता अथवा तुलना का बोध होता है, वहाँ अपादान कारक होता है।" यानी अपादान कारक से जुदाई या विलगाव का बोध होता है। प्रेम, घृणा, लज्जा, ईर्ष्या, भय और सीखने आदि भावों की अभिव्यक्ति के लिए अपादान कारक का ही प्रयोग किया जाता है।

उदाहरण: चंद्रमा सूर्य से काफी दूर है।

अतः विकल्प (D) सही है।

7. जिसका कोई वृढ सिद्धान्त नहीं होता।

उदहारण:अमर कभी किसी राजनीतिक दल में चला जाता तो कभी किसी अन्य दल में, उसकी हालत तो गंगा गए गंगादास, जमुना गए जमुनादास जैसी है।

अतः विकल्प (A) सही है।

8. कुछ दिनों का शासन करना।

उदाहरण: जनाब, जरा होशियारी से काम लें। यह अढाई दिन की हुकूमत जाती रहेगी।

अतः विकल्प (C) सही है।

9. उपर्युक्त वाक्य का रेखांकित पद 'नीली कमीज वाला लड़का' **विशेषण उपवाक्य** है।

विशेषण उपवाक्य शब्दों का वह समूह है, जो अपना एक उद्देश्य एवं विधेय रखे तथा विशेषण का कार्य करे।

अतः विकल्प (B) सही है।

10. वचन संबंधी अशुद्ध वाक्य 'तुम लोग अंधा नहीं है' है।

इसका शुद्ध वाक्य 'सब लोग अंधे नहीं हैं' होता है। सब और लोग सामान्यतः बहुवचन में प्रयुक्त होते हैं।

अतः विकल्प (A) सही है।

11. साहित्य देवता हरिवंश राय बच्चन द्वारा रचित नहीं हैं।

चिन्तक, वक्ता और गद्यकार माखनलाल जी ने साहित्य देवता की रचना की है।

अतः विकल्प (D) सही है।

12. 'इन्दुमति' की विधा कहानी है।

'इन्दुमति' कहानी के रचनाकर किशोरीलाल गोस्वामी थे।

इन्होंने सन 1957 में इस कहानी को प्रकाशित किया।

अतः विकल्प (C) सही है।

13. विधाता शब्द का स्त्रीलिंग रूप 'विधात्री' होगा।

स्त्रीलिंग रूप- जिन संज्ञा शब्दों से स्त्री जाति का बोध हो अथवा जो शब्द स्त्री जाति के अन्तर्गत माने जाते हैं, वे स्त्रीलिंग हैं।

अतः विकल्प (A) सही है।

14. उपर्युक्त शब्द "दूध, रायता, दही" केवल एकवचन होते हैं। द्रव्यसूचक संज्ञायें सदैव एकवचन में प्रयोग होती हैं। जैसे- पानी, तेल, घी, दूध आदि।

वचन- संज्ञा, सर्वनाम, विशेषण और क्रिया आदि की व्याकरण सम्बन्धी श्रेणी है जो इनकी संख्या की सूचना देती है (एक, दो, आदि)।

हिन्दी में वचन दो होते हैं-

1. एकवचन- शब्द के जिस रूप से एक ही वस्तु का बोध हो, उसे एकवचन कहते हैं। जैसे-लड़का, गाय, सिपाही, बच्चा, कपड़ा, माता, माला, पुस्तक, स्त्री, टोपी बंदर, मोर आदि।

2. बहुवचन- शब्द के जिस रूप से अनेकता का बोध हो उसे बहुवचन कहते हैं। जैसे-लड़के, गायें, कपड़े, टोपियाँ, मालाएँ, माताएँ, पुस्तकें, वधुएँ, गुरुजन, रोटियाँ, स्त्रियाँ, लताएँ, बेटे आदि।

अतः विकल्प (D) सही है।

15. 'नदी' शब्द का बहुवचन रूप नदियाँ है।

वचन - संज्ञा, सर्वनाम, विशेषण और क्रिया के जिस रूप से संख्या का बोध हो उसे वचन कहते हैं।

हिन्दी में वचन दो होते हैं-

1. एकवचन- शब्द के जिस रूप से एक ही वस्तु का बोध हो, उसे एकवचन कहते हैं। जैसे-लड़का, गाय, सिपाही, बच्चा, कपड़ा, माता, माला, पुस्तक, स्त्री, टोपी बंदर, मोर आदि।

2. बहुवचन- शब्द के जिस रूप से अनेकता का बोध हो उसे बहुवचन कहते हैं। जैसे-लड़के, गायें, कपड़े, टोपियाँ, मालाएँ, माताएँ, पुस्तकें, वधुएँ, गुरुजन, रोटियाँ, स्त्रियाँ, लताएँ, बेटे आदि।

अतः विकल्प (B) सही है।

16. महादेव के लिखावट की शुद्धता और विनम्र स्वभाव के गुणों ने उन्हें सबका लाडला बना दिया था।

गद्यांश के अनुसार:

- महादेव जी प्रतिभा संपन्न व्यक्ति थे। वे कर्तव्यनिष्ठ थे, विनम्र स्वभाव के थे। उनकी लेखन शैली का सभी लोहा मानते थे।
- वे कट्टर विरोधियों के साथ भी सत्यनिष्ठता और विवेक युक्त बात करते थे।

लिखावट = लिख + आवट

- 'लिख' मूल शब्द और 'आवट' प्रत्यय
- अर्थ: लिखने का ढंग, लिपि, लेख।

शुद्धता = शुद्ध + ता

- 'शुद्ध' मूल शब्द और 'ता' प्रत्यय
- अर्थ: शुद्ध होने का भाव, स्वच्छता, निर्मलता।
- विलोम शब्द- 'अशुद्धता'

विनम्र = वि + नम्र

- 'वि' (विशेष) उपसर्ग और 'नम्र' (झुका हुआ) मूल शब्द
- अर्थ: विशेष रूप से नम्र, विनय और सुशील।
- विलोम शब्द- 'उद्दण्ड'

स्वभाव = स्व + भाव

- 'स्व' (अपना) उपसर्ग और 'भाव' मूल शब्द
- अर्थ: सहज प्रकृति, नेचर, अपनी अवस्था।
- विलोम शब्द- 'कुस्वभाव'

अत: विकल्प (C) सही है।

17. गांधीजी को पत्र उग्र और उदार प्रकार के लोगो द्वारा लिखा जाता था।

गद्यांश के अनुसार: सब प्रांतों के उग्र और उदार देशभक्त, क्रांतिकारी और देश-विदेश के धुरंधर लोग, संवाददाता आदि गांधीजी को पत्र लिखते और गांधीजी 'यंग इंडिया' के कॉलमों में उनकी चर्चा किया करते।

उग्र:

- अर्थ: तीव्र, तेज, महादेव, उत्कट , प्रचण्ड, भयानक।
- विलोम शब्द- 'सौम्य'

उदार:

- अर्थ: जो संकीर्णिचत न हो, उँचे दिल का, महान, बड़ा, श्रेष्ठ, दानी।
- विलोम शब्द- 'अनुदार, कट्टर'

अत: विकल्प (A) सही है।

18. गांधीजी 'यंग इंडिया' के कॉलमों में संवाददाता के द्वारा लिखे गये पत्र की चर्चा किया करते थे।

गद्यांश के अनुसार: सब प्रांतों के उग्र और उदार देशभक्त, क्रांतिकारी और देश-विदेश के धुरंधर लोग, संवाददाता आदि गांधीजी को पत्र लिखते और गांधीजी 'यंग इंडिया' के कॉलमों में उनकी चर्चा किया करते।

संवाददाता- संवाद देनेवाला, अखबारों में स्थानिक घटनाओं का विवरण भेजनेवाला व्यक्ति।

अत: विकल्प (B) सही है।

19. 'गंगा' का पर्यायवाची शब्द 'मंदाकिनी' है।

'गंगा' के पर्यायवाची शब्द - देवनदी, मंदाकनी, भगिरथी, विश्वुपगा, देवपगा, ध्रुवनंदा, सुरसरि, त्रिपथगा, जाह्नवी, सुरसरिता, सुरधुनी, इत्यादि है।

अत: विकल्प (D) सही है।

20. दीपशिखा महादेवी वर्मा की रचना है।

महादेवी वर्मा कुछ वर्षो तक उत्तरप्रदेश विधान परिषद की मनोनीत सदस्या रही। वह राष्ट्रपति द्वारा 'पदम् भूषण' की उपाधि से अलंकृत है।महादेवी वर्मा जी को आधुनिक मीरा कहा जाता है । गीतात्मक काव्यकृति 'यामा' पर भारतीय ज्ञानपीठ पुरस्कार इंग्लैंड की प्रथानमन्ती द्वारा प्रदान कर सम्मानित किया गया ।

प्रमुख रचनाएँ- यामा, नीहार, रश्मि, नीरजा, सांध्यगीत, दीपशिखा आदि।

गद्य रचनाएं - क्षमता, अतीत के चलचित्र, पथ के साथी, स्मृति की रेखाएं, मेरा परिवार आदि।

अतः विकल्प (A) सही है।

21. 'प्रभुत्व' शब्द तत्सम है जिसका तद्भव रूप 'आधिपत्य' होता है।

तत्सम दो शब्दों से मिलकर बना है – तत् + सम्, जिसका अर्थ होता है ज्यों का त्यों।

जिन शब्दों को संस्कृत से बिना किसी परिवर्तन के ले लिया जाता है उन्हें तत्सम शब्द कहते हैं।

इनमें ध्वनि परिवर्तन नहीं होता है।

समय और परिस्थिति की वजह से तत्सम शब्दों में जो परिवर्तन हुए हैं उन्हें तद्भव शब्द कहते हैं।

अतः विकल्प (A) सही है।

22. दिए गए विकल्पों में 'भाप' शब्द तद्भव है जिसका तत्सम शब्द 'वाष्प' होगा।

तत्सम दो शब्दों से मिलकर बना है – तत् + सम्, जिसका अर्थ होता है ज्यों का त्यों।

जिन शब्दों को संस्कृत से बिना किसी परिवर्तन के ले लिया जाता है उन्हें तत्सम शब्द कहते हैं।

इनमें ध्वनि परिवर्तन नहीं होता है।

समय और परिस्थिति की वजह से तत्सम शब्दों में जो परिवर्तन हुए हैं उन्हें तद्भव शब्द कहते हैं।

अतः विकल्प (D) सही है।

23. वर्ष 1968 में सुमित्रानंदन पंत को उनकी प्रसिद्ध कविता संग्रह "चिदम्बरा" के लिए ज्ञानपीठ पुरस्कार से सम्मानित किया गया था। सुमित्रानंदन पंत हिंदी साहित्य में छायावादी युग के चार प्रमुख स्तंभों में से एक हैं। उनका संपूर्ण साहित्य 'सत्यं शिवं सुन्दरम्' के आदर्शों से प्रभावित होते हुए भी समय के साथ निरंतर बदलता रहा है।

अतः विकल्प (C) सही है।

24. उप-विराम (:)-उप-विराम चिह्न विसर्ग की तरह दो बिन्दुओं के रूप में होता है, इसलिए कभी-कभी विसर्ग का भ्रम होता है, फलत: इसका प्रयोग कम होता है। उप-विराम का स्वतन्त्र प्रयोग किसी शीर्षक को उसी के आगे स्पष्ट करने में होता है; जैसे-

कामायनी : एक अध्ययन

विज्ञान : वरदान या अभिशाप

अतः विकल्प (A) सही है।

25. वह सार्वनामिक शब्द जो स्वयं के लिए प्रयोग करते हैं जैसे – आप , अपना आदि जिससे स्वयं का बोध हो वह निजवाचक कहलाते हैं। जो सर्वनाम तीनों पुरूषों (उत्तम, मध्यम और अन्य) में निजत्व का बोध कराता है, उसे निजवाचक सर्वनाम कहते हैं। जैसे- मैं खुद लिख लूँगा। तुम अपने आप चले जाना।

उपरोक्त वाक्य में 'आप' निजवाचक सर्वनाम है।

अतः विकल्प (A) सही है।

26. दिए गए विकल्पों के अनुसार विकल्प (C) 'पूर्णता दयोतक पक्ष' वाक्य का सही उत्तर है अन्य विकल्प असंगत है। इसलिए, स्पष्ट है कि 'पूर्णता दयोतक पक्ष' विकल्प सटीक है।

इस क्रिया पक्ष में क्रिया के पूरी तरह समाप्त होने का बोध होता है पूर्णता दयोतक पक्ष कहलाता हैं।

अतः विकल्प (C) सही है

27. 'मै अभी खाकर बैठा हूँ' इस वाक्य में आसन्न भूतकाल है।

दिए गये वाक्य में 'अभी' का प्रयोग है। इसका अर्थ है कि यह कार्य अभी-अभी हुआ है। अर्थित क्रिया के जिस रूप से यह ज्ञात हो कि क्रिया कुछ देर पहले समाप्त हुई है, उसे आसन्न भूतकाल कहते हैं।

अत: विकल्प (C) सही है।

28. 'मुझसे गाया नहीं जाता' में भाववाच्य वाच्य है।

भाववाच्य- क्रिया के उस रूपान्तर को भाववाच्य कहते हैं, जिससे वाक्य में क्रिया अथवा भाव की प्रधानता का बोध हो। दूसरे शब्दों में- क्रिया के जिस रूप में न तो कर्ता की प्रधानता हो न कर्म की, बल्कि क्रिया का भाव ही प्रधान हो, वहाँ भाववाच्य होता है। मोहन से टहला भी नहीं जाता।

अत: विकल्प (C) सही है।

29. 'पाप - पुण्य' में द्वंद्व समास है।

- द्वंद्व समास के में दोनों पद योजक चिन्ह से जुड़े रहते हैं।
- दोनों पद प्रधान होते हैं।
- प्रत्येक दो पदों के बीच और, एवं, तथा, या, अथवा में से किसी एक का लोप पाया जाता है।
- विग्रह करने पर दोनों शब्दों के बीच 'अथवा', 'या' आदि शब्द लिख दिए जाते हैं।
- 'पाप-पुण्य' का समास-विग्रह 'पाप और पुण्य' है। इसलिए, यहाँ द्वंद्व समास है।

अत: विकल्प (A) सही है।

30. दिए गए विकल्पों में से 'अधो' शब्द का विलोम ऊर्ध्व है।

अधो का अर्थ - नीचे की ओर

ऊर्ध्व का अर्थ - ऊपर की ओर

अतः विकल्प (B) सही है।

31. दिए गए विकल्पों में से 'इति' शब्द का विलोम अथ है।

इति का अर्थ - अंत

अथ का अर्थ - शुरुआत

अतः विकल्प (A) सही है।

32. 'अत्युक्ति' शब्द में 'अति' उपसर्ग है।

इसका उचित संधि विच्छेद 'अति + उक्ति = अत्युक्ति' होगा।

यह यण संधि का उदाहरण है।

जो शब्दांश शब्दों के प्रारम्भ में जुड़ कर उनके अर्थ में कुछ विशेषता लाते हैं, वे उपसर्ग कहलाते हैं।

अतः विकल्प (C) सही है।

33. दिए गए वाक्य के लिए उपयुक्त एक शब्द अवर्णनीय है।

अवर्णनीय - जिसका वर्णन या बखान न किया जा सके; अवर्ण्य।

अल्पभाषी - जो ज्यादा न बोलता हो

अभेद्य - जिसको भेदा न जा सके

दर्शनीय - दर्शन करने या देखने योग्य

अतः विकल्प (A) सही है।

34. 'कल' का अनेकार्थी शब्द समूह है- बीता हुआ कल, शान्ति, सुन्दर।

अनेकार्थी शब्द- जिन शब्दों के एक से अधिक अर्थ होते हैं, उन्हें 'अनेकार्थी शब्द' कहते हैं।

मन, वायु, वाण विशेष ये अन्य शब्द 'आसुग' के अनेकार्थी शब्द हैं।

कल के अन्य अनेकार्थी शब्द हैं - मशीन, चैन, आने वाला कल आदि।

अतः विकल्प (D) सही है।

35. हिन्द -आर्य भाषा परिवार भारत का सबसे बड़ा भाषाई परिवार है। इसका विभाजन 'इन्डो-यूरोपीय' (हिन्द यूरोपीय) भाषा परिवार से हुआ है, इसकी दूसरी शाखा 'इन्डो-इरानी' भाषा परिवार है जिसकी प्रमुख भाषायें फारसी, ईरानी, पश्तो, बलूची इत्यादि हैं।

भारत की दो तिहाई से अधिक आबादी हिन्द आर्य भाषा परिवार की कोई न कोई भाषा विभिन्न स्तरों पर प्रयोग करती है। जिसमें संस्कृत समेत मुख्मतः उत्तर भारत में बोली जानेवाली अन्य भाषायें जैसे: हिन्दी, उर्दू, मराठी, नेपाली, बांग्ला, गुजराती, कश्मीरी, डोगरी, पंजाबी, उड़िया, असमिया, मैथिली, भोजपुरी, मारवाड़ी, गढ़वाली, कोंकणी इत्यादि भाषायें शामिल हैं।

अतः विकल्प (B) सही है।

36. अ, ब अल्पप्राण वर्ण समूह है।

- अल्पप्राण अर्थात जिन व्यंजनों के उच्चारण में मुख से कम हवा निकले। प्रत्येक वर्ग का पहला, तीसरा और पाँचवाँ व्यंजन वर्ण अल्पप्राण ध्वनि होती है, और साथ ही शुरू आत के सभी स्वर "अ, आ, इ, ई, उ, ऊ,
- ऋ, ए, ऐ, ओ, औ" भी अल्पप्राणवर्ण कहलाते है।   – क, ग, ड़, च, ज, ञ इत्यादि भी।
- ब, प वर्ण का तीसरा वर्ण है।

अतः विकल्प (A) सही है।

37. 'ए, ऐ' ध्वनियाँ कंठ एवं तालु के संयुक्त प्रयास से निकलती हैं, अतः उन्हें कंठ तालु कहा जाता है।

वर्णों के व्यवस्थित समूह को वर्णमाला कहते हैं। मूलतः हिंदी में उच्चारण के आधार पर 45 वर्ण (10 स्वर+ 35 व्यंजन) एवं लेखन के आधार पर 52 वर्ण (13 स्वर+35 व्यंजन+ 4 संयुक्त व्यंजन) हैं।

विभिन्न वर्णों को उच्चारण स्थान के आधार पर वर्गीकृत किया गया है-

वर्ण	उच्चारण स्थान
ए, ओ	अर्द्ध संवृत
ओ, औ, ऑ	कंठ ओष्ठ
आ	विवृत

अतः विकल्प (A) सही है।

38. 'अत्र-अन्य' शब्द युग्म का सही अर्थ भेद है: अनाज-दूसरा। अन्य विकल्प असंगत है।

समरूप भिन्नार्थक शब्द- जो शब्द सुनने में एक जैसे लगते हैं पर उनके अर्थ अलग होते हैं उन्हें समरूप भिन्नार्थक शब्द कहते हैं। इन्हें समध्वनि , समत्रुत , समोच्चरित और श्रुतिसम भिन्नार्थक शब्द भी कहते हैं। जैसे- बहु और बहू दोनों के उच्चारण में कोई खास अन्तर महसूस नहीं होता परन्तु अर्थ में भिन्नता है।

अतः विकल्प (A) सही है।

39. धौंकनी' शब्द में 'नी' प्रत्यय प्रयुक्त हुआ है।

'नी' प्रत्यय वाले अन्य शब्द- 'चटनी, मथनी' आदि हैं।

प्रत्यय वे शब्द हैं जो दूसरे शब्दों के अन्त में जुड़कर, अपनी प्रकृति के अनुसार, शब्द के अर्थ में परिवर्तन कर देते हैं।

अतः विकल्प (C) सही है।

40. ''अफ़सोस! मैं नहीं जा सका" में रेखांकित शब्द में शोकसूचक अव्यय है।

- इन वाक्यों के रूप में लिंग, वचन, पुरुष, कारक के कारण किसी प्रकार का विकार नहीं हो सकता।
- इनमें संबंधबोधक वाक्य सदैव समान रहते हैं।

अत: विकल्प (B) सही है।

41. भारत ने अपने मुख्य बजट के लिए संयुक्त राष्ट्र महिला, लैंगिक समानता और महिला सशक्तिकरण के लिए संयुक्त राष्ट्र एजेंसी के लिए 500,000 अमरीकी डालर का योगदान दिया है।

संयुक्त राष्ट्र में भारत के स्थायी प्रतिनिधि टी.एस.तिरुमूर्ति ने घोषणा की कि भारत ने महिलाओं के नेतृत्व वाले विकास और लैंगिक समानता की अपनी साझेदारी की पुष्टि की। संयुक्त राष्ट्र महिला कार्यकारी निदेशक, सीमा बहौस ने भारत को इसके योगदान के लिए धन्यवाद दिया।

अतः विकल्प (D) सही है।

42. गज महोत्सव एक त्यौहार है जो राजस्थान में जयपुर शहर में मनाया जाता है। यह आमतौर पर मार्च के महीने में होली के दिन मनाया जाता है। इस त्यौहार के दिन, हाथियों को कपड़े और भारी गहने पहनाये जाते हैं और अच्छे से सजाया और संवारा जाता है।

अतः विकल्प (C) सही है।

43. मुहम्मद-बिन-तुगलक को बुद्धिमान मूर्ख राजा कहा जाता था।

मुहम्मद-बिन-तुगलक को उसके असफल प्रयोगों के कारण एक बुद्धिमान मूर्ख राजा कहा जाता था। उन्होंने 5 प्रयोग किए जैसे राजधानी का दोताबाद को हस्तांतरण, दोआब में कराधान, सांकेतिक मुद्रा आदि।

मुहम्मद बिन तुगलक (1290 - 20 मार्च 1351) दिल्ली सल्तनत के अठारहवें सुल्तान थे, जिन्होंने फरवरी 1325 से अपनी मृत्यु तक शासन किया। वह तुगलक वंश के संस्थापक गियात अल-दीन तुगलक के सबसे बड़े पुत्र थे।

अतः विकल्प (B) सही है।

44. भारतीय संविधान 2 वर्ष 11 महीने 18 दिनों में तैयार किया गया था। भारत का संविधान 26 नवंबर 1949 को अपनाया गया था। 26 नवंबर को संविधान दिवस के रूप में घोषित करने का निर्णय लिया गया।

अतः विकल्प (D) सही है।

45. 1858 में"गवर्नर-जनरल" की उपाधि को बदलकर वायसराय कर दिया गया था।अगस्त 1858 में, ब्रिटिश संसद ने एक अधिनियम पारित किया जिसने कंपनी के शासन को समाप्त कर दिया। भारत के ब्रिटिश गवर्नर-जनरल को वायसराय की उपाधि दी गई जिसका मतलब सम्राट का प्रतिनिधि था।

अतः विकल्प (A) सही है।

46. दंड प्रक्रिया संहिता, 1973 की धारा 306 के तहत माफी देने के लिए क्षमा प्राप्त करने वाले व्यक्ति को पुलिस हिरासत में होने की आवश्यकता नहीं है।

यह कुछ परिस्थितियों में सक्षम बनाता है और अदालत में उन गवाहों को बुलाने का काम करता है जिन्हें अन्यथा अदालत के सामने नहीं लाया जाएगा।

यह धारा इस पर लागू होती है:

- आपराधिक कानून संशोधन अधिनियम, 1952 (1952 का 46) के तहत विशेष रूप से सत्र न्यायालय या विशेष न्यायाधीश के न्यायालय द्वारा विचारणीय कोई भी अपराध।
- कोई भी अपराध कारावास से दंडनीय है जो सात साल तक या अधिक कठोर सजा के साथ हो सकता है।

अतः विकल्प (D) सही है।

47. भारतीय राष्ट्रीय कांग्रेस ने 1929 लाहौर सत्र के दौरान पूर्ण स्वराज (पूर्ण स्वतंत्रता) की घोषणा की गई और 26 जनवरी, 1930 को स्वतंत्रता दिवस मनाया गया था|

अतः विकल्प (D) सही है।

48. हिमालय,ग्रह पर सबसे नवीन पर्वत श्रृंखलाओं में से एक हैं और इनमें अधिकतर तलछट और रूपांतरित चट्टानें शामिल हैं। हिमालय उच्चतम और दुनिया की सबसे नवीन पर्वत श्रृंखलाओं में से एक है जो भारत में सबसे नवीन है।

अतः विकल्प (B) सही है।

49. कोवलम भारत के केरल में त्रिवेंद्रम शहर का एक क्षेत्र है, जो शहर के केंद्र से लगभग 17 किमी दक्षिण में स्थित है। विश्व प्रसिद्ध कोवलम समुद्र तट, त्रिवेंद्रम शहर के इस क्षेत्र में स्थित है।

अतः विकल्प (B) सही है।

50. स्वर्ण सिंह समिति की सिफारिश पर 42वें संशोधन अधिनियम 1976 द्वारा मौलिक कर्तव्यों को जोड़ा गया। मौलिक कर्तव्यों के विचार को तत्कालीन यूएसएसआर के संविधान से लिया गया है। उस समय तक, जापान केवल एक लोकतांत्रिक राज्य था जिसमें नागरिक के कर्तव्य शामिल थे। अनुच्छेद 51A के तहत भारतीय संविधान के भाग IV-A में मौलिक कर्तव्य डाले गए हैं। मूल रूप से कर्तव्यों की संख्या दस थी, बाद में 2002 में 86 वें संशोधन द्वारा, उन्हें ग्यारह तक किया गया। 1998 में अटल बिहारी वाजपेयी की सरकार ने जस्टिस जे.एस. वर्मा समिति ने देश के नागरिकों को मौलिक कर्तव्यों को सिखाने के लिए विचारों का संचालन किया। 42वां संशोधन अधिनियम, 1976 संविधान का अब तक का सबसे व्यापक संशोधन है जिसे-लघु-संविधान 'के नाम से जाना जाता है।

अतः विकल्प (B) सही है।

51. काजीरंगा राष्ट्रीय उद्यान एक सींग वाले गेंडे के लिए प्रसिद्ध है ये प्रजाति खतरे मे है। यह उद्यान अक्टूबर से अप्रैल के अंत तक आगंतुकों के लिए खुला रहता है। यह उद्यान राज्य की राजधानी गुवाहाटी से 217 किमी दूर गोलाघाट जिले में राष्ट्रीय राजमार्ग संख्या 37 पर स्थित है।

अतः विकल्प (D) सही है।

52. कलकत्ता उच्च न्यायालय भारत का सबसे पुराना उच्च न्यायालय है।

कलकत्ता उच्च न्यायालय 1 जुलाई 1862 को उच्च न्यायालय अधिनियम, 1861 के तहत स्थापित किया गया था। इसमें पश्चिम बंगाल राज्य और अंडमान और निकोबार द्वीप समूह के संघ शासित प्रदेश पर अधिकार है।

अतः विकल्प (B) सही है।

53. अनुच्छेद 21 A को 86 वें संवैधानिक संशोधन अधिनियम 2002 द्वारा जोड़ा गया था। यह अनुच्छेद बताता है कि राज्य छह से चौदह वर्ष की आयु के सभी बच्चों को इस तरह से मुफ्त और अनिवार्य शिक्षा प्रदान करेगा, जैसा कि राज्य निर्धारित कर सकता है।

अतः विकल्प (A) सही है।

54. लोकसभा के सभापति बिल को ऊपरी सदन में भेजने से पहले वित्त बिल के रूप में प्रमाणित करते हैं, और अध्यक्ष का निर्णय दोनों सदनों पर बाध्यकारी है।

अतः विकल्प (B) सही है।

55. जम्मू-कश्मीर में राष्ट्रपति शासन किसी अन्य राज्य से अलग है। आंतरिक अशांति के आधार पर घोषित जम्मू-कश्मीर में राष्ट्रीय आपातकाल राज्य में केवल राज्य सरकार की सहमति के साथ घोषित किया जा सकता है।

अतः विकल्प (C) सही है।

56. सामान्यतया मांग वक्र बाएं से दायें नीचे की ओर झुका हुआ होता है जो मांग और मात्रा के बीच प्रतिलोम सम्बन्ध दर्शाता है। हम यह कह सकते हैं कि यह वक्र नकारात्मक रूप से ढला हुआ होता है।

अतः विकल्प (D) सही है।

57. भारतीय अर्थव्यवस्था के तृतीयक क्षेत्र में उत्पादक से लेकर उपभोक्ता तक माल की परिवहन, वितरण और बिक्री जैसी सेवाएं शामिल हैं। यह सभी क्षेत्रों के बीच सबसे ज्यादा महत्व रखता है।

अतः विकल्प (C) सही है।

58. ग्रैंड रणनीतियां कॉर्पोरेट स्तर की रणनीतियां हैं जिन्हें अपने निर्धारित उद्देश्यों को पूरा करने के लिए फर्म की पसंद की पहचान करने हेतु डिज़ाइन की गई हैं।

अतः विकल्प (B) सही है।

59. पेनिसिलिन जीवाणु संक्रमण की एक बड़ी श्रृंखला के इलाज के लिए प्रयुक्त एंटीबायोटिक्स का एक समूह है। वे पेनिसिलियम कवक से व्युत्पन्न होते हैं और उन्हें मौखिक रूप से या इंजेक्शन के माध्यम से लिया जा सकता है।

अतः विकल्प (B) सही है।

60. सही नाम है:

1. विटामिन B2 -राइबोफ्लेविन
2. विटामिन B12- सायनोकोबलामिन
3. विटामिन B3- नियासिन
4. विटामिन B6- पाइरिडोक्सीन

अतः विकल्प (B) सही है।

61. भारतीय संविधान में 'लोक हितकारी राज्य' का आदर्श राज्य के नीति निर्देशक तत्वों में प्रतिष्ठापित है।

- एक लोक हितकारी राज्य सरकार की एक अवधारणा है जहां राज्य अपने नागरिकों के आर्थिक और सामाजिक कल्याण के संरक्षण और संवर्धन में महत्वपूर्ण भूमिका निभाता है।
- राज्य के नीति निर्देशक तत्व लोगों के कल्याण के लिए उन्हें आश्रय, भोजन, और कपड़े जैसी बुनियादी सुविधाएं प्रदान करके, लोक हितकारी राज्य के आदर्श को प्रोत्साहित करते हैं।

अतः विकल्प (B) सही है।

62. केसर को क्रोकस सैटिवस के पीले स्टिग्मा और शैली (मादा प्रजनन भाग) को चुनकर हाथ से प्राप्त किया जाता है जो आम तौर पर उप-हिमालयी क्षेत्र में बढ़ता है।

अतः विकल्प (A) सही है।

63. मानव लाल रक्त कोशिकाएं मुख्य रूप से अस्थि मज्जा में बनती हैं और माना जाता है कि उनके घटकों को मैक्रोफेज द्वारा पुनर्नवीनीकरण करने से लगभग 120 दिन पहले औसत जीवन काल माना जाता है।

64. राज्य के खिलाफ नागरिकों द्वारा अधिकारों का दावा किया जाता है ताकि नागरिकों को समाज द्वारा उत्पीड़न से बचाया जा सके।

विकल्प (A) का सही विवरण: राज्य नागरिकों के खिलाफ दावा या मांग नहीं कर सकता, क्योंकि यह व्यक्तियों के अधिकारों को छीन लेता है और उन्हें नियंत्रित करता है।

विकल्प (B) का सही विवरण: संविधान में विशेषाधिकारों की कोई अवधारणा नहीं है जो समाज में असमानता पैदा करेगा।

विकल्प (D) का सही विवरण: अनुच्छेद 18 के अनुसार, सैन्य और शैक्षणिक भेदों को छोड़कर, किसी भी अन्य नागरिक के पास विशेषाधिकार नहीं हैं।

अतः विकल्प (C) सही है।

65. होडोफोबिगा यात्रा का तर्कहीन और गहन डर है।

यह एक व्यक्तिगत भय है - कुछ लोग अपने घर से कुछ दूरी दूर तक जाने में डरते हैं, अन्य लोग कुछ प्रकार के परिवहन से डरते हैं जैसे- विमान, रेलगाड़ी, नाव, जहाज, सड़क यात्रा इत्यादि।

अतः विकल्प (D) सही है।

66. वैज्ञानिकों का मानना है कि मानव शरीर में रक्त की मात्रा शरीर के वजन का लगभग 7 प्रतिशत है।

150 से 180 पाउंड वजन वाले औसत वयस्क शरीर में लगभग 4.7 से 5.5 लीटर (1.2 से 1.5 गैलन) रक्त होता है।

अतः विकल्प (B) सही है।

67. एंटोनी लैवोजियर को आधुनिक रसायन शास्त्र का जनक माना जाता है। वह एक फ्रांसीसी रईस थे जिन्होंने ऑक्सीजन को पहचाना और नाम दिया और हवा के प्रमुख घटकों को अलग कर दिया।

अतः विकल्प (C) सही है।

68. सिलिकॉन डाइऑक्साइड आमतौर पर क्वार्ट्ज घड़ियों में उपयोग किए जाने वाले क्वार्ट्ज क्रिस्टल का रासायनिक नाम है।

- क्वार्ट्ज घड़ी एक घड़ी है जो इलेक्ट्रॉनिक ऑसीलेटर का उपयोग करती है जिसे समय बताने के लिए क्वार्ट्ज क्रिस्टल द्वारा नियंत्रित किया जाता है।
- क्वार्ट्ज सिलिकॉन और ऑक्सीजन परमाणु सिलिकॉन-ऑक्सीजन टेट्राहेड्रा से बना खनिज है, जिसमें प्रत्येक ऑक्सीजन को दो टेट्राहेड्रा के बीच साझा किया जाता है, जिससे SiO_2 का रासायनिक सूत्र मिलता है।

अतः विकल्प (A) सही है।

69. जे रॉबर्ट ओपनहाइमर एक अमेरिकी मानवविज्ञानी थे, उन्हें "परमाणु बम के जनक" के रूप में जाना जाता है। द्वितीय विश्व युद्ध के दौरान, उन्होंने लॉस एलामोस प्रयोगशाला में मैनहट्टन परियोजना के लिए वैज्ञानिकों का नेतृत्व किया।

अतः विकल्प (C) राही है।

70. ध्वनि को डेसिबल (डीबी) नामक लॉगरिदमिक इकाइयों में मापा जाता है। सामान्य मानव कान 0 डीबी (सुनवाई थ्रेसहोल्ड) और 140 डीबी लगभग के बीच की आवाजों का पता लगा सकता है, जिसमें 120 डीबी और 140 डीबी के बीच दर्द का कारण (दर्द थ्रेसहोल्ड) होता है।

अतः विकल्प (B) सही है।

71. हाइड्रोलिक जैक, ऑटोमोबाइल ब्रेक और यहां तक कि हवाई जहाज के पंखों पर उत्पन्न लिफ्ट को पास्कल के सिद्धांत का उपयोग करके समझाया जा सकता है।

पास्कल का सिद्धांत इस विचार पर आधारित है कि बाकी तरल पदार्थ असंपीड़ित हैं, जिससे बहुत बड़ी ताकतों को एक छोटे बल के उपयोग से संचरित किया जा सकता है।

अतः विकल्प (C) सही है।

72. उत्पादन प्रक्रिया में एक अर्थव्यवस्था या एक फर्म द्वारा उपभोग की जाने वाली पूंजी को मूल्यह्रास के रूप में जाना जाता है।

अर्थशास्त्र में, मूल्यह्रास एक फर्म, राष्ट्र या अन्य इकाई के पूंजीगत स्टॉक के आर्थिक मूल्य में क्रमिक कमी है, या भौतिक मूल्यह्रास पूंजी की सेवाओं की मांग में परिवर्तन को कहा जाता है।

अतः विकल्प (D) सही है।

73. नरौरा परमाणु ऊर्जा संयंत्र भारत के उत्तर प्रदेश राज्य के बुलन्द शहर जिले के नरौरा में स्थित है। इस संयंत्र की बिजली उत्पादन क्षमता 440 MW है।

कैगा परमाणु ऊर्जा संयंत्र भारत का एक नाभिकीय विद्युत संयंत्र है जो कर्नाटक के उत्तर कन्नड़ जिले के कैगा नामक स्थान पर काली नदी के किनारे निर्मित है। इस संयंत्र की बिजली उत्पादन क्षमता 840 MW है।

राजस्थान का रावतभाटा परमाणु ऊर्जा संयंत्र केंद्र देश का दूसरा परमाणु विद्युत संयंत्र है। इसकी स्थापना चार दशक पहले की गई थी। इस संयंत्र की बिजली उत्पादन क्षमता 1180 MW है।

तारापुर परमाणु ऊर्जा संयंत्र का निर्माण अमेरिका के जनरल इलेक्ट्रिक द्वारा किया गया था। भारत का दूसरा परमाणु ऊर्जा संयंत्र राजस्थान में कोटा के निकट स्थापित किया गया तथा इसकी पहली इकाई ने अगस्त 1972 में काम करना शुरू किया। इस संयंत्र की बिजली उत्पादन क्षमता 1400 MW है।

अतः विकल्प (D) सही है।

74. ह्यूस्टन विश्वविद्यालय में इंजीनियरिंग के भारतीय मूल के प्रोफेसर, कौशिक राजशेखर ने प्रतिष्ठित वैश्विक ऊर्जा पुरस्कार 2022 जीता। राजशेखर को बिजली उत्पादन उत्सर्जन को कम करते हुए परिवहन विद्युतीकरण और ऊर्जा दक्षता प्रौद्योगिकियों में उनके योगदान के लिए ऊर्जा अनुप्रयोगों के नए तरीके श्रेणी में पुरस्कार दिया गया था।

अतः विकल्प (D) सही है।

75. भारत की पहली पंचवर्षीय योजना 1951 में शुरू की गई थी। पहली पंचवर्षीय योजना 1951 से 1956 की अवधि के लिए जवाहरलाल नेहरू के नेतृत्व में शुरू की गई थी। यह योजना सफल रही और 3.6% की वृद्धि दर हासिल की जो इसके लक्ष्य से अधिक थी। यह कुछ संशोधनों के साथ हैरोड-डोमारो मॉडल पर आधारित थी।

अतः विकल्प (D) सही है।

76. यूनेस्को का पूरा नाम 'संयुक्त राष्ट्र शैक्षिक, वैज्ञानिक और सांस्कृतिक संगठन' है। इसका उद्देश्य शिक्षा और संस्कृति के अंतर्राष्ट्रीय सहयोग के माध्यम से शांति और सुरक्षा स्थापित करना है। इसका मुख्यालय पेरिस, फ्रांस में स्थित है। यूनेस्को के 193 सदस्य राज्य और 11 सहयोगी सदस्य राज्य और दो पर्यवेक्षक सदस्य राज्य हैं। इसके कुछ सदस्य स्वतंत्र देश नहीं हैं।

अतः विकल्प (B) सही है।

77. संप्रीति अभ्यास भारत और बांग्लादेश के बीच एक महत्वपूर्ण द्विपक्षीय रक्षा सहयोग प्रयास है जिसकी मेजबानी दोनों देशों द्वारा बारी-बारी से की जाती है। यह अभ्यास 5 जून से 16 जून, 2022 तक आयोजित किया गया था।

अभ्यास का उद्देश्य दोनों सेनाओं के बीच अंतःक्रियाशीलता को मजबूत करना और एक दूसरे के सामरिक अभ्यास और परिचालन तकनीकों को समझना है।

अतः विकल्प (A) सही है।

78. स्वयं सहायता समूह में ऋण और बचत के संबंध में महत्वपूर्ण निर्णय समूह के सदस्यों द्वारा लिए जाते हैं। गांवों में गरीबी, निरक्षरता, कौशल की कमी, औपचारिक ऋण की कमी आदि से संबंधित कई समस्याएं हैं। इन समस्याओं का समाधान व्यक्तिगत स्तर पर नहीं किया जा सकता है और सामूहिक प्रयासों की आवश्यकता है। इस प्रकार एसएचजी गरीबों और हाशिए पर पड़े लोगों के लिए बदलाव का माध्यम बन सकता है।

कार्य:

- यह रोजगार और आय-सृजन गतिविधियों के क्षेत्र में गरीबों और हाशिए पर पड़े लोगों की कार्यात्मक क्षमता का निर्माण करता है।
- यह सामूहिक नेतृत्व और आपसी चर्चा के माध्यम से संघर्षों का समाधान करता है।
- यह बाजार संचालित दरों पर समूह द्वारा तय की गई शर्तों के साथ संपार्श्विक-मुक्त ऋण प्रदान करता है।
- ऐसे समूह उन सदस्यों के लिए सामूहिक गारंटी प्रणाली के रूप में काम करते हैं जो संगठित स्रोतों से उधार लेने का प्रस्ताव रखते हैं।
- गरीब अपनी बचत जमा करते हैं और उन्हें बैंकों में जमा करते हैं।
- बदले में, उन्हें अपना माइक्रो-यूनिट उद्यम शुरू करने के लिए कम ब्याज दर के साथ ऋण तक आसान पहुंच प्राप्त होती है।
- नतीजतन, स्वयं सहायता समूह गरीबों को सूक्ष्म वित्त सेवाएं प्रदान करने के लिए सबसे प्रभावी तंत्र के रूप में उभरे हैं।

अतः विकल्प (C) सही है।

79. भारतीय संविधान के अनुच्छेद 310 में प्रसाद का सिद्धांत का साधारण कानून (लोक-विधि) शामिल है। यह स्पष्ट रूप से यह बताता है कि वे सभी व्यक्ति जो रक्षा सेवाओं या अखिल भारतीय सेवा संघ की सिविल सेवाओं के सदस्य हैं, वे राष्ट्रपति के प्रसाद पर्यंत अपने पद पर बने रहेंगे।

अतः विकल्प (C) सही है।

80. भारतीय दंड संहिता को XXIII अध्यायों और 511 धाराओं में विभाजित किया गया है। आईपीसी 1860 में 1833 के चार्टर अधिनियम के तहत 1834 में स्थापित भारत के पहले कानून आयोग की सिफारिशों पर अस्तित्व में आया।

जम्मू-कश्मीर में लागू रणबीर दंड संहिता भी इसी संहिता पर आधारित है। थॉमस बबिंगटन मैकाले ने एक दंड संहिता का मसौदा तैयार किया जो बाद में भारतीय आपराधिक कानून का आधार बना। भारतीय दंड संहिता 1861 में अधिनियमित की गई थी।

अतः विकल्प (D) सही है।

81. n संचालन के बाद दूध की शेष राशि = प्रारंभिक राशि $(1 -$ राशि का कुछ अंश $)^n$

इसलिए 5 वें ग्राहक को मिश्रण की मात्रा $= 500(1 - 0.1)^4 = 500 \times 0.6561 = 328$ लीटर मिलेगी

इसलिए 50 लीटर मिश्रण में शुद्ध दूध की मात्रा

$= \dfrac{328}{10} = 32.8$ लीटर

अतः विकल्प (C) सही है।

82. भुवनेश की वर्तमान आयु $= 8 + 2 = 10$ वर्ष

माना कि पिता की उम्र ' F 'और भुवनेश की उम्र ' V ' है।

इसलिए, $F + 10 = 2(V + 10)$

$F + 10 = 2(10 + 10) = 40$

$F = 40 - 10 = 30$ वर्ष

इसलिए, सपना की वर्तमान आयु $= \dfrac{1}{6} \times 30 = 5$ वर्ष।

अतः विकल्प (D) सही है।

83. A, B और C = 45000 * 8: 38000 * 12: 50000 * 8 = 45:57:50 के लाभ का अनुपात

प्रश्नों के अनुसार 45x + 50x-57x = 3382

38x = 3382

एक्स = 89

इसलिए, कुल लाभ 45x + 50x + 57x = 152x = 152 * 89 = रु 13528
अतः विकल्प (D) सही है।

84. दी गई जानकारी से,

$$\text{अंकित मूल्य} \times \left(1 - \frac{20}{100}\right) = \text{क्रय मूल्य} \times \left(1 + \frac{20}{100}\right)$$

$$0.8 \times \text{अंकित मूल्य} = 1.2 \times \text{क्रय मूल्य}$$

$$\therefore \text{अंकित मूल्य} = 1.5 \times \text{क्रय मूल्य}$$

यदि वस्तु को अंकित मूल्य पर बेचा जाता है, तो प्रत्येक वस्तु को बेचने पर

$$\text{लाभ} = (1.5 - 1) \times \text{प्रत्येक वस्तु का क्रय मूल्य} = 0.5 \text{ क्रय मूल्य}$$

माना बेची जाने वाली वस्तुओं की संख्या n है।

अब लाभ $= 100$ वस्तुओं का क्रय मूल्य

$$\Rightarrow (0.5 \text{ क्रय मूल्य})n = 100 \times \text{क्रय मूल्य}$$

$$\Rightarrow n = \frac{100}{0.5} = 200$$

अतः विकल्प (C) सही है।

85. मान लीजिए कि उदय का वार्षिक वेतन $100S$ है

आयकर $= 76S$ के बाद शेष वेतन

किराया भुगतान के बाद शेष वेतन $= 76S \times \frac{6}{7} = \frac{456}{7}S$

बचत $= \frac{1}{3} \times \frac{456}{7}S = \frac{152}{7}S = 3{,}80{,}000$

$$\Rightarrow S = 7500$$

इसलिए, उनकी वार्षिक आय $= 17{,}50{,}000$ रु

अतः विकल्प (B) सही है।

86. माना, x द्वारा तय की गई कुल दूरी

हवा न होने पर लिया गया समय $= \frac{x}{20}$

गति 20 किमी / घंटा $= \frac{2x}{3\times20} = \frac{x}{30}$ के साथ $\frac{2}{3}$rd को तय करने में लगने वाला समय

गति $(20 - 5)$ किमी / घंटा $= \frac{x}{3\times15} = \frac{x}{45}$ के साथ $\frac{1}{3}$rd को तय करने में लगने वाला समय

प्रश्न के अनुसार-

$$\Rightarrow \left(\frac{x}{30}\right) + \left(\frac{x}{45}\right) = \left(\frac{x}{20}\right) + \left(\frac{20}{60}\right)$$

$$\Rightarrow \left(\frac{6x+4x-9x}{180}\right) = \frac{1}{3}$$

$$\Rightarrow x = 60 \text{ किमी}$$

अतः विकल्प (D) सही है।

87. 2 घंटा 15 मिनट $= \frac{9}{4}$ बजे

माना, नाव की गति b किमी / घंटा है

दिया:

$$\frac{12}{(b+4)} + \frac{12}{(b-4)} = \frac{9}{4}$$

$$\frac{8b}{(b^2-16)} = \frac{3}{4}$$

$$3b^2 - 32b - 48 = 0$$

$$(3b + 4)(b - 12) = 0$$

$$b = 12 \text{ किमी / घंटा}$$

अतः विकल्प (C) सही है।

88. From equation I:

$x^2 +15x +44 = (x + 11)(x + 4)= 0$

$=> x = -11, -4$

From equation II:

$y^2 +18y -88 = (y -4)(y + 22) = 0$

$=> y = 4, -22$

	x= -11	x= -4
y = 4	x < y	x < y
y = -22	x > y	x > y

अतः विकल्प (D) सही है।

89. From equation I:

$x^2 -31x +240 = (x -16)(x -15)= 0$

$=> x = 16, 15$

From equation II:

$y^2 +19y -20 = (y -1)(y + 20) = 0$

$=> y = 1, -20$

	x= 16	x= 15
y = 1	x > y	x > y
y = -20	x > y	x > y

अतः विकल्प (B) सही है।

90. जब अंश समान होते हैं तो सबसे कम भाजक वाले अंश का परिमाण सबसे बड़ा होगा।

यहां $\frac{41}{7}$ इस स्थिति को संतुष्ट करता है।

अतः विकल्प (A) सही है।

91. दिया हुआ है:

$$\frac{63}{21} = \sqrt{\frac{x}{81}}$$

दोनों पक्षों में वर्ग करने पर:

$$\frac{3969}{441} = \frac{x}{81}$$

$$x = 729$$

अतः विकल्प (C) सही है।

92. दिया हुआः

$51+52+53.......................+100$

प्रथम-पद $(a) = 51$

अंतिम-पद $(l) = 100$

शब्दों की संख्या $(n) = 50$

$$S_n = \frac{n}{2}(a + l)$$

$$= \frac{50}{2}(51 + 100)$$

$$= 3775$$

अतः विकल्प (A) सही है।

93. दी गई श्रृंखला निम्नलिखित प्रतिरूप का अनुसरण करती है:

$48 \times 2.5 = 120.0$

$120 \times 3.5 = 420.0$

$420 \times 4.5 = 1890.0$

$1890 \times 5.5 = 10395.0$

$10395 \times 6.5 = 67567.5$

अतः विकल्प (D) सही है।

94. दी गई श्रृंखला निम्नलिखित प्रतिरूप का अनुसरण करती है:

$4^2 + 5 = 21$

$9^2 + 10 = 91$

$14^2 + 15 = 211$

$19^2 + 20 = 381$

$24^2 + 25 = 601$

$29^2 + 30 = 871$

अतः विकल्प (D) सही है।

95. माना, संख्या x है।

प्रश्न के अनुसार:

लड़के को करने को कहा गया $x \times \frac{7}{8}$ .....(i)

लड़के ने किया $\frac{x}{\frac{7}{8}}$ .....(ii)

समीकरण (ii) - समीकरण (i)

$$\frac{8}{7}x - \frac{7}{8}x = 15$$

$$x = 56$$

अतः विकल्प (C) सही है।

96. दिया गया:

$$\log\frac{11}{5} + \log\frac{14}{3} - \log\frac{22}{15}$$

नीचे दिए गए लॉग नियमों का उपयोग

$$\log\left(\frac{m}{n}\right) = \log m - \log n$$

$$= \log\frac{11}{5} \times \frac{14}{3} - \log\frac{22}{15}$$

$$= \log\frac{\frac{11}{5} \times \frac{14}{3}}{\frac{22}{15}}$$

$$= \log 7$$

अतः विकल्प (C) सही है।

97. दिया गया:

एक प्रकार के तरल में 25% दूध होता है।

एक अन्य प्रकार के तरल में 30% दूध होता है।

माना, नए मिश्रण में दूध का प्रतिशत x है।

प्रश्न के अनुसार:

$$\frac{30-x}{x-25} = \frac{6}{4} = \frac{3}{2}$$

$$\Rightarrow 5x = 135 \text{ या } x = 27$$

इसलिए, दूध का आवश्यक प्रतिशत $= 27\%$

अतः विकल्प (C) सही है।

98. अंतिम मिश्रण प्राप्त करने के लिए मिश्रण A और शुद्ध पेट्रोल को अज्ञात अनुपात में मिलाया जाता है

इसलिए, हम पेट्रोल के लिए समीकरण लगा सकते हैं:

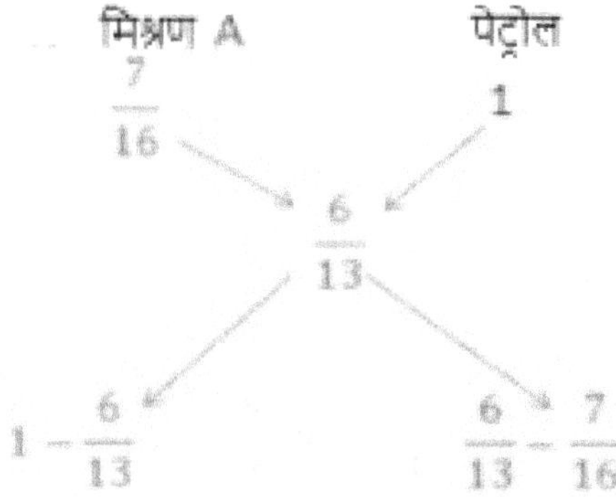

इसलिए मिश्रण A से पेट्रोल का अनुपात

$$= \left(1 - \frac{6}{13}\right) : \left(\frac{6}{13} - \frac{7}{16}\right) = \frac{7}{13} : \frac{5}{208}$$

$$= 112:5$$

मिश्रण के 5 भागों को हटाने के बाद 112 भाग मिश्रण का एक हिस्सा है।

तो, मिश्रण के हटाए गए भाग के मिश्रण का अनुपात

$= 112 + 5 : 5 = 117 : 5$

इसलिए, $\dfrac{5}{117}$ वां को प्रतिस्थापित किया जाना चाहिए।

अतः विकल्प (C) सही है।

99. माना कि, वेतन पाने वाले शेष कर्मचारियों की संख्या $= N$

N कर्मचारियों का औसत वेतन $= 20000$ रु

N कर्मचारियों का कुल वेतन $= 20000 \times N$ रु

सभी प्रबंधकों का कुल वेतन $= (22 \times 45000)$ रु

$= 990000$ रु

बाकी कर्मचारियों का कुल वेतन $= 20000N$ रु

प्रश्न के अनुसार;

$990000 + 20000 = 25000(22 + N)$

$\Rightarrow 990 + 20N = 25(22 + N)$

$\Rightarrow 990 + 20N = 550 + 25N$

$\Rightarrow 440 = 5N$

$\Rightarrow N = 88$

इसलिए, कंपनी में कर्मचारियों की कुल संख्या

$= (88 + 22) = 110$

अतः विकल्प (D) सही है।

100. यदि हम नीचे दिखाए गए अनुसार दो पंक्तियों में अक्षर की व्यवस्था करते हैं, तो अक्षर निम्नानुसार हैं:

A	B	C	D	E	F	G	H	I	J	K	L	M
Z	Y	X	W	V	U	T	S	R	Q	P	O	N

इस प्रकार, HI, SR से संबंधित है।

अतः विकल्प (C) सही है।

101. दिया है:

64 : 2

जैसा,

$64 \rightarrow 6 - 4 = 2$

इसी प्रकार,

$51 \rightarrow 5 - 1 = 4$

इसलिए, 51, 4 से सम्बंधित है।

अतः विकल्प (A) सही है।

102. मील, सेंटीमीटर, गज़: ये सभी माप की इकाइयाँ हैं जिनका प्रयोग दूरी मापने में किया जाता है।

लेकिन,

लीटर का उपयोग तरल पदार्थ को मापने के लिए किया जाता है।

अतः विकल्प (C) सही है।

103. $91 = 13 \times 7$

$83 = 13 \times 6 + 5$

$39 = 13 \times 3$

$65 = 13 \times 5$

स्पष्ट रूप से, (B) को छोड़कर, शेष सभी 13 के गुणज हैं।

अतः विकल्प (C) सही है।

104. दिया है:

- $\div$ का अर्थ $+$
- $-$ का अर्थ $\times$
- $\times$ का अर्थ $\div$
- $+$ का अर्थ $-$

संकेत बदलने के बाद,

$15 \times 8 \div 6 + 12 - 4$

$= 20 + 12 - 4$

$= 32 - 4$

$= 28$

अतः विकल्प (B) सही है।

105. दिया है:

$56 \times 11 = 9,\ 37 \times 13 = 6,\ 42 \times 12 = 3$

दी गई श्रृंखला निम्नलिखित प्रतिरूप का अनुसरण करती है:

$(5+6)-(1+1) = 9$

$(3+7)-(1+3) = 6$

$(4+2)-(1+2) = 3$

इसी तरह, 87×77 के लिए:

$(8+7)-(7+7) = 1$

अतः विकल्प (A) सही है।

106. वर्ग का क्षेत्रफल $= 81$ सेमी²

इसलिए वर्ग की भुजा $= 9$ सेमी

इस स्थिति में, वर्ग की भुजा, वृत्त के व्यास के बराबर होगी।

तो, वृत्त का व्यास $= 9$ सेमी

इसलिए, वृत्त की त्रिज्या $= 4.5$ सेमी

अतः विकल्प (B) सही है।

107. दिया है:

PLUS ⇒ SULQ और MASK ⇒ KSAN

जैसा, PLUS के लिए:

और, MASK के लिए:

इसी प्रकार,

FLIP के लिए:

अतः विकल्प (A) सही है।

108. हम जानते हैं कि दो पासा एक साथ फेंकने में,

$$n(S) = 6 \times 6 = 36$$

माना $E = $ कुल 7 प्राप्त करने की घटना

$$= (1,6), (2,5), (3,4), (4,3), (5,2), (6,1)$$

$$\therefore P(E) = \frac{n(E)}{n(S)} = \frac{6}{36} = \frac{1}{6}$$

अतः विकल्प (A) सही है।

109. दिया है:

म.स.प. = 12 और ल.स.प. = 924

संख्या 12x और 12y, जहां x और y एक दूसरे के अभाज्य हैं।

ल.स.प. $\Rightarrow$ 12xy = 924

$\Rightarrow$ xy = 77

$\Rightarrow$ संभव जोड़े हैं

= (1 × 77) (7 × 11)

$\therefore$ केवल दो जोड़े संभव हैं।

अतः विकल्प (C) सही है।

110. दिया है:

$$1 - \frac{1}{1+\sqrt{2}} + \frac{1}{1-\sqrt{2}}$$

$$\Rightarrow 1 - \frac{(\sqrt{2}-1)}{(\sqrt{2}+1)(\sqrt{2}-1)} - \frac{(\sqrt{2}+1)}{(\sqrt{2}-1)(\sqrt{2}+1)}$$

$$\Rightarrow 1 - \sqrt{2} + 1 - \sqrt{2} - 1$$

$$\Rightarrow 1 - 2\sqrt{2}$$

अतः विकल्प (B) सही है।

111. दिया है:

ट्रेनों की गति का अनुपात = 6 : 7

दूसरी ट्रेन 4 घंटे में \(364) किमी की दूरी तय करती है

तब, फिर, ट्रेन की गति

$$= \frac{364}{4} = 91$$

प्रश्न में यह दिया गया है कि दूसरी ट्रेन की गति = 7 इकाई

लेकिन वास्तविक गति = 91 किमी/घंटा

अर्थात, 7 इकाइयाँ → 91 किमी

1 इकाई → 13 किमी

इसलिए,

पहली ट्रेन की गति है:

$$= 6R$$

$$= 6 \times 13$$

$$= 78 \text{ किमी/घंटा}$$

अतः विकल्प (C) सही है।

112. दिया है:

मूलधन = 250 रु और $R_1 = 4\%$, $R_2 = 8\%$

1 वर्ष के बाद राशि

$$= 250 \left(1 + \frac{4}{100}\right) = 260 \text{ रु}$$

2 वर्ष के बाद राशि

$$= 260 \left(1 + \frac{8}{100}\right)$$

$$= 280.80 \text{ रु}$$

अतः विकल्प (B) सही है।

113. दी गई जानकारी द्वारा:

$$A + B = 2 \times 27.5 = 55$$

$$A + P = 2 \times 39.5 = 79$$

$$B + P = 2 \times 42 = 84$$

$$A + B + 2P = 79 + 84$$

$$2P = 163 - 55$$

$$P = 54$$

अब, $A = 79 - 54 = 25$

$$A + T = 2 \times 27 = 54$$

इसलिए,

$$T = 54 - 25 = 29$$

अतः विकल्प (B) सही है।

114. दी गई जानकारी द्वारा:

$$A + B = 2 \times 27.5 = 55$$

$$A + P = 2 \times 39.5 = 79$$

$B + P = 2 \times 42 = 84$

$A + B + 2P = 79 + 84$

$2P = 163 - 55$

$P = 54$

अब, $A = 79 - 54 = 25$

$A + T = 2 \times 27 = 54$

इसलिए,

$T = 54 - 25 = 29$

$B = 55 - 25 = 30$

$B + R = 2 \times 25.5 = 51$

इसलिए, $R = 51 - 30 = 21$

$D + R = 2 \times 36.5 = 73$

$D = 73 - 21 = 52$

और, $S + D = 2 \times 42.5 = 85$

$S = 85 - 52 = 33$

अतः विकल्प (D) सही है।

115. दी गई जानकारी द्वारा:

$A + B = 2 \times 27.5 = 55$

$A + P = 2 \times 39.5 = 79$

$B + P = 2 \times 42 = 84$

$A + B + 2P = 79 + 84$

$2P = 163 - 55$

$P = 54$

अब, $A = 79 - 54 = 25$

$A + T = 2 \times 27 = 54$

इसलिए, $T = 54 - 25 = 29$

$T + E = 2 \times 36 = 72$

$E = 72 - 29 = 43$

$Q + E = 2 \times 44.5 = 89$

$Q = 89 - 43 = 46$

अनुपात $= 46 : 43$

अतः विकल्प (C) सही है।

116. दी गई जानकारी द्वारा:

$A + B = 2 \times 27.5 = 55$

$A + P = 2 \times 39.5 = 79$

$B + P = 2 \times 42 = 84$

$A + B + 2P = 79 + 84$

$2P = 163 - 55$

$P = 54$

अब, $A = 79 - 54 = 25$

$A + T = 2 \times 27 = 54$

इसलिए, $T = 54 - 25 = 29$

$T + E = 2 \times 36 = 72$

$E = 72 - 29 = 43$

$Q + E = 2 \times 44.5 = 89$

$Q = 89 - 43 = 46$

$C + Q = 2 \times 42 = 84$

$C = 84 - 46 = 38$

A, B, C, D और E की आयु का योग पांच वर्षों के बाद एक साथ $=$ $(25 + 30 + 38 + 52 + 43) + (5 \times 5) = 213$

औसत $= \dfrac{213}{5} = 42.6$

अतः विकल्प (C) सही है।

117. दी गई जानकारी द्वारा:

$A + B = 2 \times 27.5 = 55$

$A + P = 2 \times 39.5 = 79$

$B + P = 2 \times 42 = 84$

$A + B + 2P = 79 + 84$

$2P = 163 - 55$

$P = 54$

अब, $A = 79 - 54 = 25$

$A + T = 2 \times 27 = 54$

इसलिए, $T = 54 - 25 = 29$

$T + E = 2 \times 36 = 72$

$E = 72 - 29 = 43$

$Q + E = 2 \times 44.5 = 89$

$Q = 89 - 43 = 46$

P और Q की आयु में 50% की कमी है।

इसलिए,

P की नई आयु $= \dfrac{50}{100} \times 54 = 27$

Q की नई आयु $= \frac{50}{100} \times 46 = 23$

A और B की आयु में 20% की वृद्धि हुई है।

इसलिए,

A की नई आयु $= \frac{120}{100} \times 25 = 30$

B की नई आयु $= \frac{120}{100} \times 30 = 36$

अनुपात $= \frac{27+23+21+33+29}{30+36+38+52+43} = \frac{133}{199}$

अतः विकल्प (D) सही है।

118. दिया गया:

$(10a^3 + 4b^3) : (11a^3 - 15b^3) = 7 : 5$

$\Rightarrow 5 \times (10a^3 + 4b^3) = 7 \times (11a^3 - 15b^3)$

$\Rightarrow 50a^3 + 20b^3 = 77a^3 - 105b^3$

$\Rightarrow 27a^3 = 125b^3$

$\Rightarrow 3a = 5b$

$\Rightarrow a : b = 5 : 3$

$\Rightarrow (3a + 5b) : (9a - 2b) = ?$

a और b का मान रखने पर,

$\Rightarrow (3 \times 5 + 5 \times 3) : (9 \times 5 - 2 \times 3) = ?$

$\Rightarrow 30 : 39 = ?$

$\Rightarrow 10 : 13 = ?$

$\therefore (3a + 5b) : (9a - 2b) = 10 : 13$

अतः विकल्प (B) सही है।

119. दिया गया है,

मूलधन $= 2000$ रुपये

दर $r = 5\%$

समय $= n = 2$ वर्ष

जैसा कि हम जानते हैं,

राशि $=$ मूल धन $\times \left(1 + \frac{r}{100}\right)^n$

पहले वर्ष के अंत में,

$\Rightarrow$ राशि $= 2000 \times \frac{105}{100}$

$= 2000 \times \frac{21}{20}$

$= 2100$ रुपये

दूसरे वर्ष के अंत में,

दूसरे वर्ष के लिए मूलधन $= 2000 + 2100 = 4100$

राशि $= 4100 \times \frac{105}{100}$

$= 4100 \times \frac{21}{20}$

$= 4305$ रुपये

इसलिए, दूसरे वर्ष के अंत में उसका निवेश 4305 रुपये है।

अतः विकल्प (B) सही है।

120. दिया है:

नल B टंकी को 45 मिनट में खाली कर सकता है।

नल A केवल 30 मिनट में टंकी को भर सकता है।

1 मिनट में, नल A द्वारा भरी गई टंकी $= \frac{1}{30}$

1 मिनट में, नल B द्वारा खाली किया गया टंकी $= \frac{1}{45}$

1 मिनट में नल A और B द्वारा भरी गई टंकी $= \frac{1}{30} - \frac{1}{45} = \frac{1}{90}$

30 मिनट में, टंकी की भरी हुई मात्रा $30 \times \frac{1}{90} = \frac{1}{3}$

खाली टंकी $= 1 - \frac{1}{3} = \frac{2}{3}$

यह केवल नल A द्वारा भरा जाता है।

1 मिनट में, टंकी की भरी हुई मात्रा $= \frac{1}{30}$

? मिनट में, टंकी की खाली हुई मात्रा $= \frac{2}{3}$

$\therefore$? मिनट टंकी की भरी हुई मात्रा $= \frac{\frac{2}{3}}{\frac{1}{30}} = 20$ मिनट

इसलिए नल B के बंद होने के बाद भरने का समय 20 मिनट है।

अतः विकल्प (D) सही है।

121. दिया है:

फ्लैश लाइट : कैमरा

फ्लैश लाइट, कैमरा का एक हिस्सा है।

इसी प्रकार, माउस के लिए:

माउस, कंप्यूटर का एक हिस्सा है।

इस प्रकार, माउस, कंप्यूटर से संबंधित है।

अतः विकल्प (C) सही है।

122. हमें 01-अप्रैल-2001 के दिन का पता लगाने की आवश्यकता है।

01-अप्रैल-2001 = (2000 वर्ष + अवधि 1-जनवरी-2001 से 01-अप्रैल-2001 तक)

हम जानते हैं कि 400 वर्षों में विषम दिनों की संख्या = 0
तो, 2000 साल में विषम दिन की संख्या = 0 (चूंकि 2000, 400 का उत्तम गुणज है)
1-जनवरी-2001 से 01-अप्रैल-2001 = 31 (जनवरी) + 28 (फरवरी) + 31 (मार्च) + 1 (अप्रैल) = 91
91 दिन = 13 सप्ताह = 0 विषम दिन

विषम दिनों की कुल संख्या = (0 + 0) = 0 विषम दिन
0 विषम दिन = रविवार

इसलिए 01-अप्रैल-2001 रविवार है।
अप्रैल 2011 के पहले बुधवार 04 में आता है और लगातार बुधवार 11, 18, और 25 में आते हैं।

अतः विकल्प (C) सही है।

123. जैसा,

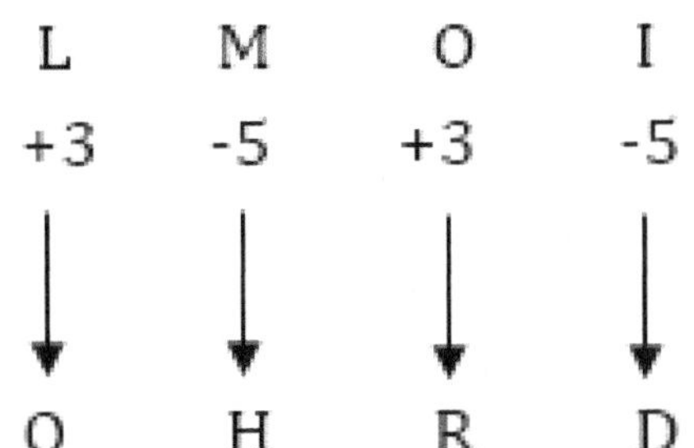

इसी प्रकार,

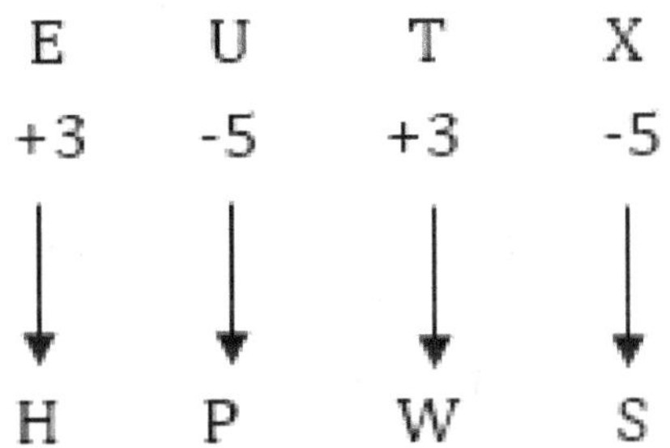

इस प्रकार, EUTX, HPWS से संबंधित है।

अतः विकल्प (D) सही है।

124. भारतीय संविधान में न्यायिक समीक्षा की भूमिका लोगों की स्वतंत्रता और स्वतंत्रता की रक्षा प्रदान करना है।

"विधि द्वारा स्थापित प्रक्रिया" का मतलब है कि विधायिका या संबंधित निकाय द्वारा विधिवत कानून बनाया गया है यदि केवल सही प्रक्रिया को अक्षर का पालन किया गया है। भारतीय संविधान के अनुच्छेद 21 में इस अवधारणा को स्पष्ट किया गया है।

अतः विकल्प (C) सही है।

125. PIL का पूर्ण रूप सार्वजनिक हित याचिका है। जनहित याचिका सीधे सर्वोच्च न्यायालय में एक व्यक्ति या लोगों के समूह द्वारा दायर की जाती है। यह एक नया कानूनी क्षितिज है जिसमें कानून की अदालत महत्वपूर्ण जनहित की सेवा और सुरक्षा के लिए कार्रवाई शुरू कर सकती है और लागू कर सकती है।

अतः विकल्प (C) सही है।

126. परिवार अदालत एक सीमित अधिकार क्षेत्र की अदालत है जो पारिवारिक कानून से जुड़े मामलों की सुनवाई करती है। उदाहरण के लिए पारिवारिक अदालतें आमतौर पर तलाक, बाल हिरासत और घरेलू शोषण से जुड़े मामलों की सुनवाई करती हैं। पारिवारिक न्यायालय राज्य और स्थानीय कानून द्वारा शासित होते हैं।

अतः विकल्प (B) सही है।

127. संविधान के अनुच्छेद 124 में कहा गया है कि सर्वोच्च न्यायालय में एक मुख्य न्यायाधीश होगा और सात से अधिक न्यायाधीश नहीं होंगे। संसद को कानून द्वारा न्यायाधीशों की संख्या बढ़ाने का अधिकार है। कार्यभार में वृद्धि के कारण सर्वोच्च न्यायालय के न्यायाधीशों की शक्ति समय-समय पर बढ़ी है।

अतः विकल्प (C) सही है।

128. प्रत्येक शब्द निरंतर स्वरों का अगला वर्णमाला है। जैसे 'A' और 'E' लगातार स्वर हैं जिनके अगले अक्षर क्रमशः 'B' और 'F' हैं।

केवल PT में, यह विधि लागू नहीं होता है।

अतः विकल्प (B) सही है।

129. लाल, पीला और नीला रंग पेंटिंग के लिए इस्तेमाल किए जाने वाले प्राथमिक रंग हैं। नारंगी एक द्वितीयक रंग है।

अतः विकल्प (D) सही है।

130. भारत के राष्ट्रपति निम्नलिखित प्रक्रिया के अनुसार सर्वोच्च न्यायालय के मुख्य न्यायाधीश की नियुक्ति करते हैं।

- भारत सरकार ने भारत के सर्वोच्च न्यायालय के सबसे वरिष्ठ न्यायाधीश का नाम भारत के राष्ट्रपति के मुख्य न्यायाधीश के पद के लिए प्रस्तावित किया है।
- भारत के राष्ट्रपति सर्वोच्च न्यायालय के अन्य न्यायाधीशों और राज्य उच्च न्यायालयों के न्यायाधीशों के परामर्श के बाद इस नाम को स्वीकृति प्रदान करते हैं, क्योंकि राष्ट्रपति आवश्यक सोच सकते हैं।

अतः विकल्प (C) सही है।

131. केंद्र और राज्यों के बीच विवादों को तय करने के लिए भारत के सर्वोच्च न्यायालय की शक्ति अपने मूल अधिकार क्षेत्र में आती है।

भारत के संविधान का अनुच्छेद 32 नागरिकों के मौलिक अधिकारों को लागू करने वाले सभी मामलों पर सर्वोच्च न्यायालय को मूल अधिकार क्षेत्र प्रदान करता है।

अतः विकल्प (D) सही है।

132. जब हम किसी को कानून का उल्लंघन करते देखते हैं, तो हम तुरंत पुलिस को सूचित करने की सोचते हैं। गिरफ्तार किए गए एक व्यक्ति के बाद, यह कानून की एक अदालत है जो यह तय करती है कि आरोपी व्यक्ति दोषी है या नहीं। संविधान के अनुसार, किसी अपराध के लिए आरोपित प्रत्येक व्यक्ति को निष्पक्ष सुनवाई दी जानी चाहिए।

अतः विकल्प (D) सही है।

133. वर्णमाला क्रम है:

2) Labelling

3) Loaded

1) Luggage

4) Luminous

5) Luxury

इस प्रकार, सही क्रम 23145 है।

अतः विकल्प (C) सही है।

134. वर्णमाला क्रम है:

3) Chocolatier

1) Cholesterol

2) Choreography

4) Chrestomathy

इस प्रकार, शब्दकोश के अनुसार सही क्रम 3124 है।

अतः विकल्प (D) सही है।

135. उपरोक्त प्रश्न में हम जिस लंबे अनुक्रम का निरीक्षण कर सकते हैं, वह 'rrq' है। इसके आधार पर रिक्त स्थान भरें।

p_rrq_p_rrqp

अगला लंबा क्रम है: 'rrqp'

p_rrqpp_rrq

मौजूद सभी विकल्पों में से, अब हम विकल्प (A) और (C) को रद्द कर सकते हैं।

इसलिए, दोनों विकल्पों (B) और (D) की कोशिश करते है।

prrqppprrqp: यह कोई क्रम नहीं बना रहा है। तो, विकल्प (B) और (D) को रद्द करें।

इसलिए, पूरी श्रृंखला है: pqr / rqp / pqr / rqp

अतः विकल्प (B) सही है।

136. दिया है: A, D, I, AF, BE, CF

श्रृंखला में वर्णमाला के अनुरूप वर्णों की क्रम संख्या लिखना:

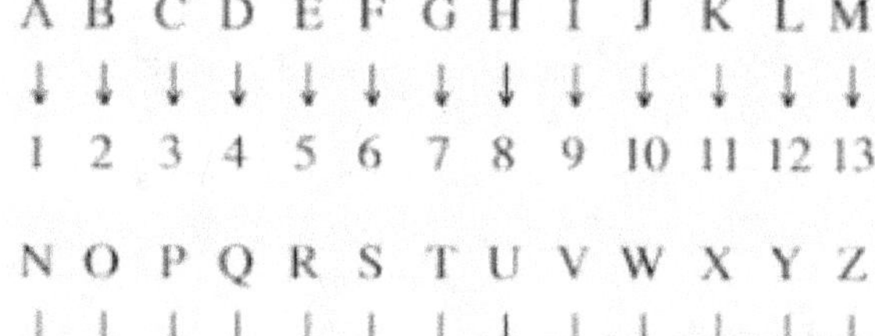

आकृति से, अगला पद 49 होगा जो DI है।

अतः विकल्प (C) सही है।

137. दिया है:

$$6 + \sqrt{216}; 7 + \sqrt{343}; 8 + \sqrt{512}; 9 + \sqrt{729}$$

अनुसरित प्रतिरूप $n + \sqrt{n^3}$ है।

$$6 + \sqrt{216}; 7 + \sqrt{343}; 8 + \sqrt{512}; 9 + \sqrt{729}$$

इस प्रकार, अगला पद $= 10 + \sqrt{1000}$

अतः विकल्प (D) सही है।

138. पुलिस, अधिकारियों का निकाय सरकार के नागरिक प्राधिकरण का प्रतिनिधित्व करता है। पुलिस आमतौर पर सार्वजनिक व्यवस्था और सुरक्षा को बनाए रखने, कानून को लागू करने और आपराधिक गतिविधियों की रोकथाम, पता लगाने और जांच करने के लिए जिम्मेदार होती है। इन कार्यों को पुलिसिंग के रूप में जाना जाता है। पुलिस को अक्सर विभिन्न लाइसेंसिंग और नियामक गतिविधियों के साथ सौंपा जाता है।

अतः विकल्प (C) सही है।

139. दी गई समस्या को इस प्रकार दर्शाया जा सकता है:

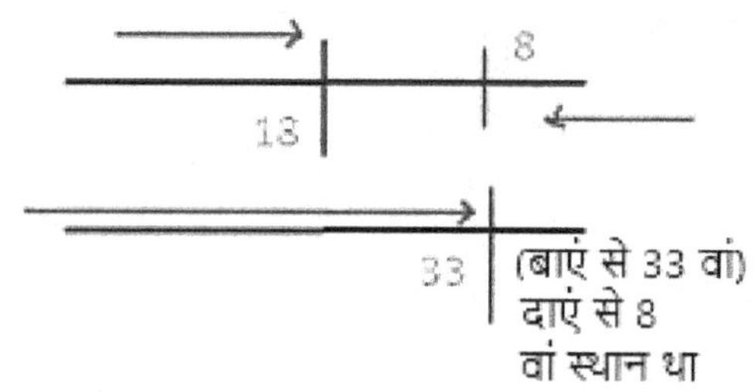

इसलिए, छात्रों की कुल संख्या 33+7 = 40

अतः विकल्प (C) सही है।

140. 25 अधीनस्थों की औसत आयु = 30

इसलिए, उनकी उम्र का योग = 25 × 30 = 750

यदि प्रबंधक को 25 अधीनस्थों के साथ जोड़ा जाता है तो व्यक्तियों की कुल संख्या 26 है।

अब, 31 व्यक्तियों की औसत आयु = 30 + 1 = 31

आयु का योग = 31 × 26 = 806

इसलिए, प्रबंधक की आयु = 806-750 = 56 वर्ष

अतः विकल्प (D) सही है।

141. विकल्प (C) से:

M×K-T: M, K का भाई है और K, T की मां है। इसलिए यह विकल्प सही है।

विकल्प (A) से:

M÷K+T: M, K का पिता है और K, T की बहन है। इसलिए यह विकल्प गलत है।

विकल्प (B) से:

M×K+T: M, K का भाई है और K, T की बहन है। इसलिए यह विकल्प गलत है।

विकल्प (D) से:

M÷K-T: M, K का भाई है और K, T की मां है। इसलिए यह विकल्प गलत है।

अतः विकल्प (C) सही है।

142. दिए गए शब्द 'TRANSFORM' में कोई 'I' नहीं है।

इसलिए, विकल्प (A) अर्थात 'TRAIN' नहीं बनाया जा सकता है।

अतः विकल्प (A) सही है।

143. दिए गए शब्द 'COMMUNICATION' में कोई 'S' नहीं है।

इसलिए, विकल्प (C) अर्थात 'MUSIC' नहीं बनाया जा सकता है।

अतः विकल्प (C) सही है।

144. दिया है:

Bring the white board → ka na di pa

White and black board → na di sa ra

कोड इस प्रकार है:

board/white - या तो na या di

bring/the - या तो ka या pa

and/board - या तो sa या ra

इस प्रकार, 'the' का कोड 'ka' या 'pa' है।

अतः विकल्प (C) सही है।

145. अदालत के पास आरोपी व्यक्ति का फैसला करने का अधिकार है।

एक अदालत के न्यायाधीश अभियोजन पक्ष और बचाव पक्ष द्वारा प्रस्तुत सभी गवाहों और किसी भी अन्य सबूत को सुनते हैं।

न्यायाधीश यह तय करता है कि प्रस्तुत सबूत के आधार पर और कानून के अनुसार आरोपी व्यक्ति दोषी है या निर्दोष है। यदि अभियुक्त को दोषी ठहराया जाता है, तो न्यायाधीश सजा सुनाता है।

अतः विकल्प (B) सही है।

146. दिया है:

- 'A ', '+' को दर्शाता है
- 'B', '-' को दर्शाता है
- 'C', '×' को दर्शाता है

चिह्न बदलने के बाद,

(10 C 4) A (4 C 4) B 6

⇒ (10 × 4) + (4 × 4) - 6

⇒ 40 + 16 - 6

⇒ 56 - 6

⇒ 50

अतः विकल्प (B) सही है।

147. आपराधिक न्याय प्रणाली के प्रमुख खिलाड़ी पुलिस और सरकारी वकील बचाव पक्ष के वकील और न्यायाधीश हैं।

भूमिकाएँ	कार्य
पुलिस	गवाहों के बयान दर्ज करें, जले हुए घरों की तस्वीरें लें, सबूत दर्ज करें, महिलाओं की चिकित्सकीय जांच की जाए, आरोपी व्यक्तियों से मिलें, पर्व के प्रशंसकों को गिरफ्तार करें।
सरकारी अभियोजक	गवाहों से जिरह करें, पीड़ितों के मामले पर बहस करें, गवाहों की अदालत में जाँच करें।
बचाव पक्ष के वकील	गवाहों से जिरह करें, अदालत में गवाहों की जांच करें।
न्यायाधीश	निर्णय लिखें, यह तय करें कि अभियुक्त को कितने साल जेल में रखा जाएगा, जजमेंट पास कीजिए, निष्पक्ष सुनवाई करेगा।

अतः विकल्प (C) सही है।

148. दिया है:

$$9 \times 8 = 63, \ 7 \times 8 = 49, \ 5 \times 6 = 25$$

दी गई श्रृंखला निम्नलिखित प्रतिरूप का अनुसरण करती है:

$$9 \times 8 = 72 - 9 = 63$$

$$7 \times 8 = 56 - 7 = 49$$

$$5 \times 6 = 30 - 5 = 25$$

इसी प्रकार,

$$11 \times 7 = 77 - 11 = 66$$

अतः विकल्प (B) सही है।

149. दिया है:

$56 \times 11 = 9, \ 37 \times 13 = 6, \ 42 \times 12 = 3$

दी गई श्रृंखला निम्नलिखित प्रतिरूप का अनुसरण करती है:

$(5+6)-(1+1) = 9$

$(3+7)-(1+3) = 6$

$(4+2)-(1+2) = 3$

इसी तरह, 87×77 के लिए:

$(8+7)-(3+4) = 8$

अतः विकल्प (A) सही है।

150. दी गई श्रृंखला निम्नलिखित प्रतिरूप का अनुसरण करती है:

$456 - 434 = 22$

$268 - 239 = 29$

इसी प्रकार,

$194 - 121 = 73$

अतः विकल्प (C) सही है।

151. प्रत्येक स्तंभ में पहली दो संख्याओं का योग अंतिम दो संख्याओं के योग के बराबर है।

तीसरा स्तंभ: $(12+42) = 54, \ (38+16) = 54$

दूसरा स्तंभ: $(108+70) = 178, \ (82+96) = 178$

इसी प्रकार,

पहला स्तंभ: $(254+178) = 432, \ (?+305) = 432, \ ? = 127$

अतः विकल्प (C) सही है।

152.

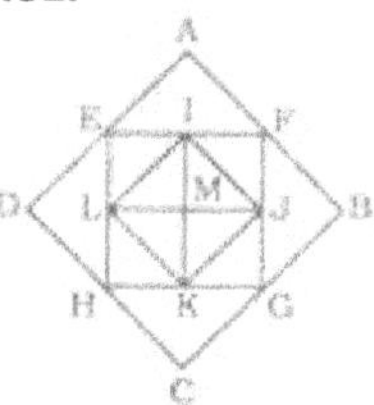

वर्ग हैं: ABCD, ILKJ, EFGH, EIML, IFJM, MJGK, LMKH

इस प्रकार, उपयुक्त आकृति में सात वर्ग हैं।

अतः विकल्प (B) सही है।

153.

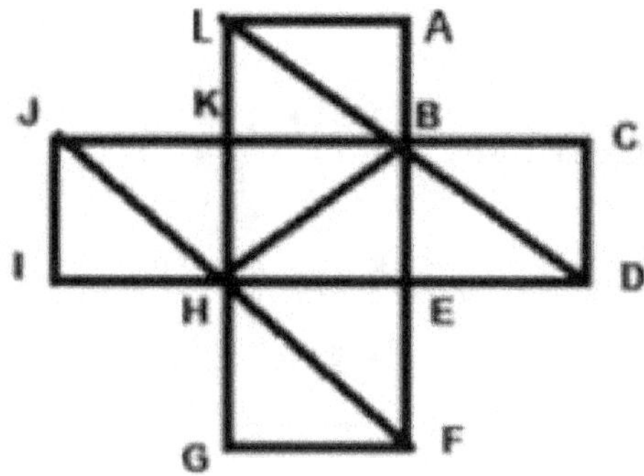

आकृति में मौजूद त्रिभुज ALB, LKB, BCD, BED, EFH, HGF, IJH, JKH, HKB, HBE, HBD, JHB, LBH, BHF, LDH, JBF हैं।

इसलिए, आकृति में 16 त्रिभुज हैं।

अतः विकल्प (D) सही है।

154. दिए गए कथन के लिए कम से कम संभव वेन आरेख इस प्रकार है,

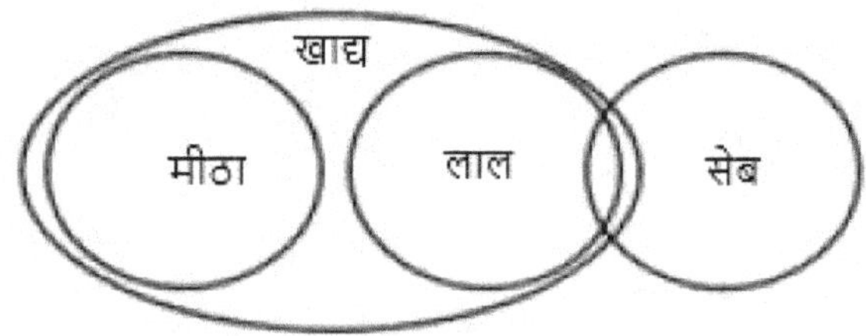

इस प्रकार, केवल निष्कर्ष II अनुसरण करता है।

अतः विकल्प (B) सही है।

155. वेन आरेख होगा:

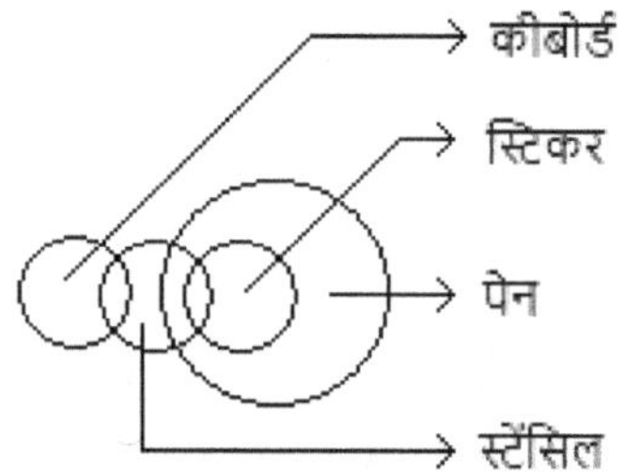

निष्कर्ष:

I. यह निश्चितता के साथ कहा जा सकता है कि कुछ पेन, स्टेंसिल हैं।

II. यह निश्चित रूप से नहीं कहा जा सकता है कि कुछ स्टिकर, कीबोर्ड हैं

III. यह निश्चितता के साथ कहा जा सकता है कि कुछ स्टेंसिल, कीबोर्ड हैं।

अतः विकल्प (A) सही है।

156. आकृतियों (X) और (Y) से, हम निष्कर्ष निकालते हैं कि बिंदु, वृत्त, वर्ग और क्रॉस, त्रिभुज से सटे हैं। इसलिए, तीर, त्रिभुज के विपरीत मौजूद होना चाहिए। आकृतियों (X) और (Z) से, हम निष्कर्ष निकालते हैं कि बिंदु, त्रिभुज, तीर और क्रॉस, वृत्त से सटे हैं। इसलिए, वर्ग, वृत्त के विपरीत मौजूद होना चाहिए। इस प्रकार, तीर, त्रिभुज के विपरीत मौजूद है, वर्ग, वृत्त के विपरीत मौजूद है और इसके फलस्वरूप, क्रॉस बिंदु के विपरीत मौजूद है।

जैसा कि ऊपर विश्लेषण किया गया है, क्रॉस, बिंदु के विपरीत स्थित है।

अतः विकल्प (D) सही है।

157. आकृति (X) के अवलोकन के बाद, संख्या 2 संख्या 4 के विपरीत स्थित होगी, संख्या 1 संख्या 6 के विपरीत स्थित होगी और संख्या 5 संख्या 3 के विपरीत स्थित होगी। आकृति (d), संख्या 1, 3, 4 संलग्न फलक पर दिखाई देते हैं। तो, आकृति (d) संभव है।

अतः विकल्प (D) सही है।

158. D ऐसे कॉलेज के छात्रों का प्रतिनिधित्व करता है जो केवल गायक हैं और नर्तक नहीं हैं।

अतः विकल्प (D) सही है।

159. क्षेत्र (1, 2, 6 और 7) उन लोगों को दर्शाते हैं जो अंग्रेजी जानते हैं।

क्षेत्र (4, 5, 6, और 7) उन लोगों को दर्शाते हैं जो सिपाही हैं।

अगर हमें ऐसे व्यक्तियों का चयन करना है, जो अंग्रेजी नहीं जानते हैं और सिपाही नहीं हैं, तो हमें उस क्षेत्र का चयन करना होगा जो अंग्रेजी के साथ-साथ सिपाही में भी नहीं है। दिए गए आकृति क्षेत्र से इसके लिए 3 का चयन किया जाना है। क्षेत्र 3 ऐसे व्यक्तियों को चुनते हैं, जो अंग्रेजी जानने वाले और सिपाही नहीं हैं।

अतः विकल्प (C) सही है।

160. कुछ कुत्ते पालतू जानवर हैं, इसी तरह, कुछ बिल्लियाँ पालतू जानवर हैं, लेकिन कुत्ते बिल्लियों से अलग हैं।

इस प्रकार, नीचे दिया गया आरेख सबसे अच्छा उपरोक्त संबंध का प्रतिनिधित्व करता है।

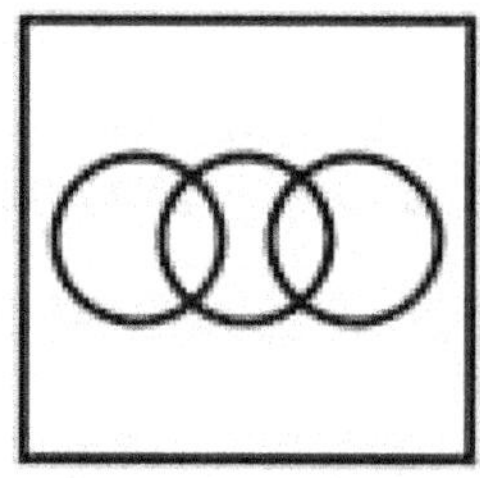

अतः विकल्प (C) सही है।

General Hindi

Q.1 'मधुवन की छाती को देखो, सूखी कितनी इसकी कलियाँ' में अलंकार है -

A. उत्प्रेक्षा   **B.** श्लेष   **C.** यमक   **D.** रूपक

Ques (2-4):निर्देश: निम्नलिखित गद्यांश को पढ़कर प्रश्नों के उत्तर दीजिए।

नया साल झबरे-झबरे बालों वाला ऊँची नसल का नन्हा-मुन्ना प्यारा-सा पपी है जिसे बरबस, गोद में उठा लेने को जी चाहता है, ऊन के गोले जैसा गरम, गुदगुदा और वह पुराना साल खुजली का मारा, लीबर बहाता, मरियल, बूढ़ा, लावारिस कुत्ता जो हर घर से दुरदुराया जाता है। नया साल हरी-भरी दूब की वीथी है जिस पर अगल-बगल, रंग-बिरंगे सुगंधित फूलों की लताओं ने मंडप-सा तान रखा है और पुराना साल कीचड़ और काई से ढँका हुआ वह ऊबड़-खाबड़ कंकरीला रास्ता जिसे अब पीछे मुड़कर ताकते डर लगता है। नया साल एक अनजाने सुख की सिहरन है, पुराना साल भोगे हुए कष्टों की एक कड़ी। कितना बुरा था पुराना साल। ढंग का खाना न ढंग का कपड़ा। कीमतें आसमान से बात करती हुई। रहने को मकान नहीं, दस-दस कुनबे बेशर्मी की चादर ओढ़कर एक जरा-सी कोठरी में जिंदगी के दिन गुजार रहे हैं। क्या था पुराने साल में जिसे चाव से कोई याद करे। अच्छा हुआ, बहुत अच्छा हुआ, उसकी अरथी निकल गई। कोई उसके लिए दो आँसू गिराने वाला नहीं है।

Q.2 हरी-भरी दूब की वीथी किसे कहा गया है?

A. नए साल को   **B.** पुराने साल को
C. दोनों को   **D.** इनमें से कोई नहीं

Q.3 पुराने साल की तुलना निम्नलिखित विकल्पों में से किस से नहीं की गई है?

A. लावारिस कुत्ता
B. कंकरीला रास्ता
C. भोगे हुए कष्टों की एक कड़ी
D. झबरे बालों वाला पपी

Q.4 दिए गए विकल्पों में से उपर्युक्त गद्यांश का उचित शीर्षक क्या है?

A. पुराना साल खराब
B. नया साल मुबारक
C. नए वर्ष आगम
D. नए और पुराने वर्ष की तुलना

Q.5 दिए गए विकल्पों में से 'गज' किसका समानार्थि है?

A. मुंड   **B.** हाथी
C. अद्वितीय   **D.** इनमें से कोई नहीं

Q.6 राग 'मिगाँ का मल्हार' का रचयिता किसे माना जाता है?

A. तानसेन   **B.** बैजू बावरा
C. अमीर खुसरो   **D.** स्वामी हरिदास

Q.7 'वीभत्स' रस का स्थायी भाव है:

A. विशेषोक्ति   **B.** निर्वेद   **C.** विस्मय   **D.** जुगुप्सा

Q.8 'हल्दी घाटी' किसके द्वारा रचित वीर रस प्रधान प्रबन्ध काव्य है?

A. नवीन   **B.** सोहन लाल द्विवेदी
C. श्यामनारायण पाण्डेय   **D.** इनमें से कोई नहीं

Q.9 'चाहने वाले की इच्छा सर्वोपरि होती है' के लिए उपयुक्त लोकोक्ति है

A. अपना हाथ जगन्नाथ   **B.** पिया चाहे सो सुहागिन
C. जहाँ चाह वहाँ राह   **D.** बिंध गया सो मोती

Q.10 'अवसर निकल जाने पर पछताने से क्या लाभ' के लिए उपयुक्त लोकोक्ति है-

A. खोदा पहाड़ निकली चुहिया
B. घर-घर चूल्हे मिट्टी के
C. अधजल गगरी छलकत जाये
D. अब पछताये होत क्या जब चिड़ियाँ चुग गयी खेत

Q.11 'कहाँ राजा भोज और कहाँ गंगू तेली' लोकोक्ति का अर्थ है-

A. बहुत बड़ा होना   **B.** बहुत अंतर होना
C. बहुत चतुर होना   **D.** बहुत छोटा होना

Q.12 उसने कहा कि मैं घर जाऊँगा एक _____ है।

A. सरल वाक्य   **B.** मिश्र वाक्य
C. संयुक्त वाक्य   **D.** प्रश्नवाचक वाक्य

Q.13 'मैं उस मकान में रहता हूँ जिसमें कभी गुरु जी पढ़ाते थे' वाक्य _____ है।

A. सरल वाक्य   **B.** संयुक्त वाक्य
C. मिश्र वाक्य   **D.** कोई भी नहीं

Q.14 'गर्मियों में खूब नहाया जाता है' में वाच्य है ?

A. कृतवाच्य   **B.** कर्मवाच्य   **C.** भाववाच्य   **D.** कोई नहीं

Q.15 ''राम कलम से लिखता है'' वाक्य में किस कारक का प्रयोग किया गया है ?

A. करण   **B.** कर्म   **C.** कर्ता   **D.** अपादान

Q.16 निम्नलिखित में 'परा' उपसर्ग से बना शब्द नहीं है?

A. पराजय   **B.** पराकाष्ठा
C. परिकल्पना   **D.** परावर्तन

Q.17 'डाकगाड़ी' में कौन सा समास है?

A. द्वंद्व   **B.** तत्पुरुष   **C.** द्विगु   **D.** कर्मधारय

Q.18 'नौका झील में डूब गई' पद में कारक है?

A. अधिकरण   **B.** कर्म   **C.** अपादान   **D.** कर्ण

Q.19 'राजन' का स्त्रीलिंग _____ है।

A. रानी   **B.** राज्ञी   **C.** राजनी   **D.** राजिन

Q.20 'कस्तूरी' शब्द_____ है।

A. पुल्लिंग   **B.** स्त्रीलिंग
C. उभगलिंग   **D.** इनमें से कोई नहीं

Q.21 लिंग की दृष्टि से 'दही' क्या है-

A. स्त्रीलिंग   **B.** पुल्लिंग
C. नपुंसकलिंग   **D.** उभयलिंग

Q.22 जो शब्द किसी संज्ञा से पहले प्रयुक्त होकर विशेषण की तरह संज्ञा की विशेषता बताएं वे कौन से विशेषण होते हैं।

A. तुलनावाचक विशेषण   **B.** संख्यावाचक विशेषण
C. सार्वनामिक विशेषण   **D.** गुणवाचक विशेषण

Q.23 निम्नलिखित में से कोन सा वाक्य अशुद्ध है?

A. मुझे यहाँ से ले चलो।
B. एक दूसरे से यूं ही मिलना चाहिए।
C. कभी-कभी हंस भी देना चाहिए।
D. तेरे से बात नहीं करनी।

Q.24 "तुम, वो और मैं पिकनिक मनाने जाएंगे" यह वाक्य किस वचन में है?
A. एकवचन
B. द्विवचन
C. बहुवचन
D. इनमें से कोई नहीं

Q.25 हिंदी भाषा में मूलतः वर्णों की संख्या कितनी मानी गयी है?
A. 50
B. 51
C. 52
D. 53

Q.26 निम्नलिखित में से वचन संबंधी अशुद्धि रहित वाक्य कौन-सा है?
A. आज के समारोह को सैकड़ों बालक, वृद्ध, नर और नारी देख रहे थे।
B. तुम, यह और मैं मई में शिमला चलूँगा।
C. लड़के या लड़कियाँ आयेंगे।
D. उसने पुस्तक पढ़ा।

Q.27 पिब धातु का लोट् लकार, प्रथम पुरुष बहुवचन का रूप क्या होगा?
A. पिबन्तु
B. पिबथ
C. पिबत
D. पिबन्ति

Q.28 आवट प्रत्यय से कौन सा शब्द नहीं बना है?
A. रुकावट
B. तरावट
C. सजावट
D. घबराहट

Q.29 निम्नलिखित में से 'तन्द्रव' शब्द है:
A. समुद्र
B. शांति
C. ताप
D. काज

Q.30 'सुई' का तत्सम रूप क्या है?
[UPTET Science and Maths, 2022], [UPTET Social Studies, 2022]
A. सज्जा
B. सूची
C. सलाई
D. सरसों

Q.31 'ज्ञानयुक्त' का समास-विग्रह क्या होगा?
A. ज्ञान में युक्त
B. ज्ञान पर युक्त
C. ज्ञान से युक्त
D. ज्ञान के लिए युक्त

Q.32 'पद्मावत' किस भाषा में लिखा गया महाकाव्य है?
A. ब्रज
B. हिंदी
C. अवधी
D. मैथिली

Q.33 सुभद्रा कुमारी चौहान की रचना कौन सी है?
A. पल्लव
B. उर्वशी
C. वीरों का कैसा हो बसंत
D. सुहाग के नूपुर

Q.34 'पुलिस के आने से पहले ही चोर भाग चुके थे।' यह वाक्य किस काल का है?
A. सामान्य भूतकाल
B. आसन्न भूतकाल
C. पूर्ण भूतकाल
D. अपूर्ण भूतकाल

Q.35 शायद आज सीमा आएगी' में कौन सा काल है ?
A. सामान्य भूतकाल
B. संदिग्ध भूतकाल
C. संभाव्य भविष्य काल
D. संदिग्ध वर्तमान काल

Q.36 दिए गए विकल्पों में से 'निष्ठुर' शब्द का विलोम क्या होगा?
A. सहृदयी
B. दयावान
C. कृपालु
D. करुण

Q.37 निम्नलिखित में से शुद्ध वाक्य का चयन कीजिये।
A. मेरे से कोई मतलब नहीं है।
B. आयुर्वेद प्रतिरोधक क्षमता बढ़ाता है।
C. तीन लड़की एक पुरुष से भिड़ गईं।
D. जाने वाले को कोई नहीं रोक सकते हैं।

Q.38 पेड़ों पर मैना बैठी है।'

इस वाक्य का शुद्ध रूप क्या होगा?
A. पेड़ पर मैना बैठी है।
B. पेड़ों पर मैनो बैठी है।
C. पेड़ों पर मैना बैठे है।
D. पेड़ों में मैना बैठी है।

Q.39 किस क्रम में निश्चयवाचक सर्वनाम का सही उदाहरण है?
A. इस पुस्तक को देखा, यह कितनी उपयोगी हैं
B. आपका शुभ नाम क्या है
C. अरे नालायक तू इधर क्या कर रहा है
D. कोई कुछ भी कहे हमें क्या

Q.40 वह अपने आप ही चला गया।' - वाक्य में रेखांकित शब्द सर्वनाम के किस भेद का उदाहरण है।
A. पुरुष वाचक
B. निजवाचक
C. निश्चयवाचक
D. संबंधवाचक

General Knowledge/Law & Constitution

Q.41 चैंपियंस लीग 2022 के लिए सेंट पीटर्सबर्ग के प्रतिस्थापन के रूप में यूनियन ऑफ यूरोपियन फुटबॉल एसोसिएशन (यूईएफए) द्वारा किस शहर को चुना गया है?
[Delhi Forest Guard, 2021]
A. पेरिस
B. ब्रसेल्स
C. लंदन
D. म्यूनिख

Q.42 निम्नलिखित में से किस शहर में, इंडिया ग्लोबल फोरम (IGF) का पहला संस्करण मार्च 2022 में आयोजित किया गया था?
[Delhi Forest Guard, 2021]
A. बेंगलुरू
B. पणजी
C. मुंबई
D. चेन्नई

Q.43 सॉफ़्ट बैंक, __________ और फॉक्सकॉन टेक्नोलॉजी ग्रुप ने एक संयुक्त उपक्रम SBG क्लीनटेक बनाया है, जो ग्रीन एनर्जी प्रोजेक्ट्स में 10 वर्षों में लगभग $20 बिलियन का निवेश करेगा।
A. भारती एन्टरप्राइजेज़
B. अडानी लिमिटेड
C. टाटा ग्रुप
D. रिलायन्स इण्डस्ट्रीज़

Q.44 3 साल की अवधि के लिए सेबी के नए अध्यक्ष के रूप में किसे नियुक्त किया गया है?
A. अरुंधति भट्टाचार्य
B. कल्पना मोरपारिया
C. गीता गोपीनाथ
D. माधबी पुरी बुच

Q.45 अगस्त 2022 में पत्र सूचना ब्यूरो (PIB) के प्रधान महानिदेशक के रूप में किसे नियुक्त किया गया है?
A. रवि सेमवाल
B. आनंद पांडेय
C. प्रिया चौधरी
D. सत्येंद्र प्रकाश

Q.46 किस संस्थान ने 'महिलाएं और लड़कियां पीछे छूट गईं: महामारी प्रतिक्रियाओं में स्पष्ट अंतराल' रिपोर्ट जारी की?
[Delhi Forest Guard, 2021]
A. विश्व आर्थिक मंच
B. विश्व बैंक
C. यूएन वुमेन
D. नीति आयोग

Q.47 स्वपोषक के संबंध में निम्नलिखित में से कौन सा कथन गलत है?
A. वे स्टार्च के रूप में कार्बोहाइड्रेट स्टोर करते हैं।
B. वे खाद्य श्रृंखला में पहला ट्रॉफिक स्तर बनाते हैं।
C. वे सूरज की रोशनी और क्लोरोफिल की उपस्थिति में कार्बन डाइऑक्साइड और पानी से कार्बोहाइड्रेट को संश्लेषित करते हैं।
D. वे सूरज की रोशनी की अनुपस्थिति में कार्बन डाइऑक्साइड और पानी को कार्बोहाइड्रेट में परिवर्तित करते हैं।

Q.48 निम्नलिखित घटनाओं को उनके कालानुक्रम के क्रम में व्यवस्थित करें:

(a) अगस्त प्रस्ताव

(b) तीसरा गोलमेज सम्मेलन

(c) पूना संधि

सही विकल्प चुनें।

A. c-b-a **B.** c-a-b **C.** a-b-c **D.** b-c-a

Q.49 कला के किस क्षेत्र में जैमिनी रॉय ने अपना नाम बनाया है?

A. नाटक **B.** मूर्तिकला **C.** चित्रकला **D.** संगीत

Q.50 भारतीय राज्यों के निम्नलिखित में से किस समूह से कर्क रेखा गुजरती है?

A. राजस्थान, झारखंड, पश्चिम बंगाल, मिजोरम

B. मध्य प्रदेश, छत्तीसगढ़, उत्तराखंड, पश्चिम बंगाल

C. राजस्थान, उत्तर प्रदेश, पश्चिम बंगाल, उड़ीसा

D. मध्य प्रदेश, तमिलनाडु, असम, पश्चिम बंगाल

Q.51 1904 में क्रांतिकारी संगठन 'अभिनव भारत सोसाइटी' की स्थापना किसने की थी?

A. विनायक दामोदर सावरकर

B. चंद्रशेखर आजाद

C. भगत सिंह

D. सुभाष चंद्र बोस

Q.52 एम. एन. रॉय, मुजफ्फर अहमद और नलिनी गुप्ता, जिन्हें कानपुर बोल्शेविक षड्यंत्र मुक़दमे में गिरफ्तार किया गया था, किस भारतीय पार्टी से संबंधित थे?

A. अखिल भारतीय किसान सभा

B. कांग्रेस समाजवादी पार्टी

C. भारतीय राष्ट्रीय कांग्रेस

D. भारतीय कम्युनिस्ट पार्टी

Q.53 रामगंगा नदी ______ से उत्तर प्रदेश में प्रवेश करती है।

A. बलिया **B.** गाज़ियाबाद

C. बिजनौर **D.** लखनऊ

Q.54 निम्नलिखित में से कौन सुमेलित नहीं है:

A. राष्ट्रीय अल्पसंख्यक आयोग - अधिनियम 1992

B. राष्ट्रीय महिला आयोग - अधिनियम 1994

C. राष्ट्रीय मानवाधिकार आयोग - अधिनियम 1993

D. राष्ट्रीय उपभोक्ता विवाद निवारण आयोग - अधिनियम 1986

Q.55 उच्च न्यायालय के न्यायाधीश को उनके कार्यकाल के दौरान कार्यालय से इनके द्वारा हटाया जा सकता है:

A. संसद की सिफारिश पर सुप्रीम कोर्ट के मुख्य न्यायाधीश

B. राज्य विधायिका के राज्यपाल इस प्रभाव के लिए दो तिहाई बहुमत से एक प्रस्ताव पारित करते हैं

C. राज्य विधायिका की सिफारिश पर उच्च न्यायालय के मुख्य न्यायाधीश

D. संसद द्वारा दो तिहाई बहुमत से पारित प्रस्ताव के आधार पर राष्ट्रपति

Q.56 जीडीपी में क्षेत्रों का योगदान निम्न से उच्चतम तक सही क्रम में व्यवस्थित करें।

A. तृतीयक, विनिर्माण, कृषि

B. कृषि, विनिर्माण, तृतीयक

C. कृषि, तृतीयक, विनिर्माण

D. विनिर्माण, कृषि, तृतीयक

Q.57 मानव उत्सर्जन प्रणाली की उत्सर्जन इकाई को इस नाम से जाना जाता है:

A. नेफ्रॉन **B.** नेफ्रीडिया **C.** गुर्दे **D.** न्यूरॉन

Q.58 सांद्रण प्रवणता के विरुद्ध क्या प्रक्रिया है?

A. सक्रिय परिवहन **B.** विसरण

C. निष्क्रिय परिवहन **D.** परासरण

Q.59 मानव अधिकारों के सार्वभौमिक घोषणा का अनुच्छेद 6 ______ के साथ संबंधित है।

A. सक्षम न्यायाधिकरण द्वारा उपचार का अधिकार

B. कानून के समक्ष एक व्यक्ति के रूप में मान्यता का अधिकार

C. मनमानी स्वतंत्रता और निर्वासन से स्वतंत्रता

D. कानून के समक्ष समानता का अधिकार

Q.60 निम्नलिखित में से कौन सा विस्फोटक नहीं है?

A. साइक्लोट्राईमेथिलीन ट्राईनाइट्रामाइन (आरडीएक्स)

B. ट्राईनाइट्रोग्लिसरीन

C. नाइट्रोक्लोरोफॉर्म

D. ट्राईनाइट्रोटॉलूईन (टीएनटी)

Q.61 खाना पकाने के दौरान, अगर बर्तन का निचला हिस्सा बाहर की ओर से काला होने लगे, तो इसका मतलब है

[Intelligence Bureau Security Assistant, 2019]

A. ईंधन गीला है।

B. भोजन को पूरी तरह से पकाया नहीं गया है।

C. ईंधन पूरी तरह से जल नहीं रहा है।

D. ईंधन पूरी तरह से जल रहा है।

Q.62 जॉन बॉयड डनलप ने किसका आविष्कार किया?

A. रबड़ के जूते **B.** वायवीय रबर टायर

C. पेंसिल **D.** रबर की अंगूठी

Q.63 हॉकिंग करना निषिद्ध है:

A. धार्मिक स्थल **B.** शिक्षण संस्थानों

C. अस्पताल, न्यायालय **D.** ये सभी

Q.64 गिद्ध या जटायु संरक्षण प्रजनन केंद्र किस वन्यजीव अभयारण्य के भीतर स्थित है?

A. सरस्वती वन्यजीव अभयारण्य

B. बीर शिकारगाह अभयारण्य

C. नाहर वन्यजीव अभयारण्य

D. भिंडवास वन्यजीव अभयारण्य

Q.65 ग्रेट रेड स्पॉट के रूप में जाना जाने वाला विशाल तूफान किस ग्रह से जुड़ा है?

A. बृहस्पति **B.** मंगल **C.** शुक्र **D.** प्लूटो

Q.66 मातृत्व लाभ (संशोधन) अधिनियम से संबंधित निम्नलिखित में से कौन सा सही नहीं है?

A. मातृत्व लाभ (संशोधन) अधिनियम, 2017, 1 अप्रैल, 2017 को लागू हुआ।

B. भारत अब दुनिया में तीसरा सबसे अधिक मातृत्व अवकाश है।

C. 20 से अधिक कर्मचारियों के साथ प्रत्येक प्रतिष्ठान को आसान दूरी के भीतर शिशु-गृह सुविधाएं प्रदान करनी चाहिए।

D. मातृत्व लाभ (संशोधन) अधिनियम ने महिलाओं के लिए घर से काम के लिए विकल्प पेश किया।

Q.67 हाल ही में, निम्नलिखित पुस्तकों में से कौन सी नरेंद्र मोदी के द्वारा लिखी गई है?

A. आई विटनेस: पार्शियल ऑब्ज़र्वेशन्स

B. एग्जाम वॉरियर

C. नॉन-स्टॉप इंडिया

D. ए बेटर इंडिया : ए बेटर वर्ल्ड

Q.68 आईपीसी के निम्नलिखित में से कौन सा खंड एक महिला का अपहरण करने और उसे शादी के लिए मजबूर करने की सजा प्रदान करता है?

A. 376   B. 366   C. 354   D. 326

Q.69 किसी गिरफ्तार व्यक्ति के मौलिक अधिकारों पर संविधान और आपराधिक कानून के अनुच्छेद 22 के संबंध में निम्नलिखित में से कोन सा कथन सही नहीं है?

[SSC Constable (GD), 2019]

A. जिस व्यक्ति को गिरफ्तार किया जा रहा है, उस अपराध की गिरफ्तारी के समय सूचित किया जाने वाला अधिकार।

B. 15 साल से कम उम्र के लड़के और महिलाओं को केवल पूछताछ के लिए पुलिस स्टेशन नहीं बुलाया जा सकता है।

C. गिरफ्तारी के 24 घंटे के भीतर मजिस्ट्रेट के सामने पेश होने का अधिकार।

D. पुलिस हिरासत में किए गए बयानों को आरोपी के खिलाफ सबूत के रूप में इस्तेमाल किया जा सकता है।

Q.70 निम्नलिखित यातायात संकेत इंगित करता है:

A. मुख्य सड़क   B. रास्ता छोड़ें
C. रेलवे क्रॉसिंग   D. एक तरफ़ा रास्ता

Q.71 निम्नलिखित सिंधु घाटी स्थलों पर विचार कीजिए।

1) लोथल
2) सुतकागेंडोर
3) कुंतासी
4) बनवाली

निम्नलिखित में से कौन सा स्थान सिंधु घाटी सभ्यता के बंदरगाह थे?

A. 1, 2 और 3   B. 1 और 2
C. 1, 3 और 4   D. 1, 2, 3 और 4

Q.72 दूध के प्रोटीन को निम्नलिखित में से किस एंजाइम द्वारा पचाया जाता है?

A. इरेप्सिन   B. रेनिन   C. पेप्सिन   D. ट्रिप्सिन

Q.73 निम्नलिखित में से किस हवाई अड्डे ने देश की पहली समर्पित FASTag कार पार्किंग की जगह शुरू की?

A. लोकप्रिय गोपीनाथ अंतर्राष्ट्रीय हवाई अड्डा, गुवाहाटी
B. इंदिरा गांधी अंतर्राष्ट्रीय हवाई अड्डा, नई दिल्ली
C. सरदार वल्लभभाई पटेल अंतर्राष्ट्रीय हवाई अड्डा, अहमदाबाद
D. राजीव गांधी अंतर्राष्ट्रीय हवाई अड्डा, हैदराबाद

Q.74 कोलाइडी कणों द्वारा प्रकाश की किरण के प्रकीर्णन को क्या कहा जाता है?

A. थॉमसन प्रभाव   B. रमन प्रभाव
C. टिंडल प्रभाव   D. कॉम्पटन प्रभाव

Q.75 लावा (मैग्मा) के ठंडा होने से बनने वाली चट्टानों को क्या कहा जाता है:

A. अवसादी चटानें   B. आग्नेय चट्टानें
C. रूपांतरित चट्टानें   D. सेंधा नमक

Q.76 चेराव निम्नलिखित में से किस राज्य का एक प्राचीन पारंपरिक नृत्य है?

A. मिजोरम   B. मध्य प्रदेश   C. महाराष्ट्र   D. ओडिशा

Q.77 छद्म नाम 'भानुसिंह' का प्रयोग किसने किया?

A. बंकिम चंद्र चट्टोपाध्याय   B. सुनील गंगोपाध्याय
C. माइकल मधुसूदन दत्त   D. रविंद्रनाथ टैगोर

Q.78 उत्तर प्रदेश का पहला राज्य प्रिंटिंग प्रेस किस राज्य में स्थापित किया गया था?

A. इलाहाबाद   B. वाराणसी
C. लखनऊ   D. इनमे से कोई भी नहीं

Q.79 कंप्यूटर का ALU ______ से आने वाली कमांड्स को प्रतिक्रिया देता है।

A. प्राथमिक मेमोरी   B. कंट्रोल सेक्शन
C. बाहरी मेमोरी   D. कैश मेमोरी

Q.80 ______ओजोन परत के क्षरण के लिए प्रमुख रूप से उत्तरदायी है।

A. बढ़ता हुआ तापमान
B. क्लोरो फ्लोरो कार्बन
C. वायु प्रदूषण
D. गैर-जैवनिम्नीय उत्पादों का उपयोग

Numerical & Mental Ability

Q.81 एक व्यक्ति अपनी दूरी का एक चौथाई 20 किमी/घंटा, आधी दूरी 40 किमी/घंटा और बाकी की दूरी Math input error किमी/घंटा के साथ यात्रा करता है। यात्रा के दौरान उसकी औसत गति क्या है?

A. 20 किमी/घंटा   B. 25 किमी/घंटा
C. 30 किमी/घंटा   D. 40 किमी/घंटा

Q.82 निर्देश: वह जोड़ी चुनें जिसमें संख्याएँ दी गयी जोड़ी में समान प्रकार से सम्बन्धित हैं:

$9:27:: __ :__$

A. 5 : 125   B. 8 : 64   C. 15 : 135   D. 81 : 729

Q.83 रोहित पूर्व की ओर 2 किमी चलता है, फिर वह बाएं मुड़ता है और 2 किमी चलता है, फिर वह पुन: बाएं मुड़ता है और 2 किमी चलता है। अब, वह किस दिशा की ओर सम्मुख है?

A. उत्तर   B. दक्षिण   C. पश्चिम   D. पूर्व

Q.84 पाइप X किसी टैंक को 12 घंटे में भर सकता है और पाइप Y उसी टैंक को 16 घंटे में खाली कर सकता है। यदि दोनों पाइपों को एक साथ एक ही समय में खोल दिया जाये, तो टैंक कितने घंटे में भर जाएगा?

A. 48 घंटे   B. 24 घंटे   C. 36 घंटे   D. 56 घंटे

Q.85 $\left(\frac{27}{125}\right)^{\frac{-4}{3}}$ का मान ज्ञात कीजिए।

A. $\frac{3125}{243}$ B. $\frac{81}{23}$ C. $\frac{25}{8}$ D. $\frac{625}{81}$

Q.86 $564.35+781.58+368.47$ का मान क्या है?

A. 1614.4   **B.** 1714.4   **C.** 1345.4   **D.** 1712.4

Q.87 25 बैग का औसत वजन 55 किग्रा है। एक बैग का वजन 56 की जगह 65 पढ़ लिया गया था। सही औसत मान ज्ञात कीजिये।

A. 55.25   **B.** 54.64   **C.** 55.36   **D.** 55.65

Q.88 रमेश पहले वर्ष के लिए 15% साधारण ब्याज पर और दूसरे वर्ष के लिए 20% साधारण ब्याज पर एक निश्चित राशि निवेश करता है। यदि कुल ब्याज 140 रु है, तो निवेश की गयी राशि ज्ञात कीजिये।

A. 300 रु   **B.** 400 रु   **C.** 250 रु   **D.** 600 रु

Q.89 निम्नलिखित विकल्पों में से वह शब्द चुनिए, जिसे दिए गए शब्द के अक्षरों का प्रयोग करके नहीं बनाया जा सकता है।

Healing

A. Fate   **B.** Ate   **C.** Gate   **D.** Gain

Q.90 निर्देश: प्रश्न में एक कथन दिया गया है, जिसके बाद दो निष्कर्ष।और ॥ दिए गए हैं। आपको दिए गए कथनों को सत्य मानना है चाहे वह सर्वमान्य तथ्यों से भिन्न हों। आपको तय करना है कि दिए गए निष्कर्षों में से कोन सा निष्कर्ष कथन का अनुसरण करता है। अपना उत्तर दर्शाइए।

कथन: नेता लोगों के वोट से अमीर होते हैं।

निष्कर्ष:

।. लोग नेताओं को अमीर बनाने के लिए वोट देते हैं

॥. नेता अपने गुणों से अमीर बनते हैं।

A. केवल। निहित है

B. केलल ॥ निहित है

C. और ॥ दोनों निहित हैं

D. । और ॥ दोनों निहित नहीं हैं

Q.91 अजीत, आनंद और आयुष ने अपनी धनराशि को 3 : 4 : 5 के अनुपात में निवेश करके एक साझेदारी शुरू की। यदि आयुष को 51000 रुपए के लाभ में से 15000 रुपए लाभांश मिलता है, तो उनके निवेश की अवधि का अनुपात कितना है? दिया गया है कि अजीत ने आयुष से दोगुने समय के लिए निवेश किया है?

A. 5 : 4 : 3   **B.** 4 : 3 : 2   **C.** 3 : 2 : 1   **D.** 2 : 2 : 1

Q.92 जब एक साइकिल विक्रेता साइकिल का विक्रय मूल्य 50% घटा देता है, तो साइकिल के बिक्री में 600% की वृद्धि हो जाती है। यदि वास्तव में विक्रेता 140% लाभ प्राप्त करता है, तो उसके लाभ में कितने प्रतिशत की वृद्धि होती है?

A. 10   **B.** 2

C. 4   **D.** इनमे से कोई नहीं

Q.93 15% वार्षिक साधारण ब्याज की दर पर, 1 वर्ष में ब्याज के रूप में 7500 रु. प्राप्त करने के लिए कितनी धनराशि निवेशित करनी चाहिए?

A. 50000   **B.** 45000   **C.** 60000   **D.** 25000

Q.94 दी गए समीकरण में इकाई अंक ज्ञात कीजिए: $(153)^{144} - (115)^{123} - (111)^{510} + (216)^{25}$?

A. 4   **B.** 6   **C.** 5   **D.** 1

Q.95 N संख्याओं का औसत 21 है। यदि संख्या 57 को हटा दिया जाए, तो औसत 17 हो जाता है। N का मान क्या है?

A. 10   **B.** 8

C. 9   **D.** इनमें से कोई नहीं

Q.96 एक शंकाकार पर्वत की तिरछी ऊँचाई 2.5 किमी है और इसके आधार का क्षेत्रफल 1.54 किमी² है। $\pi = \frac{22}{7}$, पर्वत की ऊँचाई है:

A. 2.2 किमी   **B.** 2.4 किमी

C. 3 किमी   **D.** 3.11 किमी

Q.97 निर्देश: पहले दो शब्दों के मध्य में संबंध के आधार पर, लुप्त शब्द को ज्ञात कीजिए।

भरतनाट्यम: तमिलनाडु :: कुचिपुड़ी : _________

A. अरुणाचल प्रदेश

B. ओडीशा

C. आंध्र प्रदेश

D. केरल

A. D   **B.** B   **C.** A   **D.** C

Q.98 यदि $3x - \frac{1}{4x} = 3$, तो $64x^3 - \frac{1}{27x^3}$ का मान क्या होगा?

A. 70   **B.** 80   **C.** 90   **D.** 48

Q.99 चीनी के दामों में 20% की गिरावट होने के कारण एक व्यक्ति 34 रुपये में 500 ग्राम चीनी अधिक खरीद पा रहा है तो चीनी का प्रारंभिक मूल्य प्रति क्रिगा क्या है?

A. 18   **B.** 16   **C.** 17   **D.** 16.50

Q.100 निर्देश: नीचे दिए गए प्रश्न में कुछ कथनों के बाद कुछ निष्कर्ष दिए गए हैं। आपको दिए गए कथनों को सत्य मानना है, भले ही वे सर्वज्ञात तथ्यों से भिन्न प्रतीत हों। सभी निष्कर्षों को पढ़िए और फिर निर्णय कीजिए कि दिये गये निष्कर्षों में से कोन सा निष्कर्ष कथनों का तार्किक रूप से अनुसरण करते हैं।

कथन:

सभी शहर गाँव है

सभी गांव कॉलोनी हैं

कोई कॉलोनी देश नही है

निष्कर्ष:

।. केवल कॉलोनी शहर हैं

॥ कोई गाँव देश नहीं है

॥।. कुछ शहर देश नहीं हैं

A. केवल ॥। अनुसरण करता हे

B. सभी अनुसरण करते हैं

C. केवल । अनुसरण करते हैं

D. केवल ॥ और ॥। अनुसरण करते हैं

Q.101 यदि 48 & 6 μ 1 = 7, 68 & 4 μ 9 = 8, and 72 & 8 μ 4 = 5, तो 51 & 3 μ 8 का मान ज्ञात कीजिये?

A. 5   **B.** 8   **C.** 9   **D.** 7

Q.102 सोमवार से शुक्रवार तक का औसत तापमान 32.4 है और बुधवार से रविवार तक का औसत तापमान 34.6 है। सप्ताह का औसत तापमान 33 और बुधवार और गुरुवार प्रत्येक का औसत तापमान 36 था। शुक्रवार का तापमान ज्ञात करें।

A. 30   **B.** 28   **C.** 34   **D.** 32

Q.103 यदि $\cos^4\theta - \sin^4\theta = \frac{1}{3}$, तब $\tan^2\theta$ का मान है:

A. $\frac{1}{2}$ **B.** $\frac{1}{3}$ **C.** $\frac{4}{3}$ **D.** $\frac{1}{5}$

Q.104 $10 + 10^2 + 10^3 + 10^4 + 10^5$ को 6 से विभाजित करने पर शेषफल क्या आता है?

| A. 2 | B. 4 | C. 6 | D. 8 |

Q.105 $\triangle ABC$, में, D तथा E क्रमशः AB तथा AC पर दो ऐसे बिन्दु हैं, कि $DE BC$ है, और DE त्रिभुज ABC को दो बराबर क्षेत्रफल वाले भागों में विभाजित कर देती है। तदनुसार AD तथा BD का अनुपात कितना है?

A. $1:1$ B. $1:\sqrt{2}-1$
C. $1:\sqrt{2}$ D. $1:\sqrt{2}+1$

Q.106 एक आदमी ने एक कार $1,35,000$ में खरीदी और उसकी मरम्मत पर $25,000$ खर्च किए। यदि उसे इस पर 10% की हानि हुई हो, तो उसने कितनी कीमत में कार को बेचा?

A. 1,50,000   B. 1,76,000
C. 1,44,000   D. 1,21,500

Q.107 एक कंटेनर में 80 लीटर दूध होता है। इस कंटेनर से 8 लीटर दूध निकाला गया और उसकी जगह पानी ने ले ली। इस प्रक्रिया को दो बार दोहराया गया था। कंटेनर में अब कितना दूध है?

A. 62.8 लीटर   B. 58.32 लीटर
C. 44.5 लीटर   D. 48.5 लीटर

Ques (108-112):निर्देश: 6 वर्ष की अवधि के दौरान 2 कंपनियों A और B के राजस्व और लाभ (लाखों रु में) को नीचे दर्शाया गया है।

व्यय $=$ राजस्व $-$ लाभ

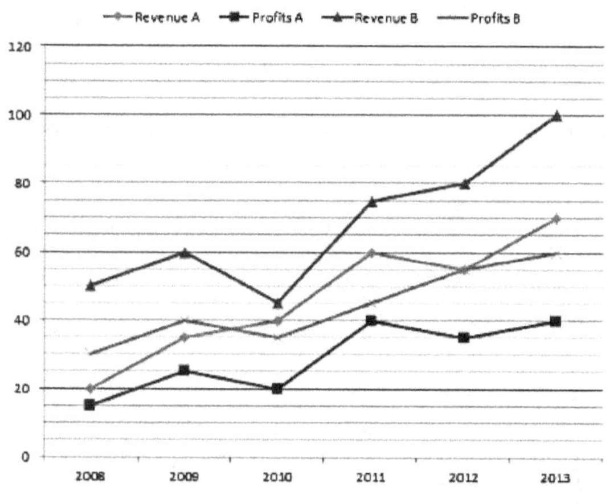

Q.108 6 वर्ष के दौरान दोनों कंपनियों का (लाखों में) कुल व्यय कितना था?

A. 200   B. 250   C. 22   D. 240

Q.109 कंपनी A का किस वर्ष व्यय प्रतिशत उच्चतम था? (व्यय प्रतिशत $=$ व्यय /राजस्व $\times 100$)

A. 2012   B. 2010   C. 2009   D. 2011

Q.110 6 वर्ष की अवधि के दौरान, कंपनी B के पिछले वर्ष की तुलना में किस वर्ष लाभ में उच्चतम प्रतिशत वृद्धि हुई?

A. 2010   B. 2011   C. 2009   D. 2013

Q.111 किस वर्ष में सामूहिक तौर पर कंपनी A और B के राजस्व प्रतिशत के रूप में लाभ उच्चतम था?

A. 2008   B. 2010   C. 2012   D. 2009

Q.112 वर्ष 2013 की तुलना में कंपनी A का वर्ष 2014 में, यदि राजस्व 40% बढ़ा और व्यय 30% बढ़ता है, तो कंपनी A का वर्ष 2014 में लाभ प्रतिशत कितना है?

A. 45%   B. 60%   C. 50%   D. 65%

Q.113 एक 27 सेमी लंबी, 8 सेमी चौड़ी और 1 सेमी मोटी शीट, एक घन में पिघला दी जाती है। दोनों ठोस पदार्थों के कुल पृष्ठीय क्षेत्रफल में कितना अंतर है?

A. 216 सेमी²   B. 268 सेमी²
C. 256 सेमी²   D. 286 सेमी²

Q.114 $17,18,28,19,16,18,17,29,18$ आकड़ों का रेंज और बहुलक ज्ञात कीजिये।

A. 12 और 18   B. 13 और 18
C. 12 और 17   D. 11 और 17

Q.115 शब्द 'APPLE' के अक्षरों को कितने अलग - अलग तरीकों से व्यवस्थित किया जा सकता है?

A. 60   B. 240   C. 120   D. 25

Q.116 जब 3 सिक्कों को एक साथ उछाला जाता है तो अधिक से अधिक 1 हेड आने की प्रायिकता ज्ञात कीजिए।

A. $\frac{2}{3}$ B. $\frac{1}{4}$ C. $\frac{1}{3}$ D. $\frac{1}{2}$

Q.117 यदि $\left(x+\dfrac{1}{x}\right)^2 = 3$, तो $x^{138} + x^{132} + x^{114} + x^{108} + x^{84} + x^{78} - 7$ का मान क्या है?

A. -1 B. -7 C. 0   D. 7

Q.118 दी गई श्रृंखला को पूरा करने के लिए वह संख्या चुनिए जो प्रश्न चिह्न (?) के स्थान को प्रतिस्थापित करेगी?

$4,8,24,96,480,?$

A. 2088   B. 2878   C. 2880   D. 2808

Q.119 यदि $(8)^{4.6} \div (32)^{2.16} + (4096)^{0.25} + \sqrt{x} = \sqrt[3]{9261}$ तो x का मान क्या है?

A. 16   B. 9   C. 36   D. 25

Q.120 प्रीत अपने वेतन का 25% घर के किराए पर, 10% भोजन पर, 20% परिवहन पर, 10% कपड़ों पर, 10% बिलों पर खर्च करती है और शेष 20000 रुपये की बचत करती है। प्रीत का वेतन कितना है?

A. 60000 रुपये   B. 70000 रुपये
C. 80000 रुपये   D. 90000 रुपये

Mental Aptitude & Reasoning

Q.121 निम्नलिखित में से कौन सा "निर्णय" के बारे में सही है?

A. बरी होने के मामले में आरोपियों को दोषमुक्त किए जाने का निर्देश देने की जरूरत नहीं है।
B. इसमें यौन अपराधों के मामले में पीड़ित का नाम नहीं होना चाहिए।
C. जिसमें रिहाई का आदेश भी शामिल है।
D. सभी 22 भाषाओं में लिखा जाना चाहिए।

Q.122 निर्देश : तीसरे पद से संबंधित विकल्प का चयन करें जिस तरह दूसरा शब्द पहले पद से संबंधित है।

DLA: ECI: : TOH : ?

A. SET   B. EAT   C. SKM   D. ETA

Q.123 निर्देश : निम्नलिखित प्रश्न में दिए गए विकल्पों में से संबंधित अक्षर को चुनिए।

2197 : M :: 6859 : ?

A. P   **B.** Q   **C.** R   **D.** S

Q.124 निर्देश : निम्नलिखित प्रश्न में दिए गए विकल्पों में से संबंधित शब्द को चुनिए।

एनीमोमीटर: वायु :: सिस्मोमीटर:?

A. वर्षा   **B.** दबाव   **C.** भूकंप   **D.** ऊंचाई

Q.125 A, C के पश्चिम में है | B, A के उत्तर-पूर्व में है और A और C से समान दूरी पर है। B, C के किस दिशा में है?

A. उत्तर-पूर्व   **B.** उत्तर-पश्चिम
C. पूर्व   **D.** दक्षिण-पश्चिम

Q.126 एक आदमी का मुख पश्चिम दिशा की ओर है। वह दक्षिणावर्त (क्लॉकवाइस) दिशा में 45 डिग्री मुड़ता है और फिर उसी दिशा में 180 डिग्री मुड़ता है तथा फिर वामावर्त (एंटीक्लॉक) दिशा में 270 डिग्री मुड़ता है। अब उसका मुख किस दिशा में है इसका पता लगाएं?

A. दक्षिण – पश्चिम   **B.** पश्चिम
C. दक्षिण   **D.** पूर्व -दक्षिण

Q.127 आईपीसी की कौन सी धारा एलजीबीटी (समलैंगिक, गे, उभयलिंगी और ट्रांसजेंडर) समुदाय से संबंधित है?

A. 377   **B.** 376
C. 370   **D.** इनमें से कोई नहीं

Q.128 निर्देश : निम्नलिखित प्रश्न में दिए गए विकल्पों में से विषम अक्षरों को चुनिए।

A. MPQO   **B.** DGHF   **C.** RUTV   **D.** VYZX

Q.129 आईपीसी की किस धारा के तहत, एक जल्लाद जो अदालत के आदेश के अनुसार कैदियों को फांसी देता है, को आपराधिक दायित्व से छुट दी जाती है?

A. आईपीसी की धारा 78   **B.** आईपीसी की धारा 83
C. आईपीसी की धारा 41   **D.** आईपीसी की धारा 84

Q.130 निर्देश : निम्नलिखित प्रश्न में दिए गए विकल्पों में से विषम संख्या समूह को चुनिए।

A. 70,80   **B.** 54,62   **C.** 28,32   **D.** 42,48

Q.131 रॉकी, टेरी का पुत्र है। जेरी, टेरी की पत्नी हैं। रॉन, टेरी का पिता है। रॉन, रॉकी से कैसे संबंधित है?

A. भाई   **B.** दादा
C. पिता   **D.** इनमे से कोई नहीं

Q.132 कुछ कार्य अकेले नहीं किए जा सकते हैं और यदि आपके पास गुणवत्ता है तो कुछ को बेहतर और तेज किया जा सकता है___से।

A. ज़िम्मेदारी   **B.** आदर   **C.** टीम वर्क   **D.** सहयोग

Q.133 निर्देश : निम्नलिखित शब्दों को शब्दकोश में आने वाले क्रम के अनुसार लिखें।

1) Temple
2) Tenant
3) Terminate
4) Temperature

A. 2,4,3,1   **B.** 4,2,3,1   **C.** 4,2,1,3   **D.** 4,1,2,3

Q.134 निर्देश : निम्नलिखित शब्दों को शब्दकोश में दिए गए क्रम के अनुसार लिखें।

1) Necessary
2) Navigate
3) Nautical
4) Naval

A. 3, 4, 2, 1   **B.** 3, 2, 4, 1   **C.** 2, 4, 3, 1   **D.** 4, 3, 2, 1

Q.135 निर्देश : दी गई श्रृंखला में एक पद लुप्त है। दिए गए विकल्पों में से उस उचित पद को चुनें जो श्रृंखला को पूर्ण करता है?

_ Q _ R P _ Q _ _ _ Q R

A. PQQRPQ   **B.** QPRPPQ
C. RQPQP   **D.** PRQQPQ

Q.136 निर्देश : एक अनुक्रम दिया गया है, जिसमें से एक पद लुप्त है। दिए गए विकल्पों में से वह सही विकल्प चुनिए, जो अनुक्रम को पूरा करे।

KJL, ONP, SRT, ?

A. WVX   **B.** VW   **C.** WXV   **D.** VUW

Q.137 दंड प्रक्रिया संहिता के किस भाग में कहा गया है कि धारा 357-ए के तहत पीड़ित को देय मुआवजा आईपीसी की धारा 326-ए या 376-डी के तहत देय मुआवजे के अतिरिक्त होगा?

A. धारा 358   **B.** धारा 357-ए
C. धारा 357-सी   **D.** धारा 357 -बी

Q.138 यदि 14 जनवरी को शनिवार है, तो लीप वर्ष में अप्रैल के महीने का पहला दिन क्या है?

A. सोमवार   **B.** मंगलवार   **C.** शुक्रवार   **D.** रविवार

Q.139 निर्देश : दिए गए आंकड़े के लिए दर्पण छवि का पता लगाएं।
प्रश्न आकृति:

उत्तर आकृति:

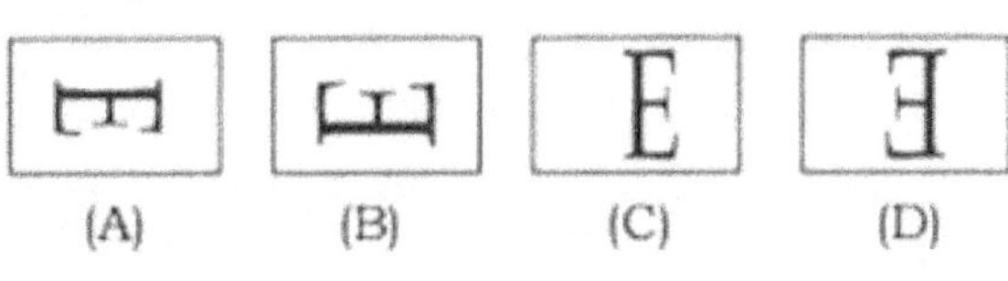

A. A   **B.** B   **C.** C   **D.** D

Q.140 विनय, पिंकी से लम्बा है, जो सविता से लम्बी है। किरण, विनय और अंशुल से लंबी है, अंशुल पिंकी से छोटी है लेकिन सविता से लम्बी है। यदि सबसे लंबा व्यक्ति 156 सेमी है और पिंकी की लम्बाई 140 सेमी है, तो विनय की संभावित लम्बाई क्या होगी?

A. 157 सेमी   **B.** 150 सेमी   **C.** 139 सेमी   **D.** 122 सेमी

Q.141 निर्देश : दिए गए प्रश्न में, निम्नलिखित विकल्पों में से वह शब्द चुनिए जो दिए गए शब्द के अक्षरों का प्रयोग करके नहीं बनाया जा सकता है।

PRESIDENTIAL

A. DIGITAL   **B.** ARDENT
C. SLEEP   **D.** DENTAL

Q.142 निर्देश : उत्तर आकृति ज्ञात कीजिए जिसमें प्रश्न आकृति सन्निहित है?
प्रश्न आकृति:

उत्तर आकृति:

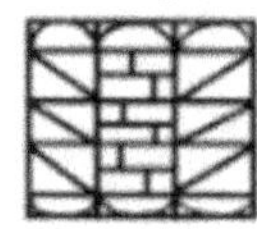  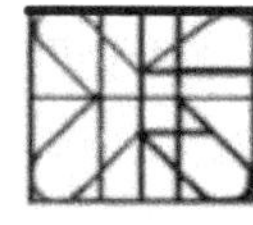 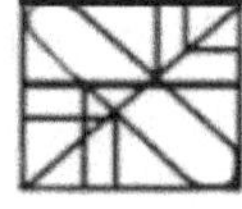

A   B   C   D

A. A   **B.** B   **C.** C   **D.** D

Q.143 भारतीय दंड संहिता का प्रारूप किसने तैयार किया था?

A. लॉर्ड चेम्सफोर्ड   **B.** मौरिस लिनफोर्ड गवेयर
C. लार्ड कैनिंग   **D.** थॉमस बैबिंगटन मैकाले

Q.144 एक निश्चित कूट भाषा में, 'STAY' को 'RTSUZBXZ' के रूप में लिखा जाता है। उस भाषा में 'DESK' को किस प्रकार लिखा जायेगा?

A. CEDERTJL   **B.** CEDFQTJL
C. CEDFRTJL   **D.** ECFDTQLJ

Q.145 यदि + का अर्थ भाग हो, - का अर्थ गुणा हो, x का अर्थ घटाना हो, और ÷ का अर्थ योग हो, तो निम्नलिखित व्यंजक का मान क्या होगा?

$16÷8-4+2 × 4=?$

A. 16   **B.** 28   **C.** 32   **D.** 44

Q.146 पांच दोस्तों ने टाइपिंग प्रतियोगिता में भाग लिया। रजत ने मनोज से पहले लेकिन गौतम के बाद समाप्त किया। अंकित ने सचिन से पहले लेकिन मनोज के बाद समाप्त किया प्रतियोगिता में चौथे स्थान पर कोन आया?

A. गौतम   **B.** अंकित   **C.** मनोज   **D.** सचिन

Q.147 यदि 532 + 781 = 21 तथा 862 + 910 = 21 हो, तो 796 + 355 कितना होगा?

A. 21   **B.** 30   **C.** 31   **D.** 22

Q.148 निर्देश : कागज का एक टुकड़ा मोड़ा और काटा जाता है जैसा कि नीचे दिए गए प्रश्न के आंकड़ों में दिखाया गया है। दिए गए उत्तर के आंकड़ों से, इंगित करें कि खोला जाने पर यह कैसा दिखाई देगा।

प्रश्न आकृति:

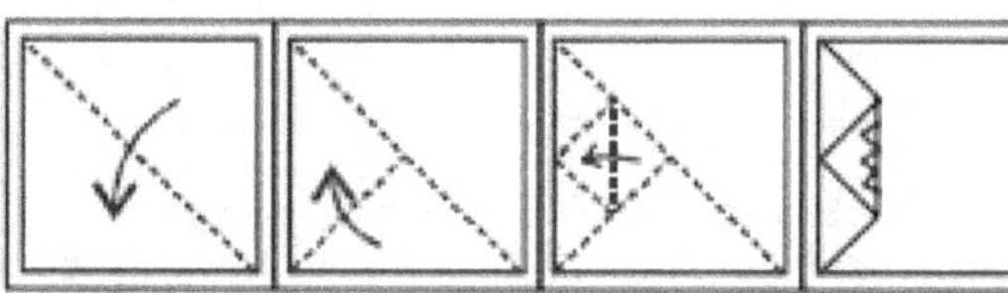

उत्तर आकृति:

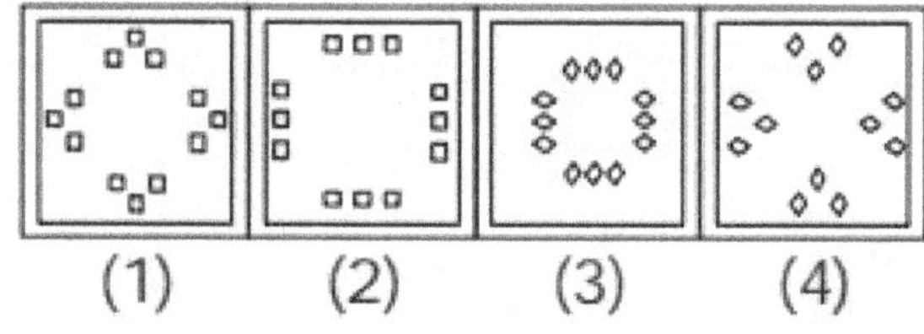

(1)   (2)   (3)   (4)

A. 1   **B.** 2   **C.** 3   **D.** 4

Q.149 बन्दी प्रत्यक्षीकरण का कानून आया पत्र जारी करने की शक्ति निहित है:

A. उच्चतम न्यायालय
B. उच्च न्यायालय
C. जिला और सत्र न्यायालय
D. (A) और (B) दोनों

Q.150 बीते कल से पहले गुरुवार था, तो आने वाले कल के बाद क्या होगा?

A. मंगलवार   **B.** शुक्रवार   **C.** रविवार   **D.** सोमवार

Q.151 एक पंक्ति में राजू का स्थान आगे से 13 वां है और पीछे से 6वां है। उस पंक्ति में कितने व्यक्ति खडे है?

A. 18   **B.** 19   **C.** 20   **D.** 21

Ques (152-153):निर्देश: प्रश्न में तीन कथनों के बाद दो निष्कर्ष। और ॥ दिए गए हैं। आपको कथनों को सत्य मानना है चाहे वे सामान्य ज्ञात तथ्यों से भिन्न प्रतीत होते हों। आपको तय करना है कि दिए गए कथनों में से कौन सा निष्कर्ष, यदि कोई हो तो, दिए गए कथनों का अनुसरण करता है।

Q.152 कथन 1: कुछ उच्च स्वर शोर हैं।

कथन 2: सभी शोर पैसा हैं।

कथन 3: कुछ पैसा बैंक हैं।

निष्कर्ष I: कुछ बैंक शोर हैं।

निष्कर्ष II: कुछ उच्च स्वर पैसा हैं।

A. केवल निष्कर्ष I अनुसरण करता है
B. केवल निष्कर्ष II अनुसरण करता है
C. दोनों I और II अनुसरण करते हैं
D. न तो I न ही II अनुसरण करता है

Q.153 कथन:

I. कुछ हाथी, बकरी हैं।
II. कुछ बकरी, शार्क हैं।
III. कुछ शार्क, हैं।

निष्कर्ष:

I. कुछ हाथी, शार्क हैं।
II. कुछ बकरी, जानवर हैं।
III. कुछ जानवर, शार्क हैं।
IV. कुछ जानवर, बकरी हैं।

A. केवल III अनुसरण करता है।
B. केवल (II) और (IV) अनुसरण करते हैं।
C. केवल (I) और (IV) अनुसरण करते हैं।
D. केवल I अनुसरण करता है।

Q.154 पासा के चार अलग-अलग स्थान नीचे दिए गए हैं। फलक किस संख्या के विपरीत है?

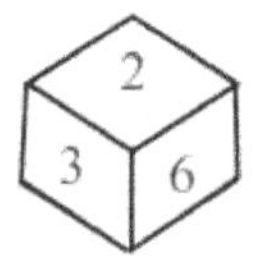 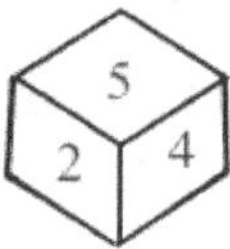 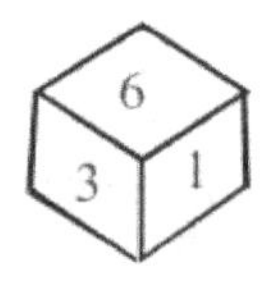 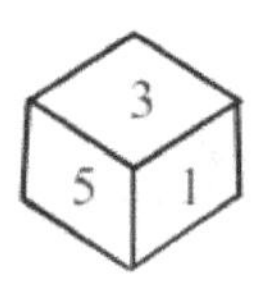

A. 4   **B.** 3   **C.** 2   **D.** 1

Q.155 नीचे दिए गए एक पासे की चार स्थितयों के अनुसार, पीले के विपरीत कौन सा रंग आएगा?

A. बैंगनी   **B.** नीला   **C.** नारंगी   **D.** लाल

Q.156 निर्देश : नीचे दिये गये प्रश्न दिये गये आरेख चित्र पर आधारित हैं। आपको दिए गए आरेख चित्र को सत्य मानना है भले ही सामान्य जीवन में वे वास्तविक तथ्यों से अलग ही क्यों न हो और फिर निश्चित करें कि प्रत्येक प्रश्न में दिये गये चार विकल्पों में कौन सा दिये गये आरेख चित्र का तार्किक रुप से अनुसरण करता है।

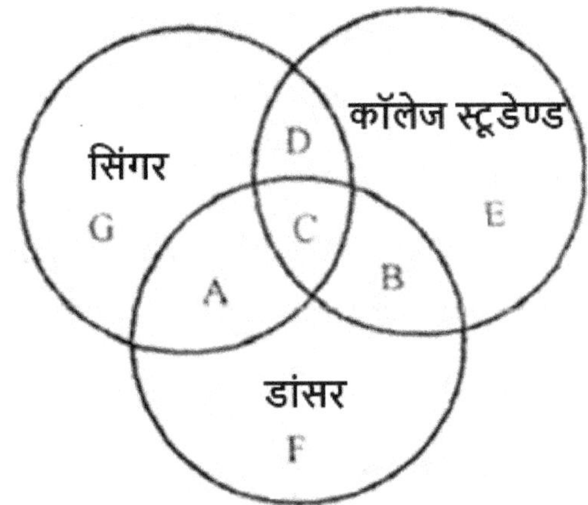

निम्न मे C के सन्दर्भ में कौन सा कथन सत्य है?

A. यह कॉलेज के सभी डांसर को दर्शाता है।

B. यह उन डांसरों को दर्शाता है जो ना तो कॉलेज स्टूडेण्ड है ना सिंगर हैं।

C. यह ऐसे कॉलेज डांसरों को दर्शाता है जो सिंगरऔर डांसर दोनों हैं।

D. यह उन सभी डांसरों को दर्शाता है जो सिंगर हैं।

Q.157 निर्देश : वह आरेख चुनिए जो नीचे दिए गए वर्गों के बीच के संबंध का सही निरूपण करता है।

गाय, पशु ,बकरियां

A.    **B.** 

C.    **D.** 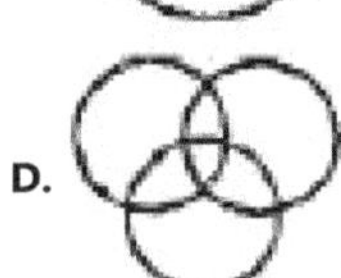

Q.158 निर्देश : इस आकृति में कितने त्रिभुज हैं?

A. 20   **B.** 21   **C.** 22   **D.** 24

Q.159 कौन-सी उत्तर आकृति, प्रश्न आकृति के स्वरुप को पूर्ण करेगी?

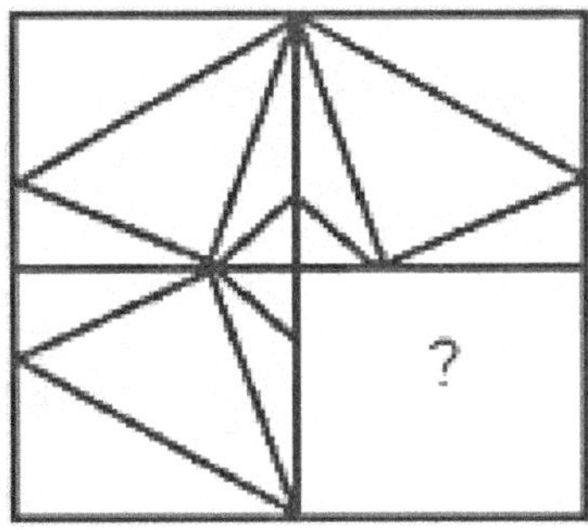

[AFCAT, 2021]

A. 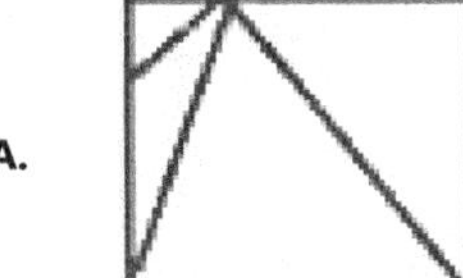   **B.** 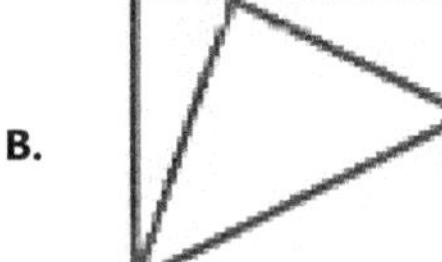

C.    **D.** 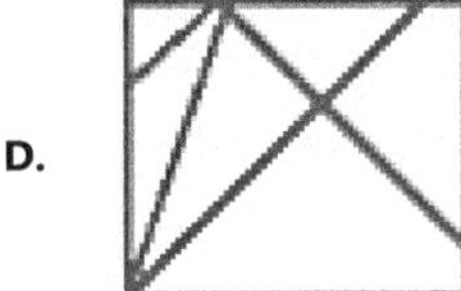

Q.160 निर्देश: दी गई उत्तर आकृतियों में से, वह आकृति चुनें जिसमें प्रश्न आकृति छिपी हुई हो/एम्बेडेड हो।

प्रश्न आकृति:

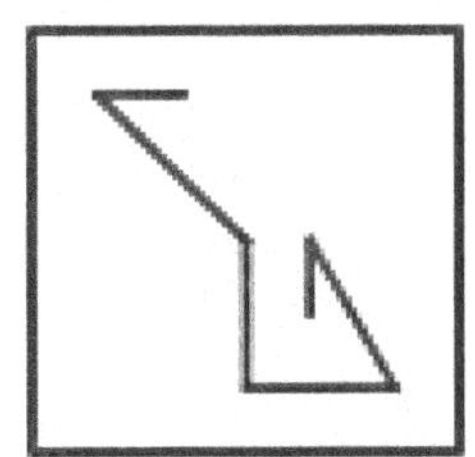

A. 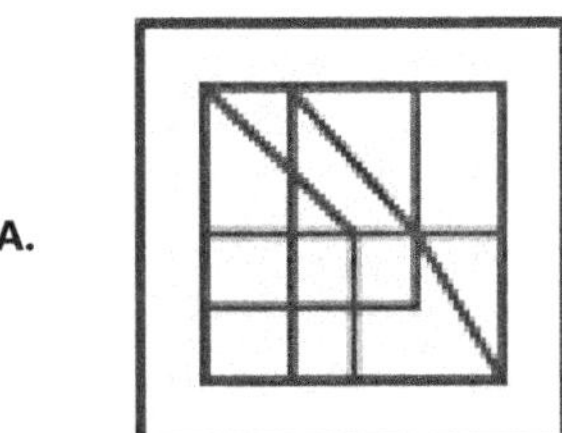

B. 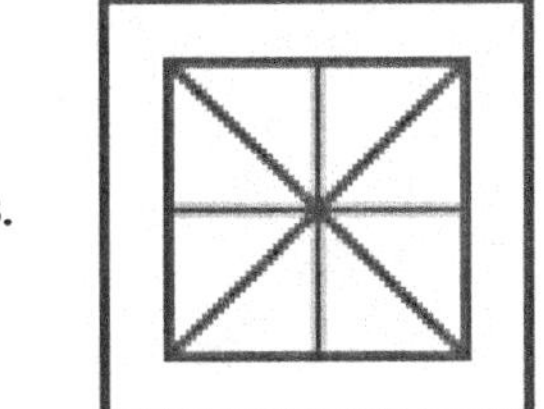

C. 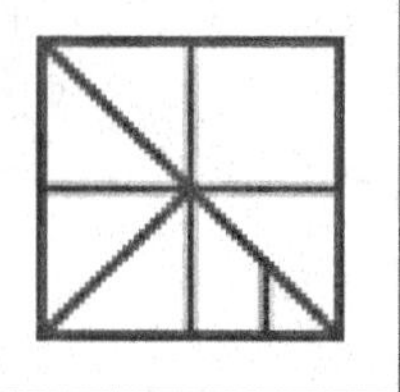

D. 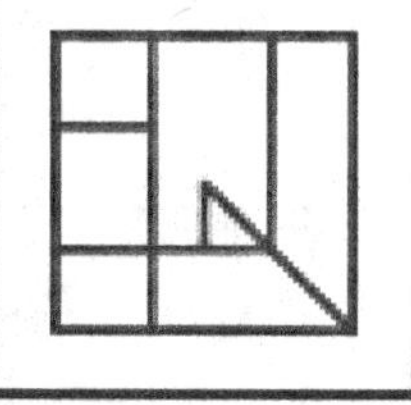

// स्मार्ट उत्तर पुस्तिका //

सही उत्तर उन छात्रों के प्रतिशत को इंगित करता है जिन्होंने प्रश्नों का सही उत्तर दिया था।

छोड़ दिया उन छात्रों के प्रतिशत को इंगित करता है जिन्होंने प्रश्नों को छोड़ दिया था।

प्रश्न संख्या	उत्तर	सही उत्तर / छोड़ दिया	प्रश्न संख्या	उत्तर	सही उत्तर / छोड़ दिया	प्रश्न संख्या	उत्तर	सही उत्तर / छोड़ दिया	प्रश्न संख्या	उत्तर	सही उत्तर / छोड़ दिया	प्रश्न संख्या	उत्तर	सही उत्तर / छोड़ दिया
1	B	69.02 % / 1.64 %	17	B	58.05 % / 1.65 %	33	C	51.46 % / 1.7 %	49	C	40.91 % / 1.44 %	65	A	42.79 % / 1.63 %
2	A	16.32 % / 3.3 %	18	A	42.62 % / 1.54 %	34	C	55.3 % / 1.05 %	50	A	84.08 % / 0.0 %	66	C	44.29 % / 1.76 %
3	D	43.57 % / 1.71 %	19	B	87.25 % / 0.0 %	35	C	58.84 % / 1.69 %	51	A	15.95 % / 4.34 %	67	B	76.26 % / 0.0 %
4	B	48.89 % / 1.42 %	20	B	79.72 % / 0.0 %	36	A	86.1 % / 0.0 %	52	D	29.42 % / 4.51 %	68	B	43.36 % / 1.12 %
5	B	81.67 % / 0.0 %	21	B	78.56 % / 0.0 %	37	B	66.2 % / 1.09 %	53	C	49.81 % / 1.85 %	69	D	44.45 % / 2.0 %
6	A	52.07 % / 1.08 %	22	C	60.2 % / 1.14 %	38	A	84.66 % / 0.0 %	54	B	63.69 % / 1.2 %	70	D	86.91 % / 0.0 %
7	D	40.96 % / 1.37 %	23	D	42.32 % / 1.18 %	39	A	43.53 % / 1.66 %	55	D	67.17 % / 1.32 %	71	A	51.13 % / 1.59 %
8	C	66.26 % / 1.89 %	24	C	50.15 % / 1.36 %	40	B	58.27 % / 1.54 %	56	B	51.75 % / 1.61 %	72	B	65.76 % / 1.36 %
9	B	50.27 % / 1.9 %	25	C	32.08 % / 3.82 %	41	A	64.0 % / 1.0 %	57	A	47.13 % / 1.22 %	73	D	45.69 % / 1.78 %
10	D	51.25 % / 1.75 %	26	A	49.33 % / 1.26 %	42	A	55.91 % / 1.32 %	58	A	44.59 % / 1.45 %	74	C	54.26 % / 1.1 %
11	B	61.5 % / 1.72 %	27	A	69.24 % / 1.78 %	43	A	11.16 % / 4.34 %	59	B	48.66 % / 1.48 %	75	B	85.56 % / 0.0 %
12	B	56.5 % / 1.26 %	28	D	48.88 % / 1.23 %	44	D	48.71 % / 1.81 %	60	C	41.12 % / 1.86 %	76	A	49.91 % / 1.39 %
13	C	52.59 % / 1.15 %	29	D	57.3 % / 1.65 %	45	D	27.36 % / 4.27 %	61	C	76.12 % / 0.0 %	77	D	64.21 % / 1.79 %
14	C	49.95 % / 1.25 %	30	B	57.02 % / 1.7 %	46	C	67.88 % / 1.95 %	62	B	67.91 % / 1.24 %	78	A	54.5 % / 1.27 %
15	A	69.08 % / 1.57 %	31	C	83.67 % / 0.0 %	47	D	46.77 % / 1.54 %	63	D	54.09 % / 1.04 %	79	B	81.21 % / 0.0 %
16	C	52.41 % / 1.98 %	32	C	46.3 % / 1.58 %	48	A	53.09 % / 1.44 %	64	B	42.67 % / 1.74 %	80	B	67.41 % / 1.06 %

प्रश्न संख्या	उत्तर	सही उत्तर / छोड़ दिया	प्रश्न संख्या	उत्तर	सही उत्तर / छोड़ दिया	प्रश्न संख्या	उत्तर	सही उत्तर / छोड़ दिया	प्रश्न संख्या	उत्तर	सही उत्तर / छोड़ दिया	प्रश्न संख्या	उत्तर	सही उत्तर / छोड़ दिया
81	A	78.77 % / 0.0 %	97	D	61.08 % / 1.15 %	113	D	63.66 % / 1.69 %	129	A	68.23 % / 1.54 %	145	B	82.99 % / 0.0 %
82	D	80.97 % / 0.0 %	98	B	77.73 % / 0.0 %	114	B	65.75 % / 1.88 %	130	B	68.85 % / 1.7 %	146	B	77.87 % / 0.0 %
83	C	52.02 % / 1.48 %	99	C	86.33 % / 0.0 %	115	A	42.54 % / 1.02 %	131	B	78.77 % / 0.0 %	147	B	48.79 % / 1.26 %
84	A	76.9 % / 0.0 %	100	D	69.21 % / 1.41 %	116	D	67.07 % / 1.71 %	132	C	86.7 % / 0.0 %	148	C	81.59 % / 0.0 %
85	D	85.27 % / 0.0 %	101	C	54.98 % / 1.52 %	117	B	88.79 % / 0.0 %	133	D	76.89 % / 0.0 %	149	D	63.22 % / 1.12 %
86	B	87.7 % / 0.0 %	102	D	48.44 % / 1.6 %	118	C	60.28 % / 1.77 %	134	A	81.21 % / 0.0 %	150	D	80.55 % / 0.0 %
87	B	43.61 % / 1.13 %	103	A	48.45 % / 1.51 %	119	D	40.96 % / 1.89 %	135	A	53.26 % / 1.8 %	151	A	53.67 % / 1.47 %
88	B	53.37 % / 1.43 %	104	A	81.3 % / 0.0 %	120	C	82.57 % / 0.0 %	136	A	58.6 % / 1.43 %	152	B	66.75 % / 1.15 %
89	A	64.76 % / 1.99 %	105	B	48.0 % / 1.92 %	121	B	51.44 % / 1.69 %	137	D	14.86 % / 4.4 %	153	A	76.92 % / 0.0 %
90	D	79.11 % / 0.0 %	106	C	64.43 % / 1.97 %	122	C	89.81 % / 0.0 %	138	D	54.36 % / 1.78 %	154	A	84.92 % / 0.0 %
91	B	23.16 % / 4.64 %	107	B	15.22 % / 4.11 %	123	D	61.79 % / 1.64 %	139	D	79.46 % / 0.0 %	155	A	87.62 % / 0.0 %
92	D	41.2 % / 1.45 %	108	B	69.17 % / 1.25 %	124	C	76.42 % / 0.0 %	140	B	47.6 % / 1.39 %	156	C	86.77 % / 0.0 %
93	A	77.55 % / 0.0 %	109	B	65.6 % / 1.84 %	125	B	83.78 % / 0.0 %	141	A	89.72 % / 0.0 %	157	A	79.58 % / 0.0 %
94	D	86.52 % / 0.0 %	110	C	65.36 % / 1.84 %	126	A	65.85 % / 1.98 %	142	C	84.92 % / 0.0 %	158	C	40.79 % / 1.09 %
95	A	44.65 % / 1.79 %	111	D	25.51 % / 3.53 %	127	A	43.87 % / 1.51 %	143	D	56.9 % / 1.84 %	159	C	17.49 % / 4.21 %
96	B	23.1 % / 3.04 %	112	B	12.53 % / 4.71 %	128	C	65.41 % / 1.48 %	144	C	79.68 % / 0.0 %	160	A	60.04 % / 1.69 %

कार्य विश्लेषण

औसत अंक (%)	**37.5%**
टॉपर्स स्कोर (%)	**68.0%**
आपका स्कोर	

//संकेत और समाधान//

1. 'मधुवन की छाती को देखो, सूखी कितनी इसकी कलियाँ' पद में श्लेष अलंकार है। यहाँ पर कलियाँ शब्द एक बार प्रयुक्त होने पर भी दो अर्थ अभिव्यंजित कर रहा है। एक 'कलियाँ' का अर्थ 'खिलने से पूर्व फूल की स्थिति' है और एक 'कलियाँ' का अर्थ 'यौवन से पूर्व की अवस्था' है।
अतः विकल्प (B) सही है।

2. दिए गए विकल्पों में विकल्प 'नए साल को' सही है। अन्य विकल्प अनुचित हैं। अत: इसका सही उत्तर विकल्प (A) 'नए साल को' होगा।

नया साल हरी-भरी दूब की वीथी है जिस पर अगल-बगल, रंग-बिरंगे सुगंधित फूलों की लताओं ने मंडप-सा तान रखा है। इसलिए इसका सही उत्तर 'नए साल को' है। अन्य विकल्प त्रुटिपूर्ण उत्तर होंगे।

अतः विकल्प (A) सही है।

3. विकल्प (D) इसका उचित उत्तर है क्योंकि गद्यांश में नए साल को झबरे बालों वाला पपी कहा गया है।

नया साल झबरे-झबरे बालों वाला ऊँची नसल का नन्हा-मुन्ना प्यारा-सा पपी है। पुराना साल खुजली का मारा, लीबर बहाता, मरियल, बूढ़ा, लावारिस कुत्ता जो हर घर से दुरदुराया जाता है। पुराना साल कीचड़ और काई से ढँका हुआ वह ऊबड़-खाबड़ कंकरीला रास्ता जिसे अब पीछे मुड़कर ताकते डर लगता है। नया साल एक अनजाने सुख की सिहरन है, पुराना साल भोगे हुए कष्टों की एक कड़ी। कितना बुरा था पुराना साल। ढंग का खाना न ढंग का कपड़ा। कीमतें आसमान से बात करती हुई। रहने को मकान नहीं, दस-दस कुनबे बेशर्मी की चादर ओढ़कर एक जरा-सी कोठरी में जिंदगी के दिन गुजार रहे हैं।

अतः विकल्प (D) सही है।

4. इस पूरे अवतरण में नए वर्ष के आगमन पर प्रसन्नता दिखाई दे रही और पुराने साल में कुछ अच्छा न हो पाने के कारण उसको न याद करने के बात की जा रही है। क्या था पुराने साल में जिसे चाव से कोई याद करे। अच्छा हुआ, बहुत अच्छा हुआ, उसकी अरथी निकल गई। कोई उसके लिए दो आँसू गिरानेवाला नहीं है। इसलिए इस गद्यांश का उचित शीर्षक 'नया साल मुबारक' होगा।

अतः विकल्प (B) सही है।

5. दिए गए विकल्पों में 'हाथी' गज का समानार्थक शब्द है। अन्य सभी विकल्प यहाँ असंगत हैं।

'हाथी' के अन्य पर्यायवाची शब्द - कुंजर, द्विप, करी, हस्ती

अतः विकल्प (B) सही है।

6. राग 'मियाँ का मल्हार' का रचयिता अकबर के नवरत्नों में से एक, तानसेन को माना जाता है।

मल्हार राग/मेघ मल्हार, हिंदुस्तानी व कर्नाटिक संगीत में पाया जाता है। मल्हार का अर्थ बारिश या वर्षा होता है मल्हार राग को कर्नाटिक शैली में मधयामावती बुलाया जाता है। तानसेन और मीरा मल्हार राग में गाने गाने के लिए मशहूर थे।

अतः विकल्प (A) सही है।

7. 'वीभत्स' रस का स्थायी भाव 'जुगुप्सा' होता है। अद्भुत रस का स्थायी भाव 'विस्मय' होता है। शान्त रस का स्थायी भाव 'निर्वेद' होता है। 'घृणा' वीभत्स रस का ही स्थायी भाव है।

अतः विकल्प (D) सही है।

8. 'हल्दी घाटी' श्यामनारायण पाण्डेय का वीर-रस प्रधान प्रबन्ध काव्य है।

इनकी प्रसिद्ध रचनाएँ हैं- तुमुल, रिमझिम, आरती, जय हनुमान, हल्दीघाटी तथा जौहर। पाण्डेय जी की कविता वीर-रस प्रधान है। सच पूछा जाय, तो श्यामनारायण पाण्डेय, आधुनिक हिन्दी कविता के चारण हैं।

अतः विकल्प (C) सही है।

9. 'चाहने वाले की इच्छा सर्वोपरि होती है' के लिए उपयुक्त लोकोक्ति 'पिया चाहे सो सुहागिन' है। अर्थात् जिस पर मालिक की कृपा होती है उसी का सम्मान होता है व उन्नति होती है।

अतः विकल्प (B) सही है।

10. 'अवसर निकल जाने पर पछताने से क्या लाभ' के लिए उपयुक्त लोकोक्ति 'अब पछताये होत क्या जब चिड़ियाँ चुग गयी खेत' है।

वाक्य प्रयोग: रोहन ने समय रहते खेतों में पानी नहीं दिया, उसके सारे खेत सूख गए अब रो रहा है। यह तो वही बात हुई अब पछताए होए क्या जब चिड़िया चुग गई खेत।

अतः विकल्प (D) सही है।

11. 'कहाँ राजा भोज और कहाँ गंगू तेली' लोकोक्ति का अर्थ 'बहुत अंतर होना' होता है। शेष सभी अर्थ सही नहीं हैं।

वाक्य प्रयोग: कंपनी के बॉस आजकल विदेश क्या गये हैं, कंपनी के मैनेजर साहब खुद को ही मालिक समझने लगे हैं, कहाँ राजा भोज कहाँ गंगू तेली।

अतः विकल्प (B) सही है।

12. 'उसने कहा कि मैं घर जाऊँगा' एक मिश्र वाक्य है।

यहाँ पर 'उसने कहा' मुख्य उपवाक्य है और 'मैं घर जाऊँगा' एक आश्रित उपवाक्य है। मिश्र वाक्य में आश्रित उपवाक्य एक से अधिक भी हो सकते हैं।

अतः विकल्प (B) सही है।

13. 'मैं उस मकान में रहता हूँ जिसमें कभी गुरु जी पढ़ाते थे' एक मिश्र वाक्य है।

मिश्र वाक्य में प्रधान वाक्य को आश्रित उपवाक्य से जोड़ने के लिए जो आपस में 'कि'; 'जो'; 'क्योंकि'; 'जितना'; 'उतना'; 'जैसा'; 'वैसा'; 'जब'; 'तब'; 'जहाँ'; 'वहाँ'; 'जिधर'; 'उधर'; 'जिसमें'; 'यदि'; 'तो'; 'यद्यपि'; 'तथापि'; आदि का प्रयोग किया जाता है।

अतः विकल्प (C) सही है।

14. 'गर्मियों में खूब नहाया जाता है' में भाववाच्य है।

जिस वाक्य में क्रिया, कर्ता और कर्म को छोड़कर भाव के अनुसार हो, उसे भाववाच्य कहते हैं।

अतः विकल्प (C) सही है।

15. ''राम कलम से लिखता है'' वाक्य में करण कारक का प्रयोग किया गया है।

करण कारक के विभक्ति चिह्न (परसर्ग) -से, के साथ, के द्वारा हैं।

अतः विकल्प (A) सही है।

16. परिकल्पना शब्द 'परि + कल्पना' के योग से बना है। अर्थात इसमें परि' उपसर्ग है।

- अन्य विकल्प के अंतर्गत जय, काष्ठा, वतन में उपसर्ग 'परा' का योग है।
- यह सभी विकल्प तत्सम उपसर्ग हैं।
- हिंदी में प्रयुक्त तत्सम उपसर्ग संस्कृत से आए हैं।

अतः विकल्प (C) सही है।

17. 'डाकगाड़ी' का समास विग्रह करने पर 'डाक के लिए' होगा, इसमें 'के लिए' चिह्न आने पर 'संप्रदान तत्पुरुष समास' है।

- 'संप्रदान तत्पुरुष समास' का परसर्ग 'के लिए' होता है।

- डाकगाड़ी का समास विग्रह- 'डाक की गाड़ी'
- जिसमें 'से' सम्बन्ध तत्पुरुष का कारक होगा।

अतः विकल्प (B) सही है।

18. 'नौका झील में डूब गई' पद में अधिकरण कारक है।

जिस शब्द से क्रिया के आधार का बोध हो, उसे अधिकरण कारक कहते हैं। अधिकरण कारक में अधिकरण का अर्थ होता है- आधार या आश्रय संज्ञा का वह रूप जिससे क्रिया के आधार का बोध हो उसे अधिकरण कारक कहते हैं। अधिकरण कारक के विभक्ति चिह्न (परसर्ग) - में, पर हैं।

अतः विकल्प (A) सही है।

19. 'राजन' का स्त्रीलिंग राज्ञी होता है।

अतः विकल्प (B) सही है।

20. 'कस्तूरी' शब्द स्त्रीलिंग है।

अतः विकल्प (B) सही है।

21. लिंग की दृष्टि से 'दही' पुल्लिंग है।

दही, मोती, घी का प्रयोग पुल्लिंग में होता है।

अतः विकल्प (B) सही है।

22. दिये गए विकल्पों में से 'सार्वनामिक विशेषण' उचित है।

वे सर्वनाम शब्द जो संज्ञा से पहले आयें और विशेषण की तरह उस संज्ञा शब्द की विशेषता बताएं।

अतः विकल्प (C) सही है।

23. तेरे से बात नहीं करनी अशुद्ध वाक्य है क्योंकि इसमें सर्वनाम संबंधी त्रुटि है।

वाक्य में 'तेरे से' के स्थान पर उचित सर्वनाम का प्रयोग नहीं है, उसके स्थान पर 'तुमसे' सर्वनाम प्रयुक्त होगा क्योंकि तेरे से सर्वनाम अव्याकरणिक है।

अतः विकल्प (D) सही है।

24. "तुम, वो और मैं पिकनिक मनाने जाएंगे" यह वाक्य बहुवचन में है।

शब्द के जिस रूप से अनेकता का बोध हो उसे बहुवचन कहते हैं।

अतः विकल्प (C) सही है।

25. हिंदी के लिए प्रयुक्त देवनागरी लिपि में कुल 52 वर्ण हैं, जिनमें 11 मूल स्वर वर्ण (जिनमें से 'ऋ' का उच्चारण अब स्वर जैसा नहीं होता), 33 मूल व्यंजन, 2 उक्षिप्त व्यंजन, 2 अयोगवाह और 4 संयुक्ताक्षर व्यंजन हैं।

अतः विकल्प (C) सही है।

26. वचन संबंधी अशुद्धि रहित वाक्य "आज के समारोह को सैकड़ों बालक, वृद्ध, नर और नारी देख रहे थे।" है।

विभिन्न लिंगों के अनेक कर्ता यदि एक साथ आएं तो क्रिया पुल्लिंग बहुवचन में होती है।

अतः विकल्प (A) सही है।

27. पिब धातु का लोट् लकार, प्रथम पुरुष बहुवचन का रूप 'पिबन्तु' होगा।

अतः विकल्प (A) सही है।

28. 'आवट' प्रत्यय से 'घबराहट' शब्द नहीं निर्मित हुआ है बल्कि इस शब्द में 'आहट' प्रत्यय है।

अन्य सभी शब्दों में 'आवट' प्रत्यय है। रुक+आवट = रुकावट, तर+आवट= तरावट, सज+आवट = सजावट आदि।

29. दिए गए विकल्पों में से 'काज' शब्द तद्भव है।

'काज' का तत्सम शब्द 'कार्य' होता है।

अन्य सभी शब्द तत्सम हैं।

तत्सम	तद्भव
ताप	ताव
तप्त	तपन

अतः विकल्प (D) सही है।

30. सज्जा तत्सम शब्द है तथा इसका तद्भव है 'साज'।

- सलाई का तत्सम 'शलाका' है।
- सरसों का तत्सम 'ससर्प' है।

अतः विकल्प (B) सही है।

31. 'ज्ञानयुक्त' का समास-विग्रह होगा 'ज्ञान से युक्त'।

- 'ज्ञानयुक्त' शब्द में तत्पुरुष समास है।
- इसमें 'से' करण कारक का प्रयोग हुआ है। इसलिए, इसमें 'तत्पुरुष समास' है।

अतः विकल्प (C) सही है।

32. 'पद्मावत' महाकाव्य रचना अवधी भाषा में लिखा गया।

इसके रचनाकार 'मालिक मुहम्मद जायसी' हैं।

'मालिक मुहम्मद जायसी' सूफी काव्यधारा के कवि हैं।

यह महाकाव्य चौपाई और छंदों में लिखा गया है।

अन्य विकल्प:

भाषा	कवि	रचनाएं
ब्रज	सूरदास	सूरसागर, सूरसारावली, साहित्य लहरी
हिंदी	प्रेमचंद	गोदान, गबन, नमक का दारोगा आदि
मैथिली	विद्यापति	कीर्तिलता, कीर्तिपताका आदि

अतः विकल्प (C) सही है।

33. सुभद्रा कुमारी चौहान की रचना 'वीरों का कैसा हो बसंत' है।

- सुभद्रा कुमारी चौहान हिंदी की प्रमुख कवियित्री हैं।
- इनके दो कविता संग्रह तथा तीन कथा संग्रह प्रकाशित हुए हैं।
- इनकी प्रसिद्धि झाँसी की रानी (कविता) के कारण है।

अन्य विकल्प:

- पल्लव- सुमित्रानंदन पंत
- उर्वशी- रामधारी सिंह दिनकर
- सुहाग के नूपुर- अमृतलाल नागर

अतः विकल्प (C) सही है।

34. दिए गए विकल्पों में से वाक्य 'पुलिस के आने से पहले ही चोर भाग चुके थे।' पूर्ण भूतकाल का उदाहरण है।

क्रिया के उस रूप को पूर्ण भूतकाल कहते हैं, जिससे क्रिया की समाप्ति के समय का स्पष्ट बोध होता है कि क्रिया को समाप्त हुए काफी समय बीता है।

अन्य विकल्प:

सामान्य भूतकाल	क्रिया के जिस रूप से काम के सामान्य रूप से बीते समय में पूरा होने का बोध हो, उसे सामान्य भूतकाल कहते हैं। जैसे - राधा आयी।

आसन्न भूतकाल	इससे क्रिया की समाप्ति निकट भूत में या तत्काल ही सूचित होती है। जैसे - मैंने आम खाया है।
अपूर्ण भूत	इससे यह ज्ञात होता है कि क्रिया भूतकाल में हो रही थी, किंतु उसकी समाप्ति का पता नहीं चलता। जैसे - वह सोता था।

अतः विकल्प (C) सही है।

35. दिए गए विकल्पों में संभाव्य भविष्य काल का उदाहरण है –"शायद आज सीमा आएगी",

क्योंकि क्रिया के जिस रूप से उसके आने वाले समय में काम के पूर्ण होने के बारे में संदेह या सम्भावना पाई जाती है उसे संभाव्य भविष्य काल कहते हैं।

अन्य विकल्प-

काल	परिभाषा	उदाहरण
सामान्य भूतकाल	क्रिया के जिस रूप से काम के सामान्य रूप से बीते हुए समय में होने का बोध हो, उसे सामान्य भूतकाल कहते है।	आप लोगों ने खाना खा लिया।
संदिग्ध वर्तमान काल	क्रिया के जिस रूप से काम के वर्तमान काल में होने का संदेह हो, संदिग्ध वर्तमान काल कहते हैं।	संचित पढता होगा।
संदिग्ध भूतकाल	भूतकाल कि जिस क्रिया के करने या होने के बारे में संदेह हो,उसे संदिग्ध भूतकाल कहते है।	उस समय मैं सोया होऊँगा।

अतः विकल्प (C) सही है।

36. दिए गए विकल्पों में से 'निष्ठुर' शब्द का विलोम करुण है।

निष्ठुर का अर्थ - कठोर, निर्दयी

करुण का अर्थ - दयालु, दयावान

अतः विकल्प (A) सही है।

37. 'आयुर्वेद प्रतिरोधक क्षमता बढ़ाता है।' वाक्य शुद्ध है।

'तीन लड़की एक पुरुष से भिड़ गईं।' वाक्य में वचन संबंधी त्रुटि है। यहाँ पर 'लड़की' के स्थान पर 'लड़कियां' उचित होगा।

अत: विकल्प (B) सही है।

38. 'पेड़ पर मैना बैठी है।' शुद्ध वाक्य है क्योंकि इसमें कोई त्रुटि नहीं है।

'पेड़ पर मैना बैठे हैं।' में शब्द वचन संबंधी अशुद्धि है। 'बैठे हैं' के स्थान पर 'बैठी है' का प्रयोग होना चाहिए।

अत: विकल्प (A) सही है।

39. केवल प्रथम वाक्य ही स्पष्ट कार्य का बोध करा रहा है इसलिए निश्चित व निश्चयवाचक सर्वनाम का उदाहरण होगा।

जिन सर्वनाम शब्दों से किसी वस्तु, व्यक्ति या स्थान की निश्चितता का बोध हो वे शब्द निश्चयवाचक सर्वनाम कहलाते हैं।

अत: विकल्प (A) सही है।

40. वह अपने आप ही चला गया।' वाक्य में रेखांकित शब्द 'आप' निजवाचक सर्वनाम का रूप है।

जिस सर्वनाम से कर्ता का बोध होता है, वह निजवाचक सर्वनाम कहलाता है।

पुरुषवाचक सर्वनाम हैं- मैं, तुम, वह, हम

निश्चयवाचक सर्वनाम हैं- यह, वह, ये, वे

संबंधवाचक सर्वनाम हैं- जो-सो

अत: विकल्प (B) सही है।

41. रूस को यूईएफए द्वारा चैंपियंस लीग फाइनल की मेजबानी से 25 फरवरी 2022 को हटा दिया गया था और यूक्रेन पर रूस के आक्रमण के बाद सेंट पीटर्सबर्ग की जगह पेरिस ने ले ली थी। फ्रांस ने आखिरी बार 16 साल पहले चैंपियंस लीग फाइनल की मेजबानी की थी, जब बार्सिलोना ने 2006 के फाइनल में आर्सेनल को हराया था।

अतः विकल्प (A) सही है।

42. बेंगलुरु में इंडिया ग्लोबल फोरम (IGF) 7 और 8 मार्च 2022 को आयोजित किया किया गया था। IGF अंतर्राष्ट्रीय व्यापार और वैश्विक नेताओं के लिए एजेंडा-सेटिंग फोरम है।

इसमें कौशल विकास एवं उद्यमिता राज्य मंत्री श्री. राजीव चंद्रशेखर भाग लेंगे। यह बेंगलुरु में IGF का पहला संस्करण है। पिछले संस्करणों की मेजबानी दुबई और UK में की गई थी।

अतः विकल्प (A) सही है।

43. सॉफ्ट बैंक, भारती एन्टरप्राइजेज़ और फॉक्सकॉन टेक्नोलॉजी ग्रुप ने एक संयुक्त उपक्रम SBG क्लीनटेक बनाया है, जो ग्रीन एनर्जी प्रोजेक्ट्स में 10 वर्षों में लगभग $20 बिलियन का निवेश करेगा।

जापान मुख्यालय दूरसंचार और इंटरनेट प्रमुख सॉफ्टबैंक कॉर्प ("सॉफ्टबैंक"), प्रमुख भारतीय व्यापार समूह भारती एंटरप्राइजेज लिमिटेड ("भारती") और ताइवान स्थित शीर्ष डिजाइन और विनिर्माण सेवा प्रदाता फॉक्सकॉन टेक्नोलॉजी ग्रुप ("फॉक्सकॉन"), योजनाओं के साथ आए। भारत में स्वच्छ और सुरक्षित ऊर्जा को अपनाने को बढ़ावा देने के लिए एक संयुक्त उद्यम, एसबीजी क्लीनटेक लिमिटेड ("एसबीजी क्लीनटेक") बनाने के लिए। कुछ शर्तों के अधीन, तीनों कंपनियां संयुक्त रूप से उद्यम में निवेश करेंगी।

अतः विकल्प (A) सही है।

44. माधबी पुरी बुच को 3 साल की अवधि के लिए सेबी का नया अध्यक्ष नियुक्त किया गया है।

सरकार ने 3 साल की अवधि के लिए सेबी के नए अध्यक्ष के रूप में माधबी पुरी बुच की घोषणा की है। बुच सेबी के पूर्व पूर्णकालिक सदस्य हैं। वह अजय त्यागी का स्थान लेंगी, जिनका पांच साल का कार्यकाल समाप्त हो रहा है। यह पहली बार है जब सेबी में किसी महत्वपूर्ण पद के लिए किसी महिला और निजी क्षेत्र के व्यक्ति को चुना गया है।

अतः विकल्प (D) सही है।

45. सत्येंद्र प्रकाश ने 1 अगस्त 2022 को पत्र सूचना ब्यूरो (PIB) के प्रधान महानिदेशक के रूप में पदभार ग्रहण किया।

वह 1988 बैच के भारतीय सूचना सेवा अधिकारी हैं। उन्होंने जयदीप भटनागर, जो 31 जुलाई 2022 को सेवानिवृत्त हुए, का स्थान लिया।इससे पहले सत्येंद्र प्रकाश केंद्रीय संचार ब्यूरो के प्रधान महानिदेशक के पद पर कार्यरत थे।

अत: विकल्प (D) सही है।

46. यूएन वुमैन ने हाल ही में 'महिलाएं और लड़कियां पीछे छूट गईं: महामारी प्रतिक्रियाओं में स्पष्ट अंतराल' शीर्षक से एक नई रिपोर्ट जारी की।

रिपोर्ट के अनुसार, महिलाओं को सरकार से कोविड 19 राहत मिलने की संभावना कम थी। बच्चों के साथ रहने वाले 20 प्रतिशत कामकाजी पुरुष की तुलना में बच्चों के साथ रहने वाली 29 प्रतिशत कामकाजी माताओं ने अपनी नौकरी खो दी। रिपोर्ट के अनुसार, बच्चों के साथ रहने वाली एकल महिलाओं को अधिक पीछे छोड़ दिया गया।

अतः विकल्प (C) सही है।

47. स्वपोषी एक जीव है जो एक प्राथमिक उत्पादक के रूप में कार्य करता है और यह खाद्य श्रृंखला में पहले ट्राफिक स्तर पर कब्जा कर लेता है।वे पर्यावरण से कार्बन डाइऑक्साइड और पानी लेते हैं और उन्हें सूर्य के प्रकाश की सहायता से ऊर्जा-युक्त कार्बोहाइड्रेट (स्टार्च) में परिवर्तित करते हैं (आमतौर

पर फोटोटोट्रॉप्स कहा जाता है) और ऑक्सीजन छोड़ते हैं।यह उन कोशिकाओं के क्लोरोप्लास्ट में होता है जिनमें क्लोरोफिल वर्णक होता है जो सूर्य की ऊर्जा को अवशोषित करता है।

अतः विकल्प (D) सही है।

48. अगस्त प्रस्ताव 1940 में ब्रिटिश सरकार द्वारा बनाया गया एक प्रस्ताव था।

तीसरा गोलमेज सम्मेलन (17 नवंबर 1932 - 24 दिसंबर 1932)।

पूना पैक्ट 1930 में महात्मा गांधी और डॉ. अम्बेडकर के बीच एक समझौता था।

अतः विकल्प (A) सही है।

49. जैमिनी रॉय एक भारतीय चित्रकार थे। उन्हें 1955 में पद्म भूषण के राज्य पुरस्कार से सम्मानित किया गया। रॉय ने एक कमीशन पोर्ट्रेट पेंटर के रूप में अपना करियर शुरू किया। 1920 के दशक की शुरुआत में, अचानक उन्होंने अपनी खुद की खोज के प्रयास में कमीशन की गई पेंटिंग को त्याग दिया।

अतः विकल्प (C) सही है।

50. कर्क रेखा भारत के आठ राज्यों - गुजरात, राजस्थान, मध्य प्रदेश, छत्तीसगढ़, झारखंड, पश्चिम बंगाल, त्रिपुरा और मिजोरम से होकर गुजरती है।

अतः विकल्प (A) सही है।

51. अभिनव भारत का नाम अभिनव भारत सोसाइटी के नाम पर रखा गया, जिसकी स्थापना 1904 में विनायक दामोदर सावरकर ने की थी।

विनायक दामोदर सावरकर एक स्वतंत्रता सेनानी और एक भारतीय स्वतंत्रता कार्यकर्ता और राजनीतिज्ञ थे।

अतः विकल्प (A) सही है।

52. एम. एन. रॉय, मुजफ्फर अहमद और नलिनी गुप्ता, जिन्हें कानपुर बोल्शेविक षड्यंत्र मुक़दमे में गिरफ्तार किया गया था, भारतीय कम्युनिस्ट पार्टी से संबंधित थे, जिसे 26 दिसंबर 1925 को स्थापित किया गया था।

अतः विकल्प (D) सही है।

53. रामगंगा नदी बिजनौर जिले से यूपी में प्रवेश करती है।

- रामगंगा उत्तराखंड राज्य से निकलती है।
- रामगंगा नदी की लंबाई 596 किमी है।
- रामगंगा गंगा नदी की एक सहायक नदी है।
- रामगंगा कन्नौज जिले के पास गंगा में मिलती है।

अतः विकल्प (C) सही है।

54. राष्ट्रीय महिला आयोग की स्थापना जनवरी 1992 में राष्ट्रीय महिला आयोग अधिनियम, 1990 के तहत एक सांविधिक निकाय के रूप में की गई थी।

इसका उद्देश्य है:

- महिलाओं के लिए संवैधानिक और कानूनी सुरक्षा उपायों की समीक्षा करना।
- महिलाओं को प्रभावित करने वाले सभी नीतिगत मामलों पर सरकार को सलाह देना।

अतः विकल्प (B) सही है।

55.

कोर्ट	स्थापना की तिथि
बंबई उच्च न्यायालय	14 अगस्त 1862
मद्रास उच्च न्यायालय	15 अगस्त 1862
इलाहाबाद उच्च न्यायालय	11 जून 1866
कलकत्ता उच्च न्यायालय	1 जुलाई 1862

अतः विकल्प (D) सही है।

56. भारतीय अर्थव्यवस्था को तीन प्रमुख क्षेत्रों में वर्गीकृत किया गया है और उनका सकल घरेलू उत्पाद में योगदान है।

- कृषि क्षेत्र - 17.32%
- विनिर्माण - 29 .02%
- सेवा क्षेत्र - 53.66%

अतः विकल्प (B) सही है।

57. मानव उत्सर्जन प्रणाली में मुख्य उत्सर्जन इकाई को नेफ्रॉन कहा जाता है।

प्रत्येक गुर्दे में इन निस्पंदन इकाइयों की बड़ी संख्या होती है। यह शरीर में मूत्र का निर्माण करता है।

अतः विकल्प (A) सही है।

58. सक्रिय परिवहन एक प्रक्रिया है जो अणु को एक सांद्रण प्रवणता के विरुद्ध ले जाने के लिए आवश्यक है। इस प्रक्रिया में श्वसन से ऊर्जा की आवश्यकता होती है। पौधों को खुद को स्वस्थ रखने के लिए मिट्टी से खनिज आयनों को अवशोषित करने की आवश्यकता होती है।

अतः विकल्प (A) सही है।

59. मानव अधिकारों के सार्वभौमिक घोषणा का अनुच्छेद 6 कानून के समक्ष एक व्यक्ति के रूप में मान्यता का अधिकार के साथ संबंधित है।

यूडीएचआर के अनुच्छेद 6 में कहा गया है कि "प्रत्येक व्यक्ति को कानून के समक्ष एक व्यक्ति के रूप में हर जगह मान्यता प्राप्त करने का अधिकार है", भले ही वे नागरिक या अप्रवासी, छात्र या पर्यटक, श्रमिक या शरणार्थी, या कोई अन्य समूह का हो।

अतः विकल्प (B) सही है।

60. रोगी को बेहोश करने के लिए ऑपरेशन से पहले नाइट्रोक्लोरोफॉर्म को एनेस्थेटिक्स के रूप में प्रयोग किया जाता है। यह आँसू और उल्टी का कारण बनता है; कीटनाशक के रूप में और आंसू गैस के रूप में उपयोग किया जाता है।

अन्य विकल्प विस्फोटक हैं।

अतः विकल्प (C) सही है।

61. यदि ईंधन पूरी तरह से नहीं जलता है, यानी, कार्बन डाइऑक्साइड का उत्पादन करने के लिए कार्बन के साथ प्रतिक्रिया करने के लिए पर्याप्त ऑक्सीजन नहीं है, तो असंतुलित कार्बन कणों को कालिख के रूप में जाने वाले काले कणों के रूप में पीछे छोड़ दिया जाता है। ये कालिख के कण इसको काला करने वाले बर्तन के तल पर चिपक जाते हैं।

अतः विकल्प (C) सही है।

62. जॉन बॉयड डनलप एक पशु चिकित्सा सर्जन थे और उन्होंने 1887 में वायवीय टायर का आविष्कार किया।

वायवीय टायर औद्योगिक ढलाईकार अनुप्रयोगों में एक लोकप्रिय पहिया विकल्प हैं।

अतः विकल्प (B) सही है।

63. केंद्रीय प्रदूषण नियंत्रण बोर्ड द्वारा निर्धारित नियमों के अनुसार, अस्पतालों, शैक्षणिक संस्थानों, अदालतों और धार्मिक स्थानों के आसपास 100 मीटर के दायरे में सम्मान पर प्रतिबंध लगाया गया है।

अतः विकल्प (D) सही है।

64. गिद्ध या जटायु संरक्षण प्रजनन केंद्र हरियाणा के पंचकूला जिले के पिंजौर में बीर शिकारा अभयारण्य के भीतर स्थित है। यह भारतीय गिद्धों के संरक्षण और प्रजनन के लिए दुनिया की सबसे बड़ी सुविधा है। यह वर्ष 2001 में

स्थापित किया गया था और इसका नाम जटायु के नाम पर रखा गया है, जो रामायण के पौराणिक गिद्ध हैं।

अतः विकल्प (B) सही है।

65. ग्रेट रेड स्पॉट के रूप में जाना जाने वाला विशाल तूफान बृहस्पति के साथ जुड़ा हुआ है। यह स्थान पृथ्वी से दोगुना चौड़ा है और यह बृहस्पति के दक्षिणी गोलार्ध को घेरे हुए है।

अतः विकल्प (A) सही है।

66. अन्य प्रावधानों में, कानून यह कहता है कि 50 से अधिक कर्मचारियों के साथ प्रत्येक प्रतिष्ठान को आसान दूरी के भीतर शिशु-गृह की सुविधा प्रदान होनी चाहिए, जो मां दिन में चार बार तक जा सकती है।

अतः विकल्प (C) सही है।

67. पीएम नरेंद्र मोदी द्वारा 'एग्जाम वॉरियर युवाओं के लिए एक प्रेरणादायक पुस्तक है जो कि एक मजेदार और संवादात्मक शैली में चित्रण, गतिविधियों और योग अभ्यास के साथ लिखी गई है। यह किताब न केवल एकिंग परीक्षा में बल्कि जीवन का सामना करने में एक दोस्त होगी।

अतः विकल्प (B) सही है।

68. आईपीसी की धारा 366 में किसी महिला का अपहरण करने और उसे शादी के लिए मजबूर करने की सजा का प्रावधान है।

सजा: एक ऐसे कारावास की सजा जो 10 साल तक की हो सकती है और जुर्माने के लिए उत्तरदायी है।

अतः विकल्प (B) सही है।

69. भारतीय संविधान का अनुच्छेद 22 मनमानी गिरफ्तारी और नजरबंदी के खिलाफ सुरक्षा प्रदान करता है।

- एक गिरफ्तार व्यक्ति को गिरफ्तारी के 24 घंटे के भीतर निकटतम न्यायाधीश के सामने पेश किया जाना चाहिए।
- गिरफ्तार व्यक्ति को अपनी पसंद के कानूनी पेशावर से परामर्श करने का अधिकार है।
- पुलिस हिरासत में किए गए बयानों को आरोपी के खिलाफ सबूत के रूप में इस्तेमाल नहीं किया जा सकता है।

अतः विकल्प (D) सही है।

70. यह संकेत 'एक तरफ़ा रास्ता' इंगित करता है।

ट्रैफिक सिग्नल का उपयोग चालकों, सवारों और पैदल चलने वालों को सिग्नल देने के लिए किया जाता है ताकि उन्हें यातायात के बारे में पता चल सके। संकेत बोर्डों, पत्थर के मील के पत्थर पर खींचे जा सकते हैं।

अतः विकल्प (D) सही है।

71. सिंधु घाटी सभ्यता का प्रमुख बंदरगाह लोथल था। लेकिन इसके कई अन्य बंदरगाह शहर थे जैसे कि सुतकागेंडोर, अल्लाहदीनो, बालाकोट, कुंतासी, आदि।

सिन्धु घाटी सभ्यता विश्व की प्राचीन नदी घाटी सभ्यताओं में से एक प्रमुख सभ्यता है। जो मुख्य रूप से दक्षिण एशिया के उत्तर-पश्चिमी क्षेत्रों में, जो आज तक उत्तर पूर्व अफगानिस्तान, पाकिस्तान के उत्तर-पश्चिम और उत्तर भारत में फैली। प्राचीन मिस्र और मेसोपोटामिया की प्राचीन सभ्यता के साथ, यह प्राचीन दुनिया की सभ्यताओं के तीन शुरुआती कालक्रमों में से एक थी।

अतः विकल्प (A) सही है।

72. रेनिन पेप्सीन से संबंधित एक एंजाइम है, जो कुछ जानवरों के पेट की मुख्य कोशिकाओं द्वारा संश्लेषित होता है।

पाचन में इसकी भूमिका पेट में दूध को पचाने के लिए होता है, जो बहुत छोटे जानवरों में काफी महत्व की प्रक्रिया है।

अतः विकल्प (B) सही है।

73. हैदराबाद अंतर्राष्ट्रीय हवाईअड्डा अब देश के पहले पूरी तरह से संपर्क रहित एयरपोर्ट कार पार्किंग की पेशकश कर रहा है, जिसमें नेशनल पेमेंट्स कॉर्पोरेशन ऑफ इंडिया के सहयोग से FASTag कार पार्किंग को बढ़ाकर 10 NETC FASTag जारीकर्ता बैंकों को एकीकृत किया गया है।

अतः विकल्प (D) सही है।

74. कोलाइडी कणों द्वारा प्रकाश के किरण के प्रकीर्णन को टिंडल प्रभाव कहा जाता है।

कोलाइडी निलंबन या विलयन प्रकाश प्रकीर्णन को प्रदर्शित करते हैं। जब एक प्रकाश या लेजर कोलाइडी निलंबन से गुजरता है, तो प्रकाश प्रकीर्णित होता है।

अतः विकल्प (C) सही है।

75. एक्सट्रूसिव आग्नेय चट्टानें ठंडी और ठोस होती हैं, जो कि इंट्रूसिव आग्नेय चट्टानों की तुलना में जल्दी होती हैं। वे पृथ्वी की सतह पर पिघले हुए मैग्मा के ठंडा होने से बनते हैं।

अतः विकल्प (B) सही है।

76. चेरव नृत्य को मिजोरम के सबसे पुराने नृत्यों में से एक के रूप में पहचाना जाता है, चेरव नृत्य मिजोरम के लगभग हर त्योहार का एक अभिन्न अंग बन गया है।

ऐसा माना जाता है कि चेराव नृत्य की उत्पत्ति पहली शताब्दी के पूर्व हुई थी।

अतः विकल्प (A) सही है।

77. रवींद्रनाथ टैगोर ने आठ साल की उम्र में कविता लिखी थी। सोलह वर्ष की आयु में, उन्होंने छद्म नाम भानुसिंह ("सन लायन") के तहत अपनी पहली पर्याप्त कविताओं को जारी किया, जिन्हें साहित्यिक अधिकारियों द्वारा लंबे समय से खोए हुए क्लासिक्स के रूप में जब्त किया गया था।

अतः विकल्प (D) सही है।

78. उत्तर प्रदेश का पहला राज्य प्रिंटिंग प्रेस इलाहाबाद में स्थापित किया गया था।

- पहले राज्य प्रेस की स्थापना आजादी के पहले युद्ध के बाद इलाहाबाद में हुई थी।
- मुद्रण और लेखन विभाग उत्तर प्रदेश सरकार का एक सेवा विभाग है।

अतः विकल्प (A) सही है।

79. कंप्यूटर का ALU कंट्रोल सेक्शन से आने वाले कमांड्स को प्रतिक्रिया देता है। कण्ट्रोल यूनिट कंप्यूटर की सेंट्रल प्रोसेसिंग इकाई का एक घटक है जो प्रोसेसर के संचालन को निर्देशित करता है।

अतः विकल्प (B) सही है।

80. क्लोरोफ्लोरोकार्बन की उपस्थिति वायुमंडल में ओजोन परत के ह्रास के लिए प्रमुख रूप से जिम्मेदार है।ओजोन परत के ह्रास से पृथ्वी के वायुमंडलीय तापमान में वृद्धि होती है।

अतः विकल्प (B) सही है।

81. औसत गति = कुल दूरी/कुल समय

समय = दूरी/गति

माना कुल दूरी = x

एक चौथाई दूरी के लिए लिया गया समय = $\dfrac{\left(\frac{x}{4}\right)}{20} = \dfrac{x}{80}$

आधी दूरी के लिए लिया गया समय $= \dfrac{\left(\frac{x}{2}\right)}{40} = \dfrac{x}{80}$

अन्य एक चौथाई के लिए लिया गया समय $= \dfrac{\left(\frac{x}{4}\right)}{10} = \dfrac{x}{40}$

कुल समय $= \dfrac{4x}{80}$

$= \dfrac{x}{20}$

औसत गति $= \dfrac{x}{\left(\frac{x}{20}\right)}$

$= 20$ किमी/घंटा

अतः विकल्प (A) सही है।

82. स्वरुप $x^2 : x^3$ रूप का है। जैसे कि किसी भी संख्या में दशमलव या मूल नहीं है, तो पहली संख्या पूर्ण वर्ग होनी चाहिए। जो कि केवल 81 है।

$81 = 9^2 : 9^3 = 81 : 729$

अतः $81 : 729$ सही उत्तर है।

अतः विकल्प (D) सही है।

83.

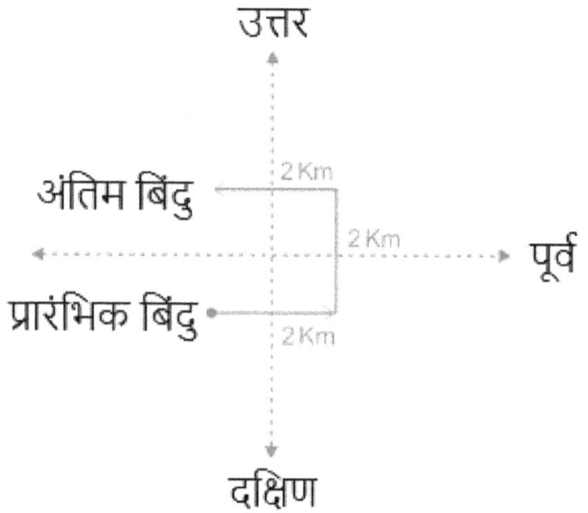

अतः रोहित पश्चिम की ओर सम्मुख है।

अतः विकल्प (C) सही है।

84. 12 और 16 का लघुत्तम समापवर्त्य 48 इकाई है

हम जानते हैं कि,

दक्षता $=$ कार्य /समय

X द्वारा प्रत्येक घण्टे में टैंक को भरे जाने की मात्रा $\dfrac{48}{12} = 4$ इकाई

Y द्वारा प्रत्येक घण्टे में टैंक को खाली की जाने की मात्रा $\dfrac{48}{16} = 3$ इकाई

दोनो पाइपों के बीच प्रत्येक घण्टे का अन्तर $4 - 3 = 1$

इस प्रकार टैंक को भरने के लिए 48 घण्टे लगेगें।

अतः विकल्प (A) सही है।

85. सरलीकरण,

$\Rightarrow \left(\dfrac{27}{125}\right)^{\frac{-4}{3}}$

$\Rightarrow \left(\dfrac{3^3}{5^3}\right)^{\frac{-4}{3}}$

$= \left(\dfrac{3}{5}\right)^{3 \times \frac{-4}{3}}$

$\Rightarrow \left(\dfrac{5}{3}\right)^4 = \dfrac{625}{81}$

अतः विकल्प (D) सही है।

86. जोड़ने पर हमें प्राप्त करते हैं,

$= 1345.93 + 368.47$

$= 1714.4$

अतः विकल्प (B) सही है।

87. 25 बैग का औसत वजन $= 55$

25 बैग के वजन का योग $= 55 \times 25 = 1375$

25 बैग का सही योग $= 1375 - 65 + 56 = 1366$

25 बैग का सही औसत $= \dfrac{1366}{25} = 54.64$

अतः विकल्प (B) सही है।

88. माना निवेश की गयी राशि $100x$ रु है,

पहले वर्ष के लिए साधारण ब्याज $= 100x$ का $15\% = 15x$ रु

दूसरे वर्ष के लिए साधारण ब्याज $= 100x$ का $20\% = 20x$ रु

कुल ब्याज $= 15x + 20x = 35x$ रु

दिया है:

$\Rightarrow 35x = 140$

$\Rightarrow x = 4$

इसलिये, निवेश की गयी राशि $= 100x = 100 \times 4 = 400$ रु

अतः विकल्प (B) सही है।

89. प्रत्येक विकल्प की जाँच करने पर,

1) Fate $\rightarrow$ HEATING ('F' मौजूद नहीं है)

2) Ate $\rightarrow$ H**EAT**ING

3) Gate $\rightarrow$ H**EAT**ING

4) Gain $\rightarrow$ HEATING

अतः विकल्प (A) सही है।

90. कथन से, यह स्पए नहीं है कि व्यक्ति नेताओं को अमीर बनाने के लिए वोट देते हैं और यह दिया गया है कि वे वोट के कारण अमीर बनते हैं ना कि गुणों के

कारण| अतः दोनों कथन निहित नहीं है। इसलिए। और ॥ दोनों निहित नहीं है सही विकल्प है।

अतः विकल्प (D) सही है।

91. माना कि अजीत, आनंद और आयुष निवेश की समयावधि क्रमशः $2x : y : x$ है।

हम जानते हैं कि,

लाभ = निवेश की गयी राशि × समय

लाभ का अनुपात $6x : 4y : 5x$

दिया गया,

$$\left(\frac{5x}{(11x+4y)}\right) \times 51000 = 15000$$

$$\Rightarrow \frac{5x}{(11x+4y)} = \frac{5}{17}$$

$$\Rightarrow 85x = 55x + 20y$$

$$\Rightarrow 30x = 20y$$

$$\Rightarrow 3x = 2y$$

माना $x = 2k$ और $y = 3k$

$\therefore$ आवश्यक अनुपात $= 2x : y : x = 4k : 3k : 2k = 4 : 3 : 2$

अतः विकल्प (B) सही है।

92. माना कि एक साइकिल की विक्रय मूल्य 240 और बेची गई साइकिलों की संख्या N है

लाभ = 140

लागत मूल्य = 100

कुल लाभ = $140N$

विक्रय मूल्य को कम करने के बाद = 120

और बिकने वाली साइकिलों की संख्या = $7N$

लाभ $= \left(\frac{(120-100)}{100}\right) \times 100 = 20$

कुल लाभ $= 20 \times 7N = 140N$

इसलिए, लाभ समान रहता है अर्थात् = 0%

अतः विकल्प (D) सही है।

93. हम जानते हैं,

साधारण ब्याज (S.I.) Math input error (मूलधन Math input error समय Math input error दर) $/100$

दिया गया है:

साधारण ब्याज = 7500

दर = 15%

समय = 1 वर्ष

दिये गये सूत्र में इन मानों को रखने पर,

$$\Rightarrow 7500 = \frac{P \times 15 \times 1}{100}$$

$$\Rightarrow P = \frac{100 \times 7500}{15}$$

$$\Rightarrow P = 100 \times 500$$

$$\Rightarrow P = 50000$$

$\therefore$ ब्याज के रुप में 7500 रु. प्राप्त करने के लिए 50000 रु. का निवेश करना चाहिए

अतः विकल्प (A) सही है।

94. चूँकि, किसी संख्या का इकाई का अंक 3 होने पर घात की प्रक्रिया चार बार चलती है

$= (153)^{144}$ का इकाई अंक

$= (153)^{\left(\frac{144}{4}\right)}$ का इकाई अंक

$= (153)^{36}$ का इकाई अंक $= 1$

अब,

$(115)^{123}$ का इकाई अंक $= 5$

$(111)^{510}$ का इकाई अंक $= 1$ $(216)^{25}$ का इकाई अंक $= 6$

इसलिए, $(153)^{144} - (115)^{123} - (111)^{510} + (216)^{25}$ का इकाई अंक $= 1 - 5 - 1 + 6 = 1$

अतः विकल्प (D) सही है।

95. N संख्याओं का औसत $= 21$

N संख्याओं का योग $= 21N$

अब,

$$\Rightarrow 21N - 57 = 17(N - 1)$$

$$\Rightarrow 21N - 17N = 57 - 17$$

$$\Rightarrow 4N = 40$$

$$\Rightarrow N = 10$$

इस प्रकार, N का मान $= 10$ है।

अतः विकल्प (A) सही है।

96. पर्वत के आधार का क्षेत्र $= \pi r^2$

$$\Rightarrow 1.54 \text{ किमी}^2 = \frac{22}{7} r^2$$

$$\Rightarrow 1.54 \times \frac{7}{22} = r^2$$

$$\Rightarrow 0.49 = r^2$$

$$\Rightarrow r = 0.7 \text{ किमी}$$

दिया है, तिरछी ऊँचाई $= 2.5$ किमी

हम जानते हैं कि,

$\Rightarrow$ तिरछी ऊँचाई ^{2} = ऊँचाई ^{2} + त्रिज्या ^{2}

$\Rightarrow$ ऊँचाई $= \sqrt{2.5^2 - 0.7^2}$

$\Rightarrow$ ऊँचाई $= \sqrt{5.76}$

$\Rightarrow$ ऊँचाई $= 2.4$ किमी

अतः विकल्प (B) सही है।

97. संबंध इस प्रकार है:

भरतनाट्यम : तमिलनाडु $\rightarrow$ भरतनाट्यम भारतीय शास्त्रीय नृत्य का एक प्रमुख रूप हे जो सैकड़ों वर्ष पहले तमिलनाडु राज्य में उत्पन्न हुआ था।

इसी प्रकार,

कुचिपुड़ी : _______ $\rightarrow$ कुचिपुड़ी ग्यारह प्रमुख भारतीय शास्त्रीय नृत्यों में से एक है। यह भारत के आंध्र प्रदेश राज्य में कुचिपुड़ी नामक एक गाँव में उत्पन्न हुआ था।

अतः विकल्प (D) सही है।

98. $3x - \dfrac{1}{4x} = 3$ ...(i)

समीकरण (i) को $\dfrac{4}{3}$ से गुणा करने पर

$4x - \dfrac{1}{3x} = 4$

हम जानते हैं,

$(a - b)^3 = a^3 - b^3 - 3ab(a - b)$

घन करने पर,

$\Rightarrow \left(4x - \dfrac{1}{3x}\right)^3 = (4)^3$

$\Rightarrow (4x)^3 - \dfrac{1}{(3x)^3} - 3\left(4x \times \dfrac{1}{3x}\right)\left(4x - \dfrac{1}{3x}\right) = 64$

$\Rightarrow 64x^3 - \dfrac{1}{27x^3} - 3\left(\dfrac{4}{3}\right)4 = 64$

$\Rightarrow 64x^3 - \dfrac{1}{27x^3} = 80$

अतः विकल्प (B) सही है।

99. छूट $= 20\%, x = 20\%$

बढ़ी हुई मात्रा $= \dfrac{x}{100-x} \times 100$

$= \dfrac{20}{100-20} \times 100 = 25\%$

इसलिए, $25\% = 500$ ग्राम

अर्थात $100\% = 2000$ ग्राम या $= 2$ क्रिगा

34 रुपये में वह 2 किलो खरीद सकता था

इसलिए, चीनी का प्रारंभिक मूल्य 17 रुपये/किलोग्राम है।

अतः विकल्प (C) सही है।

100. न्यूनतम संभावित वेन आरेख नीचे दर्शाया गया है।

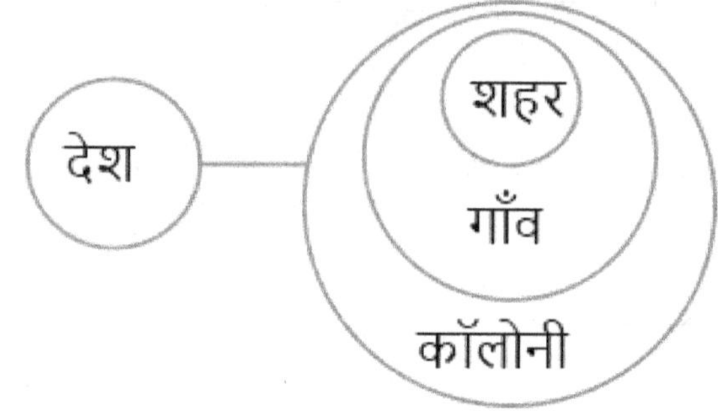

I. केवल कॉलोनी शहर हैं $\rightarrow$ असत्य (सभी शहर गाँव हैं)

II. कोई गाँव देश नहीं है $\rightarrow$ सत्य

III. कुछ शहर देश नहीं हैं $\rightarrow$ सत्य

अतः उत्तर केवल II और II अनुसरण करते हैं ' है।

अतः विकल्प (D) सही है।

101. दिया गया स्वरूप निम्न प्रकार है.

$48 \ \& \ 6 \ \mu \ 1 \rightarrow 48 \div 6 - 1 = 8 - 1 = 7$

$68 \ \& \ 4 \ \mu \ 9 \rightarrow 68 \div 4 - 9 = 17 - 9 = 8$, और

$72 \ \& \ 8 \ \mu \ 4 \rightarrow 72 \div 8 - 4 = 9 - 4 = 5$

इसी प्रकार

$51 \ \& \ 3 \ \mu \ 8 \rightarrow 51 \div 3 - 8 = 17 - 8 = 9$

अतः विकल्प (C) सही है।

102. सोमवार से शुक्रवार तक का तापमान $= 32.4 \times 5 = 162$

बुधवार से रविवार तक का तापमान $= 34.6 \times 5 = 173$

सप्ताह का कुल तापमान $= 33 \times 7 = 231$

बुधवार से शुक्रवार तक का तापमान $= 162 + 173 - 231 = 104$

बुधवार और गुरुवार का तापमान $= 36 + 36 = 72$

इसलिए, शुक्रवार का तापमान $= 104 - 72 = 32$

अतः विकल्प (D) सही है।

103. दिया है:

$\cos^4\theta - \sin^4\theta = \dfrac{1}{3}$

$a^2 - b^2 = (a - b)(a + b)$

$\Rightarrow (\cos^2\theta - \sin^2\theta)(\cos^2\theta + \sin^2\theta) = \dfrac{1}{3}$

$\Rightarrow (\cos^2\theta - \sin^2\theta) = \dfrac{1}{3} \quad \because \cos^2\theta + \sin^2\theta = 1$

$\Rightarrow \cos^2\theta = \dfrac{1}{3} \quad \because \cos^2\theta - \sin^2\theta = \cos^2\theta$

$\cos^2\theta = \dfrac{1-\tan^2\theta}{1+\tan^2\theta}$

$\frac{1}{3} = \frac{1-\tan^2\theta}{1+\tan^2\theta}$

तिर्यक गुणा करने पर,

$1 + \tan^2\theta = 3(1 - \tan^2\theta)$

$\Rightarrow 1 + \tan^2\theta = 3 - 3\tan^2\theta$

$\Rightarrow 4\tan^2\theta = 3 - 1$

$4\tan^2\theta = 2$

$\therefore \tan^2\theta = \frac{1}{2}$

अतः विकल्प (A) सही है।

104. हम जानते हैं कि,

जब 10 को 6 से विभाजित किया जाता है तो शेषफल 4 होता है।

जब 100 को 6 से विभाजित किया जाता है तो शेषफल 4 होता है।

जब 1000 को 6 से विभाजित किया जाता है तो शेषफल 4 होता है।

इसलिए, आवश्यक शेषफल को, 6 से विभाजित करने पर $= (4 + 4 + 4 + 4 + 4) = 20$

और फिर, जब 20 को 6 से विभाजित किया जाता है, तो शेषफल 2 होता है।

अतः विकल्प (A) सही है।

105.

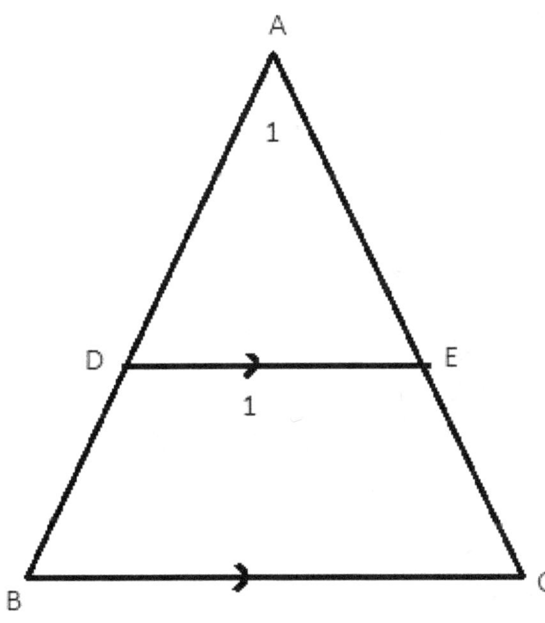

ar $ADE = $ ar $DEBC$

इसलिए, ar $\triangle ADE = 1$ इकाई^2 और ar $ABC = 2$ इकाई^2

$\frac{ar\triangle ADE}{ar\triangle ABC} = \frac{AD^2}{AB^2}$

$\frac{1}{2} = \left(\frac{AD}{AB}\right)^2$

$\frac{1}{\sqrt{2}} = \frac{AD}{AB}$

$\therefore \frac{AD}{DB} = \frac{1}{\sqrt{2}-1}$

$\left(\because DB = AB - AD = \sqrt{2} - 1\right)$

इसलिए, $AD:BD = 1:\sqrt{2} - 1$

अतः विकल्प (B) सही है।

106. प्रश्नानुसार,

लागत मूल्य $= 135000$ रु मरम्मत पर खर्च $= 25000$

कुल लागत मूल्य $= 160000$

विक्रय मूल्य = लागत मूल्य $\times (100 - $ हानि $/100)$

$= 160000 \times \frac{90}{100} = 1,44,000$

अतः विकल्प (C) सही है।

107. माना लीटर में ली गयी मात्रा x है

माना लीटर में बदली गयी मात्रा y है

बार बार की गयी प्रक्रिया की संख्या n है

शेष दूध $= x\left(1 - \frac{y}{x}\right)^n$

$= 80\left(1 - \frac{8}{80}\right)^3$

$= 80\left(\frac{9}{10}\right)^3$

$= 80 \times 0.729 = 58.32$ लीटर

अतः विकल्प (B) सही है।

108. दिए गए ग्राफ को सरल बनाने पर:

	2008	2009	2010	2011	2012	2013	कुल
राजस्व A	20	35	40	60	55	70	280
लाभ A	15	25	20	40	35	40	175
व्यय A	5	10	20	20	20	30	105
राजस्व B	50	60	45	75	80	100	410
लाभ B	30	40	35	45	55	60	265
व्यय B	20	20	10	30	25	40	145

इसलिए, दोनों कंपनियों के कुल $= 105 + 145 = 250$ लाख

अतः विकल्प (B) सही है।

109.

	2008	2009	2010	2011	2012	2013	कुल
राजस्व A	20	35	40	60	55	70	280
लाभ A	15	25	20	40	35	40	175
व्यय A	5	10	20	20	20	30	105
राजस्व B	50	60	45	75	80	100	410
लाभ B	30	40	35	45	55	60	265
व्यय B	20	20	10	30	25	40	145

वर्ष 2010 में व्यय $= \frac{20}{40} \times 100 = 50\%$

वर्ष 2012 में व्यय $= \frac{20}{55} \times 100 = 36.36\%$

वर्ष 2009 में व्यय $= \frac{10}{35} \times 100 = 28.56\%$

वर्ष 2011 में व्यय $= \frac{20}{60} \times 100 = 33.33\%$

अतः विकल्प (B) सही है।

110. तालिका में, हम देखते हैं कि 2008 की तुलना में 2009 में सबसे अधिक प्रतिशत वृद्धि हुई थी।

	2008	2009	2010	2011	2012	2013
लाभ B	15	25	20	40	35	40
वृद्धि %		33.33 %	- 12.50 %	28.57 %	22.22 %	9.09 %

अतः विकल्प (C) सही है।

111.

	2008	2009	2010	2011	2012	2013	कुल
राजस्व A	20	35	40	60	55	70	280
लाभ A	15	25	20	40	35	40	175
व्यय A	5	10	20	20	20	30	105
राजस्व B	50	60	45	75	80	100	410
लाभ B	30	40	35	45	55	60	265
व्यय B	20	20	10	30	25	40	145

हम देखते हैं कि 2009 में, मूल्य उच्चतम है।

	2008	2009	2010	2011	2012	2013
राजस्व A और B	70	95	85	135	135	170
लाभ A और B	45	65	55	85	90	100
प्रतिशत	64.29 %	68.42 %	64.71 %	62.96 %	66.67 %	58.82 %

अतः विकल्प (D) सही है।

112.

	2008	2009	2010	2011	2012	2013	कुल
राजस्व A	20	35	40	60	55	70	280
लाभ A	15	25	20	40	35	40	175
व्यय A	5	10	20	20	20	30	105
राजस्व B	50	60	45	75	80	100	410
लाभ B	30	40	35	45	55	60	265
व्यय B	20	20	10	30	25	40	145

2014 में A का राजस्व $= 1.4 \times 70 = 98$

2014 में A का व्यय $= 1.3 \times 30 = 39$

लाभ $= 98 - 39 = 59$

लाभ प्रतिशत $= 59 \times \frac{100}{98} \approx 60\%$

अतः विकल्प (B) सही है।

113. दोनों ही स्थिति में, आयतन स्थिर रहेगा।

शीट का आयतन $= (27 \times 8 \times 1)$ cm$^3 = 216$ सेमी^{3}

माना घन की भुजा $= a$ सेमी

इसलिए, घन का क्षेत्रफल $a^3 = 216$

$\Rightarrow a = 6$ सेमी

इस प्रकार, घन का पृष्ठीय क्षेत्रफल $= 6a^2 = 216$ सेमी^{2}

इसलिए शीट का पृष्ठीय क्षेत्रफल $= 2(27 \times 8 + 8 \times 1 + 27 \times 1)$ सेमी^{2}

$= 2(216 + 8 + 27) = 2(251) = 502$ सेमी^{2}

दोनों के पृष्ठीय क्षेत्रफल में अंतर $= (502 - 216)$ सेमी$^2 = 286$ सेमी^{2}

अतः विकल्प (D) सही है।

114. हम जानते हैं कि,

रेंज $=$ अधिकतम मान - न्यूनतम मान $= 29 - 16 = 13$

बहुलक $=$ अधिकतम आवर्ती मान

$\because$ 18 को 3 बार दोहराया गया हैं।

बहुलक $= 18$

दिये गये आकड़ों का रेंज और बहुलक 13 और 18 हैं।

अतः विकल्प (B) सही है।

115. हम क्रमचय के नियम द्वारा हल कर सकते है

$\Rightarrow$ APPLE में $1A, 2P, 1L$ और $1E$ है।

हम जानते हैं कि,

$$P(n, r) = \frac{n!}{(n-r)!}$$

आवश्यक संख्या $= \frac{5!}{2!} = \frac{(5 \times 4 \times 3 \times 2 \times 1)}{2} = 60$

अतः विकल्प (A) सही है।

116. उपरोक्त प्रश्न के लिए नमूना स्थान S है

$S = \{(H,H,H), (H,H,T), (H,T,H), (T,H,H), (T,T,H), (T,H,T), (H,T,T), (T,T,T)\}$

माना कि E घटना है: "सिक्कों में अधिक से अधिक 1 हेड आते हैं"।

घटना E को निम्न रुप से व्यक्त किया जा सकता है:

$E = \{(H,T,T), (T,H,T), (T,T,H), (T,T,T)\}$

$\therefore P(E)$ की प्रायिकता दी गई है $= \frac{n(E)}{n(S)} = \frac{4}{8} = \frac{1}{2}$

अतः विकल्प (D) सही है।

117. दिया गया है: $= \left(x + \frac{1}{x}\right)^2 = 3$

$x + \frac{1}{x} = \sqrt{3}$

$x^6 = -1$

अब यह मान दिए गए समीकरण में रखने पर,

$x^{138} + x^{132} + x^{114} + x^{108} + x^{84} + x^{78} = 7$

$= -1 + 1 - 1 + 1 + 1 - 1 - 7$

$= -7$

अतः विकल्प (B) सही है।

118. यहाँ तर्क निम्नानुसार है:

$4 \times 2 = 8$

$8 \times 3 = 24$

$24 \times 4 = 96$

$96 \times 5 = 480$

इसी तरह,

$480 \times 6 = 2880$

अतः विकल्प (C) सही है।

119. दिया हुआ है:

$(2)^{13.8} \div (2)^{10.8} + (2^{12})^{\frac{1}{7}} + \sqrt{x} = (21^3)^{\frac{1}{3}}$

$\Rightarrow 2^3 + 2^3 + \sqrt{x} = 21$

$\Rightarrow \sqrt{x} = 21 - 16$

$\Rightarrow \sqrt{x} = 5$

$\Rightarrow x = 25$

अतः विकल्प (D) सही है।

120. माना कि प्रीत का कुल वेतन $= x$ रुपये

शेष वेतन $\% = (100 - 25 - 10 - 20 - 10 - 10)\%$

$= 25\%$

प्रश्नानुसार,

$\Rightarrow 25\% \to 20000$

$100\% \to \frac{20000}{25} \times 100$

$= 80000$ रुपये

अतः विकल्प (C) सही है।

121. सही उत्तर यह कि है, यौन अपराध के मामले में पीड़ित का नाम नहीं होना चाहिए है।

- यौन अपराधों के मामले में निर्णय में पीड़ित का नाम नहीं होना चाहिए।
- एक निर्णय का वैध और कानूनी प्रभाव केवल तभी होता है, जब इसे जारी करने वाली अदालत में मामले द्वारा प्रस्तुत कानून के सवालों के साथ-साथ व्यक्तियों या चीजों पर अधिकार क्षेत्र तय करने की क्षमता होती है।
- कोई भी व्यक्ति प्रिंट, इलेक्ट्रॉनिक, सोशल मीडिया आदि में पीड़ित का नाम नहीं छाप या प्रकाशित कर सकता है।
- जहां तक संभव हो पुलिस अधिकारियों को उन सभी दस्तावेजों को एक सीलबंद लिफाफे में रखना चाहिए, जिससे पीड़ित के नाम का खुलासा हो सकता है।

अतः विकल्प (B) सही है।

122. निम्नलिखित प्रतिरूप का अनुसरण किया गया है:

D+L+A = 4+12+1=17

E+C+I =5+3+9 =17

इसी तरह,

T+O+H = 20+15+8 = 43

S+K+M= 19+11+13 =43

अतः विकल्प (C) सही है।

123. निम्नलिखित प्रतिरूप का अनुसरण किया गया है:

M का स्थान = 13^3 = 2197

इसलिए, 6859 = 19^3

19 = S का स्थान

अतः विकल्प (D) सही है।

124. एनीमोमीटर एक उपकरण है जिसका उपयोग हवा की गति को मापने के लिए किया जाता है।

इसी तरह,

भूकंप की तीव्रता को सिस्मोमीटर द्वारा मापा जाता है।

अतः विकल्प (C) सही है।

125. प्रश्नानुसार,

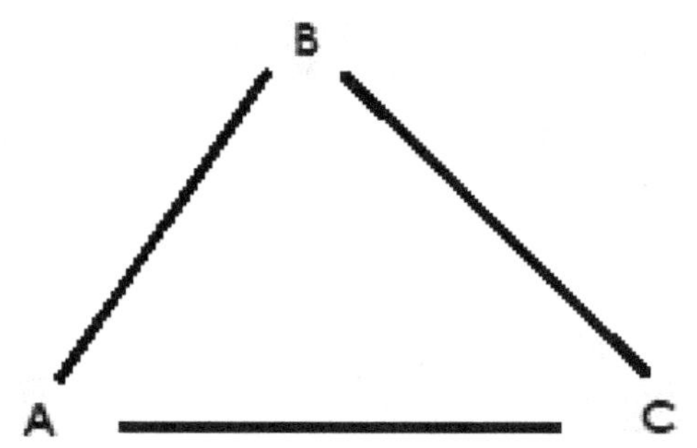

हम स्पष्ट रूप से देख सकते हैं कि B, C के उत्तर-पश्चिम की ओर है।

अतः विकल्प (B) सही है।

126. प्रश्नानुसार,

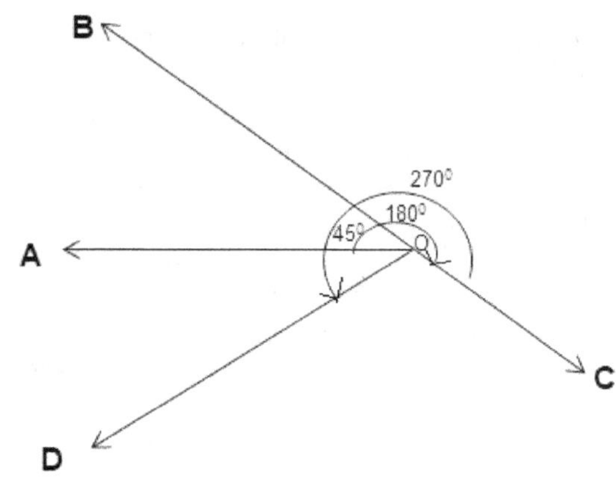

आदमी का मुख A की ओर है, फिर बिंदु B की ओर है, फिर C की ओर है, अंत में, वह बिंदु D की ओर है।

इस प्रकार उसका मुख दक्षिण-पश्चिम की ओर है।

अतः विकल्प (A) सही है।

127. आईपीसी 377 की धारा एलजीबीटी समुदाय से संबंधित है जो परम्परागत मानदण्डों के बाहर यौन अभिविन्यास को प्रतिबंधित करती है। यह लम्बे समय तक आईपीसी का एक विवादित अनुभाग रहा है।

अतः विकल्प (A) सही है।

128. निम्नलिखित प्रतिरूप का अनुसरण किया गया है:

$$M \xrightarrow{+3} P \xrightarrow{+1} Q \xrightarrow{-2} O$$

$$D \xrightarrow{+3} G \xrightarrow{+1} H \xrightarrow{-2} F$$

$$R \xrightarrow{+3} U \xrightarrow{+1} T \xrightarrow{-2} V$$

$$V \xrightarrow{+3} Y \xrightarrow{+1} Z \xrightarrow{-3} X$$

अतः विकल्प (C) सही है।

129. आईपीसी की धारा 78 के तहत, एक जल्लाद जो अदालत के आदेश के अनुसार कैदियों को फांसी देता है, को आपराधिक दायित्व से मुक्त किया जाता है।

अतः विकल्प (A) सही है।

130. संख्यात्मक जोड़े में निम्नलिखित प्रतिरूप का अनुसरण किया गया है:

$$\frac{70}{80} = \frac{7}{8}$$

$$\frac{54}{62} = \frac{27}{31}$$

$$\frac{28}{32} = \frac{7}{8}$$

$$\frac{42}{48} = \frac{7}{8}$$

इसलिए, यहां विषम जोड़ा 54,62 है।

अतः विकल्प (B) सही है।

131. प्रश्नानुसार, आरेख है:

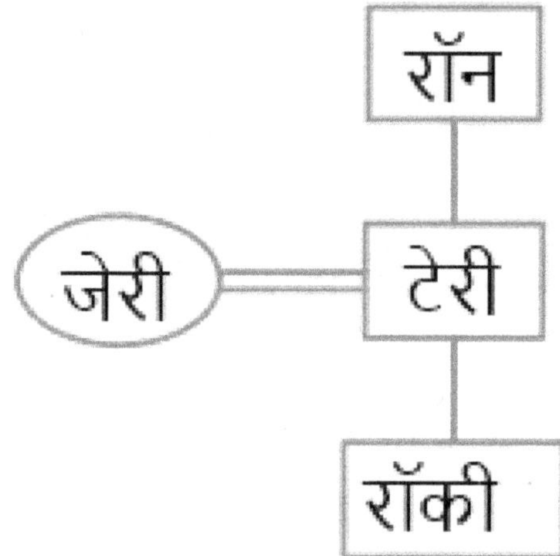

इसलिये, रॉन, रॉकी के दादा हैं।

अतः विकल्प (B) सही है।

132. कुछ कार्य अकेले नहीं किए जा सकते हैं और यदि आपके पास गुणवत्ता है तो कुछ को बेहतर और तेज किया जा सकता है टीम वर्क से।

ब दो या उससे ज्यादा लोग साथ मिलकर किसी काम को करते हैं तो उसे टीम वर्क कहा जाता है।

अतः विकल्प (C) सही है।

133. शब्दकोश के अनुसार, शब्दों का सही क्रम है:

4) Temperature

1) Temple

2) Tenant

3) Terminate

अतः विकल्प (D) सही है।

134. शब्दकोश के अनुसार, शब्दों का सही क्रम है:

3) Nautical

4) Naval

2) Navigate

1) Necessary

अतः विकल्प (A) सही है।

135. श्रृंखला दिए गए पैटर्न का अनुसरण करती है:

PQQR /PQQR /PQQR

अतः विकल्प (A) सही है।

136. निम्नलिखित प्रतिरूप का अनुसरण किया गया है:

$$K \xrightarrow{+4} O \xrightarrow{+4} S \xrightarrow{+4} W$$

$$J \xrightarrow{+4} N \xrightarrow{+4} R \xrightarrow{+4} V$$

$$L \xrightarrow{+4} P \xrightarrow{+4} T \xrightarrow{+4} X$$

अतः विकल्प (A) सही है।

137. दंड प्रक्रिया संहिता की धारा 357-बी में कहा गया है कि धारा 357-ए के तहत पीड़ित को देय मुआवजा आईपीसी की धारा 326-ए या 376-डी के तहत देय मुआवजे के अतिरिक्त होगा।

अतः विकल्प (D) सही है।

138. लीप वर्ष में फरवरी में 29 दिन होते हैं।

14 जनवरी से 1 अप्रैल तक कुल दिनों की संख्या = 17 + 29 + 31 + 1 = 78 दिन

= 11 सप्ताह + 1 विषम दिन

1 अप्रैल के दिन = शनिवार + 1 दिन

= रविवार

अतः विकल्प (D) सही है।

139. दर्पण छवि है:

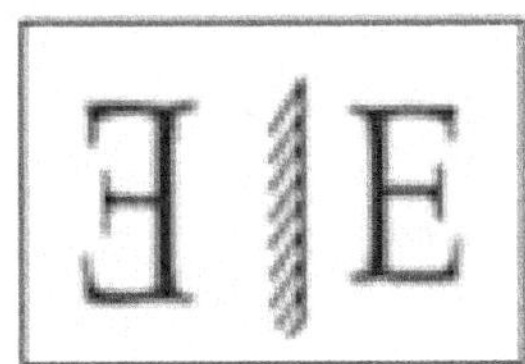

अतः विकल्प (D) सही है।

140. प्रश्नानुसार,

सविता < पिंकी < विनय , अंशुल < किरन ,

सविता < अंशुल < पिंकी

इनका संयोजन करने पर, सविता < अंशुल < पिंकी < विनय < किरन

चूँकि विनय की लम्बाई पिंकी और किरन के बीच की हैं, अतः 150 से.मी. सही उत्तर।

अतः विकल्प (B) सही है।

141. दिए गए शब्द 'PRESIDENTIAL' में कोई 'G' नहीं है।

इस प्रकार दिए गए शब्द से 'DIGITAL' शब्द नहीं बनाया जा सकता है।

अतः विकल्प (A) सही है।

142. हम आसानी से देख सकते हैं कि विकल्प (C) में प्रश्न आकृति सन्निहित है।

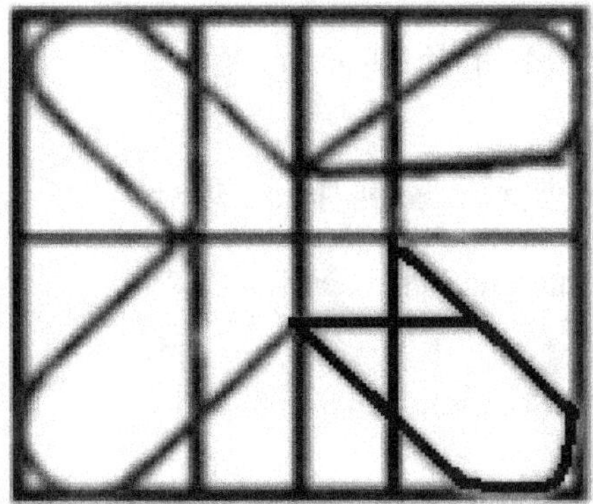

अतः विकल्प (C) राही है।

143. थॉमस बैबिंगटन मैकाले ने एक दंड संहिता का मसौदा तैयार किया जो बाद में भारतीय आपराधिक कानून का आधार बन गया।

- भारतीय दंड संहिता का प्रारूप 1835 में पहले कानून आयोग द्वारा तैयार किया गया था।
- इसकी रिपोर्ट 1837 में भारतीय परिषद के गवर्नर-जनरल को सौंपी गई है।
- भारत दंड संहिता 1861 में लागू की गई थी।

अतः विकल्प (D) सही है।

144. तर्क इस प्रकार है:

$$\begin{array}{cccccccc} & S & & T & & A & & Y \\ -1 \diagup \; \diagdown +1 & -1 \diagup \; \diagdown +1 & -1 \diagup \; \diagdown +1 & -1 \diagup \; \diagdown +1 \\ R & & T \quad S & & U \quad Z & & B \quad X & & Z \end{array}$$

इसी तरह,

$$\begin{array}{cccccccc} & D & & E & & S & & K \\ -1 \diagup \; \diagdown +1 & -1 \diagup \; \diagdown +1 & -1 \diagup \; \diagdown +1 & -1 \diagup \; \diagdown +1 \\ C & & E \quad D & & F \quad R & & T \quad J & & L \end{array}$$

इसलिए सही उत्तर 'CEDFRTJL' है।

अतः विकल्प (C) सही है।

145. दिया हुआ है:

16÷8-4+2 × 4=?

प्रश्नानुसार चिन्हों को बदलने पर,

⇒ 16 + 8 × 4 ÷ 2 – 4

उपयोग करके हल करना,

⇒ 16 + 32 ÷ 2 -4

⇒ 16 + 16 – 4

⇒ 28

अतः विकल्प (B) सही है।

146. 1. पांच दोस्तों ने टाइपिंग प्रतियोगिता में भाग लिया।

2. रजत ने मनोज से पहले लेकिन गौतम के बाद समाप्त किया।

गौतम > रजत > मनोज

3. अंकित ने सचिन से पहले लेकिन मनोज के बाद समाप्त किया।

मनोज > अंकित > सचिन

(2) और (3) के संयोजन से हम प्राप्त करते हैं: गौतम > रजत > मनोज > अंकित > सचिन

इसलिए "अंकित" प्रतियोगिता में चौथे स्थान पर आया।

अतः विकल्प (B) सही है।

147. निम्नलिखित प्रतिरूप का अनुसरण किया गया है:

$532 + 781 = 21 \rightarrow (5+3+2)+(7+8+1) - 5 = 10 + 16 - 5 = 26 - 5 = 21$

$862 + 910 = 21 \rightarrow (8+6+2)+(9+1+0) - 5 = 16+10 - 5 = 26 - 5 = 21$

इसी तरह,

$796 + 355 \rightarrow (7+9+6)+(3+5+5) - 5 = 22+13 - 5 = 35 - 5 = 30$

अतः विकल्प (B) सही है।

148. कागज के टुकड़े को खोलने पर:

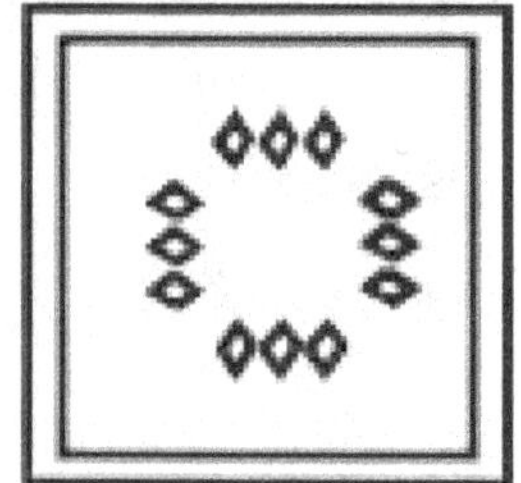

अतः विकल्प (C) सही है।

149. भारतीय संविधान में, केवल सर्वोच्च न्यायालय और उच्च न्यायालय के पास 'हैबियस कॉर्पस' का रिट देने का अधिकार है ।

बंदी प्रत्यक्षीकरण का एक रिट एक रिट है जो किसी अभियुक्त व्यक्ति को न्यायाधीश या अदालत में पेश करने की अनममति देता है।

अतः विकल्प (D) सही है।

150. प्रश्नानुसार,

स्थिति	दिन
परसों (बीता)	गुरुवार
कल (बीता)	शुक्रवार
आज	शनिवार
कल	रविवार
परसों	सोमवार

अतः विकल्प (D) सही है।

151. पंक्ति में कुल व्यक्ति = दाएं + बाएं −1

1 घटाएंगे, क्यूंकि राजू को दो बार गिना गया है

कुल व्यक्ति $= 13 + 6 - 1$

$= 18$

अतः विकल्प (A) सही है।

152. दिए गए कथनों के लिए संभव वेन आरेख इस प्रकार है,

इस प्रकार केवल निष्कर्ष II अनुसरण करता है।

अतः विकल्प (B) सही है।

153. संभव वेन आरेख है:

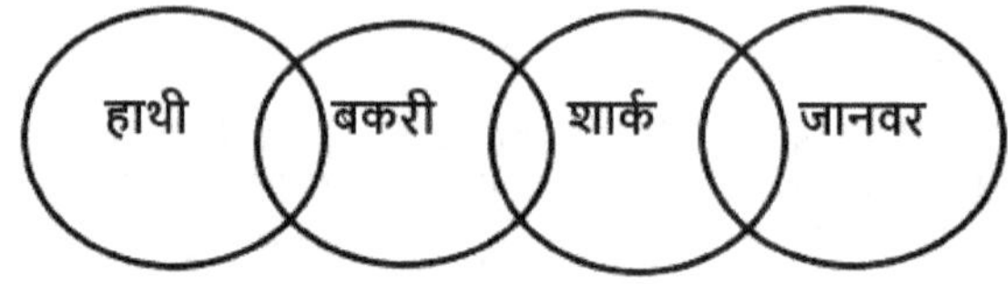

अतः विकल्प (A) सही है।

154. 1 और 4 वें पासे को ध्यान में रखते हुए,

दिए गए नंबरों का विपरीत मिलान है

326

315

लापता संख्या 3 यानी 4 के विपरीत संख्या है

अतः विकल्प (A) सही है।

155. 1 और 4 वें पासे को ध्यान में रखते हुए,

दिए गए तत्वों का विपरीत मिलान है,

पीला नीला नारंगी

पीला गुलाब लाल

इस प्रकार, पीला के विपरीत बैंगनी है।

अतः विकल्प (A) सही है।

156. C ऐसे कॉलेज के छात्रों का प्रतिनिधित्व करता है जो सिंगर होने के साथ-साथ डांसर भी हैं।

अतः विकल्प (C) सही है।

157. गाय और बकरी पशु हैं। लेकिन गायों और बकरियों के बीच कोई संबंध नहीं है।

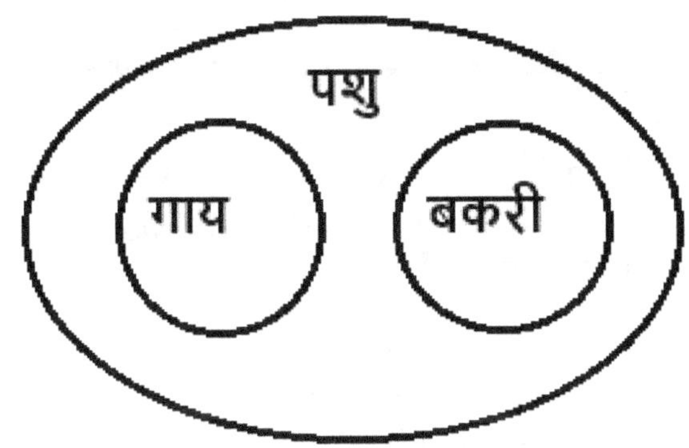

अतः विकल्प (A) राही है।

158. छोटे त्रिकोण = 8

दो त्रिभुजों के संयोजन से गठित त्रिभुज = 2

त्रिकोण और एक समलंब द्वारा गठित त्रिभुज = 4

दो त्रिभुज और एक समलंब द्वारा गठित त्रिभुज = 2

तीन त्रिभुज और एक समलंब द्वारा गठित त्रिभुज = 2

तीन त्रिभुज और दो समलंब द्वारा गठित त्रिभुज = 2

चार त्रिभुज और दो समलंब द्वारा गठित त्रिभुज = 2

इस प्रकार, त्रिभुजों की कुल संख्या = 8 + 2 + 4 + 2 + 2 + 2 + 2 = 22

.अतः विकल्प (C) सही है।

159. जब प्रश्न आकृति को विकल्प 3 की आकृति के साथ मिलाया जाता है, तब पूर्ण स्वरूप दिखाई दे सकता है।

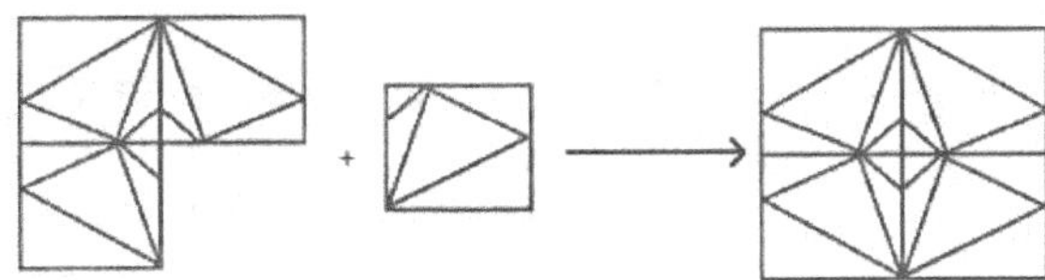

अतः विकल्प (C) सही है।

160. तर्क: हमें ज्ञात करना है कि निम्न में से किस विकल्प में प्रश्न आकृति निहित है।

जैसा कि देखा जा सकता है कि दी गयी आकृति विकल्प (1) में निहित है।

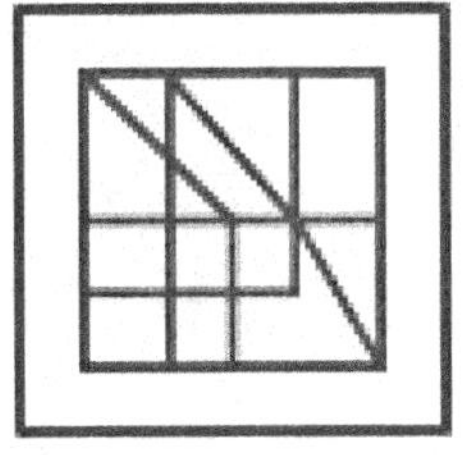

अतः विकल्प (A) सही है।

General Hindi

Q.1 भारत की राष्ट्र भाषा है।
A. उर्दू
B. हिंदी
C. गुजराती
D. उपर्युक्त सभी

Q.2 जहाँ बिना कारण के कार्य का होना पाया जाए वहाँ कौन सा अलंकार होता है?
A. विरोधाभास
B. विभावना
C. विशेषोक्ति
D. भ्रांतिमान

Q.3 गीतिका छंद में यति विधान होता है-
A. 13 - 13 पर
B. 14 - 12 पर
C. 12 - 14 पर
D. 16 - 10 पर

Q.4 हिन्दी में व्यंजनवर्णों की संख्या कितनी है?
A. 23
B. 33
C. 37
D. 3

Ques (5-6):निर्देश: नीचे दिए गए मुहावरों और लोकोक्तियों के अर्थ बताने के लिए चार-चार विकल्प दिए गए है। प्रत्येक के लिए उपयुक्त अर्थ वाला विकल्प चुनिए।

Q.5 खिचड़ी पकाना:
A. कार्य करना
B. खाना-पीना
C. गुप्त सलाह करना
D. साबित करना

Q.6 आगे नाथ न पीछे पगहा:
A. धनवान होना
B. जिम्मेदार होना
C. सबका होना
D. कोई न होना

Q.7 विशेषण कितने प्रकार के होते है?
A. 10
B. 4
C. 5
D. 6

Q.8 निर्देश: दिए गए वाक्य के लिए एक शब्द का प्रयोग कीजिए –
अपनी हत्या स्वयं करना-
A. आत्महत्या
B. अवसरवादी
C. सच्चरित्र
D. आज्ञाकारी

Q.9 'आयुषी पढ़ती है।' इस वाक्य में कौन-सा कारक है?
A. कर्म
B. अपादान
C. कर्ता
D. करण

Q.10 हिंदी भाषा में लिंग के _____ भेद होते हैं
A. 2
B. 3
C. 4
D. 1

Q.11 निम्नलिखित में से कौन सा शब्द पत्थर का पर्यायवाची है?
A. पाषाण
B. सलिल
C. अंबु
D. सर

Q.12 'घोड़ा' शब्द का बहुवचन शब्द होगा-
A. घोड़ों
B. घोड़ें
C. घोड़े
D. घोड़ै

Q.13 निम्न में से कौन सा घोष वर्ण नहीं है?
A. द्
B. ग्
C. ट्
D. ब्

Q.14 निम्नलिखित प्रश्न में, चार विकल्प दिए गए हैं, जिनमें से एक शब्द दिए गए शब्द का सही तद्भव रूप है।
'अम्लिका'
A. आंवला
B. आमला
C. इमली
D. ईमली

Q.15 निम्नलिखित प्रश्न में, चार विकल्प दिए गए हैं, जिनमें से एक शब्द दिए गए शब्द का सही तद्भव रूप है।
अगणित
A. आंगिनत
B. अंकगणित
C. अंगीनात
D. अनगिनत

Q.16 दिए गए वाक्य के रेखांकित शब्द का विलोम बताइए।
उसका भाई निष्ठुर है।
A. सहृदयी
B. दयावान
C. कृपालु
D. करुण

Q.17 निम्नलिखित प्रश्न में, चार विकल्पों में से, दिए गए शब्द के विपरीत अर्थ वाला विकल्प चुनिए-
अर्पित
A. समर्पित
B. गृहित
C. अपेक्षा
D. अघ

Q.18 कौन- सा जोड़ा समरूपी भिन्नार्थक है?
A. निसान-निशान
B. ऊपर-नीचे
C. सेवा-सत्कार
D. राजा-प्रजा

Q.19 निम्नलिखित में से कौन-सा शब्द अनेकार्थी नहीं है?
A. आयु
B. अंक
C. मान
D. पत्र

Q.20 नीचे दिए गए शब्द का सही बहुवचन रूप वाला विकल्प पहचानिए-
'दूध'
A. दूध
B. दूधिया
C. दूधियाँ
D. इनमें से कोई नहीं

Q.21 नीचे दिए गए शब्द का सही बहुवचन रूप वाला विकल्प पहचानिए-
'चुहिया'
A. चूहा
B. चूहे
C. चुहियाँ
D. चुहिया

Q.22 निम्नलिखित प्रश्न में, चार विकल्पों में से, उस सही विकल्प का चयन करें जो संदिग्ध भूतकाल का उचित उदाहरण होगा।
A. उसकी ट्रेन छूट गई होगी।
B. मम्मी पूजा कर रही थी।
C. राधा जा चुकी थी।
D. दादी बाजार से आ गई।

Q.23 निम्नलिखित चार विकल्पों में से, उस विकल्प का चयन करें, जो निर्देशानुसार वाक्य परिवर्तन वाला सही विकल्प है।
तुम फूल तोड़ते हो। (कर्मवाच्य)
A. तुमसे फूल तोड़े जाएंगे।
B. तुमने फूल तोड़ा।
C. तुमसे फूल तोड़ा जाता है।
D. इनमें से कोई नहीं

Q.24 "वह लाचार है, क्योंकि वह अंधा है।" इस वाक्य में कौन-सा अव्यय है ?
A. संकेतवाचक
B. कारणवाचक
C. परिणामवाचक
D. संबंधवाचक

Q.25 निम्नलिखित प्रश्न में, चार विकल्पों में से, उस सही विकल्प का चयन करें जो बताता है कि –

यह उत्तम (पुरूषवाचक) सर्वनाम का उदाहरण है:

A. तुम जाओ।   B. मैं गाता हूँ।
C. वे जाते हैं।   D. इनमें से कोई नहीं

Q.26 निम्नलिखित विकल्प में, चार विकल्पों में से, उस विकल्प का चयन करें जो सही विकल्प है-

'सदाचार' शब्द में _______ उपसर्ग है।

A. स   B. सत
C. सत्   D. इनमें से कोई नहीं

Q.27 निम्नलिखित विकल्प में, चार विकल्पों में से, उस विकल्प का चयन करें जो सही विकल्प है-

'पराजय' शब्द में _______ उपसर्ग है।

A. प्र   B. कु   C. परा   D. बे

Q.28 निम्नलिखित प्रश्न में, चार विकल्पों में से, उस विकल्प का चयन करें जो सही संधि-विच्छेद वाला विकल्प है।

'शरणार्थी'

A. शरणा + र्थी   B. शर + णार्थी
C. शरण+अर्थी   D. श + रणार्थी

Q.29 'गंगातट पर कुछ लोग भजन कर रहे थे |' रेखांकित शब्द में कौन-सा समास है?

A. द्वन्द   B. तत्पुरुष
C. कर्मधारय   D. अव्ययीभाव

Q.30 निम्नलिखित प्रश्न में, चार विकल्पों में से, उस विकल्प का चयन करें, जो विराम चिन्ह युक्त वाक्य का सही विकल्प हो।

A. चाहे जैसे हो तुम्हें वहाँ जाना है।
B. चाहे जैसे हो, तुम्हें वहाँ जाना है।
C. चाहे जैसे हो; तुम्हें वहाँ जाना है।
D. चाहे जैसे हो-तुम्हें वहाँ जाना है।

Ques (31-33):निर्देश :- गद्यांश को पढ़कर सबसे उपयुक्त विकल्प चुनिए -

मातृभाषा का इस्तेमाल रीढ़ की हड्डी की तरह चलते रहना चाहिए। लिखना-पढ़ना हम एक ही बार सीखते हैं। मातृभाषा में हम कौशल पक्का हो जाए तो अन्य भाषाओं में लिखना-पढ़ना बहुत आसान हो जाता है। शिक्षा के जरिये व्यक्ति आसानी से बहुभाषिक हो जाता है। किसी भी भाषा को कैसे पढ़ाते हैं- इसके लिए हमें लिखने के विज्ञान को पहले समझाना हो यहाँ दिमाग और हाथ का संयोजन/समन्वयन चाहिए। 5-6 साल की उम्र तक यह विकास ठोस नहीं होता। इसलिए लिखने में मुश्किल होती है, पर शोध यह भी कहते हैं कि बच्चे के मन में प्रिंट या अन्य माध्यम अवधारणा या समझ बनाने के लिए पढ़ने के साथ लिखना भी शुरू करना चाहिए। यह लिखना रेखाओं में भी हो सकता है। यह समझ लेना भी ज़रूरी है कि सुनना और बोलना उतना ही महत्वपूर्ण है जितना समझना और अभिव्यक्त करना। गणित सिखाने की बात की जाए तो बच्चे गणित पहले से ही जानते हैं। टॉफी बाँटना बिना सिखाए आ जाता है। इसी तरह से पानी के तीन रूप-ठोस, तरल और भाप, मातृभाषा के सहारे बेहतर ढंग से समझाए जा सकते हैं- पर बच्चे के मन में अवधारणा स्पष्ट होने के बाद। मातृभाषा के जरिये पारिभाषिक शब्दों का आदान-प्रदान भी हो सकता है। दूसरी-तीसरी भाषा दूसरे-तीसरे वर्षों में जुड़ जाए पर मातृभाषा का प्रयोग चलते रहना चाहिए। वे अपनी मातृभाषा के ज़रिये और भाषाओं को समझने लगते हैं। हमें तो केवल शिक्षा की नदी पर एक अच्छा मज़बूत पुल बनाना है।

Q.31 गद्यांश में _______ की उपयोगिता की चर्चा की गई है।

A. विदेशी भाषा   B. मातृभाषा
C. शास्त्रीय भाषा   D. प्राचीन भाषा

Q.32 बच्चे की मातृभाषा की विशेषता नहीं है।

A. मातृभाषा का प्रयोग रीढ़ की हड्डी की तरह किया जाता है।
B. प्रथम भाषा द्वारा कौशलों में दक्षता संभव है।
C. मातृभाषा सम्प्रत्ययों को समझने में अवरोध उत्पन्न करती है।
D. मातृभाषा द्वारा शब्दों का आदान-प्रदान सम्भव है।

Q.33 गद्यांश के अनुसार:

A. पहले पढ़ना सिखाएँ फिर लिखना सिखाएँ
B. पहले लिखना सिखाएँ फिर पढ़ना सिखाएँ
C. पढ़ना-लिखना ही एकमात्र महत्वपूर्ण कौशल हैं
D. पढ़ना और लिखना एक साथ शुरू करना चाहिए

Q.34 इसमें से कौन सी प्रसिद्ध रचना महादेवी वर्मा की है?

A. रेणुका   B. नीरजा   C. लहर   D. मधुशाला

Q.35 'राजा भोज का सपना' कहानी के कहानीकार है -

A. प्रेमचंद   B. मोहन राकेश
C. शिवप्रसाद सितारेहिंद   D. भारतेंदु हरिश्चंद्र

Q.36 'अशोक के फूल' नामक निबंध-संग्रह के रचनाकार हैं-

A. हजारीप्रसाद द्विवेदी   B. रामचंद्र शुक्ल
C. गुलाबराय   D. कुबेरनाथ

Q.37 इनमें से कौन सी रचना ज्ञानपीठ पुरस्कार से सम्मानित है?

A. चिदंबरा   B. गोदान
C. गबन   D. ठाकुर का कुआं

Q.38 निम्नलिखित प्रश्न में, चार विकल्पों में से, उस विकल्प का चयन करें जो दिए गए शब्द का सही समान अर्थ वाला शब्द है।

मुकर

A. मना करना   B. खेद   C. रंक   D. दर्पण

Q.39 निम्नलिखित में से कौन सा वाक्य अशुद्ध है?

A. सोदाहरण सहित उत्तर दीजिए।
B. कृपया मेरी प्रार्थना स्वीकार करें।
C. दोनों भाई परस्पर लड़ पड़े।
D. मैंने गृह-कार्य कर लिया है।

Q.40 निम्नलिखित में से शुद्ध वाक्य कौन सा है?

A. तुलसी ने मानस की रचना लिखी है।
B. अपराधी को मृत्युदण्ड दिया गया।
C. कालचक्र के पहिये से बचना संभव नहीं है।
D. लक्ष्मण के मूर्च्छित होने पर राम विलाप करके रोने लगे।

General Knowledge/Law & Constitution

Q.41 अंतर्राष्ट्रीय वित्तीय सेवा केंद्र प्राधिकरण (IFSCA) और _______ ने अप्रैल 2022 में एक समझौता ज्ञापन पर हस्ताक्षर किए हैं।

A. बजाज फाइनेंस लिमिटेड
B. आदित्य बिड़ला फाइनेंस लिमिटेड
C. मुथूट फाइनेंस लिमिटेड
D. GVFL लिमिटेड

Q.42 निम्नलिखित में से किस हार्मोन में आयोडीन होता है?

A. थाइरॉक्सिन   B. टेस्टोस्टेरोन
C. इंसुलिन   D. एड्रीनेलिन

Q.43 भारत में पहली कपास मिल कहां स्थापित हुई थी?

A. सूरत   B. कोलकाता   C. मुंबई   D. कोयंबटूर

Q.44 रासायनिक जंग है-
A. हाइड्रेटेड फेरस ऑक्साइड
B. केवल फेरिक ऑक्साइड
C. हाइड्रेटेड फेरिक ऑक्साइड
D. इनमें से कोई नहीं

Q.45 दक्षिणी गोलार्ध अंटार्कटिका में भारत के स्थायी शोध केंद्र का नाम क्या नाम है?
A. दक्षिण भारत
B. दक्षिणी निवास
C. दक्षिणी चित्र
D. दक्षिणी गंगोत्री

Q.46 कौन सा मीडिया संगठन प्रतिवर्ष अरबियन इंडियन सीज़र अवार्ड प्रदान करता है?
A. टाइम्स नाउ
B. हिंदू ग्रुप
C. डेक्कन क्रॉनिकल
D. NDTV

Q.47 पानी बनाने के लिए ऑक्सीजन गैस के साथ H_2 गैस की प्रतिक्रिया किसका उदाहरण है ?
A. संयोजन प्रतिक्रिया
B. रेडॉक्स प्रतिक्रिया
C. उष्माक्षेपी प्रतिक्रिया
D. ये सभी प्रतिक्रियाएं

Q.48 अमीबा पर आवर्धित अस्थायी अंगुली को क्या कहा जाता है ?
A. कोशिका झिल्ली
B. कोशिका भित्ति
C. स्यूडोपोडिया
D. सिलिया

Q.49 निम्नलिखित में से कौन सी संधि तीसरी एंग्लो-मैसूर युद्ध के साथ समाप्त हुई?
A. मैंगलोर की संधि
B. श्रीरंगपट्टनम की संधि
C. मैसूर की संधि
D. डिंडीगुल की संधि

Q.50 निम्नलिखित में से कौन सा शहर उत्तरी अक्षांश पर स्थित है?
A. पटना
B. इलाहाबाद
C. पंचमढ़ी
D. अहमदाबाद

Q.51 निम्नलिखित में से किन गैसों का उपयोग लंबे समय तक तेल के ताजा नमूने के भंडारण के लिए किया जा सकता है?
A. कार्बन डाइऑक्साइड या ऑक्सीजन
B. नाइट्रोजन या हीलियम
C. हीलियम या ऑक्सीजन
D. नाइट्रोजन या ऑक्सीजन

Q.52 लेटराइट मिट्टी किस क्षेत्र में पायी जाती है?
A. उच्च वर्षा राज्य
B. रेगिस्तान में
C. उष्णकटिबंधीय क्षेत्र
D. गर्म और आर्द्र उष्णकटिबंधीय क्षेत्र

Q.53 गुर्दे की पथरी में पाया जाने वाला प्रमुख रासायनिक यौगिक है:
A. यूरिया
B. कैल्शियम कार्बोनेट
C. कैल्शियम आक्सलेट
D. कैल्शियम सल्फेट

Q.54 निम्नलिखित में से किसने 'कोर्ट ऑफ इंडिया: पास्ट टू प्रेजेंट' पुस्तक का असमिया संस्करण जारी किया है?
A. भारत के मुख्य न्यायाधीश
B. भारत के प्रधान मंत्री
C. भारत के प्रधान मंत्री
D. असम के मुख्यमंत्री

Q.55 पौधों में कार्बोहाइड्रेट किस रूप में संग्रहित किया जाता है-
A. ग्लाइकोजन
B. स्टार्च
C. शर्करा
D. माल्टोस

Q.56 "Exam Warriors" पुस्तक किस केंद्रीय मंत्री द्वारा लिखी गयी है?
A. पियूष गोयल
B. मेनका गाँधी
C. प्रकाश जावड़ेकर
D. नरेंद्र मोदी

Q.57 "सर्वेन्ट्स ऑफ़ इंडिया सोसाइटी" के संस्थापक कौन थे?
A. गोपाल कृष्ण गोखले
B. एम.जी. रानाडे
C. बी. जी. तिलक
D. बिपीन चंद्र पाल

Q.58 निम्नलिखित में से कौन सी एक विशेषता भारतीय संविधान के संघीय चरित्र का समर्थन नहीं करती है?
A. केंद्र और राज्यों के बीच शक्तियों का वितरण
B. न्यायालयों का अधिकार
C. संविधान की सर्वोच्चता
D. एकल नागरिकता

Q.59 पलक्कड़ गैप निम्नलिखित में से कौन से राज्यों को जोड़ता है?
A. सिक्किम और पश्चिम बंगाल
B. महाराष्ट्र और गुजरात
C. केरल और तमिलनाडु
D. अरुणाचल प्रदेश और सिक्किम

Q.60 आपातकाल के उद्घोषणा के दौरान मौलिक अधिकारों के लिए प्रदान किए जाने वाले निम्नलिखित अनुच्छेदों में से किस को निलंबित किया जा सकता है?
A. अनुच्छेद 23 और 24
B. अनुच्छेद 18 और 19
C. अनुच्छेद 20 और 21
D. इनमे से कोई भी नहीं

Q.61 केंद्रीय गृह मंत्री ने हाल ही में सशस्त्र सीमा बल के कामकाज की समीक्षा की थी। SSB को पहले _______ के रूप में जाना जाता था।
A. विशेष सेवा ब्यूरो
B. गुप्त सेवा ब्यूरो
C. सामरिक सहायता शाखा
D. सशस्त्र सीमा आयोग

Q.62 भारतीय नौसेना 16 अन्य देशों के लिए निम्नलिखित में से कौन सा कार्यक्रम लॉन्च करने जा रही है?
A. संकेत
B. मिलन
C. बृज
D. संबंध

Q.63 मुगल काल का पहला भारतीय हिंदी विद्वान कौन था?
A. मलिक मोहम्मद जायसी
B. अब्दुल रहीम
C. मुल्ला वाजी
D. चंद बरदाई

Q.64 निम्नलिखित में से कौन वन्यजीव संरक्षण की एक पूर्व सीटू विधा है?
A. होम गार्डन
B. पवित्र ग्रोव्स
C. राष्ट्रीय उद्यान
D. बायोस्फीयर रिजर्व

Q.65 भारत ने पांच राज्यों में 6,200 किलोमीटर से अधिक ग्रामीण सड़कों के निर्माण के लिए ADB के साथ कितने ऋण समझौते पर हस्ताक्षर किए हैं?
A. 550 मिलियन डॉलर
B. 450 मिलियन डॉलर
C. 250 मिलियन डॉलर
D. 750 मिलियन डॉलर

Q.66 मंडला प्लांट फॉसिल्स नेशनल पार्क (MPNP) किस राज्य में स्थित है?
A. मध्य प्रदेश
B. छत्तीसगढ़
C. उत्तराखंड
D. हिमाचल प्रदेश

Q.67 दूरसंचार विभाग, भारत ने हाल ही में IMEI के आवंटन को जारी करने और प्रबंधित करने की प्रक्रिया को संभाल लिया है। IMEI के लिए क्या है?
A. अंतर्राष्ट्रीय मोबाइल उपकरण पहचान
B. भारतीय मोबाइल उपकरण पहचान

C. भारतीय मल्टीमीडिया उपकरण पहचानकर्ता

D. अंतर्राष्ट्रीय मल्टीमीडिया उपकरण पहचानकर्ता

Q.68 'प्रगति' भारत में किस तकनीकी कंपनी की एक कॉर्पोरेट सामाजिक जिम्मेदारी (CSR) पहल है?

A. गूगल

B. माइक्रोसॉफ्ट

C. फेसबुक

D. अमेज़न

Q.69 मयूर सिंहासन किसके शासनकाल में बनाया गया था:

A. अकबर

B. जहांगीर

C. शाहजहाँ

D. औरंगजेब

Q.70 निम्नलिखित में से कौन सिंधु घाटी सभ्यता की धोलावीरा साइट की सबसे अनूठी विशेषता है?

A. इसके शहरों को क्षैतिज रूप से कई भागों में विभाजित किया गया था

B. इसके शहर असमान रूप से विभाजित थे

C. इसके शहरों को 6 भागों में विभाजित किया गया था

D. इसके शहरों को 3 भागों में विभाजित किया गया था

Q.71 मनीष माहेश्वरी को किस कंपनी ने अपने भारत परिचालन के प्रबंध निदेशक के रूप में नियुक्त किया है?

A. याहू

B. ट्विटर

C. फेसबुक

D. गूगल

Q.72 लंदन स्कूल ऑफ इकोनॉमिक्स एंड पॉलिटिकल साइंस (LSE) ने असमानता अध्ययन (Inequality Studies)में ____________ अध्यक्ष बनाने की घोषणा की है, जो 1971-82 से LSE में अर्थशास्त्र के प्रोफेसर थे।

A. मनमोहन सिंह

B. रघुराम राजन

C. अरविंद सुब्रमण्यन

D. अमर्त्य सेन

Q.73 किस जनरल इंश्योरेंस कंपनी ने हाल ही में साइबर हमलों के कारण होने वाले वित्तीय और प्रतिष्ठित नुकसान से व्यवसायों की रक्षा के लिए एक उत्पाद साइबर रक्षा बीमा शुरू किया है?

A. एसबीआई जनरल इंश्योरेंस

B. रॉयल सुंदरम जनरल इंश्योरेंस

C. यूनिवर्सल सोमपो जनरल इंश्योरेंस कंपनी

D. इफको टोकियो जनरल इंश्योरेंस कंपनी लिमिटेड

Q.74 बजाज आलियांज लाइफ इंश्योरेंस के सहयोग से बजाज आलियांज लाइफ इंश्योरेंस ने अपना पहला उत्पाद लॉन्च किया है। इस उत्पाद का नाम है?

A. साइबर डिफेंस इंश्योरेंस प्रोटेक्शन

B. इंश्योरेंस प्लान टू टेक केयर

C. टेक केयर ऑफ़ कस्टमर्स हेल्थ

D. टोटल हेल्थ सिक्योर गोल

Q.75 किस संवैधानिक संशोधन द्वारा, सिक्किम भारतीय संघ में एक नया राज्य बना?

A. 32 वां, 1974

B. 35 वां, 1975

C. 36 वां, 1975

D. 37 वां, 1978

Q.76 भारतीय संविधान का कौन सा अनुच्छेद मौलिक अधिकारों के प्रवर्तन के संबंध में सर्वोच्च न्यायालय को एक व्यापक मूल अधिकार क्षेत्र देता है?

A. अनुच्छेद 22

B. अनुच्छेद 35

C. अनुच्छेद 32

D. अनुच्छेद 37

Q.77 भारतीय संविधान के किस अनुच्छेद में कहा गया है कि निर्देशात्मक सिद्धांत किसी भी अदालत द्वारा प्रवर्तनीय नहीं हैं?

A. अनुच्छेद 37

B. अनुच्छेद 36

C. अनुच्छेद 35

D. अनुच्छेद 34

Q.78 निम्नलिखित में से कौन सा लेख कहता है कि राज्य की कार्यकारी शक्ति राज्यपाल में निहित है?

A. अनुच्छेद 152

B. अनुच्छेद 153

C. अनुच्छेद 155

D. अनुच्छेद 154

Q.79 घटक विधानसभा का पहला सत्र निम्नलिखित में से किस तारीख को हुआ?

A. 9-23 दिसंबर 1947

B. 9-23 दिसंबर 1946

C. 20-25 जनवरी 1947

D. 20-25 जनवरी 1946

Q.80 निम्नलिखित में से किसे कुछ विद्वानों द्वारा भारत के राष्ट्रमंडल के संविधान के रूप में भी कहा जाता है?

A. भारत सरकार अधिनियम 1935

B. उद्देश्य संकल्प

C. 1924 में स्वराज पार्टी द्वारा संकल्प

D. नेहरू रिपोर्ट

Numerical & Mental Ability

Q.81 मिश्रण A, B और C में कॉपर और जिंक के वजन का अनुपात क्रमशः $3:2$, $4:1$ और $7:3$ है। यदि मिश्रण A के W किलोग्राम को मिश्रण B के 10 किलोग्राम के साथ मिश्रित कर दिया जाये और इसे मिश्रण C के 20 किलोग्राम के साथ मिश्रित कर दिया जाये, तो परिणामी मिश्रण में कॉपर और जिंक के वजन का अनुपात $31:14$ हो जाता है। W का मान कितना है?

A. 12.5 किलोग्राम

B. 15 किलोग्राम

C. 16.4 किलोग्राम

D. 10 किलोग्राम

Q.82 $2 \sin^2 \theta + 3 \cos^2 \theta$ का न्यूनतम मूल्य है?

A. 0

B. 3

C. 2

D. 1

Q.83 यदि कोई व्यक्ति अपने घर से अपने कार्यालय तक अपनी वास्तविक गति से 10 किमी / घंटा अधिक तेज यात्रा करता है, तो वह 8 मिनट पहले पहुंचता है और यदि वह वास्तविक गति की तुलना में 10 किमी / घंटा धीमी गति से यात्रा करता है, तो वह 16 मिनट देरी से पहुंचता है। व्यक्ति के घर और कार्यालय के बीच की दूरी क्या है? (किमी में)

A. 14 किमी

B. 16 किमी

C. 12 किमी

D. 18 किमी

Q.84 अगर रितु जीतू से 5 साल बड़ी है और रितु और जीतू की उम्र का उत्पाद (वर्षों में) 500 है, तो रितु की उम्र क्या है? (वर्षों में)।

A. 25 वर्ष

B. 20 वर्ष

C. 15 वर्ष

D. 10 वर्ष

Q.85 नीचे दी गई श्रृंखला में गलत पद ज्ञात करें।

211, 212, 216, 254, 256, 292

A. 254

B. 211

C. 216

D. 212

Q.86 किसी वस्तु की कीमत उसकी लागत मूल्य से 20% अधिक है। औसत न्यूनतम और अधिकतम छूट प्रतिशत क्या हैं जो विक्रेता की पेशकश कर सकता है ताकि वह 10% से अधिक न हो और 5% से कम न हो?

A. $R + 100 - \sqrt{10000 + 200r}$

B. $R = \sqrt{10000 + 200r}$

C. $R - 100 = \sqrt{10000 - 200r}$

D. इनमें से कोई नहीं

Q.87 एक वस्तु का अंकित मूल्य उसके लागत मूल्य से 200 रु अधिक है और विक्रय मूल्य उसके अंकित मूल्य का 60% है। यदि दुकानदार ने वस्तु बेचने पर 20% का लाभ कमाया हो, तो उस पर दी गई छूट की राशि ज्ञात करें।

A. 125 रुपये

B. 130 रुपये

C. 140 रुपये

D. 160 रुपये

Q.88 एक परीक्षा में, राहुल ने कुल अंकों में से 32% अंक प्राप्त किए और 12 अंकों से अनुतीर्ण रहा। रवि के अंक राहुल के अंकों से 40% अधिक थे और उसने उत्तीर्ण अंकों से 52 अंक अधिक प्राप्त किए। परीक्षा में, उत्तीर्ण अंक कुल अंकों की तुलना में कितने कम है?

A. 324   B. 318   C. 328   D. 174

Q.89 एक हॉस्टल में 30 विद्यार्थी हैं। जिस दिन सभी विद्यार्थी उपस्थित रहते हैं, उस दिन व्यय हुए चावल की मात्रा और दूसरे दिन जब कुछ विद्यार्थी अनुपस्थित रहते हैं, उस दिन व्यय हुए चावल की मात्रा का अनुपात 6:5 है। बाद के दिन कितने विद्यार्थी उपस्थित थे?

A. 24   B. 20   C. 15   D. 25

Q.90 आयताकार सेमिनार हाल का क्षेत्रफल 0.5 एकड़ है। यदि इसके फर्श पर 60 सेमी × 30 सेमी आयाम के कुछ संगमरमर रखने हों तो अनुमानित कितने संगमरमर के आवश्यकता होगी? (1 एकड़ = 4046.86 वर्ग मीटर)

A. 11372   B. 10800   C. 12421   D. 11242

Ques (91-94):निर्देश: श्रृंखला में अगला पद ज्ञात करें।

Q.91 16.0, 24.0, 60.0, 210.0, 945.0, ?

A. 5008.5   B. 5304.5   C. 5006.5   D. 5197.5

Q.92 37, 51, 67, 85, 105, ?

A. 145   B. 138   C. 144   D. 127

Q.93 49, 109, 219, 379, 589, ?

A. 849   B. 909   C. 789   D. 919

Q.94 735, 748, 759, 768, 775, ?

A. 799   B. 785   C. 797   D. 780

Q.95 श्याम के पर्स में कुल 36 रुपए हैं, जिसमें 10 पैसे, 20 पैसे और 1 रुपए के सिक्के इस तरह से हैं की हर मूल्यवर्ग का कम से कम एक सिक्का है। 10 पैसे के सिक्कों का पैसे के सिक्कों से अनुपात 8:5 है। 1 रुपए के सिक्कों की न्यूनतम संख्या क्या है?

A. 9   B. 7   C. 8   D. 11

Q.96 5 वर्ष पहले जॉन और रॉय की आयु का औसत 17 है और 8 वर्ष बाद भृगु और जॉन की आयु का औसत 31 है। यदि रॉय, जॉन, भृगु और अखिलेश की आयु का योग 84 है तो रॉय और अखिलेश की आयु का योग और भृगु और रॉय की आयु के अंतर का अनुपात ज्ञात करें।

A. 10 : 1   B. 11 : 3   C. 19 : 1   D. 7 : 2

Q.97 एक व्यापारी ने निर्धारित किया कि एक वस्तु का अंकित मूल्य उसके क्रय मूल्य से 10% अधिक होगा। विक्रय के समय वह एक निश्चित छूट देता है और इसलिए उसे 1% की हानि होती है। उसके द्वारा दी गई छूट है?

A. 10%   B. 20%   C. 30%   D. 40%

Q.98 पिछले वर्ष की तुलना में वर्ष 2013 में सोने की कीमत में 20% की वृद्धि हुई। पिछले वर्ष की तुलना में वर्ष 2014 में इसकी कीमत में 10% की कमी आई है और पिछले वर्ष की तुलना में वर्ष 2015 में इसकी कीमत में 30% की वृद्धि हुई है। यदि वर्ष 2012 में प्रति ग्राम सोने की कीमत 3000 रुपये थी, तो वर्ष 2012 में प्रति ग्राम सोने की कीमत, वर्ष 2015 में प्रति ग्राम सोने की कीमत से कितनी अधिक थी?

A. 1320 रूपये   B. 1212 रूपये
C. 1120 रूपये   D. 1350 रूपये

Q.99 एक निश्चित धनराशि पर 10% प्रतिवर्ष की दर से 3 वर्ष के लिए चक्रवृद्धि ब्याज और साधारण ब्याज का अंतर 1,240 रुपए है, यदि ब्याज की दर 20% थी तो समान धनराशि पर 2 वर्ष के बाद चक्रवृद्धि ब्याज और साधारण ब्याज का अंतर कितना होगा?

A. 1,200 रु   B. 1,500 रु   C. 1,600 रु   D. 1,400 रु

Ques (100-104):निर्देश: निम्न प्रश्न में प्रश्नवाचक चिन्ह (?) स्थान पर क्या मान आना चाहिए?

Q.100 $17 \times ? \times 22 = 52^2 + 2906$

A. 15   B. 16   C. 14   D. 21

Q.101 940 का 110% + 140 का $?\%$ = 1118

A. 95   B. 70   C. 60   D. 100

Q.102 $53 \times 47 - 94 \times 86 + 26 \times 14 = ?$

A. -5329   B. -5029   C. -5229   D. -5169

Q.103 $\sqrt{1296} + ? = 84$ का $4\frac{5}{6}$

A. 370   B. 382   C. 378   D. 373

Q.104 $(?)^2 + 7^3 = 25^2 - 26$

A. 4   B. 12   C. 16   D. 8

Q.105 एक कालीन जिसकी चौड़ाई 3 मीटर है, कालीन की लंबाई चौड़ाई की 1.44 गुना थी, कालीन को बनाने के लिए एक आदेश दिया गया था। इसके बाद, चौड़ाई और लंबाई में क्रमश: 25 और 40 प्रतिशत की वृद्धि हुई। तो 45रू. प्रति वर्ग मीटर की दर से, कालीन की कीमत में वृद्धि क्या होगी?

A. रु 437.4   B. रु 487.8   C. रु 498.4   D. रु 447.4

Q.106 यदि एक कार प्रत्येक घंटे में अपनी गति में 5 किमी/घंटा की वृद्धि करती है और अगले 5 घंटे में यह 350 किमी की यात्रा करती है। यदि यह अपने प्रारंभिक गति से यात्रा करती है, तो 420 किमी की यात्रा करने में कितना समय लगेगा?

A. 8.5 घंटे   B. 7 घंटे   C. 6 घंटे   D. 8 घंटे

Q.107 तीन नल A, B और C एक टैंक को क्रमशः 6 घंटे, 12 घंटे और 15 घंटे में भर सकते हैं। टैंक का $\frac{3}{8}$ भाग भरने के बाद नल C को बंद कर दिया जाता है। शेष टैंक को नल A और नल B द्वारा संयुक्त रूप से भरा जाता है। टैंक को भरने में लिया गया कुल समय कितना है?

A. $3\left(\frac{13}{29}\right)$ घंटे   B. $4\left(\frac{13}{19}\right)$ घंटे
C. 4 घंटे   D. $3\left(\frac{13}{19}\right)$ घंटे

Q.108 एक मिश्रण में 3: 2 के अनुपात में शराब और पानी होता है और एक अन्य मिश्रण में वे 4: 5 के अनुपात में हैं। मिश्रण II के कितने लीटर पहले मिश्रण के 3 लीटर से मिश्रित किए जाने चाहिए ताकि परिणामी मिश्रण में बराबर मात्रा में शराब और पानी हो?

A. $5\left(\frac{2}{5}\right)$ लीटर   B. $5\left(\frac{2}{3}\right)$ लीटर
C. $4\left(\frac{1}{2}\right)$ लीटर   D. $3\left(\frac{3}{4}\right)$ लीटर

Q.109 एक प्रकार के द्रव में 25% दूध, अन्य प्रकार के द्रव में 30% दूध होता है। एक बर्तन को पहले द्रव के 6 भागों से और दूसरे द्रव के 4 भागों से भरा जाता है। मिश्रण में दूध का प्रतिशत होता है:

A. 27%   B. 31%   C. 29%   D. 33%

Q.110 यदि 6 मार्च 2005 सोमवार है, तो 6 मार्च 2004 को सप्ताह का दिन क्या था?

A. मंगलवार   **B.** बुधवार   **C.** रविवार   **D.** सोमवार

Q.111 A और B (A की आयु B की आयु के से बड़ी है) की आयु के वर्गों का अंतर 36 है और 5 वर्ष बाद उनकी आयु का योग 28 वर्ष होता है। कितने वर्षों बाद उनकी आयु का अनुपात $15:14$ हो जाएगा?

A. 14 वर्ष   **B.** 15 वर्ष   **C.** 20 वर्ष   **D.** 18 वर्ष

Ques (112-116):निर्देश: निम्नलिखित जानकारी को ध्यान से पढ़ें और दिए गए प्रश्नों के उत्तर दें:

एक कॉलोनी में 2800 सदस्य हैं, जिनमें से 650 सदस्य केवल अंग्रेजी समाचार-पत्र पढ़ते हैं, 550 सदस्य केवल हिंदी समाचार-पत्र पढ़ते हैं और 450 सदस्य केवल पंजाबी समाचार-पत्र पढ़ते हैं। सभी 3 समाचार-पत्र पढ़ने वाले सदस्यों की संख्या 100 है। हिंदी और अंग्रेजी पढ़ने वाले, लेकिन पंजाबी समाचार-पत्र नहीं पढ़ने वाले सदस्यों की संख्या 200 है। 400 सदस्य हिंदी और पंजाबी समाचार-पत्र पढ़ते हैं, लेकिन अंग्रेजी समाचार-पत्र नहीं पढ़ते हैं तथा 300 सदस्य अंग्रेजी और पंजाबी समाचार-पत्र पढ़ते हैं, लेकिन हिंदी समाचार-पत्र नहीं पढ़ते हैं।

Q.112 किस भाषा की समाचार-पत्र सबसे अधिक व्यक्तियों द्वारा पढ़ा/पढ़े जाता/जाते है/हैं?

A. हिंदी और अंग्रेजी   **B.** हिंदी
C. पंजाबी   **D.** सभी तीन

Q.113 कितने प्रतिशत व्यक्ति हिंदी समाचार-पत्र नहीं पढ़ते हैं?

A. 52.83%   **B.** 55.36%   **C.** 50%   **D.** 53.19%

Q.114 समाचार-पत्र नहीं पढ़ने वाले सदस्यों की संख्या ज्ञात करें?

A. 50   **B.** 200   **C.** 250   **D.** 150

Q.115 कितने व्यक्ति कम से कम 2 समाचार-पत्र पढ़ते हैं?

A. 1000   **B.** 800   **C.** 900   **D.** 600

Q.116 निम्नलखित में से कौन-सा कथन असत्य है?

A. ठीक दो समाचार-पत्र पढ़ने वाले सदस्यों की संख्या केवल एक समाचार-पत्र पढ़ने वाले के आधा से अधिक है।
B. 150 सदस्य कोई समाचार-पत्र नहीं पढ़ते हैं।
C. केवल हिंदी समाचार-पत्र पढ़ने वाले सदस्यों की संख्या हिंदी समाचार-पत्र पढ़ने वाले सदस्यों की संख्या के आधे से अधिक हैं।
D. केवल अंग्रेजी समाचार-पत्र पढ़ने वाले सदस्यों की संख्या अंग्रेजी समाचार-पत्र पढ़ने वाले सदस्यों की संख्या के आधे से अधिक है।

Q.117 एक बैग में 2 लाल, 3 हरे और 2 नीले रंग की गेंद है। जिनमें से दो गेंदों को अनियमित बैग से निकाला जाता है। उनमें से एक भी नीला गेंद न निकलने की प्रायिकता क्या होगी।

A. $\frac{10}{28}$ **B.** $\frac{10}{23}$ **C.** $\frac{14}{22}$ **D.** $\frac{10}{21}$

Q.118 यदि a * b = 2a - 3b + ab, तो 3 * 5 + 5 * 3 किसके बराबर है?

A. 22   **B.** 24   **C.** 26   **D.** 28

Q.119 यदि $\frac{2a+b}{a+4b} = 3$ है तो $\frac{a+b}{a+2b} - ?$ का मान ज्ञात कीजिए ?

A. $\frac{5}{9}$ **B.** $\frac{2}{7}$ **C.** $\frac{10}{9}$ **D.** $\frac{10}{7}$

Q.120 तीन साझेदार A, B, C एक व्यवसाय शुरू करते हैं। B की पूंजी, C की पूंजी का चार गुना है और A की पूंजी का दोगुना, B की पूंजी के तीन गुना के बराबर है। यदि एक वर्ष के अंत में कुल लाभ 16500 रुपये है, तो इसमें B का हिस्सा ज्ञात कीजिए।

A. 4000 रुपये   **B.** 5000 रुपये
C. 6000 रुपये   **D.** 7000 रुपये

Mental Aptitude & Reasoning

Ques (121-122):निर्देश: निम्नलिखित प्रश्न में, दिए गए विकल्पों में से संबंधित शब्द का चयन करें।

Q.121 फ्लोट : सिंक :: नाव : ?

A. जहाज   **B.** युद्ध   **C.** पनडुब्बी   **D.** मिसाइल

Q.122 पृथ्वी : चन्द्रमा : : शनि : ?

A. फोबोस   **B.** यूरोप   **C.** डीमोस   **D.** टाइटन

Q.123 निर्देश: दिए गए विकल्पों में से संबंधित शब्द का चयन करें।

AB3: ZY51 :: EF11:?

A. VV42   **B.** VU43   **C.** UU42   **D.** UV43

Q.124 यातायात नियंत्रण उपकरणों के माध्यम से लगाए गए विभिन्न नियमों में _________ शामिल नहीं है।

A. स्पष्ट दृश्यता
B. आसान मान्यता
C. एक चालक के लिए पर्याप्त समय
D. यातायात की आबादी

Q.125 निर्देश: निम्नलिखित प्रश्न में, दिए गए विकल्पों में से संबंधित संख्या को चुनिए।

$24 : 4 :: 72 : ?$

A. 8   **B.** 5   **C.** 6   **D.** 9

Q.126 अधिकार-पृच्छा का रिट जारी किया जा सकता है

A. किसी भी व्यक्ति के खिलाफ-
B. एक सार्वजनिक अधिकारी के खिलाफ, जो कार्यालय को संभालने की इच्छा रखता है-
C. एक सार्वजनिक अधिकारी के खिलाफ, जो सार्वजनिक पद संभाल रहा है-
D. एक सार्वजनिक अधिकारी के खिलाफ, जिसने कार्यालय को बंद कर दिया है-

Q.127 किसने "न्यायशास्त्र को सकारात्मक कानून के औपचारिक विज्ञान के रूप में परिभाषित किया"?

A. हॉलैंड   **B.** यूलपियन
C. बेंथम   **D.** ब्लैक स्टोन

Q.128 निम्नलिखित प्रश्न में दिए गए विकल्पों में से संबंधित शब्द को चुनिए।
रामायण : वाल्मीकि : : महाभारत : ?

A. कालीदास   **B.** चाणक्य   **C.** वेदव्यास   **D.** तुलसीदास

Q.129 जो अलग है उसे चुनें:

A. ABB   **B.** BCF   **C.** CDL   **D.** DES

Q.130 निम्नलिखित प्रश्न में, दिए गए विकल्पों में से विषम अक्षर/शब्द/संख्या ज्ञात करें?

A. 256 – 16   **B.** 441 – 21   **C.** 676 – 24   **D.** 784 – 28

Q.131 गदि SUMMER को RUNNER कोड़ित किया गया है, तो WINTER के लिए कोड है-

A. SUITER   **B.** WALKER
C. SUFFER   **D.** VIOUER

Q.132 दी गई प्रतिक्रियाओं में से कौन सा निम्नलिखित शब्दों का अर्थपूर्ण क्रम होगा?

1) परामर्श (Consultations)
2) बीमारी (Illness)
3) डॉक्टर (Doctor)
4) उपचार (Treatment)

5) रिकवरी (Recovery)

A. 2,3,1,4,5   **B.** 2,3,4,1,5   **C.** 4,3,1,2,5   **D.** 5,1,4,3,2

Q.133 1993 में ग्रामीण क्षेत्रों और छोटे शहरों में शिक्षित बेरोजगार युवाओं के लिए स्वरोजगार के अवसर पैदा करने के लिए कौन सी योजना शुरू की गई थी?

A. प्रधान मंत्री रोज़गार योजना
B. राष्ट्रीय ग्रामीण रोजगार गारंटी अधिनियम
C. ग्रामीण रोजगार सृजन कार्यक्रम
D. इनमें से कोई नहीं

Q.134 निम्नलिखित प्रश्न में अक्षरों का कौन सा समूह खाली स्थानों पर क्रमवार रखने से दी गई अक्षर श्रृंखला को पूरा करेगा?

a_bc_a_bcdabc_da_cd_

A. acbddb   **B.** adbcbd   **C.** cabddc   **D.** ddcbbc

Q.135 भारत में दहेज निषेध अधिनियम कब पारित किया गया था?

A. 1961   **B.** 1994   **C.** 1921   **D.** 1918

Q.136 एक अनुक्रम दिया गया है, जिसमें से एक पद लुप्त है। दिए गए विकल्पों में से वह सही विकल्प चुनिए, जो अनुक्रम को पूरा करेगा।

2816, 704, 176, 44, ?

A. 18   **B.** 13   **C.** 12   **D.** 11

Q.137 निम्नलिखित प्रश्नों में दिए गए विकल्पों में से लुप्त अंक ज्ञात कीजिए।

13, 16, 11, 18, 9, 20, ?

A. 3   **B.** 5   **C.** 6   **D.** 7

Q.138 एक व्यक्ति को भटिंडा से बड़ौदा तक चार अलग-अलग मार्गों की जानकारी है। बड़ौदा से अंबाला तक उसे तीन अलग-अलग मार्गों की जानकारी है और अंबाला से कुरुक्षेत्र तक उसे दो अलग-अलग मार्गों की जानकारी है। भटिंडा से कुरुक्षेत्र तक उसे कितने मार्गों की जानकारी हैं?

A. 4   **B.** 8   **C.** 12   **D.** 24

Q.139 3 वर्ष पूर्व A, B और C की औसत आयु 27 वर्ष थी और जब कि 5 वर्ष पहले B और C की आयु 20 वर्ष थी। A की वर्तमान आयु ज्ञात कीजिये?

A. 35 वर्ष   **B.** 40 वर्ष
C. 50 वर्ष   **D.** इनमें से कोई नहीं

Q.140 अंश ने कहा "मुकुल का एकलौता भाई मेरी पुत्री के पिता का पिता है"। मुकुल, अंश से किस प्रकार संबंधित है?

A. भाई   **B.** पिता   **C.** दादा   **D.** अंकल

Ques (141-142):निर्देश: दिए गए विकल्पों में से उस शब्द का चयन करें जिसे दिए गए शब्द के अक्षरों का उपयोग करके बनाया जा सकता है।

Q.141 MISFORTUNE

A. FORT   **B.** TURN   **C.** SOFT   **D.** ROAM

Q.142 CHOCOLATE

A. TELL   **B.** HEALTH
C. LATE   **D.** COOLER

Q.143 यदि पुलिस को पुजारी, पुजारी को राजनीतिज्ञ, राजनीतिज्ञ को डॉक्टर, डॉक्टर को वकील और वकील को डॉक्टर कहा जाता हो तो आपके अनुसार अपराधियों को कौन गिरफ्तार करता है?

A. राजनीतिज्ञ   **B.** पुजारी
C. पुलिस   **D.** सर्जन

Ques (144-145):निर्देश: निम्नलिखित में से कौन सा संकेतों के समीकरण को सही करेगा?

Q.144 36 - 3 + 3 ÷ 4 = 11

A. – और ÷   **B.** + और –   **C.** × और ÷   **D.** + और ×

Q.145 8 × 6 + 4 = 52

A. × और +, 8 और 52   **B.** + और ×, 6 और 4
C. × और +, 8 और 4   **D.** + और ×, 6 और 8

Q.146 दहेज निषेध अधिनियम के अनुसार, जब किसी व्यक्ति को यह साबित करने के बोझ से दहेज लेने या लेने के लिए अभियोग लगाया जाता है कि उसने अपराध किया है / नहीं

A. विवाह पंजीयक
B. स्थानीय पार्षद
C. जिस व्यक्ति पर मुकदमा चलाया जा रहा है
D. इनमें से कोई नहीं

Q.147 'शिवभोज योजना, जिसका उद्देश्य गरीबों को रियायती दरों पर भोजन उपलब्ध कराना है, हाल ही में किस राज्य में शुरू की गई है?

A. उत्तर प्रदेश   **B.** बिहार
C. महाराष्ट्र   **D.** कर्नाटक

Q.148 निम्नलिखित प्रश्न में दिए गए विकल्पों में से लुप्त अंक ज्ञात कीजिये।

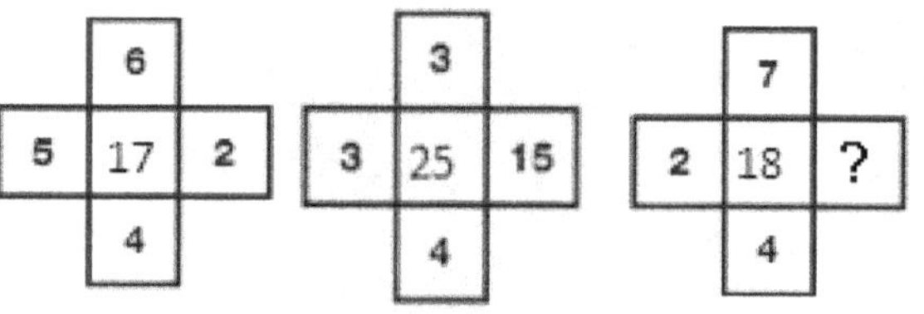

A. 8   **B.** 4   **C.** 3   **D.** 5

Q.149 दी गई आकृति में त्रिभुजों की संख्या ज्ञात कीजिये?

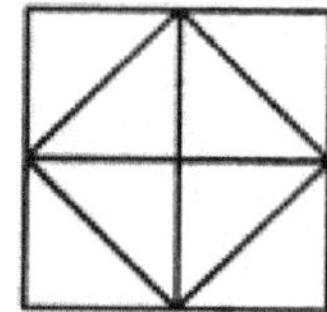

A. 8   **B.** 10   **C.** 12   **D.** 14

Q.150 यातायात विनियमन का पहला चरण क्या है?

A. चालक नियंत्रण
B. वाहन पर नियंत्रण
C. यातायात प्रवाह विनियमन
D. सामान्य नियंत्रण

Q.151 राष्ट्रीय मानवाधिकार आयोग का मुख्यालय कहाँ है?

A. दिल्ली   **B.** मुंबई   **C.** पुणे   **D.** लखनऊ

Q.152 निर्देश: निम्नलिखित प्रश्न में तीन कथन दिए गए हैं और इन कथनों के बाद दो निष्कर्ष (I) और (II) दिए गए हैं। आपको दिए गए कथनों को सत्य मानना है, भले ही वे सामान्यतः ज्ञात तथ्यों से भिन्न प्रतीत होते हों। निष्कर्ष पढ़ें और फिर तय करें कि दिए गए निष्कर्षों में से कौन सा दिए गए दो कथनों से तार्किक रूप से अनुसरण करता है, सामान्यतः ज्ञात तथ्यों की अवहेलना करता है। जवाब दो:

कथन:
सभी योग्यता तर्क है।
कुछ तर्क जीके है।
कुछ कंप्यूटर जीके नहीं हैं।

निष्कर्ष:
I. कुछ तर्क जीके नहीं हैं।

II. सभी योग्यता कंप्यूटर एक संभावना है।

A. केवल निष्कर्ष I अनुसरण करता है
B. या तो निष्कर्ष I या II अनुसरण करता है
C. केवल निष्कर्ष II अनुसरण करता है
D. ना तो निष्कर्ष I ना II अनुसरण करता है

Q.153 निम्न दिए गए विकल्पों में से ज्ञात करें कि प्रश्न में दी गई आकृति को मोड़कर कौन सी आकृति नहीं बनाई जा सकती है?

प्रश्न आकृति:

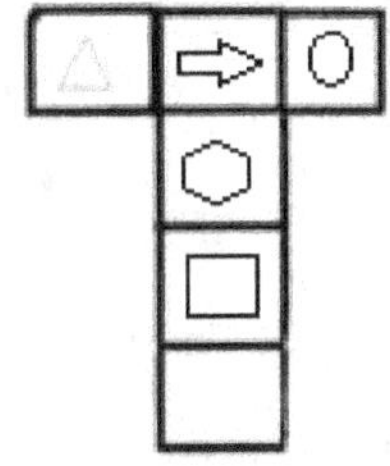

उत्तर आकृतियां:

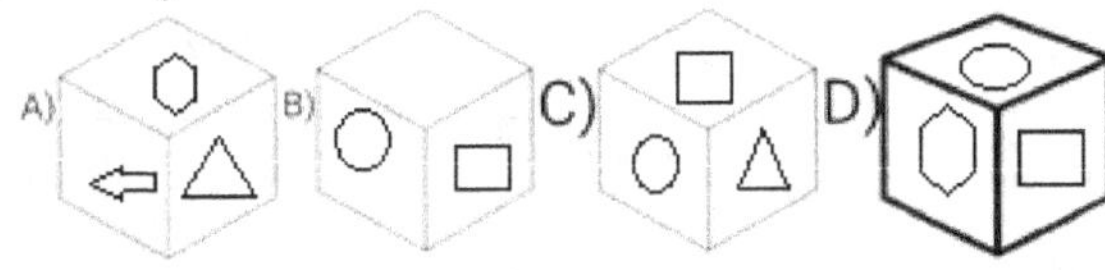

A. आकृति (A)
B. आकृति (B)
C. आकृति (C)
D. आकृति (D)

Q.154 एक पासे की चार अलग-अलग स्थितियां नीचे चित्र A, B, C और D में दी गईं हैं। चार बिंदु के विपरीत वाले फलक पर कौन सा फलक आएगा?

 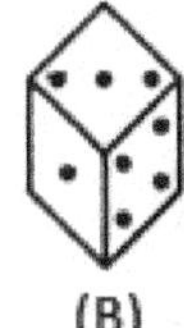  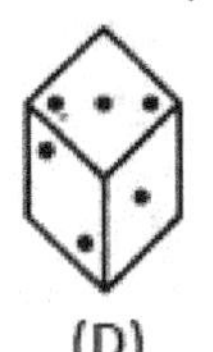

(A)   (B)   (C)   (D)

A. 2   B. 5   C. 6   D. 1

Q.155 निर्देश: वह आरेख चुनिए जो नीचे दिए गए वर्गों के बीच के संबंध का सही निरूपण करता है।

वाघ यंत्र, पियानो, गिटार

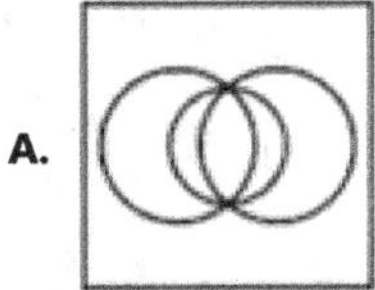 
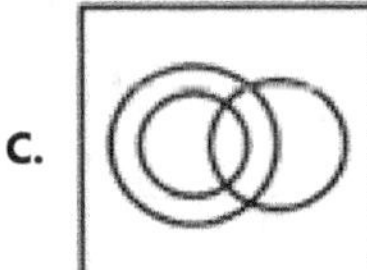 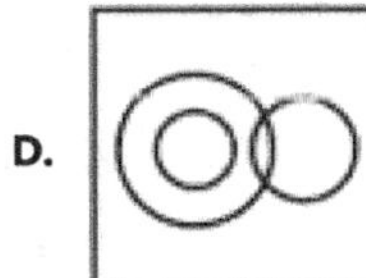

Q.156 निर्देश: नीचे दी गई आकृति में, त्रिकोण लड़कियों, वृत्त एथलीटों, आयत लड़कों और अनुशासित वर्ग को दर्शाता है। ऐसे लड़कों का पता लगाएं जो एथलीट और अनुशासित दोनों हैं?

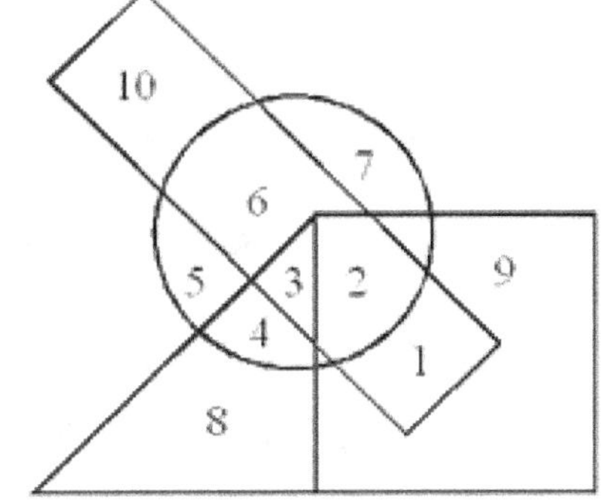

A. 1   B. 2   C. 6   D. 10

Q.157 भारत में मानव अधिकार अधिनियम का संरक्षण वर्ष में अधिनियमित किया गया था।

A. 1993   B. 1994   C. 1995   D. 1996

Q.158 निर्देश: कागज के एक टुकड़े को मोड़ा जाता है और नीचे दिखाए गए प्रश्नाकृति के जैसे काटा जाता है। दिए गए उत्तर चित्रों में से, यह बताएं कि खोले जाने पर यह कैसा दिखाई देगा।

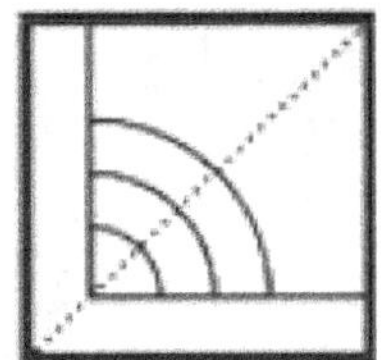

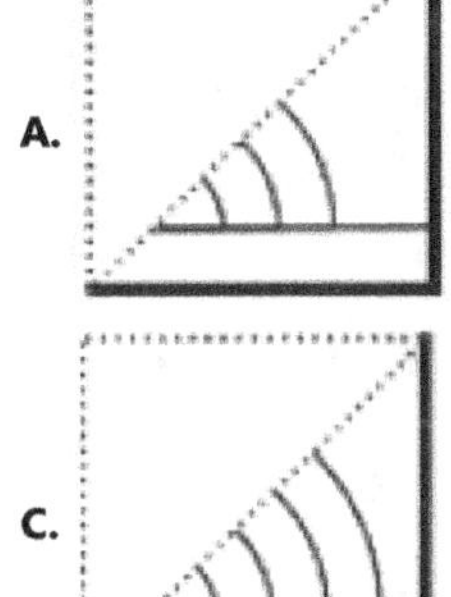 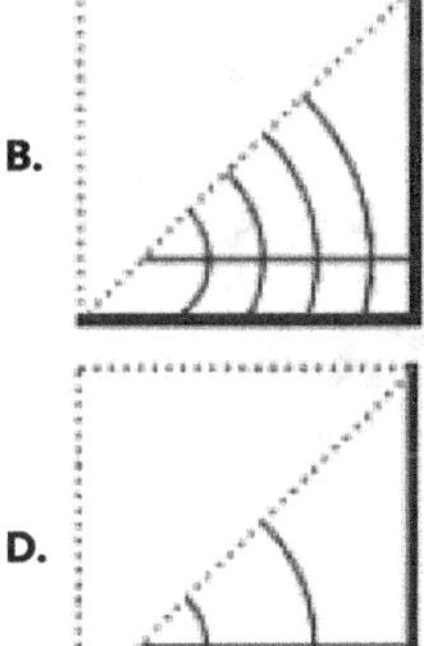

A.   B.

C.   D.

Q.159 उस आकृति का पता लगायें जो दी गई श्रेणी का सबसे उपयुक्त सम्बन्ध प्रदर्शित करती है-

कर्मचारी, प्रबंधक, मजदूर

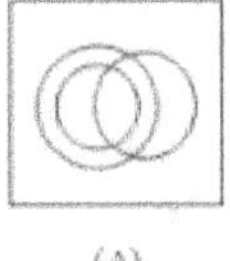 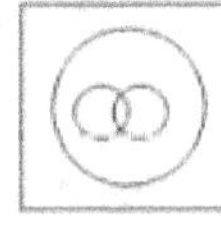 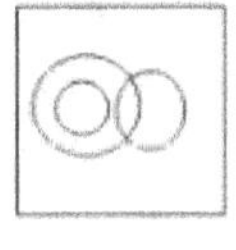 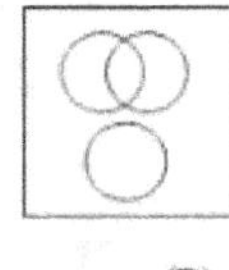

(A)   (B)   (C)   (D)

A. (A)   B. (B)   C. (C)   D. (D)

Q.160 एक निश्चित कोड में, THEN को VFGL के रूप में कोडित किया जाता है। WORD को कैसे कोडित किया जा सकता है?

A. UQPF   B. YMVB   C. YMVB   D. VQFP

// स्मार्ट उत्तर पुस्तिका //

सही उत्तर — उन छात्रों के प्रतिशत को इंगित करता है जिन्होंने प्रश्नों का सही उत्तर दिया था।

छोड़ दिया — उन छात्रों के प्रतिशत को इंगित करता है जिन्होंने प्रश्नों को छोड़ दिया था।

प्रश्न संख्या	उत्तर	सही उत्तर / छोड़ दिया	प्रश्न संख्या	उत्तर	सही उत्तर / छोड़ दिया	प्रश्न संख्या	उत्तर	सही उत्तर / छोड़ दिया	प्रश्न संख्या	उत्तर	सही उत्तर / छोड़ दिया	प्रश्न संख्या	उत्तर	सही उत्तर / छोड़ दिया
1	D	47.9 % / 1.24 %	17	B	46.94 % / 1.67 %	33	D	45.04 % / 1.38 %	49	B	55.27 % / 1.83 %	65	C	42.36 % / 1.04 %
2	B	68.4 % / 1.1 %	18	A	41.31 % / 1.47 %	34	B	67.75 % / 1.03 %	50	A	23.23 % / 4.9 %	66	A	49.6 % / 1.13 %
3	B	68.93 % / 1.67 %	19	A	55.64 % / 1.88 %	35	C	58.73 % / 1.29 %	51	B	66.88 % / 1.09 %	67	A	53.63 % / 1.42 %
4	B	48.61 % / 1.43 %	20	A	61.7 % / 1.01 %	36	A	57.0 % / 1.41 %	52	D	55.21 % / 1.68 %	68	C	64.13 % / 1.87 %
5	C	42.38 % / 1.38 %	21	C	58.69 % / 1.12 %	37	A	67.05 % / 1.98 %	53	C	11.62 % / 3.74 %	69	C	50.65 % / 1.14 %
6	D	63.0 % / 1.28 %	22	A	46.81 % / 1.43 %	38	D	58.03 % / 1.42 %	54	A	51.98 % / 1.18 %	70	D	68.8 % / 1.9 %
7	C	51.8 % / 1.15 %	23	C	54.96 % / 1.07 %	39	A	67.54 % / 1.8 %	55	B	64.8 % / 1.07 %	71	B	52.35 % / 1.5 %
8	A	89.12 % / 0.0 %	24	B	41.85 % / 1.63 %	40	B	59.07 % / 1.68 %	56	D	49.65 % / 1.18 %	72	D	67.22 % / 1.8 %
9	C	61.92 % / 1.68 %	25	B	59.68 % / 1.91 %	41	D	64.38 % / 1.07 %	57	A	45.36 % / 1.18 %	73	A	49.32 % / 1.2 %
10	A	87.21 % / 0.0 %	26	C	66.5 % / 1.84 %	42	A	66.89 % / 1.24 %	58	D	43.84 % / 1.74 %	74	D	58.09 % / 1.88 %
11	A	44.27 % / 1.77 %	27	C	51.29 % / 1.76 %	43	B	49.78 % / 1.11 %	59	C	53.54 % / 1.48 %	75	C	53.07 % / 1.17 %
12	C	86.86 % / 0.0 %	28	C	47.65 % / 1.25 %	44	C	24.0 % / 3.28 %	60	C	68.34 % / 1.13 %	76	C	65.92 % / 1.1 %
13	C	51.51 % / 1.3 %	29	B	64.0 % / 1.79 %	45	D	44.81 % / 1.51 %	61	A	48.04 % / 1.43 %	77	A	62.38 % / 1.05 %
14	C	69.43 % / 1.91 %	30	B	42.58 % / 1.88 %	46	A	41.91 % / 1.83 %	62	B	51.77 % / 1.68 %	78	D	59.39 % / 1.76 %
15	D	61.52 % / 1.88 %	31	B	61.42 % / 1.35 %	47	A	58.87 % / 1.45 %	63	A	54.9 % / 1.36 %	79	B	53.26 % / 1.98 %
16	D	44.31 % / 1.11 %	32	C	56.04 % / 1.32 %	48	C	46.51 % / 1.42 %	64	A	88.6 % / 0.0 %	80	D	63.03 % / 1.7 %

प्रश्न संख्या	उत्तर	सही उत्तर / छोड़ दिया		प्रश्न संख्या	उत्तर	सही उत्तर / छोड़ दिया		प्रश्न संख्या	उत्तर	सही उत्तर / छोड़ दिया		प्रश्न संख्या	उत्तर	सही उत्तर / छोड़ दिया		प्रश्न संख्या	उत्तर	सही उत्तर / छोड़ दिया
81	B	61.29 %	1.36 %	97	A	48.08 %	1.01 %	113	B	26.65 %	4.55 %	129	D	50.29 %	1.29 %	145	C	67.85 %	1.58 %
82	C	66.47 %	1.32 %	98	B	54.58 %	1.98 %	114	D	18.53 %	3.39 %	130	C	53.23 %	1.33 %	146	C	46.94 %	1.41 %
83	B	41.91 %	1.2 %	99	C	16.06 %	3.37 %	115	A	24.53 %	3.17 %	131	D	69.67 %	1.17 %	147	C	42.87 %	1.72 %
84	A	64.05 %	1.51 %	100	A	53.68 %	1.5 %	116	C	12.67 %	3.66 %	132	A	43.86 %	1.84 %	148	D	41.95 %	1.34 %
85	A	77.91 %	0.0 %	101	C	63.35 %	1.02 %	117	D	65.08 %	1.68 %	133	A	41.0 %	1.46 %	149	C	59.51 %	1.65 %
86	A	40.43 %	1.81 %	102	C	50.36 %	1.53 %	118	A	40.38 %	1.71 %	134	B	69.15 %	1.39 %	150	A	40.59 %	1.71 %
87	D	42.27 %	1.1 %	103	A	63.02 %	1.34 %	119	C	50.5 %	1.26 %	135	A	53.41 %	2.0 %	151	A	40.83 %	1.23 %
88	C	55.16 %	1.07 %	104	C	55.04 %	1.61 %	120	C	54.95 %	1.36 %	136	D	66.06 %	1.94 %	152	C	62.4 %	1.93 %
89	D	43.26 %	1.19 %	105	A	45.11 %	1.91 %	121	C	53.63 %	1.18 %	137	D	41.02 %	1.87 %	153	C	64.39 %	1.35 %
90	D	83.19 %	0.0 %	106	B	59.14 %	1.24 %	122	D	53.2 %	1.78 %	138	D	60.04 %	1.99 %	154	A	66.39 %	1.36 %
91	D	56.57 %	1.17 %	107	D	69.26 %	1.33 %	123	B	53.6 %	1.43 %	139	B	51.75 %	1.59 %	155	B	69.69 %	1.99 %
92	D	80.92 %	0.0 %	108	A	50.76 %	1.38 %	124	D	56.22 %	1.32 %	140	D	54.87 %	1.09 %	156	B	50.84 %	1.73 %
93	A	52.58 %	1.98 %	109	A	51.52 %	1.94 %	125	A	59.6 %	1.46 %	141	D	50.27 %	1.93 %	157	A	42.6 %	1.48 %
94	D	40.06 %	1.73 %	110	C	51.18 %	1.13 %	126	C	68.39 %	1.83 %	142	C	50.63 %	1.04 %	158	A	68.36 %	1.66 %
95	A	47.11 %	1.44 %	111	D	53.64 %	1.1 %	127	A	68.58 %	1.55 %	143	B	56.65 %	1.93 %	159	B	68.85 %	1.49 %
96	C	48.9 %	1.93 %	112	D	26.45 %	3.52 %	128	C	65.42 %	1.57 %	144	A	56.07 %	1.93 %	160	B	51.22 %	1.54 %

कार्य विश्लेषण

औसत अंक (%)	32.75%
टॉपर्स स्कोर (%)	57.0%
आपका स्कोर	

//संकेत और समाधान//

1. भारतीय संविधान में किसी भी भाषा को राष्ट्र भाषा के रूप में नहीं माना गया है। सरकार ने 22 भाषाओं को आधिकारिक भाषा के रूप में जगह दी है। जिसमें केन्द्र सरकार या राज्य सरकार अपने जगह के अनुसार किसी भी भाषा को आधिकारिक भाषा के रूप में चुन सकती है। केन्द्र सरकार ने अपने कार्यों के लिए हिन्दी और अंग्रेजी भाषा को आधिकारिक भाषा के रूप में जगह दी है। इसके अलावा अलग अलग राज्यों में स्थानीय भाषा के अनुसार भी अलग अलग आधिकारिक भाषाओं को चुना गया है। फिलहाल 22 आधिकारिक भाषाओं में असमी, उर्दू, कन्नड़, कश्मीरी, कोंकणी, मैथिली, मलयालम, मणिपुरी, मराठी, नेपाली, ओड़िया, पंजाबी, संस्कृत, संतली, सिंधी, तमिल, तेलुगू, बोड़ो, डोगरी, बंगाली और गुजराती है।

वर्तमान में सभी 22 भाषाओं को आधिकारिक भाषा का दर्जा प्राप्त है। 2010 में गुजरात उच्च न्यायालय ने भी सभी भाषाओं को समान अधिकार के साथ रखने की बात की थी, हालांकि न्यायालयों और कई स्थानों में केवल अंग्रेजी भाषा को ही जगह दिया गया है।

अतः विकल्प (D) सही है।

2. जहाँ बिना कारण के ही कार्य सिद्ध हो जाए वहाँ विभावना अलंकार होता है।

उदाहरण: "बिनु पद चलई, सुने बिनु काना। कर बिनु कर्म, करै विधि नाना ॥"

अतः विकल्प (B) सही है।

3. गीतिका छन्द में प्रत्येक चरण में 26 मात्राएँ होती हैं और 14 तथा 12 मात्राओं के बाद यति होती है।

अतः विकल्प (B) सही है।

4. हिंदी के लिए प्रयुक्त देवनागरी लिपि में कुल 52 वर्ण हैं, जिनमें 11 मूल स्वर वर्ण (जिनमें से 'ऋ' का उच्चारण अब स्वर जैसा नहीं होता), 33 मूल व्यंजन, 2 उत्क्षिप्त व्यंजन, 2 अयोगवाह और 4 संयुक्ताक्षर व्यंजन हैं।

अतः विकल्प (B) सही है।

5. मुहावरा – खिचड़ी पकाना

मुहावरे का हिंदी में अर्थ – गुप्त बात या कोई षड्यंत्र करना

उदाहरण – क्लास में पीछे बैठे छात्रों को आपस में चुपचाप बातें करते देख कर अध्यापक ने कहा कि आपस में खिचड़ी पकाना बंद करो और पढ़ाई पर ध्यान दो।

अतः विकल्प (C) सही है।

6. मुहावरा – आगे नाथ न पीछे पगहा

मुहावरा का हिन्दी में अर्थ – जिसका कोई सगा – सम्बन्धी न हो

उदाहरण - लोकोक्ति का वाक्य प्रयोग – जज साहब अकेले ही थे – 'न आगे नाथ न पीछे पगहा'।

अतः विकल्प (D) सही है।

7. संज्ञा या सर्वनाम की विशेषता बताने वाले शब्द को विशेषण कहते हैं।

हिंदी में विशेषण 5 प्रकार के होते हैं। यथा-

1. गुणवाचक विशेषण

2. परिमाणवाचक विशेषण

3. संख्यावाचक विशेषण

4. सार्वनामिक विशेषण

5. व्यक्तिवाचक विशेषण

अतः विकल्प (C) सही है।

8. अपनी हत्या स्वयं करना- (आत्महत्या)

अवसर के अनुसार बदल जाने वाला- (अवसरवादी)

अच्छे चरित्र वाला- (सच्चरित्र)

आज्ञा का पालन करने वाला- (आज्ञाकारी)

अतः विकल्प (A) सही है।

9. 'आयुषी पढ़ती है।' इस वाक्य में कर्ता कारक है। जिस रूप से क्रिया (कार्य) के करने वाले का बोध होता है वह 'कर्ता' कारक कहलाता है।

अतः विकल्प (C) सही है।

10. संज्ञा शब्द के जिस रूप से यह ज्ञात हो कि वह पुरुष जाति का है या स्त्री जाति का, उसे लिंग कहते हैं।

हिंदी भाषा में लिंग के दो भेद होते हैं-

1. पुल्लिंग

2. स्त्रीलिंग

अतः विकल्प (A) सही है।

11. पत्थर का पर्यायवाची- पाषाण है।

पानी का पर्यायवाची- सलिल, अंबु, सर है।

अतः विकल्प (A) सही है।

12. बहुवचन - शब्द के जिस रूप से उसके एक से अधिक होने का बोध हो, वह बहुवचन कहलाते हैं।

'घोड़ा' शब्द का बहुवचन शब्द 'घोड़े' होगा।

अतः विकल्प (C) सही है।

13. ट् एक अघोष वर्ण है।

स्वनविज्ञान और स्वनिमविज्ञान में घोष वह ध्वनियाँ (विशेषकर व्यंजन) होती हैं जिनमें स्वर-रज्जु में कम्पन होता है, जबकि अघोष वह ध्वनियाँ होती हैं जिनमें यह कम्पन नहीं होता। उदाहरण के लिए "प" एक अघोष ध्वनि है जबकि "ब" एक घोष ध्वनि है। इसी तरह "स" और "श" दोनों अघोष हैं, जबकि "ज़" घोष है। देवनागरी के हर नियमित वर्ग में पहले दो वर्ण अघोष और उन के बाद के दो घोष होते हैं। क/ख, च/छ, त/थ, ट/ठ, प/फ अघोष हैं, जबकि ग/घ, ज/झ, द/ध, ड/ढ, ब/भ घोष हैं।

अतः विकल्प (C) सही है।

14. दिए गए विकल्पों में से 'अम्लिका' शब्द का शुद्ध तद्भव रूप 'इमली' है। अन्य विकल्प अनुचित हैं।

- इमली स्त्रीलिंग शब्द है।

- यह एक खट्टा फल जिसकी चटनी बनाई जाती है।

- इमली को 'चिंचा या तेतर' भी कहा जाता है।

अतः विकल्प (C) सही है।

15. अनगिनत का तत्सम रूप अगणित है, जिसका अर्थ है जिसे गिना न जा सके।

तद्भव शब्द तत्सम शब्दों के सरलीकरण से बनते हैं।

अतः विकल्प (D) सही है।

16. निष्ठुर का अर्थ- कठोर, निर्दयी

करुण का अर्थ- दयालु, दयावान

अतः विकल्प (D) सही है।

17. गृहित, यहाँ उचित विकल्प है, अन्य विकल्प असंगत है।

शब्दार्थ:

अर्पित का अर्थ अर्पण करना या देना होता है, जबकि गृहित का अर्थ ग्रहण करना या लेना होता है।

अतः विकल्प (B) सही है।

18. दिए गए विकल्पों में समरूपी भिन्नार्थक शब्द का उचित शब्द युग्म 'निसान-निशान' होगा। जिनके अर्थ निम्नलिखित हैं-

निसान- (1) ध्वज; पताका; (फ्लैग) (2) किसी राष्ट्र, राज्य, संप्रदाय या समाज से संबंधित विशिष्ट रंग और आकार का कपड़े का वह प्रतीक-चिह्न जो बाँस या लोहे के डंडे के ऊपरी सिरे पर बाँधकर फहराया जाता है

निशान- (1) चिह्न या लक्षण (2) वह चिह्न जो अशिक्षित लोग अपने हस्ताक्षर के बदले में बनाते हैं (3) शरीर पर कोई प्रकृतिक चिह्न या धब्बा।

अतः विकल्प (A) सही है।

19. उपरोक्त विकल्पों में से आयु शब्द अनेकार्थी नही है।

अतः आयु शब्द संगत विकल्प है। अन्य सभी विकल्प असंगत है।

अनेकार्थी शब्द से अभिप्राय यह है कि जो शब्द स्वयं अनेक अर्थो से भरा हो।

गौ – गाय, इंद्रिय, वाणी, पृथ्वी।

गण – छंद का अंग, समूह, भूत।

अतः विकल्प (A) सही है।

20. दूध शब्द का प्रयोग एकवचन और बहुवचन में समान होता है।

द्रव्यवाचक संज्ञा का प्रयोग एकवचन में किया जाता है।

अतः विकल्प (A) सही है।

21. चुहिया का बहुवचन 'चुहियाँ' होगा।

चुहिया स्त्रीलिंग शब्द है जिसमें याँ जोड़कर बहुवचन बनाया गया है।

अतः विकल्प (C) सही है।

22. दिए गए विकल्पों में से सही उत्तर विकल्प (A) 'उसकी ट्रेन छूट गई होगी।' है। अन्य विकल्प इसके असंगत उत्तर हैं।

स्पष्टीकरण:

- 'उसकी ट्रेन छुट गई होगी।' यह विकल्प 'संदिग्ध भूतकाल' का उदाहरण है। अन्य विकल्प इसके असंगत उत्तर होंगे।
- संदिग्ध भूतकाल- इसमें यह सन्देह बना रहता है कि भूतकाल में कार्य पूरा हुआ या नही।

अन्य विकल्प:

1. मम्मी पूजा कर रही थी। - अपूर्ण भूतकाल
2. राधा जा चुकी थी। - पूर्ण भूतकाल
3. दादी बाजार से आ गई। - आसन्न भूतकाल

अतः विकल्प (A) सही है।

23. सही उत्तर विकल्प (C) 'तुमसे फूल तोड़ा जाता है।' है। अन्य विकल्प इसके असंगत उत्तर हैं।

- 'तुम फूल तोड़ते हो' यह वाक्य कर्तृवाच्य है।
- इसका कर्मवाच्य वाक्य 'तुमसे फूल तोड़ा जाता है' होगा।

- जिस वाक्य में कर्म मुख्य हो तथा इसकी सकर्मक क्रिया के लिंग, वचन व पुरूष कर्म के अनुसार हो, उसे कर्मवाच्य कहते हैं।

अतः विकल्प (C) सही है।

24. "वह लाचार है, क्योंकि वह अंधा है।" इस वाक्य में कारणवाचक अव्यय है।

प्रस्तुत वाक्य में कारण बताया जा रहा है कि वह अँधा है इसलिए लाचार है।

यहाँ 'क्योंकि' कारणवाचक अव्यय है।

ऐसे शब्द जिसमें लिंग , वचन , पुरुष, कारक आदि के कारण कोई विकार नहीं आता अव्यय कहलाते हैं। यह सदैव अपरिवर्तित , अविकारी एवं अव्यय रहते हैं। इनका मूल रूप स्थिर रहता है , वह कभी बदलता नहीं जैसे – इधर, किंतु, क्योंकि, जब, तक, इसलिए आदि।

अतः निकल्प (B) सही है।

25. सही उत्तर 'मैं गाता हूँ'। है। अन्य विकल्प इसके असंगत उत्तर होंगे।

- दिए गए विकल्पों में 'मैं गाता हूँ।' यह वाक्य उत्तम पुरुष वाचक सर्वनाम का विकल्प है।
- जिन सर्वनाम शब्दों का प्रयोग वक्ता द्वारा खुद के लिए या दूसरों के लिए किया जाता है, उसे पुरुषवाचक सर्वनाम कहते हैं।
- पुरुषवाचक सर्वनाम के तीन भेद होते हैं:

उत्तम पुरुष

1. मध्यम पुरुष
2. अन्य पुरुष

अन्य विकल्प:

1. तुम जाओ। - मध्यम पुरुष
2. वे जाते हैं। - अन्य पुरुष

अतः विकल्प (B) सही है।

26. उपर्युक्त विकल्पों में से विकल्प 'सत्' सही है। अन्य सभी विकल्प असंगत हैं।

- सदाचार शब्द में 'सत्' उपसर्ग है।
- इसका मूल शब्द 'आचार' है।
- सत् का अर्थ (अच्छा)
- सत् उपसर्ग से बने अन्य शब्द - सत्कर्म, सत्कार, सद्वृति, सज्जन, सच्चरित्र, सद्धर्म।

अतः विकल्प (C) सही है।

27. उपर्युक्त विकल्पों में से सही विकल्प 'परा' है। अन्य विकल्प असंगत हैं।

- पराजय में 'परा' शब्द उपसर्ग है
- जय [जीत] मूल शब्द है
- परा का अर्थ है - उल्टा, पीछे
- परा उपसर्ग से बने अन्य शब्द - पराजय, पराक्रम, पराभव

अतः विकल्प (C) सही है।

28. 'शरणार्थी' का संधि-विच्छेद 'शरण+अर्थी' होगा।

'शरण+अर्थी= शरणार्थी' में 'अ+अ=आ' हुआ है अर्थात यहाँ पर स्वर संधि है।

स्वर संधि: जहां दो स्वरों के मिलने से शब्द बनते हैं वहाँ पर स्वर संधि होती है। जैसे- परम+अणु= परमाणु।

अतः विकल्प (C) सही है।

29. दिए गए विकल्पों में से 'गंगातट' में तत्पुरुष समास है।

इसका समास विग्रह है - गंगा का तट।

यह सम्बन्ध तत्पुरुष का उदाहरण है।

इस समास में प्रथम पद गौण और उत्तर पद की प्रधानता होती है।

तत्पुरुष समास में आने वाले कारक चिन्हों को, से, के लिए, से, का/के/की, में, पर आदि का लोप होता है।

अन्य विकल्प इसके अनुचित उत्तर हैं।

अतः विकल्प (B) सही है।

30. दिए गए इन विकल्पों में सही विकल्प 'चाहे जैसे हो, तुम्हें वहाँ जाना है' होगा। अतः विकल्प (B) 'चाहे जैसे हो, तुम्हें वहाँ जाना है' इसका सही उत्तर है। अन्य विकल्प इसके उचित उत्तर नहीं हैं।

उपर्युक्त वाक्य में 'अल्प विराम चिह्न (,)' का प्रयोग हुआ है।

अतः विकल्प (B) सही है।

31. मातृभाषा - अपने घर में बोली जानेवाली भाषा।

अन्य विकल्पों का विश्लेषण:

- विदेशी भाषा - जो भाषा अन्य देश में बोली समझी जाती है उसे विदेशी भाषा कहते हैं।

- शास्त्रीय भाषा - शास्त्रीय भाषा ऐसी भाषा होती है जिनका कम से कम 1500-2000 वर्ष पुराना इतिहास हो, साहित्य/ग्रंथों एवं वक्ताओं की प्राचीन परंपरा हो और साहित्यिक परंपरा का उद्भव दूसरी भाषाओं से न हुआ हो।

- प्राचीन भाषा - दुनिया भर में फैले तमाम विश्विद्यालय एवं शिक्षण संस्थान संस्कृत को सबसे प्राचीन भाषा मानते हैं।

अतः विकल्प (B) सही है।

32. मातृभाषा सम्प्रत्ययों को समझने में अवरोध उत्पन्न करती है। - समझ बनाने में बाधा उत्पन्न करती है।

अतः विकल्प (C) सही है।

33. गद्यांश के अनुसार:

- बच्चे के मन में प्रिंट या अन्य माध्यम अवधारणा या समझ बनाने के लिए पढ़ने के साथ लिखना भी शुरू करना चाहिए।

- यह लिखना रेखाओं में भी हो सकता है।

अतः विकल्प (D) सही है।

34. उपरोक्त विकल्पों में महादेवी वर्मा की प्रसिद्ध रचना 'नीरजा' है।

नीरजा का प्रकाशन वर्ष:- सन् 1935

अन्य विकल्प:

- रेणुका-->1935ई. – रामधारी सिंह दिनकर
- लहर-->1933ई. – जयशंकर प्रसाद
- मधुशाला--->1935ई – हरिवंशराय बच्चन

अतः विकल्प (B) सही है।

35. 'राजा भोज का सपना' कहानी के कहानीकार शिवप्रसाद सितारेहिंद है।

- 'राजा भोज का सपना' कहानी 1905 में प्रकाशित हुई थी।
- इस कहानी में राजा भोज के उस सपने की चर्चा हुई है, जिसके बाद उनकी ज़िन्दगी बदल गई और उन्होंने अच्छे कार्य किए।

अतः विकल्प (C) सही है।

36. स्पष्टीकरण:

'अशोक के फूल' नामक निबंध-संग्रह के रचनाकार 'हजारी प्रसाद द्विवेदी' हैं। अन्य विकल्प इसके असंगत उत्तर हैं।

हजारी प्रसाद द्विवेदी (19 अगस्त 1907-19 मई 1979) हिन्दी के मौलिक निबन्धकार, उत्कृष्ट समालोचक एवं सांस्कृतिक विचारधारा के प्रमुख उपन्यासकार थे। 'अशोक के फूल' हजारीप्रसाद द्विवेदी का लिखा हुआ एक निबंध संग्रह है।

विशेष:

1. रामचंद्र शुक्ल – कविता क्या है, भारतेन्दु हरिश्चंद्र, चिंतामणि।
2. गुलाबराय – ठलुआ, क्लब, मेरी असफलताएँ, जीवन-पशु।
3. कुबेरनाथ – निषाद बांसुरी, भाषा बहता नीर, कुब्जा-सुंदरी।

अतः विकल्प (A) सही है।

37. 'चिदंबरा' रचना ज्ञानपीठ पुरस्कार से सम्मानित रचना है।

चिदंबरा' वह कविता संग्रह है जिसके लिए १९६८ में सुमित्रानंदन पंत को ज्ञानपीठ से सम्मानित किया गया। यह संग्रह उनकी काव्य-चेतना के द्वितीय उत्थान की परिचायिका है, उसमें 'युगवाणी' से लेकर 'अतिमा' तक की रचनाओं का संचयन है, जिसमें 'युगवाणी', 'ग्राम्या', 'स्वर्ण-किरण', 'स्वर्णधूलि', 'युगपथ', 'युगांतर', 'उत्तरा', 'रजतशिखर', 'शिल्पी', 'सौवर्ण और 'अतिमा' की चुनी हुई कृतियों के साथ 'वाणी' की अंतिम रचना 'आत्मिका' भी सम्मिलित है। 'पल्लविनी' में, सन् 18 से लेकर' 36 तक, उनके उन्नीस वर्षों को संजोया गया हैं और 'चिदंबरा' में, सन्' 37 से' 57 तक, प्रायः बीस वर्षों की विकास श्रेणी का विस्तार हैं।

अतः विकल्प (A) सही है।

38. स्पष्टीकरण:

दिए गए विकल्पों में 'मुकुर' का समान अर्थ वाला शब्द 'दर्पण' होगा।

समानार्थी शब्द: वे शब्द जिनका अर्थ एक समान होता हैं समानार्थी शब्द कहलाते हैं।

अन्य विकल्प:

1. मना करना – रोक देना

2. खेद - दुःख

3. रंक – कंगाल

अतः विकल्प (D) सही है।

39. 'सोदाहरण सहित उत्तर दीजिए।' वाक्य अशुद्ध हैं। इस वाक्य में पुनरुक्ति दोष हुआ है।

शुद्ध वाक्य- 'उदाहरण सहित उत्तर दीजिए।' या 'सोदाहरण उत्तर दीजिये'

इस वाक्य में सोदाहरण शब्द के स्थान पर उदाहरण शब्द आना चाहिए।

अन्य विकल्पों का विश्लेषण:

शुद्ध वाक्य	अशुद्ध वाक्य
कृपया मेरी प्रार्थना स्वीकार करें।	कृपया मेरी इस प्रार्थना को स्वीकार करें।
दोनों भाई परस्पर लड़ पड़े।	दोनों भाई परस्पर आपस में लड़ पड़े।
मैंने गृह-कार्य कर लिया है।	मैंने अपना ग्रह कार्य पूरा कर लिया है।

अतः विकल्प (A) सही है।

40. 'अपराधी को मृत्युदण्ड दिया गया।' वाक्य शुद्ध वाक्य हैं।

अशुद्ध वाक्य-अपराधी को मृत्युदण्ड की सजा दिया गया।

अन्य विकल्पों का विश्लेषण:

अशुद्ध वाक्य	शुद्ध वाक्य

तुलसी ने मानस की रचना लिखी है।	. तुलसी ने मानस की रचना की है।
कालचक्र के पहिये से बचना संभव नहीं है।	कालचक्र से बचना संभव नहीं है।
लक्ष्मण के मूर्छित होने पर राम विलाप करके रोने लगे।	लक्ष्मण के मूर्छित होने पर राम विलाप करने लगे।

अतः विकल्प (B) सही है।

41. अंतर्राष्ट्रीय वित्तीय सेवा केंद्र प्राधिकरण (IFSCA) और GVFL लिमिटेड ने गिफ्ट सिटी, गुजरात में IFSCA के कार्यालय में एक समझौता ज्ञापन पर हस्ताक्षर किए।

GIFT IFSC में फिनटेक पारितंत्र को समर्थन और सुविधा प्रदान करने के लिए सहयोग और सहभागिता के लिए इस पर हस्ताक्षर किए गए हैं। IFSCA एक एकीकृत नियामक है जो IFSC में वित्तीय उत्पादों, वित्तीय सेवाओं और संस्थानों के विकास और विनियमन के लिए जिम्मेदार है।

अत: विकल्प (D) सही है।

42. हार्मोन जिसमें आयोडीन होता है वह थायरॉयड ग्रंथि द्वारा स्रावित होता है।

जैसा कि हम जानते हैं, थायराइड हार्मोन ने दो हार्मोन उत्पन्न किए जो थायरॉयड ग्रंथि द्वारा जारी किए जाते हैं, जैसे कि ट्राइयोडोथायरोनिन (T_3) और थाइरॉक्सिन (T_4)। ये टायरोसिन आधारित हार्मोन हैं जो चयापचय के नियमन के लिए जिम्मेदार हैं। ये दो हार्मोन आंशिक रूप से आयोडीन से बने होते हैं। जब आयोडीन की कमी हो जाती है तो इससे T_3 और T_4 का उत्पादन कम हो जाता है जो थायरॉयड ग्रंथि को बढ़ाता है और इस बीमारी को सरल गोइटर के रूप में जाना जाता है।

अतः विकल्प (A) सही है।

43. भारत में पहली कपास मिल 1818 में कोलकाता के पास फोर्ट ग्लस्टर में स्थापित की गई थी, लेकिन यह एक व्यावसायिक विफलता थी। भारत में दूसरी कपास मिल 1854 में KGN डाबर द्वारा स्थापित की गई थी और इसका नाम बॉम्बे स्पिनिंग एंड वीविंग कंपनी था। यह मिल भारत में आधुनिक कपास उद्योग की वास्तविक नींव को चिह्नित करने के लिए कहा जाता है।

अतः विकल्प (B) सही है।

44. जंग के रूप में जाना जाने वाला भूरा रासायनिक पदार्थ बनाने के लिए नमी की मौजूदगी में हवा से ऑक्सीजन के साथ आयरन मिश्रित होता है। जंग का रासायनिक सूत्र हाइड्रेटेड फेरिक ऑक्साइड ($Fe_2O_3 . nH_2O$) है।

अतः विकल्प (C) सही है।

45. दक्षिण गंगोत्री, अंटार्कटिका में स्थित भारत का पहला वैज्ञानिक आधार केंद्र था, जो भारतीय अंटार्कटिक कार्यक्रम का हिस्सा था। यह दक्षिण ध्रुव से 2,500 किलोमीटर (1,600 मील) की दूरी पर स्थित है।

अतः विकल्प (D) सही है।

46. प्रतिष्ठित अरेबियन इंडियन सीज़र अवार्ड टाइम्स ग्रुप द्वारा दिया जाता है। हाल ही में, मध्य पूर्व में 15 सफल भारतीयों को अरबियन इंडियन सीज़र अवार्ड का दूसरा संस्करण दिया गया।

अतः विकल्प (A) सही है।

47. पानी बनाने के लिए ऑक्सीजन गैस के साथ H_2 गैस की प्रतिक्रिया एक संयोजन प्रतिक्रिया का एक उदाहरण है क्योंकि हाइड्रोजन और ऑक्सीजन के अणु मिलकर पानी का अणु बनाते हैं-

$$2H_2 + O_2 \Rightarrow 2H_2O$$

अतः विकल्प (A) सही है।

48. अमीबा की चलनक्रिया बड़ी रोचक है। इसके शरीर के कुछ अस्थायी प्रवर्ध निकलते हैं जिनको कूटपाद (नकली पैर) कहते हैं। पहले चलन की दिशा में एक कूटपाद निकलता है, फिर उसी कूटपाद में धीरे-धीरे सभी कोशारस बहकर समा जाता है। इसके बाद ही, या साथ साथ, नया कूटपाद बनने लगता

है। हाइमन, मास्ट आदि के अनुसार कूटपादों का निर्माण कोशारस में कुछ भौतिक परिवर्नों के कारण होता है। शरीर के पिछले भाग में कोशारस गाढ़े गोदं की अवस्था (जेल स्थिति) से तरल स्थिति में परिवर्तित होता है और इसके विपरीत अगले भाग में तरल स्थिति से जेल स्थिति में। अधिक गाढ़ा होने के कारण आगे बनने वाला जेल कोशिकारस को अपनी ओर खींचता है।

अतः विकल्प (C) सही है।

49. 18 मार्च, 1792 को हस्ताक्षरित सेरिंगपटम की संधि (जिसे श्रीरंगपट्टिनम या श्रीरंगपट्टनम भी कहा जाता है) को समाप्त कर दिया गया। इसके हस्ताक्षरकर्ताओं में ब्रिटिश ईस्ट इंडिया कंपनी की ओर से लॉर्ड कार्नवालिस, हैदराबाद के निजाम और मराठा साम्राज्य के प्रतिनिधि और मैसूर के शासक टीपू सुल्तान शामिल थे।

अतः विकल्प (B) सही है।

50.

शहर	अक्षांश
पटना	25.37° N
पचमढ़ी	22.3° N
इलाहाबाद	25.28° N
अहमदाबाद	8.29° N

अतः विकल्प (A) सही है।

51. हीलियम या नाइट्रोजन जैसी गैसें तेल के साथ वायु (या वायुमंडलीय ऑक्सीजन) के संपर्क को रोकती हैं। इस तरह, हम तेल को लंबे समय तक बासी बनने से रोक सकते हैं। हीलियम या नाइट्रोजन गैसों का उपयोग लंबे समय तक तेल के ताजा नमूने के भंडारण के लिए किया जा सकता है। क्योंकि जब तेल हवा या वायुमंडलीय ऑक्सीजन के संपर्क में आता है तो वह बासी हो जाता है। रैंसिडिटी तेल का ऑक्सीडेटिव क्षरण है। यदि हम तेल और वायु के बीच संपर्क से बच सकते हैं तो हम तेल की कठोरता से बच सकते हैं। इस उद्देश्य के लिए, हम हीलियम या नाइट्रोजन के साथ तेल की सतह को कवर कर सकते हैं।

अतः विकल्प (B) सही है।

52. लेटराइट एक मिट्टी और चट्टान है जो लोहे और एल्यूमीनियम में समृद्ध है और आमतौर पर गर्म और आर्द्र उष्णकटिबंधीय क्षेत्रों में इसका गठन माना जाता है। उच्च लौह ऑक्साइड सामग्री के कारण लगभग सभी लेटराइट जंग-लाल रंग के होते हैं। वे अंतर्निहित मूल चट्टान के गहन और लंबे समय तक अपक्षय द्वारा विकसित होते हैं।

अतः विकल्प (D) सही है।

53. गुर्दे की पथरी में पाए जाने वाले सबसे आम क्रिस्टलीय पदार्थ कैल्शियम आक्सलेट, कैल्शियम फॉस्फेट, यूरिक एसिड और स्टुवाइट हैं। एक पत्थर के लिए एक से अधिक क्रिस्टलीय घटक होना असामान्य नहीं है। पत्थरों में पाए जाने वाले गैर-क्रिस्टलीय पदार्थों में प्रोटीन और रक्त शामिल हैं। गुर्दे की पथरी की संरचना हो सकती है-

- कैल्शियम आक्सलेट 80% है
- यूरिक एसिड 5% है
- मैग्नीशियम अमोनियम फॉस्फेट 13%
- अमीनो एसिड सिस्टीन 2% है।

अतः विकल्प (C) सही है।

54. भारत के मुख्य न्यायाधीश न्यायमूर्ति रंजन गोगोई ने 17 नवंबर को गुवाहाटी में 'कोर्ट्स ऑफ इंडिया: पास्ट टू प्रेजेंट' नामक पुस्तक के असमी संस्करण का विमोचन किया। श्री गोगोई ने पब्लिकेशन डिवीजन द्वारा प्रकाशित पुस्तक का विमोचन करते हुए इसे न्याय की वास्तुकला करार दिया। उन्होंने कहा, पुस्तक भारतीय न्याय प्रणाली को स्पष्ट रूप से समझाती है।

अतः विकल्प (A) सही है।

55. सबसे प्रचुर मात्रा में कार्बोहाइड्रेट पोली सैकराइड हैं। एक पोली सैकराइड अणु में हजारों ग्लूकोज इकाइयां हो सकती हैं। इन अत्यधिक जटिल कार्बोहाइड्रेट में स्टार्च, सेलूलोज़ और ग्लाइकोजन शामिल हैं। स्टार्च एक सामान्य रूप है जिसमें कार्बोहाइड्रेट पौधों द्वारा ऊर्जा के रूप में संग्रहीत किया जाता है।

अतः विकल्प (B) सही है।

56. युवाओं को ताजा और नई ऊर्जा के साथ परीक्षाओं और जीवन के कठिन क्षणों का सामना करने के लिए प्रोत्साहित करने के लिए प्रधान मंत्री नरेंद्र मोदी द्वारा "Exam Warriors" पुस्तक की रचना की गई है। यह खेल, नींद और यहां तक कि यात्रा के महत्व पर जोर देता है। इसे 3 फरवरी, 2018 को नई दिल्ली में एक समारोह में विदेश मंत्री सुषमा स्वराज द्वारा जारी किया गया था। इस पुस्तक को चित्रण, गतिविधियों और योग अभ्यासों के साथ संवादात्मक कहा गया है, और इसका उद्देश्य केवल परीक्षाओं में सफलता ही नहीं बल्कि जीवन का सामना करने वाले युवाओं के लिए एक दोस्त बनना। यह पेंगुइन इंडिया द्वारा प्रकाशित किया गया है। वर्तमान में, यह अंग्रेजी में उपलब्ध है और जल्द ही कई भाषाओं में प्रकाशित किया जाएगा।

अतः विकल्प (D) सही है।

57. सर्वेन्ट्स ऑफ़ इंडिया सोसाइटी की स्थापना 1905 में गोपाल कृष्ण गोखले ने की थी, जिसे आज़ादी से पूर्व कांग्रेस के "उदारवादी" गुट का नेता माना जाता था, जहाँ से गांधी ने प्रेरणा प्राप्त की थी।

अतः विकल्प (A) सही है।

58. एक संघीय राजव्यवस्था में सरकार के दो सेट हैं और इस प्रकार यह दोहरी नागरिकता का अनुसरण करता है। लेकिन भारत के मामले में हालांकि यह एक संघीय राज्य है, लेकिन वहां एक ही नागरिकता है।

- तात्पर्य यह है कि सभी भारतीय नागरिक भारतीय संघ के प्रति निष्ठा रखते हैं। कोई भी नागरिक, अपने जन्म या निवास के बावजूद, सभी राज्यों और केंद्र शासित प्रदेशों में पूरे भारत में नागरिक और राजनीतिक अधिकारों का आनंद लेने का हकदार है।
- भारतीय संविधान राज्य की नागरिकता को मान्यता नहीं देता है और इस तरह, दो या दो से अधिक राज्यों के नागरिकों के बीच कोई अंतर नहीं है।

अतः विकल्प (D) सही है।

59. पलक्कड़ गैप को पालघाट गैप के रूप में भी जाना जाता है, जो पश्चिमी घाट पर्वत श्रृंखला में एक बड़ा ब्रेक है, जो दक्षिण-पश्चिम भारत में है। नीलगिरि पहाड़ियों के उत्तर और दक्षिण में अनामीलाई पहाड़ियों के बीच स्थित, यह लगभग 20 मील (32 किमी) चौड़ी है और केरल-तमिलनाडु सीमा पर फैला है, जो उन दो राज्यों के बीच का एक प्रमुख संचार मार्ग है।

अतः विकल्प (C) सही है।

60. "अनुच्छेद 20 और 21 के तहत अधिकार" अनुच्छेद 359 के तहत किसी भी आदेश द्वारा निलंबित नहीं किया जा सकता है। अनुच्छेद 20 कहता है कि किसी व्यक्ति को कानून के उल्लंघन के अलावा किसी भी अपराध के लिए दोषी नहीं ठहराया जाएगा।

अतः विकल्प (C) सही है।

61. केंद्रीय गृह मंत्री ने हाल ही में नई दिल्ली में सशस्त्र सेम बाल मुख्यालय का दौरा किया था। उन्होंने इस यात्रा के दौरान एसएसबी के कामकाज की समीक्षा की। तैनाती, परिचालन उपलब्धियों और चिंताओं की समीक्षा की गई। केंद्रीय सशस्त्र पुलिस बलों में से एक SSB को 2001 से पहले विशेष सेवा ब्यूरो के रूप में जाना जाता था।

अतः विकल्प (A) सही है।

62. भारतीय नौसेना 6 मार्च से 13 मार्च तक अंडमान और निकोबार (A&N) द्वीपों में पोर्ट ब्लेयर में बहुराष्ट्रीय 2018 मिलन अभ्यास के लिए 16 देशों की मेजबानी करने जा रही है। आठ दिवसीय मेगा नौसेना अभ्यास अंडमान और निकोबार कमांड के तहत आयोजित किया जाएगा। इसका बिषय 'समुद्र भर में मैत्री' है।

अतः विकल्प (B) सही है।

63. मलिक मुहम्मद जायसी पहले भारतीय हिंदी विद्वान थे। मलिक मुहम्मद जायसी (मृत्यु 1542) एक भारतीय सूफी कवि और पीर थे। उन्होंने अवधी भाषा में, और फ़ारसी नास्तिक लिपि में लिखा। उनकी सबसे प्रसिद्ध रचना महाकाव्य पद्मावत है।

अतः विकल्प (A) सही है।

64. पवित्र ग्रोव्स, राष्ट्रीय उद्यान और अन्य संरक्षित क्षेत्र, जीवमंडल भंडार, आदि वन्यजीव संरक्षण के स्वस्थानी तरीके हैं।

अतः विकल्प (A) सही है।

65. भारत सरकार (GoI) और एशियाई विकास बैंक (ADB) ने प्रधान मंत्री ग्राम सड़क योजना (PMGSY) के तहत असम, छत्तीसगढ़, मध्य प्रदेश, उड़ीसा और पश्चिम बंगाल में 6,200 किलोमीटर की सभी ग्रामीण सड़कों के निर्माण के लिए 250 मिलियन डॉलर के ऋण समझौते पर हस्ताक्षर किए हैं।

अतः विकल्प (C) सही है।

66. मंडला प्लांट फॉसिल्स नेशनल पार्क (MPNP) मध्य प्रदेश के मंडला जिले में स्थित है और 274,100 वर्ग मीटर के क्षेत्र को कवर करता है। इस राष्ट्रीय उद्यान में जीवाश्म रूप में पौधे हैं जो 40 मिलियन से 150 मिलियन साल पहले भारत में कहीं भी मौजूद थे, जो मंडला जिला के सात गाँवों में फैले थे। घुगुवा, उमरिया, देवरखुर्द, बारबसपुर, चंटी-पहाड़ियाँ, चरागाँव और देवरी कोहनी।

अतः विकल्प (A) सही है।

67. IMEI (इंटरनेशनल मोबाइल इक्विपमेंट आइडेंटिटी) नंबर मोबाइल डिवाइसेस का 15 अंकों का यूनीक सीरियल नंबर है। यह एक वैश्विक उद्योग निकाय GSMA और इसके अधिकृत संगठनों द्वारा आवंटित किया गया है। भारत में, मोबाइल मानक एलायंस ऑफ इंडिया (MSAI) GSMA की आधिकारिक रिपोर्टिंग संस्था है।

हाल ही में, दूरसंचार विभाग ने निजी निकाय एनएआई से भारत में मोबाइल फोन के लिए IMEI नंबर जारी करने और आवंटित करने की प्रक्रिया शुरू की है। नई भारतीय नकली डिवाइस प्रतिबंध (ICDR) प्रणाली ', जिसे DoT के R और D इकाई द्वारा विकसित किया गया है, का परीक्षण केंद्रीय उपकरण पहचान रजिस्टर (CEIR) के वेब पोर्टल पर पायलट आधार पर किया जा रहा है।

अतः विकल्प (A) सही है।

68. मेजर टेक्नोलॉजिकल कंपनी फेसबुक ने भारत में सामाजिक प्रगति 'नामक अपनी कॉर्पोरेट सामाजिक जिम्मेदारी (CSR) पहल शुरू की।

भारत में महिला उद्यमिता को बढ़ावा देने का उद्देश्य एन / कोर (सोशल इनोवेशन के लिए न्यूड सेंटर) द्वारा संचालित है। यह परियोजना महिलाओं के उद्यमिता पर काम करने वाली शुरुआती चरण की महिलाओं के नेतृत्व वाली गैर-लाभकारी इकाइयों को उकसाएगी और उन्हें गति देगी। यह पहल प्रत्येक गैर-लाभकारी संगठन के लिए 50 लाख तक के चार वित्तीय अनुदान प्रदान करेगी।

अतः विकल्प (C) सही है।

69. मयूर सिंहासन एक प्रसिद्ध सिंहासन था जो भारत के मुगल सम्राटों की सीट थी। इसे 17 वीं शताब्दी की शुरुआत में सम्राट शाहजहां द्वारा शुरू किया गया था और दिल्ली के लाल किले में दीवान-ए-खास (निजी श्रोताओं के हॉल) में स्थित था। मूल सिंहासन पर बाद में कब्जा कर लिया गया और 1739 में फारसी राजा नादिर शाह युद्ध ट्रॉफी के रूप में ले गया, और तब से यह सिंहासन खो

गया है। असली सिंहासन के स्थान पर उसी का जैसे दूसरा सिंहासन रखा गया जो 1857 में स्वतंत्रता के भारतीय युद्ध तक अस्तित्व में था।

अतः विकल्प (C) सही है।

70. सिंधु घाटी सभ्यता के धोलावीरा स्थल की सबसे अनूठी विशेषता यह है कि इसके शहर 3 भागों में विभाजित थे। जबकि अन्य सिंधु घाटी स्थलों को दो भागों में विभाजित किया गया था -निचला शहर और गढ़।

अतः विकल्प (D) सही है।

71. ट्विटर ने मनीष माहेश्वरी को अपने भारत संचालन के प्रबंध निदेशक के रूप में नियुक्त किया है। 2018 में, तरणजीत सिंह ने भारत देश के निदेशक के रूप में कदम रखा था और बालाजी कृष को अंतरिम अवधि में देश के संचालन का नेतृत्व करने का प्रभार दिया गया था।

अतः विकल्प (B) सही है।

72. लंदन स्कूल ऑफ इकोनॉमिक्स एंड पॉलिटिकल साइंस (LSE) ने भारत में जन्मे अर्थशास्त्री, दार्शनिक और नोबेल पुरस्कार विजेता के सम्मान में नामांकित असमानता अध्ययन में अमर्त्य सेन चेयर के निर्माण की घोषणा की है, जो 1971-82 से LSE में अर्थशास्त्र के प्रोफेसर थे।

अतः विकल्प (D) सही है।

73. एसबीआई जनरल इंश्योरेंस ने व्यवसायों को साइबर हमलों के कारण वित्तीय और प्रतिष्ठित नुकसान से बचाने के लिए एक उत्पाद - साइबर रक्षा बीमा शुरू किया है। यह साइबर उल्लंघनों के बढ़ते खतरे से सुरक्षा प्रदान करता है। इसे हैकिंग हमलों, पहचान की चोरी, संवेदनशील जानकारी के प्रकटीकरण और व्यापार में रुकावट जैसे प्रमुख बीमा योग्य साइबर एक्सपोज़र से बचाने के लिए बनाया गया है।

अतः विकल्प (A) सही है।

74. बजाज एलियांज जनरल इंश्योरेंस और बजाज एलियांज लाइफ इंश्योरेंस ने सहयोग में अपना पहला उत्पाद हेल्थ टोटल हेल्थ सिक्योर गोल 'लॉन्च किया। नया बीमा उत्पाद बजाज एलियांज जनरल इंश्योरेंस द्वारा दो मौजूदा योजनाओं - हेल्थ गार्ड पॉलिसी और बजाज एलियांज लाइफ इंश्योरेंस का एक संयोजन है।

अतः विकल्प (D) सही है।

75. सिक्किम 26 अप्रैल 1975 को 36 वें संशोधन अधिनियम, 1975 के माध्यम से भारत का एक राज्य बन गया। सिक्किम राज्य दिवस हर साल 16 मई को मनाया जाता है क्योंकि यह वह दिन था जब सिक्किम के पहले मुख्यमंत्री ने पद ग्रहण किया था।

अतः विकल्प (C) सही है।

76. अनुच्छेद 32 एक मौलिक अधिकार है जो सर्वोच्च न्यायालय को निर्देश, आदेश, और रिट जारी करने का अधिकार देता है. वहीं अनुच्छेद 226 एक संवैधानिक अधिकार है जो मौलिक अधिकारों और अन्य अधिकारों के अधिकारों के प्रवर्तन के लिए एक निर्देश, आदेश और रिट जारी करने के लिए उच्च न्यायालय को अधिकार देता है।

अतः विकल्प (C) सही है।

77. डीपीएसपी की प्रकृति के बारे में बताते हुए, अनुच्छेद 37 कहता है कि निर्देश सिद्धांत किसी भी अदालत द्वारा लागू करने योग्य नहीं हैं। हालाँकि, एक ही समय में, लेख यह घोषित करता है कि ये सिद्धांत देश के शासन में अभी भी मौलिक हैं और कानून बनाना इन नियमों को लागू करना राज्य का कर्तव्य होगा।

अतः विकल्प (A) सही है।

78. संविधान का अनुच्छेद 154 यह प्रदान करता है कि राज्य की कार्यकारी शक्ति राज्यपाल पर निहित है। राज्य सरकार के सभी कार्यकारी कार्यों को राज्यपाल के नाम पर लिया जाता है।

अतः विकल्प (D) सही है।

79. भारत की संविधान सभा की पहली बैठक 9 दिसंबर 1946 को नई दिल्ली के संवैधानिक हॉल में हुई। डॉ। सच्चिदानंद सिन्हा संविधान सभा के पहले अध्यक्ष थे। पहली बैठक में, सभा ने एक 'उद्देश्य संकल्प' अपनाया जो बाद में संविधान की प्रस्तावना बन गया। इन्होंने विभिन्न समितियों की नियुक्ति की। समितियों की रिपोर्ट के आधार पर संविधान का पहला प्रारूप तैयार किया गया था। यह 14 अगस्त 1947 को स्वतंत्र भारत के लिए संविधान सभा के रूप में फिर से इकट्ठा हुआ।

अतः विकल्प (B) सही है।

80. नेहरू की रिपोर्ट के पैरा ने कुछ विद्वानों को इसे भारत के राष्ट्रमंडल का संविधान कहने के लिए प्रेरित किया जो है-

नेहरु रिपोर्ट में कहा गया कि भारत के लोगों के मौलिक अधिकारों का हनन नहीं किया जा सकता है। इस रिपोर्ट ने अमेरिका के अधिकार पत्र से प्रेरणा ग्रहण की, जिसने भारत के संविधान में मूल अधिकारों सम्बन्धी प्रावधानों की आधारशिला रखी थी।

अतः विकल्प (D) सही है।

81. सभी 3 मिश्र धातुओं में तांबे का कुल वजन

$$= \left(\left(\frac{3}{5}\right) \times W\right) + \left(\left(\frac{4}{5}\right) \times 10\right) + \left(\left(\frac{7}{10}\right) \times 20\right)$$

$$= 0.6W + 8 + 14 = 0.6W + 22$$

सभी 3 मिश्र धातुओं में जस्ता का कुल वजन

$$= \left(\left(\frac{2}{5}\right) \times W\right) + \left(\left(\frac{1}{5}\right) \times 10\right) + \left(\left(\frac{3}{10}\right) \times 20\right)$$

$$= 0.4W + 2 + 6 = 0.4W + 8$$

तांबे और जस्ता के वजन का अनुपात,

$$\frac{(0.6W+22)}{(0.4W+8)} = \frac{31}{14}$$

$$\Rightarrow 8.4W + 308 = 12.4W + 248$$

$$\Rightarrow 4W = 60$$

$$\Rightarrow W = 15 \text{ किग्रा}$$

अतः विकल्प (B) सही है।

82. $2 \sin^2 \theta + 3 \cos^2 \theta$ का न्यूनतम मान 2 है,

[यदि $x \sin^2 \theta + y \cos^2 \theta$, यदि $x > y$, तो वे x हमेशा अधिकतम मान होंगे और y न्यूनतम है यदि $y > x$, , तो इसके विपरीत होगा]

अतः विकल्प (C) सही है।

83. माना व्यक्ति के घर और कार्यालय के बीच की दूरी D किमी है।

माना व्यक्ति की वास्तविक गति S किमी/घंटा है।

यदि कोई व्यक्ति अपने घर से अपने कार्यालय तक अपनी वास्तविक गति से 10 किमी/घंटा अधिक तेजी से यात्रा करता है तो वह 8 मिनट पहले पहुंचता है।

$$\frac{D}{(S+10)} = \left(\frac{D}{S}\right) - \left(\frac{8}{60}\right)$$

$$\Rightarrow \left(\frac{2}{15}\right) = \left(\frac{D}{S}\right) - \left(\frac{D}{(S+10)}\right)$$

$$\Rightarrow D\left[\left(\frac{1}{S}\right) - \left(\frac{1}{(S+10)}\right)\right] = \left(\frac{2}{15}\right)$$

$$\Rightarrow D\left(\frac{10}{(S \times (S+10))}\right) = \left(\frac{2}{15}\right) \ldots\ldots\ldots (1)$$

इसके अलावा, अगर वह वास्तविक गति की तुलना में 10 किमी / घंटा धीमी गति से यात्रा करता है, तो वह 16 मिनट देरी से पहुंचता है।

$$\frac{D}{(S-10)} = \left(\frac{D}{S}\right) + \left(\frac{16}{60}\right)$$

$$\Rightarrow \left(\frac{D}{(S-10)}\right) - \left(\frac{D}{S}\right) = \left(\frac{4}{15}\right)$$

$$\Rightarrow \frac{D(10)}{(S \times (S-10))} = \left(\frac{4}{15}\right) \ldots\ldots\ldots (2)$$

(1) को (2) से विभाजित करके हम प्राप्त करते हैं,

$$\frac{(S-10)}{(S+10)} = \left(\frac{1}{2}\right)$$

$$2S - 20 = S + 10$$

$$S = 30 \text{ किमी / घंटा}$$

(1) में प्रतिस्थापित हम प्राप्त करते हैं,

$$D \times \left(\frac{10}{(30 \times 40)}\right) = \left(\frac{2}{15}\right)$$

$$\Rightarrow D = 16 \text{ किमी}$$

अतः विकल्प (B) सही है।

84. माना रितु की आयु A (वर्ष)

जीतू की आयु = (A-5) वर्ष

A × (A-5) = 500

A^2 - 5A - 500 = 0

A^2 - 25A + 20A - 500 = 0

A (A - 25) + 20 (A - 25) = 0

A = 25 या A = -20

चूंकि उम्र हमेशा सकारात्मक होती है, इसलिए A = 25।

तो, रितु की आयु = 25 (वर्ष) है।

अतः विकल्प (A) सही है।

85. अगला शब्द पिछली संख्या के अंतिम अंक के वर्ग में संख्या जोड़कर प्राप्त किया जाता है।

$211 + 1^2 = 212$

$212 + 2^2 = 216$

$216 + 6^2 = 252$

$252 + 2^2 = 256$

$256 + 6^2 = 292$

अतः विकल्प (A) सही है।

86. $SI = \frac{p \times 2 \times r}{100}$

$$CI = p \times \left(\frac{1+R}{100}\right)^2 - p = p\left(\frac{2R}{100} + \left(\frac{R}{100}\right)^2\right)$$

चूंकि वे समान हैं, $\dfrac{p \times 2 \times r}{100} = p\left(\dfrac{2R}{100} + \left(\dfrac{R}{100}\right)^2\right)$

$$R^2 + 200R - 200r = 0$$

समीकरण को हल करते हुए, हम प्राप्त करते हैं $R = -100 \pm \sqrt{10000 + 200r}$

चूंकि $R = -100 + \sqrt{10000 + 200r}$ का एकमात्र संभव मान ऋणात्मक नहीं हो सकता है

$$\Rightarrow R + 100 = \sqrt{10000 + 200r}$$

अतः विकल्प (A) सही है।

87. माना $CP = a$

$$MP = 200 + a$$

$$SP = \left(\frac{60}{100}\right) \times (200 + a) = 3\frac{(200+a)}{5}$$

लाभ प्रतिशत = 20%

$$SP = \left(\frac{120}{100}\right) \times a = \frac{6a}{5}$$

$$\frac{6a}{5} = 3\frac{(200+a)}{5}$$

$$a = 200 \text{ रु}$$

$$MP = 200 + 200 = 400 \text{ रु}$$

छूट = 400 का 40% = 60 रु

अतः विकल्प (D) सही है।

88. परीक्षा में, कुल अंक = a

राहुल द्वारा प्राप्त अंक = 32% का = 0.32a

उत्तीर्ण अंक = 0.32a + 12 ------- (i)

रवि के अंक = 140% का 0.32a = 0.448a

उत्तीर्ण अंक = 0.448a - 52 ------- (ii)

इसलिए,

0.32a + 12 = 0.448 a - 52

$\Rightarrow$ 0.128a = 64

$\Rightarrow$ a = 500

उत्तीर्ण अंक = 0.32a + 12 = 172

आवश्यक उत्तर = 500 - 172 = 328

अतः विकल्प (C) सही है।

89. 30 छात्रों को प्रतिदिन एक निश्चित मात्रा में चावल दिया जाता है।

माना आवंटित प्रत्येक छात्र के लिए चावल की मात्रा x किलोग्राम है।

तो, यह 30 छात्रों द्वारा $30x$ किलोग्राम चावल का उपभोग करेगा।

उस दिन छात्रों की संख्या n मौजूद थी।

तो, वे xn किलो चावल का उपभोग करेंगे।

अब, उस $30x : nx = 6 : 5$ को देखते हुए

$\Rightarrow 30 : n = 6 : 5$

$\Rightarrow \dfrac{30}{n} = \dfrac{6}{5}$

$\Rightarrow n = 25$

इसलिए, उस दिन 25 छात्र मौजूद थे।

अतः विकल्प (D) सही है।

90. हम जानते हैं कि,

1 एकड़ $= 4046.86$ मीटर²

इसलिए,

0.5 एकड़ $= 0.5 \times 4046.86 = 2023.42$ मीटर²

एक संगमरमर का क्षेत्रफल $= 0.6 \times 0.3 = 0.18$ मीटर²

तो, आवश्यक संख्या संगमरमर की $= \dfrac{2023.42}{0.18} = 11242$ (लगभग) है।

अतः विकल्प (D) सही है।

91. पैटर्न इस प्रकार है-

$16 \times 1.5 = 24.0$

$24 \times 2.5 = 60.0$

$60 \times 3.5 = 210.0$

$210 \times 4.5 = 945.0$

$945 \times 5.5 = 5197.5$

अतः विकल्प (D) सही है।

92. पैटर्न इस प्रकार है:

$9 \times 4 + 1 = 37$

$10 \times 5 + 1 = 51$

$11 \times 6 + 1 = 67$

$12 \times 7 + 1 = 85$

$13 \times 8 + 1 = 105$

$14 \times 9 + 1 = 127$

अतः विकल्प (D) सही है।

93. पैटर्न इस प्रकार है:

$3^2 + 40 = 49$

$8^2 + 45 = 109$

$13^2 + 50 = 219$

$18^2 + 55 = 379$

$23^2 + 60 = 589$

$28^2 + 65 = 849$

अतः विकल्प (A) सही है।

94. पैटर्न इस प्रकार है:

$35 \times 21 = 735$

$34 \times 22 = 748$

$33 \times 23 = 759$

$32 \times 24 = 768$

$31 \times 25 = 775$

$30 \times 26 = 780$

अतः विकल्प (D) सही है।

95. माना 10 पैसे, 20 पैसे और 1 रुपये के x, y और z सिक्के है।

प्रश्नानुसार,

$10x + 20y + 100z = 3600$ .... समीकरण 1

तथा $x : y = 8 : 5$

$\Rightarrow x = \dfrac{8y}{5}$

समीकरण 1 में x का मान रखने पर-

$10 \times \dfrac{8}{5}y + 20y + 100z = 3600$

$\Rightarrow 36y + 100z = 3600$

$\Rightarrow 9y + 25z = 900$

$\Rightarrow y + \dfrac{25}{9}z = 100$ .... समीकरण 2

y का मान एक पूर्णांक होना चाहिए क्योंकि यह एक गणना का प्रतिनिधित्व कर रहा है।

समीकरण 2 से स्पष्ट है कि z का मान 9 के गुणकों में होना चाहिए।

9 अपने आप में 9 का सबसे छोटा गुणांक है।

इसलिए, $z = 9, y = 75, x = 120$

इस प्रकार 1 रुपए के न्यूनतम 9 सिक्के होंगे।

अतः विकल्प (A) सही है।

96. माना a, b, c और d जॉन, रॉय, भृगु और अखिलेश की उम्र के हैं।

प्रश्नानुसार,

a + b - 10 = 2 × 17

a + b = 44 ... (i)

और, a + c + 16 = 2 × 31

a + c = 46 ... (ii)

(i) और (ii) से, हम प्राप्त करते हैं

c - b = 46 - 44 = 2

a + b + c + d = 84

b + d = 84 - 46 = 38

रॉय और अखिलेश की आयु के अनुपात में भृगु और रॉय की आयु के अंतर का अनुपात,

(b + d): (c - b) = 38: 2 = 19: 1

अतः विकल्प (C) सही है।

97. लेख की लागत मूल्य 100 रु

फिर $MP = 10$ रु

माना दी गई छूट $d\%$ है

अब एक निश्चित छूट प्रदान करने के बाद वह 1% का कुल नुकसान उठाता है। इसलिए,

लेख का $SP = 99$ रु

$\Rightarrow$ छूट $= MP - SP$

$\Rightarrow$ छूट $= 110 - 99$

$= 11$ रु

छूट प्रतिशत $=$ (छूट/अंकित मूल्य) $\times 100$

छूट प्रतिशत $= \left(\frac{11}{110}\right) \times 100$

$= 10\%$

अतः विकल्प (A) सही है।

98. प्रश्नानुसार,

वर्ष 2013 में प्रति ग्राम सोने की कीमत = 1.2 × 3000

वर्ष 2014 में प्रति ग्राम सोने की कीमत = 0.9 × 1.2 × 3000

वर्ष 2015 में प्रति ग्राम सोने की कीमत = 1.3 × 0.9 × 1.2 × 3000

= 4212 रु है

प्रति ग्राम मूल्य में वृद्धि = 4212 रु - 3000 रु = 1212 रु है।

अतः विकल्प (B) सही है।

99. सबसे पहले, हमारे पास उपयोग किया गया सूत्र है-

$$A = P\left(\frac{1+r}{100}\right)^n$$

$$CI = A - P = P\left(\frac{1+r}{100}\right)^{n-P}$$

$$SI = \frac{Pnr}{100}$$

[यहाँ, $P =$ योग, $R =$ ब्याज की दर, $n =$ वर्षों की संख्या, $A =$ योग $+$ ब्याज, $CI =$ चक्रवृद्धि ब्याज और $SI =$ सरल ब्याज]

धन की निश्चित राशि $= P$ रु

हम जानते हैं, 3 वर्षों में, CI और SI के बीच का अंतर

$$= P\left(\frac{R}{100}\right)\left(\frac{(300+R)}{100}\right)$$

दिया है,

$$P\left(\frac{10}{100}\right)^2\left(\frac{(300+10)}{100}\right) = 1240$$

$$\Rightarrow \frac{31P}{1000} = 1240$$

$$\Rightarrow P = 40,000$$

यदि ब्याज की दर 20 थी, तो 2 साल के बाद 40000 रुपये पर CI और SI के बीच का अंतर

$$= P\left(\frac{R}{100}\right)^2$$

$$= 40,000\left(\frac{20}{100}\right)^2$$

$$= 1600 \text{ रु}$$

अतः विकल्प (C) सही है।

100. हमें ज्ञात है,

$$17 \times ? \times 22 = 52^2 + 2906$$

हल करने पर हमें प्राप्त होता है-

$$374 \times ? = 2704 + 2906$$

$$374 \times ? = 5610$$

$$? = \frac{5610}{374}$$

$$? = 15$$

इसलिए,

$$? = 15$$

अतः विकल्प (A) सही है।

101. हमें ज्ञात है,

140 का $?\% = 1118 - 940$ का 110%

हल करने पर हमें प्राप्त होता है-

140 का $? = 1118 - 100 \times \frac{940}{100} = 1118 - 1034 = 84$

$$? = 84 \times \frac{100}{140} = 60$$

इसलिए, $? = 60$

अतः विकल्प (C) सही है।

102. हमें ज्ञात है,

? = 53 × 47 - 94 × 86 + 26 × 14

हल करने पर हमें प्राप्त होता है-

= (50 + 3) × (50 - 3) - (90 + 4) × (90 - 4) + (20 + 6) × (20 - 6)

= (50² - 3²) - (90² - 4²) + (20² - 6²)

= 2491 - 8084 + 364 = -5229

इसलिए ? = -5229

अतः विकल्प (C) सही है।

103. जैसे कि हमें ज्ञात है,

$$\sqrt{1296} + ? = 84 \text{ का } 4\frac{5}{6}$$

हल करने पर हमें प्राप्त होता है-

$$? = 84 \times \left(\frac{29}{6}\right) - \sqrt{1296}$$

$$= 14 \times 29 - 36$$

$$= 406 - 36 = 370$$

इसलिए, $? = 370$

अतः विकल्प (A) सही है।

104. हमें ज्ञात है,

$(?)^2 + 7^3 = 25^2 - 26$

हल करने पर हमें प्राप्त होता है-

$(?)^2 = 25^2 - 26 - 7^3$

$\Rightarrow 625 - 26 - 343 = 256$

इसलिए, $? = 16$

अतः विकल्प (C) सही है।

105. दिया है,

चौड़ाई = 3 मीटर और लंबाई = 1.44 × चौड़ाई

∴ लंबाई = 1.44 × 3 = 4.32 मीटर

हमें ज्ञात है,

एक आयत का क्षेत्रफल = लंबाई × चौड़ाई

∴ कालीन का कुल क्षेत्रफल = 3 × 4.32 = 12.96 मीटर2

चौड़ाई और लंबाई में क्रमशः 25 और 40 प्रतिशत की वृद्धि हुई।

नई चौड़ाई = 3 + 25% 3

⇒ नई चौड़ाई = 3 + 0.25 × 3 = 3.75 मीटर

नई लंबाई = 4.32 + 4.32 का 40%

⇒ नई लंबाई = 4.32 + 0.4 × 4.32 = 6.048

कालीन का नया क्षेत्र = 3.75 × 6.048 = 22.68 मीटर²

हमें कालीन की लागत में वृद्धि की गणना करनी होगी।

कालीन की लागत में वृद्धि = कालीन के क्षेत्र में वृद्धि × 1 वर्ग मीटर कालीन की लागत।

1 वर्ग मीटर कालीन की लागत को देखते हुए रु. 45

क्षेत्रफल में वृद्धि = 22.68 - 12.96 = 9.72 मीटर²

⇒ कालीन की लागत में वृद्धि = 9.72 × 45 = रु 437.4

अतः विकल्प (A) सही है।

106. माना कार की प्रारंभिक गति S किमी / घंटा है।

अगले 5 घंटों में कार द्वारा तय की गई दूरी

$$= S + (S + 5) + (S + 10) + (S + 15) + (S + 20)$$

$$= 5S + 50 = 350$$

$$= 5S = 350 - 50$$

$$5S = 300$$

$$S = 60 \text{ किमी / घंटा}$$

420 किलोमीटर की दूरी तय करने के लिए समय चाहिए

सूत्र के अनुसार-

गति = दूरी/समय या समय = दूरी/गति

समय $= \dfrac{420}{60} = 7$ घंटे

अतः विकल्प (B) सही है।

107. दिया है,

A, B, C नल द्वारा टैंक को भरने में लगा समय $= 6, 12, 15$ घंटे

हल करने से पूर्व किया गया कार्य $= 6, 12, 15$ (कार्य करने की क्षमता)

A द्वारा अकेले किया गया कार्य $= 10$ इकाई

इसी प्रकार B द्वारा $= 5$ इकाई, $C = 4$ इकाई/घंटा

कार्य करने की क्षमता का अनुपात $= A:B:C = 10:5:4$

टैंक के $\frac{3}{8}$ भाग को सभी नलो द्वारा भरने में लगा समय $=$

$\left[\dfrac{60}{(10+5+4)}\right] \times \left(\dfrac{3}{8}\right) = \dfrac{45}{38}$ घंटे

बचे हुए $\frac{5}{8}$ भाग को A और B द्वारा भरने में लगा समय $=$

$\left[\dfrac{60}{(10+5)}\right] \times \dfrac{5}{8} = \dfrac{5}{2}$ घंटे

पूरा समय $= \left(\dfrac{45}{38} + \dfrac{5}{2}\right)$ घंटे

$= 3\left(\dfrac{13}{19}\right)$ घंटे

अतः विकल्प (D) सही है।

108. पहले मिश्रण में $3:2$ के अनुपात में शराब और पानी होता है।

3 लीटर मिश्रण में शराब $= \dfrac{3}{5} \times 3 = \dfrac{9}{5}$

3 लीटर मिश्रण में शराब $= \dfrac{2}{5} \times 3 = \dfrac{6}{5}$

माना कि पहला मिश्रण दूसरे मिश्रण के साथ मिलाया जाता है जिसमें $9x$ लीटर ($4x$ लीटर शराब और $5x$ लीटर पानी) की मात्रा होती है।

मिलाने के बाद,

शराब की कुल मात्रा = पानी की कुल मात्रा

$\Rightarrow \dfrac{9}{5} + 4x = \dfrac{6}{5} + 5x$

$\Rightarrow x = \dfrac{9}{5} - \dfrac{6}{5}$

$$\Rightarrow x = \frac{3}{5}$$

दूसरा मिश्रण आवश्यक $= 9x = 9 \times \frac{3}{5} = 5\frac{2}{5}$ लीटर है।

अतः विकल्प (A) सही है।

109. नए मिश्रण में दूध का आवश्यक प्रतिशत

= (नए मिश्रण में दूध की मात्रा/नए मिश्रण की मात्रा) $\times 100$

= 25% दूध के 6 भाग + 30% दूध के 4 भाग/तरल के 6 भाग + 4 भाग

$$= \frac{\frac{6 \times 25}{100} + 4 \times \frac{30}{100}}{10} \times 100$$

$$= (15 + 12) = 27$$

अभिकथन विधि:

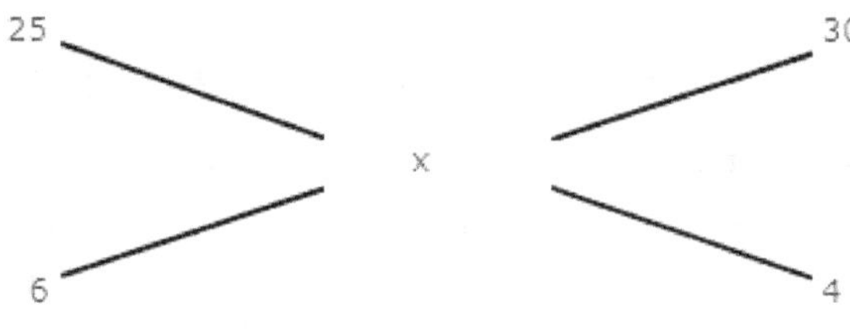

$$= \frac{30 - x}{x - 25} = \frac{6}{4} = \frac{3}{2}$$

या, $60 - 2x = 3x - 75$

या, $5x = 60 + 75$

$\therefore \ x = 27\%$

अतः विकल्प (A) सही है।

110. वर्ष 2004 एक लीप वर्ष है। तो, इसमें 2 विषम दिन हैं।

लेकिन, फरवरी 2004 को शामिल नहीं किया गया क्योंकि हम मार्च 2004 से मार्च 2005 की गणना कर रहे हैं।

तो इसका 1 विषम दिन ही है।

6 मार्च 2005 को दिन 6 मार्च 2004 को दिन से 1 दिन आगे होगा।

मान लीजिये,

6 मार्च 2005 सोमवार है।

6 मार्च 2004 रविवार (6 मार्च 2005 से 1 दिन पहले) है।

अतः विकल्प (C) सही है।

111. प्रश्नानुसार,

A और B की आयु के वर्गों का अंतर 36 है (A की आयु B से अधिक है) और 5 वर्ष के बाद उनकी आयु का योग 28 वर्ष है, उनकी आयु का अनुपात $15 : 14$ में हो जाता है।

माना A और B की आयु क्रमशः " a" और " b" वर्ष है।

जैसा कि हम जानते हैं- $a^2 - b^2 = (a + b)(a - b)$

$$a^2 - b^2 = 36$$

$$\Rightarrow (a + b)(a - b) = 36$$

और $(a + 5) + (b + 5) = 28$

$$\Rightarrow a + b = 18 \dots\dots\dots (i)$$

$$a - b = \frac{36}{18}$$

$$\Rightarrow a - b = 2 \dots\dots\dots (ii)$$

(i) और (ii) को जोड़ने पर हम प्राप्त करते हैं,

हमें ज्ञात है कि, $LHS = RHS$

$$(a + b) + (a - b) = 2a$$

$$18 + 2 = 20$$

$$2a = 20$$

$$a = \frac{20}{2} = 10$$

$$a = 10 \text{ वर्ष}$$

किसी भी समीकरण में 10 के रूप में प्रतिस्थापित करने पर-

$$a - b = 2$$

$$10 - b = 2$$

$$-b = 2 - 10$$

$$-b = -8$$

जैसा कि दोनों पक्षों के पास $(-)$ है तो हम इसे रद्द कर सकते हैं, अब हमारे पास-

$$b = 8 \text{ वर्ष}$$

a और b को जोड़ने पर, हमें मिलता है-

$$a + b = 10 + 8 = 18$$

तो, 18 साल के बाद उनकी उम्र का अनुपात $15 : 14$ हो जाएगा।

अतः विकल्प (D) सही है।

112.

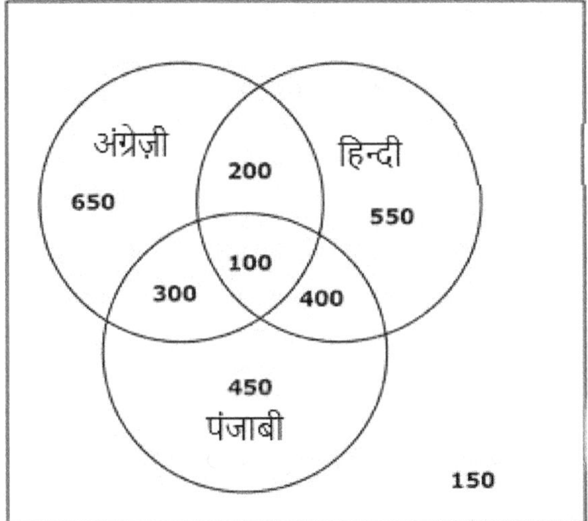

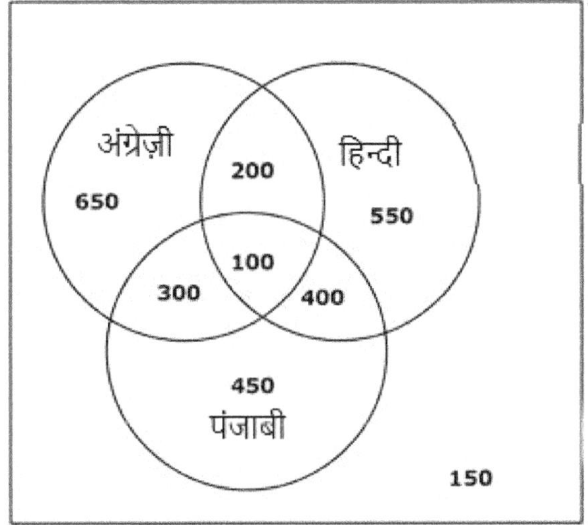

सभी तीन समाचार पत्रों को प्रत्येक 1250 लोगों द्वारा पढ़ा जाता है।

अतः विकल्प (D) सही है।

113. हमारे पास मौजूद आंकड़ों के अनुसार,

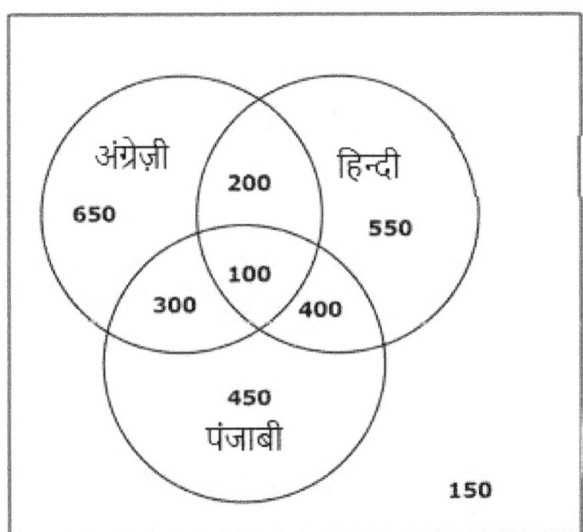

बिना समाचार पत्र पढ़ने वाले सदस्यों की संख्या = 2800- (650 + 550 + 450 + 100 + 200 + 300 + 400)

= 2800 - 2650 = 150

अतः विकल्प (D) सही है।

115. हमारे पास मौजूद आंकड़ों के अनुसार,

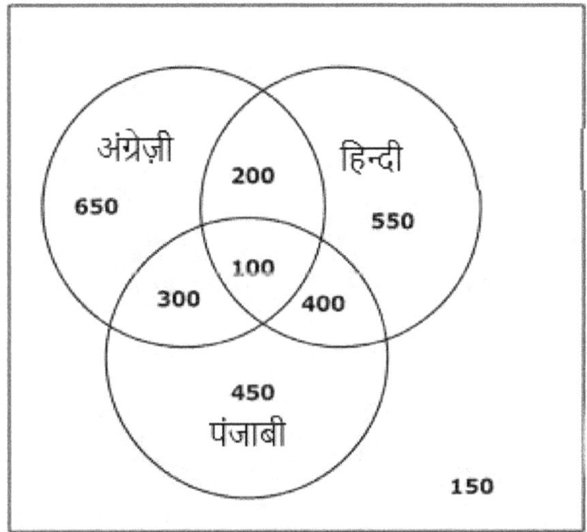

हिंदी अखबार नहीं पढ़ने वालों की संख्या $= 2800 - 1250 = 1550$

अभीष्ट प्रतिशत $= \frac{1550}{2800} \times 100 = 55.36\%$

अतः विकल्प (B) सही है।

114. हमारे पास मौजूद आंकड़ों के अनुसार,

2 समाचार पत्र पढ़ने वाले सदस्य = 200 + 300 + 400 = 900

और सभी 3 समाचार पत्रों को पढ़ने वाले सदस्य = 100

कुल 1000 सदस्य कम से कम 2 समाचार पत्र पढ़ते हैं।

अतः विकल्प (A) सही है।

116. हमारे पास मौजूद आंकड़ों के अनुसार,

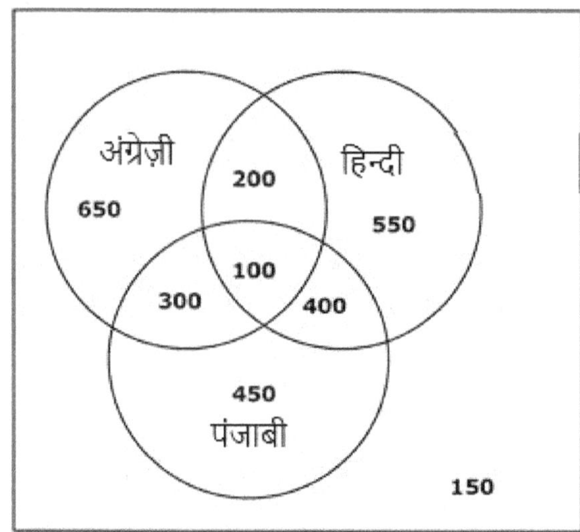

केवल हिंदी अखबार पढ़ने वाले सदस्यों की संख्या = 550

हिंदी अखबार पढ़ने वाले सदस्यों की संख्या = 1250

इसलिए, कथन 3 गलत है।

अतः विकल्प (C) सही है।

117. गेंदों की कुल संख्या

$= (2 + 3 + 2)$

$= 7$

माना कि S सैंपल स्पेस है

फिर, $n(S) = 7$ में से 2 गेंदों को निकलने के तरीकों की संख्या

$n(S) = {}^7C_2$

उपरोक्त सूत्र का विस्तार

$\Rightarrow n(S) = \frac{(7 \times 6)}{(2 \times 1)}$

$\Rightarrow n(S) = 21$

माना $E = 2$ गेंदों की घटना, जिनमें से कोई भी नीली नहीं है

$\therefore n(E) = (2 + 3)$ गेंदों में से 2 गेंदों को निकलने के तरीकों की संख्या

$n(E) = {}^5C_2$

$\Rightarrow n(E) = \frac{(5 \times 4)}{(2 \times 1)}$

$\Rightarrow n(E) = 10$

$\therefore P(E) = \frac{n(E)}{n(S)} = \frac{10}{21}$

अतः विकल्प (D) सही है।

118. $3 * 5 + 5 * 3$

$\Rightarrow 3 * 5 \quad = 2 \times 3 - 3 \times 5 + 3 \times 5$

$\qquad = 6 - 15 + 15$

$\qquad = 6$

$\Rightarrow 5 * 3 = 2 \times 5 - 3 \times 3 + 3 \times 5$

$\qquad = 10 - 9 + 15$

$\qquad = 16$

$\therefore 3 * 5 + 5 * 3$

$\Rightarrow 6 + 16 = 22$

अतः विकल्प (A) सही है।

119. $\frac{2a+b}{a+4b} = 3$ (दिया गया)

$\Rightarrow 2a + b = 3(a + 4b)$

$\Rightarrow 2a + b = 3a + 12b$

$\Rightarrow -a = 11b$

$\Rightarrow a = -11b$

$\therefore \frac{a+b}{a+2b}$

$\Rightarrow \frac{-11b+b}{-11b+2b}$

$\Rightarrow \frac{-10b}{-9b}$

$\Rightarrow \frac{10}{9}$

अतः विकल्प (C) सही है।

120. मान लीजिए C की पूंजी $= x$ तब

B की पूंजी $= 4x$ (चूंकि बी की पूंजी सी की पूंजी का चार गुना है)

A की पूंजी $' = 6x$ (क्योंकि A की पूंजी का दोगुना, B पूंजी के तीन गुना के बराबर है)

$A : B : C = 6x : 4x : x$

$= 6 : 4 : 1$

B का हिस्सा $= 16500 \times \frac{4}{11} = 1500 \times 4 = 6000.$

अतः विकल्प (C) सही है।

121. फ्लोट का अर्थ है पानी के ऊपर और सिंक का अर्थ है पानी के नीचे। इसी तरह, नाव पानी के ऊपर तैरती है और पनडुब्बी पानी के नीचे चलती है।

अतः विकल्प (C) सही है।

122. पृथ्वी का प्राकृतिक उपग्रह चंद्रमा है।

इसी तरह, शनि का प्राकृतिक उपग्रह टाइटन है।

अतः विकल्प (D) सही है।

123. अक्षर के स्थान मान का उपयोग किया जाता है।

जहां A=1, B=2, C=3, और इसी तरह।

1 वर्णमाला के आगे की स्थिति का मूल्य उत्क्रम ऑर्डर में वर्णमाला के उत्क्रम स्थिति मूल्य के बराबर है।

उदाहरण के लिए- A-Z, B-Y, C-X, D-W, E-V, और इसी तरह।

हल करने पर, हमें मिलता है - A + B = 3

1 + 2 = 3 और इसी तरह।

संख्या उनके मूल्यों का योग है-

A + B = 3

Z + Y = 51

E + F = 11

तो, अगला शब्द VU43 होगा क्योंकि V + U = 22 + 21 = 43।

अतः विकल्प (B) सही है।

124. यातायात नियंत्रण उपकरणों के माध्यम से लगाए गए विभिन्न नियमों में उन्हें शामिल नहीं किया गया है क्योंकि वे यातायात के नियंत्रण से संबंधित नहीं हैं।

अतः विकल्प (D) सही है।

125. यहाँ, $24:4$ को $24:\dfrac{24}{2+4}$ के रूप में लिखा जा सकता है

$$\Rightarrow 24:\dfrac{24}{6} = 24:4$$

उसी प्रकार,

$$\Rightarrow 72:\dfrac{72}{7+2}$$

$$\Rightarrow 72:\dfrac{72}{9} = 72:8$$

इस प्रकार, 8 आवश्यक उत्तर है।

अतः विकल्प (A) सही है।

126. एक सार्वजनिक कार्यालय के धारक के खिलाफ यो वारंटो की रिट जारी की जा सकती है। रिट उसे धीरे-धीरे अदालत में बुलाती है कि वह किस अधिकार के तहत कार्यालय का संचालन करता है। यदि धारक के पास उस कार्यालय को रखने का कोई अधिकार नहीं है जिसे वह अपने भोग से बेदखल कर सकता है।

अतः विकल्प (C) सही है।

127. हॉलैंड ने न्यायशास्त्र को "सकारात्मक कानून के औपचारिक विज्ञान" के रूप में परिभाषित किया है। विज्ञान का अर्थ सीधा सादा है। एक अच्छे कई पृष्ठ "सकारात्मक" और "कानून" शब्दों की व्याख्या के लिए समर्पित हैं, लेकिन शब्द "औपचारिक" वह केवल सादृश्य द्वारा समझाता है।

अतः विकल्प (A) सही है।

128. जैसे रागायण वाल्मीकि द्वारा लिखी गई थी, उसी प्रकार, गहाभारत वेदव्यास द्वारा लिखी गई थी।

अतः विकल्प (C) सही है।

129. अक्षर के स्थान मानों का उपयोग किया जाता है जहां A = 1, B = 2, C = 3, और इसी तरह।

D (4) × E (5) = T (20) और S (19) नहीं है।

A(1) × B(2) = B(2)

B(2) × C(3) = F(6)

C(3) × D(4) = L(12)

अतः विकल्प (D) सही है।

130. अन्य सभी जोड़े में संख्या 676 - 24 को छोड़कर, पहली संख्या दूसरी संख्या का सही वर्ग है।

विकल्प (C): 676 - 24 $\Rightarrow$ $(24)^2$ = 24 × 24 = 576

विकल्प (A): 256 – 16 $\Rightarrow$ $(16)^2$ = 16 × 16 = 256

विकल्प (B): 441 – 21 $\Rightarrow$ $(21)^2$ = 21 × 21 = 441

विकल्प (D): 784 – 28 $\Rightarrow$ $(28)^2$ = 28 × 28 = 784

इसलिए, यह उस विकल्प के ऊपर से स्पष्ट है (C) एक विषम है।

अतः विकल्प (C) सही है।

131. SUMMER = RU**NN**E**R**

दिए गए कोड में, दूसरे, पांचवें और छठे अक्षर समान हैं। शब्द का पहला अक्षर (**S→ R**) एक कदम पीछे चला गया है, जबकि दो मध्य अक्षर (**M→ N** और **M → N**) प्रत्येक कोड के संबंधित अक्षरों को प्राप्त करने के लिए एक कदम आगे बढ़ गए। इसलिए,

WINTER = VIOUER.

अतः विकल्प (D) सही है।

132. स्पष्ट रूप से, बीमारी पहले होती है। एक तो डॉक्टर के पास जाता है और उसके साथ परामर्श करने के बाद अंत में ठीक होने के लिए उपचार करता है।

इस प्रकार, सही क्रम 2,3,1,4,5 है।

अतः विकल्प (A) सही है।

133. शिक्षित बेरोजगारों को स्वनियोजन उपलब्ध कराने के लिए प्रधानमंत्री योजना भारत सरकार द्वारा 2 अक्टूबर 1993 से प्रारंभ की गई है। इस योजना के तहत बेरोजगार युवक/युवातियों को बैंकों से ऋण उपलब्ध कराकर स्वनियोजन का अवसर उपलब्ध कराया जा सकता है।

अतः विकल्प (A) सही है।

134. यदि हम अनुक्रम को 4 भागों में विभाजित करते हैं, तो हम देखते हैं कि वे अलग-अलग समान पैटर्न का पालन करते हैं

हर बार वर्णमाला

1) a_bc_

2) a_bcd

3) abc_d

4) a_cd_

aabcd/abbcd/abccd/abcdd

इसलिए, लुप्त शब्द adbcdb है

अतः विकल्प (B) सही है।

135. दहेज निषेध अधिनियम, 1961 के अनुसार दहेज लेने, देने या इसके लेन-देन में सहयोग करने पर 5 वर्ष की कैद और 15,000 रुपए के जुर्माने का प्रावधान है। दहेज एक सामाजिक समस्या है जिसका उन्मूलन तभी हो सकता है जब हम संकल्पपूर्वक इसके विरुद्ध कदम उठाएं।

अतः विकल्प (A) सही है।

136. मूल श्रृंखला 2816, 704, 176, 44, है।

हम देख सकते हैं कि उपरोक्त श्रृंखला के तत्व निम्नलिखित प्रारूप में हैं:

⇒ 2816 ÷ 4 = 704

⇒ 704 ÷ 4 = 176

⇒ 176 ÷ 4 = 44

इसी प्रकार, अगला तत्व इस प्रकार है:

⇒ 44 ÷ 4 = 11

इस प्रकार, 11 आवश्यक उत्तर है।

अतः विकल्प (D) सही है।

137. पहली श्रृंखला: 13, 11, 9, __

दूसरी श्रृंखला: 16, 18, 20, __

इसलिए, पहली श्रृंखला 1 और -2 के एक सामान्य अंतर के साथ AP है और लुप्त अंक उसी से है,

9 – 2 = 7

अतः विकल्प (D) सही है।

138. प्रश्नानुसार,

भटिंडा से बड़ौदा तक एक व्यक्ति के लिए जाने वाले मार्गों की संख्या = 4

बड़ौदा से अंबाला = 3 तक

अम्बाला से कुरुक्षेत्र = 2

तो, भटिंडा से कुरुक्षेत्र के लिए जाने वाले मार्गों की संख्या = 4 × 3 × 2 = 24 है।

अतः विकल्प (D) सही है।

139. A, B और C = (27 × 3 + 3 × 3) वर्ष = 90 वर्ष की वर्तमान आयु का योग।

B और C की वर्तमान आयु का योग = (20 × 2 + 5 × 2) वर्ष = 50 वर्ष।

∴ A की वर्तमान आयु = (90 - 50) वर्ष = 40 वर्ष।

अतः विकल्प (B) सही है।

140. (I) अंश की बेटी का पिता = अंश पिता

(II) अंश के पिता का भाई = अंश के चाचा

इस प्रकार, यह स्पष्ट है कि मुकुल अंकल का चाचा है।

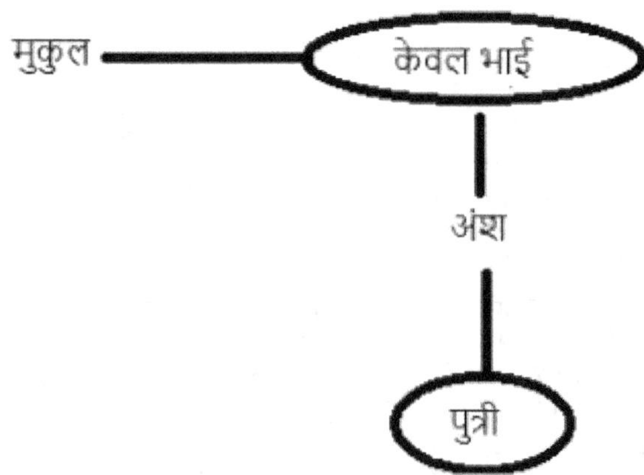

अतः विकल्प (D) सही है।

141. दिए गए शब्द में कोई 'A' अक्षर नहीं है

इसलिए, ROAM शब्द का गठन नहीं किया जा सकता है।

अतः विकल्प (D) सही है।

142. LATE एकमात्र ऐसा शब्द है जिसे दिए गए शब्द CHOCOLATE शब्द से बनाया जा सकता है।

अतः विकल्प (C) सही है।

143. जैसा कि हम सभी जानते हैं कि पुलिस अपराधियों को गिरफ्तार करती है।

यहां, पुलिस को एक पुजारी कहा जाता है।

इसलिए, पुजारी अपराधियों को गिरफ्तार करेगा।

अतः विकल्प (B) सही है।

144. मूल समीकरण 36 - 3 + 3 11 4 = 11 है।

विकल्प (A) के माध्यम से हमें ज्ञात है,

जब (-) और (÷) को आपस में जोड़ा जाता हैं तो ,

⇒ 36 ÷ 3 + 3 - 4 = 11

⇒ 12 + 3 – 4 = 11

⇒ 15 - 4 = 11

अतः विकल्प (A) सही है।

145. मूल समीकरण 8 × 6 + 4 = 52 है।

विकल्प (C) के माध्यम हमें ज्ञात है की,

संकेत और संख्याओं में अंतर्विनिमय करने से दिए गए समीकरण में जो हमें मिलता हैं,

4 + 6 × 8

= 4 + 48

= 52 है।

अतः विकल्प (C) सही है।

146. दहेज निषेध अधिनियम 1961 के अनुसार, 8-A। कुछ मामलों में सबूत का बोझ: जहां किसी भी व्यक्ति पर धारा के तहत दहेज लेने या लेने के लिए मुकदमा चलाया जाता है। 3, या धारा 4 के तहत दहेज की मांग, यह साबित करने का बोझ कि उसने उन वर्गों के तहत कोई अपराध नहीं किया है।

अतः विकल्प (C) सही है।

147. महाराष्ट्र की राज्य सरकार ने 'शिव भोजान' योजना शुरू की, जिसका उद्देश्य गरीबों को 10 रुपये में भोजन उपलब्ध कराना है। यह योजना 71 वें गणतंत्र दिवस समारोह के अवसर पर शुरू की गई थी।

इस योजना के तहत, सभी जिलों में नामित केंद्रों पर लोगों के लिए थालियाँ या दोपहर का भोजन उपलब्ध होगा। पायलट आधार पर लगभग 50 'शिव-भोजों' के आउटलेट स्थापित किए गए, जिन्हें राज्य के अन्य भागों में विस्तारित किया जाएगा। भोजन उपलब्ध कराने के लिए आवश्यक शेष धनराशि राज्य सरकार द्वारा जिला कलेक्ट्रेट को अनुदान के रूप में दी जाएगी।

अतः विकल्प (C) सही है।

148. चार बाहरी नंबरों को जोड़ें और अपने जवाब को केंद्र वर्ग में रखें।

1 आकृति: 6 + 5 + 4 + 2 = 17

2 आकृति: 3 + 3 + 4 + 15 = 25

3 आकृति: 7 + 2 + 4 + ? = 18

⇒ ? = 5

अतः विकल्प (D) सही है।

149. चित्र को दिखाए अनुसार वर्गीकरण किया जा सकता है।

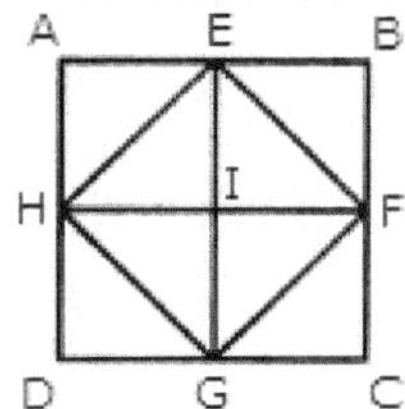

सबसे सरल त्रिकोण हैं AEH, EHI, EBF, EFI, FGC, IFG, DGH, और HIG यानी संख्या में 8 हैं।

प्रत्येक दो घटकों से बना त्रिकोण HEF, EFG, HFG, और EFG यानी संख्या में 4 हैं।

इस प्रकार, आकृति में 8 + 4 = 12 त्रिकोण हैं।

अतः विकल्प (C) सही है।

150. यातायात विनियमन का पहला चरण वाहन नियंत्रण, यातायात प्रवाह विनियमन और सामान्य नियंत्रण के बाद चालक नियंत्रण है।

अतः विकल्प (A) सही है।

151. राष्ट्रीय मानवाधिकार आयोग का मुख्यालय दिल्ली में स्थित है। इसका पता मानव आदर्श भवन ब्लॉक-सी, जीपीओ कॉम्प्लेक्स, आईएनए, नई दिल्ली, दिल्ली है।

अतः विकल्प (A) सही है।

152. निम्नलिखित कथन से हमारे पास यह आरेख है:

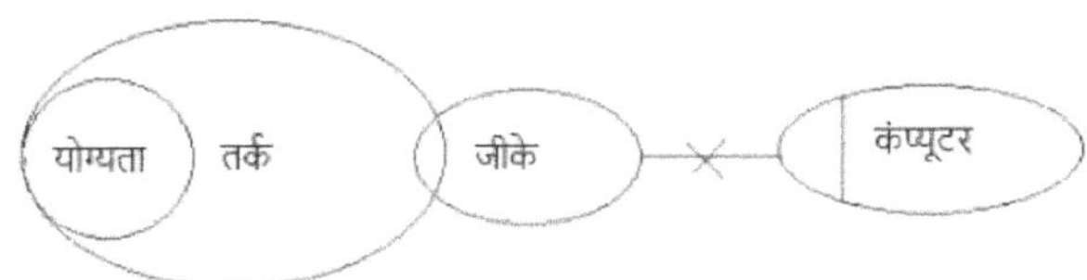

तो, केवल निष्कर्ष II अनुसरण करता है

अतः विकल्प (C) सही है।

153.

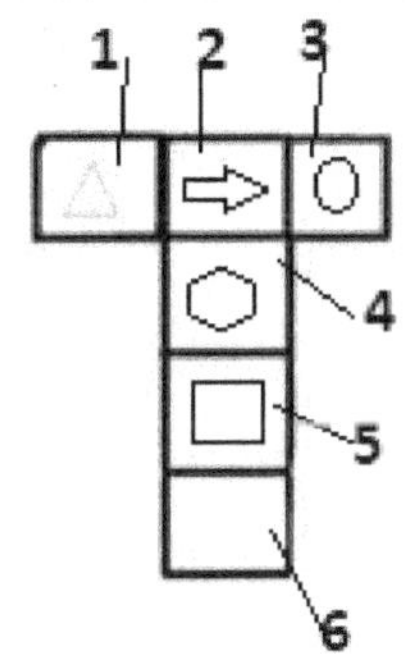

1 के विपरीत होगा 3

2 के विपरीत होगा 5

4 के विपरीत होगा 6

C विकल्प में 1 3 के विपरीत है जो संभव नहीं है।

अतः विकल्प (C) सही है।

154. आकृति (A), (B), और (C) से, हम यह निष्कर्ष निकालते हैं कि 6, 3, 1, और 5 डॉट्स 4 डॉट्स से सटे दिखाई देते हैं। स्पष्ट रूप से, आमने सामने पर 4 डॉट्स के साथ आमने सामने के विपरीत 2 डॉट होंगे।

अतः विकल्प (A) सही है।

155. पियानो और गिटार, दोनों 'संगीत वाद्ययंत्र' के एक स्वतंत्र उप-समूह हैं:

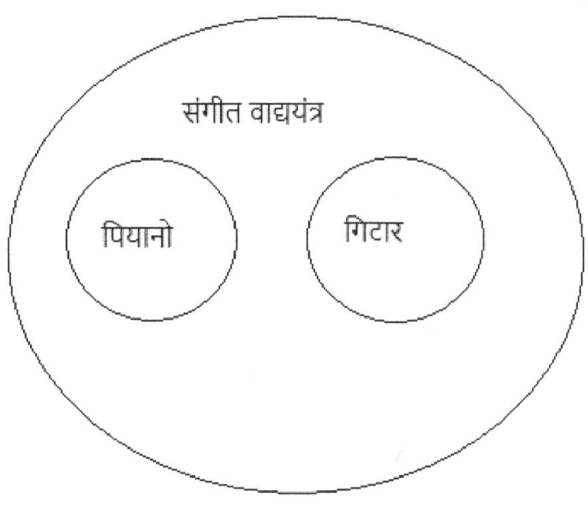

अतः विकल्प (B) सही है।

156. जो लड़के एथलीट और अनुशासित हैं, उन्हें काले चिह्नित क्षेत्र से संकेत मिलता है जो 2 के बराबर है।

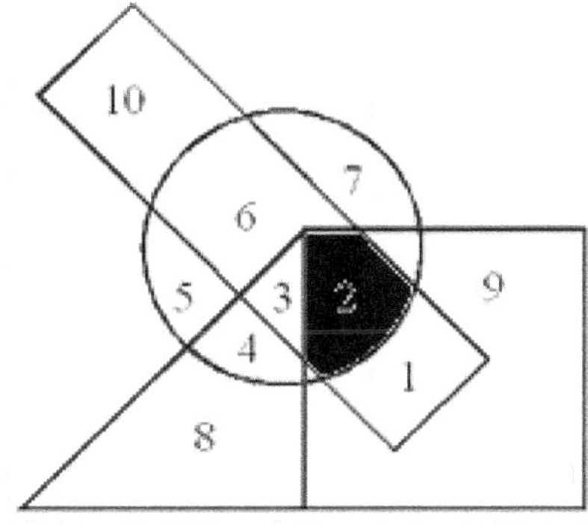

अतः विकल्प (B) सही है।

157. भारत में राष्ट्रीय मानवाधिकार आयोग एक स्वायत्त सार्वजनिक निकाय है जिसका गठन 12 अक्टूबर 1993 को 28 मई 1993 के मानव अधिकार अध्यादेश के संरक्षण के तहत किया गया था।

अतः विकल्प (A) सही है।

158. दिए गए प्रश्न आकृति का अवलोकन करने के बाद, यह स्पष्ट है कि उत्तर पुस्तिका (A) दी गई पेपर शीट को मोड़ने और काटने के बाद बनेगी।

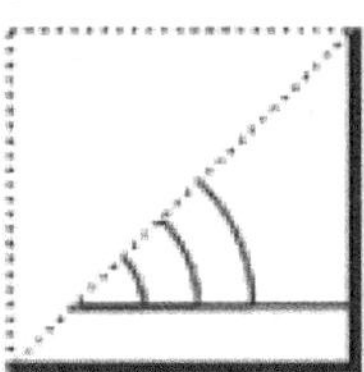

अतः विकल्प (A) सही है।

159. जैसा कि हम कह सकते हैं, सभी श्रमिक और प्रबंधक कर्मचारी सदस्य हैं, और कुछ श्रमिक प्रबंधक भी हैं, इसलिए, पहला आंकड़ा उपरोक्त संबंधों का सबसे अच्छा वर्णन करता है।

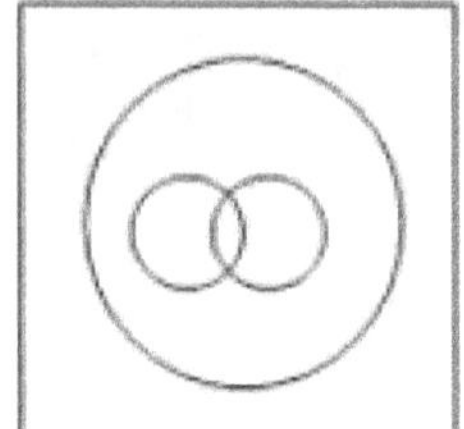

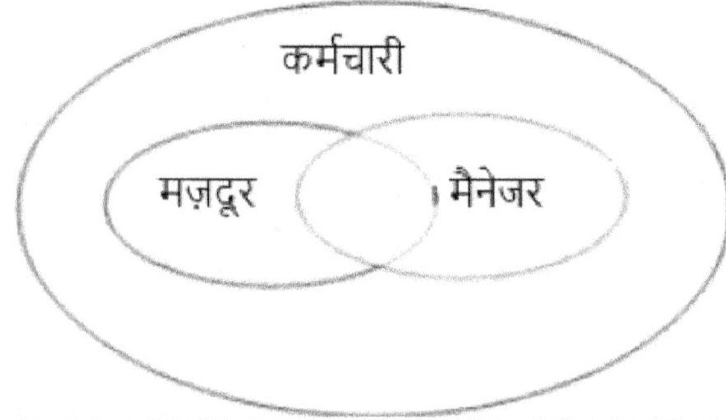

अतः विकल्प (B) सही है।

160. दिया है:

THEN को VFGL के रूप में कोडित किया गया है।

दी गई श्रृंखला निम्नलिखित प्रतिरूप का अनुसरण करती है:

T (+2) → V

H (+2) → F

E (+2) → G

N (+2) → L

इसलिए,

W (+2) → Y

O (+2) → M

R (+2) → T

D (+2) → B

अतः विकल्प (B) सही है।

General Hindi

Q.1 "नहिं पराग नहिं मधुर, मधु नहिं विकास येहि काल। अली कली ही सों बध्यो, आगे कौन हवाल।।" इसमें कौन-सा अलंकार है?

A. रूपक
B. विशेषोक्ति
C. अन्योक्ति
D. अतिशयोक्ति

Q.2 'बतियाना' शब्द में क्रिया है:

A. प्रेरणार्थक **B.** नाम धातु **C.** यौगिक **D.** द्विकर्मक

Q.3 प्रवाह लाने के लिए छन्द की पंक्ति में ठहरना कहलाता है:

A. गति **B.** यति **C.** तुक **D.** लय

Q.4 कोई भी छन्द किसमें विभक्त रहता है?

A. चरणों में
B. यति में
C. उपर्युक्त दोनों में
D. इनमें से कोई नहीं

Ques (5-6):निर्देश: नीचे दी गई जानकारी पढ़कर उस पर आधारित प्रश्न का उत्तर दीजिए?

नीचे दिए गए मुहावरों और लोकोक्तियों के अर्थ बताने के लिए चार-चार विकल्प दिए गए है। प्रत्येक के लिए उपयुक्त अर्थ वाला विकल्प चुनिए।

Q.5 खरी-खरी सुनाना:

A. स्पष्ट कहना
B. भला-बुरा कहना
C. भाषण देना
D. पाठ पढ़ाना

Q.6 अंधे के हाथ बटेर लगना:

A. किसी वस्तु का अनायास मिलना
B. अपात्र को बहुत बड़ी सफलता मिलना
C. अप्राप्य को प्राप्त करना
D. मुसीबत पर मुसीबत आना

Q.7 प्रत्येक पूर्ण वाक्य के अंत में विराम का प्रयोग होता है। निम्नलिखित विरामों पर विचार करें।

(i) पूर्ण विराम
(ii) प्रश्न विराम
(iii) विस्मय विराम
(iv) अर्ध विराम

प्रत्येक पूर्ण वाक्य के अंत में कौन-सा विराम चिह्न लगता है?

A. केवल (i)
B. (i) एवं (ii)
C. (i), (ii) एवं (iv)
D. (i), (ii) एवं (iii)

Q.8 निम्नलिखित में से कौन-सा 'वाच्य' का भेद नहीं है?

A. कर्तृ **B.** कर्म **C.** करण **D.** भाव

Q.9 'बालक फुटबॉल से खेल रहे हैं।' वाक्य में कौन सा कारक है?

A. संबंध कारक
B. कर्म कारक
C. करण कारक
D. संप्रदान कारक

Q.10 निम्नलिखित में से कौन-सा शब्द स्त्रीलिंग नहीं है?

A. गर्दन **B.** कमर **C.** कान **D.** जीभ

Q.11 'आँख' शब्द का बहुवचन होगा:

A. अँखियाँ **B.** आँखें **C.** आँख **D.** अँखियाएँ

Q.12 निम्न में से 'नकुल' का तद्भव शब्द है:

A. नेउता **B.** नेवला **C.** नींबू **D.** नीम

Q.13 निर्देश: निम्नलिखित में तत्सम शब्द का चयन कीजिए।
आसरा

A. आच्छारी **B.** निकेतन **C.** गृह **D.** आवास

Q.14 निम्नलिखित में से किस समूह के सभी शब्द पर्यायवाची हैं?

[RSMSSB Village Development Officer, 2016]

A. सोना - कंचन, कनक, जातरूप, स्वर्णगुशिका
B. निर्झर - निझरिणी, झरना, प्रपात, चश्मा
C. पृथ्वी - अचला, पृथुल, अवनि, वसुन्धरा
D. धनुर्धर - धनुषधारी, कमनैत, तीरन्दाज़, बानैत

Q.15 दिए गए विकल्पों में से 'विकास' शब्द का विलोम क्या होगा?

A. ह्रास **B.** कुरूप **C.** विधि **D.** विरह

Q.16 दिए गए विकल्पों में से 'आच्छादित' शब्द का विलोम क्या होगा?

A. अनिच्छित
B. आध्यात्मिक
C. अनाच्छादित
D. अवनति

Q.17 महादेवी वर्मा को उनकी किस रचना के लिए ज्ञानपीठ पुरस्कार मिला था?

A. दीपशिखा **B.** अग्निरेखा **C.** सप्तपर्णा **D.** यामा

Q.18 इनमें से प्रेमचंद द्वारा रचित कौन सी रचना है?

A. तमस
B. गबन
C. गुनाहों का देवता
D. मैला अंचल

Q.19 जयशंकर प्रसाद का प्रथम उपन्यास कौन सा है?

A. कंकाल
B. इरावती
C. तितली
D. अजात-शत्रु

Q.20 'गुनाहों का देवता' किसकी रचना है?

A. धर्मवीर भारती
B. रामकुमार वर्मा
C. भारतेंदु हरिश्चंद्र
D. आचार्य रामचंद्र शुक्ल

Q.21 'अवगुंठन' का अनेकार्थी है:

A. घूँघट
B. अँगूठा
C. गाँठ बाँधना
D. गूँथना

Q.22 'नीरद - नीरज' श्रुतिसमभिन्नार्थक शब्द का क्या अर्थ है?

A. निश्चित - इरादा
B. शिवजी का बैल - मंगलाचरण
C. वाण - मल्लाह
D. बादल - कमल

Q.23 शायद कमरे में कोई छिपा नहीं है। इस वाक्य में "कोई" शब्द है।

A. प्रश्नवाचक
B. संबंधवाचक
C. अनिश्चयवाचक
D. निजवाचक

Q.24 निम्न में से कौनसा वाक्य भविष्य काल का नहीं है?

A. आशा है मैं फिर आपके काम आऊंगा
B. राजू को बुलाया जाएगा
C. आप आओगे, तो ही मैं भी आऊंगा

D. आकाश कल ही घर लौटा है

Q.25 समुच्चयबोधक अव्यय का लोप होने पर प्रयुक्त होता है
A. पूर्णविराम
B. अर्धविराम
C. अल्पविराम
D. अविराम

Q.26 'दहीबड़ा' में निम्नलिखित में से कौन-सा समास है?
A. तत्पुरुष समास
B. तुल्ययोग बहुव्रीहि
C. कर्मधारय समास
D. द्वन्द्व समास

Q.27 किस समास में पहला पद विशेषण और दूसरा पद विशेष्य होता है?
A. अव्ययीभाव समास
B. कर्मधारय समास
C. द्विगु समास
D. द्वंद्व समास

Q.28 'मैं पूजा से पहले स्नान करता हूँ।' वाक्य में कौन-सा अव्यय है?
A. क्रिया-विशेषण अव्यय
B. संबंधबोधक अव्यय
C. समुच्चयबोधक अव्यय
D. विस्मयादिबोधक अव्यय

Q.29 'इंसानियत' शब्द में निम्न में से कौन-सा प्रत्यय होगा?
A. नियत
B. यत
C. इयत
D. त

Q.30 किस शब्द में उपसर्ग नहीं है:
A. अपवाद
B. पराजय
C. प्रभाव
D. ओढ़ना

Q.31 इस कबूतर को पिंजरे से निकालो इसमें कौन सा विशेषण हैं?
A. गुणवाचक विशेषण
B. निश्चित संख्यावाचक विशेषण
C. अनिश्चित संख्यावाचक विशेषण
D. सार्वनामिक विशेषण

Q.32 दिए गये शब्दों में शुद्ध वर्तनी वाला शब्द है:
A. सचिदानन्द
B. सच्चीदानंद
C. सच्चिदानंद
D. सचितानंद

Q.33 जिस वाक्य से आश्चर्य का बोध हो उसे कहेंगे:
A. विस्मयवाचक
B. संदेहवाचक
C. इच्छावाचक
D. प्रश्नवाचक

Q.34 निम्नलिखित में से नीचे दिए गए वाक्य के लिए एक शब्द का चयन कीजिए -
ऐसी चन्द्रिका (या शोभा) जिसे देखने या समझने वाला कोई न हो।
A. अरण्य-चंद्रिका
B. अरम्ब चंद्रिका
C. चंद्रिका
D. अनुमोदनीय चंद्रण

Ques (35-37):निर्देश: निम्नलिखित गद्यांश को ध्यानपूर्वक पढ़िए और दिए गए प्रश्नों के उत्तर दीजिए।

रेडियो का अविष्कार इटली के एक वैज्ञानिक जी. मार्कोनी ने सन् 1895 ई० में किया था। उनके अविष्कार के पश्चात् अब तक के रेडियों में उत्तरोत्तर सुधार होते जा रहे हैं तथा इसकी उन्नति के लिए बड़े-बड़े वैज्ञानिक प्रयत्नशील हैं। रेडियो का सबसे पहला ब्रॉडकॉस्टिंग स्टेशन इंग्लैंड में बनाया गया था। अब तो धीरे-धीरे अनेक देशों में ब्रॉडकॉस्टिंग स्टेशन खुल चुके हैं। रेडियो के अनेक लाभ, हैं, सबसे बड़ा लाभ तो यह हे कि दूर-से-दूर स्थित स्थानों के समाचार हमें तत्काल सुनने को मिल जाते हैं। जब रेडियो नहीं था तब इस कार्य में बहुत लंबा समय लगता था। अब तो न्यूयॉर्क के भाषण को रेडियो की सहायता से हम वैसे ही सुन सकते हैं जैसे न्यूयॉर्क में बैठा व्यक्ति सुनता है। इसके अतिरिक्त रेडियो मनोरंजन का एक श्रेष्ठ तथा सस्ता साधन है। रेडियो प्रचार का भी एक अच्छा साधन है। रेडियो द्वारा हम अपनी बातों को कम से कम समय में दूर से दूर स्थानों तक पहुंचा सकते हैं। किसी विचार के विरोध या पक्ष में प्रचार करने के लिए रेडियो सर्वोत्तम साधन है। भारत में अशिक्षित व्यक्तियों की संख्या अधिक है। समाचार-पत्रों तथा पुस्तकों में लिखी हुई बातों को केवल शिक्षित व्यक्ति ही पढ़ सकते हैं, समाचार-पत्र और पुस्तकें

उनके लिए व्यर्थ हैं। वे दुनिया की दौड़ में बहुत पीछे है व उन्हें अशिक्षा के इस गड्ढे से निकालने का काम रेडियो द्वारा सुगमता से किया जा सकता है, रेडियो द्वारा अनपढ़ व्यक्ति भी उसे आसानी से सुन व समझ सकता है। रेडियो द्वारा ग्राम-सुधार के कार्य बड़ी सुगमतापूर्वक किए जा सकते हैं। विज्ञान के चमत्कारों ने मनुष्य को आश्चर्यचकित कर दिया है, अथवा यह भी कह सकते हैं कि असंभव कार्य को संभव करके दिखाया है।

Q.35 रेडियो मनोरंजन के लिए कैसा साधन है?
A. सस्ता तथा व्यर्थ
B. श्रेष्ठ तथा सस्ता
C. व्यर्थ तथा महंगा
D. हानिकारक तथा सुगम

Q.36 दिए गए गद्यांश का उपयुक्त शीर्षक क्या होगा?
A. रेडियो का महत्त्व
B. महंगा साधन
C. रेडियो का अनुपयोग
D. व्यर्थ साधन

Q.37 रेडियो का अविष्कार किसने किया था?
A. चार्ल्स बैबेज
B. जी. मार्कोनी
C. टी. मार्कोनी
D. ती. मार्कोनी

Q.38 'याक्षणी' का शुद्ध रूप निम्न में से कौन सा है?

[MP Jail Prahari, 2018]

A. यिक्षणी
B. याक्षिणी
C. याक्षण
D. यक्षिणी

Q.39 दिए गए वाक्य के लिए एक शब्द का चयन कीजिए।
'जो परिणय सूत्र में न बँधा हो'
A. अज्ञ
B. अभियोगी
C. सद्यःपरिणीत
D. अपरिणीत

Q.40 उस मटके में पानी भरो इसमें कौन सा विशेषण हैं?
A. गुणवाचक विशेषण
B. निश्चित संख्यावाचक विशेषण
C. अनिश्चित संख्यावाचक विशेषण
D. सार्वनामिक विशेषण

General Knowledge/Law & Constitution

Q.41 निम्नलिखित देशों में से किसमें प्रधानमंत्री नरेंद्र मोदी ने 11 मई, 2018 को 'रामायण सर्किट' की शुरुआत की?

[Super TET Paper - I, 2019]

A. नेपाल
B. इंडोनेशिया
C. श्रीलंका
D. म्यांमार

Q.42 दिसंबर 2015 में, निम्नलिखित में से किसे भारतीय खाद्य सुरक्षा और मानक प्राधिकरण (एफएसएसएआई) के नए सीईओ के रूप में नियुक्त किया गया था?

[RRB (NTPC), 2017]

A. आशीष बहुगुणा
B. अनिल कुमार
C. युधवीर सिंह मलिक
D. पवन कुमार अग्रवाल

Q.43 '2016 एक्सोमार्स ट्रेस गैस ऑर्बिटर' दो अंतरिक्ष एजेंसियों, यूरोपीय अंतरिक्ष एजेंसी (ईएसए) और _____ द्वारा संयुक्त रूप से किए जाने वाले मंगल अभियानों की एक श्रृंखला में प्रथम है।

[RRB (NTPC), 2017]

A. नासा, यूएसए
B. जैक्सा, जापान
C. इसरो, भारत
D. रोस्कोसमोस, रूस

Q.44 केंद्रीय आईटी मंत्री द्वारा किस सरकारी एप्लिकेशन का अंतर्राष्ट्रीय संस्करण लॉन्च किया गया है?
A. यूएमएएनजी
B. फेम

C. स्वच्छ भारत   **D.** एम-आवास

Q.45 जनवरी 2022 में किस देश ने G7 प्रेसीडेंसी का पदभार ग्रहण किया?

A. नीदरलैंड   **B.** जर्मनी   **C.** ऑस्ट्रिया   **D.** फ्रांस

Q.46 प्रधानमंत्री किस अनुच्छेद के तहत राष्ट्रपति और मंत्रिपरिषद के बीच संचार के माध्यम के रूप में कार्य करता है?

A. अनुच्छेद 76   **B.** अनुच्छेद 52
C. अनुच्छेद 78   **D.** अनुच्छेद 75

Q.47 भारत के पशु कल्याण बोर्ड की स्थापना किस अधिनियम के तहत की गई है?

A. पशु क्रूरता निवारण अधिनियम, 1960
B. जैविक विविधता अधिनियम, 2002
C. पर्यावरण (संरक्षण) अधिनियम, 1986
D. भारतीय वन अधिनियम, 1927

Q.48 एनपीसीआई (नेशनल पेमेंट्स कॉर्पोरेशन ऑफ़ इंडिया) का मुख्यालय स्थित है:

A. नई दिल्ली   **B.** मुंबई   **C.** बैंगलोर   **D.** चेन्नई

Q.49 26 मई 2013 को भारत और सऊदी अरब ने अपने आतंकवाद के सहयोग को और मजबूत करने और गहरा बनाने का फैसला किया था । सऊदी अरब में _________ की यात्रा के दौरान यह निर्णय लिया गया था?

A. भारत के उप राष्ट्रपति, हामिद अंसारी
B. भारत के प्रधानमंत्री, मनमोहन सिंह
C. केंद्रीय गृहमंत्री, सुशील कुमार सिंधे
D. विदेश मंत्री सलमान खुर्शीद

Q.50 कौन सा देश 10 जुलाई 2013 को छिपे हुए परमाणु स्थल के साक्ष्य का दावा करता है?

A. घाना   **B.** भारत   **C.** ईरान   **D.** अमेरिका

Q.51 निम्नलिखित में से कौन सा भारत का स्वदेशी विकसित सब-सोनिक क्रूज मिसाइल है?

A. एकलव्य   **B.** आकाश   **C.** निर्भय   **D.** दक्ष

Q.52 किस बैंक ने भारत, चीन और रूस में विकास परियोजनाओं के लिए 1.4 अरब डॉलर के ऋण मंजूर किए है?

A. एडीबी   **B.** एआईआईबी
C. एनडीबी   **D.** आईएमएफ

Q.53 दुनिया में प्राकृतिक गैस का सबसे बड़ा भंडार ___ में स्थित है।

A. स्पेन   **B.** रूस
C. अमेरिका   **D.** ऑस्ट्रेलिया

Q.54 पृथ्वी की सतह पर खींचा जाने वाला सबसे लंबा वृत किससे होकर गुजरता है?

A. भूमध्य रेखा   **B.** कर्क रेखा
C. आर्कटिक रेखा   **D.** मकर रेखा

Q.55 निम्नलिखित में से कौन सबसे व्यापक रूप से उत्पादित ककाओ किस्म है?

A. फोरेस्टरो   **B.** क्रिओलो
C. त्रिनिटेरियो   **D.** नैसिओनल

Q.56 भारत की निम्नलिखित जगहों में किसे हाल ही में यूनेस्को की विश्व धरोहर सूची में अंकित किया गया है?

1. ग्रेट हिमालयन नेशनल पार्क
2. रानी-की-वाव गुजरात
3 द कांगड़ा वैली रेलवे
4 रॉक शेल्टर्स ऑफ़ भीमबेटका

नीचे दिए गए कोड से सही उत्तर चुने:

A. केवल 1 और 2   **B.** केवल 2 और 3
C. केवल 3 और 4   **D.** केवल 1 और 4

Q.57 कर्क रेखा _________ से पास नहीं करता है।

A. चीन   **B.** म्यांमार   **C.** नेपाल   **D.** बांग्लादेश

Q.58 निम्नलिखित में से कौन सा बांध दुनिया का सबसे लंबा मिट्टी का बांध है?

A. भाखड़ा नांगल बांध   **B.** सरदार सरोवर बांध
C. टिहरी बांध   **D.** हीराकुंड बांध

Q.59 इतिहास में सबसे बड़ा यहूदी राज्य कहां स्थित था?

A. मिस   **B.** लेवेंट
C. मेसोपोटामिया   **D.** मध्य एशिया

Q.60 ग्रीस पर आधिपत्य हासिल करने के लिए मैसेडोनियाई राजा फिलिप द्वितीय द्वारा किस लीग की स्थापना की गई थी?

A. अचियान लीग   **B.** कोरिंथ लीग
C. एम्फिक्टियोनिक लीग   **D.** आर्गोस लीग

Q.61 सामान्यतः किसे भारतीय पुनर्जागरण का जनक माना जाता हैं?

A. रविन्द्रनाथ टैगोर   **B.** राजा राममोहन राय
C. महात्मा फूले   **D.** एम.जी.रानाडे

Q.62 "रेड शर्ट्स" आंदोलन का नेतृत्व किसने किया था:

A. मौलाना आजाद
B. मोहम्मद अली
C. खान अब्दुल गफ्फार खान
D. अशफाकुल्ला खान

Q.63 निम्नलिखित विदेशी यात्रियों में से किसने भारत के हीरे और हीरे की खानों के बारे में विस्तृत वर्णन किया है?

A. फ्रंकोइस बर्निएर   **B.** जीन-बैपटिस्ट तवेर्निएर
C. जीन डी थेवेनोट   **D.** अबे बार्थिलेमी कैरे

Q.64 विटामिन A के बारे में निम्नलिखित कथनों पर विचार करें:

I. विटामिन A एक वसा में घुलनशील विटामिन है।
II. विटामिन A की कमी से रिकेट्स हो सकता है।

उपर्युक्त कथन में से कौन-सा सत्य है?

A. केवल I   **B.** केवल II
C. I और II दोनों   **D.** न तो I और न ही II

Q.65 निम्नलिखित में से क्या संवैधानिक निकाय नहीं है?

A. राज्य के महाधिवक्ता
B. भारत के महान्यायवादी
C. भाषाई अल्पसंख्यकों के लिए विशेष अधिकारी
D. राष्ट्रीय मानवाधिकार आयोग

Q.66 आलू पौधे के किस भाग का एक संशोधित रूप है?

A. तना   **B.** पत्ते   **C.** फल   **D.** जड़

Q.67 निम्नलिखित में से कौन सा गैर-नवीकरणीय संसाधन हैं?

A. जानवर   **B.** पौधे
C. पक्षी   **D.** जीवाश्म ईंधन

Q.68 ठोस आयोडीन का रंग है-

A. सफ़ेद
B. रंगहीन

C. बैंगनी से काले रंग के लिए

D. लाल भूरा

Q.69 आई ड्रॉप के रूप में किस अम्ल का उपयोग किया जाता है?

A. बोरिक एसिड

B. हाइड्रोक्लोरिक एसिड

C. कार्बोनिक एसिड

D. फॉर्मिक एसिड

Q.70 प्लेसेंटा _______ बनने वाली संरचना है।

A. भ्रूण और गर्भाशय ऊतक के संघ द्वारा

B. केवल भ्रूण द्वारा

C. रोगाणु परतों के संलयन से

D. इनमें से कोई नहीं

Q.71 पानी के तापमान का अधिकतम घनत्व है

A. 8 डिग्री B. 4 डिग्री C. 9 डिग्री D. 12 डिग्री

Q.72 अल्ट्रासोनिक तरंगों के लिए आवृत्ति रेंज हैं

A. 5,000Hz से अधिक

B. 20,000Hz से अधिक

C. 15,000Hz से अधिक

D. 1,20,000Hz से अधिक

Q.73 भारतीय संविधान का कौन सा भाग राज्य के नीति निर्देशक तत्व से संबंधित है?

A. भाग I B. भाग II C. भाग IV D. भाग V

Q.74 निम्नलिखित में से कौन सा कर केंद्र सरकार द्वारा लगाया और वसूला जाता है लेकिन संघ और राज्यों के बीच आय वितरित की जाती है?

A. बिक्री कर

B. आयकर

C. एस्टेट ड्यूटी

D. भू राजस्व

Q.75 कानून की विधिवत प्रक्रिया न्यायिक प्रणाली की विशेषताएँ हैं

A. भारत B. यू. के. C. यू.एस.ए. D. फ्रांस

Q.76 एफआईआर का अर्थ है :

A. औपचारिक पहचान रिपोर्ट

B. प्रथम सूचना रिपोर्ट

C. प्रथम भारतीय क्षेत्र

D. उपरोक्त सभी

Q.77 जब कोई कानून का उल्लंघन करता है, तो हम तुरंत किसे सूचित करते हैं?

A. पड़ोसी को

B. रिश्तेदारों को

C. न्यायाधीश को

D. पुलिस को

Q.78 जांच में शामिल हैं:

A. गवाह का बयान

B. बिल का विवरण

C. जज का बयान

D. उपरोक्त सभी

Q.79 "कानून का अधिकार" में शामिल हैं

A. प्रत्येक व्यक्ति को जीने का अधिकार है।

B. इन सभी व्यक्ति के जीवन को केवल एक उचित और उचित प्रक्रिया का पालन करके दूर किया जा सकता है।

C. (A) और (B) दोनों

D. इनमें से कोई नहीं

Q.80 भारत के उपराष्ट्रपति को हटाने का प्रस्ताव कहाँ पेश किया जा सकता है?

A. केवल लोकसभा

B. केवल राज्यसभा

C. संसद के दोनों सदनों में से किसी एक में

D. भारत में आधे राज्य विधानसभाओं के साथ संसद के दोनों सदनों की सहमति से

Numerical & Mental Ability

Q.81 25×252×37 के इकाई के स्थान वाले अंक का गुणनफल होगा?

A. 1 B. 2 C. 0 D. 5

Q.82 अगर चावल 48 रुपये प्रति किलो के हिसाब से बेचा जाता है, तो 20% का नुकसान होगा। 20% का लाभ कमाने के लिए चावल की कीमत क्या होनी चाहिए (प्रति किलो)?

[SSC MTS, 2017]

A. 72 B. 76 C. 78 D. 84

Q.83 P, Q से दोगुना अच्छा है और साथ में वे 36 दिनों में एक काम खत्म कर देते हैं। कार्य समाप्त करने के लिए P द्वारा अकेले लिए गए दिनों की संख्या?

[SSC MTS, 2017]

A. 48 B. 60 C. 54 D. 72

Q.84 यदि एक वर्ग का विकर्ण 10 सेमी है, तो वर्ग का क्षेत्रफल (सेमी ^{2} में) क्या है?

[SSC MTS, 2017]

A. 100 B. $50\sqrt{2}$ C. 50 D. $100\sqrt{2}$

Q.85 संख्याओं का औसत 18 है। यदि एक संख्या को बाहर रखा जाता है, तो औसत 17 हो जाता है। बहिष्कृत संख्या क्या है?

[SSC MTS, 2017]

A. 22 B. 23 C. 21 D. 20

Q.86 एक व्यक्ति बिंदु L से N तक जाता है और वापस आता है। पूरी यात्रा के लिए उनकी औसत गति 100 किमी/घंटा है। यदि N से L पर वापस आते समय उसकी गति 65 किमी/घंटा है, तो L से N तक जाते समय व्यक्ति की गति (किमी/घंटा में) क्या होगी?

A. 135 B. 146.31 C. 150.62 D. 216.67

Q.87 धारा के अनुप्रवाह तथा धारा के प्रतिवाह क्रमशः 16 किमी/घंटा और 12 किमी/घंटा है। धारा की गति (किमी/घंटा में) क्या है?

A. 1 B. 2 C. 3 D. 4

Q.88 एक वस्तु की अंकित मूल्य उसकी लागत मूल्य से 50% अधिक है। यदि 10% की छूट दी जाती है, तो लाभ प्रतिशत क्या है?

[SSC MTS, 2017]

A. 25 B. 30 C. 35 D. 20

Q.89 एक वस्तु की अंकित मूल्य 750 रुपये है और एक ग्राहक इसके लिए 600 रुपये का भुगतान करता है। छूट प्रतिशत क्या है?

[SSC MTS, 2017]

A. 20% B. 30% C. 15% D. 10%

Q.90 दो संख्याएँ 3 : 4 के अनुपात में हैं। यदि 8 को प्रत्येक से घटाया जाए, तो नया अनुपात 17 : 24 हो जाता है। दो संख्याएँ क्या हैं?

[SSC MTS, 2017]

A. 42 तथा 56 B. 30 तथा 40

C. 45 तथा 60 D. 60 तथा 80

Q.91 एक निश्चित कोड भाषा में, "BOOK" को "CQRO" के रूप में लिखा जाता है। उस कोड भाषा में "ROAD" कैसे लिखा जाता है?

A. SQDH   **B.** SQCH   **C.** SRDH   **D.** SREH

Q.92 निर्देश: निम्नलिखित प्रश्न में, दिए गए विकल्पों में से लुप्त संख्या का चयन करें।

?, 28, 65, 126, 217, 344

A. 7   **B.** 4   **C.** 9   **D.** 5

Q.93 मेघा उत्तर की ओर 10 किमी चलती है। वह दाएं मुड़ती है और 15 किमी चलती है। वह दाएं मुड़ती है और 20 किमी चलती है। वह दाएं मुड़ती है और 15 किमी चलती है। वह अपने शुरुआती बिंदु से कितनी दूर (किमी में) है?

A. 15   **B.** 5   **C.** 10   **D.** 20

Q.94 यदि $3\#9@4 = 3$ और $4\#4@4 = 2$, तो $6\#4@5 =$?

A. 3   **B.** 2   **C.** 4   **D.** 1

Q.95 12% वार्षिक दर से 2 वर्ष के लिए 2800 रुपये के मूलधन का चक्रवृद्धि ब्याज (रु में) क्या है?

A. 687.18   **B.** 634.46   **C.** 712.32   **D.** 568.68

Q.96 आयत की लंबाई और चौड़ाई क्रमशः 12 सेमी और 20 सेमी है। यदि लंबाई 20% और चौड़ाई में 10% की वृद्धि हुई है तो आयत के क्षेत्र में प्रतिशत परिवर्तन क्या है?

A. 30%   **B.** 31%   **C.** 32%   **D.** 33%

Q.97 यदि, '÷' को 'L', '+' को 'M', '-' को 'N' और '×' को 'P' के रूप में कोडित किया गया है, तो 38 L 2 M 7 P 4 N 22 का मान क्या है?

A. 33   **B.** 25   **C.** 28   **D.** 21

Q.98 अनुक्रम में अगला पद क्या होगा?

2, 5, 11, 23, ?

A. 47   **B.** 53   **C.** 42   **D.** 34

Q.99 दिए गए विकल्प में से विषम संख्या ज्ञात कीजिए।

A. 5720   **B.** 6710   **C.** 2640   **D.** 4270

Q.100 50 पैसे, 1 रुपये और 2 रुपये के सिक्कों की संख्याओं का अनुपात $2 : 3 : 4$ है। यदि कुल राशि 240 रुपये है, तो 1 रुपये के सिक्कों की संख्या कितनी है?

A. 20   **B.** 80   **C.** 40   **D.** 60

Q.101 फरहान और कुणाल ने एक कंपनी शुरू करने के लिए कुछ धन का निवेश किया और निवेश में फरहान का हिस्सा 35% था जबकि कुणाल का हिस्सा 65% था। एक साल बाद, फरहान और कुणाल ने क्रमशः 20% और 30% से अपना निवेश बढ़ा दिया। दूसरे वर्ष के अंत में, कंपनी का राजस्व 12,650 रु. हो गया। और न तो कोई लाभ हुआ और न ही नुकसान हुआ। फरहान द्वारा प्रारंभ में निवेश की गई राशि ज्ञात करें?

A. 6,500 रु.   **B.** 10,500 रु.

C. 10,000 रु.   **D.** 3,500 रु.

Q.102 सौम्या ने 20 किग्रा चाय रु. 18 प्रति किग्रा पर और 15 किग्रा चाय रु. 25 प्रति किग्रा पर खरीदी यदि उसने दोनों प्रकार की चाय को आपस में मिला दिया और उसे रु. 30 प्रति किग्रा पर बेचा तब उसे कितना लाभ प्राप्त होगा?

A. 35%   **B.** 44.32%   **C.** 40.12%   **D.** 42.85%

Q.103 एक बल्लेबाज ने इंग्लैंड में खेली गई कुछ निश्चित पारियों में 46 रनों की औसत से रन बनाए भारत वापस आने पर उसने दो और टेस्ट खेले। उसने प्रत्येक टेस्ट में दो पारिया खेली और 55 रनों की औसत से रन बनाए। भारत और इंग्लैंड में खेली गई पारियों के औसत को सामूहिक रूप से लेने पर उसके रनों के औसत में 2 रनों की बढ़ोतरी हुई। इंग्लैंड में खेली गई पारियों की संख्या ज्ञात कीजिए।

A. 12   **B.** 13   **C.** 14   **D.** 15

Q.104 दो बराबर धनराशि क्रमशः 2 वर्ष और 3 वर्ष के लिए प्रति वर्ष 8% साधारण ब्याज की दर पर उधार ली गई थी। ब्याजों में अंतर 3080 रुपये था। उधार ली गई राशियां थीं।

A. 37950 रुपये   **B.** 38500 रुपये

C. 40700 रुपये   **D.** 42900 रुपये

Q.105 यदि x एक पूर्ण वर्ग पूर्णांक है इस प्रकार $19 < (2x - 3) < 59$, तो x का मान है।

A. 25   **B.** 16   **C.** 36   **D.** 49

Q.106 15 जनवरी, 1995 बुधवार था। 5 जनवरी, 1998 को सप्ताह का कौन सा दिन था?

A. बुधवार   **B.** गुरुवार   **C.** शुक्रवार   **D.** शनिवार

Q.107 नीचे दी गई संख्या श्रृंखला में लुप्त संख्या क्या होगी?

4, 18, 60, 186, ?

A. 564   **B.** 557   **C.** 580   **D.** 571

Q.108 P, Q और R मिलकर एक कार्य को 20 दिनों में पूरा कर सकते हैं। P अकेले उस कार्य को 40 दिनों में पूरा कर सकता है। Q अकेले उस कार्य 60 दिनों में पूरा कर सकता है, तो R अकेले कितने दिनों में कार्य को पूरा कर सकता है?

A. 60   **B.** 80   **C.** 40   **D.** 120

Q.109 एक निश्चित कोड भाषा में,

'I am joyful as other people are' , 'bi li ni yi ji pi ti', के रूप में लिखा है

'am are joyful yes' , 'pi li yi di', के रूप में लिखा है

'yes peaceful persons' 'oi di vi', के रूप में लिखा है

'I am honest' 'ji li fi' के रूप में लिखा है

'peaceful are nice' , 'vi pi zi' के रूप में लिखा है

निम्नलिखित में से कौन सा कोड 'ni bi ji li ti pi' द्वारा दर्शाया गया है ?

A. I am joyful as other are

B. I am now peaceful persons yes

C. As other joyful of yes are

D. I am as other people are

Q.110 राजेश 12 किमी उत्तर की ओर चलता है, फिर वह 8 किमी दक्षिण की ओर चला जाता है। फिर वह पूर्व की ओर 3 किमी चला जाता है। अब वह किस दिशा में है और अपने शुरुआती बिंदु से कितना दूर है?

A. 5 किमी, उत्तर-पूर्व   **B.** 5 किमी, दक्षिण-पूर्व

C. 8 किमी, उत्तर-पूर्व   **D.** 9 किमी, दक्षिण-पूर्व

Q.111 एक मोती विक्रेता ने मल्टी-लेयर बॉक्स में कुछ मोतियों की व्यवस्था की। बॉक्स की पहली परत 4 पंक्तियों और 6 कॉलम के साथ चौकोर आकार की थी। प्रत्येक परत पिछली परत के प्रत्येक आयाम में 1 कम थी। मोतियों की अधिकतम संख्या क्या होगी जो पहली से तीसरी परत में हो सकती थी?

A. 4   **B.** 8   **C.** 12   **D.** 24

Q.112 यदि "K" का अर्थ "घटाना" है, "L" का अर्थ "भाग" है, "M" का अर्थ "जोड़" है और "D" का अर्थ "गुणा" है, तो 104 L 2 K 25 M 2 D 9 का मान ज्ञात कीजिये।

A. 15 **B.** 25 **C.** 35 **D.** 45

Q.113 दो संख्याओं का एच. सी. एफ. 11 है और उनका एल.सी.एम. 693 है। यदि संख्याओं में से एक संख्या 77 है, तो दूसरी ज्ञात कीजिए।

A. 88 **B.** 99 **C.** 11 **D.** 49

Q.114 अगर $4 \tan A = 3$ तो, $\frac{4 \sin A - \cos A}{4 \sin A + \cos A} = ?$

A. $\frac{2}{3}$ **B.** $\frac{1}{3}$ **C.** $\frac{1}{2}$ **D.** $\frac{3}{4}$

Q.115 यदि $6A = 11B = 7C$ है: तो $A : B : C$ का मान ज्ञात करें।

A. $66 : 42 : 77$ **B.** $77 : 42 : 66$
C. $42 : 77 : 66$ **D.** $7 : 11 : 6$

Ques (116-119):निर्देश: निम्नलिखित पाई-चार्ट का ध्यानपूर्वक अध्ययन करें और नीचे दिए गए प्रश्न का उत्तर दें।

नीचे दिया गया पाई-चार्ट मई 2019 में समर कैंप में विभिन्न पाठ्यक्रमों को चुनने वाले बच्चों की कुल संख्या को दर्शाता है।

कुल बच्चों की संख्या = 300

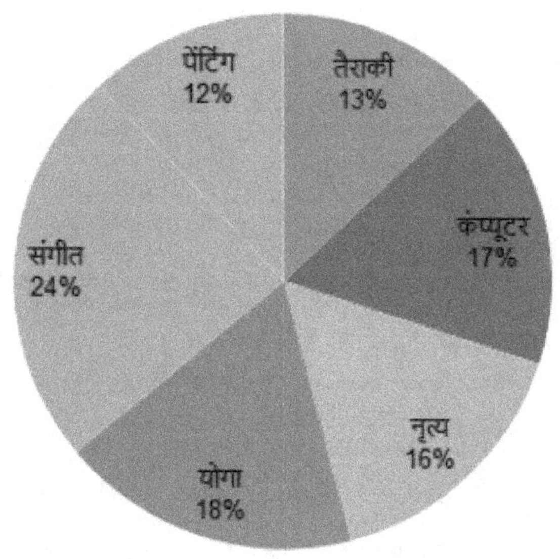

Q.116 योगा और पेंटिंग को एक साथ चुनने वाले बच्चों की कुल संख्या, संगीत और नृत्य को एक साथ चुनने वाले बच्चों की कुल संख्या से कितनी कम है?

A. 24 **B.** 27 **C.** 33 **D.** 30

Q.117 मई 2020 के कैंप में आने वाले बच्चों की कुल संख्या ज्ञात कीजिए यदि मई 2019 की तुलना में मई 2020 में बच्चों की कुल संख्या में 30% की वृद्धि हुई है?

A. 310 **B.** 340 **C.** 390 **D.** 360

Q.118 नृत्य को चुनने वाले बच्चों की कुल संख्या का केंद्रीय कोण ज्ञात कीजिए?

A. 57.6° **B.** 57.4° **C.** 54.2° **D.** 58.4°

Q.119 तैराकी, योगा और संगीत को एक साथ चुनने वाले बच्चों की औसत संख्या ज्ञात कीजिए?

A. 54 **B.** 60 **C.** 58 **D.** 55

Q.120 यदि संख्या को पहले 30% से घटा दिया जाता है और तब 30% से बढ़ा दिया जाता है। यदि प्राप्त हुई संख्या, वास्तविक संख्या से 72 कम है, तब वास्तविक संख्या का मान क्या है?

[SSC MTS, 2017]

A. 720 **B.** 800 **C.** 96 **D.** 1080

Mental Aptitude & Reasoning

Q.121 निर्देश: निम्नलिखित प्रश्न में, एक शब्द को चार अन्य शब्दों के बाद दिया गया है, जिनमें से एक दिए गए शब्द से अक्षरों का प्रयोग करके नहीं बनाया जा सकता है।

REASONABLE

A. BOES **B.** ARSON **C.** NOBLE **D.** BRAIN

Q.122 निर्देश: कागज का एक टुकड़ा मुड़ा और छेद हुआ है जैसा कि नीचे दिए गए प्रश्न के आंकड़ों में दिखाया गया है। दिए गए उत्तर के आंकड़ों से, इंगित करें कि इसे खोला जाने पर कैसे दिखाई देगा?

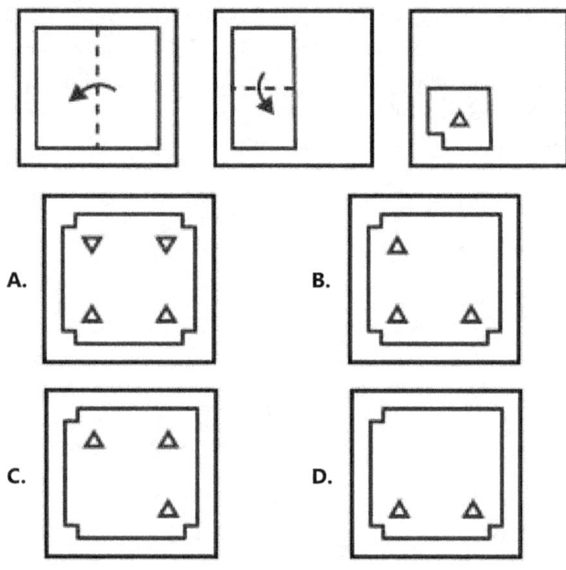

Q.123 निर्देश: निम्नलिखित प्रश्न में, दिए गए विकल्पों में से संबंधित शब्द का चयन करें।

प्रेम : घृणा : : गहरा : ?

A. लंबा **B.** उज्ज्वल **C.** उथला **D.** उच्च

Q.124 P, Q का पिता है, लेकिन Q उसका पुत्र नहीं है। S, P की पत्नी है। R, S का पुत्र है। Q, S से कैसे संबंधित है?

A. भाई
B. बेटी
C. पिता
D. निर्धारित नहीं किया जा सकता है

Q.125 निर्देश: उस आरेख को पहचानें जो दिए गए वर्गों के बीच संबंधों का सबसे अच्छा प्रतिनिधित्व करता है।

क्रिकेटर, पुरुष, अभिनेता

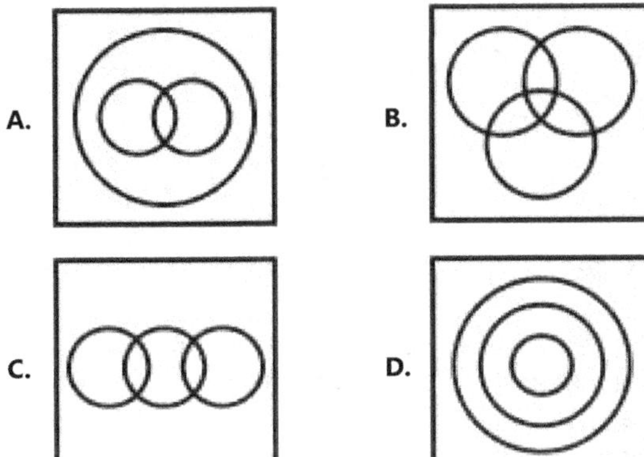

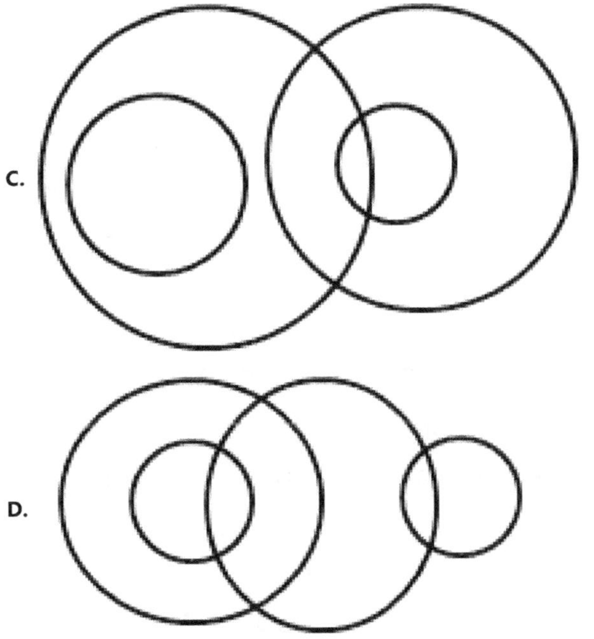

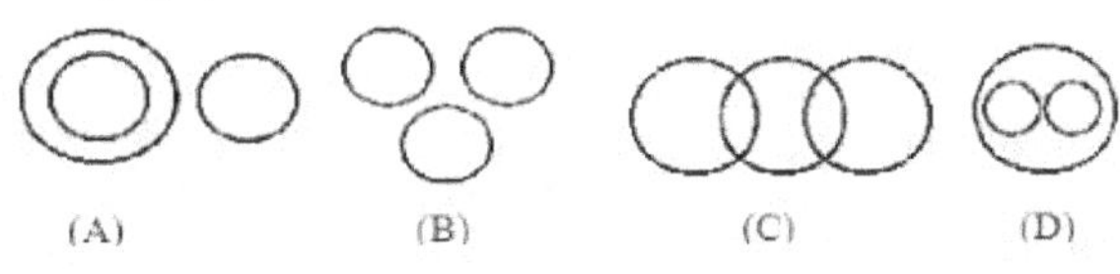

Q.126 निर्देश: शब्दों को शब्दकोश अनुसार व्यवस्थित कीजिए।

1. Featherhead
2. Fatigue
3. Fatshedera
4. Favor

A. 2, 1, 3, 4　　**B.** 2, 3, 4, 1　　**C.** 2, 3, 1, 4　　**D.** 2, 1, 4, 3

Q.127 एक तस्वीर की ओर इशारा करते हुए, X ने कहा, "वह मेरी बहन की बेटी का इकलौता बेटा है"। तस्वीर में व्यक्ति का X से क्या सम्बन्ध है?

A. भतीजा
B. पोता
C. पोती
D. निर्धारित नहीं किया जा सकता

Q.128 उस आरेख की पहचान करें जो नीचे दिए गए वर्गों के बीच संबंधों का सबसे अच्छा प्रतिनिधित्व करती है।

वर्णमाला, संख्याएं, स्वर, व्यंजन

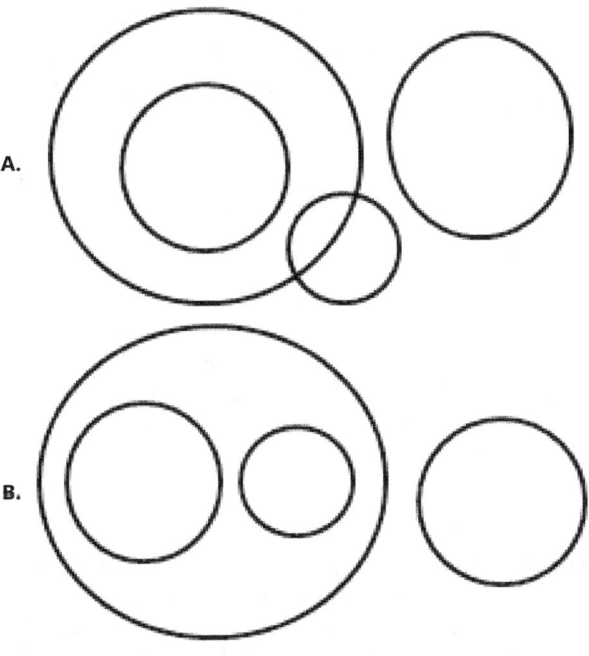

Q.129 निम्नलिखित शब्दों में, उस शब्द का चयन करें जिसे दिए गए शब्द में अक्षरों का उपयोग करके नहीं बनाया जा सकता है।

IMPERMISSIBLE

A. Prelims　　**B.** Simple　　**C.** Missile　　**D.** Mission

Q.130 उस आरेख को पहचाने जो नीचे दिए गए वर्गों के बीच सर्वश्रेष्ठ संबंध को दर्शाता है।

परीक्षा, स्कूल, कॉलेज

A. (A)　　**B.** (B)　　**C.** (C)　　**D.** (D)

Q.131 शब्दों के चार शब्द युग्म दिए गए हैं, जिनमें से तीन शब्द युग्म के शब्द किसी तरह से संबंधित हैं और एक शब्द युग्म में शब्द भिन्न हैं। भिन्न शब्द युग्म ज्ञात करें।

A. ऊंट और दहाड़ना
B. कुत्ता और भौंकना
C. पक्षी और चहकना
D. घोड़ा और हिनहिनाना

Q.132 M, N का पिता है। N, O का भाई है। O, P की माँ है। M, P से कैसे संबंधित है?

A. नाना　　**B.** पोता　　**C.** भतीजा　　**D.** भांजी

Q.133 कागज के एक टुकड़े को मोड़ने का क्रम और जिस तरह से मुड़ा हुआ कागज को प्रश्न आकृति में दिखाया गया है। उत्तर आंकड़े से उस आंकड़े का चयन करें जो सबसे ज्यादा अनकैप्ड पेपर से मिलता जुलता होगा।

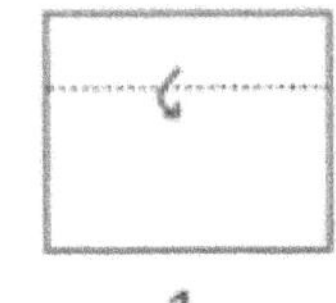

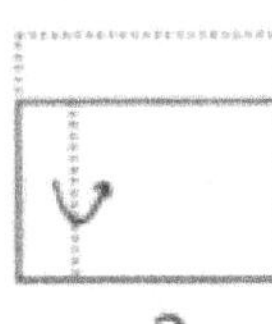

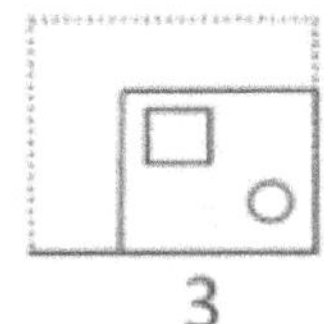

1　　2　　3

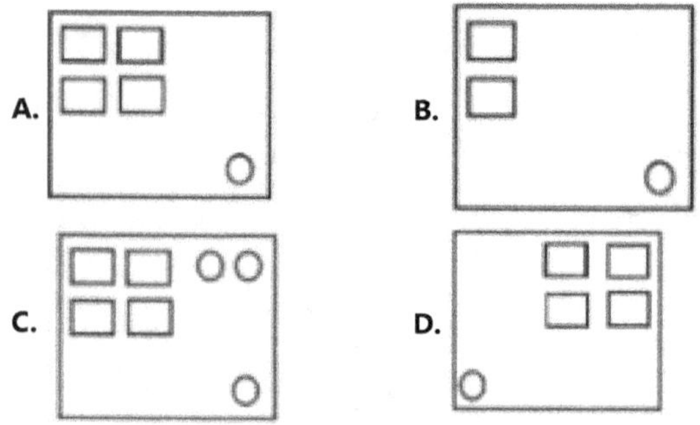

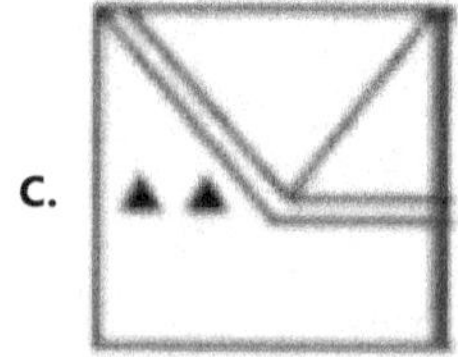

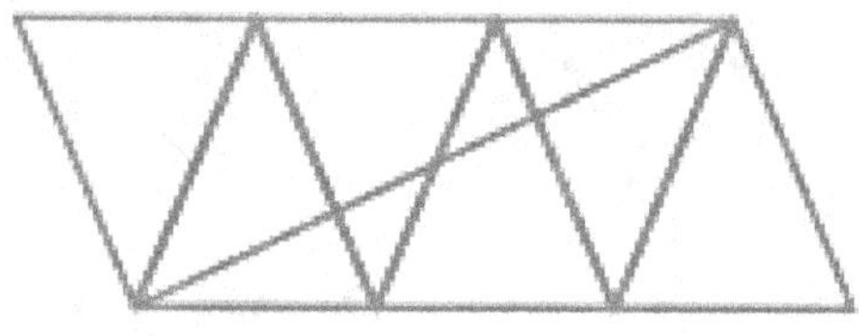

Q.134 एक व्यक्ति के चित्र को देखते हुए, समीर ने कहा, "उसकी माँ मेरे पिता के बेटे की पत्नी है। भाइयों और बहनों, मेरे पास कोई नहीं है। जिसका चित्र समीर की तलाश में था।

A. चाचा   **B.** भतीजा   **C.** बेटा   **D.** चचेरा भाई

Q.135 निर्देश: दिए गए आकृति में त्रिकोणों की संख्या ज्ञात कीजिए।

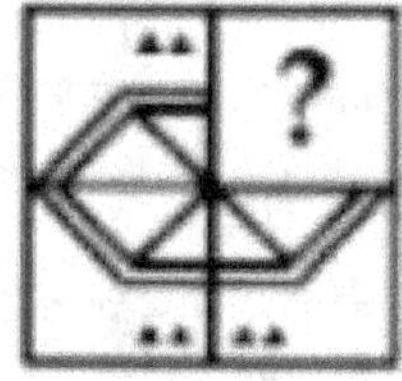

A. 16   **B.** 20   **C.** 24   **D.** 32

Q.136 निम्नलिखित प्रश्न में, दिए गये विकल्पों से उस शब्द को चुनिए, जिसे दिए गये शब्द के अक्षरों का प्रयोग करके बनाया जा सकता है?

CAPITULATE

A. ABLE   **B.** LUPIN
C. PITTY   **D.** CAPITAL

Q.137 अमर, अनीता, विपिन, जिया और राहुल बाहर की ओर एक मेज के चारों ओर बैठे हैं। विपिन, जिया के बाएं ओर दूसरे स्थान पर बैठता है। अमर, राहुल के बाएं से दूसरे स्थान पर बैठे हैं। राहुल, विपिन के निकट नहीं बैठता है। निम्नलिखित में से कौन सा कथन सत्य है?

A. अनीता के निकट जिया बैठी है
B. जिया और अमर के बीच राहुल बैठा है।
C. जिया के निकट में अमर बैठा है
D. अनीता के दाईं से दूसरे स्थान पर जिया बैठी है

Q.138 प्रश्न आकृति में कौन सी उत्तर आकृति प्रतिरूप को पूरा करेगी?

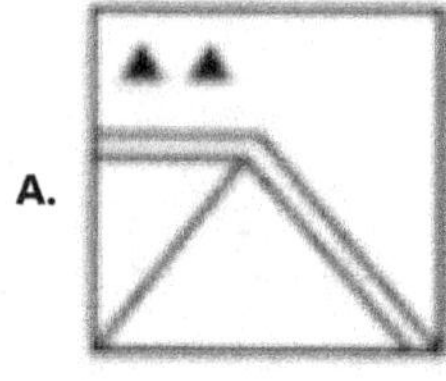

[UP Police Constable, 2019]

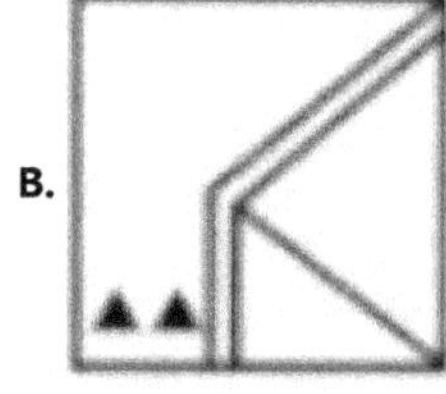

Q.139 निर्देश: दी गई जानकारी के आधार पर निम्नलिखित प्रश्न का उत्तर दीजिए।

A, B, C, D, E और F एक परिवार के छह सदस्य हैं। C, F की बहन है। B, F के पिता का साला है। D, A का पिता है और F, D का पोता है। परिवार में दो महिला सदस्य हैं।

A और E की पुत्री कौन है?

A. D   **B.** F   **C.** B   **D.** C

Q.140 निर्देश: नीचे दिए गये विकल्पों में से उस शब्द को चुनिए जो दिए गये शब्द के अक्षरों का प्रयोग करके नहीं बनाया जा सकता।

REASONABLE

A. BOES   **B.** BRAIN   **C.** ARSON   **D.** NOBLE

Q.141 दी गयी आकृति में कितने लोग बिलियर्ड और शतरंज दोनों पसंद करते हैं?

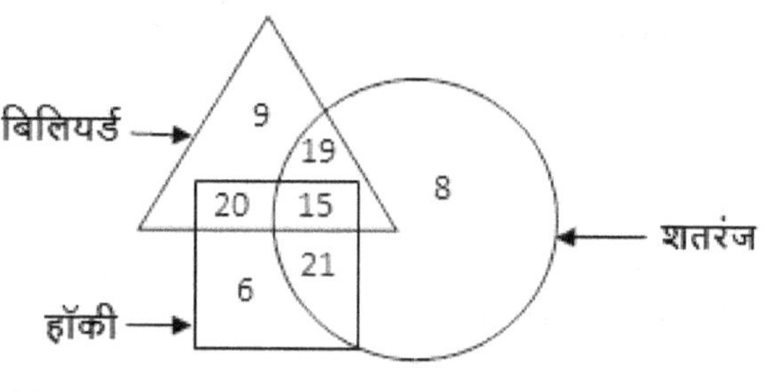

A. 17   **B.** 19   **C.** 15   **D.** 27

Q.142 A, B, C, D और E एक बेंच पर बैठे हैं। A, B के बगल में बैठा है, C, D के बगल में बैठा है, D, E के साथ नहीं बैठा है, जो बेंच के बाएं छोर पर है। C दाएं से दूसरे स्थान पर है। A, B के दाईं ओर है और A और C एक साथ बैठे हैं। A किस स्थिति में बैठा है?

A. B और D के बीच   **B.** B और C के बीच
C. E और D के बीच   **D.** C और E के बीच

Q.143 निम्नलिखित में से कौन सा आरेख तैयारी, लेखन और परिणाम के संबंध को दर्शाता है

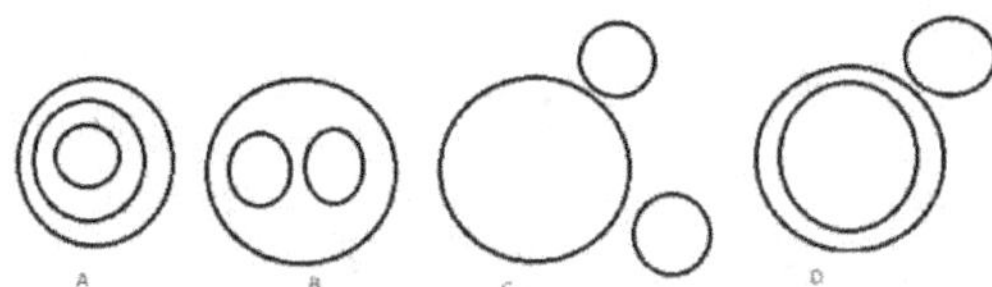

A. A   **B.** B   **C.** C   **D.** D

Q.144 निम्नलिखित प्रश्न में तीन आकृति X, Y और Z का एक सेट होता है, जो कागज के एक टुकड़े को मोड़ने का क्रम दिखाता है। आकृति Z उस तरीके को दिखाता है जिसमें मुड़ा हुआ कागज काट दिया गया है। इन तीन आकृति के बाद चार उत्तर आकृति आते हैं, जिसमें से आपको एक आकृति चुनना होता है, जो कि अनफोल्डेड फॉर्म आकृति Z के सबसे निकट होगा।

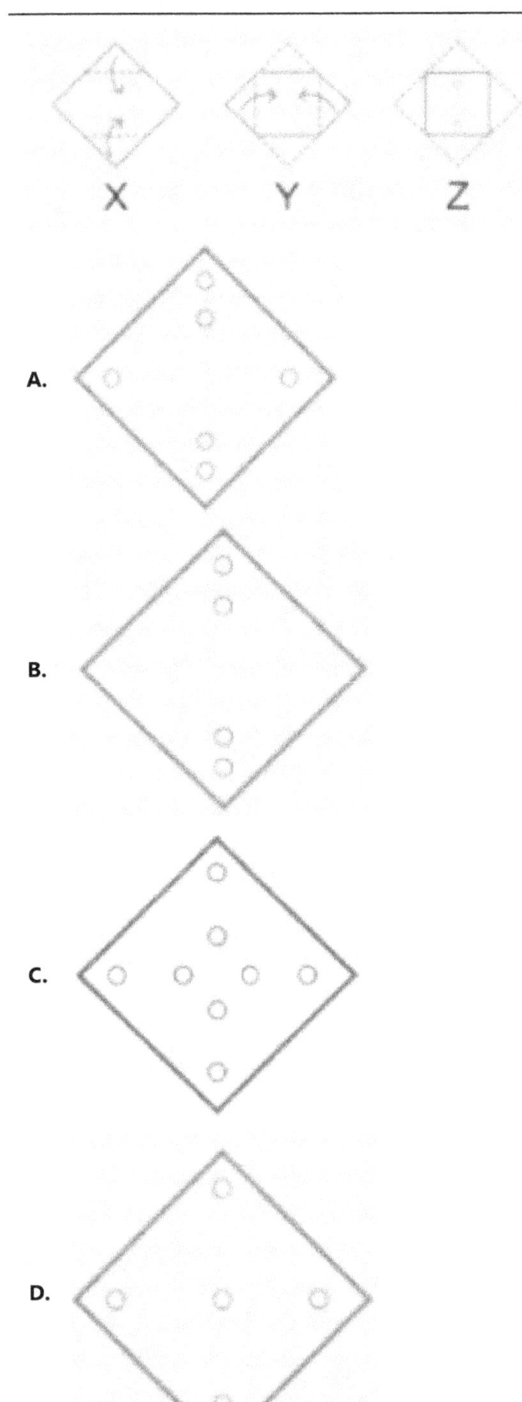

Q.145 यदि 5 + 7 = 21 और 9 + 4 = 31, तो 9 + 8 = ?

A. 61   **B.** 71   **C.** 41   **D.** 51

Q.146 यदि 5 × 3 × 8 = 2538, 4 × 6 × 7 = 1667, तब 6 × 8 × 5 = ?

A. 3658   **B.** 3568   **C.** 3685   **D.** 6456

Q.147 यदि 51 × 71 = 48, 92 × 23 = 55, 37 × 44 = 80, तब 54 × 32 का मान क्या होगा?

A. 87   **B.** 54   **C.** 100   **D.** 45

Q.148 नीचे दिए हुए रेखाचित्र में कुल कितने वर्ग है?

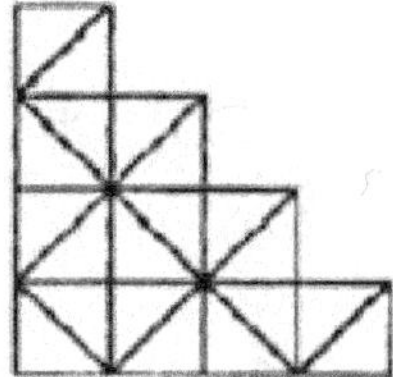

A. 10   **B.** 11   **C.** 12   **D.** 14

Q.149 दी गई आकृति में त्रिभुजों की संख्या ज्ञात कीजिये?

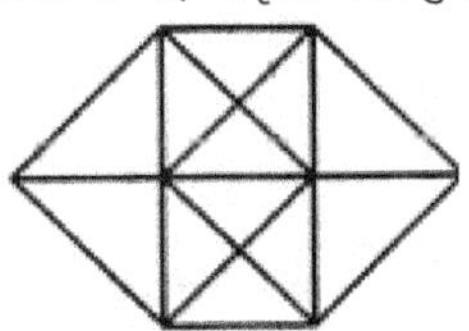

A. 20   **B.** 24   **C.** 28   **D.** 32

Q.150 अमोल एक चार्टर्ड एकाउंटेंट हैं। वह लापरवाही से SQ Co. Ltd को वित्तीय निवेश करने की सलाह देता है जिसके कारण SQ Co. Ltd को भारी नुकसान का सामना करना पड़ता है। SQ Co. Ltd. निम्न में से क्या कर सकते हैं?

A. यातना के नियम के तहत और अनुबंध के उल्लंघन के तहत क्षति का दावा कर सकते हैं

B. अर्ध-अनुबंध के उल्लंघन के तहत नुकसान का दावा कर सकते हैं

C. यातना के नियम के तहत क्षति का दावा नहीं कर सकते हैं

D. व्यक्तिगत अधिकार के उल्लंघन के तहत क्षति का दावा नहीं कर सकते हैं

Q.151 सोसायटी पंजीकरण अधिनियम 1860 के तहत अपने अपार्टमेंट के एक सचिव को नियुक्त करने के लिए आयोजित वार्षिक आम बैठक में अतुर को मतदान से रोका गया था। अतुर के सिद्धांत के तहत नुकसान का दावा कर सकते हैं

A. डेमनम साइन इंजुरिया

B. इंजुरिया नोवा स्कॉटिया डेमनम

C. इंजुरीआदिं नॉम नॉन एबस्टस

D. इंजुरिया साइन डेमनम

Q.152 अर्जुन ने टाउन हॉल के आसपास और सार्वजनिक स्थानों पर पर्चे चिपकाए। पर्चे में उनके प्रतिद्वंद्वी मिस्टर ध्रुव की टैगलाइन है: 'गंदे, सड़े हुए बदमाश'। श्री ध्रुव निम्न में से किस कारण के लिए कार्यवाही शुरू कर सकते हैं:

A. बाधा   **B.** मानहानि   **C.** लापरवाही   **D.** आक्रमण

Q.153 निर्देश: निम्नलिखित प्रश्नों में एक सिद्धांत और एक तथ्य की स्थिति दी गई है। केवल सिद्धांत पर आधारित निर्णय लें।

सिद्धांत: द्विविवाह, आईपीसी की धारा 494 के तहत दंडनीय है।

तथ्य: A को विश्वास है कि वह B के साथ वैध विवाहित नहीं थी, उसे छोड़ कर मोहन से विवाह करती है। क्या उसने द्विविवाह किया है?

A. हाँ   **B.** नहीं

C. कोई अपराध नहीं किया   **D.** इनमे से कोई भी नहीं

Q.154 एलीन अपने पति के 35 वें जन्मदिन के लिए एक विशेष जन्मदिन के भोजन की योजना बना रही हैं। वह चाहती हैं कि शाम यादगार हो, लेकिन उनके पति एक साधारण आदमी हैं, जो एक फैंसी रेस्तरां में सूट के बजाय बेसबॉल खेल में जींस में होंगे। एलीन को निम्न में से किस रेस्तरां को चुनना चाहिए?

अल्फ्रेडो में बढ़िया इतालवी व्यंजन और सुरुचिपूर्ण टस्कन सजावट है।

A. संरक्षक महसूस करेंगे जैसे उन्होंने एक शानदार इतालवी विला में शाम बिताई है

B. पान्चो का मैक्सिकन बफे, शहर में सबसे अच्छा टैकोस के साथ एक ऑल-यू-कैन-ईट-फैमिली-स्टाइल स्मोगास्बोर्ड है

C. पैरिसियन बिस्त्रो एक चार सितारा फ्रांसीसी रेस्तरां है जहाँ मेहमानों के साथ रायल्टी की तरह व्यवहार किया जाता है। शेफ दिलबर्ट ओले अपने गोमांस बुर्जुगोन के लिए प्रसिद्ध हैं।

D. मार्टी, मालिक, मार्टी लेस्टर, एक पूर्व प्रमुख लीग बेसबॉल ऑल-स्टार के सम्मान में एक आकर्षक सेटिंग में स्वादिष्ट, हार्दिक भोजन परोसते हैं

Q.155 दंड प्रक्रिया संहिता की धारा 154 के अधीन प्रथम सूचना रिपोर्ट सम्बन्धित है:

A. असंजेय अपराध से

B. केवल संजेय अपराध से

C. असंशेय अथवा संजेय अपराध से

D. उपरोक्त में से कोई नहीं

Q.156 राम गुस्से में श्याम को मारने का प्रयत्न करता है, श्याम को ऐसी स्थिति में प्राइवेट प्रतिरक्षा का अधिकार भारतीय दण्ड संहिता की किस धारा में होगा?

A. धारा 97   **B.** धारा 98   **C.** धारा 100   **D.** धारा 96

Q.157 दण्ड प्रक्रिया संहिता के अंतर्गत जाँच की जाती है :

A. केवल मजिस्ट्रेट द्वारा

B. सत्र न्यायालय द्वारा

C. मजिस्ट्रेट या न्यायालय द्वारा

D. राष्ट्रीय विकास परिषद

Q.158 पिता की मृत्यु के बाद पैदा हुआ बच्चा कहलाता है-

A. मरणोपरांत   **B.** वारिस   **C.** आंतक   **D.** बास्टर्ड

Q.159 नीचे दिए गए ट्रैफिक प्रतीक का क्या अर्थ है?

A. आगे रास्ता संकरा है

B. दुर्घटना प्रवण क्षेत्र

C. आगे दो सड़कों का मेल है

D. रास्ता दें

Q.160 पांच शिक्षक H, K, P, R और T, केंद्र के सम्मुख एक गोलाकार मेज के चारों ओर बैठे हैं (आवश्यक नहीं कि उसी क्रम में हों)। T, H और R के बीच में है। P, R के दाएँ दूसरे स्थान पर है। H, T के निकटतम बाएँ है। K के निकटतम बाएँ कौन बैठा है?

A. T   **B.** H   **C.** P   **D.** R

// स्मार्ट उत्तर पुस्तिका //

सही उत्तर उन छात्रों के प्रतिशत को इंगित करता है जिन्होंने प्रश्नों का सही उत्तर दिया था।

छोड़ दिया उन छात्रों के प्रतिशत को इंगित करता है जिन्होंने प्रश्नों को छोड़ दिया था।

प्रश्न संख्या	उत्तर	सही उत्तर / छोड़ दिया	प्रश्न संख्या	उत्तर	सही उत्तर / छोड़ दिया	प्रश्न संख्या	उत्तर	सही उत्तर / छोड़ दिया	प्रश्न संख्या	उत्तर	सही उत्तर / छोड़ दिया	प्रश्न संख्या	उत्तर	सही उत्तर / छोड़ दिया
1	C	68.22 % / 1.2 %	17	D	80.02 % / 0.0 %	33	A	86.22 % / 0.0 %	49	D	52.08 % / 1.82 %	65	D	44.79 % / 1.1 %
2	B	80.71 % / 0.0 %	18	B	48.45 % / 1.59 %	34	A	86.83 % / 0.0 %	50	C	52.95 % / 1.6 %	66	A	50.96 % / 1.41 %
3	B	46.01 % / 1.18 %	19	B	69.19 % / 1.07 %	35	B	86.08 % / 0.0 %	51	C	40.84 % / 1.36 %	67	D	58.86 % / 1.04 %
4	C	46.28 % / 1.52 %	20	A	62.45 % / 1.11 %	36	A	68.98 % / 1.23 %	52	C	58.18 % / 1.17 %	68	A	42.74 % / 1.2 %
5	B	87.08 % / 0.0 %	21	A	41.47 % / 1.29 %	37	B	57.95 % / 1.23 %	53	B	65.45 % / 1.31 %	69	A	52.09 % / 1.02 %
6	A	49.69 % / 1.21 %	22	D	88.8 % / 0.0 %	38	D	55.66 % / 1.19 %	54	A	53.72 % / 1.72 %	70	A	81.58 % / 0.0 %
7	D	79.01 % / 0.0 %	23	C	44.44 % / 1.47 %	39	D	82.2 % / 0.0 %	55	A	61.35 % / 1.06 %	71	B	43.12 % / 1.56 %
8	C	60.71 % / 1.92 %	24	D	52.14 % / 1.35 %	40	D	50.46 % / 1.28 %	56	A	57.66 % / 1.54 %	72	B	40.06 % / 1.3 %
9	C	59.65 % / 1.04 %	25	C	76.95 % / 0.0 %	41	A	52.55 % / 1.95 %	57	C	64.99 % / 1.73 %	73	C	47.94 % / 1.81 %
10	C	54.65 % / 1.99 %	26	C	51.52 % / 1.69 %	42	D	49.29 % / 1.73 %	58	D	66.53 % / 1.42 %	74	B	53.68 % / 1.46 %
11	B	82.66 % / 0.0 %	27	B	15.39 % / 3.37 %	43	D	43.44 % / 1.42 %	59	D	68.65 % / 1.82 %	75	C	40.97 % / 1.5 %
12	B	63.69 % / 1.14 %	28	B	86.46 % / 0.0 %	44	A	61.99 % / 1.18 %	60	B	60.88 % / 1.73 %	76	B	69.71 % / 1.11 %
13	A	58.32 % / 1.19 %	29	C	55.0 % / 1.33 %	45	B	63.29 % / 1.53 %	61	B	55.54 % / 1.79 %	77	D	57.56 % / 1.74 %
14	A	82.83 % / 0.0 %	30	D	56.04 % / 1.05 %	46	C	50.21 % / 1.42 %	62	C	54.5 % / 1.06 %	78	A	53.53 % / 1.77 %
15	A	84.83 % / 0.0 %	31	D	78.76 % / 0.0 %	47	A	61.26 % / 1.62 %	63	B	49.45 % / 1.3 %	79	C	56.33 % / 1.67 %
16	C	67.92 % / 1.47 %	32	C	21.27 % / 4.18 %	48	B	60.7 % / 1.13 %	64	A	40.07 % / 1.54 %	80	B	63.88 % / 1.8 %

प्रश्न संख्या	उत्तर	सही उत्तर / छोड़ दिया	प्रश्न संख्या	उत्तर	सही उत्तर / छोड़ दिया	प्रश्न संख्या	उत्तर	सही उत्तर / छोड़ दिया	प्रश्न संख्या	उत्तर	सही उत्तर / छोड़ दिया	प्रश्न संख्या	उत्तर	सही उत्तर / छोड़ दिया
81	C	67.9 % / 1.88 %	97	B	88.7 % / 0.0 %	113	B	41.68 % / 1.95 %	129	D	86.98 % / 0.0 %	145	B	56.29 % / 1.31 %
82	A	61.35 % / 1.88 %	98	A	68.77 % / 1.42 %	114	C	77.91 % / 0.0 %	130	D	67.29 % / 1.66 %	146	C	82.33 % / 0.0 %
83	C	47.72 % / 1.1 %	99	D	40.09 % / 1.7 %	115	B	63.92 % / 1.26 %	131	A	81.39 % / 0.0 %	147	D	69.65 % / 1.09 %
84	C	78.67 % / 0.0 %	100	D	63.88 % / 1.82 %	116	D	18.22 % / 4.66 %	132	A	47.11 % / 1.1 %	148	D	55.86 % / 1.88 %
85	B	44.63 % / 1.19 %	101	D	48.77 % / 1.7 %	117	C	81.21 % / 0.0 %	133	A	88.08 % / 0.0 %	149	C	10.85 % / 3.9 %
86	D	67.25 % / 1.54 %	102	D	10.35 % / 3.94 %	118	A	63.6 % / 1.45 %	134	C	63.54 % / 1.88 %	150	A	51.02 % / 1.11 %
87	B	64.53 % / 1.79 %	103	C	48.74 % / 1.53 %	119	D	40.84 % / 1.5 %	135	B	43.48 % / 1.48 %	151	D	49.58 % / 1.32 %
88	C	63.05 % / 1.37 %	104	B	42.25 % / 1.71 %	120	B	63.23 % / 1.71 %	136	D	43.4 % / 1.5 %	152	B	61.73 % / 1.47 %
89	A	54.97 % / 1.36 %	105	A	89.82 % / 0.0 %	121	D	67.9 % / 1.94 %	137	C	59.08 % / 1.53 %	153	A	63.6 % / 1.15 %
90	A	59.72 % / 1.22 %	106	B	30.02 % / 3.74 %	122	A	43.06 % / 1.02 %	138	A	69.45 % / 1.11 %	154	D	48.32 % / 1.51 %
91	A	10.11 % / 4.37 %	107	A	45.91 % / 1.57 %	123	C	51.49 % / 1.55 %	139	D	60.4 % / 1.83 %	155	B	51.48 % / 1.63 %
92	C	60.29 % / 1.43 %	108	D	56.11 % / 1.5 %	124	B	69.41 % / 1.36 %	140	B	89.0 % / 0.0 %	156	A	62.0 % / 1.27 %
93	C	52.92 % / 1.84 %	109	D	17.09 % / 4.39 %	125	C	85.91 % / 0.0 %	141	B	53.99 % / 1.95 %	157	D	50.26 % / 1.6 %
94	B	68.14 % / 1.33 %	110	A	65.56 % / 1.63 %	126	B	78.25 % / 0.0 %	142	B	52.04 % / 1.97 %	158	A	54.81 % / 1.31 %
95	C	46.97 % / 1.52 %	111	B	21.63 % / 3.81 %	127	B	83.78 % / 0.0 %	143	A	79.4 % / 0.0 %	159	D	43.91 % / 1.68 %
96	C	67.77 % / 1.6 %	112	D	48.36 % / 1.08 %	128	B	81.97 % / 0.0 %	144	B	41.59 % / 1.1 %	160	D	58.44 % / 1.27 %

कार्य विश्लेषण	
औसत अंक (%)	38.25%
टॉपर्स स्कोर (%)	63.0%
आपका स्कोर	

//संकेत और समाधान//

1. "नहिं पराग नहिं मधुर, मधु, नहिं विकास येहि काल। अली कली ही सों बध्यो, आगे कौन हवाल।।" पद में अन्योक्ति अलंकार है। जहाँ उपमान के माध्यम से उपमेय का वर्णन किया जाये या कोई बात सीधे न कहकर किसी अन्य के सहारे कही जाए, वहाँ अन्योक्ति अलंकार होता है।

अतः विकल्प (C) सही है।

2. 'बतियाना' शब्द में नाम धातु क्रिया है।

क्रिया का वह रूप जिसमें क्रिया का निर्माण संज्ञा, सर्वनाम अथवा विशेषण में प्रत्यय जोड़ने से होता हो उसे नाम धातु क्रिया कहते हैं। आमतौर पर क्रियाओं का निर्माण धातु से होता है, लेकिन नाम धातु क्रियाओं को संज्ञा, सर्वनाम अथवा विशेषण शब्दों में 'ना' प्रत्यय जोड़कर बनाया जाता है।

अतः विकल्प (B) सही है।

3. प्रवाह लाने के लिए छन्द की पंक्ति में ठहरने को यति कहते हैं। इसे विराम या विश्राम भी कहते हैं। पद्य पाठ करते समय गति को तोड़कर नियमानुसार निश्चित स्थान पर जो कुछ क्षण विश्राम दिया जाता है, उसे यति कहते हैं।

अतः विकल्प (B) सही है।

4. लघु छंदों को छोड़कर बड़े छंदों का एक चरण जब एक बार में पूरा नहीं पढ़ा जा सकता, उसमें रचना के रुकने का स्थान निर्धारित किया जाता है। इस विरामस्थल को यति कहते हैं। कोई भी छन्द चरणों एवं यति में विभक्त होता है।

अतः विकल्प (C) सही है।

5. खरी-खोटी सुनाना एक प्रचलित लोकोक्ति अथवा हिन्दी मुहावरा है। खरी-खोटी का अर्थ है कि जब आप किसी बात को लेकर अपनी प्रतिरोधकता जाहिर करते हो।

प्रयोग: तीन साल से भी अधिक समय बीतने पर भी रमेश ने राजेश के पैसे नहीं चुकाए, ऐसे में राजेश खरी-खोटी नहीं सुनाएगा तो और क्या करेगा।

अतः विकल्प (B) सही है।

6. अंधे के हाथ बटेर लगना एक प्रचलित लोकोक्ति अथवा हिन्दी मुहावरा है।

अर्थ: बिना प्रयास बड़ी चीज पा लेना, निगुणी को कोई अमूल्य वस्तु अनायास प्राप्त होना।

इस मुहावरे का प्रयोग उन लोगो के लिए जो गुणवान वस्तु का महत्व नही जानते हो।

प्रयोग: रामू मात्र आठवीं पास हैं, फिर भी उसकी सरकारी नौकरी लग गई। इसी को कहते हैं- अंधे के हाथ बटेर लगना।

अतः विकल्प (A) सही है।

7. प्रत्येक पूर्ण वाक्य के अंत में पूर्ण विराम या प्रश्न विराम या विस्मय विराम लगता है। वाक्य के अंत में अर्ध विराम नहीं लगता है।

जब किसी वाक्य को कहते हुए बीच में हल्का सा विराम लेना हो पर वाक्य को खत्म न किया जाये तो वहाँ पर अर्ध विराम (;) चिन्ह का प्रयोग किया जाता है।

अतः विकल्प (D) सही है।

8. क्रिया के उस परिवर्तन को वाच्य कहते हैं, जिसके द्वारा इस बात का बोध होता है कि वाक्य के अन्तर्गत कर्ता, कर्म या भाव में से किसकी प्रधानता है।

इनमें किसी के अनुसार क्रिया के पुरुष, वचन आदि आए हैं।

वाच्य के तीन प्रकार हैं:

- कर्तृवाच्य
- कर्मवाच्य
- भाववाच्य

अतः विकल्प (C) सही है।

9. संज्ञा आदि शब्दों के जिस रूप से क्रिया के करने के साधन का बोध हो अर्थात जिसकी सहायता से कार्य संपन्न हो वह करण कारक कहलाता है। इसके विभक्ति-चिह्न 'से', 'के द्वारा' हैं। अर्थात 'बालक फुटबॉल से खेल रहे हैं।' वाक्य में करण कारक है।

अतः विकल्प (C) सही है।

10. कान शब्द पुल्लिंग है। जैसे: कान लंबे हैं।

शरीर के अंग पुल्लिंग होते हैं। जैसे: हाथ, पैर, गला, अँगूठा, कान, सिर, मस्तक, मुँह, घुटना, हृदय, दाँत आदि।

लेकिन अपवाद- जीभ, आँख, नाक, उँगलियाँ है जो स्त्रीलिंग शब्द कहे जाते हैं।

अतः विकल्प (C) सही है।

11. अकारान्त स्त्रीलिंग शब्दों का बहुवचन बनाने के लिए अन्त के 'अ' के स्थान पर 'ऐं' कर देते हैं।

इसलिए, 'आँख' शब्द का बहुवचन 'आँखें' होगा।

अतः विकल्प (B) सही है।

12. 'दिए गए शब्दों में 'नकुल' शब्द तत्सम है जिसका तद्भव रूप 'नेवला' होगा।

ऐसे शब्द, जो संस्कृत और प्राकृत से विकृत होकर हिंदी में आये है, 'तद्भव' कहलाते है, जैसे दुग्ध - दूध, हस्त - हाथ, कुब्ज - कुबड़ा।

अतः विकल्प (B) सही है।

13. आसरा का तत्सम आश्रारी होता है।

संस्कृत के कुछ शब्द ऐसे होते हैं, जो हिंदी में भी बिना परिवर्तन के प्रयोग किये जाते हैं, उन शब्दों को तत्सम शब्द कहते हैं और तत्सम शब्दों में समय और परिस्थितियों के कारण कुछ परिवर्तन होने से जो शब्द बनते हैं उन्हें तद्भव शब्द कहते हैं।

अतः विकल्प (A) सही है।

14. यहाँ सोना की पर्यायवाची - कंचन, कनक, जातरूप, स्वर्णयूथिका है।

सोना का अर्थ यहाँ एक धातु से है।

पर्यायवाची: एक ही अर्थ में प्रयुक्त होने वाले शब्द जो बनावट में भले ही अलग हों, पर्यायवाची या समानार्थी शब्द कहलाते हैं। उदाहरण - आग: अनल, पावक, दहन। हवा: समीर, अनिल, वायु।

अतः विकल्प (A) सही है।

15. दिए गए विकल्पों में से 'विकास' शब्द का विलोम ह्रास है।

विकास का अर्थ – उन्नति

ह्रास का अर्थ – पतन

अतः विकल्प (A) सही है।

16. दिए गए विकल्पों में से 'आच्छादित' शब्द का विलोम अनाच्छादित है।

आच्छादित का अर्थ - छाया हुआ, ढाका हुआ

अनाच्छादित का अर्थ - जो ढाका न हो, जो छाया न हो

अतः विकल्प (C) सही है।

17. महादेवी वर्मा को उनकी रचना 'यामा' के लिए 27 अप्रैल, 1982 में ज्ञानपीठ पुरस्कार प्रदान किया गया था। यामा एक कविता-संग्रह है। इसमें उनके चार कविता संग्रह नीहार, नीरजा, रश्मि और सांध्यगीत संकलित किए

गए हैं। महादेवी वर्मा को 1979 में साहित्य अकादमी फेलोशिप, 1988 में पद्म विभूषण और 1956 में पद्म भूषण से सम्मानित किया गया था।

अतः विकल्प (D) सही है।

18. गबन प्रेमचंद द्वारा रचित उपन्यास है। 'निर्मला' के बाद 'गबन' प्रेमचंद का दूसरा यथार्थवादी उपन्यास है। गबन का मूल विषय है- 'महिलाओं का पति के जीवन पर प्रभाव' है।

इनके अन्य उपन्यास – प्रेमा, प्रतिज्ञा, गोदान, प्रेमाश्रम, रंगभूमि, कर्मभूमि आदि हैं।

तमस के रचनाकार भीष्म साहनी, मैला अंचल के रचनाकार फणीश्वर नाथ 'रेणु', गुनाहों का देवता के रचनाकार धर्मवीर भारती है।

अतः विकल्प (B) सही है।

19. जिस ऐतिहासिक पद्धति पर प्रसाद जी ने नाटकों की रचना की थी उसी पद्धति पर उपन्यास के रूप में 'इरावती' की रचना का आरम्भ किया गया था।

जयशंकर प्रसाद को सुमित्रानंदन पंत, महादेवी वर्मा और सूर्यकांत त्रिपाठी 'निराला' के साथ हिंदी साहित्य में स्वच्छंदतावाद (छायावाद) के चार स्तंभों में से एक माना जाता है। उन्होंने ब्रजभाषा के साथ-साथ खड़ी बोली में भी लिखा।

जयशंकर प्रसाद की प्रमुख रचनाएं:

नाटक- प्रायश्चित, सज्जन, कल्याणी-परिणय, अजात-शत्रु, विशाख, जनमेजय का नागयज्ञ, कामना, स्कन्दगुप्त, एक-घूँट, ध्रुवस्वामिनी।

उपन्यास- कंकाल, तितली, इरावती।

काव्य- चित्राधार, कानन-कुसुम, करूणालय, महाराणा का महत्व, प्रेम-पथिक, झरना आँसू लहर, कामायनी और प्रसाद-संगीत।

अतः विकल्प (B) सही है।

20. 'गुनाहों का देवता' धर्मवीर भारती की रचना है।

धर्मवीर भारती की अन्य प्रमुख कृतियां निम्नलिखित हैं:

उपन्यास: गुनाहों का देवता, सूरज का सातवां घोड़ा, ग्यारह सपनों का देश, प्रारंभ व समापन

कहानी संग्रह : मुर्दों का गाँव, स्वर्ग और पृथ्वी, चाँद और टूटे हुए लोग, बंद गली का आखिरी मकान, साँस की कलम से आदि।

निबंध : ठेले पर हिमालय, पश्यंती

एकांकी व नाटक : नदी प्यासी थी, नीली झील, आवाज़ का नीलाम आदि।

अतः विकल्प (A) सही है।

21. ऐसे शब्द, जिनके अनेक अर्थ होते है, अनेकार्थी शब्द कहलाते है। दूसरे शब्दों में- जिन शब्दों के एक से अधिक अर्थ होते हैं, उन्हें 'अनेकार्थी शब्द' कहते है।

'अवगुंठन' का अर्थ - घूँघट है। अन्य विकल्प अनुचित उत्तर है।

अतः विकल्प (A) सही है।

22. 'नीरद - नीरज' का अर्थ 'बादल - कमल' है।

कुछ शब्द ऐसे होते हैं जिनमें स्वर, मात्रा अथवा व्यंजन में थोड़ा-सा अन्तर होता है। वे बोलचाल में लगभग एक जैसे लगते हैं, परन्तु उनके अर्थ में भिन्नता होती है। ऐसे शब्द 'श्रुतिसमभिन्नार्थक शब्द' कहलाते हैं।

अतः विकल्प (D) सही है।

23. जो सर्वनाम शब्द किसी निश्चित व्यक्ति, वस्तु अथवा स्थान का बोध नहीं करवाता वह अनिश्चयवाचक कहलाते हैं।

अनिश्चयवाचक सर्वनाम के उदाहरण - कोई आ रहा है, दरवाजे पर कोई खड़ा है, आदि।

अतः विकल्प (C) सही है।

24. 'आकाश कल ही घर लौटा है' वाक्य आसन्न भूत काल का है। अन्य सभी विकल्प भविष्य काल के हैं।

भविष्य काल: भविष्य में होने वाली क्रिया का बोध भविष्य काल से होता है। इसके तीन भेद हैं-सामान्य भविष्य, संभाव्य भविष्य और हेतुहेतु मद् भविष्य।

अत: विकल्प (D) सही है।

25. अल्प विराम का प्रयोग (,):

अल्प विराम का अर्थ है- न्यून ठहराव। वाक्य में जहाँ बहुत ही कम ठहराव होता है, वहाँ अल्प विराम का प्रयोग होता है। इस चिह्न का प्रयोग सर्वाधिक होता है। सामान्यतः अल्प विराम का प्रयोग निम्नलिखित स्थितियों में होता हैं-

(i) जहाँ एक तरह के कई शब्द, वाक्यांश या वाक्य एक साथ आते हैं. तो उनके बीच अल्प विराम का प्रयोग होता है;

जैसे-रमेश, सुरेश, महेश और वीरेन्द्र घूमने गए।

(ii) जहाँ भावातिरेक के कारण शब्दों की पुनरावृत्ति होती है, वहाँ अल्प विराम का प्रयोग होता है;

जैसे-सुनो, ध्यान से सुनो, कोई गा रहा है।

(iii) सम्बोधन के समय जिसे सम्बोधित किया जाता है, उसके बाद अल्प विराम का प्रयोग होता है;

जैसे-वीरेन्द्र, तुम यहीं ठहरो।

(iv) जब हाँ अथवा नहीं को शेष वाक्य से पृथक् किया जाता है, तो उसके बाद अल्प विराम का प्रयोग होता है;

जैसे-हाँ, मैं कविता करूँगा।

(v) पर, परन्तु इसलिए, अत:, क्योंकि, बल्कि, तथापि, जिससे आदि के पूर्व अल्प विराम का प्रयोग होता है;

जैसे-वह विद्यालय न जा सका, क्योंकि अस्वस्थ था।

(vi) उद्धरण से पूर्व अल्प विराम का प्रयोग होता है;

जैसे-राम ने श्याम से कहा, "अपना काम करो।"

(vii) यह, वह, तब, तो, और, अब, आदि के लोप होने पर वाक्य में अल्प विराम का प्रयोग होता है;

जैसे-जब जाना ही है, जाओ।

(viii) बस, वस्तुतः, अच्छा, वास्तव में आदि से आरम्भ होने वाले वाक्यों में इनके पश्चात् अल्प विराम का प्रयोग होता है;

जैसे-वास्तव में, मनोबल सफलता की कुंजी है।

(ix) तारीख के साथ महीने का नाम लिखने के बाद तथा सन्, संवत् के पूर्व अल्प विराम का प्रयोग किया जाता है;

जैसे-2 अक्टूबर, सन् 1869 ई. को गाँधी जी का जन्म हुआ।

(x) अंकों को लिखते समय भी अल्प विराम का प्रयोग किया जाता है;

जैसे-5, 6, 7, 8, 10, 20, 30, 40, 50, 60, 70, 80, 90, 100, 1000 आदि।

अतः विकल्प (C) सही है।

26. 'दहीबड़ा' शब्द में कर्मधारय समास है।

- 'दहीबड़ा' शब्द का समास-विग्रह है- दही में भिंगोया बड़ा।

- जिसका पहला पद विशेषण और दूसरा पद विशेष्य अथवा एक पद उपमान तथा दूसरा पद उपमेय हो, 'कर्मधारय समास' कहलाता है।

अत: विकल्प (C) सही है।

27. 'कर्मधारय समास' में पहला पद विशेषण और दूसरा पद विशेष्य होता है।

- जिसका पहला पद विशेषण और दूसरा पद विशेष्य, अथवा एक पद उपमान तथा दूसरा पद उपमेय हो, वह 'कर्मधारय समास' कहलाता है।
- विशेषण–विशेष्य : नीलकमल – नीला है जो कमल।

अत: विकल्प (B) सही है।

28. 'मैं पूजा से पहले स्नान करता हूँ।' वाक्य में संबंधबोधक अव्यय है।

- जहां पर बाद, भर, के ऊपर, की ओर, कारण, ऊपर, नीचे, बाहर, भीतर, बिना, सहित, पीछे, से पहले, से लेकर, तक, के अनुसार, की खातिर, के लिए आदि शब्द आते हैं, वहाँ 'संबंधबोधक अव्यय' होता है।
- 'मैं पूजा से पहले स्नान करता हूँ।' इस वाक्य में 'पहले' शब्द 'संबंधबोधक' है।

अत: विकल्प (B) सही है।

29. 'इंसानियत' शब्द में 'इयत' प्रत्यय है और 'इंसान' मूल शब्द है।

प्रत्यय वे शब्द हैं जो दूसरे शब्दों के अन्त में जुड़कर, अपनी प्रकृति के अनुसार, शब्द के अर्थ में परिवर्तन कर देते हैं।

अत: विकल्प (C) सही है।

30. दिए गए विकल्पों में से 'ओढ़ना' शब्द में उपसर्ग नहीं है।

ओढ़ना शब्द 'ना' प्रत्यय लगा कर बना है।

जो शब्दांश शब्दों के प्रारम्भ में जुड़ कर उनके अर्थ में कुछ विशेषता लाते हैं, वे उपसर्ग कहलाते हैं।

अत: विकल्प (D) सही है।

31. इस कबूतर को पिंजरे से निकालो इसमें सार्वनामिक विशेषण हैं।

ऐसे सर्वनाम शब्द जो संज्ञा से पहले लगकर उस संज्ञा शब्द की विशेषण की तरह विशेषता बताते हैं, वे शब्द सार्वनामिक विशेषण कहलाते हैं। यह शब्द सर्वनाम के लिए विशेषण का काम करते हैं। जैसे: मेरी पुस्तक , कोई बालक , किसी का महल , वह लड़का , वह बालक , वह पुस्तक , वह आदमी , वह लड़की आदि।

अत: विकल्प (D) सही है।

32. सच्चिदानंद शुद्ध वर्तनी वाला शब्द है।

वर्तनी: लिखने की रीति को वर्तनी या अक्षरी कहते हैं। जिस शब्दों में जितने वर्ण या अक्षर जिस अनुक्रम में प्रयुक्त होते हैं, उन्हें उसी क्रम में लिखना ही वर्तनी है।

अत: विकल्प (C) सही है।

33. जिस वाक्य से विस्मय, हर्ष, शोक, घृणा आदि के भाव प्रकट किए गए हों, उसे विस्मयादिवाचक या विस्मयवाचक वाक्य कहते हैं;

जैसे-

- अहा! कितना सुंदर दृश्य है।
- अरे!, आप कौन हो!
- हे राम, यह कैसे हुआ!
- धिक्कार है तुम्हे!

- हाय, मुझे देर हो गयी!

अत: विकल्प (A) सही है।

34. ऐसी चन्द्रिका (या शोभा) जिसे देखने या समझने वाला कोई न हो' इसके लिए एक शब्द 'अरण्य-चंद्रिका' होगा।

अन्य विकल्प गलत हैं और उनमें वर्तनीगत अशुद्धि भी हैं।

अत: विकल्प (A) सही है।

35. श्रेष्ठ तथा सस्ता, यहाँ सही विकल्प है।

रेडियो मनोरंजन के लिए 'श्रेष्ठ तथा सस्ता' साधन है।

श्रेष्ठ : का विलोम निम्न

सस्ता का विलोम : महँगा

अत: विकल्प (B) सही है।

36. दिए गए गद्यांश का उपयुक्त शीर्षक 'रेडियो का महत्त्व' होगा।

सबसे बड़ा लाभ तो यह हे कि दूर-से-दूर स्थित स्थानों के समाचार हमें तत्काल सुनने को मिल जाते हैं।

जब रेडियो नहीं था तब इस कार्य में बहुत लंबा समय लगता था। अब तो न्यूयॉर्क के भाषण को रेडियो की सहायता से हम वैसे ही सुन सकते हैं जैसे न्यूयॉर्क में बैठा व्यक्ति सुनता है।

इसके अतिरिक्त रेडियो मनोरंजन का एक श्रेष्ठ तथा सस्ता साधन है। रेडियो प्रचार का भी एक अच्छा साधन है।

रेडियो द्वारा हम अपनी बातों को कम से कम समय में दूर से दूर स्थानों तक पहुंचा सकते हैं।

अत: विकल्प (A) सही है।

37. जी. मार्कोनी ने रेडियो का अविष्कार किया था। जिसके लिए उन्हें 1909 में भौतिकी का नोबेल पुरस्कार से सम्मानित किया गया था।

अत: विकल्प (B) सही है।

38. दिए गए विकल्पों में से 'याक्षिणी' का शुद्ध रूप 'यक्षिणी' है। अन्य विकल्प असंगत है।

'यक्षिणी' का अर्थ यक्ष की पत्नी. दुर्गा की एक अनुचरी होता है।

अत: विकल्प (D) सही है।

39. 'अपरिणीत' अर्थात 'जो परिणय सूत्र में न बँधा हो'।

- यह व्याकरण का ही एक रूप है जिसे 'वाक्यांश के लिए एक शब्द' कहते हैं।
- वाक्यांश के लिए एक शब्द अर्थात 'किसी शब्द समूह को परिभाषित करने के लिए किसी एक शब्द विशेष का प्रयोग किया जाए'।

अत: विकल्प (D) सही है।

40. उरा गटके में पानी भरो इसमें सार्वनामिक विशेषण हैं।

ऐसे सर्वनाम शब्द जो संज्ञा से पहले लगकर उस संज्ञा शब्द की विशेषण की तरह विशेषता बताते हैं, वे शब्द सार्वनामिक विशेषण कहलाते हैं। यह शब्द सर्वनाम के लिए विशेषण का काम करते हैं। जैसे: मेरी पुस्तक , कोई बालक , किसी का महल , वह लड़का , वह बालक , वह पुस्तक , वह आदमी , वह लड़की आदि।

अत: विकल्प (D) सही है।

41. 11 मई, 2018 को, प्रधानमंत्री नरेंद्र मोदी और नेपाली प्रधानमंत्री केपी शर्मा ओली ने संयुक्त रूप से रामायण सर्किट के हिस्से के रूप में दो पवित्र शहरों जनकपुर और अयोध्या के बीच एक सीधी बस सेवा को हरी झंडी दिखाई।

बस सेवा धार्मिक पर्यटन को बढ़ावा देना चाहती है और दोनों देशों के बीच लोगों के बीच संपर्क के लिए एक मज़बूत आधार बनाया है। पौराणिक कथा 'रामायण के अनुसार, अयोध्या भगवान राम की जन्मभूमि है, जबकि, जनकपुर देवी सीता की जन्मभूमि है।

अतः विकल्प (A) सही है।

42. दिसंबर 2015 में, पवन कुमार अग्रवाल को भारतीय खाद्य सुरक्षा और मानक प्राधिकरण (एफएसएसएआई) के नए सीईओ के रूप में नियुक्त किया गया था। पवन अग्रवाल पश्चिम बंगाल कैडर के 1985-बैच के आईएएस अधिकारी हैं, जिन्हें 15 मई 2018 से तीन महीने का विस्तार दिया गया है, जो कार्मिक मंत्रालय द्वारा जारी एक आदेश है।

भारतीय खाद्य सुरक्षा और मानक प्राधिकरण (एफएसएसएआई) भारत सरकार के स्वास्थ्य और परिवार कल्याण मंत्रालय के तहत स्थापित एक स्वायत्त निकाय है। एफएसएसएआई को खाद्य सुरक्षा और मानक अधिनियम 2006 के अनुसार विकसित किया गया था, जो भारत में खाद्य सुरक्षा और विनियमन पर एक समेकित कानून है। यह खाद्य सुरक्षा के नियंत्रण और पर्यवेक्षण के माध्यम से सार्वजनिक स्वास्थ्य की सुरक्षा और संवर्धन के लिए उत्तरदायी है। पूर्व केंद्रीय मंत्री अंबुमणि रामदास ने खाद्य सुरक्षा और मानक अधिनियम 2006 के तहत 5 अगस्त 2011 को एफएसएसएआई का निर्माण किया, जो 2006 में कार्यशील था। एफएसएसएआई की स्थापना अगस्त 2011 में हुई थी। इसका मुख्यालय नई दिल्ली में स्थित है।

अतः विकल्प (D) सही है।

43. एक्सोमार्स ट्रेस गैस ऑर्बिटर 2016 मंगल मिशन के अनुक्रम में पहला है जो दो अंतरिक्ष एजेंसियों, ईएसए और रोस्कोसमोस द्वारा संयुक्त रूप से चलाया जा रहा है।

- इस मिशन का मुख्य उद्देश्य मीथेन और अन्य ग्रीनहाउस गैसों की गहरी समझ प्राप्त करना है, जो सीमित मात्रा में (वायुमंडल के 1% से कम) मौजूद हैं, लेकिन जो अभी भी संभावित जैविक या भूवैज्ञानिक गतिविधि का संकेत हो सकता है।

- ट्रेस गैस ऑर्बिटर एक वैज्ञानिक पेलोड का वहन करता है जो इस वैज्ञानिक समस्या को हल करने, अर्थात् मार्टियन वातावरण में ट्रेस गैसों की पहचान और लक्षण वर्णन, में सक्षम है।

- इसे लगभग 400 किमी की ऊंचाई वाली विज्ञान कक्षा से, ट्रेस गैस ऑर्बिटर पर लगे उपकरणों को परिमाण के तीन क्रमों की बढ़ी हुई परिशुद्धता के माध्यम से वायुमंडलीय ट्रेस गैसों (जैसे कि मीथेन, जल वाष्प, नाइट्रोजन ऑक्साइड, एसिटिलीन) की एक विस्तृत विविधता का पता लगाने के लिए पिछले मापों की तुलना के साथ तैनात किया गया है।

अतः विकल्प (D) सही है।

44. केंद्रीय इलेक्ट्रॉनिक्स और सूचना प्रौद्योगिकी मंत्री, रविशंकर प्रसाद ने संयुक्त राज्य अमेरिका, यूके, कनाडा, ऑस्ट्रेलिया, यूएई, नीदरलैंड, सिंगापुर, ऑस्ट्रेलिया और न्यूजीलैंड सहित चुनिंदा देशों के लिए विदेश मंत्रालय के समन्वय में यूएमएएनजी के अंतर्राष्ट्रीय संस्करण का शुभारंभ किया।

यूएमएएनजी (यूनिफाइड मोबाइल एप्लिकेशन फॉर न्यू-एज गवर्नेंस) के 3 साल पूरे होने और 2000 से अधिक सेवाओं के मील के पत्थर के अवसर पर एक ऑनलाइन सम्मेलन का आयोजन किया गया था। ऐप भारतीय अंतरराष्ट्रीय छात्रों, एनआरआई और भारतीय पर्यटकों को सरकार की सेवाओं का लाभ उठाने में मदद करेगा।

अतः विकल्प (A) सही है।

45. जनवरी 2022 में, जर्मनी ने G7 प्रेसीडेंसी का पदभार ग्रहण किया।

1 जनवरी को जर्मनी ने G7 प्रेसीडेंसी का पदभार ग्रहण किया। G7, या "ग्रुप ऑफ सेवन" में अमेरिका, कनाडा, जापान, फ्रांस, यूनाइटेड किंगडम, इटली और जर्मनी शामिल हैं। जून 2021 के शिखर सम्मेलन में, G7 नेताओं ने 2.3 बिलियन वैक्सीन खुराक वितरित करने पर सहमति व्यक्त की। COVAX टीकाकरण गठबंधन में जर्मनी दूसरा सबसे बड़ा दाता है।

अतः विकल्प (B) सही है।

46. अनुच्छेद 78 के अनुसार, प्रधानमंत्री का यह कर्तव्य होगा कि वह देश के प्रशासनिक एवं विधायी मामलों तथा मंत्रिपरिषद के निर्णयों के संबंध में राष्ट्रपति को सूचना दे, यदि राष्ट्रपति इस प्रकार की सूचना प्राप्त करना आवश्यक समझे।

अतः विकल्प (C) सही है।

47. सन 1962 में पशु क्रूरता निवारण कानून, 1960 के खण्ड चार के तहत भारतीय पशु कल्याण बोर्ड का गठन किया गया था। बोर्ड पशु कल्याण से संबंधित कानूनों का देश में सख्ती से अनुपालन सुनिश्चित करता है और इस कार्य से जुड़ी संस्थाओं की मदद करता है और केंद्र और राज्य सरकारों को इस संबंध में परामर्श देता है।

अतः विकल्प (A) सही है।

48. एनपीसीआई (भारतीय राष्ट्रीय भुगतान निगम) का मुख्यालय मुंबई में स्थित है।

भारतीय राष्ट्रीय भुगतान निगम भारतीय रिजर्व बैंक द्वारा स्थापित एक निगम है जिसे भारत में विभिन्न खुदरा भुगतान प्रणालियों के लिए एक मातृ संस्था के रूप में माना जाता है। यह 2008 में स्थापित की गयी थी। इसका स्वामित्व प्रमुख बैंकों के एक संघ के पास है।

अतः विकल्प (B) सही है।

49. विदेश मंत्री सलमान खुर्शीद का चार दिवसीय सऊदी अरब दौरा सोमवार को संपन्न हो गया। इस दौरान उन्होंने स्थानीय शीर्ष नेतृत्व के साथ 'निताकत कानून', आतंकवाद निरोधक उपायों और ऊर्जा सुरक्षा सहित कई मुद्दों पर बातचीत की। खुर्शीद ने अपने सऊदी समकक्ष शहजादा सऊद अल-फैसल से करीब तीन घंटे लंबी बैठक की।

एक अहम घटनाक्रम के तहत भारत और सऊदी अरब ने आतंकवाद-निरोधक अपने सहयोग को और मजबूत करने का फैसला किया है।

अतः विकल्प (D) सही है।

50. एक ईरानी विपक्षी दल ने निर्वासन में दावा किया है कि उसने तेहरान के उत्तर में 45 मील की दूरी पर पहाड़ के नीचे सुरंगों में स्थित एक गुप्त भूमिगत परमाणु स्थल के साक्ष्य को प्रकट करने वाली जानकारी प्राप्त की थी।

अतः विकल्प (C) सही है।

51. स्वदेशी डिजाइन और विकसित लंबी दूरी की सबसोनिक क्रूज मिसाइल 'निर्भय', जो 300 किलो वजन वाले हथियार ले जा सकती है, का परीक्षण ओडिशा तट से सटे चांदीपुर स्थित टेस्ट रेंज में किया गया था।

अतः विकल्प (C) सही है।

52. न्यू डेवलपमेंट बैंक (जिसे पहले ब्रिक्स डेवलपमेंट बैंक के रूप में जाना जाता था), ने चीन, भारत और रूस में सतत विकास परियोजनाओं के लिए 1.4 बिलियन अमरीकी डालर के ऋण को मंजूरी दी है।

अतः विकल्प (C) सही है।

53. दुनिया के कुल शुद्ध प्राकृतिक गैस भंडार का लगभग 80% दस देशों में स्थित है। रूस सूची में सबसे ऊपर है, जो दुनिया के कुल गैस भंडार का एक चौथाई हिस्सा है, उसके बाद मध्य पूर्व में ईरान और कतर का स्थान है।

अतः विकल्प (B) सही है।

54. भूमध्य रेखा वृत है जो उत्तरी ध्रुव और दक्षिण ध्रुव से समतुल्य है। यदि आप पृथ्वी को भूमध्य रेखाओं पर काटते हैं तो आपको दो बराबर हिस्से मिलेंगे: उत्तरी गोलार्ध और दक्षिणी गोलार्द्ध। इसलिए, सबसे लंबा वृत भूमध्य रेखाओं से गुजरता है।

अतः विकल्प (A) सही है।

55. ककाओ (कोको) की चार प्रमुख किस्मों की खेती की जाती हैं: क्रिओलो, फोरेस्टरो, त्रिनिटारियो और नैसिओनल। फोरेस्टरो की अफ्रीका में अत्यधिक खेती की जाती है, लेकिन मध्य और दक्षिण अमेरिका में भी इसका उत्पादन होता है और ककाओ के उत्पादन का लगभग 80% हिस्सा प्रतिपादित करता है। यह पेड़ तेजी से बढ़ता है और अन्य प्रकार के ककाओ के मुकाबले ज्यादा उपज देता है।

अतः विकल्प (A) सही है।

56. विश्व विरासत समिति ने ग्रेट हिमालयन नेशनल पार्क संरक्षण क्षेत्र (जीएचएनपीसीए) को विश्व विरासत सूची में सम्मिलित किया है। यह उद्यान कुल्लू जिले के पश्चिमी भाग में स्थित है।

रानी-की-वाव सारी दुनिया में ऐसी इकलौती बावड़ी है, जो विश्व धरोहर सूची में शामिल हुई है। यह वाव (बावड़ी) इस बात का भी सबूत है कि प्राचीन भारत में जल-प्रबंधन की व्यवस्था कितनी बेहतरीन थी।

अतः विकल्प (A) सही है।

57. कर्क रेखा 16 देशों, 3 महाद्वीपों और 6 जल निकायों से गुजरता है।

1- उत्तरी अमेरिका (मैक्सिको, बहामास)

2-अफ्रीका (नाइजर, अल्जीरिया, मॉरिटानिया, मिस्र, लीबिया, माली, पश्चिमी सहारा)

3- एशिया (म्यांमार, ओमान, बांग्लादेश, भारत, सऊदी अरब, चीन, संयुक्त अरब अमीरात, ताइवान) जल निकायों- हिंद महासागर, अटलांटिक महासागर, प्रशांत महासागर, ताइवान जलसन्धि, लाल सागर, मेक्सिको की खाड़ी।

अतः विकल्प (C) सही है।

58. हीराकुंड बांध भारत में ओडिशा राज्य में संबलपुर से करीब 15 किलोमीटर (9.3 मील) की दूरी पर स्थित है तथा यह महानदी पर बनाया गया है। बांध के पीछे 55 किमी (34 मील) लंबी एक झील, हीराकुंड जलाशय फैली हुई है। यह भारत की आजादी के बाद शुरू हुई पहली प्रमुख बहुउद्देशीय नदी घाटी परियोजनाओं में से एक है।

अतः विकल्प (D) सही है।

59. मध्य एशिया में यहूदियों का इतिहास सदियों पहले से है, जहां यहूदी किर्गिस्तान, कज़ाखस्तान, मंगोलिया, उजबेकिस्तान और ताजिकिस्तान समेत देशों में रहे हैं।

अतः विकल्प (D) सही है।

60. 338 ईसा पूर्व में चायरोनिया की लड़ाई में एथेंस और थेब्स को पराजित करने के बाद, फिलिप द्वितीय ने कोरिंथ लीग के नाम से प्रसिद्ध ग्रीक राज्यों के संघ को स्थापित करने का प्रयास किया, और उनके साथ फारस के अकेमेनिड साम्राज्य के एक सुनियोजित हमले की योजना का अधिपति और कमांडर-इन-चीफ बना।

अतः विकल्प (B) सही है।

61. राजा राममोहन राय (22 मई 1772 - 27 सितंबर 1833) को भारतीय पुनर्जागरण का अग्रदूत और आधुनिक भारत का जनक कहा जाता है। इनके पिता का नाम रमाकांत तथा माता का नाम तारिणी देवी था। भारतीय सामाजिक और धार्मिक पुनर्जागरण के क्षेत्र में उनका विशिष्ट स्थान है।

अतः विकल्प (B) सही है।

62. रेड शर्ट आंदोलन, भारतीय राष्ट्रीय कांग्रेस के समर्थन में खुदाई खिदमतगार के नाम से, 1930 में भारत के उत्तर-पश्चिम सीमा प्रांत के अब्दुल गफ्फार खान द्वारा शुरू किया गया था। उन्हें फ्रंटियर गांधी कहा जाता था और स्थानीय रूप से बच्चा खान या बादशाह खान के नाम से जाना जाता था।

अतः विकल्प (C) सही है।

63. जीन- बैपटिस्ट तवेर्निएर (1605 - 1698) 17 वीं शताब्दी के फ्रेंच मणि व्यापारी और यात्री थे। तवेर्निएर, एक निजी व्यक्ति और व्यापारी थे जो अपने खर्च पर यात्रा करते थे और 60,000 लीग (120,000 मील) की दूरी का खर्चा अपने खाते से किया।

अतः विकल्प (B) सही है।

64. विटामिन A, D, E, और K फैट घुलनशील विटामिन हैं जबकि विटामिन B1, B2, B12, और सी पानी में घुलनशील विटामिन हैं।

विटामिन A की कमी से रतौंधी, और दांतों की अनियमित वृद्धि हो सकती है।

विटामिन D की कमी से रिकेट्स हो सकता है।

अतः विकल्प (A) सही है।

65. राष्ट्रीय मानवाधिकार आयोग एक संवैधानिक निकाय है और संवैधानिक निकाय नहीं है। यह 1993 में संसद द्वारा बनाए गए एक कानून, अर्थात् मानवाधिकार संरक्षण अधिनियम, 1993, के तहत स्थापित किया गया था। यह अधिनियम 2006 में संशोधित किया गया था।

अतः विकल्प (D) सही है।

66. आलू (सोलनम ट्यूबरोसम) एक पौधा है जिसमें कंद के रूप में एक संशोधित तना होता है। कंद पौधों द्वारा उत्पादित भोजन के भंडारण में आवश्यक है और यह एक व्यक्ति के प्रजनन में भी मदद करता है, कंद में आंखें होती हैं जिनसे निम्नलिखित पीढ़ी का एक नया पौधा उत्पन्न होता है।

आलू का मूल स्थान पेरू दक्षिण अमेरिका में है।

चीन और रूस के बाद भारत आलू उत्पादन में तीसरे स्थान पर है।

अतः विकल्प (A) सही है।

67. गैर-नवीकरणीय संसाधन वे हैं जो पृथ्वी के अंदर पाए जाते हैं, और उन्हें बनने में लाखों साल लगे। इनमें जीवाश्म ईंधन, तेल, प्राकृतिक गैस और कोयला और परमाणु ऊर्जा शामिल हैं।

अतः विकल्प (D) सही है।

68. समूह के नीचे आते ही हलोजन का रंग गहरा हो जाता है: फ्लोरीन एक बहुत ही पीली गैस है, क्लोरीन हरे-पीले रंग का होता है, और ब्रोमाइन एक लाल-भूरे रंग का अस्थिर तरल है। आयोडीन प्रचलित प्रवृत्ति के अनुरूप है, एक चमकदार काले क्रिस्टलीय ठोस है जो 114 डिग्री सेल्सियस पर पिघलता है और वायलेट गैस बनाने के लिए 183 डिग्री सेल्सियस पर उबलता है।

अतः विकल्प (C) सही है।

69. बोरिक एसिड को हाइड्रोजन बोरेट के रूप में भी जाना जाता है।

- यह एक कमजोर ट्रिबेसिक एसिड है।
- बोरिक एसिड का रासायनिक सूत्र H_3BO_3 है।
- बोरिक एसिड का उपयोग मामूली जलने या कटने के लिए एंटीसेप्टिक के रूप में और आँख धोने के रूप में किया जा सकता है।

अतः विकल्प (A) सही है।

70. प्लेसेंटा एक ऐसा अंग है जो विकासशील भ्रूण को गर्भाशय की दीवार से जोड़ता है ताकि पोषक तत्वों के अपव्यय, अपशिष्ट उन्मूलन और माँ के रक्त की आपूर्ति के माध्यम से गैस का आदान-प्रदान हो सके, आंतरिक संक्रमण से

लड़ सकें और गर्भावस्था का समर्थन करने के लिए हार्मोन का उत्पादन कर सकें।

अत: विकल्प (A) सही है।

71. पानी का अधिकतम घनत्व 4 डिग्री पर होता है क्योंकि, इस तापमान पर, दो विपरीत प्रभाव संतुलन में होते हैं। जब कमरे के तापमान से ठंडा किया जाता है तो तरल पानी अन्य पदार्थों की तरह घना हो जाता है, लेकिन लगभग 4 डिग्री (39 डिग्री) पर, शुद्ध पानी अपने अधिकतम घनत्व तक पहुँच जाता है।

अत: विकल्प (B) सही है।

72. ध्वनि पर लागू "अल्ट्रासोनिक" शब्द श्रव्य ध्वनि की आवृत्तियों के ऊपर कुछ भी संदर्भित करता है, और नाममात्र में 20,000 हर्ट्ज से अधिक कुछ भी शामिल है। मेडिकल डायग्नोस्टिक अल्ट्रासाउंड स्कैन के लिए उपयोग की जाने वाली आवृत्ति 10 मेगाहर्ट्ज और उससे अधिक तक होती हैं।

अत: विकल्प (B) सही है।

73. भारतीय संविधान का भाग IV हमारी राज्य नीति के निर्देशक तत्वों (डीपीएसपी) से संबंधित है। इस भाग में निहित प्रावधान किसी भी अदालत द्वारा लागू नहीं किए जा सकते हैं, लेकिन ये तत्व देश के शासन में मौलिक हैं और यह राज्य का कर्तव्य होगा कि कानून बनाने में इन तत्वों को लागू किया जाये।

अत: विकल्प (C) सही है।

74. आयकर अधिनियम, 1961 के तहत केंद्र सरकार द्वारा आयकर लगाया जाता है। यह कर राज्यों के बीच वित्त आयोग की सिफारिशों पर वितरित किया जाता है।

अत: विकल्प (B) सही है।

75. संयुक्त राज्य अमेरिका के संविधान के पाँचवें और चौदहवें संशोधन में एक नियत प्रक्रिया खंड शामिल है। नियत प्रक्रिया न्याय प्रशासन से संबंधित है और इस प्रकार नियत प्रक्रिया खंड कानून की मंजूरी के बाहर सरकार द्वारा जीवन, स्वतंत्रता, या संपत्ति के मनमाने खंडन से सुरक्षा के रूप में कार्य करती है।

अत: विकल्प (C) सही है।

76. एफआईआर का मतलब है 'प्रथम सूचना रिपोर्ट।' एफआईआर आपराधिक कार्यवाही में तैयार पहला दस्तावेज है। एफआईआर एक दस्तावेज है जो पीड़ित पक्ष की बातों या कथनों को रिकॉर्ड करता है। एफआईआर एक उपकरण के रूप में कार्य करता है जिस को पुलिस अधिकारी आधार बनाते हैं और अपनी जांच शुरू करते हैं।

अत: विकल्प (B) सही है।

77. जब हम किसी को कानून का उल्लंघन करते देखते हैं, तो हम तुरंत पुलिस को सूचित करने की सोचते हैं। किसी व्यक्ति को गिरफ्तार किए जाने के बाद, कानून की अदालत यह तय करती है कि आरोपी व्यक्ति दोषी हैं या नहीं। संविधान के अनुसार, किसी अपराध के लिए आरोपित प्रत्येक व्यक्ति को निष्पक्ष सुनवाई दी जानी चाहिए।

अत: विकल्प (D) सही है।

78. गवाह का बयान एक आपराधिक मुकदमे में, गवाहों के बयान आपराधिक दंड संहिता की धारा 161 के तहत पुलिस द्वारा दर्ज किए जाते हैं, जिनमें से प्रतियां अभियुक्तों को आपूर्ति की जाती हैं। जांच के दौरान पुलिस गवाह के बयानों को दर्ज करके उसकी जांच करती है, जिसे 161 बयान या केस डायरी बयान कहा जाता है।

अत: विकल्प (A) सही है।

79. कानून द्वारा प्रदत्त सुविधाएँ अधिकारों की रक्षा करती हैं। दोनों का अस्तित्व एक-दूसरे के बिना संभव नहीं। जहाँ कानून अधिकारों को मान्यता देता है वहाँ इन्हें लागू करने या इनकी अवहेलना पर नियंत्रण स्थापित करने की व्यवस्था भी करता है।

अत: विकल्प (C) सही है।

80. भारत में, उपराष्ट्रपति का देश में दूसरा सबसे बड़ा कार्यालय है। भारतीय संविधान के अनुच्छेद 63 में उपराष्ट्रपति के पद का उल्लेख है।

संविधान में कहा गया है कि उपराष्ट्रपति को पूर्ण बहुमत (यानी सदन के सभी उपस्थित सदस्यों के बहुमत) द्वारा पारित राज्यसभा के एक प्रस्ताव द्वारा हटाया जा सकता है और लोकसभा द्वारा साधारण बहुमत से सहमति व्यक्त की जा सकती है। अनुच्छेद 67 (b)

लेकिन जब तक कम से कम 14 दिनों का अग्रिम नोटिस नहीं दिया जाता है तब तक इस तरह का कोई प्रस्ताव नहीं लाया जा सकता है।

विशेष रूप से, संविधान में हटाने के लिए आधारों की सूची नहीं दी गई है।

संविधान के अनुच्छेद 71(1) के अनुसार कार्यालय में रहते हुए राज्यसभा सदस्य के लिए चुनावी कदाचार करने और पात्रता मानदंड को पूरा नहीं करने के लिए सर्वोच्च न्यायालय उपराष्ट्रपति को भी हटा सकता है। अनुच्छेद 71(1) के अनुसार, सर्वोच्च न्यायालय का यह भी कर्तव्य है कि वह उपराष्ट्रपति के आचरण के संबंध में उठाई गई प्रश्नों की जांच करे और संविधान की अवमानना करते पाए जाने पर उपराष्ट्रपति को हटा दे।

इसलिए, यह स्पष्ट है कि भारत के उपराष्ट्रपति को हटाने का प्रस्ताव केवल राज्यसभा में ही पेश किया जा सकता है।

अत: विकल्प (B) सही है।

81. अभिव्यक्ति: $25 \times 252 \times 325$

संख्या के उपरोक्त सेट में 252 और 25 शामिल हैं और उनके गुणनफल की इकाई का अंक 0. ($2 \times 5 = 10$) है।

इस प्रकार, गुणनफल के इकाई स्थान में अंक $25 \times 252 \times 37 = 0$ है।

अत: विकल्प (C) सही है।

82. दिया गया है,

विक्रय मूल्य $= 48$ रुपये

हानि प्रतिशत $= 20\%$

छूट $=$ बाजार मूल्य $-$ विक्रय मूल्य

लागत मूल्य $=$ विक्रय मूल्य $/100 -$ हानि प्रतिशत $\times 100$

लागत मूल्य $= \dfrac{48}{(100-20)} \times 100$

$= \dfrac{480}{8} = 60$ रुपये

अब, 20% लाभ कमाने के लिए,

बिक्री मूल्य $= 60 + \left(\dfrac{20}{100} \times 60\right)$

$= 60 + 12 = 72$ रुपये

अत: विकल्प (A) सही है।

83. माना Q की दक्षता $= x$ इकाई/दिन

P की दक्षता $= 2x$ इकाई/दिन

दोनों मिलकर 36 दिन में काम पूरा करते हैं।

$\Rightarrow$ कुल कार्य की इकाई $= 36 \times (x + 2x) = 36 \times 3x = 108x$

∴ कार्य समाप्त करने के लिए P द्वारा अकेले लिए गए दिन $= \frac{108x}{2x} = 54$ दिन

अतः विकल्प (C) सही है।

84. दिया है:

एक वर्ग का विकर्ण $= 10$ सेमी

माना वर्ग की भुजा $= s$ सेमी और विकर्ण $= 10$ सेमी

$\Rightarrow s^2 + s^2 = (10)^2$

$\Rightarrow 2s^2 = 100$

$\Rightarrow s^2 = \frac{100}{2} = 50$

∴ वर्ग का क्षेत्रफल $= s^2 = 50$ सेमी^{2}

अतः विकल्प (C) सही है।

85. दिया है:

6 संख्याओं का औसत $= 18$

संख्याओं का कुल योग $= (18 \times 6) = 108$

माना अपवर्जित संख्या $= x$

नया औसत $= \frac{108 - x}{5} = 17$

$\Rightarrow 108 - x = 17 \times 5 = 85$

$\Rightarrow x = 108 - 85 = 23$

अतः विकल्प (B) सही है।

86. व्यक्ति की गति बिंदु N से L $= 65$ किमी/घंटा

पहली यात्रा की गति $= s$ किमी/घंटा

चूंकि, समान दूरी को तय किया जाता है,

औसत गति $=$ दोनों गति का हरात्मक माध्य

$\Rightarrow \frac{2xy}{x+y}$

$\Rightarrow \frac{2 \times s \times 65}{s+65} = 100$

$\Rightarrow \frac{130s}{s+65} = 100$

$\Rightarrow \frac{13s}{s+65} = 10$

$\Rightarrow 13s = 10s + 650$

$\Rightarrow 13s - 10s = 3s = 650$

$\Rightarrow s = \frac{650}{3} = 216.67$

L से N पर जाते समय व्यक्ति की गति (किमी/घंटा में) $= 216.67$ किमी/घंटा

अतः विकल्प (D) सही है।

87. दिया है:

धारा के अनुप्रवाह नाव की गति $= 16$ किमी/घंटा

धारा के प्रतिवाह नाव की गति $= 12$ किमी/घंटा

धारा की गति $= \frac{1}{2}$ (अनुप्रवाह $-$ प्रतिवाह)

$\Rightarrow$ धारा की गति (किमी/घंटा में) $= \frac{1}{2}(16 - 12)$

$= \frac{4}{2} = 2$ किमी/घंटा

अतः विकल्प (B) सही है।

88. माना वस्तु का लागत मूल्य $= 100$ रु

अंकित मूल्य $= 100 + \left(\frac{50}{100} \times 100\right)$

$= 100 + 50 = 150$ रु

छूट $\% = 10\%$

विक्रय मूल्य $= 150 - \left(\frac{10}{100} \times 150\right)$

$= 150 - 15 = 135$ रु

इसलिए, लाभ $\% = \frac{(135 - 100)}{100} \times 100 = 35\%$

अतः विकल्प (C) सही है।

89. दिया है:

अंकित मूल्य $= 750$ रु

विक्रय मूल्य $= 600$ रु

सूत्र से:

छूट $=$ M.P. $-$ S.P.

छूट $\% = ($छूट $/$M.P.$) \times 100$

छूट $\% = \frac{(750 - 600)}{750} \times 100$

$= \frac{150}{7.5}$

$= 20\%$

अतः विकल्प (A) सही है।

90. माना संख्या क्रमशः $3x$ और $4x$ है।

प्रश्नानुसार,

$\Rightarrow \frac{3x-8}{4x-8} = \frac{17}{24}$

$\Rightarrow 72x - (24 \times 8) = 68x - (17 \times 8)$

$\Rightarrow 72x - 68x = (24 \times 8) - (17 \times 8)$

$\Rightarrow 4x = 7 \times 8$

$\Rightarrow x = \frac{56}{4} = 14$

∴ संख्याएँ $= 3 \times 4$ और $4 \times 14 = 42$ और 56 है।

अतः विकल्प (A) सही है।

91. "BOOK" को "CQRO" के रूप में लिखा गया है

निम्नलिखित प्रतिरूप है:

B	O	O	K
(+1)	(+2)	(+3)	(+4)
C	Q	R	O

इसी तरह, ROAD के लिए

R	O	A	D
(+1)	(+2)	(+3)	(+4)
S	Q	D	H

इसलिए, "ROAD" का कोड "SQDH" है

अतः विकल्प (A) सही है।

92. संख्या फॉर्म ($n^3 + 1$) के होते हैं जहां n एक प्राकृतिक संख्या है।

$2^3+1 = 9$

$3^3+1 = 28$

$4^3+1 = 65$

$5^3+1 = 126$

$6^3+1 = 217$

$7^3+1 = 344$

अतः विकल्प (C) सही है।

93. माना मेघा बिंदु A से चलना शुरू करती है और B तक पहुंचने के लिए उत्तर की ओर 10 किमी चलती है। फिर वह दाएं मुड़ती है और C तक पहुंचने के लिए 15 किमी चलती है। वह फिर से दाएं मुड़ती है और 20 किमी दक्षिण की ओर चलती है। वह दाईं ओर मुड़ती है और अंत में बिंदु E पर रुकने के लिए 15 किमी चलती है।

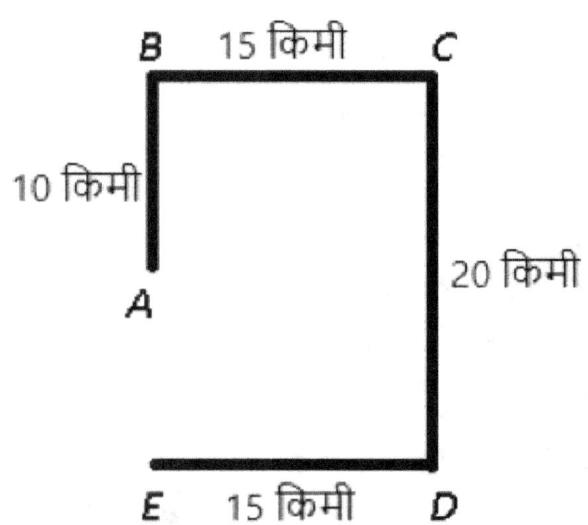

यहां, AB = 10 किमी यानी, CD का आधा = 20 किमी

तो, A और E के बीच की दूरी 10 किमी है

इस प्रकार, वह अपने शुरुआती बिंदु से 10 किमी दूर है।

अतः विकल्प (C) सही है।

94. दिया: $3\#9@4 = 3$ और $4\#4@4 = 2$

' #' का अर्थ ' +' और ' @' का अर्थ ' ÷' है।

$(3 + 9) \div 4 = \dfrac{12}{4} = 3$

और $(4 + 4) \div 4 = \dfrac{8}{4} = 2$

इसी तरह, $(6 + 4) \div 5 = \dfrac{10}{5} = 2$

अतः विकल्प (B) सही है।

95.

$$CI = P\left[\left(1 + \frac{R}{100}\right)^{N} - 1\right]$$

$$= 2800 \times \left[\left(1 + \frac{12}{100}\right)^{2} - 1\right]$$

$$= 2800 \times \left[\left(\frac{112}{100} \times \frac{112}{100}\right) - 1\right]$$

$$= 2800 \times \frac{12544 - 10000}{10000}$$

$$= 2800 \times \frac{2544}{10000}$$

$$= 712.32$$

अतः विकल्प (C) सही है।

96. हम जानते हैं कि, क्षेत्रफल $=$ लंबाई $\times$ चौड़ाई

प्रश्नानुसार,

$= 12 \times 20$

$= 240$

नया क्षेत्रफल $= 12 \times \dfrac{100+20}{100} \times 20 \times \dfrac{100+10}{100}$

$= 316.8$

क्षेत्रफल में प्रतिशत परिवर्तन $= \dfrac{(316.8 - 240)}{240} \times 100$

$= 32\%$

अतः विकल्प (C) सही है।

97. दिया है:

38 L 2 M 7 P 4 N 22

प्रश्नानुसार चिन्हों को बदलने के बाद,

38 ÷ 2 + 7 × 4 - 22

BODMAS का उपयोग करके,

$= 19 + 28 - 22$

$= 25$

अतः विकल्प (B) सही है।

98. दी गयी श्रृंखला निम्नलिखित स्वरूप का अनुसरण करती है:

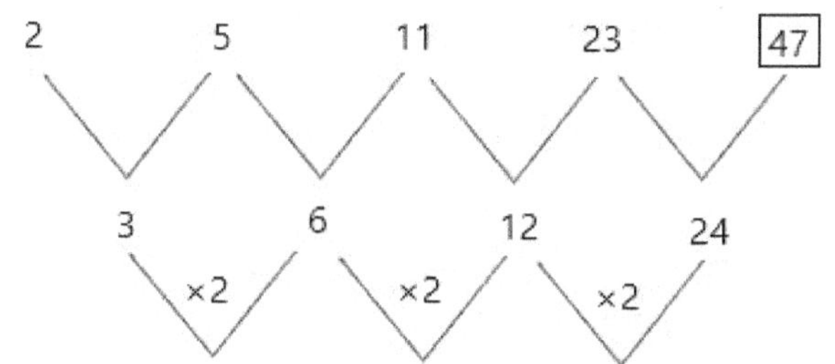

अतः विकल्प (A) सही है।

99. दी गयी संख्याएं निम्नलिखित स्वरूप का अनुसरण करती हैं, सभी संख्याओं का योग बाएं ओर से दूसरी संख्या के बराबर है,

$5720 \rightarrow 5+2+0 = 7$

$6710 \rightarrow 6+1+0 = 7$

$2640 \rightarrow 2+4+0 = 6$

$4270 \rightarrow 4+7+0 = 11$, जो बाएं ओर से दूसरी संख्या के बराबर नहीं है।

अतः विकल्प (D) सही है।

100. माना कि 50 पैसे, 1 रुपये और 2 रुपये के सिक्कों की संख्या क्रमशः $2x$, $3x$ और $4x$ है। यह दिया गया है कि कुल राशि 240 रुपये है।

इसलिए,

$$\Rightarrow 2x \times \left(\frac{1}{2}\right) + 3x \times (1) + 4x \times (2) = 240$$

$$\Rightarrow x + 3x + 8x = 240$$

$$\Rightarrow 12x = 240$$

$$\Rightarrow x = 20$$

तो, 1 रुपये के सिक्कों की संख्या $= 3 \times 20 = 60$

अतः विकल्प (D) सही है।

101. प्रारंभ में निवेश की गई राशि $= x$ रु.

फरहान की निवेश राशि $= x$ का $35\% = \frac{7x}{20}$

कुणाल की निवेश राशि $= x$ का $65\% = \frac{13x}{20}$

एक साल बाद,

फरहान की राशि $= \left(\frac{7x}{20}\right)$ का $(20\%) + \left(\frac{7x}{20}\right) = \left(\frac{7x}{100}\right) + \left(\frac{7x}{20}\right) = \frac{42x}{100}$

कुणाल की राशि $= \left(\frac{13x}{20}\right)$ का $30\% + \left(\frac{13x}{20}\right) = \left(\frac{39x}{200}\right) + \left(\frac{13x}{20}\right) = \frac{169x}{200}$

प्रश्न के अनुसार,

$$\frac{42x}{100} + \frac{169x}{200} = 12,650$$

$$\Rightarrow \frac{253x}{200} = 12,650$$

$$\Rightarrow x = 10,000 \text{ रु.}$$

इसलिए, प्रारंभ में फरहान द्वारा निवेश की गई राशि $= \frac{7}{20} \times 10,000 = 3,500$ रु.

अतः विकल्प (D) सही है।

102. सौम्या ने 20 किग्रा चाय रु. 18 प्रति किग्रा पर और 15 किग्रा चाय रु. 25 प्रति किग्रा पर खरीदी

रु. 18 प्रति किग्रा की दर से 20 किग्रा चाय का मूल्य $=$ रु. $20 \times 18 =$ रु. 360

रु. 25 प्रति किग्रा की दर से 15 किग्रा चाय का मूल्य $=$ रु. $15 \times 25 =$ रु. 375

उसने दोनों प्रकार को आपस में मिला दिया। तब $(20 + 15) = 35$ किग्रा मिश्रण का कुल लागत मूल्य $=$ रु. $360 +$ रु. $375 =$ रु. 735

तो, मिश्रण का प्रति किग्रा लागत मूल्य $=$ रु. $\frac{735}{35} =$ रु. 21

यदि उसने मिश्रण को रु. 30 प्रति किग्रा में बेचा तब उसे रु. $(30-21) =$ रु. 9 का लाभ प्राप्त हुआ

$$\therefore \text{अभीष्ट लाभ प्रतिशत} = \frac{9}{21} \times 100 = 42.85\%$$

अतः विकल्प (D) सही है।

103. हम जानते हैं,

औसत रन $=$ (कुल रन) /(कुल पारियां)

माना, इंग्लैंड में खेली गई कुल पारियां $= x$

इंग्लैंड में प्रति पारी बनाए गए औसत रन $= 46$

$\therefore$ इंग्लैंड में बनाए गए कुल रन $= 46x$

भारत में खेली गई कुल पारियां $= 4$

भारत में प्रति पारी बनाए गए औसत रन $= 55$

$\therefore$ भारत में बनाए गए कुल रन $= 55 \times 4 = 220$

इंग्लैंड और भारत में खेली गई कुल पारियां $= x + 4$

इंग्लैंड और भारत में बनाए गए कुल रन $= 46x + 220$

$\because$ यह दिया गया है कि इंग्लैंड और भारत गें खेले गए मैचों से बल्लेबाज के औसत में 2 रनों की बढ़ोतरी हुई।

$$\Rightarrow 48 = \frac{46x+220}{x+4}$$

$$\Rightarrow 48x + 192 = 46x + 220$$

$$\Rightarrow 2x = 220 - 192$$

$$\Rightarrow 2x = 28$$

$\Rightarrow x = 14$

$\therefore$ इंग्लैंड में खेली गई पारियों की संख्या $= 14$

अतः विकल्प (C) सही है।

104. प्रश्न के अनुसार,

माना धनराशि $= x$ है,

तब, 2 वर्ष और 3 वर्ष के साधारण ब्याज का अंतर $x = x \times 3 \times \frac{8}{100} - x \times 2 \times \frac{8}{100} = 3080$

$24x - 16x = 308000$

$8x = 308000$

$x = 38500$

अतः विकल्प (B) सही है।

105. यहाँ x का मान 25, (क्योंकि 25, 5 का पूर्ण वर्ग है)

$2x - 3 = 2 \times 25 - 3 = 45$

$19 < 47 < 59$

अतः विकल्प (A) सही है।

106. 1996 एक लीप वर्ष है।

1995, 1997 और 1998 लीप वर्ष नहीं हैं।

1996 और 1997 में 3 विषम दिन हैं।

1995 में शेष दिन = 365-15 = 350

= 0 विषम दिनों के 50 सप्ताह।

05.01.1998=5 विषम दिन।

विषम दिनों की कुल संख्या = 3+0+5 = 8

बुधवार से 8 दिन गुरुवार है।

$\therefore$ 5 जनवरी, 1998 गुरुवार था।

अतः विकल्प (B) सही है।

107. 4×3+6 = 18

18×3+6 = 60

60×3+6 = 186

186×3+6 = 564

इसलिए, लुप्त संख्या 564 होगी।

अतः विकल्प (A) सही है।

108. $(P + Q + R)$ कार्य का एक इकाई भाग पूरा कर सकते हैं $= \frac{1}{20}$ दिनों में

P अकेले कार्य का एक इकाई भाग पूरा कर सकता है $= \frac{1}{40}$ दिनों में

Q अकेले कार्य का एक इकाई भाग पूरा कर सकता है $= \frac{1}{60}$ दिनों में

इसलिए

R अकेले कार्य का एक इकाई भाग पूरा कर सकता है

$= \frac{1}{20} - \left(\frac{1}{40} + \frac{1}{60} \right) = \frac{1}{20} - \left(\frac{3+2}{120} \right) = \frac{1}{20} - \frac{1}{24} = \frac{6-5}{120} = \frac{1}{120}$

दिनों में

इसलिए R संपूर्ण कार्य को 120 दिनों में पूरा कर सकता है।

अतः विकल्प (D) सही है।

109.

l	a m	jo yf ul	as	oth er	pe opl e	a r e	y e s	pea cefu l	per son s	ho ne st	ni c e
j i	li	yi	bi/ ni/ ti	ni/ ti/ bi	ti/ bi/ ni	p i	d i	vi	oi	fi	zi

अतः विकल्प (D) सही है।

110. राजेश उत्तर में 12 किमी की ओर जाता है और दक्षिण में 8 किमी लौटता है।

$= 12 - 8 = 4$

और पूर्व में 3 किमी

अब,

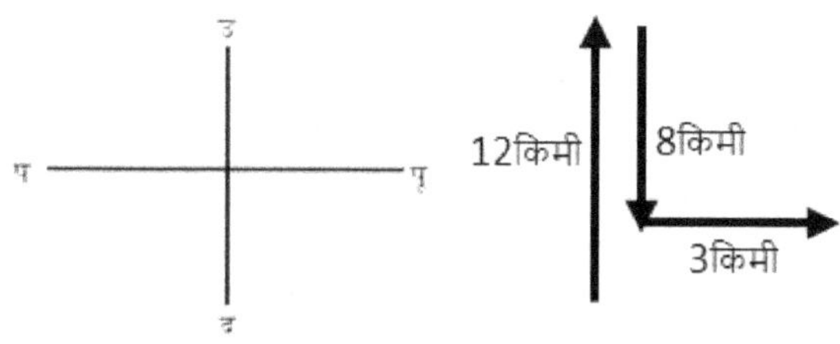

राजेश द्वारा तय की गयी दूरी $= \sqrt{4^2} + \sqrt{3^2} = \sqrt{25} = 5$ और दिशा उत्तर-पूर्व होगी।

अतः विकल्प (A) सही है।

111. प्रत्येक परत पिछली परत के प्रत्येक आयाम में 1 कम थी। मोतियों की अधिकतम संख्या 8 होगी जो पहली से तीसरी परत में हो सकती थी।

अतः विकल्प (B) सही है।

112. समीकरण को सामान्य में बदलना और BODMAS लागू करना:

104 L 2 K 25 M 2 D 9

104 ÷ 2 − 25 + 2 × 9

$\Rightarrow 52 - 25 + 2 \times 9$

$\Rightarrow 52 - 25 + 18$

$\Rightarrow 52 - 7$

$\Rightarrow 45$

अतः विकल्प (D) सही है।

113. जैसा कि हम जानते हैं कि,

एच. सी. एफ. × एल.सी.एम. = पहली संख्या × दूसरी संख्या

दूसरा संख्या = (एच. सी. एफ. × एल.सी.एम. / पहली संख्या)

तो, दूसरी संख्या $= \left(\frac{11 \times 693}{77}\right) = 99$

अतः विकल्प (B) सही है।

114. दिया है:

$\frac{4 \sin A - \cos A}{4 \sin A + \cos A}$

अंश और हर दोनों में $\cos A$ द्वारा विभाजित करने पर, हमें प्राप्त होता है

$= \frac{\frac{4 \sin A - \cos A}{\cos A}}{\frac{4 \sin A + \cos A}{\cos A}}$

$= \frac{4 \tan A - 1}{4 \tan A + 1}$

$= \frac{3 - 1}{3 + 1}$

$= \frac{2}{4}$

$= \frac{1}{2}$

अतः विकल्प (C) सही है।

115. दिया है: 6, 11 और 7 का एल.सी.एम $= 462$

आवश्यक अनुपात $A : B : C = \frac{462}{6} : \frac{462}{11} : \frac{462}{7}$

$= 77 : 42 : 66$

अतः विकल्प (B) सही है।

116. दिया गया है,

कुल बच्चों की संख्या = 300

योगा चुनने वाले बच्चों की संख्या = 18%

पेंटिंग चुनने वाले बच्चों की संख्या = 12%

योगा और पेंटिंग को एक साथ चुनने वाले बच्चों की कुल संख्या = (18 + 12)%

संगीत चुनने वाले बच्चों की संख्या = 24%

नृत्य चुनने वाले बच्चों की संख्या = 16%

संगीत और नृत्य को एक साथ चुनने वाले बच्चों की कुल संख्या = (24 + 16)%

आवश्यक अंतर $= \frac{\{(24+16)-(18+12)\} \times 300}{100}$

$= 30$

अतः विकल्प (D) सही है।

117. दिया गया है,

मई 2019 के कैंप में आए बच्चों की कुल संख्या = 300

मई 2020 के कैंप में आए बच्चों की कुल संख्या $= \frac{300 \times 100}{100} + \frac{300 \times 30}{100}$

$= \frac{300 \times 130}{100}$

$= 390$

अतः विकल्प (C) सही है।

118. दिया गया है,

नृत्य चुनने वाले बच्चों की कुल संख्या = 16%

केंद्रीय कोण,

$\theta = \frac{S}{r}$

$\theta = \frac{2\pi r}{r}$

$\theta = 2\pi = 360°$

$S =$ चाप की लंबाई

$r =$ त्रिज्या

आवश्यक केंद्रीय कोण $= 16 \times \frac{360°}{100}$

$= 16 \times 3.6$

$= 57.6°$

अतः विकल्प (A) सही है।

119. दिया गया है,

कुल बच्चों की संख्या = 300

तैराकी चुनने वाले बच्चों की संख्या = 13%

योगा चुनने वाले बच्चों की संख्या = 18%

संगीत चुनने वाले बच्चों की संख्या = 24%

आवश्यक औसत $= \frac{(13+18+24) \times 300}{100 \times 3}$

$= 55$

अतः विकल्प (D) सही है।

120. दिया गया है,

संख्या पहले 30% से घटा दी जाती है:

$= n - n \times \left(\frac{30}{100}\right)$

$= n - \frac{3n}{10}$

$= \frac{7n}{10}$

नवीन संख्या $= \frac{7n}{10}$

तब 30% से वृद्धि होती है

$= \frac{7n}{10} + \left(\frac{7n}{10}\right) \times \frac{30}{100}$

$= \frac{7n}{10} + \frac{21n}{100}$

$= \frac{91n}{100}$

संख्या निर्मित होगी $= \frac{91n}{100}$

$n - \dfrac{91n}{100} = 72$

$\dfrac{9n}{100} = 72$

$9n = 7200$

$n = 800$

∴ वास्तविक संख्या का मान 800 है।

अत: विकल्प (B) सही है।

121. "I" अक्षर की अनुपस्थिति के कारण 'REASONABLE' से 'BRAIN' शब्द नहीं बनाया जा सकता है।

अत: विकल्प (D) सही है।

122.

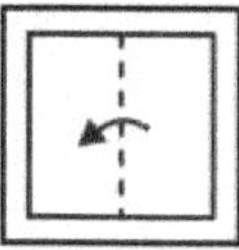 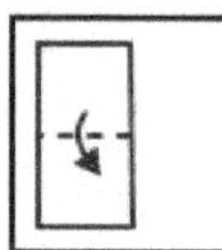 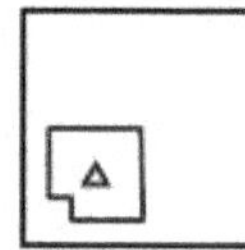 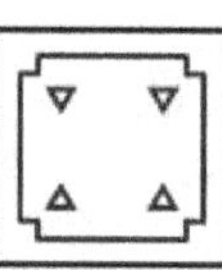

अतः विकल्प (A) सही है।

123. प्रेम : घृणा : : गहरा : उथला

शब्दों की पहली जोड़ी में विलोम हैं, यानी प्यार नफरत के विपरीत है। इसी तरह गहरे के विपरीत उथला है।

अत: विकल्प (C) सही है।

124. P, Q का पिता है, लेकिन Q उसका पुत्र नहीं है,

Q, P (पुरुष) की बेटी है।

इसके अलावा, S, P की पत्नी है। R, S का पुत्र है।

Q (महिला) और R (पुरुष) भाई-बहन हैं।

इस प्रकार, Q, S की बेटी है।

अत: विकल्प (B) सही है।

125. एक पुरुष क्रिकेटर या अभिनेता हो सकता है, लेकिन एक अभिनेता क्रिकेटर नहीं हो सकता है।

इस प्रकार, वेन आरेख जो उपरोक्त संबंधों का सबसे अच्छा वर्णन करता है:

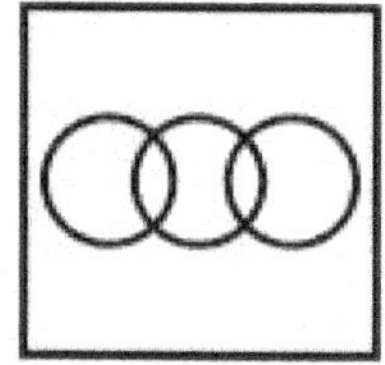

अतः विकल्प (C) सही है।

126. शब्दकोश के अनुसार, सही क्रम है

Fatigue

Fatshedera

Favor

Featherhead

सही क्रम 2, 3, 4, 1 है।

अत: विकल्प (B) सही है।

127. प्रश्नानुसार आरेख,

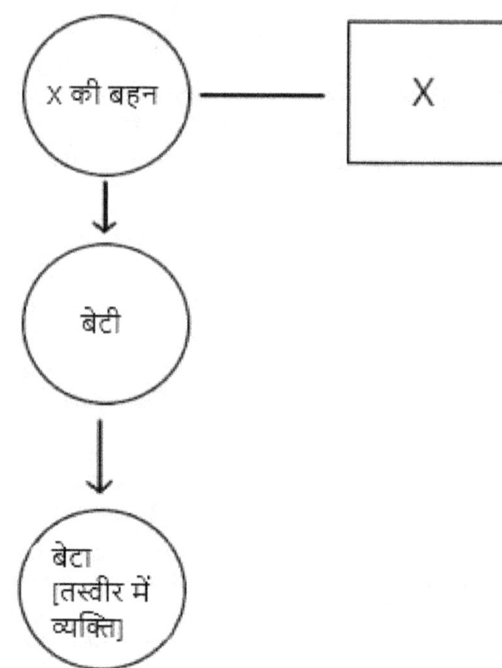

उपर्युक्त आरेख के अनुसार, तस्वीर में व्यक्ति X का भतीजा है।

अत: विकल्प (B) सही है।

128. स्वर और व्यंजन अक्षरों के भाग हैं जबकि संख्या अक्षर नहीं हैं।

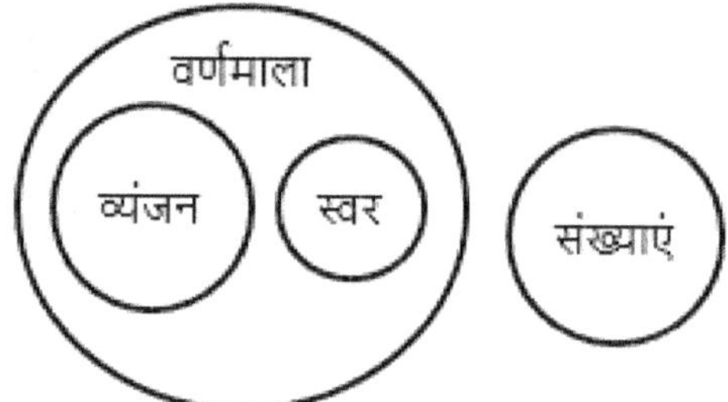

अतः विकल्प (B) सही है।

129. सभी विकल्पों की जाँच करने पर:

विकल्प (A): Prelims- इस शब्द को 'IMPERMISSIBLE' शब्द के अक्षरों से बनाया जा सकता है।

विकल्प (B): Simple- इस शब्द को 'IMPERMISSIBLE' शब्द के अक्षरों से बनाया जा सकता है।

विकल्प (C): Missile- इस शब्द को 'IMPERMISSIBLE' शब्द के अक्षरों से बनाया जा सकता है।

विकल्प (D): Mission- यह शब्द 'IMPERMISSIBLE' शब्द के अक्षरों से नहीं बनाया जा सकता है क्योंकि 'IMPERMISSIBLE' में अक्षर 'O' मौजूद नहीं है।

अत: विकल्प (D) सही है।

130.

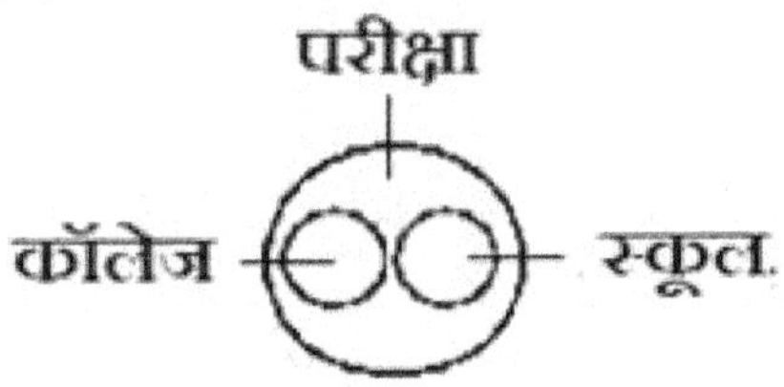

अतः विकल्प (D) सही है।

131. 'कुत्ता और भौंकना', 'पक्षी और चहकना' और 'घोड़ा और हिनहिनाना' में, दूसरा शब्द पहले शब्द की आवाज़ हैं। इसलिए, 'ऊंट और दहाड़ना' भिन्न शब्द युग्म हैं।

अतः विकल्प (A) सही है।

132. नीचे दिया गया आरेख दिए गए कथनों का उपयोग करके बनाया जा सकता है।

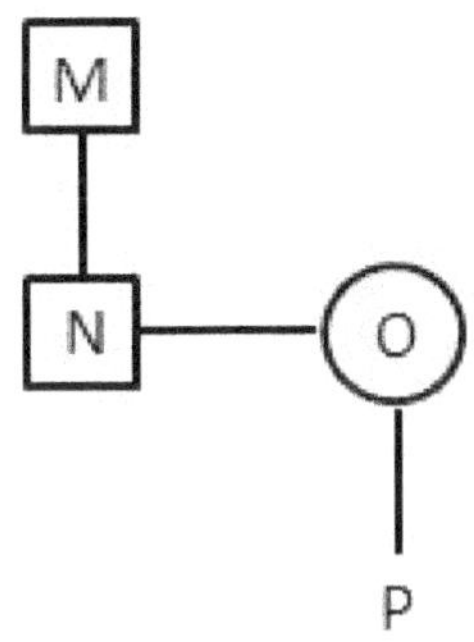

उपरोक्त आरेख में, वृत्त महिला को इंगित करता है, वर्ग पुरुष को इंगित करता है और एकल रेखा पीढ़ी के अंतर को इंगित करती है।

यह दिया गया है कि M, N का पिता है। इसलिए, उपरोक्त आरेख से हम यह देख सकते हैं कि N, P का मामा है।

इसलिए, M, P का नाना है।

अतः विकल्प (A) सही है।

133.

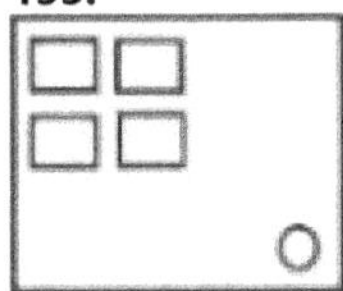

अतः विकल्प (A) सही है।

134. चूंकि समीर की न तो कोई बहन है और न ही कोई भाई,

इसलिए, समीर अपने पिता का इकलौता बेटा है।

तो, चित्र की माँ समीर की पत्नी है।

इसलिए, चित्र समीर के बेटे का था।

अतः विकल्प (C) सही है।

135. उपरोक्त आरेख में निम्नानुसार त्रिकोण हैं:

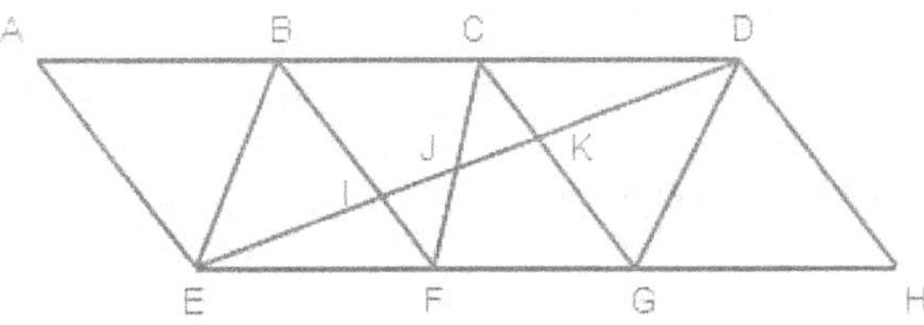

इसलिए, त्रिकोणों की कुल संख्या = 20

अतः विकल्प (B) सही है।

136. दिया है: CAPITULATE

दिए गये शब्द में अक्षर 'B' नहीं है। इसीलिए, शब्द ABLE नहीं बनाया जा सकता।

दिए गये शब्द में अक्षर 'N' नहीं है। इसीलिए, शब्द LUPIN नहीं बनाया जा सकता।

दिए गये शब्द में अक्षर 'Y' नहीं है। इसीलिए, शब्द PITTY नहीं बनाया जा सकता।

अतः विकल्प (D) सही है।

137. जिया के बाएं से दूसरे स्थान पर विपिन बैठा है।

विपिन के निकट राहुल नहीं बैठा है।

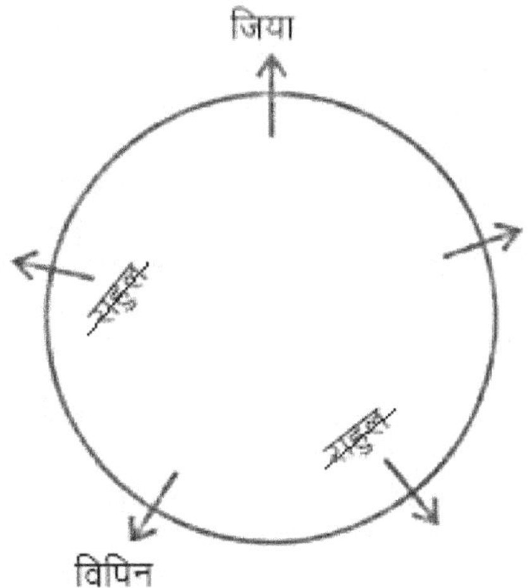

राहुल के बाएं से दूसरे स्थान पर अमर बैठा है।

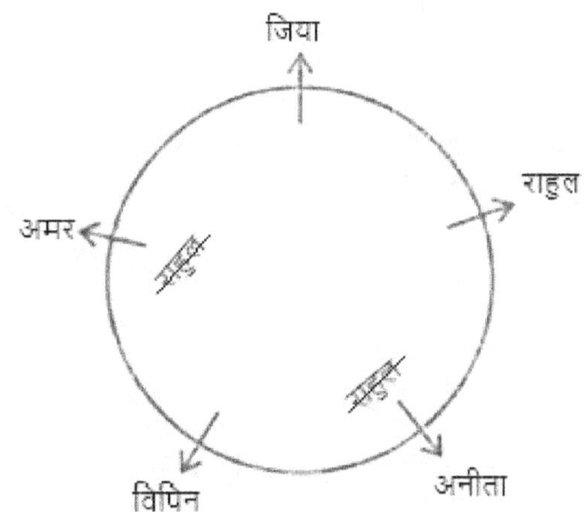

इस प्रकार, 'जिया के निकट में अमर बैठा है।'

अतः विकल्प (C) सही है।

138.

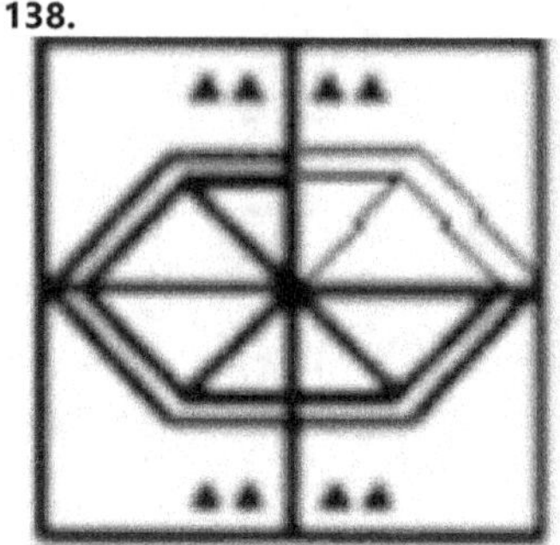

अतः विकल्प (A) सही है।

139.

आरेख में प्रतीक	अर्थ
○	महिला
□	पुरुष
═	विवाहित जोड़ा
─	भाई/बहन
│	पीढ़ी का अंतर

दी गई जानकारी के अनुसार वंश वृक्ष का चित्र:

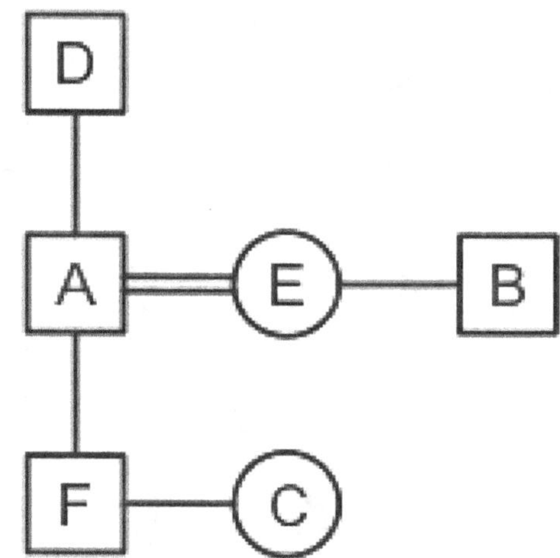

इस प्रकार हम देख सकते हैं कि C, A और E की पुत्री है।

अतः विकल्प (D) सही है।

140. अक्षर I की अनुपस्थिति के कारण 'REASONABLE' से 'BRAIN' शब्द नहीं बनाया जा सकता है।

अतः विकल्प (B) सही है।

141. बिलियर्ड और शतरंज दोनों पसंद करने वाले लोगों की संख्या को त्रिभुज और वृत्त में उभयनिष्ठ संख्या द्वारा प्रदर्शित किया जा सकता है, जो कि 19 है।

अतः विकल्प (B) सही है।

142. बैठने की व्यवस्था इस प्रकार है:

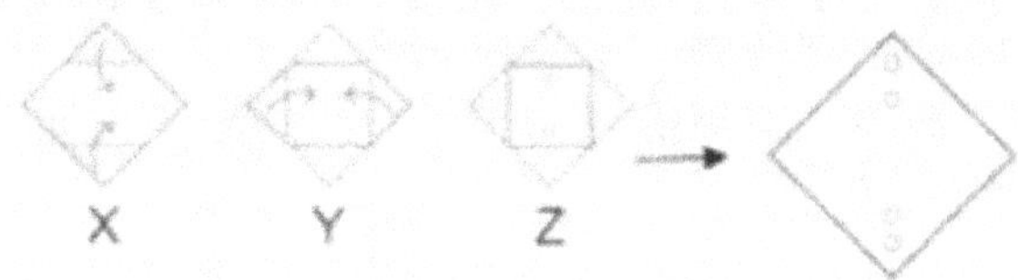

इसलिए, A, B और C के बीच में बैठा है।

अतः विकल्प (B) सही है।

143. सबसे पहले, हम तैयारी करते हैं, फिर उसके अनुसार चीजें लिखते हैं, और अंत में, हमें परिणाम मिलते हैं।

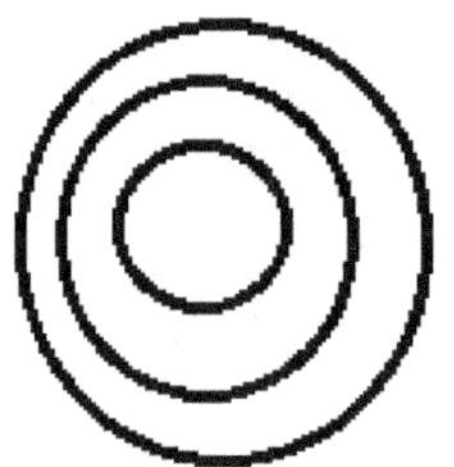

विकल्प (A) में तीनों अंतर्निहित है

अतः विकल्प (A) सही है।

144.

जब हम दिए गए आकृति को प्रकट करते हैं तो हमें आकृति (B) मिलता है।

अतः विकल्प (B) सही है।

145. 5 + 7 = 12, अंकों का क्रम पलटने पर → 21

9 + 4 = 13, अंको का क्रम पलटने पर → 31

9 + 8 = 17, अंको का क्रम पलटने पर → 71

इसलिए 9 + 8 = 71 होगा।

अतः विकल्प (B) सही है।

146. तर्क: परिणाम में पहले अंक का वर्ग, और फिर दूसरे और तीसरे को क्रम में लिखा गया है|

5 × 3 × 8 = (5 × 5)38 = 2538;

4 × 6 × 7 = (4 × 4)67 = 1667

इसलिए, सही उत्तर (6 × 6)85 = 3685 होगा।

अतः विकल्प (C) सही है।

147. दिया है: 51 × 71 = 48, 92 × 23 = 55, 37 × 44 = 80

51 × 71 = 48

= (5 + 1) × (7 + 1)

= 6 × 8

= 48

92 × 23 = 55

= (9 + 2) × (2 + 3)

= 11 × 5

= 55

37 × 44 = 80

= (3 + 7) × (4 + 4)

= 10 × 8

= 80

तब 54 × 32 का मान होगा,

= (5+4) × (3+2)

= 9 × 5

= 45

अतः 54 × 32 का मान 45 होगा।

अतः विकल्प (D) सही है।

148.

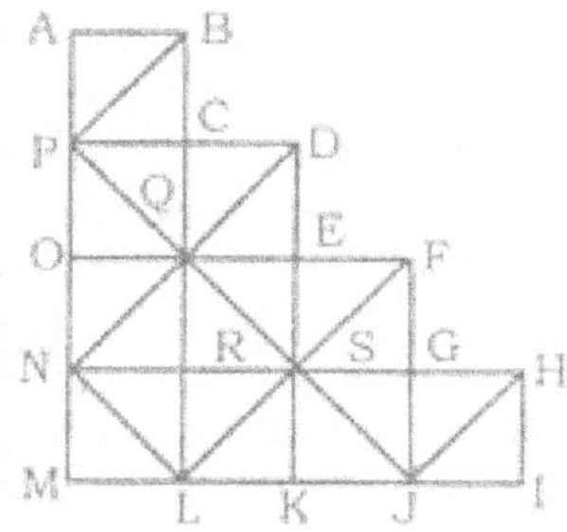

वर्ग हैं:

ABCP; PCQO; CDEQ; OQRN;

QESR; EFGS; NRLM; RSKL;

SGJK; GHIJ; PDSN; OEKM;

QFJL; NQSL

दिए हुए रेखाचित्र में कुल 14 वर्ग है।

अतः विकल्प (D) सही है।

149. आकृति को दिखाए अनुसार लेबल किया जा सकता है।

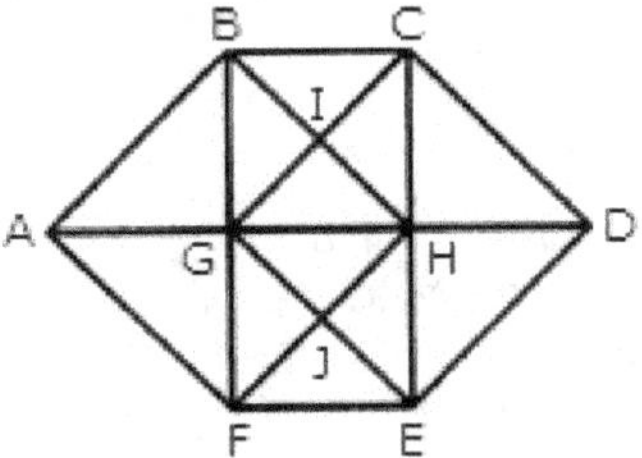

सबसे सरल त्रिकोण ABG, BIG, BIC, CIH, GIH, CDH, HED, GHJ, HJE, FEJ, GFJ और AGF अर्थत संख्या में 12 हैं।

प्रत्येक दो घटकों से बने त्रिकोण ABF, CDE, GBC, BCH, GHG, BHG, GHF, GHE, HEF और GEF अर्थत संख्या में 10 हैं।

त्रिभुज तीन घटकों से बने होते हैं जिनमें से प्रत्येक ABI I, AFH, CDG और GDE अर्थत संख्या में 4 होते हैं।

चार घटकों में से प्रत्येक से बना त्रिकोण BHF और CGE अर्थत संख्या में 2 हैं।

आकृति में त्रिकोणों की कुल संख्या = 12 + 10 + 4 + 2 = 28.

अतः विकल्प (C) सही है।

150. अमोल एक चार्टर्ड एकाउंटेंट हैं। वह लापरवाही से SQ Co. Ltd को वित्तीय निवेश करने की सलाह देता है जिसके कारण SQ Co. Ltd को भारी नुकसान का सामना करना पड़ता है। SQ Co. Ltd यातना के नियम के तहत और अनुबंध के उल्लंघन के तहत क्षति का दावा कर सकते हैं।

अतः विकल्प (A) सही है।

151. सोसायटी पंजीकरण अधिनियम 1860 के तहत अपने अपार्टमेंट के एक सचिव को नियुक्त करने के लिए आयोजित वार्षिक आम बैठक में अतुर को मतदान करने से रोका गया था। अतुर इंजुरिया साइन डेमनम के सिद्धांत के तहत नुकसान का दावा कर सकते हैं।

अतः विकल्प (D) सही है।

152. मानहानि एक ऐसा बयान है जो तीसरे पक्ष की प्रतिष्ठा को चोट पहुंचाता है। मानहानि की यातना में परिवाद (लिखित बयान) और अपशब्द (बोले गए बयान) दोनों शामिल हैं।

अतः विकल्प (B) सही है।

153. धारा 494 आईपीसी बताती है कि पति या पत्नी के जीवित रहते हुए, ऐसे किसी भी मामले में विवाह किया जाता है, जिसमें ऐसे पति या पत्नी के जीवन के दौरान विवाह होने का कारण स्पष्ट नहीं होता है, किसी भी विवरण के लिए कारावास की सजा दी जाएगी। जो सात साल तक विस्तारित हो सकता है, और जुर्माना के लिए भी उत्तरदायी होगा।

अतः विकल्प (A) सही है।

154. विकल्प (D), जो एक पूर्व बेसबॉल स्टार के स्वामित्व में है और इसे "आकर्षक" और "बेसबॉल क्लबहाउस की याद दिलाता है" के रूप में वर्णित है, एलीन के पति के लिए एकदम सही लगता है, जिसे बेसबॉल प्रशंसक और साधारण स्वाद वाले एक व्यक्ति के रूप में वर्णित किया गया है।

अतः विकल्प (D) सही है।

155. यदि सूचना में संज्ञेय अपराध का पता चलता है तो दंड प्रक्रिया संहिता की धारा 154 के तहत प्राथमिकी दर्ज करना अनिवार्य है और ऐसी स्थिति में किसी प्रारम्भिक जाँच की आवश्यकता नहीं है।

अतः विकल्प (B) सही है।

156. राम गुस्से में श्याम को मारने का प्रयत्न करता है, श्याम को ऐसी स्थिति में प्राइवेट प्रतिरक्षा का अधिकार भारतीय दण्ड संहिता की धारा 97 में होगा।

भारतीय दण्ड संहिता की धारा 97 के अनुसार प्रत्येक व्यक्ति को शरीर तथा सम्पत्ति की प्राइवेट प्रतिरक्षा का अधिकार दिया गया है।

अतः विकल्प (A) सही है।

157. दण्ड प्रक्रिया संहिता के अन्तर्गत जांच मजिस्ट्रेट या न्यायालय द्वारा की जाती है। संहिता की धारा 2(छ) में जांच को परिभाषित किया गया हैं। धारा 2 (छ) के अनुसार जाँच से अभिप्रेत है विचारण से भिन्न ऐसी प्रत्येक जांच जो इस संहिता के अधीन मजिस्ट्रेट या न्यायालय द्वारा की जाए।

अतः विकल्प (D) सही है।

158. यदि दत्तक माता-पिता की मृत्यु के बाद एक मरणोपरांत बच्चे का जन्म होता है, तब इन परिस्थितियों में पैदा हुए व्यक्ति को मरणोपरांत बच्चे या मरणोपरांत जन्म लेने वाले व्यक्ति कहा जाता है।

भारतीय उत्तराधिकार अधिनियम, 1925 की धारा 7 के अनुसार-वैध जन्म के प्रत्येक व्यक्ति की उत्पत्ति का अधिवास उस देश में है जिसमें उसके जन्म के समय उसके पिता का अधिवास किया गया था; या, अगर वह मरणोपरांत बच्चा है, तो उस देश में जिसमें पिता की मृत्यु के समय उसके पिता का प्रभुत्व था।

अतः विकल्प (A) सही है।

159.

अतः विकल्प (D) सही है।

160. शिक्षक: H, K, P, R और T

सभी केंद्र के सम्मुख हैं।

1) T, H और R के बीच में है।

2) P, R के दाएँ दूसरे स्थान पर है।

3) H, T के ठीक बायें है।

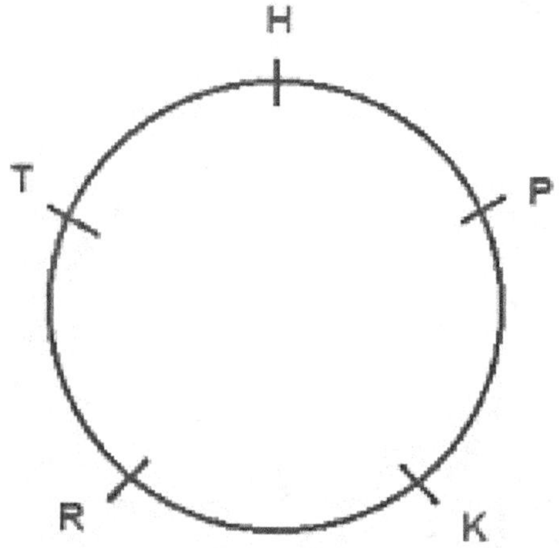

R, K के निकटतम बाएँ बैठा है।

इसलिए, R सही उत्तर है।

अत: विकल्प (D) सही है।

General Hindi

Ques (1-3):निर्देश: दिए गए गद्यांश को पढ़कर नीचे दिए गए प्रश्न का उत्तर दीजिये।

संस्कृति और सभ्यता - ये दो शब्द हैं और उनके अर्थ भी अलग अलग हैं। सभ्यता मनुष्य का गुण है जिससे वह अपनी बाहरी तरक़्क़ी करता है। संस्कृति वह गुण है जिससे वह अपनी भीतरी उन्नति करता है और करुणा, प्रेम और परोपकार सीखता है। आज रेलगाड़ी, मोटर और हवाई जहाज, लम्बी - चौड़ी सड़कें और बड़े बड़े मकान, अच्छा भोजन और अच्छी पोशाक, ये सभ्यता की पहचान है और जिरा देश में इनकी जितनी ही अधिकता है उस देश को हम उतना ही सभ्य मानते हैं। मगर संस्कृति उन सबसे कहीं बारीक़ चीज़ है वह मोटर नहीं, मोटर बनाने की कला है, मकान नहीं, मकान बनाने की रूचि है। संस्कृति धन नहीं, गुण है, संस्कृति ठाठ - बाट नहीं, विनय और विनम्रता है। यह कहावत है कि सभ्यता वह चीज़ है जो हमारे पास है लेकिन संस्कृति वह गुण है जो हमसे छिपा हुआ है। हमारे पास घर होता है, कपड़े-लत्ते होते हैं, मगर ये सारी चीज़े हमारी सभ्यता के सबूत हैं जबकि संस्कृति इतने मोटे तौर पर दिखलाई नहीं देती, वह बहुत ही सूक्ष्म और महान चीज़ है और वह हमारी हर पसंद, हर आदत में छिपी रहती है। मकान बनाना सभ्यता का काम है, लेकिन हम मकान का कौन सा नक्शा पसंद करते है - यह हमारी संस्कृति बताती है। आदमी के भीतर काम, क्रोध, लोभ, मद, मोह, और मतसर, ये छह विकार प्रकृति के दिए हुए हैं मगर ये विकार अगर बेरोक छोड़ दिए जाए, तो आदमी इतना गिर जाएगा कि उसमें और जानवर में कोई भेद नहीं रहेगा इसलिए आदमी इन विकारों पर रोक लगाता है। इन दुर्गुणों पर आदमी जितना ज्यादा काबू पता है उसकी संस्कृति भी उतनी ही ऊँची समझी जाती है। संस्कृति का स्वभाव है कि वह आदान - प्रदान से बढ़ती है जब दो देशो या जातियों के लोग आपस में मिलते है तब उन दोनों की संस्कृतियाँ एक- दूसरे को प्रभावित करती हैं, इसलिए संस्कृति की दृष्टि में वह जाति या देश बहुत धनी समझा जाता है जिसने ज्यादा से ज्यादा देशो या जातियों की संस्कृतियों का लाभ उठाकर अपनी संस्कृति का विकास किया हो।

Q.1 संस्कृति सभ्यता से इस रूप में भी भिन्न है कि संस्कृति:

A. सभ्यता की अपेक्षा स्थूल और विशद होती है

B. एक आदर्श विधान है और सभ्यता यथार्थ होती है

C. सभ्यता की अपेक्षा अत्यंत सूक्ष्म है

D. समन्वयमूलक है और सभ्यता सूक्ष्म होती है

Q.2 संस्कृति का मूल स्वभाव है की वह:

A. मानव - मानव में भेदभाव नहीं रखती

B. मनुष्य की आत्मा में विश्वास रखती है

C. आदान - प्रदान से बढ़ती है

D. एक समुदाय के जीवन में ही जीवित रह सकती है

Q.3 मानव की मानवीयता इसी बात पर निहित है कि वह:

A. अपनी सभ्यता और संस्कृति का प्रचार करे

B. अपनी संस्कृति को समृद्ध करने क लिए कटिबद्ध रहे

C. सभ्यता की उचाईयों को पाने का प्रयास करें

D. अपने मन में विधमान विकारो पर नियंत्रण पाने की चेष्टा करें

Q.4 'सुवरन' शब्द है:

A. तद्भव　　　B. तत्सम　　　C. विदेशी　　　D. देशज

Q.5 निम्न में भूतकाल का उदाहरण है:

A. मैं जाता हूँ।　　　　　B. राम घर गया था।

C. वह आ रहा है।　　　　　D. वह पुस्तक पढ़ेगा।

Q.6 निम्नलिखित शब्दों मे से कौन-सा शब्द पुल्लिंग है?

A. संकल्प　　　B. लज्जा　　　C. घटना　　　D. प्रार्थना

Q.7 निम्नलिखित शब्दों में से कौन-सा शब्द विशेषण है?

A. शासन　　　　　　　　B. अनुशासन

C. अनुशंसा　　　　　　　D. अनुशासित

Q.8 'आजकल भारत की जनता भी आधिकाधिक शिक्षित हो गई है।' रेखांकित शब्द का वचन है-

A. एकवचन　　　　　　　B. बहुवचन

C. द्विवचन　　　　　　　D. इनमें से कोई नहीं

Q.9 'शीला अपने कपड़े स्वयं धोती है।' रेखांकित शब्द सर्वनाम शब्द का उचित भेद है-

A. पुरुषवाचक सर्वनाम　　　　　B. निजवाचक सर्वनाम

C. निश्चयवाचक सर्वनाम　　　　D. इनमें से कोई नहीं

Q.10 निम्नलिखित में से शुद्ध वाक्य का चयन कीजिए-

[UPSSSC Junior Assistant, 2020]

A. चाय ठंडा हो गया।

B. हलवा गरम गरम अच्छी लगती है।

C. पकने से पहले जामुन हरी होती है।

D. पेड़ लगाओ, जीवन बचाओ।

Q.11 'सूक्ष्म' शब्द का विलोम है:

[UPSSSC Junior Assistant, 2020]

A. स्थूल　　　B. बारीक　　　C. क्षीण　　　D. पतला

Q.12 निम्नलिखित में से रामधारी सिंह दिनकर जी की रचना है:

A. तार सप्तक　　　　　　B. दीपशिखा

C. कुरुक्षेत्र　　　　　　　D. स्वर्ण किरण

Q.13 निम्नलिखित में से कौन-सा शब्द 'दुष्ट' का पर्यायवाची नहीं है?

A. खल　　　B. खलक　　　C. दुर्जन　　　D. अधम

Q.14 'इन्द्रियों को जीत लिया हो जिसने' वाक्यांश के लिए सही विकल्प का चयन कीजिये।

A. इन्द्रजीत　　B. इंद्र　　C. जितेन्द्रिय　　D. इन्द्रिपति

Q.15 'धार्मिक' में प्रत्यय है:

A. क　　　B. इक　　　C. मिक　　　D. धर्म

Q.16 'मृगनयन' में समास है -

A. अव्ययीभाव　　　　　　B. कर्मधारय

C. तत्पुरुष　　　　　　　D. द्वन्द्व

Q.17 इनमे से कौन सा शब्द अंक का अनेकार्थी शब्द नहीं है?

A. संख्या　　　　　　　　B. गोद

C. पृथ्वी　　　　　　　　D. नाटक का एक भाग

Q.18 'खेत' का सही तत्सम शब्द चुनिए।

A. खलिहान　　　　　　　B. क्षेत्र

C. छेत्र　　　　　　　　D. इनमें से कोई नहीं

Q.19 'सावधान' का सही संधि-विच्छेद है -

[UPSSSC Junior Assistant, 2020]

A. साव + धान
B. सा + वधान
C. स + आवधान
D. स + अवधान

Q.20 'आवृत' शब्द का विलोम है-

[UPSSSC Junior Assistant, 2020]

A. विमोचित　　B. आच्छत्र　　C. परिच्छित्र　　D. अनावृत

Q.21 'तरनि तनूजा तट तमाल तरुवर बहु छाए' में कौन सा अलंकार है?

A. अनुप्रास　　B. यमक　　C. उत्प्रेक्षा　　D. उपमा

Q.22 'अंग अंग ढीला होना' मुहावरे का अर्थ है:

A. गहरी चोट लगना　　B. बीमार हो जाना
C. कोई काम न करना　　D. थक जाना

Q.23 निम्नलिखित मे से शुद्ध वाक्य का चयन कीजिए।

A. बाल पक जाने से कोई अनुभवी नहीं हो जाता।
B. बाल पक जाने से लोग अनुभवी हो जाता है।
C. बाल पक जाने से लोग अनुभवी हो जाता है।
D. बाल पक जाने से लोगों का अनुभव बढ़ते हैं।

Q.24 निष्कलुष का विलोम शब्द है-

A. कुख्यात　　B. कृतघ्न　　C. कलुष　　D. कड़ुवा

Q.25 'पाहुना' का पर्यायवाची होगा:

A. कृषक　　B. जंबुक　　C. आगंतुक　　D. आदित्य

Q.26 प्रत्यय होता है-

A. शब्दांश　　B. वाक्यांश　　C. पदांश　　D. पद्यांश

Q.27 'मधुबाला' काव्य के रचनाकार कौन हैं?

A. जयशंकर प्रसाद　　B. रामधारी सिंह दिनकर
C. हरिवंश राय बच्चन　　D. महादेवी वर्मा

Q.28 दोहे और रोले को क्रम से मिलाने पर कौन-सा छंद बनता है?

A. सवैया　　B. हरगीतिका
C. सोरठा　　D. कुण्डलिया

Q.29 'नौ दिन चले अढाई कोस' लोकोक्ति का अर्थ है:

A. बहुत धीमी गति से काम करना
B. बहुत धीमी गति से चलना
C. अधिक समय में कम काम करना
D. बदतमीजी करना

Q.30 'अमन नही चलता है' इस वाक्य का भाववाच्य रूप कौन-सा हे ?

A. अमन से चला नही जाता
B. अमन चलता है।
C. अमन चला सकता है।
D. अमन चलता ही नहीं।

Q.31 "अफ़सोस! मैं नहीं जा सका" में रेखांकित शब्द का अव्यय प्रकार बताइये?

A. संबंधसूचक अव्यय　　B. शोकसूचक अव्यय
C. आश्र्यसूचक अव्यय　　D. हर्षसूचक अव्यय

Q.32 'पेड़ पर पक्षी बैठे हैं।' इस वाक्य में 'पेड़ पर' पद में कौन-सा कारक है?

A. करण　　B. अपादान　　C. सम्बन्ध　　D. अधिकरण

Q.33 निम्नलिखित में किस वाक्य में सकर्मक क्रिया का प्रयोग हुआ है?

A. कुत्ता भौंकता है।　　B. पेड़ से पत्ते गिर रहे हैं।
C. घर जाओ।　　D. भूपेन्द्र दूध पी रहा है।

Q.34 'पशु-पांशु' का क्रमशः सही अर्थ प्रकट करने वाला शब्द युग्म है -

A. पतंगा-रात्रि　　B. नेवला-घाव
C. जानवर-रेत　　D. जानवर-मूल्य

Q.35 पश्चिमी हिंदी' का विकास किससे हुआ है?

A. पश्चिमी हिंदी　　B. शौरसेनी
C. मराठी　　D. गुजराती

Q.36 इनमें से योजक चिह्न कौन सा है ?

A. ।　　B. -
C. ,　　D. इनमें से कोई नहीं

Q.37 महाप्राण व्यंजन ______ हैं।

A. क्, ग्, च्　　B. र, ल, व्　　C. त, थ, द　　D. छ, झ, ख

Q.38 दिए गए विकल्पों में से स्पर्श व्यंजन क्या होगा?

A. ल　　B. स　　C. त्र　　D. ख

Q.39 बघेली बोली किस क्षेत्र में बोली जाती है?

A. सिलगुरी　　B. रांची　　C. जोधपुर　　D. जबलपुर

Q.40 निम्नलिखित में से कौन सा कवि सुब्रह्मण्यम भारती पुरस्कार द्वारा सम्मानित नहीं किया गया है?

A. विजेंद्र नारायण सिंह　　B. विष्णुचंद्र शर्मा
C. विष्णु प्रभाकर　　D. कृष्णदत्त पालीवाल

General Knowledge/Law & Constitution

Q.41 निम्नलिखित में से किस राज्य ने चीराग योजना शुरू की है?

A. उत्तर प्रदेश　　B. हरियाणा
C. असम　　D. झारखंड

Q.42 निम्नलिखित में से किसे जुलाई 2022 में भारत के 15वें राष्ट्रपति के रूप में चुना गया है?

A. निर्मला सीतारमण　　B. स्वाति पीरामली
C. हिमा कोहली　　D. द्रौपदी मुर्मू

Q.43 बिहार में युवाओं और महिलाओं में उद्यमिता को बढ़ावा देने के लिए किन दो नई सरकारी योजनाओं की घोषणा की गई है?

A. MMUY और MYUY
B. MUUY और UYUY
C. MUMM और YYUM
D. इनमें से कोई नहीं

Q.44 किस संगठन ने छोटे और सीमांत किसानों का समर्थन करने के लिए AI, IoT, ब्लॉकचेन और ड्रोन का उपयोग करने के लिए नीति आयोग के साथ भागीदारी की है?

A. विश्व बैंक　　B. डब्ल्यूईएफ
C. आईएमएफ　　D. एडीबी

Q.45 श्रम मंत्रालय के आयोग का प्रमुख कौन है, जिसने बुनियादी जीवनयापन वेतन की सिफारिश की थी?

A. संतोष कुमार गंगवार　　B. सी वी आनंद बोस
C. अपूर्व चंद्र　　D. आलोक कुमार माथु

Q.46 निम्न में से कौन सी पहाड़ी भारत और म्यांमार के बीच स्थित है?

A. माउंट एवरेस्ट　　B. गारो

| C. नागा | D. खासी |

| A. बी. आर. अंबेडकर | B. एम. जी. रानाडे |
| C. एन. आर. माधव मेनन | D. इनमे से कोई नहीं |

Q.47 ब्याज की तरलता का वरीयता सिद्धांत प्रस्तावित किया था:

| A. एडम स्मिथ | B. डेविड रिकार्डो |
| C. जॉन मेनार्ड कीन्स | D. अल्फ्रेड मार्शल |

Q.48 निम्नलिखित में से जीव विज्ञान की कौन सी शाखा आनुवंशिकता तथा विविधताओं के अध्ययन से संबंधित है?

| A. सूक्ष्मजीव-विज्ञान | B. प्रतिरक्षा विज्ञान |
| C. आनुवंशिकी | D. कीटविज्ञान |

Q.49 चावल की अच्छी खेती के लिए किस प्रकार की मृदा की आवश्यकता होती है?

| A. जलोढ़ मृदा | B. लाल मृदा |
| C. काली मृदा | D. लेटराइट मृदा |

Q.50 'विश्व दयालुता दिवस' अंतर्राष्ट्रीय स्तर पर मनाया जाता है:

| A. 12 नवंबर | B. 10 अक्टूबर |
| C. 14 नवंबर | D. 13 नवंबर |

Q.51 किस ऑनलाइन शॉपिंग फर्म ने भारत में 'प्रोजेक्ट जीरो' लॉन्च किया ताकि यह सुनिश्चित किया जा सके कि ग्राहकों को खरीदारी के दौरान प्रामाणिक सामान मिले?

A. अमेज़न   B. फ्लिपकार्ट   C. स्नैपडील   D. शॉपक्लूज

Q.52 मुद्रा के अवमूल्यन का अर्थ है:

A. बाजार बलों द्वारा किसी देश के विनिमय मूल्य में गिरावट
B. सरकार द्वारा मुद्रा के बाह्य मूल्य/विनिमय मूल्य में कमी
C. पुरानी मुद्रा के स्थान पर नई मुद्रा जारी करना
D. इनमें से कोई नहीं

Q.53 निम्नलिखित में से कौन हमारे देश के दोनों में से किसी भी सदन का सदस्य नहीं होता है?

A. प्रधानमंत्री   B. वित्त मंत्री   C. राष्ट्रपति   D. रेलवे मंत्री

Q.54 इस यातायात प्रतीक से क्या अभिप्राय है?

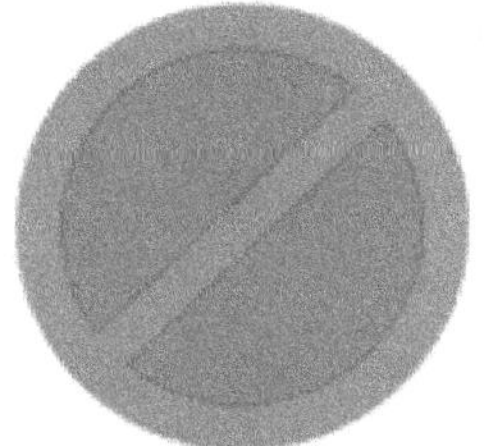

A. हॉर्न निषेद है
B. पार्किंग निषेद है
C. रुकिए
D. पैदल यात्रियों के लिए रास्ता बंद है

Q.55 ब्रिटिश भारत के प्रथम गवर्नर जनरल कौन थे?

| A. लॉर्ड विलियम बेंटिक | B. लार्ड डलहौजी |
| C. लार्ड कॉर्नवालिस | D. इनमें से कोई नहीं |

Q.56 मानव शरीर की दूसरी सबसे बड़ी ग्रंथि कौन सी है?

A. यकृत   B. बड़ी आंत   C. वक्ष   D. अग्राशय

Q.57 सांस्कृतिक और शैक्षिक अधिकार किस अनुच्छेद से संबंधित है?

| A. अनुच्छेद 10 और 11 | B. अनुच्छेद 15 और 16 |
| C. अनुच्छेद 20 और 21 | D. अनुच्छेद 29 और 30 |

Q.58 भारत में कानून का जनक किसे कहा जाता है?

Q.59 हरे रंग का एक निकाय लाल रंग के प्रकाश में किस रंग का दिखाई देगा?

A. लाल   B. पीला   C. हरा   D. काला

Q.60 ताज महल के वास्तुकार कौन थे?

| A. उस्ताद अहमद लाहौरी | B. नॉर्मन फोस्टर |
| C. हेनरी इरविन | D. उस्ताद घनी उत्बुद्दीन |

Q.61 भारत का पहला परमाणु रिएक्टर 'अप्सरा' किस राज्य में स्थित है?

A. महाराष्ट्र   B. मध्य प्रदेश   C. राजस्थान   D. बिहार

Q.62 साल्मोनेला पैराटाइफी बैक्टीरिया किस बीमारी को फैलाता है?

| A. कुष्ठ रोग | B. टाइफाइड बुखार |
| C. क्षय रोग | D. उपर्युक्त में से कोई नहीं |

Q.63 'बुकलेस इन बगदाद' पुस्तक का लेखक कौन है?

| A. अरुंधती रॉय | B. विक्रम सेठ |
| C. शशि थरूर | D. रोलैंड बर्थेस |

Q.64 किसी वकील को भारत के सर्वोच्च न्यायालय के न्यायाधीश बनने के लिए योग्य होने के लिए उच्च न्यायालय में कितने वर्ष की प्रैक्टिस होनी चाहिए?

A. 15 वर्ष   B. 12 वर्ष   C. 5 वर्ष   D. 10 वर्ष

Q.65 कौन सा अनुच्छेद 'छुआछूत को समाप्त करने' से संबंधित है?

| A. अनुच्छेद 20 | B. अनुच्छेद 19 |
| C. अनुच्छेद 18 | D. अनुच्छेद 17 |

Q.66 कौन सा अनुच्छेद 'कानून से पहले समानता' से संबंधित है?

| A. अनुच्छेद 13 | B. अनुच्छेद 14 |
| C. अनुच्छेद 15 | D. अनुच्छेद 16 |

Q.67 निम्नलिखित में से कौन सी जगह चिकनकारी काम के लिए प्रसिद्ध है, जो कढ़ाई की एक पारंपरिक कला है?

[DSSSB TGT Social Science, 2014]

A. लखनऊ   B. हैदराबाद   C. जयपुर   D. मैसूर

Q.68 "स्मार्ट धन" शब्द किसके लिए प्रयोग होता है ?

| A. क्रेडिट कार्ड | B. इंटरनेट बैंकिंग |
| C. ई-बैंकिंग | D. कैश विद पब्लिक |

Q.69 अंतर्राष्ट्रीय समुद्री संगठन का मुख्यालय कहाँ स्थित है?

A. पेरिस   B. बर्लिन   C. हेग   D. लंदन

Q.70 भारतीय संविधान में अनुच्छेद 280 ______ से संबंधित है।

A. लोक सेवा आयोगों की कार्यप्रणाली
B. वित्त आयोग
C. राज्य विधानमंडल में प्रयुक्त होने वाली भाषा
D. सर्वोच्च न्यायालय से परामर्श करने की राष्ट्रपति की शक्ति

Q.71 निम्नलिखित में से किस राज्य में लोकसभा निर्वाचन क्षेत्र की अधिकतम संख्या है?

| A. पश्चिम बंगाल | B. महाराष्ट्र |
| C. बिहार | D. उत्तर प्रदेश |

Q.72 उत्तर प्रदेश का शास्त्रीय नृत्य रूप ______ है।

| A. कथकली | B. कथक |
| C. कुचिपुड़ी | D. मोहिनीअट्टम |

Q.73 उत्तर प्रदेश के पहले मुख्यमंत्री कौन थे?
- **A.** सुचेता कृपलानी
- **B.** चरण सिंह
- **C.** गोविंद बल्लभ पंत
- **D.** चंद्र भानु गुप्ता

Q.74 मोटर वाहन अधिनियम के तहत, दुर्घटना के एक घंटे बाद का समय ________ के रूप में जाना जाता है।
- **A.** सिल्वर ऑवर
- **B.** प्लैटिनम ऑवर
- **C.** गोल्डन ऑवर
- **D.** ब्रॉन्ज ऑवर

Q.75 आपराधिक प्रक्रिया संहिता, 1973 की धारा 162 ________ की सुरक्षा के लिए है।
- **A.** मुलजिम
- **B.** गवाह
- **C.** गवाह
- **D.** पुलिस अधिकारी

Q.76 भारत में मोटर वाहन अधिनियम कब पारित किया गया था?
- **A.** 1985
- **B.** 1986
- **C.** 1987
- **D.** 1988

Q.77 "ए गिफ्ट टू मोनोथिस्ट" पुस्तक किसने लिखी थी?
- **A.** डेविड हेअर
- **B.** राजा राम मोहन राय
- **C.** महादेव गोविंद रानाडे
- **D.** रामकृष्ण भंडारकर

Q.78 3 जुलाई 2022 को सीआईआई क्वालिटी रत्न पुरस्कार 2021 से किसे सम्मानित किया गया है?
- **A.** अशोक सूता
- **B.** मुकेश अंबानी
- **C.** गौतम अडानी
- **D.** अजीम प्रेमजी

Q.79 जुलाई में फेमिना मिस इंडिया 2022 के खिताब की विजेता किसे घोषित किया गया था?
- **A.** बबीता सिंह
- **B.** तारिणी गोयल
- **C.** सिनी शेट्टी
- **D.** शिनाता चौहान

Q.80 जुलाई 2022 में विंबलडन महिला एकल का खिताब किसने जीता है?
- **A.** ऐलेना रिबाकिना
- **B.** ओन्स जबेउरी
- **C.** जेसिका पेगुला
- **D.** सिमोना हालेप

Numerical & Mental Ability

Q.81 प्रणव अपनी आय का 10% बचाता है, जबकि शेष आय भोजन, कपड़े और किराये पर 2 : 4 : 5 के अनुपात में खर्च कर देता है। यदि कपड़े पर खर्च की गई धनराशि 2880 रुपये हो तो उसकी आय ज्ञात कीजिये।
- **A.** 8100 रु
- **B.** 7800 रु
- **C.** 7920 रु
- **D.** 8800 रु

Q.82 एक नाव धारा के प्रतिकूल यात्रा कर रही है और उसी मार्ग पर वापस उसी बिंदु पर लौटती है। नाव द्वारा तय की गई कुल दूरी 200 किमी है और लिया गया कुल समय 25 घंटे है। यदि स्थिर जल में नाव की गति पूरी यात्रा के लिए 10 किमी /घंटा है, तो धारा की गति ज्ञात कीजिए।
- **A.** 2√5 किमी /घंटा
- **B.** 3√5 किमी /घंटा
- **C.** √5 किमी /घंटा
- **D.** 5 किमी /घंटा

Q.83 यदि किसी संख्या का 30% का 45% का 20%, एक अन्य संख्या के 40% के 25% के 50% के बराबर है तो दोनों संख्याओं का अनुपात क्या है?
- **A.** 50 : 23
- **B.** 50 : 27
- **C.** 52 : 24
- **D.** 44 : 29

Q.84 यदि किसी बेलन की त्रिज्या 21% बढ़ा दी जाये और ऊँचाई 11% घटा दी जाये तो उसके आयतन में लगभग कितने प्रतिशत की बढ़ोत्तरी या कमी होगी?
- **A.** 30% कमी
- **B.** 30% वृद्धि

- **C.** 3% वृद्धि
- **D.** 3% कमी

Q.85 A, B और ने एक व्यवसाय में क्रमश: 12600 रु, 10800 रु और 16200 रु निवेश किये। उन्होंने यह धनराशी समान समय के लिए निवेश की। साल के अंत में हुए कुल लाभ में, C का लाभ 16200 रु था। A और B के लाभ का अंतर ज्ञात कीजिये।
- **A.** 1500 रु
- **B.** 1800 रु
- **C.** 2100 रु
- **D.** 2400 रु

Ques (86-89):निर्देश: निम्नलिखित जानकारी का ध्यानपूर्वक अध्ययन करें और निम्नलिखित प्रश्न का उत्तर दें:
निम्न तालिका एक परीक्षा में पांच विषयों में पांच छात्रों द्वारा प्राप्त अंकों की संख्या के बारे में जानकारी देती है (प्रत्येक विषय में कुल अंक 300 अंक हैं।

छात्र	विषय				
	अंग्रेज़ी	गणित	भौतिक	जीव विज्ञान	हिन्दी
A	180	290	215	190	192
B	210	230	264	228	102
C	285	175	176	186	132
D	185	165	188	136	144
E	225	230	162	98	156

Q.86 D और E द्वारा एक साथ जीव विज्ञान और हिंदी में एक साथ प्राप्त किए गए कुल अंक, गणित में अकेले A द्वारा प्राप्त अंकों का लगभग कितने प्रतिशत था?
- **A.** 187.32%
- **B.** 192.21%
- **C.** 181.24%
- **D.** 184.14%

Q.87 यदि किसी विषय के न्यूनतम उत्तीर्ण अंक सभी विषयों के कुल अंकों का 30% है तो सभी विषयों में B द्वारा प्राप्त अंक सभी विषयों के न्यूनतम उत्तीर्ण अंक से कितना अधिक है?
- **A.** 584
- **B.** 534
- **C.** 564
- **D.** 575

Q.88 दिए गए छात्रों में से किसी छात्र द्वारा प्राप्त किए गए सभी विषयों के अंकों का उच्चतम कुल प्रतिशत क्या होगा? (लगभग)
- **A.** 56.64%
- **B.** 68.93%
- **C.** 71.13%
- **D.** 58.34%

Q.89 सभी विषयों में A और B द्वारा प्राप्त अंकों और C और D द्वारा प्राप्त अंकों के बीच अंतर ज्ञात कीजिए।
- **A.** 349
- **B.** 347
- **C.** 345
- **D.** इनमें से कोई नहीं

Q.90 10 दिनों के लिए 10 पुरुषों की कुल मजदूरी 3000 रुपये है, एक महिला का दैनिक वेतन पुरुष की तुलना में आधा है। 1800 रुपये अर्जित करने हेतु 6 दिनों तक कितनी महिलाओं को कार्य करना होगा?
- **A.** 10
- **B.** 20
- **C.** 30
- **D.** 25

Q.91 किसी वर्ग की भुजा एवं वृत्त के व्यास का अनुपात 3 : 10 है। वृत्त की परिधि 220 मीटर है। वर्ग का क्षेत्रफल ज्ञात कीजिए।
- **A.** 441 वर्ग मीटर
- **B.** 361 वर्ग मीटर
- **C.** 576 वर्ग मीटर
- **D.** 625 वर्ग मीटर

Q.92 एक व्यक्ति ने आंशिक रूप से बाइक और साइकिल से 10 घंटे में 203.5 किमी की यात्रा की। बाइक की गति 27 किमी /घंटा है और साइकिल की गति 8 किमी /घंटा है। तो बाइक द्वारा उस व्यक्ति ने कितनी दूरी तय की?
- **A.** 175.5 किमी
- **B.** 203.5 किमी

C. 150 किमी　　　　**D.** 125.75 किमी

Q.93 मीरा, टीना और सानिया के आयु का अनुपात 6 : 4 : 7 है। अगर उनके आयु का योग 34 वर्ष है ,तो सानिया की आयु क्या है?
A. 12 साल　　　　**B.** 10 साल
C. 18 साल　　　　**D.** इनमें से कोई नहीं

Q.94 100 संख्याओं का औसत 44 है। इन 100 संख्याओं एवं अन्य चार संख्याओं का औसत 50 है। नयी चार संख्याओं का औसत क्या होगा?
A. 800　　**B.** 200　　**C.** 176　　**D.** 240

Q.95 यदि 20 वस्तुओं का लागत मूल्य, 18 वस्तुओं के विक्रय मूल्य के बराबर हो तो वस्तुओं को बेचने पर होने वाला लाभ प्रतिशत ज्ञात कीजिए?
A. 13.75%　　**B.** 14.50%　　**C.** 10.50%　　**D.** 11.11%

Q.96 दी गयी श्रृंखला में '?' के स्थान पर आने वाली संख्या का चयन करें।
7, 10, 6, 9, 5, ?
A. 8　　**B.** 7　　**C.** 16　　**D.** 5

Q.97 सैम ने 375 रु प्रति दर्जन की दर से 20 दर्जनों खिलौने खरीदे। उसने उनमें से प्रत्येक को 33 रु की दर पर बेच दिया। उसका प्रतिशत लाभ क्या था?
A. 3.5　　**B.** 4.5　　**C.** 5.6　　**D.** 6.5

Q.98 30000 रुपर 7% प्रतिवर्ष की दर से चक्रवृद्धि ब्याज 4347 रु है। अवधि (वर्षों में) ज्ञात कीजिये।
A. 2　　**B.** $2\frac{1}{2}$　　**C.** 3　　**D.** 4

Q.99 यदि दो धनात्मक संख्याओं का गुणनफल 1575 है और उनका अनुपात 7 : 9 है, तो सबसे बड़ी संख्या है:
A. 45　　**B.** 135　　**C.** 35　　**D.** 63

Q.100 दो संख्याओं का ल.स.म. उनके म.स.प. का 20 गुना है। ल.स.म. और म.स.प. का योग 2520 है। यदि एक संख्या 480 है, तो दूसरी संख्या है:
A. 400　　**B.** 480　　**C.** 520　　**D.** 600

Q.101 A, B से दो वर्ष बड़ा है जो C से दोगुना बड़ा है। A, B और C की आयु का कुल योग 27 है, तो B की आयु क्या है?
A. 7　　**B.** 8　　**C.** 9　　**D.** 10

Q.102 एक परीक्षा में सोहन को 232 अंक प्राप्त हुए, जो कि, सुरेश के अंकों से 46 अधिक हैं। सोनल को परीक्षा में कुल अंकों के 40% अंक प्राप्त हुए, जो कि, सुरेश के अंकों से 34 अंक अधिक थे। सुरेश को लगभग कितने प्रतिशत अंक प्राप्त हुए?
A. 55%　　**B.** 34%　　**C.** 42%　　**D.** 67%

Q.103 नीचे दी गई श्रृंखला में गलत पद ज्ञात करें।
642, 322, 164, 82, 42, 22
A. 82　　**B.** 164　　**C.** 42　　**D.** 642

Q.104 सुमित 10 : 9 : 8 : 7 : 6 के अनुपात में पांच विषयों में कुल 60% अंक प्राप्त करता है। यदि प्रत्येक विषय के लिए उत्तीर्ण अंक अधिकतम अंकों का 50% है तथा प्रत्येक विषय के अधिकतम अंक समान हैं, तो उसने परीक्षा में कितने विषयों को पास किया?
A. एक　　**B.** दो　　**C.** तीन　　**D.** चार

Q.105 दो साझेदारों ने एक व्यवसाय में क्रमश: 12500 रु और 8500 रु निवेश किए और वे इस बात पर सहमत हुए कि लाभ का 40% उनके निवेश के अनुपात में विभाजित किया जाएगा और शेष लाभ दान किया जाएगा। यदि एक साझेदार को दूसरे की अपेक्षा 240 रु अधिक मिले हों तो व्यापार में हुआ कुल लाभ ज्ञात करें।
A. 3250 रु　　**B.** 4050 रु　　**C.** 3550 रु　　**D.** 3150 रु

Q.106 एक वृत्त और एक आयत के क्षेत्रफल का योग 1166 वर्ग सेमी है। वृत्त का व्यास 28 सेमी है। वृत्त की परिधि और आयत के परिमाप का योग क्या है, यदि आयत की लंबाई 25 सेमी है?
A. 186 सेमी　　　　**B.** 182 सेमी
C. 184 सेमी　　　　**D.** इनमें से कोई नहीं

Q.107 एक मिश्रण में, दूध और पानी का अनुपात 3 : 1 है। 20 लीटर के अन्य मिश्रण को मिलाने के बाद, उसमें दूध और पानी का अनुपात 2 : 3 था, नये मिश्रण में पानी की सांद्रता 33.75% हो जाती है। नये मिश्रण की मात्रा (लीटर में) कितनी हो गई थी?
A. 60　　**B.** 75　　**C.** 80　　**D.** 100

Q.108 एक क्रिकेटर का 34 पारियों में एक निश्चित औसत था। 35 वीं पारी में वह कोई स्कोर किये बिना ही आउट कर दिया गया, इससे उसका औसत 2 रन कम हो जाता है। रनों का उसका नया औसत कितना है?
A. 72　　**B.** 68　　**C.** 78　　**D.** 128

Q.109 A, B के रूप में तीन बार काम करने वाले के रूप में अच्छा है और इसलिए B के साथ काम करने से 60 दिनों में कम काम पूरा करने में सक्षम है, वे इसमें कर सकते हैं:
A. 20 दिन　　**B.** $22\frac{1}{2}$ दिन　　**C.** 25 दिन　　**D.** 30 दिन

Q.110 साधारण ब्याज की किस दर पर एक निश्चित राशि 10 साल में दोगुनी हो जाएगी?
A. 10%　　**B.** 12%　　**C.** 13%　　**D.** 15%

Q.111 दो उम्मीदवारों के बीच हुए एक चुनाव में, एक को 65% वैध मत प्राप्त हुए, 17.5% मत अवैध घोषित किए गए। यदि दूसरे उम्मीदवार को 2310 मत प्राप्त हुए। तो डाले गए मतों की कुल संख्या ज्ञात करें।
A. 8000　　**B.** 6600　　**C.** 7200　　**D.** 7200

Q.112 एक व्यक्ति स्थिर पानी में 5 किमी /घंटा की गति से नाव चला सकता है और धारा की गति 1.5 किमी /घंटा है। वह एक घंटा लेता है जब वह धारा के प्रतिकूल जाता है और फिर उस स्थान से शुरुआती बिंदु पर आता है। स्थान प्रारंभिक बिंदु से कितनी दूरी पर है?
A. 12.50 किमी　　　　**B.** 16.25 किमी
C. 13.3 किमी　　　　**D.** 2.275 किमी

Q.113 दी गयी श्रृंखला में '?' के स्थान पर आने वाली संख्या का चयन करें।
50, 48, 43, 41, 36, 34, ?
A. 29　　**B.** 35　　**C.** 33　　**D.** 30

Q.114 जब चित्रा का जन्म हुआ तो उसकी मां की आयु 30 साल थी और उसके 4 साल बाद जब उसकी बहन बिट्टू का जन्म हुआ था तो उसके पिता 26 वर्ष के थे। उनके माता-पिता के बीच आयु का अंतर ज्ञात करें।
A. 4 वर्ष　　　　**B.** 5 वर्ष
C. 1 वर्ष　　　　**D.** इनमें से कोई नहीं

Q.115 रोहित 25 मी दक्षिण की ओर चलता है। फिर वह अपनी बाईं ओर मुड़ता है और 20 मी चलाता है। वह फिर अपने बाईं ओर मुड़कर 25 मी

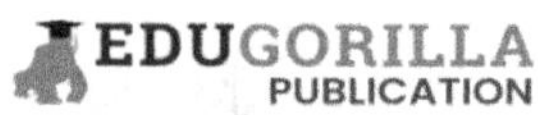

चलता है। वह फिर से अपने दाईं ओर मुड़ता और 15 मीटर चलाता है। वह प्रारंभिक बिंदु से कितनी दूरी पर और किस दिशा में है?

A. 35 मी पूर्व

B. 35 मी उत्तर

C. 30 मी पश्चिम

D. 45 मी पूर्व

Q.116 दी गयी श्रृंखला में '?' के स्थान पर आने वाली संख्या का चयन करें।

7, 13, ?, 29, 37

A. 11   **B.** 19   **C.** 23   **D.** 31

Q.117 सचिन 7 साल से राहुल से छोटा है। यदि उनकी आयु $7:9$ के संबंधित अनुपात में है, तो सचिन की आयु कितनी है?

A. 16 वर्ष   **B.** 18 वर्ष   **C.** 28 वर्ष   **D.** 24.5 वर्ष

Q.118 एक बॉक्स में, 8 लाल, 7 नीले और 6 हरे रंग की गेंद हैं। एक गेंद को यादृच्छिक रूप से निकाला जाता है। क्या प्रायिकता है कि यह न तो लाल है और न ही हरा है?

A. $\frac{1}{3}$ **B.** $\frac{3}{4}$ **C.** $\frac{7}{19}$ **D.** $\frac{8}{21}$

Q.119 यदि $\frac{2a+b}{a+4b} = 3$ है, तो $\frac{a+b}{a+2b}$ का मान ज्ञात कीजिए।

A. $\frac{5}{9}$ **B.** $\frac{2}{7}$ **C.** $\frac{10}{9}$ **D.** $\frac{10}{7}$

Q.120 दी गयी श्रृंखला में '?' के स्थान पर आने वाली संख्या का चयन करें।

26, 78, 273, 1092, 4914, ?

A. 24575   **B.** 24570   **C.** 24586   **D.** 15803

Mental Aptitude & Reasoning

Q.121 निर्देश: निम्नलिखित प्रश्न में दिए गए विकल्पों में से संबंधित शब्द/अक्षर/संख्या का चयन करें।

86 : 62 : : 49 : ?

A. 29   **B.** 49   **C.** 35   **D.** 42

Q.122 निर्देश: निम्नलिखित प्रश्न में दिए गए विकल्पों में से संबंधित शब्द/अक्षर/संख्या का चयन करें।

62 : 155 : : 58 : ?

A. 131   **B.** 148   **C.** 145   **D.** 256

Q.123 निर्देश: निम्नलिखित प्रश्न में दिए गए विकल्पों में से संबंधित शब्द/अक्षर/संख्या का चयन करें।

LNPQ : TVXY : : CEGH : ?

A. JLNP   **B.** FHJM   **C.** KMPT   **D.** KMOP

Q.124 निर्देश: निम्नलिखित प्रश्न में दिए गए विकल्पों में से संबंधित शब्द/अक्षर/संख्या का चयन करें।

ABZY : CDXW : : EFVU : ?

A. IJRQ   **B.** IJRQ   **C.** MNST   **D.** GHTS

Q.125 किसी निश्चित कोड भाषा में 1925 को ACE और 36116 को FAD लिखा जाता है तो उसी कोड भाषा में DIE को क्या लिखा जायेगा?

A. 819259   **B.** 168125   **C.** 161825   **D.** 16819

Q.126 यदि "-" का अर्थ "÷" है, "+" का अर्थ "×" है, "÷" का अर्थ "+" है, "×" का अर्थ "-" है, तो दिए गए समीकरण का मान ज्ञात कीजिए।

11 ÷ 6 - 2 + 5 × 3 = ?

A. 17   **B.** 21   **C.** 23   **D.** 26

Q.127 निम्नलिखित प्रश्न में दिए गए विकल्पों में से विषम संख्या को चुनिए।

A. 934   **B.** 732   **C.** 622   **D.** 913

Q.128 निम्नलिखित विकल्पों में से उस शब्द का चयन करें जिसे शब्द के अक्षरों का उपयोग करके बनाया जा सकता है।

PRAGMATIC

A. GUITAR   **B.** AGMARK

C. GAME   **D.** MAGIC

Q.129 निम्नलिखित विकल्पों में से, नीचे दिए गए शब्द के अक्षरों का प्रयोग करके न बनाए जा सकने वाले शब्द का चयन करें।

INTERNATIONAL

A. LATTER   **B.** RELATION

C. TREATMENT   **D.** TRAIN

Q.130 निर्देश: नीचे दिए गए प्रश्न में कुछ कथन दिए गए हैं जिसके बाद कुछ निष्कर्ष दिए गए हैं। दिए गए कथनों को आपको सत्य मानना है, यदि वे सामान्यतः ज्ञात तथ्यों से भिन्न भी प्रतीत हों, फिर आपको निर्धारित करना है कि दिए गये निष्कर्षों में से कौन सा दिए गए कथनों का तार्किक रूप से अनुसरण करता है।

कथन:

I. सभी फूल खिलौने हैं।

II. कुछ खिलौने बेवकूफ हैं।

III. कुछ फ़रिश्ते बेवकूफ हैं।

निष्कर्ष:

I. कुछ फ़रिश्ते खिलौने हैं।

II. कुछ बेवकूफ फूल हैं।

III. कुछ फूल फ़रिश्ते हैं।

A. केवल निष्कर्ष I और निष्कर्ष II अनुसरण करते हैं

B. केवल निष्कर्ष III अनुसरण करता है

C. सभी निष्कर्ष अनुसरण करते हैं

D. कोई भी निष्कर्ष अनुसरण नहीं करता है

Q.131 निर्देश: नीचे दिए गए प्रश्न में कुछ कथन दिए गए हैं जिसके बाद कुछ निष्कर्ष दिए गए हैं। दिए गए कथनों को आपको सत्य मानना है, यदि वे सामान्यतः ज्ञात तथ्यों से भिन्न भी प्रतीत हों, फिर आपको निर्धारित करना है कि दिए गये निष्कर्षों में से कौन सा दिए गए कथनों का तार्किक रूप से अनुसरण करता है।

कथन:

I. सभी बस्ते मेंज हैं।

II. कोई मेज लाल नहीं है।

निष्कर्ष:

I. कुछ बस्ते लाल है।

II. सभी बस्ते लाल हैं।

A. केवल निष्कर्ष I अनुसरण करता है

B. केवल निष्कर्ष II अनुसरण करता है

C. न तो निष्कर्ष I और न ही निष्कर्ष II अनुसरण करता है

D. दोनों ही निष्कर्ष अनुसरण करते हैं

Q.132 दंड प्रक्रिया संहिता की धारा 46 के अनुसार, महिलाओं को __________ के बीच गिरफ्तार नहीं किया जा सकता है।

A. शाम 6 बजे से सुबह 6 बजे तक

B. सुबह 7 बजे से शाम 7 बजे तक

C. सुबह 8 बजे से शाम 8 बजे तक

D. सुबह 9 बजे से 9 बजे तक

Q.133 किसी कूट भाषा में यदि EQUATION शब्द को GSWCVKQP, लिखा जाता है, तो DONKEY शब्द को कैसे कूट किया जाएगा?

A. FQPMGA   **B.** YEKNOD

C. GWCVKJ   **D.** PQKUCW

Q.134 निम्नलिखित शब्दों को शब्दकोश में दिए गए उनके क्रमानुसार व्यवस्थित करें।

A. Concession

B. Conception

C. Conciliator

D. Conceive

E. Concerned

A. D, E, C, B, A   **B.** D, B, E, C, A

C. D, B, E, A, C   **D.** D, C, E, B, A

Q.135 दी गयी श्रृंखला में लुप्त पद ज्ञात कीजिए।

22, 30, 46, 78, 142, ?

A. 370   **B.** 378   **C.** 278   **D.** 270

Q.136 किसी कूट भाषा में SHEEP को GAXXR और BLEAT को HPXTN लिखा जाता है। तो उसी कूट भाषा में SLATE को क्या लिखा जायेगा?

A. GPTNX   **B.** GPTXN   **C.** GPXNT   **D.** PTGXN

Q.137 निर्देश: दिए गए विकल्पों में से लुप्त संख्या ज्ञात करें।

15	5	7	10
64	4	5	21
91	?	9	22

A. 7   **B.** 4   **C.** 8   **D.** 5

Q.138 16 लड़कों की पंक्ति में, जब प्रकाश बाईं ओर दो स्थानों से स्थानांतरित कर दिया जाता है , वह बाएं छोर से 7वें स्थान पर आ जाता है । पंक्ति में दायीं ओर से उसकी स्थिति पहले क्या थी?

A. 7वीं   **B.** 8वीं   **C.** 9वीं   **D.** 10वीं

Q.139 निर्देश: दिए गए विकल्पों में से लुप्त संख्या ज्ञात करें।

44	49	37
52	?	41
58	35	53

A. 66   **B.** 55   **C.** 77   **D.** 46

Q.140 प्रश्न आकृति में कौन सी उत्तर आकृति पैटर्न को पूरा करेगी?

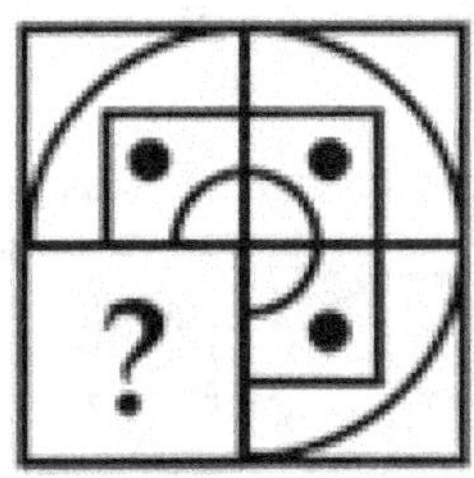

[UP Police Constable, 2019]

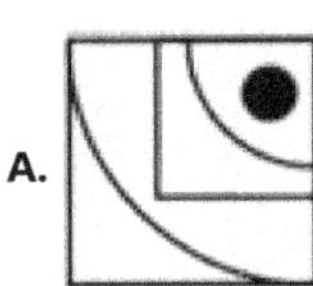
A.

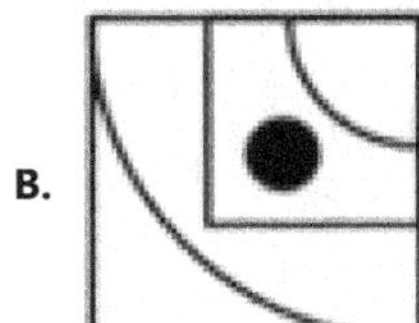
B.

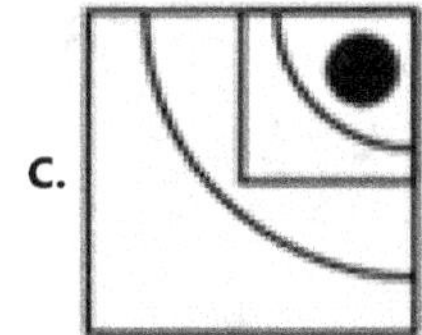
C.

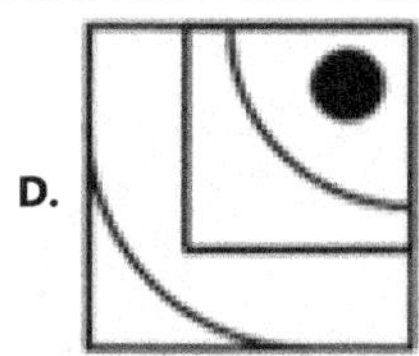
D.

Q.141 निर्देश: दिए गए विकल्पों में से लुप्त संख्या ज्ञात करें।

7	8	2
2	3	3
4	1	7
5	6	?

A. 1   **B.** 2   **C.** 4   **D.** 6

Q.142 तीन बिंदुओं वाले फलक के विपरीत कितने बिंदु होंगे, जब दिए गए आकृति को घन बनाने के लिए मोड़ा जाता है?

आकृति:

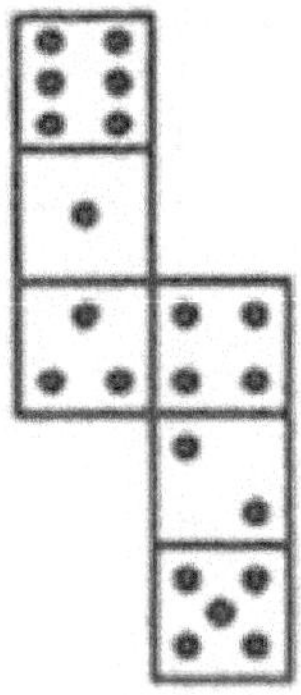

A. 2   **B.** 4   **C.** 5   **D.** 6

Q.143 एक कागज के टुकड़े को मोड़ा जाता है और नीचे प्रश्न आकृति में दर्शाए गए अनुसार पंच किया जाता है। दी गई उत्तर आकृति में से बताइए कि कागज खोलने के बाद वह किस आकृति का दिखाई देगा।

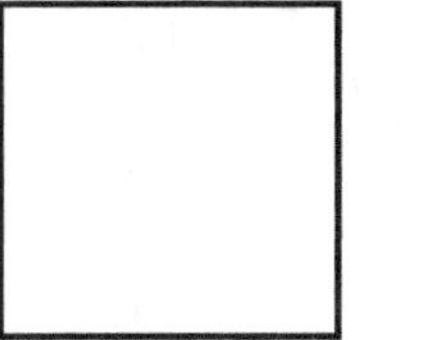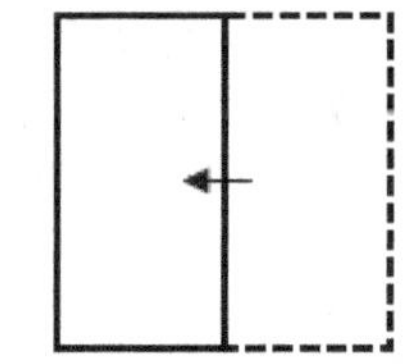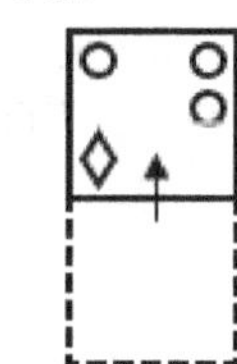

[SSC MTS, 2019], [UP Police Constable, 2019]

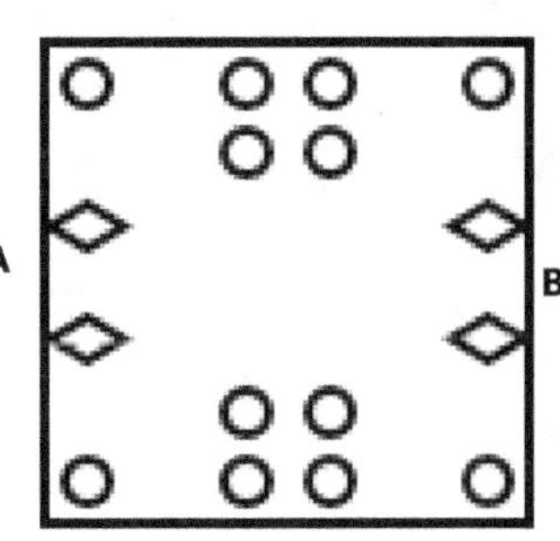
A.

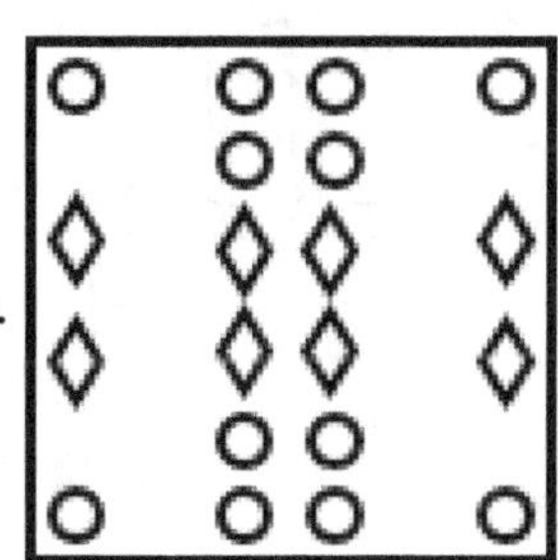
B.

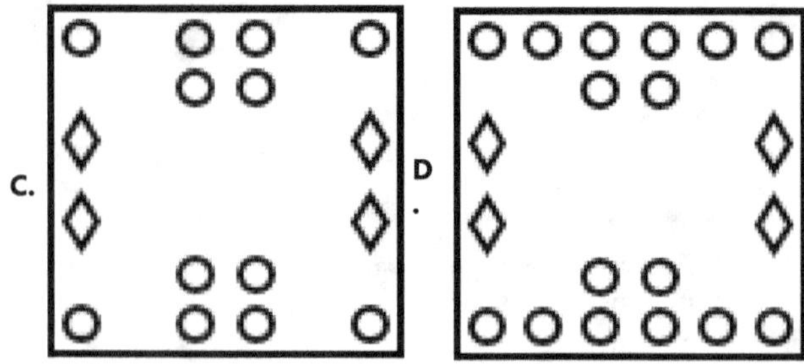

C.   D.

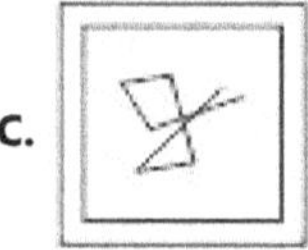 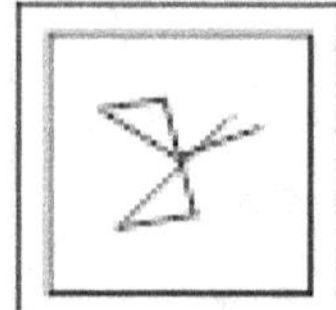

C.   D.

Q.144 पांच लड़कियां फोटो खिंचवाने के लिए बेंच पर बैठी हैं। सीमा, रानी के बाईं ओर और बिंदू के दाईं ओर है। मैरी रानी के दाईं ओर है। रीता, रानी और मैरी के बीच में है। रीता के निकटतम दायीं ओर कौन है?

A. बिंदू   **B.** रानी   **C.** मैरी   **D.** सीमा

Q.145 हिना, मोना से लंबी है लेकिन सोनिया से छोटी है। मोना, अल्का से छोटी है लेकिन राहुल से लंबी है। इन सभी में से सबसे छोटा कौन है?

A. अल्का   **B.** मोना   **C.** राहुल   **D.** हिना

Q.146 उत्तर आकृति ज्ञात कीजिए जिसमें प्रश्न आकृति सन्निहित है?

प्रश्न आकृति:

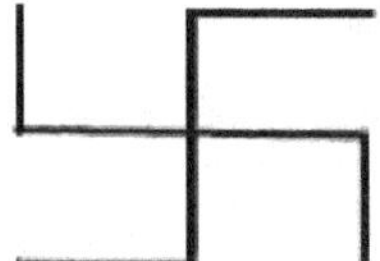

उत्तर आकृति:

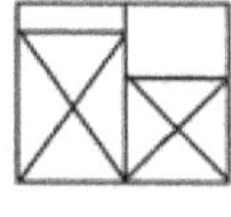 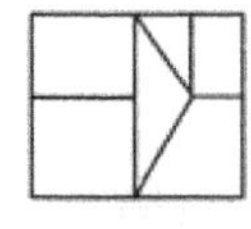 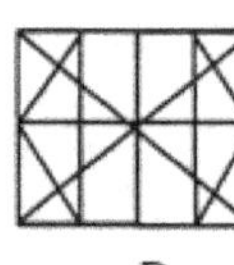

A   B   C   D

A. आकृति A   **B.** आकृति B   **C.** आकृति C   **D.** आकृति D

Q.147 एक दर्पण को रेखा MN पर स्थापित किया जाता है, तो उत्तर आकृतियों में से कौन सी आकृति दी गई प्रश्न आकृति का सही दर्पण प्रतिबिम्ब है?

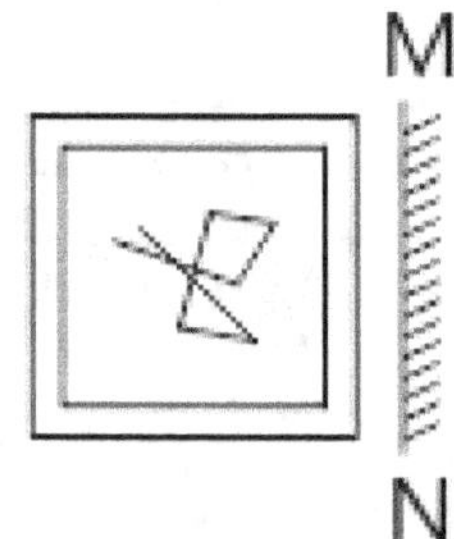

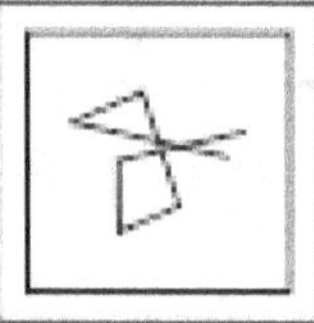 

A.   B.

Q.148 निर्देशः दिए गए अनुक्रम में, एक संख्या/अक्षर/शब्द/पद लुप्त है। दिए गए विकल्पों में से सही विकल्प चुनें जो अनुक्रम को पूरा करेगा।

24, 37, 50, 63, ?

A. 86   **B.** 57   **C.** 76   **D.** 87

Q.149 निर्देशः दिए गए अनुक्रम में, एक संख्या/अक्षर/शब्द/पद लुप्त है। दिए गए विकल्पों में से सही विकल्प चुनें जो अनुक्रम को पूरा करेगा।

TU, DE, NO, ?

A. PQ   **B.** FG   **C.** XY   **D.** VW

Q.150 निर्देशः दिए गए अनुक्रम में, एक संख्या/अक्षर/शब्द/पद लुप्त है। दिए गए विकल्पों में से सही विकल्प चुनें जो अनुक्रम को पूरा करेगा।

72, 56, 42, 30, 20, ?

A. 22   **B.** 20   **C.** 12   **D.** 62

Q.151 निर्देशः दिए गए शब्दों को शब्दकोश के अनुसार क्रम में व्यवस्थित करें और सही विकल्प का चयन करें।

1. Grecian

2. Greater

3. Greasepaint

4. Grebe

5. Greasy

A. 3, 1, 4, 5, 2   **B.** 5, 1, 2, 4, 3

C. 1, 5, 3, 2, 4   **D.** 3, 5, 2, 4, 1

Q.152 वह शब्द चुनें, जो अन्य शब्दों से भिन्न हो।

A. मुर्गा   **B.** हंस   **C.** मेंढक   **D.** मगरमच्छ

Q.153 एक आदमी की ओर इशारा करते हुए एक महिला ने कहा, 'उसकी माँ मेरी माँ की इकलौती बेटी है।' महिला आदमी से कैसे संबंधित है?

A. माँ   **B.** दादी   **C.** बहन   **D.** बेटी

Q.154 दिए गए विकल्पों में से कौन एक आपराधिक न्याय प्रणाली का घटक नहीं है?

A. कानून   **B.** न्यायालय   **C.** सुधार   **D.** पुलिस

Q.155 निर्देशः नीचे दिए गए प्रश्न में कुछ कथन दिए गए हैं जिसके बाद कुछ निष्कर्ष दिए गए हैं। दिए गए कथनों को आपको सत्य मानना है, यदि वे सामान्यतः ज्ञात तथ्यों से भिन्न भी प्रतीत हों, फिर आपको निर्धारित करना है कि दिए गये निष्कर्षों में से कौन सा दिए गए कथनों का तार्किक रूप से अनुसरण करता है।

कथन:

I. सभी कप किताबें हैं।

II. सभी किताबें शर्ट हैं।

निष्कर्ष:

I. कुछ कप शर्ट नहीं हैं।

II. कुछ शर्ट कप हैं।

A. केवल I अनुसरण करता है

B. केवल II अनुसरण करता है

C. या तो I या II अनुसरण करता है

D. दोनों I और II अनुसरण करते हैं

Q.156 भारतीय संविधान में पीआईएल का पूर्ण नाम क्या है?

A. जनहित याचिका

B. भारत की विधानमंडल की जनता

C. स्वतंत्र भूमि वाला व्यक्ति

D. इनमें से कोई नहीं

Q.157 सुंदर पूर्व की ओर 20 मी चलता है और फिर वह दाईं ओर मुड़कर 10 मी चलता है। उसके बाद फिर से वह दाईं ओर मुड़ता है और 9 मी चलता है। फिर से वह दाईं ओर मुड़ता है और 5 मी चलता है। इसके बाद वह बाईं ओर मुड़ता है और 12 मीटर चलता है और अंत में वह दाईं ओर मुड़ता है और 6 मी चलता है। अब सुंदर किस दिशा की ओर सम्मुख है?

A. पूर्व   **B.** पश्चिम   **C.** उत्तर   **D.** दक्षिण

Q.158 निम्नलिखित आकृति का अध्ययन करें तथा नीचे दिए गए प्रश्नों के उत्तर दें।

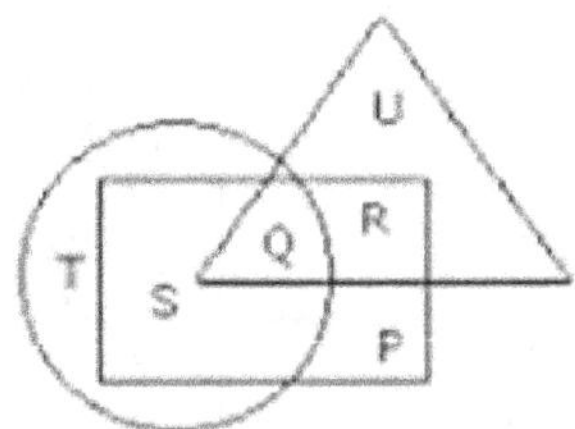

 → विवाहित लोग

⭕ → संयुक्त परिवार में रहने वाले लोग

△ → शिक्षक

कौन सा अक्षर विवाहित शिक्षकों को प्रदर्शित करता है जो संयुक्त परिवार में रहते हैं?

A. R   **B.** Q   **C.** S   **D.** P

Q.159 उस वैकल्पिक आकृति का चयन करें जिसमें उसके भाग के रूप में नीचे दी गयी आकृति सन्निहित है।

प्रश्न आकृति:

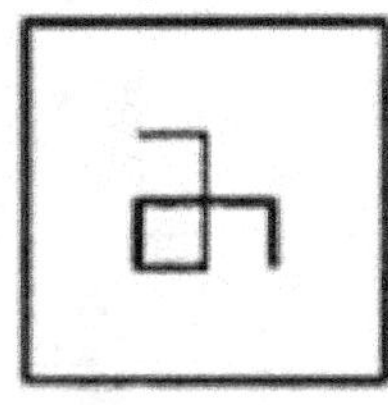

A. 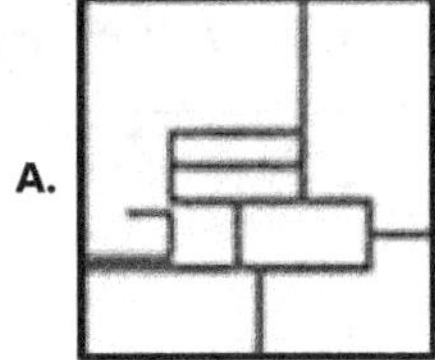   **B.** 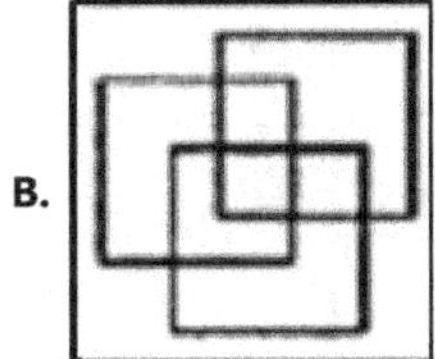

C. 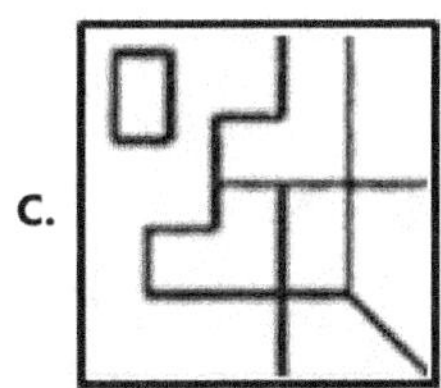   **D.** 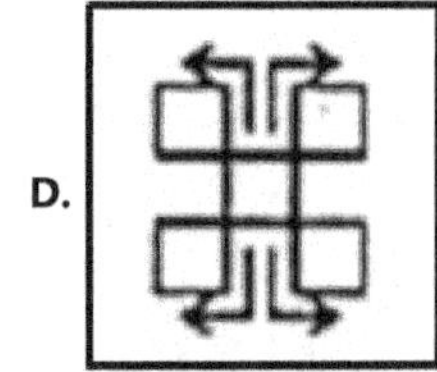

Q.160 F, A का भाई है और C, A की बेटी है। K, F की बहन है और G, C का भाई है। तो G का चाचा कौन है?

A. F   **B.** K

C. C   **D.** इनमें से कोई नहीं

// स्मार्ट उत्तर पुस्तिका //

सही उत्तर — उन छात्रों के प्रतिशत को इंगित करता है जिन्होंने प्रश्नों का सही उत्तर दिया था।

छोड़ दिया — उन छात्रों के प्रतिशत को इंगित करता है जिन्होंने प्रश्नों को छोड़ दिया था।

प्रश्न संख्या	उत्तर	सही उत्तर / छोड़ दिया	प्रश्न संख्या	उत्तर	सही उत्तर / छोड़ दिया	प्रश्न संख्या	उत्तर	सही उत्तर / छोड़ दिया	प्रश्न संख्या	उत्तर	सही उत्तर / छोड़ दिया	प्रश्न संख्या	उत्तर	सही उत्तर / छोड़ दिया
1	C	67.1 % / 1.77 %	17	C	64.0 % / 1.22 %	33	D	49.9 % / 1.21 %	49	A	81.13 % / 0.0 %	65	D	57.92 % / 1.29 %
2	C	47.96 % / 1.95 %	18	A	40.5 % / 1.22 %	34	C	69.33 % / 1.85 %	50	D	51.82 % / 1.74 %	66	B	55.1 % / 1.1 %
3	D	68.7 % / 1.95 %	19	D	53.88 % / 1.34 %	35	B	61.25 % / 1.81 %	51	A	19.52 % / 4.15 %	67	A	82.07 % / 0.0 %
4	A	64.5 % / 1.12 %	20	D	60.06 % / 1.67 %	36	B	62.85 % / 1.16 %	52	B	45.89 % / 1.87 %	68	A	85.64 % / 0.0 %
5	B	89.63 % / 0.0 %	21	A	46.73 % / 1.87 %	37	D	49.79 % / 1.73 %	53	C	84.91 % / 0.0 %	69	D	44.21 % / 1.45 %
6	A	49.61 % / 1.22 %	22	D	68.73 % / 1.03 %	38	D	40.69 % / 1.25 %	54	B	84.66 % / 0.0 %	70	B	61.13 % / 1.41 %
7	D	54.35 % / 1.28 %	23	A	54.53 % / 1.49 %	39	D	52.7 % / 1.43 %	55	A	46.95 % / 1.85 %	71	D	58.83 % / 1.97 %
8	A	81.39 % / 0.0 %	24	C	47.91 % / 1.8 %	40	C	51.63 % / 1.59 %	56	D	43.09 % / 1.03 %	72	B	45.04 % / 1.77 %
9	B	57.58 % / 1.28 %	25	C	55.69 % / 1.12 %	41	B	59.77 % / 1.7 %	57	D	46.81 % / 1.68 %	73	C	54.73 % / 1.64 %
10	D	65.1 % / 1.89 %	26	A	45.16 % / 1.04 %	42	D	85.7 % / 0.0 %	58	C	50.02 % / 1.75 %	74	C	42.9 % / 1.61 %
11	A	68.97 % / 1.79 %	27	C	64.65 % / 1.38 %	43	A	13.68 % / 4.38 %	59	D	57.04 % / 1.13 %	75	A	67.18 % / 1.01 %
12	C	17.51 % / 4.41 %	28	D	65.41 % / 1.51 %	44	B	40.74 % / 1.3 %	60	A	40.34 % / 1.1 %	76	D	52.21 % / 1.94 %
13	B	62.06 % / 1.38 %	29	A	51.03 % / 1.91 %	45	B	26.6 % / 3.3 %	61	A	62.99 % / 1.19 %	77	B	29.84 % / 4.15 %
14	C	89.4 % / 0.0 %	30	A	42.65 % / 1.6 %	46	C	46.38 % / 1.5 %	62	B	58.93 % / 1.94 %	78	A	64.81 % / 1.55 %
15	B	54.21 % / 1.27 %	31	B	58.88 % / 1.33 %	47	C	27.54 % / 3.75 %	63	C	15.09 % / 4.55 %	79	C	89.23 % / 0.0 %
16	A	44.77 % / 1.42 %	32	D	56.43 % / 1.0 %	48	C	84.95 % / 0.0 %	64	D	59.79 % / 1.41 %	80	A	86.25 % / 0.0 %

प्रश्न संख्या	उत्तर	सही उत्तर / छोड़ दिया	प्रश्न संख्या	उत्तर	सही उत्तर / छोड़ दिया	प्रश्न संख्या	उत्तर	सही उत्तर / छोड़ दिया	प्रश्न संख्या	उत्तर	सही उत्तर / छोड़ दिया	प्रश्न संख्या	उत्तर	सही उत्तर / छोड़ दिया
81	D	68.41 % / 1.1 %	97	C	40.54 % / 1.59 %	113	A	88.95 % / 0.0 %	129	C	76.52 % / 0.0 %	145	C	68.65 % / 1.74 %
82	A	67.4 % / 1.66 %	98	A	46.25 % / 1.1 %	114	D	59.88 % / 1.59 %	130	D	66.48 % / 1.01 %	146	D	87.59 % / 0.0 %
83	B	52.2 % / 1.3 %	99	A	82.31 % / 0.0 %	115	A	60.82 % / 1.1 %	131	C	86.48 % / 0.0 %	147	C	82.06 % / 0.0 %
84	B	11.89 % / 3.08 %	100	D	52.27 % / 1.65 %	116	B	49.96 % / 1.68 %	132	A	61.95 % / 1.64 %	148	C	89.54 % / 0.0 %
85	B	66.0 % / 1.4 %	101	D	61.75 % / 1.5 %	117	D	42.85 % / 1.36 %	133	A	41.75 % / 1.79 %	149	C	12.48 % / 3.63 %
86	D	68.12 % / 1.63 %	102	B	45.28 % / 1.48 %	118	A	40.15 % / 1.77 %	134	C	84.58 % / 0.0 %	150	C	21.59 % / 3.19 %
87	A	67.61 % / 1.48 %	103	B	18.73 % / 3.48 %	119	C	51.11 % / 1.46 %	135	D	87.75 % / 0.0 %	151	D	87.59 % / 0.0 %
88	C	44.75 % / 1.27 %	104	C	24.17 % / 3.92 %	120	B	61.84 % / 1.16 %	136	A	47.06 % / 1.94 %	152	A	80.12 % / 0.0 %
89	D	54.01 % / 1.02 %	105	D	43.36 % / 1.43 %	121	B	40.36 % / 1.36 %	137	A	50.89 % / 1.02 %	153	A	79.68 % / 0.0 %
90	B	49.84 % / 1.33 %	106	B	59.19 % / 1.38 %	122	C	18.56 % / 3.64 %	138	B	84.69 % / 0.0 %	154	D	42.64 % / 1.61 %
91	A	48.24 % / 1.3 %	107	C	69.4 % / 1.59 %	123	D	79.42 % / 0.0 %	139	C	40.08 % / 1.77 %	155	B	82.8 % / 0.0 %
92	A	57.58 % / 1.39 %	108	B	47.34 % / 1.33 %	124	D	77.57 % / 0.0 %	140	B	80.68 % / 0.0 %	156	A	41.86 % / 1.33 %
93	D	63.08 % / 1.58 %	109	B	55.02 % / 1.89 %	125	B	61.01 % / 1.35 %	141	D	77.32 % / 0.0 %	157	C	79.46 % / 0.0 %
94	B	56.05 % / 1.3 %	110	A	66.68 % / 1.03 %	126	C	84.07 % / 0.0 %	142	D	44.49 % / 1.67 %	158	B	86.37 % / 0.0 %
95	D	51.44 % / 1.87 %	111	A	69.47 % / 1.91 %	127	D	59.6 % / 1.52 %	143	C	40.97 % / 1.35 %	159	B	86.15 % / 0.0 %
96	A	89.68 % / 0.0 %	112	D	67.15 % / 1.9 %	128	D	88.23 % / 0.0 %	144	C	84.19 % / 0.0 %	160	A	83.7 % / 0.0 %

कार्य विश्लेषण

औसत अंक (%)	41.0%
टॉपर्स स्कोर (%)	67.0%
आपका स्कोर	

//संकेत और समाधान//

1. प्रस्तुत गद्यांश के अनुसार संस्कृति, सभ्यता से इस रूप में भी है कि संस्कृति, सभ्यता की अपेक्षा अत्यंत सूक्ष्म होती है।

अत: विकल्प (C) सही है।

2. प्रस्तुत गद्यांश के अनुसार संस्कृति का मूल स्वभाव है कि वह आदान - प्रदान से बढ़ती है।

अत: विकल्प (C) सही है।

3. प्रस्तुत गद्यांश के अनुसार मानव की मानवीयता इसी बात में निहित है कि वह अपने मन में विद्यमान विकारों पर नियंत्रण पाने की चेष्टा करें।

अत: विकल्प (D) सही है।

4. 'सुवरन' शब्द तद्भव है। सुवरन का अर्थ एक बहुमूल्य पीली धातु जिसके गहने आदि बनते हैं।

वे शब्द जिनकी उत्पत्ति संस्कृत शब्दों से हुई है, तद्भव होते हैं। वे शब्द जो संस्कृत के ज्यों के त्यों हिन्दी में प्रचलित है तत्सम कहलाते हैं। वे शब्द जो विदेशी जाति या परिवारों से जैसे - अरबी, फारसी, तुर्की, रूसी, चीनी, जापानी, पुर्तगाली आदि विदेशी भाषा है। वे शब्द जो ग्रामीण क्षेत्र में प्रचलित हो देशज शब्द कहलाते हैं। जैसे - उड़द, उसारा, कच्चा, उठेरा, ठोक्का, पगड़ी, कटोरा, तावा आदि।

अत: विकल्प (A) सही है।

5. दिये गये वाक्यों में 'राम घर गया था' वाक्य भूतकाल (पूर्ण भूतकाल) का वाक्य है। इस काल में क्रिया के व्यापार की समाप्ति का बोध होता है। जबकि 'मैं जाता हूँ', 'वह आ रहा है' वर्तमान काल का तथा 'वह पुस्तक पढ़ेगा' भविष्य काल का वाक्य है।

अत: विकल्प (B) सही है।

6. दिये गये विकल्पों में से 'संकल्प' शब्द पुल्लिंग है। शेष 'घटना', 'लज्जा' तथा 'प्रार्थना' स्त्रीलिंग शब्द हैं। 'लज्जा' आकारान्त भाववाचक संज्ञा है और ये संज्ञायें सदैव स्त्रीलिंग में होती हैं।

अत: विकल्प (A) सही है।

7. अनुशासित विशेषण शब्द है। किसी संज्ञा अथवा सर्वनाम की विशेषता बतलाने वाले शब्द 'विशेषण' कहलाते हैं।

जैसे- 1. राम अच्छा लड़का है।

2. मोहन एक अनुशासित विद्यार्थी है।

अत: विकल्प (D) सही है।

8. 'आजकल भारत की <u>जनता</u> भी अधिकाधिक शिक्षित हो गई है।' वाक्य में रेखांकित शब्द 'जनता' एकवचन शब्द है। जनता शब्द समूहवाचक संज्ञा शब्द है। समूहवाचक संज्ञाए हमेशा एक वचन में प्रयुक्त होती है। सेना, भीड़, मेला, परिवार, पुलिस आदि समूहवाचक संज्ञा शब्द है।

अत: विकल्प (A) सही है।

9. "शीला अपने कपड़े <u>स्वयं</u> धोती है।" वाक्य में रेखांकित शब्द 'स्वयं' निजवाचक सर्वनाम है। जो सर्वनाम शब्द कर्ता के स्वयं के लिए प्रयुक्त होते हैं उन्हें निजवाचक सर्वनाम कहते हैं;

जैसे-स्वयं, आप ही, खुद, स्वत: आदि।

अत: विकल्प (B) सही है।

10. 'पेड़ लगाओ, जीवन बचाओ' वाक्य शुद्ध है जबकि अन्य शुद्ध वाक्य हैं -

⇒ चाय ठंडी हो गयी।

⇒ हलवा गरम-गरम अच्छा लगता है।

⇒ पकने से पहले जामुन हरा होता है।

अत: विकल्प (D) सही है।

11. 'सूक्ष्म' का विलोम शब्द 'स्थूल' है। 'क्षीण' का विलोम 'पुष्ट' तथा 'पतला' का विलोम 'मोटा' होता है। 'बारीक' का विलोम भी 'मोटा' होता है।

अत: विकल्प (A) सही है।

12. दिए गए विकल्पोंमें से 'कुरुक्षेत्र' रामधारी सिंह दिनकर जी की रचना है।

'तार सप्तक' के रचनाकार सच्चिदानंद हीरानंद वात्सायन अज्ञेय जी हैं, 'दीपशिखा' की रचनाकार महादेवी वर्मा हैं और 'स्वर्ण किरण' के रचनाकार सुमित्रानंदन पंत जी हैं।

अत: विकल्प (C) सही है।

13. 'खलक' दुष्ट का पर्यायवाची नहीं है। खलक संसार का पर्यायवाची है। इसके अन्य पर्याय - दुनिया, भुवन, जगती, जगत, विश्व, इहलोक आदि। दुष्ट का पर्यायवाची है - खल, दुर्जन, अधम, धूर्त, पिशुन, असन्त, नीच आदि।

अत: विकल्प (B) सही है।

14. 'इन्द्रियों को जीत लिया हो जिसने' वाक्यांश के लिए सर्वाधिक उचित विकल्प 'जितेन्द्रिय' है, जबकि इंद्र को जीतने वाले के लिए 'इंद्रजीत' शब्द प्रयुक्त होता है।

अत: विकल्प (C) सही है।

15. 'धार्मिक' शब्द में 'इक' प्रत्यय लगा हुआ है। संज्ञा, सर्वनाम तथा विशेषण के अन्त में लगने वाले प्रत्यय को तद्धित प्रत्यय कहा जाता है तथा संस्कृतनिष्ठ संज्ञाओं के अन्त में तद्धित प्रत्यय लगाने से भाववाचक, अपत्यवाचक तथा गुणवाचक विशेषण बनते हैं। 'इक' संस्कृतनिष्ठ तद्धित प्रत्यय है जो 'धर्म' संज्ञा के पीछे जुड़कर गुणवाचक विशेषण 'धार्मिक' बन जाता है।

अत: विकल्प (B) सही है।

16. जिस समस्त - पद का उत्तर पद प्रधान हो तथा पूर्वपद व उत्तर पद में उपमान- उपमेय अथवा विशेषण - विशेष्य संबंध हो, कर्मधारय समास कहलाता है,

जैसे- कमल के समान नयन - कमलनयन

मृग के समान नयन - मृगनयन

अत: विकल्प (A) सही है।

17. 'अंक' शब्द का अनेकार्थी शब्द 'पृथ्वी' नहीं है। अंक शब्द के अनेकार्थी शब्द - संख्या, गोद, नाटक का एक भाग इत्यादि। पृथ्वी शब्द के अनेकार्थी शब्द - धात्री, माता, उपमाता, आँवला इत्यादि।

अत: विकल्प (C) सही है।

18. 'खेत' का सही तत्सम शब्द 'क्षेत्र' है। 'तत्सम' (तत + सम) शब्द का अर्थ है - उसके समान अर्थात संस्कृत के समान। हिन्दी में अनेक शब्द संस्कृत से सीधे आए है और आज भी उसी रूप में प्रयोग हो रहे हैं। अत: संस्कृत के ऐसे शब्द जिसे हम ज्यों का त्यों प्रयोग में लाते हैं, तत्सम शब्द कहलाते हैं। जैसे- अग्नि, वायु, पत्र, सूर्य आदि।

अत: विकल्प (A) सही है।

19. स + अवधान = सावधान में दीर्घ संधि है। दीर्घ संधि में समान स्वर मिलकर दीर्घ हो जाते हैं।

इसके अन्य उदाहरण हैं:

भोजन + आलय = भोजनालय,

अन्न + अभाव = अन्नाभाव

पृथ्वी + ईश = पृथ्वीश

अतः विकल्प (D) सही है।

20. 'आवृत' शब्द का विलोम 'अनावृत' है जबकि अन्य विकल्प असंगत हैं।

अतः विकल्प (D) सही है।

21. 'तरनि तनूजा तट तमाल तरुवर बहु छाए' में अनुप्रास अलंकार है। जहाँ समान वर्ण की अनेक बार पुनरावृत्ति हो,वहाँ अनुप्रास अलंकार होता है।

अतः विकल्प (A) सही है।

22. 'अंग अंग ढीला होना' मुहावरे का अर्थ है 'थक जाना'।

वाक्य प्रयोग: ऑफिस में इतना अधिक काम है कि शाम तक अंग अंग ढीला हो जाता है।

अतः विकल्प (D) सही है।

23. दिये गये विकल्पों में 'बाल पक जाने से कोई अनुभवी नहीं हो जाता।' शुद्ध वाक्य है। शेष भाव की दृष्टि से असंगत वाक्य हैं।

अतः विकल्प (A) सही है।

24. 'कुख्यात' का विलोम शब्द 'विख्यात', 'कृतघ्न' का विलोम शब्द 'कृतज्ञ', 'निष्कलुष' का विलोम शब्द 'कलुष' तथा 'मीठा' का विलोम शब्द '- कड़वा' है।

अतः विकल्प (C) सही है।

25. पाहुना का पर्यायवाची 'आगंतुक' होगा। इसके अन्य पर्यायवाची शब्द हैं - अतिथि, पाहुन, अभ्यागत, मेहमान आदि हैं।

कृषक - भूमिपुत्र, हलधर, खेतिहर, अन्नदाता, किसान, कृषिजीवी, हलवाह

जंबुक - शृंगाल, सियार, गीदड़

आदित्य - दिनकर, दिवाकर, भानु, भास्कर, दिनेश आदि।

अतः विकल्प (C) सही है।

26. प्रत्यय एक शब्दांश है, जो शब्दों के अन्त में जुड़कर उनके अर्थ में विशेषता या परिवर्तन ला देते हैं जैसे -'लेखक' में 'लेख' शब्द के अन्त में 'अक' जुड़ने से इसके अर्थ में विशेषता आ गई है। अतः यहाँ 'अक' शब्दांश प्रत्यय है।

अतः विकल्प (A) सही है।

27. 'मधुबाला' काव्य के रचनाकार हरिवंश राय बच्चन जी हैं।

- इस कविता की मुख्य पंक्तियाँ "मैं मधुबाला मधुशाला की, मैं मधुशाला की मधुबाला! है।"
- हरिवंश राय बच्चन की प्रसिद्ध रचनाएँ हैं: तेरा हार, मधुशाला, मधुबाला, मधुकलश, आत्म परिचय, निशा निमंत्रण, एकांत संगीत आदि।
- जयशंकर प्रसाद की प्रसिद्ध रचनाएँ हैं: कामायनी, आँसू, लहर, झरना आदि।
- रामधारी सिंह दिनकर प्रसिद्ध रचनाएँ हैं: रेणुका, हुंकार, उर्वशी, रश्मिरथी आदि।
- महादेवी वर्मा की प्रसिद्ध रचनाएँ हैं: निहार, निरजा, साध्य गीत आदि।

अतः विकल्प (C) सही है।

28. दोहे और रोले को क्रम से मिलाने पर कुण्डलिया छंद बनता है।

इस छंद के 6 चरण होते हैं तथा प्रत्येकचरण में 24 मात्राएँ होती हैं। इसे यूँ भी कह सकते हैं कि कुंडलिया के पहले दो चरण दोहा तथा शेष चार चरण रोला से बने होते हैं। दोहा के प्रथम एवं तृतीय चरण में 13-13 मात्राएँ तथा दूसरे और चौथे चरण में 11-11 मात्राएँ होती हैं।

अतः विकल्प (D) सही है।

29. 'नौ दिन चले अढाई कोस' लोकोक्ति का अर्थ बहुत धीमी गति से काम करना है।

वाक्य प्रयोग - राजू ने दस महीने में मात्र एक पाठ याद किया है। यह तो वही बात हुई – 'नौ दिन चले अढाई कोस'।

जब कोई पूरा कथन किसी प्रसंग विशेष में उद्धत किया जाता है तो लोकोक्ति कहलाता है।

अतः विकल्प (A) सही है।

30. 'अमन नही चलता है' इस वाक्य का भाववाच्य रूप 'अमन से चला नही जाता है।

'भाववाच्य– इसमें क्रिया के पुरुष, वचन, लिंग हमेशा अन्यपुरुष, एकवचन और पुल्लिंग में ही रहते हैं। इसमें कर्ता और कर्म की प्रधानता न होकर क्रिगा की प्रधानता होती है। वाक्य का भाव क्रिया आश्रित होता है।

अतः विकल्प (A) सही है।

31. "अफ़सोस! मैं नहीं जा सका" में रेखांकित शब्द में शोकसूचक अव्यय है।

इन वाक्यों के रूप में लिंग, वचन, पुरुष, कारक के कारण किसी प्रकार का विकार नहीं हो सकता।

इनमें संबंधबोधक वाक्य सदैव समान रहते हैं।

अतः विकल्प (B) सही है।

32. उपरोक्त वाक्य में अधिकरण कारक है।

अधिकरण कारक में अधिकरण का अर्थ होता है- आधार या आश्रय संज्ञा का वह रूप जिससे क्रिया के आधार का बोध हो उसे अधिकरण कारक कहते हैं। इसकी विभक्ति चिह्न में और पर होती है। भीतर, अंदर, ऊपर, बीच आदि शब्दों का प्रयोग इस कारक में किया जाता है।

अतः विकल्प (D) सही है।

33. 'भूपेन्द्र दूध पी रहा है।' वाक्य में सकर्मक क्रिया का प्रयोग हुआ है।

इस वाक्य में भूपेन्द्र जो कि एक 'कर्ता' है और 'पीना' क्रिया कर रहा है, लेकिन इसका प्रभाव दूध पर पड़ रहा है इसलिए यहाँ सकर्मक क्रिया होगी।

सकर्मक क्रिया उस प्रकार की क्रिया होती है जिसमें कर्ता द्वारा किया गया कार्य किसी अन्य चीज को प्रभावित करता है, तो वहां पर सकर्मक क्रिया होती है।

अतः विकल्प (D) सही है।

34. पशु का अर्थ - जानवर

पांशु का अर्थ - रेत

कुछ शब्द ऐसे होते हैं जिनमें स्वर, मात्रा अथवा व्यंजन में थोड़ा-सा अन्तर होता है। वे बोलचाल में लगभग एक जैसे लगते हैं, परन्तु उनके अर्थ में भिन्नता होती है। ऐसे शब्द 'समरूपी /श्रुतिसम भिन्नार्थक शब्द' कहलाते हैं।

अतः विकल्प (C) सही है।

35. पश्चिमी हिंदी' का विकास शौरसेनी से हुआ है।

- 'पूर्वी हिंदी' का विकास अर्द्धमागधी से हुआ है।
- 'मराठी' का विकास महाराष्ट्री से हुआ है।
- 'गुजराती' का विकास शौरसेनी से हुआ है।

अतः विकल्प (B) सही है।

36. योजक चिह्न का प्रयोग (-)

योजक चिह्न का प्रयोग निम्नलिखित परिस्थितियों में किया जाता है-

(i) दो विलोम शब्दों के बीच योजक चिह्न का प्रयोग होता है;

जैसे-रात-दिन, यश-अपयश, आना-जाना।

(ii) द्वन्द्व समास के बीच योजक चिह्न का प्रयोग होता है;

जैसे-माता-पिता, भाई-बहन, गुरु-शिष्य।

(iii) दो समानार्थी शब्दों की पुनरुक्ति के बीच में भी इसका प्रयोग होता है;

जैसे-घर-घर, रात-रात, दूर-दूर।

अतः विकल्प (B) सही है।

37. महाप्राण व्यंजन छ, झ, ख हैं। महाप्राण व्यंजनों में अधिक श्वास तथा उर्जा लगती है। सामान्यतः वर्णमाला में व्यंजन वर्ग के दूसरे तथा चौथे व्यंजन महाप्राण व्यंजन होते है। इनकी संख्या 15 होती है।

अतः विकल्प (D) सही है।

38. स्पर्श व्यंजन: स्पर्श का अर्थ छूना होता है। ऐसे व्यंजन जिनका उच्चारण करते समय जीभ कण्ठ, तालु, मूर्धा, दाँत, अथवा होठ का स्पर्श करती है, उन्हें स्पर्श व्यंजन कहते है। कुल 33 व्यंजनों में 25 स्पर्श व्यंजन होते हैं।

अतः विकल्प (D) सही है।

39. बघेली बोली जबलपुर में बोली जाती है।

बघेली या बाघेली बोली, हिन्दी की एक बोली है जो भारत के बघेलखण्ड क्षेत्र में बोली जाती है। बघेले राजपूतों के आधार पर रीवा तथा आसपास का क्षेत्र बघेलखंड कहलाता है और वहाँ की बोली को बघेलखंडी या बघेली कहलाती हैं।

इसके अन्य नाम मन्नाडी, रिवाई, गंगाई, मंडल, केवोत, केवाती बोली, केवानी और नागपुरी हैं।

अतः विकल्प (D) सही है।

40. विष्णु प्रभाकर हिन्दी के सुप्रसिद्ध लेखक थे जिन्होने अनेकों लघु कथाएँ, उपन्यास, नाटक तथा यात्रा संस्मरण लिखे थे। इन्हें सुब्रह्मण्यम भारती पुरस्कार द्वारा सम्मानित नहीं किया गया था। सुब्रह्मण्यम भारती पुरस्कार, भारत का साहित्यिक सम्मान है। यह हिन्दी साहित्य में उल्लेखनीय योगदान के लिये केन्द्रीय हिन्दी संस्थान द्वारा दिया जाता है। यह हिन्दी सेवी सम्मान भी है जो कई हिन्दी विशेषज्ञों को उनके हिन्दी के प्रचार-प्रसार में योगदान के लिये दिया जाता है।

अतः विकल्प (C) सही है।

41. हरियाणा सरकार ने हाल ही में हरियाणा चीराग योजना शुरू की है।

इस योजना के तहत, सरकार निजी स्कूलों में सरकारी स्कूलों के आर्थिक रूप से कमजोर वर्ग (ईडब्ल्यूएस) के छात्रों को मुफ्त शिक्षा प्रदान करेगी। चिराग योजना का अर्थ है, "मुख्यमंत्री समान शिक्षा राहत, सहायता और अनुदान"।

अतः विकल्प (B) सही है।

42. झारखंड के पूर्व राज्यपाल और राष्ट्रीय जनतांत्रिक गठबंधन की उम्मीदवार द्रौपदी मुर्मू को 21 जुलाई 2022 को भारत के 15वें राष्ट्रपति के रूप में चुना गया है।

वह इस पद के लिए चुनी जाने वाली पहली आदिवासी महिला हैं और सबसे कम उम्र की भी हैं।

उन्होंने निर्वाचक मंडल के वोटों का 64.03% जीतकर विपक्षी उम्मीदवार यशवंत सिन्हा को हराया।

अतः विकल्प (D) सही है।

43. MMUY और MYUY दो नई सरकारी योजनाएं हैं जिनकी घोषणा बिहार में युवाओं और महिलाओं के बीच उद्यमिता को बढ़ावा देने के लिए की गई है। बिहार के मुख्यमंत्री नीतीश कुमार ने महिलाओं और युवाओं में उद्यमिता को बढ़ावा देने के लिए वस्तुतः दो नई योजनाएं शुरू की हैं। दो योजनाएं मुख्यमंत्री महिला उद्यमी योजना (MMUY), मुख्यमंत्री युवा उद्यमी योजना (MYUY) हैं।

मुख्यमंत्री महिला उद्यमी योजना (MMUY): इस योजना के तहत बिहार राज्य में एक बेरोजगार महिला को व्यवसाय या लघु उद्योग के रूप में एक नया उद्यम शुरू करने के लिए 10 लाख रुपये प्रदान किए जाएंगे।

10 लाख रुपये में से 5 लाख रुपये सब्सिडी के रूप में दिए जाएंगे, यानी यह रकम कर्ज लेने वाली महिला को वापस करने की जरूरत नहीं है। शेष 5 लाख रुपये ब्याज मुक्त ऋण होंगे जिन्हें समय की अवधि में चुकाना होगा।

मुख्यमंत्री युवा उद्यमी योजना (MYUY): मुख्यमंत्री युवा उद्यमी योजना के तहत, मुख्यमंत्री महिला उद्यमी योजना (MMUY) के समान, राज्य में युवाओं को एक छोटा व्यवसाय खोलने और उद्यमिता में उद्यम करने के लिए 10 लाख रुपये का ऋण प्रदान किया जाएगा।

मुख्यमंत्री युवा उद्यमी योजना के तहत 10 लाख रुपये की ऋण राशि दो भागों में प्रदान की जाएगी, पहला 5 लाख रुपये मुख्यमंत्री महिला उद्यमी योजना (MMUY) के समान सब्सिडी होगी, जबकि अन्य 5 लाख रुपये कम ब्याज ऋण होगा। (1% ब्याज लिया जाएगा), जिसे व्यक्ति द्वारा कई लंबी अवधि की किश्तों में चुकाया जाएगा।

अतः विकल्प (A) सही है।

44. विश्व आर्थिक मंच (डब्ल्यूईएफ) ने छोटे और सीमांत किसानों का समर्थन करने के लिए कृत्रिम बुद्धिमत्ता (AI), इंटरनेट ऑफ थिंग्स (IoT), ब्लॉकचेन और ड्रोन जैसी उभरती तकनीकों का उपयोग करने के लिए सरकार के थिंक-टैंक नीति आयोग के साथ भागीदारी की है।

WEF ने देश भर में विभिन्न नवीन परियोजनाओं को लागू करने के लिए भारत में 'चौथी औद्योगिक क्रांति केंद्र' की स्थापना की थी।

अतः विकल्प (B) सही है।

45. कोविड-19 महामारी के दौरान अतिथि और ठेका श्रमिकों के कल्याण और विकास के लिए एक कार्य योजना तैयार करने के लिए श्रम मंत्रालय के केंद्रीय सलाहकार अनुबंध श्रम बोर्ड (CACLB) के तहत एक सदस्यीय आयोग बनाया गया था।

वयोवृद्ध आईएएस अधिकारी सी वी आनंद बोस, जो आयोग के प्रभारी थे, ने रोजगार के नुकसान की स्थिति में मूल जीवन यापन वेतन के भुगतान की सिफारिश की है। उन्होंने भारतीय श्रम प्राधिकरण को एक नोडल निकाय के रूप में स्थापित करने की भी मांग की थी।

अतः विकल्प (B) सही है।

46. नागा पहाड़ी भारत और म्यांमार के बीच स्थित है। गारो और खासी पहाड़ियां निचली पहाड़ियां हैं जो असम और बांग्लादेश के बीच स्थित हैं। माउंट एवरेस्ट नेपाल-चीन सीमा पर स्थित है।

अतः विकल्प (C) सही है।

47. मैक्रोइकॉनॉमिक सिद्धांत में, तरलता वरीयता पैसे की मांग को संदर्भित करती है, जिसे तरलता माना जाता है। इस अवधारणा को सबसे पहले जॉन मेनार्ड कीन्स ने अपनी पुस्तक द जनरल थ्योरी ऑफ एम्प्लॉयमेंट, इंटरेस्ट एंड मनी (1936) में आपूर्ति और ब्याज की मांग के निर्धारण के लिए विकसित किया था।

अतः विकल्प (C) सही है।

48. आनुवंशिकी जीव विज्ञान की एक शाखा है जो आनुवंशिकता और विविधताओं के अध्ययन से संबंधित है। सूक्ष्मजीव-विज्ञान सूक्ष्मजीवों का अध्ययन है। प्रतिरक्षा विज्ञान जीव विज्ञान की एक शाखा है जो सभी जीवों में प्रतिरक्षा प्रणाली के अध्ययन को कवर करती है। कीट विज्ञान कीड़ों का वैज्ञानिक अध्ययन है।

अतः विकल्प (C) सही है।

49. चावल भारत की प्रमुख फसल है। चावल की अच्छी खेती के लिए गर्म और नम जलवायु की आवश्यकता होती है। इसके लिए लगभग 16°C - 27°C के तापमान की आवश्यकता होती है। चावल एक चिकनी मृदा युक्त जलोढ़ मृदा, जिसमें अच्छी जल धारण क्षमता और लगभग 150 सेमी की वर्षा होती है, में उगाया जाता है। यह एक श्रम प्रधान फसल है। इस फसल के मुख्य उत्पादक चीन, भारत, इंडोनेशिया और बांग्लादेश हैं।

अतः विकल्प (A) सही है।

50. हर साल 13 नवंबर को अंतरराष्ट्रीय स्तर पर विश्व दयालुता दिवस मनाया जाता है। यह दिन सकारात्मक शक्ति और एकता पर केंद्रित है और समुदाय में अच्छे कामों को उजागर करने के लिए मनाया जाता है। इसे पहली बार 1998 में 'वर्ल्ड काइंडनेस मूवमेंट' के अंतर्गत मनाया गया था।

अतः विकल्प (D) सही है।

51. अमेज़न ने भारत में 'प्रोजेक्ट जीरो' की घोषणा की ताकि यह सुनिश्चित किया जा सके कि ग्राहक खरीदारी करते समय प्रामाणिक सामान प्राप्त करे। यह नकली सामान की पहचान करने और हटाने के लिए अतिरिक्त सक्रिय तंत्र पेश करता है।

अतः विकल्प (A) सही है।

52. जब देश एक निश्चित विनिमय दर व्यवस्था का पालन करता है तो सरकार को आंकी गई विनिमय दर को बनाए रखने के लिए मुद्रा का पुनर्मूल्यांकन और अवमूल्यन करना पड़ता है।

अतः विकल्प (B) सही है।

53. हमारे देश में राष्ट्रपति संसद के किसी भी सदन का सदस्य नहीं होता है। वह देश का संवैधानिक प्रधान होता है और संसद का अभिन्न अंग होता है जिसमें उसके पास संसद के दोनों सदन के आह्वाहन और निम्न सदन (लोक सभा) को विघटित करने की शक्ति होती है।

अतः विकल्प (C) सही है।

54. दिया गया यातायात प्रतीक 'पार्किंग निषेध है' दर्शाता है।

अतः विकल्प (B) सही है।

55. लॉर्ड विलियम बेंटिक ब्रिटिश भारत के पहले गवर्नर जनरल थे। उन्हें 1833 के चार्टर अधिनियम के बाद नियुक्त किया गया था और 1828 से 1835 तक की अवधि के लिए शासन किया था। उनका कार्यकाल सामाजिक सुधार जैसे सती प्रथा, ठगी और दमन के दमन के लिए जाना जाता है। उन्होंने उच्च शिक्षा के माध्यम के रूप में अंग्रेजी का परिचय दिया।

अतः विकल्प (A) सही है।

56. ग्रंथि अंग को दिया गया एक नाम है, जिसका कार्य उन रसायनों का उत्पादन करना है जो मानव शरीर को किसी न किसी तरह से मदद करते हैं। मानव शरीर में दूसरी सबसे बड़ी ग्रंथि अग्न्याशय है।

अतः विकल्प (D) सही है।

57. हमारे भारतीय संविधान में, सांस्कृतिक और शैक्षिक अधिकार अनुच्छेद 29 और 30 के अंतर्गत आते हैं। यह मौलिक अधिकार भारत के सभी अल्पसंख्यक समूहों की संस्कृति को संरक्षित करने के लिए हैं।

अतः विकल्प (D) सही है।

58. एन. आर. माधव मेनन या नीलकांत रामकृष्ण माधव मेनन (4 मई 1935 - 8 मई 2019) एक भारतीय प्रशासनिक अधिकारी, वकील और कानूनी शिक्षक थे, जिन्हें भारत में कानून का जनक माना जाता है।

अतः विकल्प (C) सही है।

59. लाल रंग की उपस्थिति में हरे रंग का एक निकाय काला दिखाई देगा।

किसी पिंड का रंग प्रकाश का रंग है जिसे वह परावर्तित या प्रसारित करता है। एक वस्तु सफेद है अगर यह सफेद प्रकाश के सभी घटकों को दर्शाती है और यह काली है यदि यह इसके ऊपर सभी प्रकाश घटकों को अवशोषित करता है।

अतः विकल्प (D) सही है।

60. ताजमहल के वास्तुकार उस्ताद अहमद लाहौरी थे। शाहजहाँ 1628 से 1658 तक भारत का मुगल सम्राट था जिसने अपनी पत्नी मुमताज़ की याद में आगरा में ताजमहल बनवाया था।

अतः विकल्प (A) सही है।

61. भारत का पहला परमाणु रिएक्टर 'अप्सरा' महाराष्ट्र में स्थित है। यह मुंबई में भाभा परमाणु अनुसंधान केंद्र (BARC) में भारत के परमाणु शस्त्र सुविधा के भीतर स्थित है। 'अप्सरा' का निर्माण अगस्त 1956 में हुआ था।

अतः विकल्प (A) सही है।

62. साल्मोनेला पैराटाइफी टाइफाइड बुखार फैलता है। विडल टेस्ट का उपयोग टाइफाइड बुखार को निर्धारित करने के लिए किया जाता है। टाइफाइड बुखार के कारण दूषित पानी, भोजन, मांस, मुर्गी पालन और अंडे हैं। इसके लक्षण फूड पॉइजनिंग, आंत्रशोथ, आंत्र ज्वर, पेट में ऐंठन हैं।

अतः विकल्प (B) सही है।

63. 'बुकलेस इन बगदाद' लेखक शशि थरूर की 2005 की एक किताब है, जिसमें पहले से प्रकाशित लेखों, किताबों की समीक्षा और लेखकों के कॉलम का संग्रह है।

अतः विकल्प (C) सही है।

64. भारत के सर्वोच्च न्यायालय के न्यायाधीश के रूप में नियुक्त होने के लिए एक वकील को उच्च न्यायालय में कम से कम 10 साल की प्रैक्टिस की आवश्यकता होती है।

अतः विकल्प (D) सही है।

65. अनुच्छेद 17 'छुआछूत को समाप्त करने' से संबंधित है।

'छुआछूत' को समाप्त कर दिया गया है और किसी भी रूप में इसकी प्रथा वर्जित है। 'छुआछूत' से उत्पन्न होने वाली किसी भी विकलांगता को लागू करना कानून के अनुसार दंडनीय अपराध होगा।

अतः विकल्प (D) सही है।

66. भारत के संविधान का अनुच्छेद 14 कानून के समक्ष समानता या भारत के क्षेत्र के भीतर कानूनों के समान संरक्षण का प्रावधान करता है। इसमें कहा गया है: 'राज्य कानून के समक्ष किसी व्यक्ति की समानता या भारत के क्षेत्र के भीतर कानूनों के समान संरक्षण से इनकार नहीं करेगा'।

अतः विकल्प (B) सही है।

67. लखनऊ चिकनकारी के काम के लिए प्रसिद्ध है। चीकन का शाब्दिक अर्थ है, 'कढ़ाई'। यह पारंपरिक कढ़ाई शैली लखनऊ के सबसे प्राचीन और प्रसिद्ध कला रूपों में से एक है। यह माना जाता है कि इसे मुगलों द्वारा शुरू किया गया था।

अतः विकल्प (A) सही है।

68. 'स्मार्ट धन' एक विचार है जिसके माध्यम से भली भाँति सूचित निवेशक अधिकतम लाभ प्राप्त करने के लिए जोखिम और प्रवृत्तियों की गणना करके लाभ अर्जित करता है। क्रेडिट कार्ड स्मार्ट धन का एक उदाहरण है।

अतः विकल्प (A) सही है।

69. अंतर्राष्ट्रीय समुद्री संगठन का मुख्यालय लंदन में स्थित है। अंतर्राष्ट्रीय समुद्री संगठन (IMO) संयुक्त राष्ट्र की एक विशेष एजेंसी है जो अंतरराष्ट्रीय

शिपिंग की सुरक्षा और सुरक्षा में सुधार और जहाजों से समुद्री प्रदूषण को रोकने के उपायों के लिए जिम्मेदार है।

अतः विकल्प (D) सही है।

70. वित्त आयोग का गठन राष्ट्रपति द्वारा संविधान के अनुच्छेद 280 के तहत किया जाता है। मुख्य रूप से इसका उपयोग संघ और राज्यों के बीच और स्वयं राज्यों के बीच कर राजस्व के वितरण पर अपनी संस्तुति प्रदान करने के लिए है।

अतः विकल्प (B) सही है।

71. उत्तर प्रदेश में लोकसभा निर्वाचन क्षेत्र की अधिकतम संख्या है। उत्तर प्रदेश में कुल 80 लोकसभा क्षेत्र हैं। पश्चिम बंगाल में कुल 42 लोकसभा क्षेत्र हैं। महाराष्ट्र में कुल 48 लोकसभा क्षेत्र हैं और बिहार में कुल 40 लोकसभा क्षेत्र हैं।

अतः विकल्प (D) सही है।

72. उत्तर प्रदेश का शास्त्रीय नृत्य रूप कथक है। कथक भारतीय शास्त्रीय नृत्यों के आठ रूपों में से एक है, जिसकी उत्पत्ति भारत के उत्तर प्रदेश से हुई है। ये आठ नृत्य रूप भरतनाट्यम, कथक, कुचिपुड़ी, ओडिसी, कथकली, सतरिया, मणिपुरी और मोहिनीअट्टम हैं।

अतः विकल्प (B) सही है।

73. गोविंद बल्लभ पंत उत्तर प्रदेश के पहले मुख्यमंत्री थे। इनके कार्यकाल की अवधि 26 जनवरी 1950 - 27 दिसंबर 1954 थी। गोविंद बल्लभ पंत (10 सितंबर 1887 - 7 मार्च 1961) एक भारतीय स्वतंत्रता सेनानी और आधुनिक भारत के निर्माताओं में से एक थे।

अतः विकल्प (C) सही है।

74. मोटर वाहन अधिनियम 2019 के तहत, दुर्घटना के एक घंटे बाद का समय गोल्डन ऑवर के रूप में जाना जाता है। गोल्डन ऑवर, एक दुर्घटना के बाद एक घंटे की अवधि है जिसके दौरान उचित चिकित्सा प्रदान करके मृत्यु को रोकने की संभावना सबसे अधिक होती है।

अतः विकल्प (C) सही है।

75. आपराधिक प्रक्रिया संहिता, 1973 की धारा 162 मुलजिम की सुरक्षा के लिए है। धारा 162 का उद्देश्य पुलिस अधिकारियों से मुलजिमों की रक्षा करना है।

अतः विकल्प (A) सही है।

76. मोटर वाहन अधिनियम, भारतीय संसद द्वारा वर्ष 1988 में पारित किया गया था। इसमें यातायात नियमों, वाहन बीमा, मोटर वाहनों के पंजीकरण, परमिट और दंड को नियंत्रित करने के प्रावधान हैं। यह अधिनियम 1 जुलाई 1989 को लागू हुआ था।

अतः विकल्प (D) सही है।

77. 1809 में, राजा राम मोहन रॉय ने "ए गिफ्ट टू मोनोथिस्ट" पुस्तक लिखी जिसमें उन्होंने यह विचार रखा कि लोगों को एक ही ईश्वर की पूजा करनी चाहिए।

अतः विकल्प (B) सही है।

78. हैप्पीस्ट माइंड्स टेक्नोलॉजीज के संस्थापक और कार्यकारी अध्यक्ष अशोक सूता को CII गुणवत्ता रत्न पुरस्कार 2021 से सम्मानित किया गया है।

यह पुरस्कार भारत में गुणवत्ता आंदोलन में उत्कृष्ट नेतृत्व योगदान और विशिष्ट सेवा के लिए प्रतिवर्ष दिया जाता है। इसका गठन वर्ष 2019 में किया गया था।

अतः विकल्प (A) सही है।

79. सिनी शेट्टी एक 21 वर्षीय महिला हैं जिन्होंने जुलाई 2022 में मिस इंडिया का खिताब जीता है।

यह इवेंट जियो वर्ल्ड कन्वेंशन सेंटर में 3 जुलाई 2022 को हुआ था।

राजस्थान की रुबल शेखावत को फेमिना मिस इंडिया 2022 पहली रनर अप का ताज पहनाया गया। उत्तर प्रदेश की शिनाता चौहान को फेमिना मिस इंडिया 2022 दूसरी उपविजेता का ताज पहनाया गया।

अतः विकल्प (C) सही है।

80. कजाकिस्तान की एलेना रिबाकिना ने ट्यूनीशिया की ओन्स जबूर को 9 जुलाई 2022 को हराकर, $3 - 6, 6 - 2, 6 - 2$ से विंबलडन महिला एकल खिताब जीता।

एलेना ग्रैंड स्लैम सिंगल्स चैंपियनशिप जीतने वाली कजाकिस्तान की पहली टेनिस खिलाड़ी बन गई हैं।

चूंकि महिला टेनिस संघ (डब्ल्यूटीए) की कंप्यूटर रैंकिंग 1975 में शुरू हुई थी, केवल एक महिला 23वें नंबर से नीचे थी।

अतः विकल्प (A) सही है।

81. यह दिया गया है कि, प्रणव अपनी आय का 10% बचाता है, जबकि अपनी आय का शेष हिस्सा $2 : 4 : 5$ के अनुपात में भोजन, कपड़े और किराए पर खर्च करता है। माना कि भोजन, कपड़े और किराए पर खर्च की जाने वाली राशि क्रमशः $2x, 4x$ और $5x$ है।

यह भी दिया गया है कि कपड़े पर खर्च की गई राशि 2880 रु है।

$$\therefore 4x = 2880$$
$$\Rightarrow x = 720$$

$\therefore$ भोजन, कपड़े और किराए पर कुल खर्च राशि

$$= 2x + 4x + 5x = 11x$$
$$= 11 \times 720$$
$$= 7920 \text{ रु}$$

परन्तु, खर्च की जा रही राशि उसकी आय का 90% है क्योंकि वह 10% बचाता है।

$$\therefore \text{आय का } 90\% = 7920$$
$$\Rightarrow \text{आय} = \frac{7920}{0.9} = 8800 \text{ रु}$$

अतः विकल्प (D) सही है।

82. माना कि धारा की वास्तविक गति x किमी /घंटा है।

चूंकि, नाव उसी मार्ग और उसी गति से वापस लौटती है। इसलिए, धारा के प्रतिकूल और धारा के अनुकूल यात्रा में नाव से तय की गयी दूरी 100 किमी है।

इसलिए, प्रश्नानुसार,

$$\frac{100}{10-x} + \frac{100}{10+x} = 25$$

उपरोक्त समीकरण हल करने पर, हम प्राप्त करते हैं

$$x = 2\sqrt{5} \text{ किमी /घंटा}$$

अतः विकल्प (A) सही है।

83. माना कि पहली संख्या X है और दूसरी संख्या Y है।

इसलिए, प्रश्नानुसार,

$$\left(\frac{20}{100}\right) \times \left(\frac{45}{100}\right) \times \left(\frac{30}{100}\right) \times X = \left(\frac{50}{100}\right) \times \left(\frac{25}{100}\right) \times \left(\frac{40}{100}\right) \times Y$$

$$\Rightarrow 20 \times 45 \times 30 \times X = 50 \times 25 \times 40 \times Y$$

$$\Rightarrow \frac{X}{Y} = \frac{(50 \times 25 \times 40)}{(20 \times 45 \times 30)} = \frac{50}{27}$$

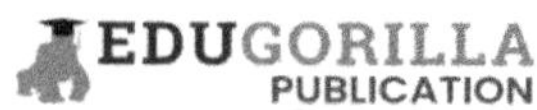

$\therefore$ आवश्यक अनुपात $= 50 : 27$

अतः विकल्प (B) सही है।

84. बेलन का आयतन $= \pi r^2 h$

इसलिए, प्रश्नानुसार,

नया आयतन $= \pi \times (1.21r)^2 \times 0.89h = 1.30\pi r^2 h$

हम स्पष्ट रूप से देख सकते हैं कि आयतन में वृद्धि हो रही है।

आयतन में वृद्धि $= 1.30\pi r^2 h - \pi r^2 h = 0.30\pi r^2 h$

$\therefore$ % वृद्धि $= \dfrac{0.30\pi r^2 h}{\pi r^2 h} \times 100 = 30\%$

अतः विकल्प (B) सही है।

85. दिया हुआ:

A, B और C के निवेश का अनुपात,

$= 12600 : 10800 : 16200$

$= 126 : 108 : 162$

$= 63 : 54 : 81$

$= 7 : 6 : 9$

माना कि कुल लाभ $= x$

इसलिए, C का हिस्सा $= \left[\dfrac{9}{(7+6+9)}\right] x = 16200$ रु

$\Rightarrow \left(\dfrac{9}{22}\right) x = 16200$

$\Rightarrow x = 39600$

इसलिए, A और B के लाभ में अंतर

$= \left[\dfrac{(7-6)}{22}\right] x$

$= \left(\dfrac{1}{22}\right) \times 39600 = 1800$ रु

अतः विकल्प (B) सही है।

86. D और E द्वारा जीव विज्ञान और हिंदी में प्राप्त कुल अंक $= 136 + 98 + 144 + 156 = 534$

गणित में अकेले A द्वारा प्राप्त कुल अंक $= 290$

इसलिए, आवश्यक % $= \dfrac{534}{290} \times 100 = 184.14\%$ लगभग

अतः विकल्प (D) सही है।

87. विषयों की कुल संख्या $= 5$

सभी पाँच विषयों के कुल अंक $= 300 \times 5 = 1500$

न्यूनतम उत्तीर्ण अंक $= 1500$ का 30%

$= 1500 \times \dfrac{30}{100}$

$= 450$

B द्वारा सभी विषय में एक साथ प्राप्त अंक $= (210 + 230 + 264 + 228 + 102) = 1034$

इसलिए, आवश्यक अंतर $= 1034 - 450 = 584$

अतः विकल्प (A) सही है।

88. A द्वारा प्राप्त अंक $= 1067$

B द्वारा प्राप्त अंक $= 1034$

C द्वारा प्राप्त अंक $= 954$

D द्वारा प्राप्त अंक $= 818$

E द्वारा प्राप्त अंक $= 871$

चूँकि A को उच्चतम अंक मिले इसलिए सभी विषय के अंकों का प्रतिशत A के लिए उच्चतम होगा।

इसलिए, आवश्यक % $= 1067 \times \dfrac{100}{1500} = 71.13\%$ (लगभग)

अतः विकल्प (C) सही है।

89. A और B द्वारा सभी विषयों में एक साथ प्राप्त किए गए अंक $= 1067 + 1034 = 2101$

C और D द्वारा सभी विषयों में एक साथ प्राप्त किए गए अंक $= 954 + 818 = 1772$

इसलिए, आवश्यक अंतर $= 2101 - 1772 = 329$

अतः विकल्प (D) सही है।

90. 10 दिनों के लिए 10 लोगों का कुल वेतन 3000 रुपये है, इसलिए 1 दिन के लिए 1 आदमी का कुल वेतन 30 रुपये होगा।

एक महिला का दैनिक वेतन पुरुष के मुकाबले आधा है, इसलिए महिला का वेतन 15 रुपये होगा।

इसलिए, महिलाओं की आवश्यक संख्या $= \dfrac{1800}{6 \times 15} = 20$

इसलिए, 1800 रुपये कमाने के लिए 20 महिलाओं को 6 दिनों तक काम करना चाहिए।

अतः विकल्प (B) सही है।

91. यह दिया गया है कि वृत्त की परिधि $= 220$ मीटर

$\Rightarrow 2\pi r = 220$

यहाँ $2r$ अथवा $d = 70$ और $\left(\pi = \dfrac{22}{7}\right)$

माना कि वर्ग की भुजा a मीटर है।

तो, प्रश्नानुसार,

$\Rightarrow \dfrac{a}{70} = \dfrac{3}{10}$

$\Rightarrow a = 21$ मीटर

इसलिए, वर्ग का क्षेत्रफल $= a \times a = 21 \times 21 = 441$ वर्ग मीटर

अतः विकल्प (A) सही है।

92. माना कि आदमी ने बाइक x किमी की यात्रा की है।

तो, साइकिल पर आदमी द्वारा तय की गई दूरी $= 203.5 - x$

इसलिए, प्रश्नानुसार,

$\Rightarrow \dfrac{x}{27} + \dfrac{203.5-x}{8} = 10$

$\Rightarrow 8x + 5494.5 - 27x = 2160$

$\Rightarrow x = 175.5$

अतः विकल्प (A) सही है।

93. माना कि मीरा, टीना और सानिया की उम्र क्रमशः 6x, 4x और 7x है।

इसलिए, प्रश्नानुसार,

$\Rightarrow$ 6x + 4x + 7x = 34

$\Rightarrow$ 17x = 34

$\Rightarrow$ x = 2

इसलिए, सानिया की आयु = 7x = 7 × 2 = 14 वर्ष

अतः विकल्प (D) सही है।

94. प्रश्नानुसार,

100 नंबर का योग $= 44 \times 100 = 4400$

104 संख्या का योग $= 50 \times 104 = 5200$

4 संख्याओं का योग $= (5200 - 4400) = 800$

इसलिए, इन 4 संख्याओं का औसत $= \dfrac{800}{4} = 200$

अतः विकल्प (B) सही है।

95. माना कि प्रत्येक लेख की लागत मूल्य 1 रु है।

18 लेखों की लागत मूल्य $= 18$ रु

18 लेखों का विक्रय मूल्य $= 20$ रु

$\therefore$ लाभ $= 20 - 18 = 2$ रु

इसलिए, लाभ प्रतिशत $= 2 \times \dfrac{100}{18} = 11.11\%$

अतः विकल्प (D) सही है।

96. दी गयी श्रृंखला है:

7, 10, 6, 9, 5, ?

यहाँ पैटर्न है:

(पहली संख्या + 3) = दूसरी संख्या

(दूसरी संख्या - 4) = तीसरी संख्या

(तीसरी संख्या + 3) = चौथी संख्या और इसी तरह।

इसलिए, श्रृंखला की अगली संख्या 8 होगी।

अतः विकल्प (A) सही है।

97. प्रश्नानुसार,

एक खिलौने की लागत मूल्य $= \left(\dfrac{375}{12}\right)$ रु $= 31.25$ रु

एक खिलौने का विक्रय मूल्य $= 33$ रु

तो, लाभ $= (33 - 31.25)$ रु $= 1.75$ रु

इसलिए, लाभ $\% = \left(\dfrac{1.75}{31.25} \times 100\right)\% = \dfrac{28}{5}\% = 5.6\%$

अतः विकल्प (C) सही है।

98. कुल राशि $= (30000 + 4347)$ रु $= 34347$ रु

माना कि समय n वर्ष है।

हम जानते हैं कि राशि $= P\left(1 + \dfrac{r}{100}\right)^n$

इसलिए, $34347 = 30000\left(1 + \dfrac{7}{100}\right)^n$

$\Rightarrow \dfrac{34347}{30000} = \left(\dfrac{107}{100}\right)^n$

$\Rightarrow \dfrac{11449}{10000} = \left(\dfrac{107}{100}\right)^n$

$\Rightarrow \left(\dfrac{107}{100}\right)^2 = \left(\dfrac{107}{100}\right)^n$

$n = 2$ वर्ष

अतः विकल्प (A) सही है।

99. माना कि संख्या $7x$ और $9x$ हैं।

प्रश्न के अनुसार,

$\Rightarrow 7x \times 9x = 1575$

$\Rightarrow 63x^2 = 1575$

$\Rightarrow x^2 = 25$

$\Rightarrow x = 5$

इसलिए, सबसे बड़ी संख्या है,

$= 9x$

$= 9 \times 5$

$= 45$

अतः विकल्प (A) सही है।

100. माना म.स.प. $= x$

ल.स.म. $= 20x$

इसलिए, म.स.प. और ल.स.म. का योग $= 2520$

$\Rightarrow x + 20x = 2520$

$\Rightarrow 21x = 2520$

$\Rightarrow x = 120$

इसलिए, म.स.प. $= 120$

ल.स.म. $= 120 \times 20 = 2400$

यह दिया गया है कि एक संख्या 480 है।

माना दूसरी संख्या y है।

$\Rightarrow y \times 480 = 120 \times 2400$

$\Rightarrow y = \dfrac{120 \times 2400}{480} = 600$

अतः विकल्प (D) सही है।

101. माना कि C की उम्र x साल है।

इसलिए,

B की आयु $= 2x$ वर्ष

A की आयु $= (2x + 2)$ वर्ष

$\therefore (2x + 2) + 2x + x = 27$

$\Rightarrow 5x = 25$

$\Rightarrow x = 5$

इसलिए, B की आयु $= 2x = 10$ वर्ष

अतः विकल्प (D) सही है।

102. प्रश्न के अनुसार, सुरेश के अंक $= 232 - 46 = 186$

सोनल के अंक $= 186 + 34 = 220$

माना कुल अंक x हैं।

इसलिए, प्रश्न के अनुसार

$\Rightarrow x$ का $40\% = 220$

और, $\frac{40}{100} \times x = 220$

$\Rightarrow x = \frac{(220 \times 100)}{40} = 550$

सुरेश द्वारा प्राप्त प्रतिशत अंक $= \left(\frac{186}{550}\right) \times 100 = 33.81\% \approx 34\%$

अतः विकल्प (B) सही है।

103. दी गयी श्रृंखला में पैटर्न इस प्रकार है:

$\Rightarrow \frac{(642+2)}{2} = 322$

$\Rightarrow \frac{(322+2)}{2} = 162$

$\Rightarrow \frac{(162+2)}{2} = 82$

$\Rightarrow \frac{(82+2)}{2} = 42$

$\Rightarrow \frac{(42+2)}{2} = 22$

उपरोक्त श्रृंखला में 164 गलत संख्या है।

अतः विकल्प (B) सही है।

104. गाना कि प्रत्येक विषय के पूर्ण अंक 100 है।

इसलिए, पांच विषयों में कुल अंक $= 500$

छात्र को कुल 60% अंक मिले हैं।

$\therefore 500$ का $60\% = 300$ अंक

इसलिए, प्रश्नानुसार,

$\Rightarrow 10x + 9x + 8x + 7x + 6x = 300$

$\Rightarrow 40x = 300$

$\Rightarrow x = \frac{300}{40} = 7.5$

पहले विषय में अंक $= 10x = 10 \times 7.5 = 75$

दूसरे विषय में अंक $= 9x = 9 \times 7.5 = 67.5$

तीसरे विषय में अंक $= 8x = 8 \times 7.5 = 60$

चौथे विषय में अंक $= 7x = 7 \times 7.5 = 52.5$

अंतिम विषय में अंक $= 6x = 6 \times 7.5 = 45$

प्रत्येक विषय के उत्तीर्ण अंक $= 100$ का $50\% = 50$

इस प्रकार, वह चार विषयों में उत्तीर्ण हुआ।

अतः विकल्प (C) सही है।

105. लाभ का अनुपात $= 12500 : 8500 = 125 : 85 = 25 : 17$

माना कि उनके द्वारा प्राप्त लाभ क्रमशः $25x$ और $17x$ है।

इसलिए, लाभ में अंतर $= 25x - 17x = 240$ रु

$\Rightarrow 8x = 240$ रु

$\Rightarrow x = 30$ रु

इसलिए, प्रश्नानुसार,

कुल लाभ का $40\% = 42x = 1260$ रु

$\therefore$ कुल लाभ $= 1260 \times \left(\frac{100}{40}\right) = 3150$ रु

अतः विकल्प (D) सही है।

106. वृत का क्षेत्रफल $= \pi r^2 = \frac{22}{7} \times (14)^2 = 616$ सेमी^{2}

इसलिए, प्रश्नानुसार,

आयत का क्षेत्रफल $= 1166 - 616 = 550$ सेमी^{2}

आयत की चौड़ाई $= \frac{550}{25} = 22$ सेमी

इसलिए, अभीष्ट योग $= 2\pi r + 2(l + b) = 2 \times \frac{22}{7} \times 14 + 2(25 + 22) = 182$ सेमी

अतः विकल्प (B) सही है।

107. मिश्रण में, माना कि दूध की मात्रा $= 3a$ लीटर और पानी की मात्रा $= a$ लीटर है।

20 लीटर दूसरे मिश्रण में, दूध की मात्रा $= \frac{20 \times 2}{5} = 8$ लीटर

पानी की मात्रा $= \frac{20 \times 2}{5} = 12$ लीटर

दूध की मात्रा $= 3a + 8$ लीटर

पानी की मात्रा $= a + 12$ लीटर

मिश्रण की कुल मात्रा $= 4a + 20$ लीटर

इसलिए, प्रश्नानुसार,

$\Rightarrow (4a + 20)$ का $33.75\% = a + 12$

$\Rightarrow 1.35a - a = 12 - 6.75 = 5.25$

$\Rightarrow 0.35a = 5.25$

$\Rightarrow a = 15$

मिश्रण की कुल मात्रा $= 4a + 20 = 80$ लीटर

अत: विकल्प (C) सही है।

108. माना कि क्रिकेटर का अपनी 34 पारियों के लिए औसत रन x रन है।

$\therefore 34$ पारियों में कुल रन $= 34x$

प्रश्न के अनुसार,

$\Rightarrow \frac{34x + 0}{35} = x - 2$

$\Rightarrow 34x = 35x - 70$

$\Rightarrow x = 70$

$\therefore$ रन का नया औसत $= x - 2$

$\Rightarrow 70 - 2 = 68$

अत: विकल्प (B) सही है।

109. A और B द्वारा लिया गया समय का अनुपात $= 1 : 3$

इसका अर्थ यह है कि यदि B एक काम को पूरा करने में 3 दिन लेता है तो A वही काम करने के लिए 1 दिन लेगा।

यदि समय का अंतर 2 दिन है, तो B को 3 दिन लगते हैं।

यदि सगय का अंतर 60 दिन होगा, तो B $(32 \times 60) = 90$ दिन लगेंगे।

तो, A को कार्य करने में 30 दिन लगते हैं।

A का 1 दिन का काम $= \frac{1}{30}$

B का 1 दिन का काम $= \frac{1}{90}$

$(A + B)$ का 1 दिन का काम $= \left(\frac{1}{30} + \frac{1}{90}\right) = \frac{4}{90} = \frac{2}{45}$

A और B एक साथ $\frac{45}{2} = 22\frac{1}{2}$ दिनों में काम कर सकते हैं।

अत: विकल्प (B) सही है।

110. माना की राशि x रू है।

इसलिए, साधारण ब्याज भी x बन जाएगा क्योंकि साधारण ब्याज 10 वर्षों में दोगुना हो रहा है।

तो, दर $= (100 \times$ साधारण ब्याज$) / ($राशि $\times$ समय$)$

$\Rightarrow \frac{(100 \times x)}{(x \times 10)} = 10\%$

अत: विकल्प (A) सही है।

111. माना कि मतों की कुल संख्या x है।

इसलिए, वैध मत $= x - \left(x \times \frac{17.5}{100}\right) = \frac{82.5x}{100}$

प्रश्न के अनुसार,

दूसरे उम्मीदवार को 35% वैध मत मिले।

इसलिए, $\frac{82.5x}{100}$ का $35\% = 2310$

$\frac{35}{100} \times \frac{82.5x}{100} = 2310$

$x = 2310 \times \frac{100}{35} \times \frac{100}{82.5}$

$x = 8000$

अत: विकल्प (A) सही है।

112. माना कि प्रारंभिक बिंदु से जगह की दूरी x किमी है।

धारा के साथ व्यक्ति की गति $= 5 + 1.5 = 6.5$ किमी /घंटा

और धारा के विपरीत व्यक्ति की गति $= 51.5 = 3.5$ किमी /घंटा

$\Rightarrow \frac{x}{6.5} + \frac{x}{3.5} = 1$

या, $10x = 6.5 \times 3.5$

$\Rightarrow x = \frac{22.75}{10} = 2.275$ किमी

अत: विकल्प (D) सही है।

113. दी गयी श्रृंखला है:

50, 48, 43, 41, 36, 34, ?

यहाँ पैटर्न यह है:

50 - 2 = 48   48 - 5 = 43

43 - 2 = 41   41 - 5 = 36

36 - 2 = 34   34 - 5 = 29

इसलिए, अगली संख्या 29 होगी।

अत: विकल्प (A) सही है।

114. माँ की उम्र जब चित्रा का जन्म हुआ था = 30 वर्ष

चित्रा के भाई का जन्म चित्रा के 4 साल बाद हुआ था।

माँ की उम्र जब चित्रा की बहन का जन्म हुआ था = 30 + 4 = 34 वर्ष

पिता की उम्र जब चित्रा की बहन का जन्म हुआ था = 26 वर्ष

उसके माता-पिता के बीच उम्र का अंतर = 34 - 26 = 8 वर्ष

अत: विकल्प (D) सही है।

115. रोहित द्वारा तय की गयी दूरी को निम्न आरेख से दर्शाया गया है:

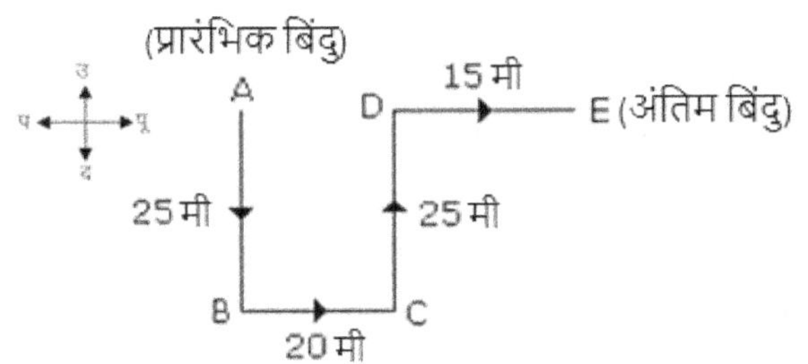

इसलिए, आवश्यक दूरी = AE = 20 + 15 = 35 मी

हम आरेख से देख सकते हैं कि वह अपने प्रारंभिक बिंदु से पूर्व दिशा में है।

अतः विकल्प (A) सही है।

116. दी गयी श्रृंखला है:

7, 13, ?, 29, 37

यहाँ पैटर्न यह है कि यह एक अभाज्य संख्याओं की श्रृंखला है जिसमे संख्याएँ एक संख्या छोड़कर राखी गयी हैं।

इसलिए, 19, '?' की जगह पर आएगा।

अतः विकल्प (B) सही है।

117. माना कि राहुल की उम्र x साल है।

इसलिए, सचिन की उम्र $= (x - 7)$ वर्ष

$$\therefore \frac{x-7}{x} = \frac{7}{9}$$
$$\Rightarrow 9x - 63 = 7x$$
$$\Rightarrow 2x = 63$$
$$\Rightarrow x = 31.5$$

तो, सचिन की उम्र $= (x - 7)$ वर्ष

$$= 24.5 \text{ वर्ष}$$

अतः विकल्प (D) सही है।

118. गेंदों की कुल संख्या $= (8 + 7 + 6) = 21$

माना कि $E =$ निकाली गई गेंद न ही लाल है और न ही हरी

$=$ निकाली गयी गेंद नीली है

$$\therefore n(E) = 7$$
$$\therefore P(E) = \frac{n(E)}{n(S)} = \frac{7}{21} = \frac{1}{3}$$

अतः विकल्प (A) सही है।

119. यह दिया गया है कि

$$\Rightarrow \frac{2a+b}{a+4b} = 3$$

$$\Rightarrow 2a + b = 3(a + 4b)$$
$$\Rightarrow 2a + b = 3a + 12b$$
$$\Rightarrow -a = 11b$$
$$\Rightarrow a = -11b$$
$$\therefore \frac{a+b}{a+2b} = \frac{-11b+b}{-11b+2b}$$
$$= \frac{-10b}{-9b}$$
$$= \frac{10}{9}$$

अतः विकल्प (C) सही है।

120. दी गयी श्रृंखला में पैटर्न है:

$$\Rightarrow 26 \times 3 = 78$$
$$\Rightarrow 78 \times 3.5 = 273$$
$$\Rightarrow 273 \times 4 = 1092$$
$$\Rightarrow 1092 \times 4.5 = 4914$$
$$\Rightarrow 4914 \times 5 = 24570$$

इसलिए, अगली संख्या 24570 होगी।

अतः विकल्प (B) सही है।

121. दिए गए प्रश्न में पैटर्न है,

$86 = (8 \times 6) + (8 + 6) = 48 + 14 = 62$

इसी तरह,

$49 = (4 \times 9) + (4 + 9) = 36 + 13 = 49$

इस प्रकार, 49 से संबंधित संख्या 49 है।

अतः विकल्प (B) सही है।

122. दिए गए प्रश्न में पैटर्न है,

$$\Rightarrow 62 = \frac{62}{2} = 31$$
$$\Rightarrow 31 \times 5 = 155$$

इसी तरह,

$$\Rightarrow 58 = \frac{58}{2} = 29$$
$$\Rightarrow 29 \times 5 = 145$$

इस प्रकार, 58 से संबंधित संख्या 145 है।

अतः विकल्प (C) सही है।

123. दिए गए प्रश्न में पैटर्न है,

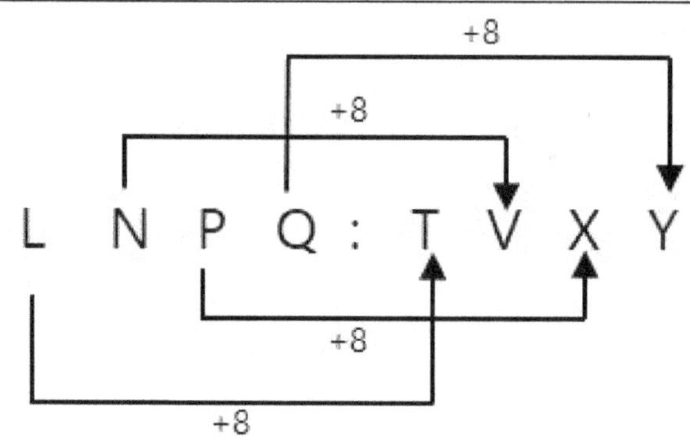

इसी प्रकार,

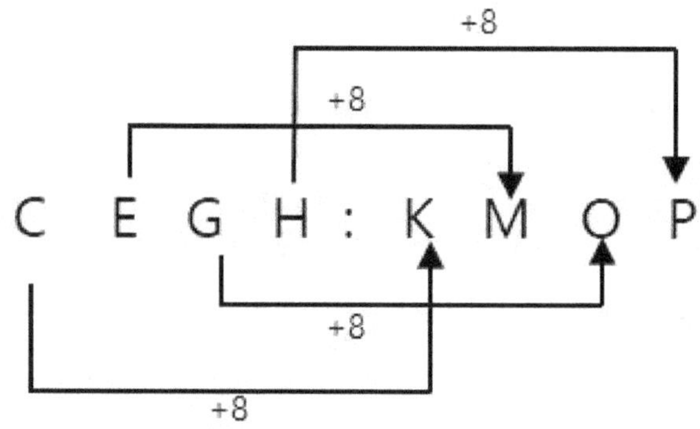

इस प्रकार CEGH, KMOP से संबंधित है।

अतः विकल्प (D) सही है।

124. दिए गए प्रश्न में पैटर्न है,

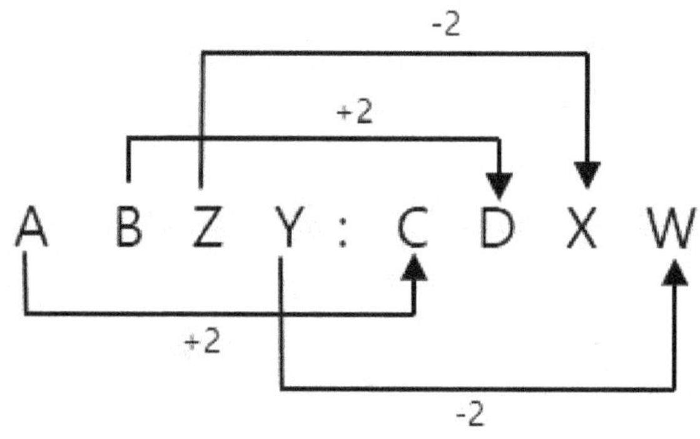

इसी तरह,

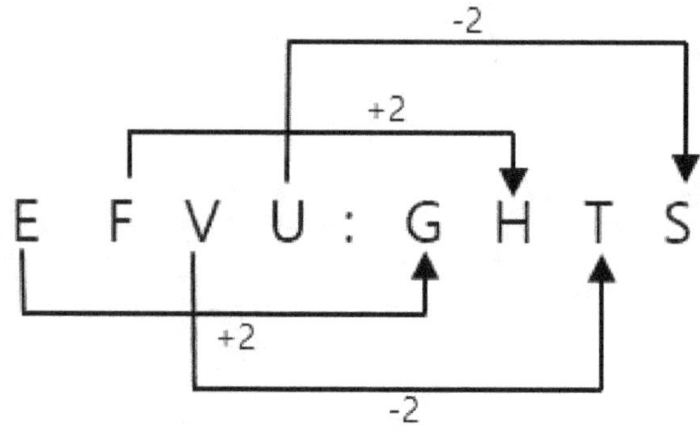

इस प्रकार EFVU, GHTS से संबंधित है।

अतः विकल्प (D) सही है।

125. दिए गए प्रश्न में पैटर्न है,

(अंग्रेजी वर्णमाला के अनुसार अक्षरों की स्थिति का मान)² = दी गई संख्या

इसलिए, ACE = $1^2\ 3^2\ 5^2$ = (1) (9) (25) = 1925

FAD = $6^2\ 1^2\ 4^2$ = (36) (1) (16) = 36116

इसी प्रकार,

DIE = $4^2\ 9^2\ 5^2$ = (16) (81) (25) = 168125

अतः विकल्प (B) सही है।

126. दी गयी श्रृंखला है:

11 ÷ 6 - 2 + 5 × 3

दिए गए परिवर्तनों को लागू करने के बाद और BODMAS का नियम लगाने पर:

⇒ 11 + 6 ÷ 2 × 5 - 3

⇒ 11 + 3 × 5 - 3

⇒ 11 + 15 - 3

⇒ 26 - 3 = 23

अतः विकल्प (C) सही है।

127. दिए गए प्रश्न में पैटर्न है,

(संख्या का दूसरा अंक + संख्या का तीसरा अंक) + 2 = संख्या का पहला अंक

इसलिए,

विकल्प (A): 934 ⇒ (3 + 4) + 2 = 9

विकल्प (B): 732 ⇒ (3 + 2) + 2 = 7

विकल्प (C): 622 ⇒ (2 + 2) + 2 = 6

विकल्प (D): 913 ⇒ (1 + 3) + 2 = 6

∴ 913 विषम संख्या है।

अतः विकल्प (D) सही है।

128. यहां, 'U' अक्षर नहीं है। इसलिए, 'GUITAR' शब्द नहीं बनाया जा सकता है।

'K' अक्षर नहीं है। इसलिए, 'AGMARK' शब्द नहीं बनाया जा सकता है।

'E' अक्षर नहीं है। इसलिए, 'GAME' शब्द नहीं बनाया जा सकता है।

शब्द 'MAGIC' को दिए गए शब्द से बनाया जा सकता है जैसा कि चित्र में दिखाया गया है:

P R A G M A T I C ⇒ MAGIC

अतः विकल्प (D) सही है।

129. 'INTERNATIONAL' शब्द से जो शब्द बन सकते हैं, वे हैं:

I N T E R N A T I O N A L ⇒ LATTER

I N T E R N A T I O N A L ⇒ RELATION

I N T E R N A T I O N A L ⇒ TRAIN

'INTERNATIONAL' शब्द में केवल दो 'T' हैं और कोई 'M' नहीं है। इसलिए, 'TREATMENT' शब्द 'INTERNATIONAL' शब्द से नहीं बनाया जा सकता है।

अतः विकल्प (C) सही है।

130. दिए गए कथनों का संभावित वेन-आरेख है:

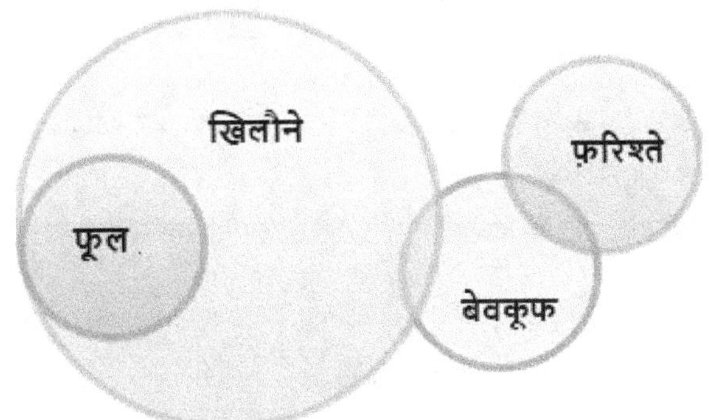

यह स्पष्ट है कि कोई भी निष्कर्ष अनुसरण नहीं करता है।

अतः विकल्प (D) सही है।

131. दिए गए कथनों का संभावित वेन-आरेख होगा:

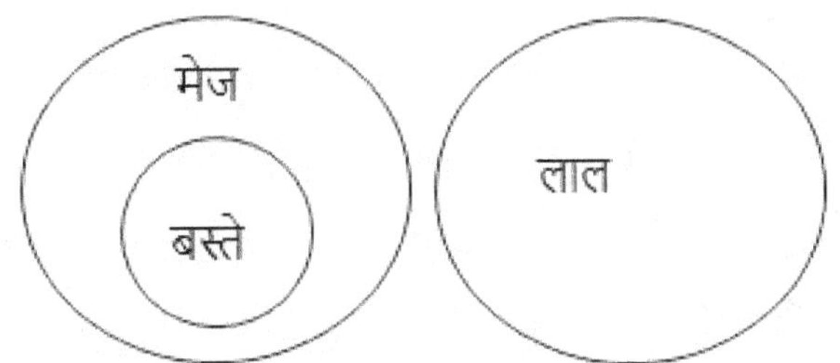

हम देख सकते हैं कि कथन के अनुसार, न तो निष्कर्ष I और न ही निष्कर्ष II अनुसरण करता है।

अतः विकल्प (C) सही है।

132. भारत में एक महिला, को एक पुरुष पुलिस अधिकारी द्वारा, शाम 6 बजे से सुबह 6 बजे के बीच गिरफ्तारी करने से मना कर सकती है। यह एक प्रक्रियात्मक मुद्दा है कि एक महिला को शाम 6 बजे से सुबह 6 बजे के बीच गिरफ्तार किया जा सकता है, केवल तभी जब उसे किसी महिला अधिकारी द्वारा गिरफ्तार किया गया हो और उसे महिला पुलिस थाने में ले जाया जाए।

अतः विकल्प (A) सही है।

133. कूट का पैटर्न है:

(पहले शब्द का पहला अक्षर) + 2 = दूसरे शब्द का पहला अक्षर

तो,

E + 2 = G   Q + 2 = S

U + 2 = W   A + 2 = C

T + 2 = V   I + 2 = K

O + 2 = Q   N + 2 = P

इसी तरह,

D + 2 = F   O + 2 = Q

N + 2 = P   K + 2 = M

E + 2 = G   Y + 2 = A

इसलिए, 'DONKEY' शब्द को 'FQPMGA' में कूट किया जाएगा।

अतः विकल्प (A) सही है।

134. दिए गए शब्द हैं:

Concession, Conception, Conciliator, Conceive, Concerned

इसलिए, शब्दकोष का क्रम होगा:

Conceive > Conception > Concerned > Concession > Conciliator

अतः विकल्प (C) सही है।

135. दी गयी श्रृंखला है:

22, 30, 46, 78, 142, ?

यहाँ पैटर्न है:

⇒ 22 + 8 = 30

⇒ 30 + 16 = 46

⇒ 46 + 32 = 78

⇒ 78 + 64 = 142

⇒ 142 + 128 = 270

अतः विकल्प (D) सही है।

136. दिए गए अक्षर और उनके कूट इस प्रकार हैं:

S = G

H = A

E = X

E = X

P = R

इसी तरह,

B = H

L = P

E = X

A = T

T = N

इसलिए, SLATE का कूट GPTNX होगा।

अतः विकल्प (A) सही है।

137. तालिका में दिए गए नंबर नीचे दिए गए तर्क का अनुसरण करते हैं:

⇒ (15 ÷ 5) + 7 = 3 + 7 = 10

⇒ (64 ÷ 4) + 5 = 16 + 5 = 21

⇒ (91 ÷ ?) + 9 = 22

⇒ ? = 91 ÷ 13 = 7

अतः विकल्प (A) सही है।

138. माना कि प्रकाश की प्रारंभिक स्थिति बाईं ओर से xवीं है।

यदि उसे बाईं ओर दो स्थानों पर स्थानांतरित किया गया, तो वह बाएं छोर से 7वें स्थान पर आता है। इसलिए,

(x - 2) = 7

x = 9वाँ

पंक्ति के दाहिने ओर से उसकी स्थिति = 16 - x + 1

⇒ 16 - 9 + 1 = 8वां

इसलिए, पंक्ति के दाई ओर से उसकी स्थिति 8वीं है।

अतः विकल्प (B) सही है।

139. तालिका में दी गयी संख्याएँ नीचे दिए गए तर्क का अनुसरण करती हैं:

(पहली संख्या - तीसरी संख्या) × 7 = दूसरी संख्या

इसलिए, (44 - 37) × 7 = 7 × 7 = 49

(58 - 53) × 7 = 5 × 7 = 35

इसी तरह,

(52 - 41) × 7 = 11 × 7 = 77

अतः विकल्प (C) सही है।

140. उत्तर आकृति जो प्रश्न आकृति पूरा करता है वह विकल्प (B) है।

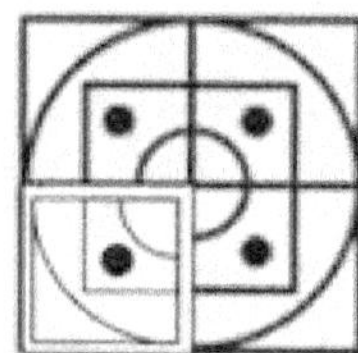

अतः विकल्प (B) सही है।

141. यहां, प्रत्येक कॉलम में सभी संख्याओं का जोड़ 18 है।

कॉलम I में: 7 + 2 + 4 + 5 = 18

कॉलम II में: 8 + 3 + 1 + 6 = 18

इसी तरह,

कॉलम III में: 2 + 3 + 7 +? = 18

इसलिए, ? = 18 - 12 = 6

इस प्रकार लुप्त संख्या 6 है।

अतः विकल्प (D) सही है।

142. जब इस आकृति को घन बनाने के लिए मोड़ा जाता है, तो छह बिंदुओं वाला फलक तीन बिंदुओं वाले फलक के विपरीत स्थिति पर होगा।

अतः विकल्प (D) सही है।

143. प्रश्न के अनुसार, पेपर खोलने के बाद:

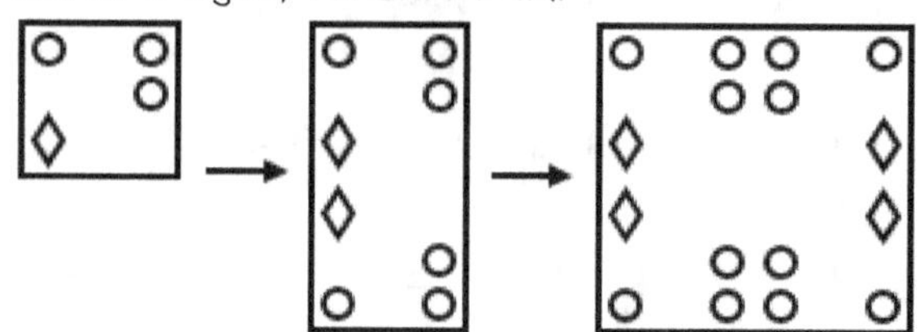

अतः विकल्प (C) सही है।

144. हम दिए गए निर्देशों के साथ निम्नलिखित चित्र बना सकते हैं:

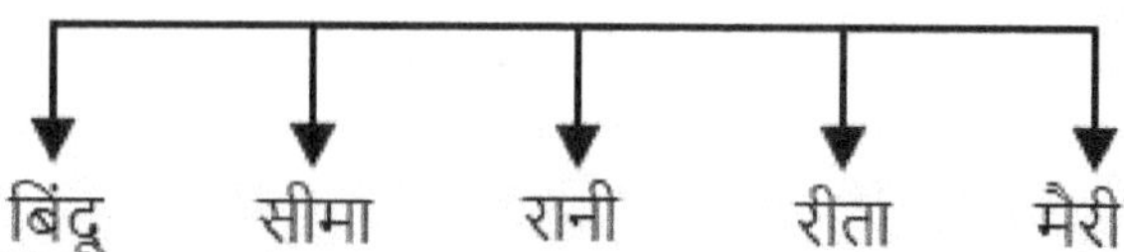

हम आरेख से देख सकते हैं कि मैरी, रीता के निकटतम दायीं ओर बैठी है।

अतः विकल्प (C) सही है।

145. यह दिया गया है कि हिना मोना से लंबी है लेकिन सोनिया से छोटी है। इसलिए,

सोनिया > हिना > मोना ....(i)

मोना अल्का से छोटी है, लेकिन राहुल से लंबी है।

अल्का > मोना > राहुल ....(ii)

(i) और (ii) का संयोजन करके,

हम देख सकते हैं, (i) में मोना सबसे छोटी है; (ii) में राहुल सबसे छोटा है।

(ii) में, हम यह भी देख सकते हैं कि मोना राहुल से लंबी है।

इस प्रकार, राहुल सबसे छोटा हैं।

अतः विकल्प (C) सही है।

146. उपरोक्त आकृति के आधार पर हमें नीचे दी गई छवि मिली:

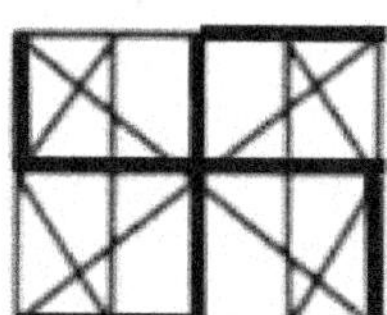

अतः विकल्प (D) सही है।

147.

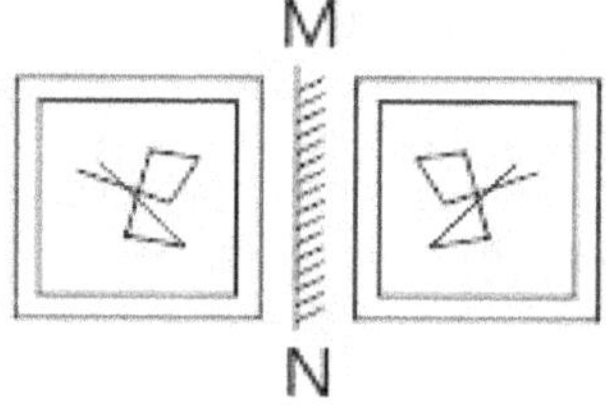

प्रश्न के अनुसार, उपरोक्त छवि प्रश्न आकृति की दर्पण छवि है।

अतः विकल्प (C) सही है।

148. दिए गए प्रश्न में पैटर्न है,

24 + 13 = 37

37 + 13 = 50

50 + 13 = 63

63 + 13 = 76

इसलिए, '76' अनुक्रम पूरा करता है।

अतः विकल्प (C) सही है।

149. अंग्रेजी वर्णमाला से संख्यात्मक मानों को प्राप्त करने के बाद, हम देख सकते हैं कि अनुक्रम के पहले और तीसरे पद के बीच संबंध है:

T - 6 = N

U - 6 = O

इसी तरह, D - 6 = X

E - 6 = Y

इसलिए, लुप्त पद 'XY' है।

अतः विकल्प (C) सही है।

150. संख्याओं के बीच संबंध इस प्रकार है:

72 - 56 = 16

56 - 42 = 14

42 - 30 = 12

30 - 20 = 10

20 - 12 = 8

इस प्रकार, अनुक्रम पूरी करने वाली संख्या 12 है।

अतः विकल्प (C) सही है।

151. शब्दकोश के अनुसार व्यवस्थित करने के बाद, हमें यह मिलता है:

Greasepaint → Greasy → Greater → Grebe → Grecian

तो, सही विकल्प 3, 5, 2, 4, 1 है।

अतः विकल्प (D) सही है।

152. यहां 'मुर्गा' अन्य शब्दों से भिन्न है। मुर्गे को छोड़कर सभी पानी में रह सकते हैं।

अतः विकल्प (A) सही है।

153. 'मेरी माँ की इकलौती बेटी' अर्थात् 'स्वयं मैं'। तो, महिला यहाँ अपने बारे में बात कर रही है।

इसलिए, महिला आदमी की माँ है।

अतः विकल्प (A) सही है।

154. पुलिस आपराधिक न्याय प्रणाली का एक घटक नहीं है। आपराधिक न्याय प्रणाली चार घटकों से युक्त है; कानून, कानून प्रवर्तन, अदालतें, और सुधार।

अतः विकल्प (D) सही है।

155. दिए गए कथनों से हम निम्न वेन आरेख बना सकते हैं:

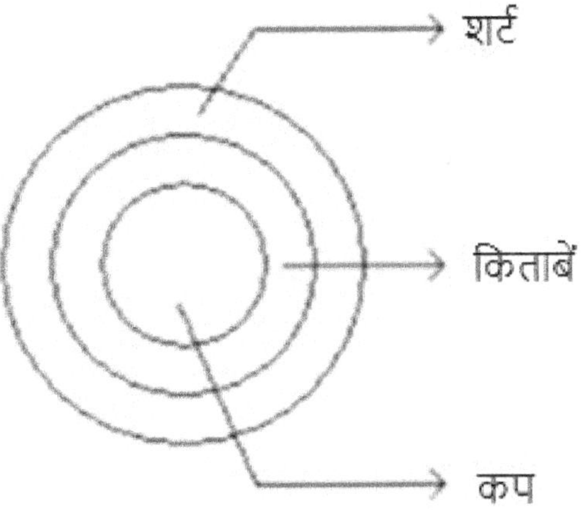

आरेख से हम देख सकते हैं कि केवल निष्कर्ष II अनुसरण करता है।

अतः विकल्प (B) सही है।

156. पीआईएल का पूर्ण रूप जनहित याचिका है। जनहित याचिका सार्वजनिक हित को सुरक्षित करने के लिए किए गए मुकदमे को संदर्भित करती है और सामाजिक रूप से वंचित दलों को न्याय की उपलब्धता को दर्शाता है।

अतः विकल्प (A) सही है।

157. सुंदर द्वारा चला गया पथ नीचे दिये आरेख में दर्शाया गया है:

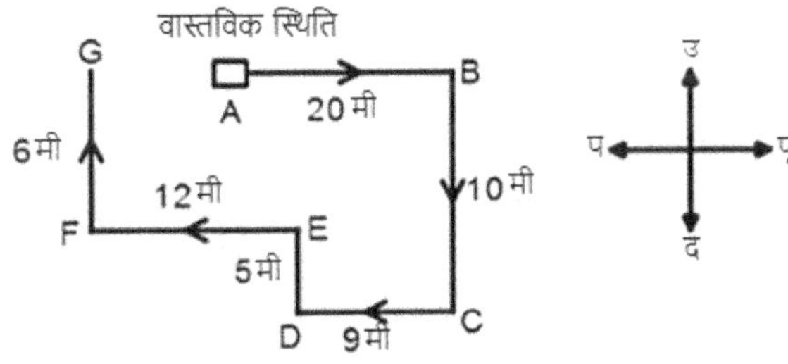

आरेख से हम यह देख सकते हैं कि सुंदर उत्तर दिशा की ओर सम्मुख है।

अतः विकल्प (C) सही है।

158. आयत द्वारा विवाहित लोगों को प्रदर्शित किया गया है, शिक्षकों को त्रिभुज द्वारा प्रदर्शित किया गया है और संयुक्त परिवार में रहने वाले लोगों को वृत्त द्वारा प्रदर्शित किया गया है। इसलिए, संयुक्त परिवार में रहने वाले विवाहित शिक्षक का प्रतिनिधित्व आयत, त्रिभुज और वृत्त के अतिव्यापी भागों द्वारा किया जाएगा।

इसलिए, अक्षर 'Q' संयुक्त परिवार में रहने वाले विवाहित शिक्षक को प्रदर्शित करता है।

अतः विकल्प (B) सही है।

159. नीचे दी गयी आकृति में हम देख सकते हैं कि विकल्प (B) में दी गयी आकृति प्रश्न आकृति में सन्निहित है।

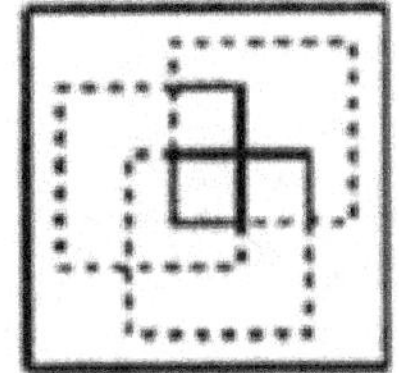

अतः विकल्प (B) सही है।

160. हम दी गयी जानकारी से निम्नलिखित आरेख बना सकते हैं:

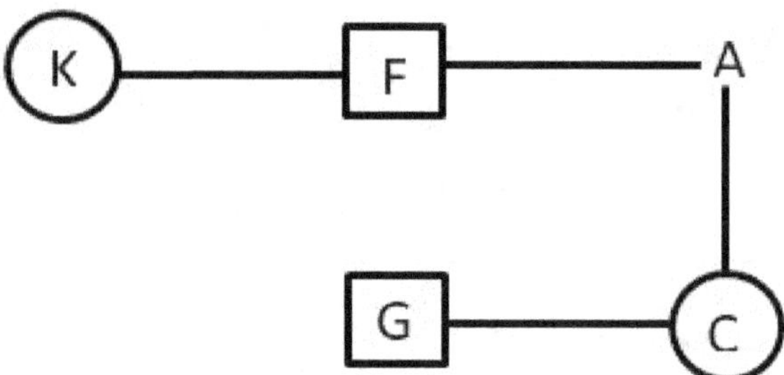

उपरोक्त आरेख से यह देख सकते हैं कि G का चाचा F है।

अतः विकल्प (A) सही है।

General Hindi

Q.1 इनमें से कौन-सी भाषा संस्कृत भाषा की अपभ्रंश है?

A. ब्रजभाषा   B. पालि   C. खड़ी बोली   D. प्राकृत

Q.2 इनमें से किसकी वर्तनी शुद्ध है?

A. संगीतज्ञ   B. संगीतय   C. संगीतय्य   D. संगीताग्य

Q.3 'राजा' का विलोम शब्द कौन-सा होगा?

A. रानी   B. प्रजा   C. रंक   D. सेनापति

Q.4 'किरण' का पर्यायवाची कौन-सा होगा?

A. भानुजा   B. रसिका   C. तटिनी   D. रश्मि

Q.5 'छ' ध्वनि का उच्चारण स्थान कौन-सा होगा?

A. ओष्ठ्य   B. तालव्य   C. वर्त्स्य   D. दन्त्य

Q.6 'रामचरितमानस' की रचना किस भाषा में है?

A. अवधी   B. ब्रज   C. भोजपुरी   D. मागधी

Q.7 'कवि' शब्द का स्त्रीलिंग कौन-सा होगा?

A. कवीत्री   B. लेखिका   C. कवयित्री   D. कवित्री

Q.8 'अनाड़ी' का तत्सम रूप कौन-सा होगा?

A. अनार्य   B. अन्यत   C. अट्टालिका   D. अन्यत्र

Q.9 'व्यास' का विलोम कौन-सा होगा?

A. संगीन   B. संश्लेषण   C. समास   D. संक्षेप

Q.10 'यद्यपि' शब्द में कौन-सी संधि प्रयुक्त है?

A. यण   B. विसर्ग   C. व्यंजन   D. स्वर

Q.11 सूर्योदय शब्द में कौन-सी संधि प्रयुत्त है?

A. दीर्घ संधि   B. वृद्धि संधि   C. गुण संधि   D. यण् संधि

Q.12 अधिकतर भारतीय भाषाओं का विकास किस लिपि से हुआ?

A. ब्राह्मी   B. खरोष्ठी लिपि
C. कुटिल लिपि   D. शारदा लिपि

Q.13 'सदाचार' शब्द में कौन-सा 'उपसर्ग' प्रयुत्त है?

A. अव   B. सत्   C. आचार   D. आ

Q.14 'कलम तोड़ना' मुहावरे का क्या अर्थ है?

A. अच्छा लिखना
B. सही लिखना
C. ज्यादा लिखना
D. बेकार लिखकर प्रायश्चित करना

Q.15 'सत्याग्रह' शब्द का संधि-विच्छेद कौन-सा होगा?

A. सत्या + ग्रह   B. सत + आग्रह
C. सत्य + गढ़   D. सत्य + आग्रह

Q.16 इनमें से 'ईर्ष्या' का पर्यायवाची कौन-सा होगा?

A. आह   B. स्पर्धा   C. प्रतिस्पर्धा   D. डाह

Q.17 'फिर भी कुछ रह जायेगा' कृति के रचनाकार कौन हैं?

A. नरेश मेहता   B. विश्वनाथ तिवारी

C. रमेशचंद्र शाह   D. मंगलेश डबराल

Q.18 'व्याप्त' शब्द में कौन-सी संधि है?

A. गुण   B. दीर्घ   C. अयादि   D. यण

Q.19 राम रमापति कर धनु लेहु- यहाँ कौन सा अलंकार है?

A. यमक   B. श्लेष   C. अनुप्रास   D. वक्रोक्ति

Ques (20-22):निर्देश: अनुच्छेद पढ़कर दिए गए प्रश्न के उत्तर दीजिये:

बातचीत करते समय हमें शब्दों के चयन पर विशेष ध्यान देना चाहिए क्योंकि सम्मानजनक शब्द उदात्त और महान बनाते हैं। बातचीत को सुगम एवं प्रभावशाली बनाने के लिए सदैव प्रचलित भाषा का ही प्रयोग करना चाहिए। अत्यंत साहित्यिक एवं क्लिष्ट भाषा के प्रयोग से कहीं ऐसा न हो कि हमारा व्यक्तित्व चोट खा जाए। बातचीत में केवल विचारों का ही आदान-प्रदान नहीं होता बल्कि व्यक्तित्व का भी आदान-प्रदान होता है। अतः शिक्षक वर्ग को शब्दों का चयन सोच समझकर करना चाहिए। शिक्षक वास्तव में एक अच्छा अभिनेता भी होता है जो अपने व्यक्तित्व, शैली बोलचाल और हावभाव से विद्यार्थियों का ध्यान अपनी ओर आकर्षित करता है और उन पर अपनी छाप छोड़ता है।

Q.20 शिक्षक वर्ग को कैसे बोलना चाहिए?

A. बिना सोचे-समझे   B. तुरंत
C. ज्यादा   D. सोच-समझकर

Q.21 उपर्युत्त गद्यांश का उचित शीर्षक क्या होना चाहिए?

A. साहित्यक भाषा   B. बातचीत की कला
C. शब्दों का चयन   D. व्यक्तित्व का प्रभाव

Q.22 बातचीत में किसका आदान-प्रदान होता है?

A. विचारों एवं व्यक्तित्व का   B. भाषा का
C. विचारों का   D. व्यक्तित्व का

Q.23 इनमें से शुद्ध वाक्य कौन-सा है?

A. बच्चे को काटकर अनार खिलाओ
B. काटकर अनार बच्चे को खिलाओ
C. बच्चे को अनार काटकर खिलाओ
D. अनार बच्चे को काटकर खिलाओ

Q.24 इनमें से 'भाववाचक संज्ञा' कौन-सी है?

A. चरित्रता   B. सच्चरित्र   C. चरित्र   D. सतचरित्र

Q.25 इनमें से तद्भव शब्द का चयन कीजिए।

A. आधा   B. कूप   C. व्योम   D. विद्या

Q.26 सन् 2014 का 'साहित्य अकादमी' पुरस्कार किसे मिला?

A. रमेशचंद्र शाह   B. राजेश जोशी
C. केदारनाथ सिंह   D. अमरकांत

Q.27 'ग्राम' किस रचनाकार की प्रथम कहानी है?

A. नंददुलारे वाजपेयी   B. महादेवी वर्मा
C. डॉ. रामविलास शर्मा   D. जयशंकर प्रसाद

Q.28 व्याकरण की दृष्टि से 'प्रेम' शब्द क्या है?

A. क्रिया   B. भाववाचक संज्ञा
C. विशेषण   D. अव्यय

Q.29 'कृपा' किस शब्द का विलोम है?

A. कोप	**B.** कटु	**C.** क्रूर	**D.** क्रोध

Q.30 'मुँह की खाना' मुहावरे का अर्थ क्या है?
A. हार जाना
B. भोजन खा लेना
C. भाग जाना
D. गिर पड़ना

Q.31 'नृत्य' का तद्भव रूप कौन-सा होगा?
A. नृत **B.** नाच **C.** नचाना **D.** नाचना

Q.32 इनमें से शुद्ध वर्तनी वाला शब्द कौन-सा है?
A. अंतर्ध्यान **B.** अंतरध्यान **C.** अंतर्धान **D.** अंतःध्यान

Q.33 इनमें से 'कोदण्ड' का पर्यायवाची कौन-सा है?
A. भाला **B.** तलवार **C.** फावड़ा **D.** धनुष

Q.34 'मोर' का 'तत्सम' शब्द कौन-सा होगा?
A. मयूर **B.** मोयुर **C.** मउर **D.** मउर

Q.35 'क्ष' वर्ण किसके योग से बना है?
A. क् + छ **B.** क् + ष **C.** क् + ष **D.** क् + च

Q.36 'विस्मय' स्थायी भाव किस रस में होता है?
A. शांत **B.** हास्य **C.** वीभत्स **D.** अद्भुत

Q.37 इनमें से कौन-सा शब्द उपसर्ग-रहित है?
A. प्रत्यर्पण **B.** संगम **C.** विमोचन **D.** क्रोध

Q.38 'मनोहर' शब्द में कौन-सी संधि प्रयुक्त है?
A. व्यंजन **B.** विसर्ग **C.** यण **D.** स्वर

Q.39 'शांत रस' का स्थायी भाव कौन-सा है?
A. श्रृंगार **B.** निर्वेद **C.** रति **D.** ग्लानि

Q.40 'जो ईश्वर में विश्वास रखता हो' के लिए एक शब्द कौन-सा होगा?
A. नास्तिक **B.** आस्तिक **C.** अविनीत **D.** मेधावी

Law/ Constitution/General Knowledge

Q.41 राष्ट्रीय अनुसूचित जाति आयोग ______ को एक वार्षिक रिपोर्ट प्रस्तुत करता है।
A. भारत के प्रधानमंत्री
B. भारत के राष्ट्रपति
C. केंद्रीय सामाजिक न्याय और अधिकारिता मंत्री
D. भारत की संसद

Q.42 ______ के मामले में उच्चतम न्यायालय द्वारा यह माना गया था कि न्यूनतम मजदूरी का भुगतान न करना, जबरन मजदूरी का एक प्रकार है।
A. पीपल्स यूनियन फॉर डेमोक्रेटिक राइट्स बनाम भारत संघ
B. क्रांतिकारी कामगार संघ बनाम भारत सरकार
C. मजदूर किसान शक्ति संगठन बनाम भारत संघ
D. इंडियन एयरपोर्ट कामगार यनियन बनाम भारत सरकार

Q.43 निम्नलिखित में से कौन, औपचारिक रूप से पेरिस समझौते से अलग हो गया है?
A. चीन **B.** यू.के. **C.** पाकिस्तान **D.** यू.एस.ए.

Q.44 राष्ट्रीय सुरक्षा अधिनियम, 1980 ______ के तहत प्रदान करता है कि निरुद्ध किए गए किसी व्यक्ति को एक राज्य से दूसरे राज्य में हटाने के लिए उस दूसरे राज्य की सरकार की सहमति के बिना किसी राज्य सरकार द्वारा कोई आदेश नहीं दिया जाएगा।

A. धारा 3(5)	**B.** धारा 5	**C.** धारा 5A	**D.** धारा 3(4)

Q.45 पुनर्वास और पुनर्स्थापन समिति के संयोजक, ______ हैं।
A. पुनर्वास और पुनर्स्थापन के लिए प्रशासक
B. जिला योजना समिति के अध्यक्ष
C. अपेक्षक निकाय के प्रतिनिधि
D. परियोजना के भूमि अधिग्रहण अधिकारी

Q.46 निम्नलिखित में से किस सोशल नेटवर्किंग ऐप ने "लाइव रूम" सुविधा (फीचर) आरंभ की है?
A. सिग्नल **B.** फेसबुक **C.** ट्विटर **D.** इन्स्टाग्राम

Q.47 दशमलव संख्या 7 का बाइनरी समकक्ष ____ है।
A. 1010 **B.** 0110 **C.** 0111 **D.** 1000

Q.48 वर्तमान में, भारतीय संविधान के भाग XXI के तहत कितने राज्यों में विशेष प्रावधान हैं?
A. 8 **B.** 14 **C.** 10 **D.** 12

Q.49 आचार संहिता पहली बार केरल में ______ में राज्य विधानसभा चुनाव से पहले पेश की गई थी।
A. 1958 **B.** 1966 **C.** 1960 **D.** 1968

Q.50 निर्यात उत्पादन के लिए रियायती शुल्क-दर पर पूंजीगत वस्तुओं की आयात के लिए निम्नलिखित में से कौन-सी योजना निर्माता को सुविधा प्रदान करती है?
A. भारत योजना से व्यापार निर्यात
B. निर्यातोन्मुख पूँजीगत वस्तु योजना
C. अग्रिम पूंजी प्राधिकरण योजना
D. एक्सपोर्ट हाउस स्टेटस कैपिटल होल्डर्स योजना

Q.51 उत्तर प्रदेश पंचायत राज (सदस्यों, प्रधानों और उपप्रधानों का चुनाव) नियम ______ वर्ष में स्थापित किए गए थे।
A. 1996 **B.** 1990 **C.** 1994 **D.** 2002

Q.52 निम्नलिखित में से किस विवाद में भारत के सर्वोच्च न्यायालय का क्षेत्राधिकार मूल और अनन्य है?
A. मौलिक अधिकारों का उल्लंघन
B. संसद सदस्य के निर्वाचन विवाद
C. विधान सभा के सदस्यों के निर्वाचन विवाद
D. भारत सरकार और एक या अधिक राज्यों के बीच कोई विवाद

Q.53 निम्नलिखित में से किन वाहनों को BSVI और BSIV अनुपालन से छूट प्राप्त है?
A. रक्षा **B.** व्यावसायिक
C. भारी वाहन **D.** निजी

Q.54 'स्वस्थ शहर' शब्दपद निम्नलिखित में से कौन-से संगठन से संबंधित है?
A. विश्व स्वास्थ्य संगठन
B. विश्व व्यापार संगठन
C. संयुक्त राष्ट्र विकास कार्यक्रम
D. यूनेस्को

Q.55 निम्नलिखित में से वह कौन-सा मराठी समाचारपत्र है जिसे बाल गंगाधर तिलक द्वारा संपादित किया गया था?
A. केसरी **B.** बॉम्बे समाचार
C. स्वदेसमित्रन **D.** स्टेट्समैन

Q.56 अंतर्राष्ट्रीय सौर गठबंधन का मुख्यालय कहाँ स्थित है?
A. बैंगलोर **B.** गुरुग्राम **C.** चेन्नई **D.** नई दिल्ली

Q.57 भारतीय संविधान की प्रस्तावना में "न्याय" की अवधारणा को
__________ से लिया गया है।

A. अमेरिकी क्रांति

B. फ्रांसीसी क्रांति

C. गौरवशाली क्रांति

D. रूसी क्रांति

Q.58 आयकर अधिनियम, 1961 __________ के तहत छूट और राहत प्रदान करता है।

A. अध्याय IX के प्रावधानों

B. अध्याय VII के प्रावधानों

C. अध्याय VIII के प्रावधानों

D. अध्याय VI-B के प्रावधानों

Q.59 निम्नलिखित में से कौन सा संगठन 'वर्ल्ड पॉपुलेशन प्रॉस्पेक्ट्स' जारी करता है?

A. न्यू डेवलपमेंट बैंक

B. संयुक्त राष्ट्र

C. विश्व बैंक

D. राष्ट्र के राष्ट्रमंडल

Q.60 निम्नलिखित में से किस जीवाणु के कारण पेप्टिक अल्सर (जठरव्रण) होता है?

A. लैक्टोबैसिलस बल्गेरिकस

B. स्ट्रेप्टोकॉकस थर्मोफाइलस

C. हेलिकोबैक्टर पाइलोरी

D. लैक्टोबैसिलस एसिडोफाइलस

Q.61 सरितजीवी (लोटिक) पारिस्थितिकी तंत्र का एक उदाहरण निम्नलिखित में से कौन-सा है?

A. नदी

B. घास के मैदान

C. तालाब

D. झील

Q.62 लोकसभा की बैठक के गठन के लिए गणपूर्ति (कोरम) कितनी है?

A. सदन के सदस्यों की कुल संख्या का दसवां भाग

B. सदन के सदस्यों की कुल संख्या का पांचवां भाग

C. सदन के सदस्यों की कुल संख्या का छठा भाग

D. सदन के सदस्यों की कुल संख्या का एक चौथाई

Q.63 किसी मजिस्ट्रेट या पुलिस अधिकारी द्वारा __________________ सहायता करने के लिए किसी व्यक्ति से यथोचित रूप से मांग करने पर प्रत्येक व्यक्ति उन्हें सहायता करने के लिए बाध्य है।

A. इलाके का दौरा कर रहे किसी भी वी.आई.पी. की सेवा में

B. अवैध रूप से निर्मित किसी भी संपत्ति को नष्ट करने में

C. प्रवासियों को आवास की सुविधा प्रदान करने में

D. शांति-भंग की रोकथाम में

Q.64 भारतीय संविधान का कौन-सा अनुच्छेद, केंद्र पर यह सुनिश्चित करने के लिए एक कर्तव्य निर्धारित करता है कि प्रत्येक राज्य की सरकार, संविधान के प्रावधानों के तहत चलती है?

A. 174

B. 272

C. 355

D. 123

Q.65 वन्यजीव (संरक्षण) अधिनियम, 1972 के तहत राष्ट्रीय वन्यजीव बोर्ड के अध्यक्ष कौन हैं?

A. भारतीय वन्यजीव संस्थान (डब्ल्यूआईआई) के निदेशक

B. केंद्रीय पर्यावरण, वन और जलवायु परिवर्तन मंत्री

C. भारत के प्रधानमंत्री

D. जूलॉजिकल सर्वे ऑफ इंडिया (जेडएसआई) के निदेशक

Q.66 __________ वह कानून है जिसे सूचना का अधिकार अधिनियम, 2005 द्वारा निरस्त किया गया था।

A. बैंक गोपनीयता अधिनियम, 1970

B. आधिकारिक गोपनीयता अधिनियम, 1923

C. सूचना की स्वतंत्रता अधिनियम, 2002

D. डेटा संरक्षण अधिनियम, 2000

Q.67 वह शक्ति जिसके द्वारा सर्वोच्च न्यायालय किसी भी व्यक्ति द्वारा संबोधित किसी भी पत्र को रिट में परिवर्तित कर सकता है और मामले की सुनवाई कर सकता है, उसे __________ कहा जाता है।

A. पत्रात्मक अधिकार-क्षेत्र

B. अपीलीय अधिकार-क्षेत्र

C. सलाहकार अधिकार-क्षेत्र

D. मूल अधिकार-क्षेत्र

Q.68 भूमि के अभिग्रहण और अधिग्रहण के कानून पर भारत के विधि आयोग की रिपोर्ट इसकी ______ रिपोर्ट थी।

A. दसवीं

B. दूसरी

C. छठी

D. उनचासवीं

Q.69 कंप्यूटर के सामान्य संचालन को हड़पने के लिए किसी भी तरह से डिज़ाइन किए गए कंप्यूटर निर्देशों का कोई भी सेट, सूचना प्रौद्योगिकी अधिनियम, 2000 की धारा 43 के तहत __________ के रूप में परिभाषित किया गया है।

A. एक कंप्यूटर प्रोग्राम

B. एक संक्रमण

C. एक कंप्यूटर संदूषक

D. एक दुर्भावनापूर्ण कोड

Q.70 भारतीय संविधान का निम्नलिखित में से कौन-सा अनुच्छेद मौलिक अधिकारों पर राष्ट्रीय आपातकाल के प्रभाव का वर्णन करता है?

A. अनुच्छेद 353 और 354

B. अनुच्छेद 351 और 352

C. अनुच्छेद 361 और 362

D. अनुच्छेद 358 और अनुच्छेद 359

Q.71 सती प्रथा को किस वर्ष में अवैध घोषित किया गया था?

A. 1834

B. 1829

C. 1729

D. 1727

Q.72 हाल के आर्थिक सर्वेक्षण के अनुसार 2024-25 तक भारत को $5 ट्रिलियन की अर्थव्यवस्था बनने के लिए अवसंरचना (इंफ्रास्ट्रक्चर) पर कितना खर्च करना होगा?

A. $3.4 ट्रिलियन

B. $2.4 ट्रिलियन

C. $4.4 ट्रिलियन

D. $1.4 ट्रिलियन

Q.73 निम्नलिखित में से आवेग का मात्रक कौन-सा है?

A. N

B. N/s

C. N-s^2

D. N-s

Q.74 जब राष्ट्रीय आपातकाल की घोषणा की जाती है तो भारतीय संविधान का निम्नलिखित में से कौन-सा अनुच्छेद स्वतः निलंबित हो जाएगा?

A. अनुच्छेद 19

B. अनुच्छेद 20

C. अनुच्छेद 21

D. अनुच्छेद 17

Q.75 निम्नलिखित में से किसने अनुशंसा की थी कि किसी व्यक्ति के अधिकारों को दो श्रेणियों में विभाजित किया जाना चाहिए - न्याय्य और अन्याय्य, जिसे संविधान मसौदा समिति द्वारा स्वीकार किया गया था?

A. बी.एन. राऊ

B. महात्मा गांधी

C. अल्लादी कृष्णास्वामी अय्यर

D. डॉ. बी.आर. अम्बेडकर

Q.76 भारतीय संविधान का कौन-सा अनुच्छेद प्रत्येक उच्च न्यायालय को अपने संबंधित क्षेत्रीय अधिकार-क्षेत्र के भीतर सभी न्यायालयों और न्यायाधिकरणों (सैन्य न्यायालयों या न्यायाधिकरणों को छोड़कर) पर अधीक्षण की सत्ता प्रदान करता है?

A. अनुच्छेद 231

B. अनुच्छेद 226

C. अनुच्छेद 223

D. अनुच्छेद 227

Q.77 किसी राज्य का महाधिवक्ता किसके प्रसाद पर्यंत अपना पद धारण करता है?

A. संबंधित राज्य के राज्यपाल

B. भारत के राष्ट्रपति

C. संबंधित राज्य के मुख्यमंत्री

D. संबंधित राज्य के कानून मंत्री

Q.78 पहली देशी भारतीय मूक फिल्म- 'राजा हरिश्चंद्र' के निर्देशक कौन थे?

A. अमर्त्य सेन

B. अर्देशिर ईरानी

C. दादासाहेब फाल्के

D. एन.जी. चित्रे

Q.79 __________ के तहत भारत का संविधान राज्य की नीति को यह सुनिश्चित करने का निर्देश देता है कि बालकों और अल्पवय को शोषण से और नैतिक तथा आर्थिक परित्याग के खिलाफ संरक्षित किया जाए।

A. अनुच्छेद 39 (a)

B. अनुच्छेद 39 (c)

C. अनुच्छेद 39 (A)

D. अनुच्छेद 39 (f)

Q.80 जनगणना 2011 के अनुसार, उत्तर प्रदेश के निम्नलिखित में से कौन-से जिले में साक्षरता दर सबसे अधिक है?

A. बदायूं

B. जी.बी. नगर

C. श्रावस्ती

D. रामपुर

Numerical & Mental Ability Test

Q.81 127 खिलाड़ियों की एक कबड्डी टीम का औसत वजन 77 किलोग्राम है। यदि प्रबंधक के वजन को शामिल कर लिया जाए, तो औसत में 1 किलोग्राम की वृद्धि हो जाती है। प्रबंधक का वजन ज्ञात कीजिए। (किलोग्राम में)

A. 215

B. 225

C. 205

D. 195

Q.82 Q एक यात्रा को 51 घंटे में पूरा करती है। वह यात्रा के पहले आधे भाग को 48 किमी प्रति घंटे की गति से और दूसरे आधे भाग को 54 किमी प्रति घंटे की गति से तय करती है। पूरी यात्रा की कुल दूरी ज्ञात कीजिए। (किमी में)

A. 2792

B. 2692

C. 2592

D. 2492

Q.83 निर्देश: निम्नलिखित बार-चार्ट और दिए गए डेटा का अध्ययन करके प्रश्नों के उत्तर दें:

चार अलग-अलग कंपनियों A, B, C और D के निवेश, कुल बिक्री और लाभ दिए गए हैं। (लाखों में)

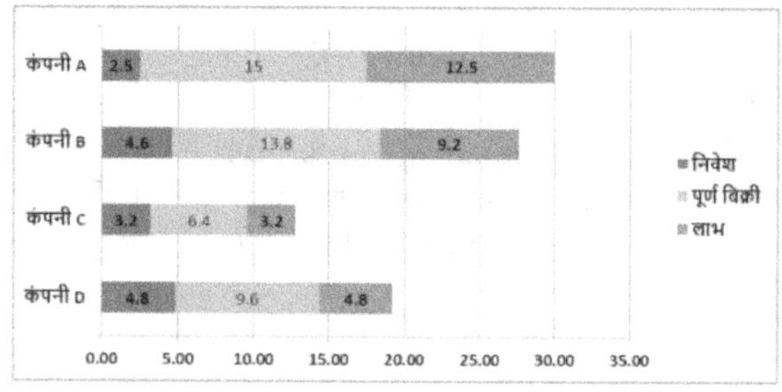

C का लाभ कंपनी D की कुल बिक्री का कितना प्रतिशत है? (दो दशमलव तक)

A. 25.25%

B. 33.33%

C. 16.66%

D. 18.25%

Ques (84-85):निर्देश: निम्नलिखित आरेख का ध्यानपूर्वक अध्ययन कीजिए और बाद में दिए गए प्रश्नों के उत्तर दीजिए।

दिया गया बार आरेख, दिए गए वर्षों में तीन विभिन्न फैक्ट्रियों P, Q और R में कर्मचारियों की संख्या को दर्शाता है। (सैकड़ों में)

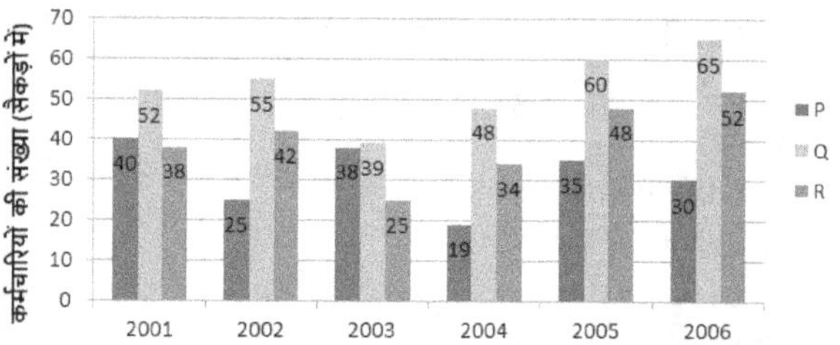

Q.84 दिए गए वर्षों में फैक्ट्री Q में कर्मचारियों की कुल संख्या ज्ञात कीजिए। (सैकड़ों में)

A. 328

B. 319

C. 317

D. 315

Q.85 दिए गए वर्षों में फैक्ट्री R में कर्मचारियों की औसत संख्या लगभग कितनी है? (सैकड़ों में)

A. 37

B. 42

C. 40

D. 36

Q.86 निर्देश: नीचे दिए गए प्रश्न में एक कथन है जिसके बाद 1 और 2 से संख्यांकित दो तर्क दिए गए हैं। आपको निर्णय लेना है कि कौन-सा तर्क 'प्रबल' तर्क है और कौन-सा 'दुर्बल' तर्क है?

उत्तर दीजिए:

(A) यदि केवल तर्क 1 प्रबल है

(B) यदि केवल तर्क 2 प्रबल है

(C) यदि या तो तर्क 1 या 2 प्रबल है

(D) यदि न तो 1 और न ही 2 प्रबल है और

(E) यदि 1 और 2 दोनों प्रबल हैं।

कथन:

क्या कॉलेजों में शिक्षण निःशुल्क होना चाहिए?

तर्क:

1. हाँ, यह अधिक सुशिक्षित कार्यबल और एक ऐसी जनसँख्या तैयार करता है जिसके पास बेहतर महत्वपूर्ण चिंतन कुशलता है।

2. नहीं, यह अमीर लोगों के बीच होड़ में वृद्धि करेगा।

A. A

B. C

C. B

D. D

Q.87 पाइप A, एक टैंक को 120 मिनट में भर सकता है, पाइप B उसी टैंक को 72 मिनट में भर सकता है और पाइप C उसी टैंक को 48 मिनट में खाली कर सकता है। यदि तीनों पाइपों को एक-साथ खोल दिया जाए, तो खाली टैंक को भरने में कितने मिनट का समय लगेगा?

A. 710

B. 740

C. 720

D. 730

Q.88 एक संख्या को 8379 से विभाजित करने पर शेषफल 87 प्राप्त होता है। उसी संख्या को 63 से विभाजित करने पर शेषफल कितना होगा?

A. 18

B. 22

C. 24

D. 20

Q.89 यदि 2170 वस्तुओं का क्रय मूल्य 1736 वस्तुओं के विक्रय मूल्य के बराबर है, तो लाभ प्रतिशत कितना है?

A. 21

B. 27

C. 23

D. 25

Q.90 यदि किसी दर्पण को छायांकित रेखा पर रखा जाता है, तो निम्नलिखित में से कौन-सा विकल्प दी गई आकृति का दर्पण प्रतिबिंब होगा?

MQ481ACD

A. MQ481ACD

B. MQ481ACD

C. MQ481ACD

D. MQ481ACD

Q.91 निर्देश: प्रश्नचिह्न को उस विकल्प से प्रतिस्थापित कीजिए जो प्रथम युग्म में लागू तर्क का अनुसरण करता है।

INTERFERENCE : TNIFEREERECN :: OSCILLATIONS : ??

A. CSOLILIATNSO

B. CSOLILATSNO

C. CSOLILATNSO

D. CSOLILIATSNO

Q.92 वर्ष 1733 का कैलेंडर, __________ वर्ष के समान था।

A. 1737   B. 1739   C. 1736   D. 1738

Q.93 निर्देश: दी गई श्रृंखला में अगला पद ज्ञात कीजिए।

EXPERIMENT, PERIME, XPERIMEN, ERIM, ?

A. RIMEN   B. XEPER   C. PERIME   D. ERIME

Q.94 हल करें:
$$(\sqrt{26.01} \div \sqrt{2.89} \times \sqrt{46.24} \div \sqrt{2.89}) + (\sqrt{26.01} \div \sqrt{2.89} \times \sqrt{46.24} \div \sqrt{2.89}) = ?$$

A. 24   B. 48   C. 12   D. 36

Q.95 निर्देश: निम्नलिखित बार-चार्ट और दिए गए डेटा का अध्ययन करके प्रश्नों के उत्तर दें:

चार अलग-अलग कंपनियों A, B, C और D के निवेश, कुल बिक्री और लाभ दिए गए हैं। (लाखों में) कंपनी

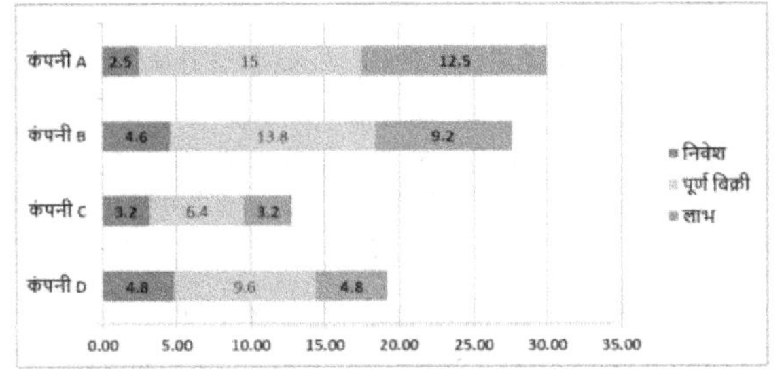

दी गई चार कंपनियों में से किसने किसका लाभ अनुपात सबसे अधिक है? (लाभ अनुपात = लाभ/निवेश)

A. कंपनी D B. कंपनी B C. कंपनी C D. कंपनी A

Q.96 2 किमी चलने के बाद, एक लड़का दाएं मुड़ता है और 6 किमी चलता है। वह फिर दाएं मुड़ता है और 7 किमी चलता है। यदि वह अंत में उत्तर दिशा की ओर अभिमुख होकर खड़ा है, तो वह पहले 2 किमी किस दिशा में चला?

A. उत्तर   B. पूर्व   C. दक्षिण   D. पश्चिम

Q.97 A, B की तुलना में तीन गुना तेजी से कार्य करता है। यदि B अकेले किसी कार्य को 256 दिनों में पूरा कर सकता है, तो ज्ञात कीजिए कि A और B मिलकर उस कार्य को कितने दिनों में पूरा कर सकते हैं।

A. 58   B. 64   C. 62   D. 60

Q.98 निर्देश: प्रश्नचिह्न को उस विकल्प से प्रतिस्थापित कीजिए जो प्रथम युग्म में लागू तर्क का अनुसरण करता है।

FOAM : HQCO :: VOTE : ??

A. XPVG   B. XQUG   C. XQVG   D. XVPG

Q.99 उस अर्द्धगोले का वक्र पृष्ठीय क्षेत्रफल ज्ञात कीजिए (सेमी ^{2} में) जिसकी त्रिज्या 75 सेमी है और $\pi = 3.14$ है।

A. 35325   B. 37325   C. 38325   D. 36325

Q.100 9 वर्षों के लिए 23% प्रति वर्ष की दर से रु. 21550 पर साधारण ब्याज के तहत मिश्रधन ज्ञात कीजिए। (रु. में)

A. 65158.5   B. 66158.5   C. 68158.5   D. 67158.5

Q.101 निर्देश: निम्नलिखित बार-चार्ट और दिए गए डेटा का अध्ययन करके प्रश्नों के उत्तर दें:

चार अलग-अलग कंपनियों A, B, C और D के निवेश, कुल बिक्री और लाभ दिए गए हैं। (लाखों में)

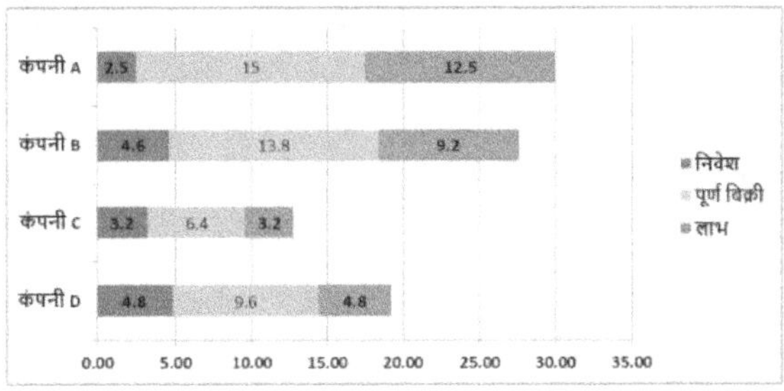

कंपनी C का लाभ प्रतिशत कितना है?

A. 150%   B. 300%   C. 100%   D. 250%

Q.102 एक AP के पहले 14 पदों का योग क्या है जिसका 10वां और 6वां पद क्रमशः 37.25 और 33.25 हैं?

A. 463.5   B. 476.5   C. 486.5   D. 422.5

Q.103 गुणोत्तर श्रेणी (GP) का योगफल ज्ञात करें:
$$\frac{5}{3}, \frac{5}{9}, \frac{5}{27}, \frac{5}{81}, \dots \ n \text{ पदों तक।}$$

A. $\frac{5}{2}\left(1 - \left(\frac{1}{3}\right)^n\right)$ B. $\frac{3}{2}\left(1 - \left(\frac{1}{3}\right)^n\right)$

C. $\frac{5}{3}\left(1 - \left(\frac{1}{3}\right)^n\right)$ D. $\left(1 - \left(\frac{1}{3}\right)^n\right)$

Q.104 एक दुकानदार के पास दूध की 3 अलग-अलग किस्में हैं। पहली किस्म के 493 लीटर, दूसरी किस्म के 551 लीटर और तीसरी किस्म के 609 लीटर हैं। समान आमाप की बोतलों की न्यूनतम संभावित संख्या ज्ञात कीजिए जिसमें विभिन्न किस्मों के विभिन्न दूध बिना मिश्रित किए भरे जा सकते हैं।

A. 68   B. 49   C. 57   D. 39

Q.105 दो संख्याओं के बीच का अंतर 4176 है। जब बड़ी संख्या को छोटी संख्या से विभाजित किया जाता है तो भागफल और शेषफल क्रमशः 36 और 11 होते हैं। बड़ी संख्या ज्ञात कीजिए।

A. 4595 **B.** 4495 **C.** 4395 **D.** 4295

Q.106 एक बाल्टी में द्रव A और B का अनुपात $17:18$ है। 140 लीटर मिश्रण को निकाल लिया जाता है और 140 लीटर B से भर दिया जाता है। अब अनुपात $7:8$ में बदल जाता है। प्रारंभ में द्रव B की मात्रा ज्ञात कीजिए। (लीटर में)

A. 1836 **B.** 1936 **C.** 1736 **D.** 2036

Q.107 निर्देश: इस प्रश्न में, एक कथन और उसके बाद i और ii से संख्यांकित दो निष्कर्ष दिए गए हैं। कथन में दी गई समस्त जानकारी को सत्य मानते हुए एक साथ दोनों निष्कर्षों पर विचार करें और निर्धारित करें कि उनमें से कौन-सा निष्कर्ष कथन में दी गई जानकारी का किसी उचित संदेह से परे तार्किक रूप से अनुसरण करता है।

कथन:

ABC कंपनी में वर्तमान में रिक्त पदों के लिए इलेक्ट्रिकल इंजीनियर आवेदन कर सकते हैं।

निष्कर्ष:

i) बानू जो एक कंप्यूटर इंजीनियर हैं, ABC कंपनी में पद के लिए आवेदन कर सकता हैं।

ii) ABC एक ऐसी कंपनी है जो इलेक्ट्रिकल इंजीनियरों को बहुतायत में भर्ती करती है।

निम्नलिखित विकल्पों में से उपयुक्त विकल्प चुनें:
(A) केवल निष्कर्ष i अनुसरण करता है
(B) केवल निष्कर्ष ii अनुसरण करता है
(C) या तो निष्कर्ष i या ii अनुसरण करता है
(D) न ही निष्कर्ष i और न ii अनुसरण करता है
(E) निष्कर्ष i और ii दोनों अनुसरण करते हैं

A. D **B.** A **C.** C **D.** B

Q.108 निर्देश: निम्नलिखित समीकरण में सभी $*$ को प्रतिस्थापित करने तथा इसे संतुलित करने के लिए गणितीय संकारकों के अनुक्रम के उपयुक्त समुच्चय का चयन कीजिए।

$$70 * 6 * 11 * 4$$

A. $+ \times =$ **B.** $\times + =$ **C.** $- \times =$ **D.** $- \div =$

Q.109 Z_1 एक्सप्रेस और X_1 एक्सप्रेस 755 मीटर और 685 मीटर लंबी दो ट्रेनें हैं, जो समानांतर पटरियों पर क्रमशः 149 किमी/घंटा और 139 किमी/घंटा की गति से चलती हैं। यदि वे विपरीत दिशा में चलती हैं, तो दूसरी ट्रेन द्वारा पहली ट्रेन को पार करने में कितने सेकंड का समय लगेगा?

A. 18 **B.** 20 **C.** 24 **D.** 22

Q.110 हल करें: $\sqrt{\left(30 - \sqrt{\left(50 - \sqrt{(616 + \sqrt{81})}\right)}\right)}$

A. 7 **B.** 10 **C.** 10 **D.** 5

Q.111 निर्देश: निम्नलिखित में $*$ को प्रतिस्थापित करने के लिए प्रतीकों के निम्नलिखित में से किस समुच्चय का उपयोग किया जाना चाहिए?

$$12 * 108 * 6 = 8 * 4 * 2$$

A. $\div + \times -$ **B.** $+ \times \times +$
C. $+ - \times \div$ **D.** $+ \div \times -$

Q.112 जूनियर ने एक नया प्लॉटट खरीदा जिसे तुरंत बाड़ा लगाने की जरूरत है, इस कारण से आयताकार कार्यस्थल की लंबाई और चौड़ाई क्रमशः 3% कम हो जाती है। क्षेत्रफल में % कमी ज्ञात कीजिए।

A. 4.96% **B.** 5.96% **C.** 5.91% **D.** 4.84%

Ques (113-114):निर्देश: इस प्रश्न में, कुछ कथन दिए गए हैं और उसके बाद i और ii से संख्यांकित दो निष्कर्ष दिए गए हैं। आपको दिए गए कथनों को सत्य मानना है, भले ही वे सामान्यतः ज्ञात तथ्यों से भिन्न प्रतीत होते हों। निष्कर्षों को पढ़ें तथा सामान्यतः ज्ञात तथ्यों को अनदेखा करते हुए निर्णय लें कि उनमें से कौन-सा निष्कर्ष, कथनों का तार्किक रूप से अनुसरण करता है। चुनिए:

(A) केवल निष्कर्ष (i) अनुसरण करता है

(B) केवल निष्कर्ष (ii) अनुसरण करता है

(C) न ही निष्कर्ष (i) और न निष्कर्ष (ii) अनुसरण करता है

(D) निष्कर्ष (i) और निष्कर्ष (ii) दोनों अनुसरण करते हैं

(E) या तो निष्कर्ष (i) या निष्कर्ष (ii) अनुसरण करता है

Q.113 कथन:
सभी मेज, कुर्सियां हैं।
कोई स्टूल, कुर्सी नहीं है।
निष्कर्ष:
(i) कुछ मेज, स्टूल हैं।
(ii) कोई मेज, स्टूल नहीं है।

A. E **B.** D **C.** B **D.** C

Q.114 कथन:
कुछ छात्र, शिक्षक हैं।
सभी शिक्षक, व्याख्याता हैं।
कुछ व्याख्याता, वृत्तिक हैं।
निष्कर्ष:
(i) कुछ छात्र, व्याख्याता हैं।
(ii) कुछ वृत्तिक, शिक्षक हैं।

A. E **B.** A **C.** C **D.** B

Q.115 एक दुकानदार ने 140 रु. प्रति किलोग्राम के मूल्य पर 370 किलोग्राम चावल खरीदे। उसने कुल मात्रा का 70%, 210 रु. प्रति किलोग्राम की दर से बेचा। 65% का समग्र लाभ अर्जित करने के लिए उसे शेष मात्रा को प्रति किलोग्राम किस मूल्य पर बेचना चाहिए? (रु. में)

A. 260 **B.** 280 **C.** 240 **D.** 220

Q.116 2 वर्षों के लिए समान ब्याज दर पर चक्रवृद्धि ब्याज और साधारण ब्याज के तहत निवेश की गई समान राशि पर अर्जित ब्याज के बीच का अंतर 470 रु. है। यदि ब्याज दर 10% प्रति वर्ष है, तो निवेश की गई राशि ज्ञात कीजिए। (रु. में)

A. 45000 **B.** 47000 **C.** 44000 **D.** 46000

Q.117 एक घड़ी विक्रेता 212568 रु. प्रति घड़ी के हिसाब से घड़ियाँ बेचता है। हालांकि, वो क्रमशः 15% और 20% की दो क्रमिक छूट देता है। अंकित मूल्य कितना है? (रु. में)

A. 313600 **B.** 311600 **C.** 312600 **D.** 314600

Q.118 विवेक ने 36,000 रु. के साथ एक व्यवसाय शुरू किया और बाद में अर्जुन 1,08,000 रु. के साथ उससे जुड़ गया। यदि वर्ष के अंत में लाभ को समान रूप से विभाजित किया जाता है, तो अर्जुन कितने महीनों के बाद उसके साथ जुड़ा था?

A. 5 **B.** 8 **C.** 4 **D.** 7

Q.119 निर्देश: प्रश्न में दिए गए शब्द को पुनःव्यवस्थित कीजिए और पुनर्व्यवस्थित शब्द के सबसे समान अर्थ वाले विकल्प का चयन कीजिए:

SREDOTY

A. REBUILD **B.** RUIN
C. REPAIR **D.** RISE

Q.120 निर्देश: दी गई श्रृंखला में प्रश्नचिह्न के स्थान पर क्या लिखा जाएगा?

M13F6015E5?22

A. W **B.** X **C.** Y **D.** V

Mental Aptitude Test/Intelligence Test/Test of Reasoning

Q.121 V, जो सबसे बायीं ओर है, वह 10 स्थान दायीं ओर चलता है और वे दोनों दाएं छोर पर पहुंचता है। पंक्ति में कितने व्यक्ति हैं?

A. 12 **B.** 9 **C.** 10 **D.** 11

Q.122 निर्देश: यदि निम्नलिखित में से प्रत्येक संख्या के मध्य अंक में 1 जोड़ा जाता है और फिर अंकों की स्थिति को व्युत्क्रमित किया जाता है, तो निम्नलिखित में से मध्य संख्या का पहला अंक कौन-सा होगा?

584 923 614 735 438

A. 6 **B.** 8 **C.** 4 **D.** 2

Q.123 यदि अंग्रेज़ी वर्णमाला में से सभी स्वरों को निकाल दिया जाता है, तो बाईं ओर से बारहवें अक्षर की दाई ओर छठा अक्षर कौन-सा होगा?

A. V **B.** U **C.** W **D.** S

Q.124 निर्देश: श्रृंखला में अगली संख्या ज्ञात कीजिए।

577,519,446,358,255, ?

A. 136 **B.** 137 **C.** 135 **D.** 134

Q.125 निर्देश: जानकारी को ध्यान से पढ़ें और निम्नलिखित प्रश्न का उत्तर दें।

A+B का अर्थ है A, B का पिता है

A-B का अर्थ है A, B की माता है

A*B का अर्थ है A, B की बहन है

A/B का अर्थ है A, B का भाई है

दिए गए व्यंजक में M+N-O*Q में, M का O से क्या संबंध है?

A. नानी **B.** नाना **C.** दादा **D.** दादी

Q.126 एक महिला की तस्वीर की ओर संकेत करते हुए, एक आदमी कहता है "वह मेरी इकलौती संतान की माँ के पिता की पत्नी है।" तस्वीर वाली महिला का उस आदमी से क्या संबंध है?

A. सास **B.** माँ **C.** बेटी **D.** आंटी

Q.127 निर्देश: निम्नलिखित में से कौन-सा विकल्प दी गई आकृति को पूर्ण रूप से पूरा करेगा?

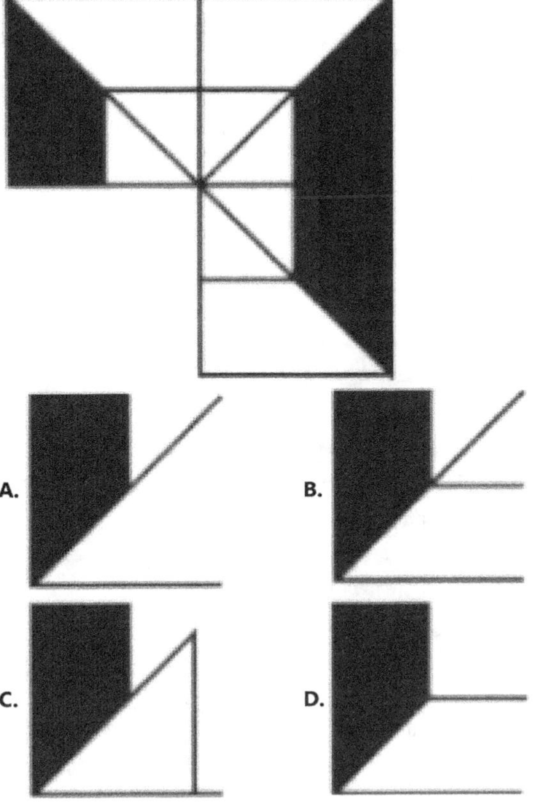

Q.128 निर्देश: इस प्रश्न में एक गद्यांश के बाद एक कथन दिया गया है। गद्यांश को ध्यान से पढ़ें और दिए गए गद्यांश के आधार पर कथन का आकलन करें।

सहारा के पर्यावरण के लिए आवश्यक है कि वन्यजीव, अति-शुष्क परिस्थितियों, भयंकर हवाओं, तीव्र गर्मी और तापमान में व्यापक परिवर्तन के अनुकूल हों। सहारा में अधिकांश स्तनधारी अपेक्षाकृत छोटे होते हैं, जिससे जल हानि कम होने में मदद मिलती है। वे अक्सर अपने आहार से अपनी जल आवश्यकताओं को पूरा करते हैं। वे दिन के समय बिलों में शरण लेते हैं और मुख्य रूप से रात में, जब तापमान कम होता है, तब भोजन की खोज में निकलते हैं और शिकार करते हैं। उन्होंने शारीरिक अनुकूलन विकसित किए हैं, जैसे कि फेनेक फॉक्स के बड़े कान जो गर्मी को दूर करने में मदद करते है, और बालों वाले तलवे, जो इसके पैरों की रक्षा करते हैं। कुल मिलाकर, सहारा, स्तनधारियों की लगभग 70 प्रजातियों, निवासी पक्षियों की 90 प्रजातियों, सरीसृपों की 100 प्रजातियों और आर्थ्रोपोड की कई प्रजातियों का निवास स्थान है। वन्यजीव मुख्य रूप से कम गंभीर उत्तरी और दक्षिणी हाशियों पर और रेगिस्तानी जल स्रोतों के पास केंद्रित हैं।

कथन:

सहारा के जानवर अत्यधिक शुष्क परिस्थितियों के अनुकूल होते हैं।

निम्नलिखित विकल्पों में से उपयुक्त विकल्प का चयन करें

A - कथन निश्चित रूप से सत्य है।

B - कथन संभवतः सत्य है।

C - कथन निर्धारित नहीं किया जा सकता है।

D - कथन निश्चित रूप से असत्य है।

A. B **B.** D **C.** C **D.** A

Q.129 निर्देश: प्रश्नचिह्न को उस विकल्प से प्रतिस्थापित कीजिए जो प्रथम युग्म में लागू तर्क का अनुसरण करता है।

Fragile : Weak :: Assist : ??

A. Block **B.** Support **C.** Hinder **D.** Oppose

Q.130 भारत में अधिसूचित अल्पसंख्यक समुदायों की कुल संख्या कितनी है?

A. 6 **B.** 7 **C.** 8 **D.** 5

Q.131 निर्देश: इस प्रश्न में, कथन में विभिन्न तत्वों के बीच संबंध दिखाया गया है। इस कथन के बाद दो निष्कर्ष दिए गए हैं:

कथन:

C < H ≤ A = M > P > I ≥ O > N

निष्कर्ष:

(i) A > P

(ii) P > N

निम्नलिखित विकल्पों में से उपयुक्त विकल्प का चयन करें।
(A) केवल निष्कर्ष i अनुसरण करता है।
(B) केवल निष्कर्ष ii अनुसरण करता है।
(C) या तो i या ii अनुसरण करता है।
(D) न तो i और न ही ii अनुसरण करता है।
(E) i और ii दोनों अनुसरण करते हैं।

A. C **B.** E **C.** B **D.** A

Q.132 गर्भधारण-पूर्व और प्रसव-पूर्व निदान तकनीक (पीसीपीएनडीटी) अधिनियम, 1994 को भारत की संसद द्वारा ____________ को रोकने के उद्देश्य से पारित किया गया था।

A. पुरुष भ्रूण-हत्या **B.** कन्या भ्रूण-हत्या
C. स्व-प्रेरित गर्भपात **D.** कन्या शिशुहत्या

Q.133 "दास कैपिटल" पुस्तक जो पूंजीवादी व्यवस्था के बारे में है, किसने लिखी है?

A. जोसेफ स्टालिन **B.** मैक्स वेबर
C. कार्ल मार्क्स **D.** बेनिटो मुसोलिनी

Q.134 एक लड़की अपने घर से 4 किमी पूर्व दिशा की ओर चलती है और दाएं मुड़कर 5 किमी चलती है। वह फिर दाएं मुड़ती है और 4 किमी चलती है तथा फिर से दाएं मुड़ती है और 3 किमी चलती है। अपने घर पहुँचने के लिए उसे किस दिशा में चलना चाहिए?

A. दक्षिण **B.** पश्चिम **C.** पूर्व **D.** उत्तर

Q.135 केंद्रीय पुलिस इकाई, "CRPF (सीआरपीएफ)" का पूर्ण रूप क्या है?
A. केंद्रीय रिज़र्व पुलिस फ़ोर्स
B. केंद्रीय रिस्क प्लानिंग फ़ोर्स
C. केंद्रीय रेंज पुलिस फ़ोर्स
D. केंद्रीय रेवेन्यु प्रोसेसिंग फ़ोर्स

Q.136 एक रुपये, पांच रुपये और दस रुपये मूल्यवर्गों के सिक्कों वाले एक बॉक्स में कुल राशि रु. 4320 है। सभी मूल्यवर्गों में समान संख्या में सिक्के हैं। बॉक्स में सिक्कों की कुल संख्या कितनी है?

A. 540 **B.** 810 **C.** 135 **D.** 270

Q.137 एक निश्चित कूट भाषा में, यदि FAMOUS को FUOMAS, के रूप में लिखा जाता है, तो उस कूट भाषा में LEGEND को कैसे लिखा जाएगा?

A. GELDNE **B.** LGENED
C. ELEGDN **D.** LNEGED

Q.138 120 विद्यार्थियों की एक कक्षा में, जहाँ लड़कियों की संख्या लड़कों से दुगनी है, एक लड़का शीर्ष से 40 वें स्थान पर है। यदि 10

लड़कियां उस लड़के से आगे हैं, तो उसके बाद की रैंक में लड़कों की संख्या ____ है।

A. 22 **B.** 24 **C.** 20 **D.** 10

Q.139 निर्देश: निम्नलिखित पांच में से चार, एक निश्चित रूप से समान हैं अतः एक समूह बनाते हैं। इनमें से कौन उस समूह से संबंधित नहीं है?

JO, KN, QV, MR, CH

A. CH **B.** QV **C.** MR **D.** KN

Q.140 निर्देश: दी गई श्रेणी में अगला पद ज्ञात कीजिए।

122,126,134,146,162,?

A. 172 **B.** 178 **C.** 182 **D.** 180

Q.141 निर्देश: निम्नलिखित कथनों को पढ़ें और उनके आधार पर प्रश्न का उत्तर दें।

A+B का अर्थ है, A, B की बेटी है

A-B का अर्थ है, A, B का बेटा है

A*B का अर्थ है, A, B की आंट है

A/B का अर्थ है, A, B का अंकल है

निम्नलिखित में से कौन-सा विकल्प यह दर्शाता है कि 'O, N की ग्रैंड डॉटर' है?

A. O-M+N **B.** N+M-O **C.** N-M+O **D.** O+M-N

Q.142 निर्देश: दी गई श्रेणी में अगला पद ज्ञात कीजिए।

8,56,64,448,456,?

A. 3192 **B.** 3282 **C.** 3084 **D.** 3162

Q.143 निर्देश: दी गई आकृति में कितने वर्ग हैं?

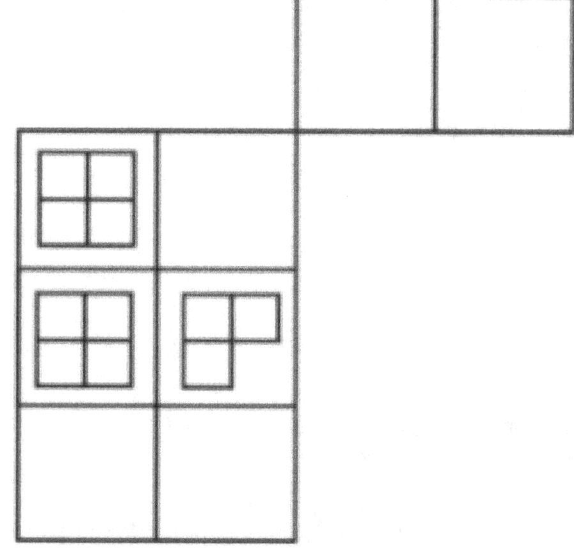

A. 20 **B.** 22 **C.** 23 **D.** 21

Q.144 निर्देश: श्रृंखला में अगली संख्या ज्ञात कीजिए।

12,7,9,22,83,?

A. 410 **B.** 405 **C.** 407 **D.** 412

Q.145 मान लीजिए शब्द INTERPENETRATION का पहला और दूसरा अक्षर अपने स्थान बदल लेते हैं, तीसरा और चौथा अक्षर अपने स्थान बदल

लेते हैं, पांचवां और छठा अक्षर अपने स्थान बदल लेते हैं, और इसी प्रकार आगे के अक्षर अपने स्थान बदलते हैं। तो नए गठित शब्द में बाईं ओर से 10 वें स्थान पर कौन सा अक्षर होगा?

A. R   **B.** N   **C.** A   **D.** E

Q.146 निर्देश: (1), (2), (3), (4) के रूप में क्रमांकित निम्नलिखित में से कौन-सा चित्र, दी गई श्रृंखला के लिए अगला चित्र होगा?

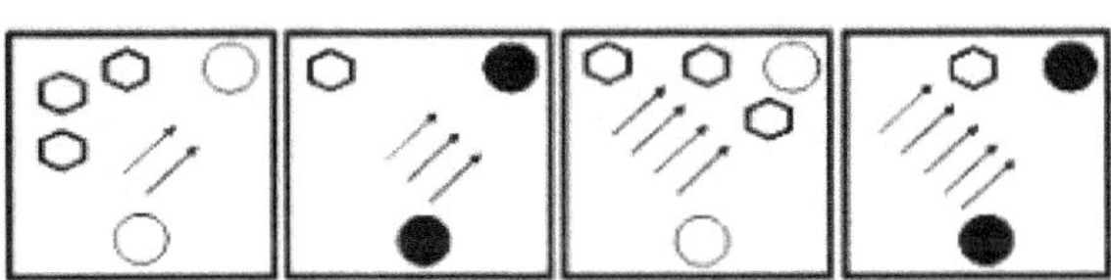

उत्तर आकृति:

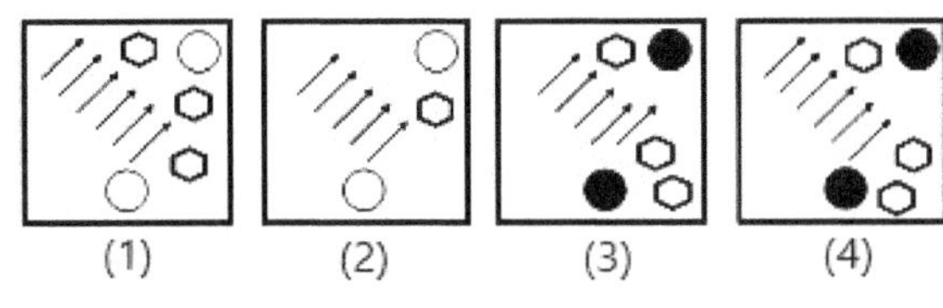

(1)   (2)   (3)   (4)

A. 2   **B.** 3   **C.** 4   **D.** 1

Q.147 एक पुरुष की ओर इशारा करते हुए, एक महिला ने कहा, "वह मेरे दादा का इकलौता पुत्र है"। उस महिला का वह पुरुष से क्या संबंध है?

A. पुत्र   **B.** नीस   **C.** माँ   **D.** पुत्री

Q.148 एक महिला पूर्व दिशा की ओर 15 किमी चलती है, दाएं मुड़ती है और 2 किमी चलती है, फिर से दाएं मुड़ती है और 9 किमी चलती है। फिर वह उत्तर दिशा की ओर 7 किमी चलती है और दाएं मुड़ती है और 17 किमी चलती है। फिर वह अंत में दाएं मुड़ती है और 5 किमी चलती है। वह शुरुआती बिंदु से कितनी दूरी पर है?

A. 24   **B.** 23   **C.** 20   **D.** 25

Q.149 एक निश्चित कूट भाषा में, यदि LOCAT को MQFEY के रूप में लिखा जाता है, तो उस कूट भाषा में GRAPH को किस प्रकार लिखा जाएगा?

A. HTDTM   **B.** IQBSH   **C.** SHBIQ   **D.** HQBSI

Q.150 निर्देश: वेन आरेख में निम्नलिखित में से कौन-सी संख्या उन पुरुषों और महिलाओं को दर्शाती है, जो कार्यरत नहीं हैं?

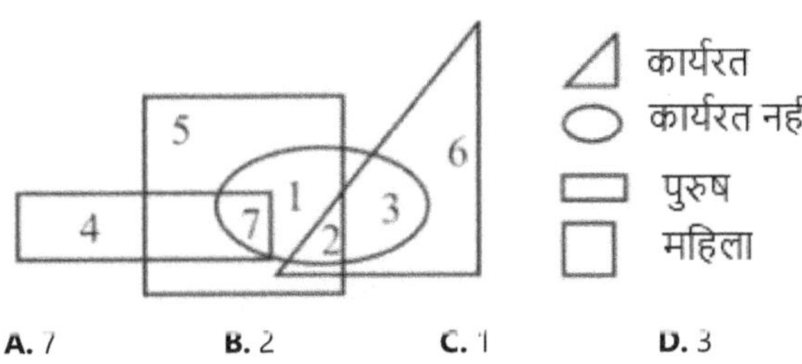

A. 7   **B.** 2   **C.** 1   **D.** 3

Q.151 यदि शब्द IMPRACTICABILITY से सभी स्वर निकाल दिए जाते हैं, फिर शब्द के सभी अक्षरों को वर्णानुक्रम में व्यवस्थित किया जाता है, तो दाईं ओर से सातवाँ अक्षर कौन-सा होगा?

A. L   **B.** C   **C.** B   **D.** T

Q.152 भारत में "मध्यस्थता तथा सुलह अधिनियम" कब अधिनियमित किया गया था?

A. 1996   **B.** 1998   **C.** 2004   **D.** 2000

Q.153 निर्देश: वेन आरेख में निम्नलिखित में से कौन-सी संख्या केवल 'शर्ट और पैंट' को दर्शाती है?

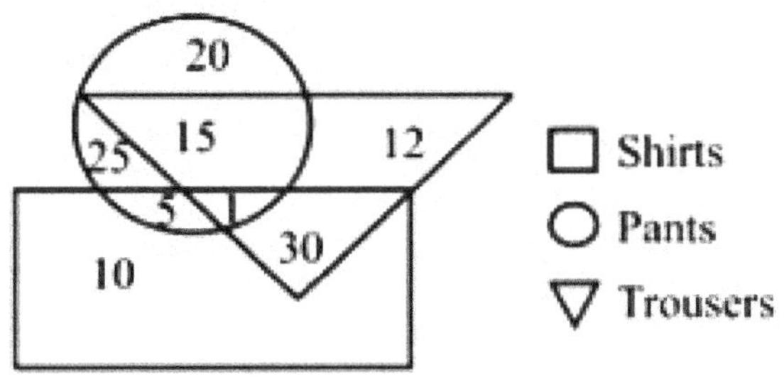

A. 1   **B.** 30   **C.** 15   **D.** 5

Q.154 निर्देश: प्रश्नवाचक चिह्न को उस विकल्प से बदलें जो पहले युग्म में लागू तर्क का अनुसरण करता हो।

$222 : 30 :: 524 : ?$

A. 70   **B.** 55   **C.** 75   **D.** 60

Q.155 निर्देश: दी गई श्रृंखला में असंगत आकृति ज्ञात करें।

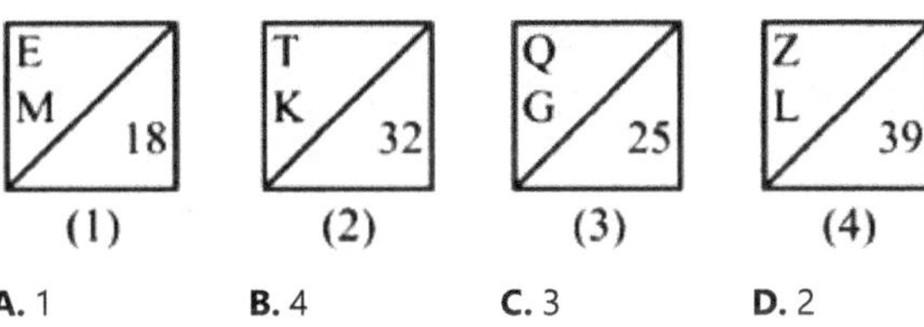

A. 1   **B.** 4   **C.** 3   **D.** 2

Q.156 निर्देश: एक पासे में, प्रत्येक फलक को इस प्रकार अंकित किया जाता है:

1) *, # के सन्निकट है।
2) #, ^ के विपरीत है।
3) !, @ के विपरीत है।
4) $, # के सन्निकट है।

निम्नलिखित में से कौन-सा विकल्प निश्चित रूप से सत्य है?

A. *, @ और # के बीच में है।

B. *, # के विपरीत है।

C. #, * और $ के बीच में है।

D. ^, # और ! के बीच में है।

A. D   **B.** C   **C.** A   **D.** B

Q.157 यदि © $= 7, @ = 5, \$ = 3, \& = 24, \% = 81$ है, तो © $+ \& \times @ - \% \div \$$ का मान ज्ञात कीजिए।

A. 32   **B.** 68   **C.** 80   **D.** 100

Q.158 दिए गए विकल्पों में से वह विकल्प चुनिए जो एक असंगत शब्द/संख्या/अक्षर युग्म है।

A. Resist   **B.** Accept   **C.** Oppose   **D.** Dispute

Q.159 पाकिस्तान और बांग्लादेश के साथ भारत की सीमा की रक्षा कौन-सा पुलिस बल करता है?

A. सीमा सुरक्षा बल

B. केन्द्रीय औद्योगिक सुरक्षा बल

C. केंद्रीय रिज़र्व पुलिस बल

D. भारत तिब्बत सीमा पुलिस बल

Q.160 अंतर्राष्ट्रीय महिला दिवस कब मनाया जाता है?

A. 8 मार्च   **B.** 16 अगस्त   **C.** 25 नवंबर   **D.** 8 सितंबर

A. 8 मार्च   **B.** 16 अगस्त   **C.** 25 नवंबर   **D.** 8 सितंबर

// स्मार्ट उत्तर पुस्तिका //

| सही उत्तर | उन छात्रों के प्रतिशत को इंगित करता है जिन्होंने प्रश्नों का सही उत्तर दिया था। |

| छोड़ दिया | उन छात्रों के प्रतिशत को इंगित करता है जिन्होंने प्रश्नों को छोड़ दिया था। |

प्रश्न संख्या	उत्तर	सही उत्तर / छोड़ दिया	प्रश्न संख्या	उत्तर	सही उत्तर / छोड़ दिया	प्रश्न संख्या	उत्तर	सही उत्तर / छोड़ दिया	प्रश्न संख्या	उत्तर	सही उत्तर / छोड़ दिया	प्रश्न संख्या	उत्तर	सही उत्तर / छोड़ दिया
1	B	78.65 % / 0.0 %	17	B	31.74 % / 4.07 %	33	D	20.33 % / 4.68 %	49	C	89.87 % / 0.0 %	65	C	76.54 % / 0.0 %
2	A	89.23 % / 0.0 %	18	D	53.14 % / 1.63 %	34	A	88.64 % / 0.0 %	50	B	27.91 % / 3.98 %	66	C	87.32 % / 0.0 %
3	C	82.47 % / 0.0 %	19	C	13.82 % / 4.31 %	35	C	22.09 % / 4.38 %	51	C	50.8 % / 1.79 %	67	A	51.01 % / 1.67 %
4	D	29.84 % / 4.01 %	20	D	52.73 % / 1.89 %	36	D	67.87 % / 1.0 %	52	D	57.63 % / 1.63 %	68	A	77.93 % / 0.0 %
5	B	26.79 % / 4.14 %	21	C	78.56 % / 0.0 %	37	D	43.44 % / 1.38 %	53	A	56.07 % / 1.76 %	69	C	31.63 % / 3.1 %
6	A	57.49 % / 1.86 %	22	A	52.77 % / 1.49 %	38	B	46.03 % / 1.04 %	54	A	66.97 % / 1.26 %	70	D	61.11 % / 1.02 %
7	C	85.59 % / 0.0 %	23	C	86.78 % / 0.0 %	39	B	67.17 % / 1.4 %	55	A	77.55 % / 0.0 %	71	B	60.3 % / 1.35 %
8	A	42.07 % / 1.71 %	24	C	46.07 % / 1.15 %	40	B	84.23 % / 0.0 %	56	B	83.64 % / 0.0 %	72	D	32.69 % / 4.49 %
9	C	79.16 % / 0.0 %	25	A	89.91 % / 0.0 %	41	B	66.52 % / 1.15 %	57	D	77.49 % / 0.0 %	73	D	79.32 % / 0.0 %
10	A	52.95 % / 1.14 %	26	A	42.01 % / 1.65 %	42	A	58.52 % / 1.18 %	58	C	21.4 % / 4.2 %	74	A	65.25 % / 1.12 %
11	C	54.6 % / 1.52 %	27	D	28.85 % / 3.93 %	43	D	76.65 % / 0.0 %	59	B	85.88 % / 0.0 %	75	A	87.18 % / 0.0 %
12	A	26.37 % / 3.56 %	28	B	41.33 % / 1.42 %	44	B	43.45 % / 1.58 %	60	C	19.83 % / 3.7 %	76	D	58.05 % / 1.19 %
13	B	69.65 % / 1.37 %	29	A	52.49 % / 1.31 %	45	A	12.71 % / 4.4 %	61	A	67.14 % / 1.32 %	77	A	63.99 % / 1.46 %
14	A	84.59 % / 0.0 %	30	A	83.7 % / 0.0 %	46	D	89.4 % / 0.0 %	62	A	83.84 % / 0.0 %	78	C	87.48 % / 0.0 %
15	D	51.51 % / 1.63 %	31	B	86.51 % / 0.0 %	47	C	78.68 % / 0.0 %	63	D	40.28 % / 1.12 %	79	D	85.16 % / 0.0 %
16	D	56.24 % / 1.03 %	32	C	79.53 % / 0.0 %	48	D	45.65 % / 1.92 %	64	C	48.95 % / 1.97 %	80	B	54.58 % / 1.82 %

प्रश्न संख्या	उत्तर	सही उत्तर / छोड़ दिया		प्रश्न संख्या	उत्तर	सही उत्तर / छोड़ दिया		प्रश्न संख्या	उत्तर	सही उत्तर / छोड़ दिया		प्रश्न संख्या	उत्तर	सही उत्तर / छोड़ दिया		प्रश्न संख्या	उत्तर	सही उत्तर / छोड़ दिया
81	C	44.99 %	1.64 %	97	B	62.28 %	1.23 %	113	B	47.36 %	1.22 %	129	B	77.94 %	0.0 %	145	D	79.69 %	0.0 %
82	C	49.1 %	1.92 %	98	C	43.72 %	1.92 %	114	B	53.83 %	1.92 %	130	A	41.37 %	1.51 %	146	D	28.21 %	4.52 %
83	B	43.96 %	1.55 %	99	A	77.11 %	0.0 %	115	B	69.35 %	1.34 %	131	B	50.6 %	1.55 %	147	D	49.53 %	1.05 %
84	B	80.36 %	0.0 %	100	B	45.77 %	1.49 %	116	B	58.21 %	1.68 %	132	B	79.73 %	0.0 %	148	B	66.1 %	1.05 %
85	C	47.27 %	1.09 %	101	C	66.44 %	1.42 %	117	C	68.14 %	1.3 %	133	C	50.43 %	1.87 %	149	A	65.89 %	1.85 %
86	A	47.55 %	1.35 %	102	C	23.32 %	3.48 %	118	B	69.68 %	1.29 %	134	D	59.55 %	1.2 %	150	A	83.68 %	0.0 %
87	C	65.57 %	1.02 %	103	A	68.44 %	1.29 %	119	B	44.65 %	1.07 %	135	A	50.98 %	1.86 %	151	A	50.56 %	1.01 %
88	C	58.62 %	1.98 %	104	C	46.26 %	1.62 %	120	D	69.78 %	1.11 %	136	B	64.47 %	1.62 %	152	A	48.99 %	1.43 %
89	D	56.43 %	1.13 %	105	D	27.25 %	4.48 %	121	D	64.85 %	1.73 %	137	D	49.37 %	1.84 %	153	D	78.67 %	0.0 %
90	A	10.21 %	3.65 %	106	A	18.67 %	4.61 %	122	C	48.16 %	1.66 %	138	D	67.39 %	1.2 %	154	B	57.55 %	1.82 %
91	D	27.9 %	3.72 %	107	A	64.86 %	1.83 %	123	C	82.74 %	0.0 %	139	D	63.87 %	1.05 %	155	A	79.68 %	0.0 %
92	B	55.18 %	1.85 %	108	C	65.63 %	1.02 %	124	B	26.1 %	4.99 %	140	C	79.43 %	0.0 %	156	B	77.12 %	0.0 %
93	C	16.7 %	4.08 %	109	A	47.23 %	1.1 %	125	B	79.14 %	0.0 %	141	D	85.11 %	0.0 %	157	D	58.79 %	1.89 %
94	A	22.8 %	4.92 %	110	D	86.36 %	0.0 %	126	A	52.37 %	1.38 %	142	A	55.84 %	1.56 %	158	B	76.15 %	0.0 %
95	D	68.95 %	1.22 %	111	D	50.48 %	1.66 %	127	B	77.75 %	0.0 %	143	C	58.97 %	1.56 %	159	A	86.11 %	0.0 %
96	C	83.36 %	0.0 %	112	C	44.98 %	1.98 %	128	D	84.9 %	0.0 %	144	A	55.04 %	1.3 %	160	A	80.71 %	0.0 %

कार्य विश्लेषण

औसत अंक (%)	33.5%
टॉपर्स स्कोर (%)	60.0%
आपका स्कोर	

//संकेत और समाधान//

1. पालि भाषा संस्कृत भाषा की अपभ्रंश है।

हिन्दी की आदि जननी संस्कृत है। भाषा का विकास क्रम संस्कृत, पालि, प्राकृत, अपभ्रंश, अवहट्ट, प्राचीन हिंदी और आरम्भिक हिंदी के रूप में हुआ है। स्पष्ट है कि संस्कृत के बाद पालि भाषा का विकास हुआ। अपभ्रंश का तात्पर्य विकृत या बिगड़ी हुई भाषा से है।

अतः विकल्प (B) सही है।

2. संगीतज्ञ की वर्तनी शुद्ध है।

भारतीय शास्त्रीय संगीत के विद्वान, जिसमें हिंदुस्तानी संगीत पद्धति के विद्वान और कर्णाटक संगीत पद्धति के विद्वान दोनों ही शामिल हैं। संगीतज्ञ कहलाते हैं। ये गायक, वादक या नर्तक किसी भी विधा के विद्वान हो सकते हैं।

वर्तनी शब्द का अर्थ है- अनुसरण करना, अर्थात पीछे-पीछे चलना। भाषा के उच्चरित रूप या बोलने में जो कहा जाता है अथवा उच्चरित किया जाता है, उसी के अनुरूप या अनुसार लिखा भी जाता है; इसे ही वर्तनी कहते हैं। भाषा का लिखित रूप वर्तनी की सहायता लेता है। भाषा के उच्चरित रूप को उसी रूप में लिपिबद्ध करना 'वर्तनी' कहलाता है।

अतः विकल्प (A) सही है।

3. 'राजा' का विलोम शब्द रंक होगा।

एक ऐसा शब्द जिसका अर्थ दूसरे शब्द के अर्थ के विपरीत हो।

उदाहरण: "गर्म" और "ठंडा" विलोम हैं।

अतः विकल्प (C) सही है।

4. 'किरण' का पर्यायवाची रश्मि होगा।

किरण के अन्य पर्यायवाची शब्द हैं- मयूख, अंशु, मरीचि, प्रभा आदि।

ऐसे शब्द जिनके अर्थ समान हों, पर्यायवाची शब्द कहलाते हैं। पानी के पर्यायवाची शब्द हैं जल, नीर, अंबु, तोय आदि।

अतः विकल्प (D) सही है।

5. 'छ' वर्ण/ध्वनि का उच्चारण स्थान 'तालव्य' होगा। 'छ' ध्वनि अघोष एवं महाप्राण ध्वनि है। ध्वनियों का उच्चारण स्थान है:

तालव्य व्यंजन वो व्यंजन होते हैं जिनके उच्चारण में जीभ के पिछले भाग को तालू से संघर्ष करना पड़ता है। वैदिक संस्कृत में च वर्ग के समस्त अक्षर इसी निसर्ग के हैं। जैसे कि "च" "छ" "ज" "झ" "ञ"। हिन्दी में इन अक्षरों को पश्चस्त्य स्पर्श संघर्षी व्यंजनों के लिए प्रयोग किया जाता है जोकि पूर्ण रूप से तालव्य नहीं हैं।

तालव्य- इ, ई, च, य और श

दन्त्य- त, ल, स

ओष्ठ्य- उ, ऊ, प

वर्त्स्य- न, र, ल

अतः विकल्प (B) सही है।

6. 'रामचरितमानस' की रचना अवधी भाषा में है।

रामचरितमानस 'अवधी' भाषा में गोस्वामी तुलसीदास द्वारा रचित प्रसिद्ध ग्रंथ है। रामचरितमानस में सात काण्ड (अध्याय) हैं- बालकाण्ड, अयोध्याकाण्ड, अरण्यकाण्ड, किष्किन्धाकाण्ड, सुन्दरकाण्ड, लंकाकाण्ड एवं उत्तरकाण्ड। छंदों की संख्या के अनुसार बालकाण्ड और किष्किन्धाकाण्ड क्रमशः सबसे बड़े और छोटे काण्ड हैं।

अतः विकल्प (A) सही है।

7. 'कवि' शब्द का स्त्रीलिंग कवयित्री होगा। जबकि लेखिका शब्द लेखक का स्त्रीलिंग शब्द है।

वह स्त्री जो कविताएँ रचती हो उसे कवयित्री कहते हैं।

उदाहरण: सुभद्रा कुमारी चौहान एक अच्छी कवयित्री थीं।

अतः विकल्प (C) सही है।

8. 'अनाड़ी' का तत्सम रूप 'अनार्य' होगा।

तत्सम का अर्थ होता है "उसके समान"। अर्थात, ऐसे शब्द जो संस्कृत के समान है, जो शब्द संस्कृत भाषा से हिंदी भाषा में आये है और उन्हें ज्यों का त्यों प्रयुक्त कर रहे है, उन्हें तत्सम शब्द कहते है।

अतः विकल्प (A) सही है।

9. 'व्यास' का विलोम समास होगा।

एक ऐसा शब्द जिसका अर्थ दूसरे शब्द के अर्थ के विपरीत हो।

उदाहरण: "संश्लेषण" का विलोम "विश्लेषण" है।

अतः विकल्प (C) सही है।

10. 'यद्यपि' शब्द में यण संधि प्रयुक्त है। जब लघु या दीर्घ इ/ई, उ/ऊ, ऋ के पश्चात कोई असमान स्वर आये तो इ/ई, उ/ऊ, ऋ के स्थान पर क्रमशः य्, व्, र् हो जाता है।

उदाहरण:

- यदि + अपि = यद्यपि
- इति + आदि = इत्यादि
- मधु + अरि = मध्वरि

अतः विकल्प (A) सही है।

11. 'सूर्योदय' शब्द में 'गुण स्वर संधि' है। जब 'अ' अथवा 'आ' के पश्चात लघु या दीर्घ इ, उ, ऋ आये तो क्रमशः ए, ओ, अर् हो जाता है।

उदाहरण:

- देव + इन्द्र = देवेन्द्र
- जल + ऊर्मि = जलोर्मि
- महा + ऋषि = महर्षि

अतः विकल्प (C) सही है।

12. अधिकतर भारतीय भाषाओं का विकास 'ब्राह्मी' लिपि से हुआ है। ब्राह्मी लिपि भारत की प्राचीनतम लिपियों में से एक है। यह बाएँ से दाएँ लिखी जाती है। यह मात्रात्मक लिपि है अर्थात् व्यंजनों पर मात्रा लगाकर लिखी जाती है। अशोक के अनेक अभिलेखों में ब्राह्मी लिपि का प्रयोग हुआ है।

अतः विकल्प (A) सही है।

13. 'सदाचार' शब्द में 'सत्' उपसर्ग का प्रयोग हुआ है। वे शब्दांश जो किसी शब्द के पहले जुड़कर उसके अर्थ में विशेषता उत्पन्न कर देते हैं, उपसर्ग कहलाते हैं।

सत् उपसर्ग से बने शब्द इस प्रकार हैं: सत्- सत्कर्म, सत्कार, सत्कीर्ति, सज्जन आदि।

अतः विकल्प (B) सही है।

14. 'कलम तोड़ना' मुहावरे का अर्थ 'अच्छा लिखना' होता है।

वाक्य प्रयोग- रमेश एक बहुत अच्छा कवि है, वह अपनी सभी कविताओं में मानो जैसे कलम ही तोड़ देता है।

अतः विकल्प (A) सही है।

15. 'सत्याग्रह' शब्द का संधि-विच्छेद सत्य + आग्रह होगा। 'सत्याग्रह' शब्द में दीर्घ स्वर सन्धि है।

यदि प्रथम पद के अंत में दीर्घ या हृस्व (अ, इ, उ) हो तथा द्वितीय पद के आदि में भी दीर्घ या हस्व (अ, इ, उ) आये, तो दोनों मिलकर दीर्घ (आ, ई, ऊ) हो जाता है।

उदाहरण:

- परम + अर्थ = परमार्थ
- सत्य + आग्रह = सत्याग्रह
- विद्या + आलय = विद्यालय

अतः विकल्प (D) सही है।

16. 'डाह' शब्द 'ईर्ष्या' का पर्यायवाची शब्द है।

ईर्ष्या के अन्य पर्यायवाची शब्द हैं- जलन, कुढ़न, द्वेष, विद्वेष, हसद, मत्सर, ईर्षा, रश्क आदि।

ऐसे शब्द जिनके अर्थ समान हों, पर्यायवाची शब्द कहलाते हैं। पानी के पर्यायवाची शब्द हैं जल, नीर, अंबु, तोय आदि।

अतः विकल्प (D) सही है।

17. 'फिर भी कुछ रह जायेगा' कविता के रचनाकार 'विश्वनाथ प्रसाद तिवारी' जी हैं।

विश्वनाथ प्रसाद तिवारी एक भारतीय कवि, संपादक, आलोचक और साहित्य अकादमी के पूर्व अध्यक्ष हैं, जिन्होंने 2013 से 2018 तक इस पद पर कार्य किया। उन्होंने आलोचना, कविता, यात्रा वृत्तांत, आत्मकथा जैसी विभिन्न शैलियों पर हिंदी में लगभग 50 पुस्तकें प्रकाशित की हैं। इनकी अन्य रचनाएँ हैं- मनुष्यता का दुख, अस्ति और भवति, प्रतिबद्धता, वर्तमान और भविष्य, गुनाहों के सबूत आदि। हाल ही में 'अस्ति और भवति' के लिए इन्हें मूर्तिदेवी पुरस्कार 2019 से सम्मानित किया गया है।

अतः विकल्प (B) सही है।

18. 'व्याप्त' शब्द में 'यण संधि' है। जब हृस्व या दीर्घ इ/ई, उ/ऊ, ऋ के पश्चात कोई असमान स्वर आये, तो इ/ई, उ/ऊ, ऋ के स्थान पर क्रमशः य, व्, र् हो जाता है।

उदाहरण:

- वि + आप्त = व्याप्त
- अनु + अय = अन्वय
- मातृ + आज्ञा = मात्राज्ञा

अतः विकल्प (D) सही है।

19. 'राम रमापति कर धनु लेहु' पंक्ति में 'अनुप्रास अलंकार' है।

अनुप्रास दो शब्दों से मिलकर बना है। अनु + प्रास 'अनु' का अर्थ है- बार-बार तथा 'प्रास' का अर्थ वर्ण होता है। अर्थात् 'किसी वर्ण के बार-बार आवृत्ति होने से जो चमत्कार उत्पन्न होता है, वहाँ अनुप्रास अलंकार कहते हैं।'

उदाहरण- "तरनि-तनूजा तट तमाल तरुवर बहुछाये।"

अतः विकल्प (C) सही है।

20. शिक्षक वर्ग को सोचसमझकर बोलना चाहिए।

उपर्युक्त अनुच्छेद के अनुसार 'शिक्षक वास्तव में एक अच्छा अभिनेता भी होता है जो अपने व्यक्तित्व, शैली, बोलचाल और हावभाव से विद्यार्थियों का ध्यान अपनी ओर आकर्षित करता है और उन पर अपनी छाप छोड़ता है।'

अतः विकल्प (D) सही है।

21. उपर्युक्त गद्यांश का उचित शीर्षक 'शब्दों का चयन' होना चाहिए। क्योंकि गद्यांश में यही बताया गया है कि बातचीत के दौरान शब्दों का चयन अत्यंत महत्वपूर्ण है।

अतः विकल्प (C) सही है।

22. उपर्युक्त गद्यांश के अनुसार बातचीत में 'विचारों एवं व्यक्तित्व' का आदान-प्रदान होता है।

हमारा व्यक्तित्व विचार और चिंतन से बनता है। यह हमारे जीवन के अब तक के चिंतन और समस्त विचारों का प्रतिफल होता है। हम विचारों द्वारा ही उन्नति कर जीवन के उच्चतम लक्ष्य प्राप्त कर सकते हैं।

अतः विकल्प (A) सही है।

23. दिये गये वाक्य में 'बच्चे को अनार काटकर खिलाओ' शुद्ध वाक्य है जबकि शेष विकल्प व्याकरणिक दृष्टि से अशुद्ध हैं।

अतः विकल्प (C) सही है।

24. 'चरित्र' भाववाचक संज्ञा है।

जिन संज्ञा शब्दों से व्यक्ति अथवा वस्तु की भावना का बोध होता है, उन्हें भाववाचक संज्ञा कहते हैं।

जैसे- बुढ़ापा, मिठास, तीखापन, लड़ाई आदि।

अतः विकल्प (C) सही है।

25. 'आधा' शब्द तद्भव शब्द है जिसका तत्सम 'अर्द्ध' होता है।

तद्भव का शाब्दिक अर्थ है – उससे बने (तत् + भव = उससे उत्पन्न), अर्थात् जो उससे (संस्कृत से) उत्पन्न हुए हैं। यहाँ पर तत् शब्द भी संस्कृत भाषा की ओर इंगित करता है।

अतः विकल्प (A) सही है।

26. सन् 2014 का 'साहित्य अकादमी' पुरस्कार रमेशचंद्र शाह को मिला।

सन् 2014 का साहित्य अकादमी पुरस्कार 'डॉ. रमेश चन्द्र शाह' को उनके द्वारा रचित उपन्यास 'विनायक' के लिए प्राप्त हुआ। डॉ. रमेशचन्द्र शाह हिंदी उपन्यासकार, नाटककार, निबंधकार तथा कुशल समालोचक हैं। इनकी अन्य रचनाएँ इस प्रकार हैं- गोबर गणेश, जंगल में आग, मुहल्ले का रावण, कछुए की पीठ पर, शैतान के बहाने, रचना के बदले आदि।

अतः विकल्प (A) सही है।

27. 'ग्राम' कहानी के रचनाकार, छायावादी युग के चार स्तम्भों में से एक 'जयशंकर प्रसाद जी' हैं। यह इनकी पहली कहानी है जो वर्ष 1912 ई. में 'इंदु' पत्रिका में प्रकाशित हुई थी। जयशंकर प्रसाद जी द्वारा रचित कुछ प्रसिद्ध कहानियाँ इस प्रकार हैं- छाया, आकाशदीप, आँधी, इंद्रजाल, प्रतिध्वनि आदि।

अतः विकल्प (D) सही है।

28. व्याकरण की दृष्टि से 'प्रेम' शब्द 'भाववाचक' संज्ञा है।

'जिस संज्ञा शब्द से पदार्थों की अवस्था, गुण-दोष, भाव, दशा, धर्म आदि का बोध होता हो उसे भाववाचक संज्ञा कहते हैं।

जैसे- मोटापा, चढ़ाई, थकावट, गरमाहट, ममता, घृणा आदि।

अतः विकल्प (B) सही है।

29. 'कृपा' शब्द का विलोम कोप है।

विलोम: एक ऐसा शब्द जिसका अर्थ दूसरे शब्द के अर्थ के विपरीत हो।

उदाहरण: "कटु" का विलोम "मधुर" है।

अतः विकल्प (A) सही है।

30. 'मुँह की खाना' मुहावरे का अर्थ 'हार जाना' होता है।

वाक्य प्रयोग- जब-जब पाकिस्तान ने भारत पर हमला किया है तब-तब उसे मुँह की खानी पड़ी है।

अतः विकल्प (A) सही है।

31. 'नृत्य' शब्द तत्सम है जिसका तद्भव रूप 'नाच' होता है। तत्सम शब्द वे शब्द होते हैं जो संस्कृत से सीधे बिना किसी बदलाव के हिन्दी में प्रयोग होते हैं।

अतः विकल्प (B) सही है।

32. 'अंतर्धान' शुद्ध वर्तनी शब्द है।

अंतर्धान: किसी के सामने एकाएक कुछ क्षणों के लिए उपस्थित होना और तुरंत ही 'अंतर्धान' या अदृश्य हो जाना।

वर्तनी शब्द का अर्थ है- अनुसरण करना, अर्थात पीछे-पीछे चलना। भाषा के उच्चरित रूप या बोलने में जो कहा जाता है अथवा उच्चरित किया जाता है, उसी के अनुरूप या अनुसार लिखा भी जाता है; इसे ही वर्तनी कहते हैं। भाषा का लिखित रूप वर्तनी की सहायता लेता है। अतः भाषा के उच्चरित रूप को उसी रूप में लिपिबद्ध करना 'वर्तनी' कहलाता है।

अतः विकल्प (C) सही है।

33. 'धनुष' शब्द 'कोदण्ड' का पर्यायवाची शब्द है। '

धनुष' के अन्य पर्यायवाची इस प्रकार हैं- धनु, कमान, मेहराब, शरासन, धनुक आदि।

ऐसे शब्द जिनके अर्थ समान हों, पर्यायवाची शब्द कहलाते हैं। पानी के पर्यायवाची शब्द हैं जल, नीर, अंबु, तोय आदि।

अतः विकल्प (D) सही है।

34. 'मोर' एक तद्भव शब्द है जिसका तत्सम शब्द 'मयूर' होता है।

तत्सम का अर्थ होता है "उसके समान"। अर्थात, ऐसे शब्द जो संस्कृत के समान है, जो शब्द संस्कृत भाषा से हिंदी भाषा मे आये है और उन्हें ज्यों का त्यों प्रयुक्त कर रहे है, उन्हें तत्सम शब्द कहते है।

अतः विकल्प (A) सही है।

35. 'क्ष' वर्ण क् + ष के योग से बना है।

क्ष' वर्ण संयुक्त व्यंजन है। हिंदी वर्णमाला के वे वर्ण जो दो अधिक वर्णों के योग से बना हो संयुक्त व्यंजन कहलाता है। संयुक्त व्यंजन की संख्या 4 होती है।

- त्र - त् + र
- ज्ञ - ज् + अ
- श्र - श् + र

अतः विकल्प (C) सही है।

36. 'विस्मय' स्थायी भाव 'अद्भुत रस' में होता है।

किसी असाधारण वस्तु को देखकर मन में जब विस्मय नामक स्थायी भाव की जागृति होती हैं, तब अद्भुत रस की निष्पत्ति होती है।

उदाहरण-

अखिल भुवन चर-अचर सब, हरि मुख में लिख मातु।

चकित भई गद्गद बचना, विकसित दृग पुलकातु।।

अतः विकल्प (D) सही है।

37. 'क्रोध' उपसर्ग रहित शब्द है।

वे शब्दांश जो किसी शब्द के पहले जुड़कर उसके अर्थ में विशेषता उत्पन्न कर देते है, उपसर्ग कहलाते हैं।

अतः विकल्प (D) सही है।

38. 'मनोहर' शब्द में 'विसर्ग संधि' प्रयुक्त है। यदि विसर्ग (:) के पूर्व 'अ' और उसके बाद स्पर्शी व्यंजन का तीसरा, चौथा, पाँचवाँ वर्ण, 'य, र, व, ल' तथा 'ह' आये तो अ और विसर्ग (:) (अः) के स्थान पर 'ओ' हो जाता है।

उदाहरण-

- मन: + रमा = मनोरमा
- यशः + दा = यशोदा

अतः विकल्प (B) सही है।

39. शांत रस' का स्थायी भाव 'निर्वेद' है। रस की उत्पत्ति मन की विभिन्न प्रवृत्तियों से होती है। इन प्रवृत्तियों को स्थायी भाव कहा जाता है। जो इस प्रकार हैं-

रस - स्थायी भाव

श्रृंगार रस - रति

हास्य रस हास

रौद्र रस - क्रोध

करुण रस - शोक

वीभत्स रस - घृणा/जुगुप्सा

भयानक रस - भय

वीर रस - उत्साह

अद्भुत रस - विस्मय

शांत रस - निर्वेद

अतः विकल्प (B) सही है।

40. 'जो ईश्वर में विश्वास रखता हो' वाक्यांश के लिए एक शब्द है- 'आस्तिक'

अन्य विकल्पों का विवरण इस प्रकार हैं-

जो ईश्वर में विश्वास न रखता हो - नास्तिक

असाधारण मेधा (बुद्धि) वाला - मेधावी

अतः विकल्प (B) सही है।

41. राष्ट्रीय अनुसूचित जाति आयोग भारत के राष्ट्रपति को एक वार्षिक रिपोर्ट प्रस्तुत करता है।

राष्ट्रीय अनुसूचित जाति आयोग का गठन, संविधान के अनुच्छेद 338 के द्वारा उपबन्धित है। इस आयोग का प्रमुख कार्य अनुसूचित जातियों के संवैधानिक संरक्षण से सम्बन्धित सभी मामलों का निरीक्षण एवं अधीक्षण करना तथा उनके क्रियान्वयन की समीक्षा करना है।

उल्लेखनीय है कि वर्ष 2004 से अस्तित्व में आये पृथक राष्ट्रीय अनुसूचित जाति आयोग में एक अध्यक्ष, एक उपाध्यक्ष एवं तीन अन्य सदस्य होते है।

अतः विकल्प (B) सही है।

42. पीपल्स यूनियन फॉर डेमोक्रेटिक राइट्स बनाम भारत संघ के मामले में उच्चतम न्यायालय द्वारा यह माना गया था कि न्यूनतम मजदूरी का भुगतान न करना, जबरन मजदूरी का एक प्रकार है।

'पीपल्स यूनियन फॉर डेमोक्रेटिक राइट्स बनाम भारत संघ' 1980 के मामले में उच्चतम न्यायालय द्वारा यह माना गया था कि न्यूनतम मजदूरी का भुगतान न करना, जबरन मजदूरी का एक प्रकार है। उच्चतम न्यायालय ने इस मामले में अनुच्छेद 23 की व्याख्या करते हुए जबरन मजदूरी को दण्डनीय अपराध घोषित किया। ध्यातव्य है कि अनु. 23 और 24 (न्यूनतम मजदूरी अधिनियम, 1948) के अधीन नागरिकों के मूल अधिकारों का उल्लंघन करने वाले व्यक्तियों के विरुद्ध समुचित कार्यवाही करना राज्य का एक सांविधिक कर्त्तव्य है।

अतः विकल्प (A) सही है।

43. यू.एस.ए. औपचारिक रूप से पेरिस समझौते से अलग हो गया है।

पेरिस समझौता, एक महत्वपूर्ण पर्यावरणीय समझौता है, जिसे जलवायु परिवर्तन और उसके नकारात्मक प्रभावों से निपटने के लिए वर्ष 2015 में दुनिया के अधिकतर देशों द्वारा अपनाया गया था। इसका प्रमुख उद्देश्य कार्बन और ग्रीन हाउस गैसों के उत्सर्जन में कमी लाना है। उल्लेखनीय है कि भारत ने अप्रैल 2016 में औपचारिक रूप से पेरिस समझौते पर हस्ताक्षर किये थे।

अतः विकल्प (D) सही है।

44. राष्ट्रीय सुरक्षा अधिनियम, 1980 धारा 5 के तहत प्रदान करता है कि निरुद्ध किए गए किसी व्यक्ति को एक राज्य से दूसरे राज्य में हटाने के लिए उस दूसरे राज्य की सरकार की सहमति के बिना किसी राज्य सरकार द्वारा कोई आदेश नहीं दिया जाएगा।

राष्ट्रीय सुरक्षा अधिनियम 1980 एक निवारक विरोध कानून है। इसके तहत भविष्य में किसी व्यक्ति को अपराध करने या अभियोजन से बचने से रोकने के लिए हिरासत में लिया जाना शामिल है। ज्ञातव्य है कि भारतीय संविधान का अनुच्छेद 22(3) (ख) राज्य की सुरक्षा और सार्वजनिक व्यवस्था की स्थापना हेतु व्यक्तिगत स्वतंत्रता पर निवारक निरोध और प्रतिबंध की अनुमति प्रदान करता है।

अतः विकल्प (B) सही है।

45. पुनर्वास और पुनर्स्थापन समिति के संयोजक, पुनर्वास और पुनस्थापन के लिए प्रशासक हैं।

भूमि अधिग्रहण, पुनर्वास और पुनर्स्थापना अधिनियम, भारत सरकार द्वारा वर्ष 2013 में पारित किया गया था। इसे भूमि अधिग्रहण अधिनियम, 1894 के स्थान पर लाया गया था। ध्यातव्य है कि भारत सरकार ने वर्ष 2015 में इस अधिनियम में संशोधन कर इसे और प्रभावी बनाने का प्रयास किया है।

अतः विकल्प (A) सही है।

46. सोशल नेटवर्किंग ऐप इन्स्टाग्राम ने "लाइव रूम" सुविधा (फीचर) आरंभ की है।

इंस्टाग्राम एक मोबाइल, डेस्कटॉप और इंटरनेट आधारित फोटो और वीडियो साझा करने वाला एप्लिकेशन है जो उपभोक्ताओं को फोटो या वीडियो को सार्वजनिक रूप से या निजी तौर पर साझा करने की अनुमति देता है। ध्यातव्य है कि इंस्टाग्राम को 6 अक्टूबर 2010 को लांच किया गया था।

इंस्टाग्राम "लाइव रूम्स" के लॉन्च के साथ अपने ऐप में एक बहुप्रतीक्षित फीचर जोड़ रहा है, जो एक ही समय में अधिकतम चार लोगों को एक साथ लाइव प्रसारण करने की अनुमति देता है। पहले, ऐप ने उपयोगकर्ताओं को केवल फेसबुक लाइव के समान एक अन्य व्यक्ति के साथ लाइव स्ट्रीम करने की अनुमति दी थी।

अतः विकल्प (D) सही है।

47. दशमलव संख्या 7 का बाइनरी समकक्ष 0111 है।

भाज्य	शेषफल
7/2 = 3	1
3/2 = 1	1
1/2 = 0	1

बाइनरी, कम्प्यूटर जगत में प्रयोग की जाने वाली एक सांकेतिक संख्या पद्धति है, जिसमें सिर्फ दो अंक- 0 और 1 का प्रयोग किया जाता है। उल्लेखनीय है कि बाइनरी संख्या पद्धति को 1 बेस-2 पद्धति के रूप में भी जाना जाता है।

अतः विकल्प (C) सही है।

48. वर्तमान में, भारतीय संविधान के भाग XXI के तहत 12 राज्यों में विशेष प्रावधान हैं।

ये संविधान के अनुच्छेद 371 से 371 (i) तक उपबन्धित हैं। इन राज्यों का नाम निम्नलिखित हैं। महाराष्ट्र, गुजरात, नागालैण्ड, असम, मणिपुर, आन्ध्र प्रदेश, तेलंगाना, सिक्किम, मिजोरम, अरूणाचल प्रदेश, कर्नाटक एवं गोवा। इसका मूल उद्देश्य इन राज्यों के पिछड़े इलाकों में रहने वाले लागों की आवश्यकताओं को पूरा करना तथा इन राज्यों के जनजातीय लोगों के आर्थिक एवं सांस्कृतिक हितों की रक्षा करना है।

अतः विकल्प (D) सही है।

49. आचार संहिता पहली बार केरल में 1960 में राज्य विधानसभा चुनाव से पहले पेश की गई थी।

चुनाव सम्बन्धी वे दिशा-निर्देश जिसे सभी राजनीतिक पार्टियों को मानना होता है आचार संहिता द्वारा निर्देशित किये जाते हैं। इसका मकसद चुनाव प्रचार को निष्पक्ष बनाना, सत्ताधारी राजनीतिक दलों को सत्ता का गलत फायदा लेने से रोकना, मशीनरी आदि का भी चुनाव में दुरूपयोग को रोकना है। उल्लेखनीय है कि आचार संहिता किसी अधिनियम या कानून के तहत नहीं बनी है, बल्कि यह सभी राजनीतिक दलों की सहमति से बनी और विकसित हुई है।

अतः विकल्प (C) सही है।

50. निर्यात उत्पादन के लिए रियायती शुल्क-दर पर पूंजीगत वस्तुओं की आयात के लिए निर्यातोन्मुख पूँजीगत वस्तु योजना निर्माता को सुविधा प्रदान करती है।

निर्यातोन्मुख पूँजीगत वस्तु योजना को रियायती आयात शुल्क पर पूँजीगत वस्तुओं के आयात के लिए प्रारम्भ किया गया है। यह नीति विदेश व्यापार नीति और अन्य योजनाओं के माध्यम से भारत के निर्यात को बढ़ाने हेतु संरचनात्मक अक्षमताओं को दूर करने और अन्य प्रशासनिक बाधाओं को दूर करके देश में निर्यातोन्मुख माहौल पैदा करने पर जोर देती है।

अतः विकल्प (B) सही है।

51. उत्तर प्रदेश पंचायत राज (सदस्यों, प्रधानों और उपप्रधानों का चुनाव) नियम 1994 वर्ष में स्थापित किए गए थे।

पंचायती राज, भारत में ग्रामीण स्थानीय स्वशासन की एक प्रणाली है। 73 वें संविधान संशोधन द्वारा वर्ष 1992 में पंचायती राज को संवैधानिक स्थिति प्रदान की गई। उल्लेखनीय है कि देश में लगभग 250,000 पंचायती राज संस्थाएँ एवं शहरी स्थानीय निकाय और तीन मिलियन से अधिक निर्वाचित स्थानीय स्वशासन प्रतिनिधि मौजूद है।

अतः विकल्प (C) सही है।

52. भारत सरकार और एक या अधिक राज्यों के बीच विवाद में भारत के सर्वोच्च न्यायालय का क्षेत्राधिकार मूल और अनन्य है।

संविधान के अनुच्छेद 131 में उच्चतम न्यायालय की आरम्भिक अधिकारिता का वर्णन किया गया है। जिसके अनुसार निम्नलिखित मामलों में उच्चतम न्यायालय को आरम्भिक अधिकारिता प्राप्त है-

- भारत सरकार और एक या अधिक राज्यों के मध्य विवाद,
- एक ओर भारत सरकार और किसी राज्य या राज्यों और दूसरी ओर एक या अधिक अन्य राज्यों के मध्य विवाद,
- दो या अधिक राज्यों के मध्य विवाद।

अतः विकल्प (D) सही है।

53. रक्षा वाहनों को BSVI और BSIV अनुपालन से छूट प्राप्त है।

BS का अर्थ 'भारत स्टेज' होता है। इसका सम्बन्ध वाहनों के उत्सर्जन मानकों से है। BS IV-इंजन जिन गाड़ियों में होता है उनके ईंधन में सल्फर की मात्रा अधिक होती है, जिसके कारण नाइट्रोजन आक्साइड का उत्सर्जन भी अधिक होता है। यह धुँआ वायु प्रदूषण का मुख्य कारण माना जाता है। BSVI वाहनों में कम्पनी द्वारा एडवांस एमीशन कंट्रोल सिस्टम लगाया गया है। यह डीजल वाहनों में 70% और पेट्रोल वाहनों में 25% तक नाइट्रोजन आक्साइड के उत्सर्जन को कम करेगा।

अतः विकल्प (A) सही है।

54. 'स्वस्थ शहर' शब्दपद विश्व स्वास्थ्य संगठन से संबंधित है।

स्वस्थ शहर एक शब्द है जिसका इस्तेमाल सार्वजनिक स्वास्थ्य और शहरी डिजाइन में मानव स्वास्थ्य पर प्रभाव और समस्याओं पर जोर देने हेतु किया जाता है। WHO के अनुसार वे शहर स्वस्थ शहर कहे जायेंगे- जो लगातार भौतिक और सामाजिक वातावरणों का निर्माण और सुधार कर रहे है और उन सामुदायिक संसाधनों का विस्तार कर रहा हैं जो लोगों को जीवन के सभी कार्यों को करने और उनकी अधिकतम क्षमता के विकास में एक-दूसरे का समर्थन करने में सक्षम बनाते है।

अतः विकल्प (A) सही है।

55. केसरी वह मराठी समाचारपत्र है जिसे बाल गंगाधर तिलक द्वारा संपादित किया गया था।

वर्ष 1881 में बाल गंगाधर तिलक द्वारा केसरी समाचार पत्र का प्रकाशन मराठी भाषा में किया गया। इसका उपयोग तत्कालीन भारतीय समाज में राष्ट्रवाद और स्वतंत्रता के प्रति जागरूकता और एकता का संचार करने में किया जाता था। ध्यातव्य है कि बालगंगाधर तिलक, एक भारतीय राष्ट्रवादी, शिक्षक, समाज सुधारक और स्वतंत्रता संग्राम सेनानी थे। इनका प्रसिद्ध वाक्य- "स्वराज मेरा जन्म सिद्ध अधिकार है और मैं इसे लेकर रहूँगा।"

अतः विकल्प (A) सही है।

56. अंतर्राष्ट्रीय सौर गठबंधन का मुख्यालय गुरूग्राम, हरियाणा में स्थित है।

अंतर्राष्ट्रीय सौर गठबंधन, भारत के प्रधानमंत्री और फ्रांस के राष्ट्रपति द्वारा 30 नवम्बर, 2015 को फ्रांस की राजधानी पेरिस में आयोजित कोप-21 के दौरान प्रारम्भ की गई पहल है। इसका प्रमुख उद्देश्य सदस्य देशों में सौर ऊर्जा को बढ़ावा देने के लिए प्रमुख चौनौतियों का साथ मिलकर समाधान करना है।

अतः विकल्प (B) सही है।

57. भारतीय संविधान की प्रस्तावना में "न्याय" की अवधारणा को रूसी क्रांति से लिया गया है।

उल्लेखनीय है कि न्यायिक पुनरावलोकन, न्यायपालिका की स्वतंत्रता, उच्चतम व उच्च न्यायालयों के न्यायाधीशों को हटाने की विधि, संयुक्त राज्य| अमेरिका के संविधान से ग्रहण किया गया है। ध्यातव्य है कि रूस की क्रांति बोल्शेविक दल के रूसी नेता लेनिन के नेतृत्व में वर्ष 1917 में सम्पन्न हुई थी।

अतः विकल्प (D) सही है।

58. आयकर अधिनियम, 1961 अध्याय VIII के प्रावधानों के तहत छूट और राहत प्रदान करता है।

आयकर अधिनियम, 1961 भारत में आयकर निर्धारण का प्रमुख कानून है। संसद, वित्त अधिनियमों द्वारा इसमें संवर्धन और विलोपन कर सकती है। ज्ञातव्य है कि आयकर आय पर लगने वाला एक वार्षिक कर है। यह प्रत्येक वर्ष में करदाता द्वारा वर्षभर में कमाई गई कर-योग्य आय पर निर्धारित दरों पर केन्द्रीय सरकार द्वारा लगाया जाता है।

अतः विकल्प (C) सही है।

59. संयुक्त राष्ट्र संगठन 'वर्ल्ड पॉपुलेशन प्रॉस्पेक्ट्स' जारी करता है।

संयुक्त राष्ट्र का उद्देश्य विश्व जनसंख्या सम्भावनाओं का आकलन करना व उसके अनुसार जनहित में सुझाव जारी करना है। संयुक्त राष्ट्र 1945 ई. में स्थापित एक अंतर्राष्ट्रीय संगठन है। वर्तमान में इसमें शामिल देशों की संख्या 193 है।

- संयुक्त राष्ट्र का जनसंख्या प्रभाग 1951 से द्विवार्षिक चक्र में वर्ल्ड पॉपुलेशन प्रॉस्पेक्ट्स प्रकाशित कर रहा है।
- वर्ल्ड पॉपुलेशन प्रॉस्पेक्ट्स का प्रत्येक संशोधन 1950 में शुरू होने वाले जनसंख्या संकेतकों की एक ऐतिहासिक समय श्रृंखला प्रदान करता है।

- यह प्रजनन, मृत्यु दर या अंतर्राष्ट्रीय प्रवास में पिछले रुझानों के अनुमानों को संशोधित करने के लिए नए जारी किए गए राष्ट्रीय डेटा को ध्यान में रखते हुए ऐसा करता है।

अतः विकल्प (B) सही है।

60. हेलिकोबैक्टर पाइलोरी जीवाणु के कारण पेप्टिक अल्सर (जठरव्रण) होता है।

पेप्टिक अल्सर खुले घाव होते हैं जो पेट की अंदरूनी परत और छोटी आंत के ऊपरी हिस्से पर विकसित होते है। इसका साधारण लक्षण लगातार पेट में दर्द और जलन होना है। अम्ल तथा पेट द्वारा बनाये गये अन्य रस, पाचन पथ के अस्तर (अंदरुनी परत) को जलाकर अल्सर होने में योगदान कर सकते है। यह तब घटित होता है जब शरीर में बहुत अधिक अम्ल बनता है या पाचन पथ का अस्तर किसी वजह से क्षतिग्रस्त हो जाता है।

अतः विकल्प (C) सही है।

61. नदी, सरितजीवी (लोटिक) पारिस्थितिकी तंत्र का एक उदाहरण है।

सामान्य रूप से जीवमण्डल के सभी घटकों के समूह, जो पारस्परिक क्रिया में सम्मिलित होते हैं, को पारिस्थितिकी तंत्र कहा जाता है। यह पारितंत्र, प्रकृति की क्रियात्मक इकाई है, जिसमें इसके जैविक तथा अजैविक घटकों के बीच होने वाली जटिल क्रियाएँ सम्मिलित होती हैं। ध्यातव्य है कि पारिस्थितिकी शब्द का सर्वप्रथम प्रयोग अर्नस्ट हैकेल ने 1869 में किया था।

अतः विकल्प (A) सही है।

62. लोकसभा की बैठक के गठन के लिए गणपूर्ति (कोरम) सदन के सदस्यों की कुल संख्या का दसवां भाग है।

भारतीय संविधान के अनुच्छेद 100 (3) में प्रावधान किया गया है कि संसद के प्रत्येक सदन का अधिवेशन गठित करने के लिए गणपूर्ति सदन के सदस्यों की कुल संख्या का दसवाँ (10वाँ) भाग होगी।

- बैठक शुरू होने से पहले उपस्थित होने के लिए आवश्यक सदस्यों की न्यूनतम संख्या एक कोरम है।
- यदि कोरम पूरा नहीं होता है, तब तक सदन को स्थगित करना या बैठक स्थगित करना अध्यक्ष की जिम्मेदारी है।
- लोक सभा प्रत्यक्ष चुनाव द्वारा वयस्क मताधिकार के आधार पर चुने गए लोगों के प्रतिनिधियों से बना है।

अतः विकल्प (A) सही है।

63. किसी मजिस्ट्रेट या पुलिस अधिकारी द्वारा शांति-भंग की रोकथाम में सहायता करने के लिए किसी व्यक्ति से यथोचित रूप से मांग करने पर प्रत्येक व्यक्ति उन्हें सहायता करने के लिए बाध्य है।

दंड प्रक्रिया संहिता, 1973 में धारा 37:

जनता को मजिस्ट्रेट और पुलिस की सहायता कब करनी है। प्रत्येक व्यक्ति एक मजिस्ट्रेट या पुलिस अधिकारी की सहायता के लिए यथोचित रूप से उसकी सहायता की मांग करने के लिए बाध्य है:

- किसी अन्य व्यक्ति को भागने या रोकने में जिसे ऐसा मजिस्ट्रेट या पुलिस अधिकारी गिरफ्तार करने के लिए अधिकृत है।
- शाति भग की रोकथाम या दमन में।
- किसी भी रेलवे, नहर, टेलीग्राफ या सार्वजनिक संपत्ति को होने वाली किसी भी चोट की रोकथाम में।

अतः विकल्प (D) सही है।

64. भारतीय संविधान का अनुच्छेद 355, केंद्र पर यह सुनिश्चित करने के लिए एक कर्तव्य निर्धारित करता है कि प्रत्येक राज्य की सरकार, संविधान के प्रावधानों के तहत चलती है।

अनुच्छेद 123 में संसद के विश्रांतिकाल में अध्यादेश प्रख्यापित करने की राष्ट्रपति की शक्ति, अनुच्छेद 174 में राज्य के विधान-मण्डल के सत्रावसान और विघटन, अनुच्छेद 272 यह उपबन्ध करता है कि, कर जो संघ द्वारा उद्गृहीत और संग्रहीत किये जाते हैं तथा जो संघ और राज्यों के बीच वितरित किये जा सकेंगे, का वर्णन किया गया है।

अतः विकल्प (C) सही है।

65. वन्यजीव (संरक्षण) अधिनियम, 1972 के तहत राष्ट्रीय वन्यजीव बोर्ड के अध्यक्ष भारत के प्रधानमंत्री हैं।

वन्यजीव संरक्षण अधिनियम, 1972 पौधों और जानवरों की प्रजातियों के संरक्षण हेतु अधिनियमित किया गया था। इस कानून से पहले भारत में केवल 5 नामित राष्ट्रीय उद्यान थे, परन्तु वर्तमान में इनकी कुल संख्या 101 हो गई है। ध्यातव्य है कि इस अधिनियम में कुल छः (6) अनुसूचियाँ हैं।

अतः विकल्प (C) सही है।

66. सूचना की स्वतंत्रता अधिनियम, 2002 वह कानून है जिसे सूचना का अधिकार अधिनियम, 2005 द्वारा निरस्त किया गया था।

सूचना का अधिकार (आरटीआई) भारत की संसद का एक अधिनियम है जो नागरिकों के सूचना के अधिकार के संबंध में नियमों और प्रक्रियाओं को निर्धारित करता है। इसने पूर्व सूचना की स्वतंत्रता अधिनियम, 2002 की जगह ले ली। आरटीआई अधिनियम के प्रावधानों के तहत, भारत का कोई भी नागरिक "सार्वजनिक प्राधिकरण" (सरकार का एक निकाय या "राज्य का साधन") से सूचना का अनुरोध कर सकता है, जिसे शीघ्रता से या तीस दिनों के भीतर जवाब देना आवश्यक है।

याचिकाकर्ता के जीवन और स्वतंत्रता से जुड़े मामले में 48 घंटे के भीतर सूचना उपलब्ध करानी होगी। अधिनियम में प्रत्येक सार्वजनिक प्राधिकरण को व्यापक प्रसार के लिए अपने रिकॉर्ड को कम्प्यूटरीकृत करने और कुछ श्रेणियों की सूचनाओं को सक्रिय रूप से प्रकाशित करने की भी आवश्यकता है ताकि नागरिकों को औपचारिक रूप से सूचना के लिए अनुरोध करने के लिए न्यूनतम सहारा की आवश्यकता हो।

अतः विकल्प (C) सही है।

67. वह शक्ति जिसके द्वारा सर्वोच्च न्यायालय किसी भी व्यक्ति द्वारा संबोधित किसी भी पत्र को रिट में परिवर्तित कर सकता है और मामले की सुनवाई कर सकता है, उसे पत्रात्मक अधिकार-क्षेत्र कहा जाता है।

पत्रात्मक अधिकार-क्षेत्र वह न्यायालय शक्ति है जिसके द्वारा सर्वोच्च न्यायालय किसी भी व्यक्ति द्वारा संबोधित किसी भी पत्र को रिट में परिवर्तित कर सकता है और मामले की सुनवाई कर सकता है। यह अवधारणा 20वीं शताब्दी के उत्तरार्ध में भारत की प्रमुखता में आई और इसने जनहित याचिका को जन्म दिया।

सिद्धांत के अनुसार प्रक्रिया के कई तकनीकी नियमों में ढील दी गई है; लड़ाई में व्यक्ति का बोझ विभिन्न लाभकारी सिद्धांतों द्वारा कम किया जाता है। यह भारतीय संविधान के अनुच्छेद 32 के तहत सुप्रीम कोर्ट में जनहित याचिका से जुड़ा है। उत्पीड़ित लोगों की ओर से न्याय तक पहुंच को सुगम बनाने के लिए सर्वोच्च न्यायालय द्वारा अपनाई गई रणनीति को पत्र-क्षेत्राधिकार के रूप में जाना जाता है। क्षेत्राधिकार न्यायिक प्राधिकरण की एक सीमा है, जिसके लिए कानून की अदालत मामलों और अपीलों पर अपने अधिकार का प्रयोग कर सकती है। इस अवधारणा को कानून में पेश करने के पीछे तर्क यह है कि एक अदालत को केवल उन मामलों में प्रयास करने और निर्णय लेने में सक्षम होना चाहिए जिनके साथ वह अपने अधिकार की भौगोलिक या राजनीतिक या आर्थिक सीमाओं से जुड़ा हुआ है।

भारत में मुख्य रूप से पाँच प्रकार के अधिकार क्षेत्र हैं अर्थात्; विषय-वस्तु क्षेत्राधिकार, क्षेत्रीय क्षेत्राधिकार, आर्थिक क्षेत्राधिकार, मूल क्षेत्राधिकार, अपीलीय क्षेत्राधिकार।

अतः विकल्प (A) सही है।

68. भूमि के अभिग्रहण और अधिग्रहण के कानून पर भारत के विधि आयोग की रिपोर्ट इसकी दसवीं रिपोर्ट थी।

भारत का विधि आयोग भारत सरकार के एक आदेश द्वारा स्थापित एक वर्तमान में निष्क्रिय कार्यकारी निकाय है। आयोग का कार्य कानूनी सुधार पर भारत सरकार को अनुसंधान और सलाह देना है, और यह कानूनी विशेषज्ञों से बना है, और एक सेवानिवृत्त न्यायाधीश की अध्यक्षता में है। आयोग एक निश्चित कार्यकाल के लिए स्थापित किया गया है और कानून और न्याय मंत्रालय के सलाहकार निकाय के रूप में काम करता है। आयोग के अंतिम अध्यक्ष अगस्त 2018 में सेवानिवृत्त हुए और तब से इसका पुनर्गठन नहीं किया गया है।

सरकारी कार्यालयों, रेलवे, सड़कों आदि के निर्माण के लिए भूमि का अधिग्रहण और अधिग्रहण किया गया था। हालांकि, प्रक्रिया विशेष अधिनियमों और आदेशों के माध्यम से की गई थी। संपत्ति के अधिग्रहण और अधिग्रहण पर कानून का पहला टुकड़ा 1894 में अधिनियमित किया गया था और इसे भूमि अधिग्रहण अधिनियम, 1894 कहा गया था।

अतः विकल्प (A) सही है।

69. कंप्यूटर के सामान्य संचालन को हड़पने के लिए किसी भी तरह से डिज़ाइन किए गए कंप्यूटर निर्देशों का कोई भी सेट, सूचना प्रौद्योगिकी अधिनियम, 2000 की धारा 43 के तहत एक कंप्यूटर संदूषक के रूप में परिभाषित किया गया है।

सूचना प्रौद्योगिकी अधिनियम, 2000 (आईटीए-2000, या आईटी अधिनियम के रूप में भी जाना जाता है) 17 अक्टूबर 2000 को अधिसूचित भारतीय संसद (2000 का 21) का एक अधिनियम है। यह साइबर अपराध और इलेक्ट्रॉनिक कॉमर्स से निपटने वाला भारत का प्राथमिक कानून है।

बिल 2000 के बजट सत्र में पारित किया गया था और 9 जून 2000 को राष्ट्रपति के आर नारायणन द्वारा हस्ताक्षरित किया गया था। बिल को सूचना प्रौद्योगिकी मंत्री प्रमोद महाजन की अध्यक्षता में अधिकारियों के एक समूह द्वारा अंतिम रूप दिया गया था।

मूल अधिनियम में 94 धाराएँ थीं, जिन्हें 13 अध्यायों और 4 अनुसूचियों में विभाजित किया गया था। कानून पूरे भारत में लागू होता है। यदि किसी अपराध में भारत में स्थित कंप्यूटर या नेटवर्क शामिल है, तो अन्य राष्ट्रीयताओं के व्यक्तियों पर भी कानून के तहत अभियोग लगाया जा सकता है,

अधिनियम इलेक्ट्रॉनिक रिकॉर्ड और डिजिटल हस्ताक्षर को मान्यता देकर इलेक्ट्रॉनिक शासन के लिए एक कानूनी ढांचा प्रदान करता है। यह साइबर अपराधों को भी परिभाषित करता है और उनके लिए दंड निर्धारित करता है। अधिनियम ने डिजिटल हस्ताक्षर जारी करने को विनियमित करने के लिए प्रमाणन प्राधिकरणों के नियंत्रक के गठन का निर्देश दिया। इसने इस नए कानून से उठने वाले विवादों को सुलझाने के लिए एक साइबर अपीलीय न्यायाधिकरण की भी स्थापना की। इस अधिनियम ने भारतीय दंड संहिता, 1860, भारतीय साक्ष्य अधिनियम, 1872, बैंकर्स बुक एविडेंस एक्ट, 1891 और भारतीय रिजर्व बैंक अधिनियम, 1934 की विभिन्न धाराओं में भी संशोधन किया ताकि उन्हें नई तकनीकों के अनुरूप बनाया जा सके।

अतः विकल्प (C) सही है।

70. भारतीय संविधान का अनुच्छेद 358 (आपात के दौरान अनुच्छेद 19 के उपबन्धों का निलंबन) और अनुच्छेद 359 (आपात के दौरान भाग 3 द्वारा प्रदत्त अधिकारों के प्रवर्तन का निलंबन) मौलिक अधिकारों पर राष्ट्रीय आपातकाल के प्रभाव का वर्णन करता है।

संविधान का अनुच्छेद- 351 में हिन्दी भाषा के विकास के लिए निर्देश, अनुच्छेद 352 में आपात की उद्घोषणा, अनुच्छेद 353 में आपात की उद्घोषणा का प्रभाव, अनुच्छेद 354 में जब आपात की उद्घोषणा प्रवर्तन में है तब राजस्वों के वितरण सम्बन्धी उपबन्धों का लागू होना, अनुच्छेद 361 में राष्ट्रपति और राज्यपालों व राजप्रमुखों का संरक्षण, अनुच्छेद 362 में देशी राज्यों के शासकों के अधिकार और विशेषाधिकार (26वें संविधान संशोधन 1971 द्वारा निरसित) का वर्णन किया गया है।

अतः विकल्प (D) सही है।

71. सती प्रथा को वर्ष 1829 में अवैध घोषित किया गया था।

राजा राममोहन राय ने मानव समाज को कलंकित करने वाली सती प्रथा के खिलाफ आन्दोलन चलाया और लार्ड विलियम बेंटिक के सहयोग से अधिनियम पारित करवाकर इसे अवैध घोषित करवा दिया था। इस प्रथा में प्रचलन था कि पति की मृत्यु के बाद पत्नी को भी पति के साथ चिता पर बैठा दिया जाता था।

अतः विकल्प (B) सही है।

72. हाल के आर्थिक सर्वेक्षण के अनुसार 2024-25 तक भारत को \$5 ट्रिलियन की अर्थव्यवस्था बनने के लिए अवसंरचना (इंफ्रास्ट्रक्चर) पर \$1.4 ट्रिलियन खर्च करना होगा।

आर्थिक सर्वेक्षण 2022 में कहा गया है कि 2024-25 तक 5 ट्रिलियन डॉलर का सकल घरेलू उत्पाद (जीडीपी) हासिल करने के लिए भारत को 2024-25 तक लगभग 1.4 ट्रिलियन डॉलर का निवेश करने की जरूरत है, हालांकि इस क्षेत्र में निवेश बढ़ाना एक चुनौती है। भारत ने वित्तीय वर्ष 2008-17 के बुनियादी ढांचे पर कुल 1.1 ट्रिलियन डॉलर का निवेश किया।

"चुनौती बुनियादी ढांचे के निवेश को काफी हद तक बढ़ाने की है। इस उद्देश्य को ध्यान में रखते हुए, देश भर में विश्व स्तरीय बुनियादी ढांचा प्रदान करने और गुणवत्ता में सुधार करने के लिए वित्त वर्ष 2020-2025 के दौरान लगभग 111 लाख करोड़ रुपये (यूएस \$ 1.5 ट्रिलियन) के अनुमानित बुनियादी ढांचे के निवेश के साथ राष्ट्रीय बुनियादी ढांचा पाइपलाइन (एनआईपी) शुरू की गई थी। सभी नागरिकों के लिए जीवन, "सर्वेक्षण में कहा गया है।

एनआईपी को 6,835 परियोजनाओं के साथ शुरू किया गया था, जिसका विस्तार 9,000 से अधिक परियोजनाओं तक हो गया है, जिसमें 34 बुनियादी ढांचा उप-क्षेत्र शामिल हैं। वित्तीय वर्ष 2020 से 2025 के बीच, ऊर्जा (24 प्रतिशत), सड़क (19 प्रतिशत), शहरी (16 प्रतिशत), और रेलवे (13 प्रतिशत) जैसे क्षेत्रों में भारत में बुनियादी ढांचे में अनुमानित पूंजीगत व्यय का लगभग 70 प्रतिशत हिस्सा है।

अतः विकल्प (D) सही है।

73. आवेग का मात्रक N-s (न्यूटन-सेकंड) होता है।

किसी वस्तु पर थोड़े समय के अंतराल के लिए कार्य करने वाले बल की एक बड़ी मात्रा को आवेग या आवेगी बल कहा जाता है। संख्यात्मक रूप से आवेग बल और समय का उत्पाद है। किसी वस्तु का आवेग वस्तु के संवेग में परिवर्तन के बराबर होता है। बल का गुणनफल और वह समय जिसके लिए वह किसी पिंड पर कार्य करता है, बल का आवेग कहलाता है। किसी पिंड पर थोड़े समय के अंतराल के लिए कार्य करने वाले बल को आवेगी बल कहा जाता है।

अतः विकल्प (D) सही है।

74. भारतीय संविधान के अनुच्छेद 358 के उपबंधों के अनुसार, जब राष्ट्रीय आपातकाल की घोषणा की जाती है तो भारतीय संविधान का अनुच्छेद 19 स्वतः निलंबित हो जाएगा।

अनुच्छेद 358 केवल उन्हीं विधियों को सुरक्षा प्रदान करता है जिनका सीधा संबंध आपातकाल के साथ है और जिनमें इस आशय की स्पष्ट घोषणा की गई है। ऐसे कानूनों के तहत दिये गये आदेशों को भी यह सुरक्षा प्राप्त होती है। आपात की उद्घोषणा के समाप्त होते ही अनुच्छेद 19 पुन: जीवित हो जाता है।

अतः विकल्प (A) सही है।

75. बी.एन. राऊ ने अनुशंसा की थी कि किसी व्यक्ति के अधिकारों को दो श्रेणियों में विभाजित किया जाना चाहिए - न्याय्य और अन्याय्य, जिसे संविधान मसौदा समिति द्वारा स्वीकार किया गया था।

बी.एन. राऊ सीआईई एक भारतीय सिविल सेवक, न्यायविद, राजनयिक और राजनेता थे जिन्हें भारत के संविधान का मसौदा तैयार करने में उनकी महत्वपूर्ण भूमिका के लिए जाना जाता था। वह संविधान सभा के संवैधानिक सलाहकार थे। वह 1950 से 1952 तक संयुक्त राष्ट्र सुरक्षा परिषद में भारत के प्रतिनिधि भी थे। उनके भाई भारतीय रिजर्व बैंक के गवर्नर बेनेगल रामा राव और पत्रकार और राजनीतिज्ञ बी शिव राव थे।

अतः विकल्प (A) सही है।

76. भारतीय संविधान का अनुच्छेद 227 प्रत्येक उच्च न्यायालय को अपने संबंधित क्षेत्रीय अधिकार-क्षेत्र के भीतर सभी न्यायालयों और न्यायाधिकरणों (सैन्य न्यायालयों या न्यायाधिकरणों को छोड़कर) पर अधीक्षण की सत्ता प्रदान करता है।

भारत के संविधान का अनुच्छेद 227 उच्च न्यायालयों द्वारा पूरे क्षेत्र में सभी न्यायालयों और न्यायाधिकरणों पर अधीक्षण की शक्ति प्रदान करता है। अधीक्षण की प्रकृति प्रशासनिक होने के साथ-साथ न्यायिक भी होती है।

भारत के संविधान के अनुच्छेद 227 के तहत अधीनस्थ न्यायालयों को उनके अधिकार की सीमा के भीतर रखने के लिए शक्ति का प्रयोग किया जाता है, इस प्रकार, इस शक्ति का कम से कम उपयोग किया जाना है।

भारत के संविधान के अनुच्छेद 227 के तहत जिन मुख्य आधारों पर उच्च न्यायालय हस्तक्षेप करता है, वे हैं:

- जब निचली अदालतें मनमानी करती हैं
- जब अवर न्यायालय अपने अधिकार क्षेत्र से अधिक कार्य करते हैं।
- जब अवर न्यायालय अपने में निहित अधिकारिता का प्रयोग करने में असफल हो जाते हैं।

अतः विकल्प (D) सही है।

77. किसी राज्य का महाधिवक्ता संबंधित राज्य के राज्यपाल के प्रसाद पर्यंत अपना पद धारण करता है।

भारतीय संविधान के अनुच्छेद 165 में राज्य के महाधिवक्ता के पद और कार्य का उल्लेख किया गया है। संविधान के अनुच्छेद 165(3) यह उपबन्ध करता है कि राज्य का महाधिवक्ता, राज्यपाल के प्रसाद पर्यंत पद धारण करेगा और ऐसा पारिश्रमिक प्राप्त करेगा जो राज्यपाल निर्धारित करें। अनुच्छेद 165(2) में महाधिवक्ता के कार्यों का वर्णन है। महाधिवक्ता का यह कर्तव्य होगा कि वह उस राज्य की सरकार को विधि सम्बन्धी सलाह दे।

अतः विकल्प (A) सही है।

78. पहली देशी भारतीय मूक फिल्म- 'राजा हरिश्चंद्र' के निर्देशक दादासाहेब फाल्के थे।

यह फिल्म वर्ष 1913 में बनाई गई थी। दादा साहेब फाल्के को भारतीय सिनेमा का पिता कहा जाता है। भारत सरकार ने वर्ष 1969 से उनके सम्मान में 'दादा साहेब फाल्के' पुरस्कार की शुरूआत की जो भारतीय सिनेमा का सर्वोच्च व प्रतिष्ठित पुरस्कार माना जाता है।

अतः विकल्प (C) सही है।

79. अनुच्छेद 39 (f) के तहत भारत का संविधान राज्य की नीति को यह सुनिश्चित करने का निर्देश देता है कि बालकों और अल्पवय को शोषण से और नैतिक तथा आर्थिक परित्याग के खिलाफ संरक्षित किया जाए।

अनुच्छेद 39 (a) यह प्रावधान करता है कि पुरूष और स्त्री सभी नागरिकों को समान रूप से जीविका के पर्याप्त साधन प्राप्त करने का अधिकार हो।

अनुच्छेद 39 (c) यह उपबन्ध करता है कि आर्थिक व्यवस्था इस प्रकार चले जिससे धन और उत्पादन-साधनों का सर्वसाधारण के लिए अहितकारी संकेंद्रण न हों।

अनुच्छेद 39 (A) में समान न्याय और निःशुल्क विधिक सहायता का उल्लेख किया गया है।

अतः विकल्प (D) सही है।

80. जनगणना 2011 के अनुसार, उत्तर प्रदेश के जी.बी. नगर जिले में साक्षरता दर सबसे अधिक है।

जनगणना 2011 के अनुसार उत्तर प्रदेश के जी.बी. नगर 80.12% जिले में साक्षरता दर सबसे अधिक है। उत्तर प्रदेश में सर्वाधिक पुरूष साक्षरता वाला

जिला (गौतम बुद्ध नगर 88.06%) तथा सर्वाधिक महिला साक्षरता वाला जिला कानपुर नगर 75.05% है।

अतः विकल्प (B) सही है।

81. दिया गया है:

कुल खिलाड़ी $= 127$

औसत वजन $= 77$ किलोग्राम

यदि प्रबंधक का भार शामिल कर लिया जाए, तो औसत बढ़ जाता है $= 1$ किलोग्राम

127 खिलाड़ियों का कुल वजन $= 127 \times 77$

$= 9779$ किलोग्राम

प्रबन्धक सहित खिलाड़ियों का कुल वजन $= 128 \times 78$

$= 9984$ किलोग्राम

प्रबन्धक का वजन $= 9984 - 9779$

$= 205$ किलोग्राम

अतः विकल्प (C) सही है।

82. दिया गया है:

Q एक यात्रा को 51 घंटे में पूरा करती है।

वह यात्रा के पहले आधे भाग को 48 किमी प्रति घंटे की गति से और दूसरे आधे भाग को 54 किमी प्रति घंटे की गति से तय करती है।

माना यात्रा की कुल दूरी $= 2d$ किमी

प्रश्न के अनुसार,

$\frac{d}{48} + \frac{d}{54} = 51$

$9d + 8d = 51 \times 27 \times 16$

$17d = 51 \times 27 \times 16$

$d = 1296$ किमी

कुल दूरी $= 2d = 2 \times 1296$

$= 2592$ किमी

अतः विकल्प (C) सही है।

83. कंपनी C का लाभ $= 3.2$ लाख

कंपनी D का कुल बिक्री $= 9.6$

अभीष्ट $\% = \frac{3.2}{9.6} \times 100$

$= 33.33\%$

अतः विकल्प (B) सही है।

84. दिए गए वर्षों में फैक्ट्री Q में कर्मचारियों की कुल संख्या $= 52 + 55 + 39 + 48 + 60 + 65$

$= 319$

अतः विकल्प (B) सही है।

85. दिए गए वर्षों में फैक्ट्री R में कर्मचारियों की औसत सं.

$= \frac{38+42+25+34+48+52}{6}$

$= \frac{239}{6} = 39.83$

≈ 40

अतः विकल्प (C) सही है।

86. कथन के अनुसार सिर्फ तर्क 1 प्रबल है।

कॉलेज को निःशुल्क करने से गरीब, दबे, कुचले वर्ग के भी बच्चे शिक्षण कार्य पूर्ण करके अधिक कुशल हो सकते हैं। जिससे इन लोगों के पास बेहतर चिंतन कुशलता हो सकती है।

अतः विकल्प (A) सही है।

87. दिया गया है:

पाइप A एक टैंक को भर सकता है $= 120$ मिनट

पाइप B उसी टैंक को भर सकता है $= 72$ मिनट

पाइप C उसी टैंक को खाली कर सकता है $= 48$ मिनट

टैंक को भरने का कुल समय $= 120, 72, 48$ का ल. स. प. $= 720$

पाइप A की क्षमता $= \frac{720}{120} = 6$

पाइप B की क्षमता $= \frac{720}{72} = 10$

पाइप C की क्षमता $= \frac{720}{48} = 10$

तीनों द्वारा एक साथ किया गया कार्य $= 6 + 10 - 15$

$= 1$ इकाई

टंकी को भरने में लगा समय $= \frac{720}{1}$

$= 720$ इकाई

अतः विकल्प (C) सही है।

88. मान लीजिए कि संख्या N है।

तब संख्या N को इस रूप में लिखा जा सकता है: $N = 8379$ और 87

अब, हमें यह ज्ञात करना है कि 63 से भाग देने पर शेषफल क्या होगा।

संख्या 8379 और 87 है

इसे 63 से विभाजित करने पर

8379 63 से पूर्णतः विभाज्य है।

और जब 87 को 63 से भाग देते हैं तो शेषफल 24 प्राप्त होता है

इसलिए, जब संख्या N को 63 से विभाजित किया जाता है, तो शेषफल 24 होता है।

अतः विकल्प (C) सही है।

89. दिया गया है:

2170 वस्तुओं का क्रय मूल्य $=$ 1736 वस्तुओं के विक्रय मूल्य

प्रश्नानुसार,

$2170\ CP = 1736\ SP$

$\dfrac{CP}{SP} = \dfrac{1736}{2170}$

अभीष्ट लाभ $\% = \dfrac{2170-1736}{1736} \times 100$

$= 25\%$

अत: विकल्प (D) सही है।

90.

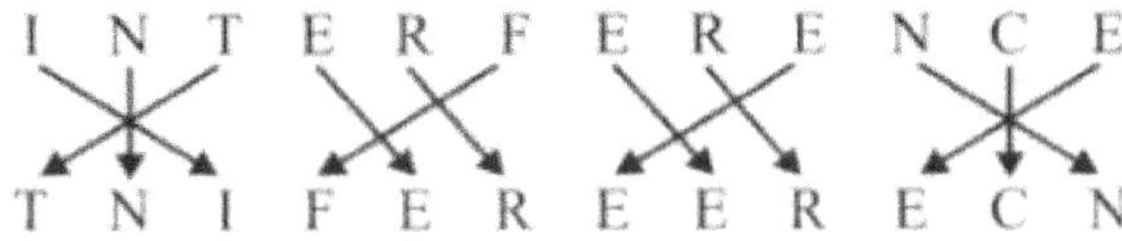

अत: विकल्प (A) सही है।

91. यहाँ अनुसरण किया गया पैटर्न है:

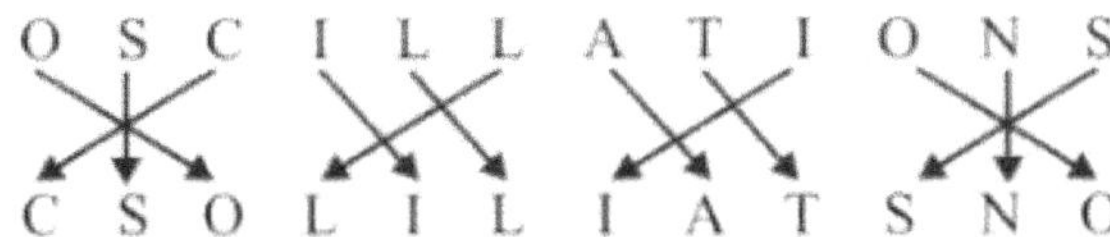

उसी प्रकार,

अत: विकल्प (D) सही है।

92. दिया गया वर्ष 1733 है।

इस वर्ष में विषम दिनों को ज्ञात करने के लिए हम दिए गए वर्ष को 4 से विभाजित करते हैं:

$1733 \div 4 = 33 \div 4 = $ शेष 1 [विषम दिन]

सभी विकल्पों में विषम दिनों की जाँच करके,

$\Rightarrow 1737 \div 4 = 1$ विषम दिन

$\Rightarrow 1739 \div 4 = 1$ विषम दिन

$\Rightarrow 1736 \div 4 = 2$ विषम दिन

$\Rightarrow 1738 \div 4 = 1$ विषम दिन

1733 और 1739 का शेष 1 हैं। इसलिए, 1733 का कैलेंडर 1739 के समान होगा।

अत: विकल्प (B) सही है।

93. दी गई अक्षर शृंखला इस प्रकार है-

EXPERIMENT → PERIME → XPERIMEN → ERIM → PERIME

इसलिए, शृंखला का अगला पद PERIME होगा।

अत: विकल्प (C) सही है।

94. दिया गया है:

$(\sqrt{26.01} \div \sqrt{2.89} \times \sqrt{46.24} \div \sqrt{2.89}) + (\sqrt{26.01} \div \sqrt{2.89} \times \sqrt{46.24} \div \sqrt{2.89})$

प्रश्न के अनुसार,

$= 2(5.1 \div 1.7 \times 6.8 \div 1.7)$

$= 2(5.1 \div 1.7 \times 4)$

$= 2 \times 3 \times 4$

$= 24$

अत: विकल्प (A) सही है।

95. कंपनी A का लाभ अनुपात $=$ लाभ /निवेश

$= \dfrac{12.5}{2.5}$

$= \dfrac{5}{1}$

कंपनी B का लाभ अनुपात $=$ लाभ/निवेश

$= \dfrac{9.2}{4.6}$

$= \dfrac{2}{1}$

कंपनी C का लाभ अनुपात $=$ लाभ/निवेश

$= \dfrac{3.2}{3.2}$

$= \dfrac{1}{1}$

कंपनी D का लाभ अनुपात $=$ लाभ/निवेश

$= \dfrac{4.8}{4.8}$

$= \dfrac{1}{1}$

अत: विकल्प (D) सही है।

96. लड़के द्वारा चलने का अज्ञात क्रम इस प्रकार है-

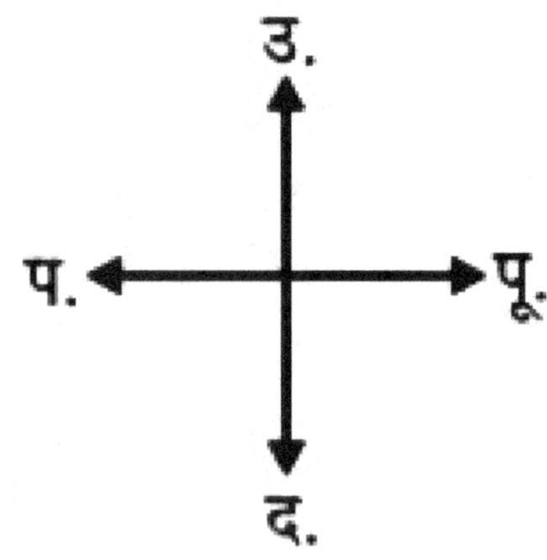

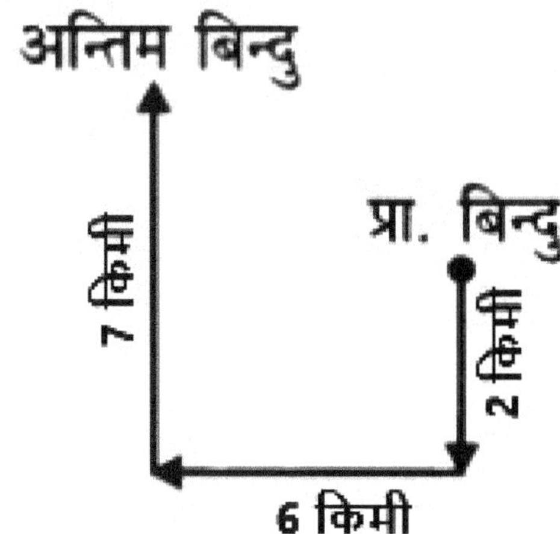

प्रश्न के अनुसार,

यदि वह लड़का अंत में उत्तर दिशा की ओर अभिमुख है, तो उसके द्वारा प्रथम 2 किमी की दूरी दक्षिण दिशा में चला था।

अत: विकल्प (C) सही है।

97. दिया गया है:

A का काम $= B$ का तीन गुना काम

B एक काम पूरा कर सकता है $= 256$ दिन

इसलिए,

$A : B = 3 : 1$ (क्षमता)

A और B के द्वारा मिलकर किया गया कार्य $= 3 + 1$

$= 4$ यूनिट

माना कुल कार्य $= X$ यूनिट

$\dfrac{X}{1} = 256$

$X = 256$ यूनिट

A और B द्वारा मिलकर किया गया कार्य $= \dfrac{256}{4}$

$= 64$ दिन

अत: विकल्प (B) सही है।

98. यहाँ अनुसरण किया गया पैटर्न है:

$$F \xrightarrow{\ +2\ } H$$

$$O \xrightarrow{\ +2\ } Q$$

$$A \xrightarrow{\ +2\ } C$$

$$M \xrightarrow{\ +2\ } O$$

उसी प्रकार,

$$V \xrightarrow{\ +2\ } X$$

$$O \xrightarrow{\ +2\ } Q$$

$$T \xrightarrow{\ +2\ } V$$

$$E \xrightarrow{\ +2\ } G$$

अत: विकल्प (C) सही है।

99. दिया गया है:

त्रिज्या $= 75$ सेमी और $\pi = 3.14$

अर्द्धगोले का वक्र पृष्ठीय क्षेत्रफल $= 2\pi r^2$

$= 2 \times 3.14 \times 75 \times 75$

$= 35325$ सेमी^{2}

अत: विकल्प (A) सही है।

100. दिया गया है:

समय $(T) = 9$ वर्ष

दर $(R) = 23\%$

मूलधन $(P) = $ रु. 21550

मिश्रधन $(A) = ?$

साधारण ब्याज $(SI) = \dfrac{P \times R \times T}{100}$

साधारण ब्याज $(SI) = \dfrac{21550 \times 23 \times 9}{100}$

साधारण ब्याज $(SI) = $ रु. 44608.5

मिश्रधन $= 44608.5 + 21550$

$= $ रु. 66158.5

अत: विकल्प (B) सही है।

101. कंपनी C का अभीष्ट लाभ $\% = \frac{3.2}{3.2} \times 100$

$= 100\%$

अत: विकल्प (C) सही है।

102. दिया गया है:

कुल पद $= 14$

10वां पद $= 37.25$

6वां पद $= 33.25$

माना समान्तर श्रेणी का प्रथम पद a और सर्वान्तर d है।

सूत्र, $T_n = a + (n-1)d$ से,

$T_{10} = a + (10-1)d$

$\Rightarrow a + 9d$

$37.25 = a + 9d \quad$ ... (i)

$T_6 = a + (6-1)d = a + 5d$

$33.25 = a + 5d \quad$ ... (ii)

समी. (i) में से समी. (ii) घटाने पर,

$4d = 4.00$

$d = 1$

समी. (ii) में $d = 1$ रखने पर,

$a = 33.25 - 5$

$a = 28.25$

$T_{14} = a + (14-1)d = 28.25 + 13$

$\Rightarrow T_{14} = 41.25$

$S_n = \frac{n}{2}(a + \ell)$

$\Rightarrow S_{14} = \frac{14}{2}(28.25 + 41.25)$

$\Rightarrow S_{14} = 7 \times 69.50 = 486.5$

अत: विकल्प (C) सही है।

103. दिया गया है:

$a = \frac{5}{3}$

$r = \frac{\frac{5}{9}}{\frac{5}{3}}$

$= \frac{1}{3}$

$\because r < 1$

$\therefore S_n = \frac{a(1-r^n)}{(1-r)}$

$= \frac{\frac{5}{3}\left[1-\left(\frac{1}{3}\right)^n\right]}{\left(1-\frac{1}{3}\right)}$

$= \frac{\frac{5}{3}\left[1-\left(\frac{1}{3}\right)^n\right]}{\frac{2}{3}}$

$= \frac{5}{3} \times \frac{3}{2}\left[1-\left(\frac{1}{3}\right)^n\right]$

$= \frac{5}{2}\left[1-\left(\frac{1}{3}\right)^n\right]$

अत: विकल्प (A) सही है।

104. दिया गया है:

एक दुकानदार के पास दूध की 3 अलग-अलग किस्में हैं।

पहली किस्म के 493 लीटर हैं।

दूसरी किस्म के 551 लीटर हैं।

तीसरी किस्म के 609 लीटर हैं।

$493, 551$ और 609 का म.स. $= 29$

अभीष्ट बोतलों की संख्या $= \frac{493}{29} + \frac{551}{29} + \frac{609}{29}$

$= 17 + 19 + 21$

$= 57$

अत: विकल्प (C) सही है।

105. दिया गया है:

दो संख्याओं के बीच का अंतर 4176 है।

भागफल $= 36$

शेषफल $= 11$

माना दो संख्याएँ बड़ी एवं छोटी क्रमशः a और b हैं।

प्रश्न के अनुसार,

$a - b = 4176 \quad$ ... (i)

$a = 36b + 11$

समी. (i) में a का मान रखने पर,

$36b + 11 - b = 4176$

$35b = 4165$

$b = 119$

$a = 36b + 11$ में b का मान रखने पर,

$a = 36 \times 119 + 11$

$a = 4284 + 11$

$= 4295$

अतः विकल्प (D) सही है।

106. दिया गया है:

एक बाल्टी में द्रव A और B का अनुपात $17:18$ है।

140 लीटर मिश्रण को निकाल लिया जाता है और 140 लीटर B से भर दिया जाता है।

नया अनुपात $= 7:8$

माना बाल्टी में कुल द्रव $35x$ है जिसमें द्रव A तथा B क्रमशः $17x$ व $18x$ है।

बाल्टी से 140 लीटर मिश्रण निकालने के बाद शेष मात्रा $= 35x - 140$

बाल्टी में द्रव $A = (35x - 140) \times \frac{17}{35} = 17x - 68$

बाल्टी में द्रव $B = (35x - 140) \times \frac{18}{35} = 18x - 72$

140 लीटर द्रव B मिलाने के बाद मिश्रण में द्रव B की कुल मात्रा

प्रश्न के अनुसार,

$\frac{17x - 68}{18x + 68} = \frac{7}{8}$

$136x - 544 = 126x + 476$

$10x = 476 + 544$

$10x = 1020$

$x = 102$

इसलिए, प्रारम्भ में द्रव B की मात्रा $= 18 \times 102 = 1836$ लीटर

अतः विकल्प (A) सही है।

107. दिये गये कथन के अनुसार न ही निष्कर्ष i और न ही निष्कर्ष ii अनुसरण करता है।

क्योंकि कथन में स्पष्ट किया गया है कि A, B, C कंपनी में पद के लिए इलेक्ट्रिकल इंजीनियर आवेदन कर सकते हैं न कि कंप्यूटर इंजीनियर, और न ही भर्ती करने की बात कही गयी है।

अतः विकल्प (A) सही है।

108. दिया गया है:

$70 * 6 * 11 * 4$

प्रतीकों को विकल्प (A) में रखने पर: $[+ \times =]$

$70 + 6 \times 11 = 4$

$70 + 66 = 4$

$136 \neq 4$

प्रतीकों को विकल्प (B) में रखने पर: $[\times + =]$

$70 \times 6 + 11 = 4$

$420 + 11 = 4$

$431 \neq 4$

प्रतीकों को विकल्प (C) में रखने पर: $[- \times =]$

$70 * 6 * 11 * 4$

$70 - 6 \times 11 = 4$

$70 - 66 = 4$

$4 = 4$

प्रतीकों को विकल्प (D) में रखने पर: $[- \div =]$

$70 - 0.55 = 4$

$69.45 \neq 4$

अतः विकल्प (C) सही है।

109. दिया गया है:

ट्रेन Z_1 की लंबाई $= 755$ मी

ट्रेन X_1 की लंबाई $= 685$ मी

ट्रेन Z_1 की गति $= 149$ किमी/घंटा

ट्रेन X_1 की गति $= 139$ किमी/घंटा

विपरीत दिशा के लिए,

सापेक्ष चाल $= (149 + 139)$ किमी/घंटा $= 288$ किमी/घंटा

$\Rightarrow 288 \times \frac{5}{18} = 80$ मी/सेकण्ड

अभीष्ट समय $= \frac{755 + 685}{80} = \frac{1440}{80} = 18$ सेकण्ड

अतः विकल्प (A) सही है।

110. दिया गया है:

$$\sqrt{\left(30 - \sqrt{\left(50 - \sqrt{(616 + \sqrt{81})}\right)}\right)}$$

$$= \sqrt{\left(30 - \sqrt{\left(50 - \sqrt{(625)}\right)}\right)}$$

$$= \sqrt{\left(30 - \sqrt{(50 - 25)}\right)}$$

$$= \sqrt{30 - \sqrt{25}}$$

$$= \sqrt{30 - 5}$$

$$= \sqrt{25}$$

$= 5$

अत: विकल्प (D) सही है।

111. दिया गया समीकरण: $12 * 108 * 6 = 8 * 4 * 2$

विकल्प (A): $\div + \times -$

(दिए गए समीकरण में प्रतीकों को $*$ से प्रतिस्थापित करने पर)

$12 \div 108 + 6 = 8 \times 4 - 2$

$9 + 6 = 32 - 2$

$15 \neq 30$

बायां पक्ष $\neq$ दायां पक्ष

विकल्प (B): $+ \times \times +$

दिया गया समीकरण: $12 * 108 * 6 = 8 * 4 * 2$

(दिए गए समीकरण में प्रतीकों को $*$ से प्रतिस्थापित करने पर)

$12 + 108 \times 6 = 8 \times 4 + 2$

$12 + 648 = 32 + 2$

$660 \neq 34$

बायां पक्ष $\neq$ दायां पक्ष

विकल्प (C): $+ - \times \div$

दिया गया समीकरण: $12 * 108 * 6 = 8 * 4 * 2$

(दिए गए समीकरण में प्रतीकों को $*$ से प्रतिस्थापित करने पर)

$12 + 108 - 6 = 8 \times 4 \div 2$

$120 - 6 = 8 \times \frac{1}{2}$

$114 \neq 4$

बायां पक्ष $\neq$ दायां पक्ष

विकल्प (D): $+ \div \times -$

दिया गया समीकरण: $12 * 108 * 6 = 8 * 4 * 2$

(दिए गए समीकरण में प्रतीकों को $*$ से प्रतिस्थापित करने पर)

$12 + 108 \div 6 = 8 \times 4 - 2$

$12 + 18 = 32 - 2$

$30 = 30$

बायां पक्ष $=$ दायां पक्ष

अत: विकल्प (D) सही है।

112. दिया गया है:

जूनियर ने एक नया प्लॉट्ट खरीदा जिसे तुरंत बाड़ा लगाने की जरूरत है, इस कारण से आयताकार कार्यस्थल की लंबाई और चौड़ाई क्रमशः 3% कम हो जाती है।

अभीष्ट कमी $\% = \left(-3 - 3 + \frac{3 \times 3}{100}\right)$

$\% = -5.91\%$

ऋण चिन्ह कमी को दर्शाता है।

अत: विकल्प (C) सही है।

113. प्रश्नानुसार, वेन आरेख बनाने पर,

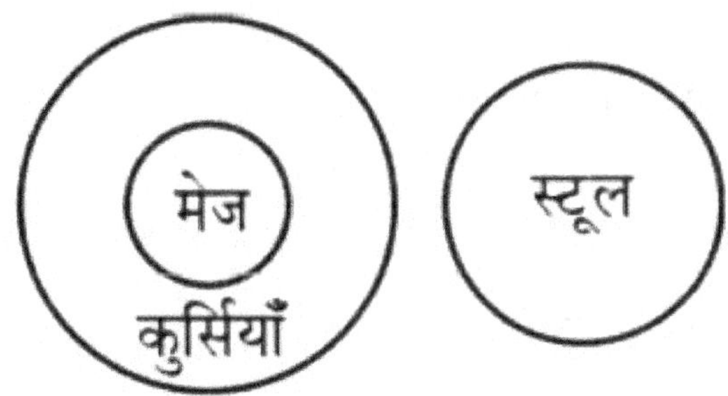

(i) कुछ मेज, स्टूल हैं। $\rightarrow$ सत्य: क्योंकि हम आकृति से देख सकते हैं कि सभी मेज, कुर्सियां हैं इसलिए कुछ मेज, स्टूल हैं, भी सत्य है।

(ii) कोई मेज, स्टूल नहीं है। $\rightarrow$ सत्य: क्योंकि हम आकृति से देख सकते हैं कि कोई स्टूल, कुर्सी नहीं है इसलिए कोई मेज, स्टूल नहीं है, यह सत्य है।

अत: विकल्प (B) सही है।

114. प्रश्नानुसार, वेन आरेख बनाने पर,

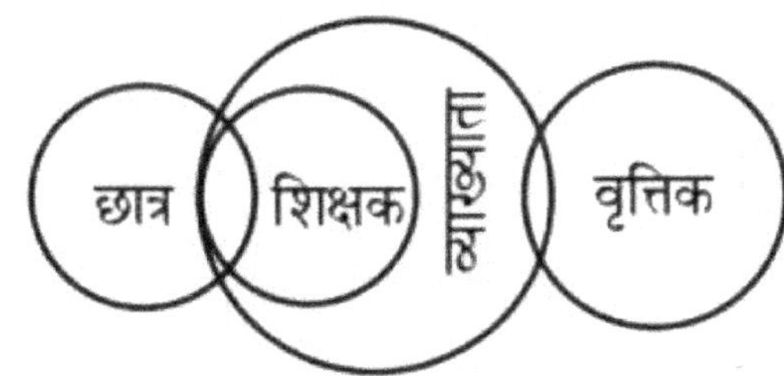

वेन आरेख से स्पष्ट हो रहा है कि निष्कर्ष (i) सत्य है जबकि निष्कर्ष (ii) असत्य है।

अत: विकल्प (B) सही है।

115. माना: शेष मात्रा x रु. प्रति किलोग्राम बेचा गया।

$370 \times \frac{70}{100} \times 210 + 370 \times \frac{30}{100} \times x$

$= 370 \times \frac{165}{100} \times 140$

$54390 + 111x = 85470$

$x = \frac{85470 - 54390}{111}$

$x = \frac{31080}{111} = 280$ रु.

अत: विकल्प (B) सही है।

116. $D = \frac{PR^2}{(100)^2}$

$\because D =$ अन्तर

$P = $ धनराशि

$R = $ दर

$470 = \dfrac{P \times 10 \times 10}{100 \times 100}$

$P = 47000$ रु.

अत: विकल्प (B) सही है।

117. दिया गया है,

घड़ी विक्रेता 212568 रु. प्रति घड़ी के हिसाब से घड़ियाँ बेचता है।

वो क्रमशः 15% और 20% की दो क्रमिक छूट देता है।

जैसा कि हम जानते हैं,

कुल छूट $= X + Y - \dfrac{X \times Y}{100}$

जहां $X = $ पहली छूट

$Y = $ दूसरी छूट

15% और 20% की कुल छूट,

$= 15 + 20 - \dfrac{15 \times 20}{100}$

$= 35 - \dfrac{300}{100}$

$= 35 - 3$

$= 32\%$

माना अंकित मूल्य x है।

$= \dfrac{32}{100} \times x$

$= 0.32x$

विक्रय मूल्य $= $ अंकित मूल्य $-$ कुल छूट

$\Rightarrow 212568 = x - 0.32x$

$\Rightarrow 212568 = 0.68x$

$\Rightarrow \dfrac{212568}{0.68}$

$\Rightarrow x = $ रु. 312600

अत: विकल्प (C) सही है।

118. माना अर्जुन x महीने तक व्यवसाय में शामिल रहा।

विवेक : अर्जुन

$36000 \times 12 : 108000 \times x$

$\because$ लाभ समान रूप से वितरित किया जाता है।

$\therefore \dfrac{36000 \times 12}{108000 \times x} = \dfrac{1}{1}$

$x = 4$ माह

इसलिए, अर्जुन व्यवसाय में $12 - 4 = 8$ माह बाद शामिल हुआ।

अत: विकल्प (B) सही है।

119. अव्यवस्थित अक्षरों से Destroy बनाया जा सकता है जिसका समानार्थी RUIN होगा।

इसका अर्थ- बर्बाद, समाप्त, खण्डहर इत्यादि होता है।

अन्य शब्द -Rebuild (पुनर्निर्माण करना), Repair (मरम्मत), Rise (वृद्धि)

अत: विकल्प (B) सही है।

120. दी गई श्रृंखला इस प्रकार है-

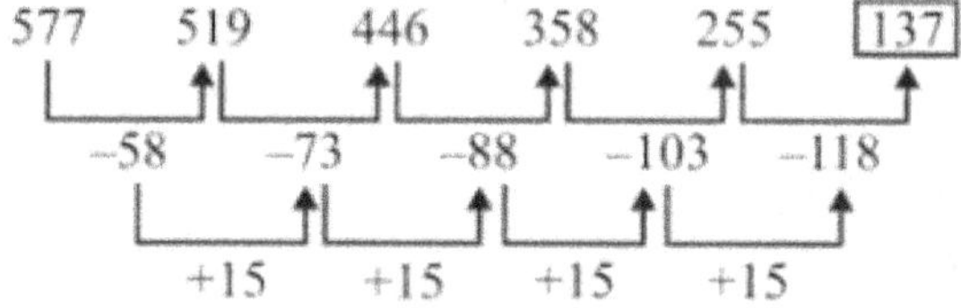

अत: विकल्प (D) सही है।

121. V, जो सबसे बायीं ओर है, वह 10 स्थान दायीं ओर चलता है और वे दोनों दाएं छोर पर पहुंचता है।

इसलिए,

पंक्ति में कुल व्यक्ति $= 1 + 10$

$= 11$ व्यक्ति

अतः विकल्प (D) सही है।

122. दी गई मूल संख्याएँ $= 584\ 923\ 614\ 735\ 438$

मध्य अंक में 1 जोड़ने पर संख्याएँ $= 594\ 933\ 624\ 745\ 448$

अंकों का व्युत्क्रम संख्याएँ $= 495\ 339\ 426\ 547\ 844$

अतः विकल्प (C) सही है।

123. स्वरों के निकालने के बाद अभीष्ट वर्णक्रम इस प्रकार है-

अतः विकल्प (C) सही है।

124. यहाँ अनुसरण किया गया पैटर्न है:

अत: विकल्प (B) सही है।

125. संबंध आरेख बनाने पर:

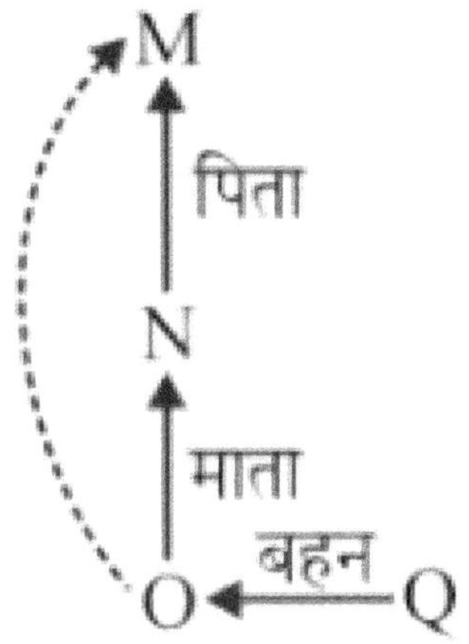

इसलिए, संबंध आरेख से स्पष्ट है कि M, O का नाना है।

अतः विकल्प (B) सही है।

126. प्रश्नानुसार,

सम्बन्ध आरेख बनाने पर-

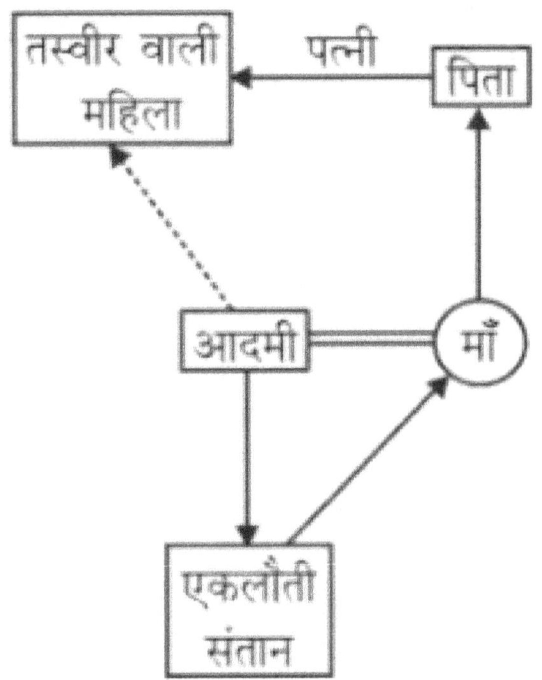

इसलिए, सम्बन्ध आरेख से स्पष्ट है कि तस्वीर वाली महिला उस आदमी की सास है।

अतः विकल्प (A) सही है।

127. यहाँ अनुसरण किया गया पैटर्न है:

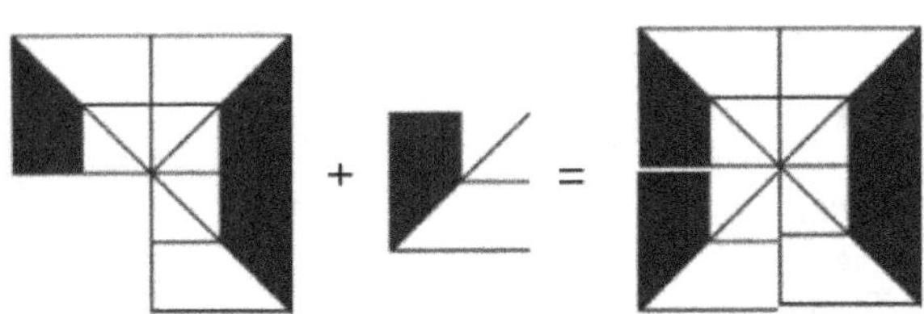

अतः विकल्प (B) सही है।

128. सहारा के जानवर अत्यधिक शुष्क परिस्थितियों के अनुकूल होते हैं। यह कथन गद्यांश के अनुसार स्पष्ट रूप से सत्य है।

गद्यांश के अनुसार, सहारा के पर्यावरण के लिए आवश्यक है कि वन्यजीव, अति-शुष्क परिस्थितियों, भयंकर हवाओं, तीव्र गर्मी और तापमान में व्यापक परिवर्तन के अनुकूल हों। सहारा में अधिकांश स्तनधारी अपेक्षाकृत छोटे होते हैं, जिससे जल हानि कम होने में मदद मिलती है। वे अक्सर अपने आहार से अपनी जल आवश्यकताओं को पूरा करते हैं।

अतः विकल्प (D) सही है।

129. Fragile (कमजोर) का पर्यायवाची Weak है।

इसी प्रकार,

Assist (सहायक) का पर्यायवाची Support होगा।

अतः विकल्प (B) सही है।

130. भारत सरकार की अधिसूचना के अनुसार '6' अल्पसंख्यक समुदायों अर्थात् मुस्लिम, सिख, क्रिश्चियन, बौद्ध, पारसी और जैन को अधिसूचित किया गया है।

- केंद्र सरकार ने 1993 में मुस्लिम, ईसाई, सिख, पारसी और बौद्ध को अल्पसंख्यक का दर्जा दिया था। 2014 में जैन धर्म को अल्पसंख्यक का दर्जा दिया गया। अभी इन 6 धर्मों के लोगों को ही अल्पसंख्यकों का दर्जा दिया गया है।

- भारत में अल्पसंख्यक की कोई परिभाषा नहीं है. हाल ही में सुप्रीम कोर्ट में अपने हलफनामे में केंद्र ने बताया था कि किसी राज्य में अगर किसी धर्म या भाषा के आधार पर लोगों की आबादी 50% से कम है, तो उसे अल्पसंख्यक माना जाएगा।

- भारत के संविधान में अनुच्छेद 29 और अनुच्छेद 30 में उन लोगों के लिए कुछ खास प्रावधान किए गए हैं जो भाषा और धर्म के आधार पर अल्पसंख्यक की श्रेणी में आते हैं।

अतः विकल्प (A) सही है।

131. कथन: C < H ≤ A = M > P > I ≥ O > N

निष्कर्ष:

(i) A > P (सत्य है)

(ii) P > N (सत्य है)

अतः विकल्प (B) सही है।

132. गर्भधारण पूर्व और प्रसव पूर्व निदान तकनीक (पीसीपीएनडीटी) अधिनियम, 1994 भारत की संसद का एक अधिनियम है जो कन्या भ्रूण हत्या को रोकने और भारत में गिरते लिंगानुपात को रोकने के लिए अधिनियमित किया गया है। यह अधिनियम 1994 में भारत की संसद द्वारा पारित किया गया था। यह अधिनियम संसद द्वारा 0/01/1996 को अधिनियमित किया गया था।

अतः विकल्प (B) सही है।

133. "दास कैपिटल" पुस्तक जो पूंजीवादी व्यवस्था के बारे में है, कार्ल मार्क्स ने लिखी है। इसमें पूँजी एवं पूँजीवाद का विश्लेषण है तथा मजदूरवर्ग को शोषण से मुक्त करने के उपाय बताये गए हैं। इस पुस्तक के द्वारा एक सर्वथा नवीन विचारधारा प्रवाहित हुई जिसने संपूर्ण प्राचीन मान्यताओं को झकझोर कर हिला दिया। इस पुस्तक के प्रकाशित होने के कुछ ही वर्षों के बाद रूस में साम्यवादी क्रांति हुई।

अतः विकल्प (C) सही है।

134. लड़की का गमन पथ इस प्रकार है:

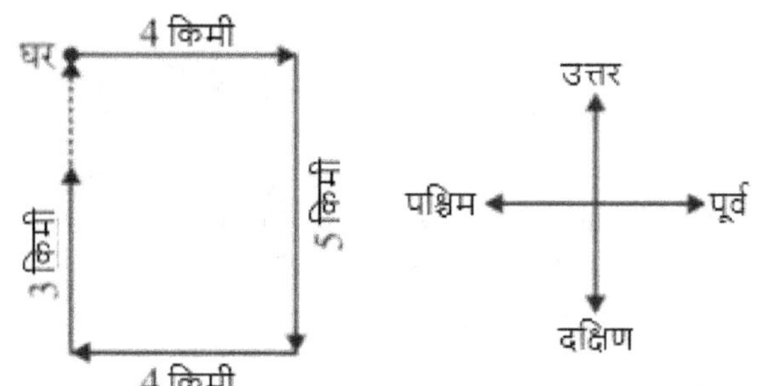

अतः विकल्प (D) सही है।

135. केंद्रीय पुलिस इकाई, "CRPF (सीआरपीएफ)" का पूर्ण रूप केंद्रीय रिज़र्व पुलिस फ़ोर्स है।

केंद्रीय रिज़र्व पुलिस बल (सीआरपीएफ) भारत के केंद्रीय सशस्त्र पुलिस बलों में सबसे बड़ा है। यह भारत सरकार के गृह मंत्रालय के तहत काम करता है। सीआरपीएफ की प्राथमिक भूमिका पुलिस कार्रवाई में राज्य/संघ शासित प्रदेशों की सहायता, कानून-व्यवस्था और आतंकवाद विरोध में निहित है। यह क्राउन प्रतिनिधि पुलिस के रूप में 27 जुलाई 1939 को अस्तित्व में आया। भारतीय स्वतंत्रता के बाद यह 28 दिसंबर 1949 को सीआरपीएफ अधिनियम के लागू होने पर केंद्रीय रिजर्व पुलिस बल बन गया।

अतः विकल्प (A) सही है।

136. माना रु. 1, रु. 5 और रु. 10 रूपये के मूल्य वाले सिक्कों की संख्या x है।

प्रश्नानुसार,

$$\Rightarrow 1x + 5x + 10x = 4320$$

$$\Rightarrow 16x = 4320$$

$$\Rightarrow x = 270$$

चूँकि बॉक्स में तीन प्रकार के सिक्के हैं जिनकी संख्या 270 है।

इसलिए, कुल सिक्कों की संख्या $= 3 \times 270$

$$= 810$$

अतः विकल्प (B) सही है।

137. यहाँ अनुसरण किया गया पैटर्न है:

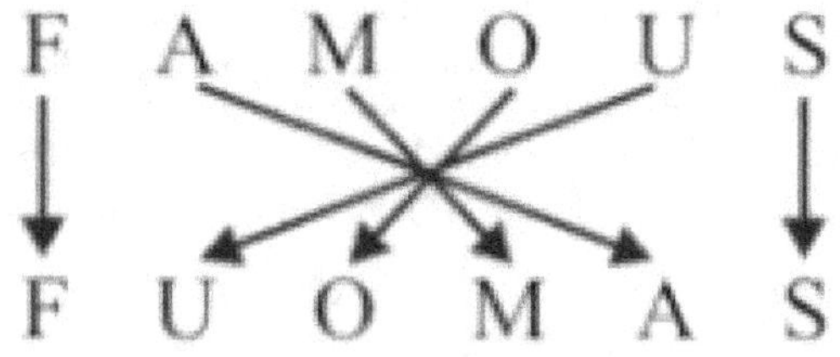

इसी प्रकार,

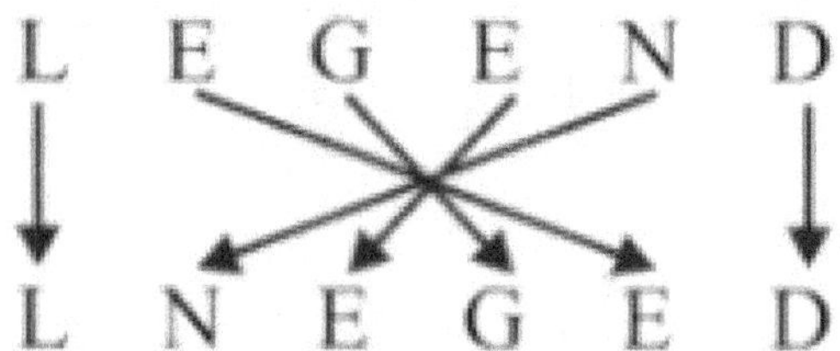

अतः विकल्प (D) सही है।

138. माना, लड़कों की संख्या $= x$

लड़कियों की संख्या $= 2x$

प्रश्नानुसार,

$$\Rightarrow x + 2x = 120$$

$$\Rightarrow x = 40$$

कुल लड़कों की संख्या $= 40$

कुल लड़कियों की संख्या $= 80$

प्रश्नानुसार,

शीर्ष से लड़कों की संख्या $= 40 - 10$

$$= 30$$

इसलिए, अब बाद की रैंक में लड़कों की संख्या $= 40 - 30$

$$= 10$$

अतः विकल्प (D) सही है।

139. यहाँ अनुसरण किया गया पैटर्न है:

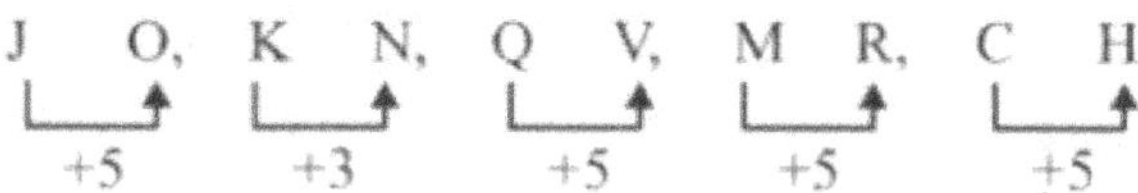

इसलिए, KN को छोड़कर, सभी उस समूह से संबंधित नहीं है।

अतः विकल्प (D) सही है।

140. यहाँ अनुसरण किया गया पैटर्न है:

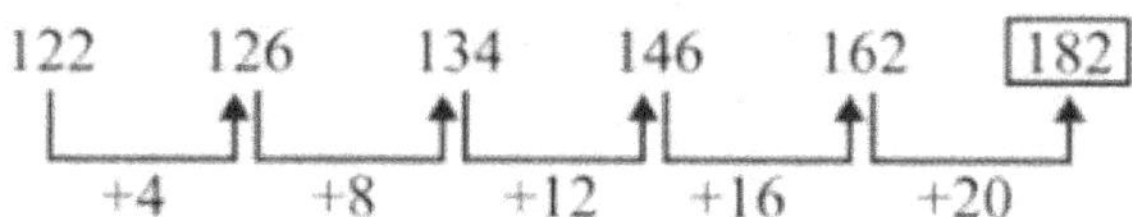

अतः विकल्प (C) सही है।

141. प्रश्नानुसार, संबंध आरेख बनाने पर,

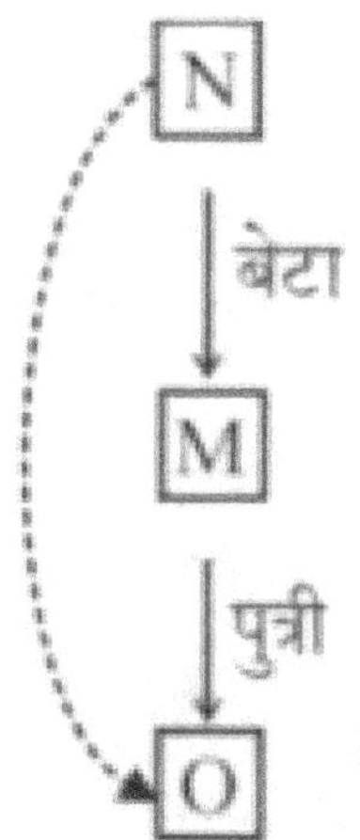

इसलिए, स्पष्ट है कि O, N की ग्रैंड डॉटर (पोती) है।

अतः विकल्प (D) सही है।

142. यहाँ अनुसरण किया गया पैटर्न है:

$$8 \quad 56 \quad 64 \quad 448 \quad 456 \quad \boxed{3192}$$

$$\times 7 \quad +8 \quad \times 7 \quad +8 \quad \times 7$$

अतः विकल्प (A) सही है।

143. दी गई आकृति

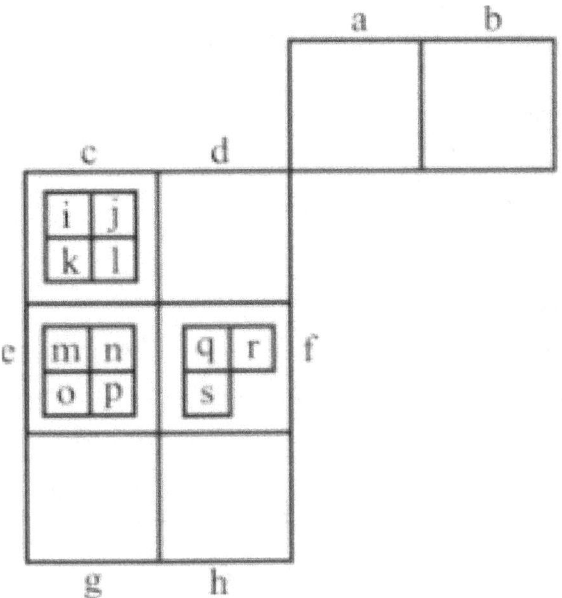

एक अक्षर वाले वर्ग =
$a, b, c, d, e, f, g, h, i, j, k, l, m, n, o, p, q, r, s) = 19$

चार अक्षर वाले वर्ग =
$[(c, d, e, f), (e, f, g, h), (i, j, k, l), (m, n, o, p)] = 4$

अतः कुल वर्गों की संख्या $= 19 + 4$

$= 23$

अतः विकल्प (C) सही है।

144. यहाँ अनुसरण किया गया पैटर्न है:

$$12, \quad 7, \quad 9, \quad 22, \quad 83, \quad \boxed{410}$$

$$(12 \times 1 - 5) \quad (7 \times 2 - 5) \quad (9 \times 3 - 5) \quad (22 \times 4 - 5) \quad (83 \times 5 - 5)$$

अतः विकल्प (A) सही है।

145. मूल शब्द - I N T E R P E N E T R A T I O N

अक्षर परिवर्तन के बाद - N I E T P R N E T E A R I T N O

इसलिए, बाईं ओर से 10 वाँ अभीष्ट अक्षर E होगा।

अतः विकल्प (D) सही है।

146. यहाँ अनुसरण किया गया तर्क है:

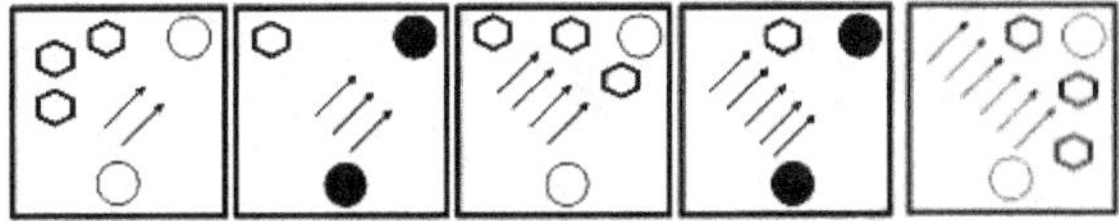

दी गई आकृति में पहली आकृति में क्रमशः 3 षट्भुज, 2 तीर और 2 गोले हैं यही चिन्ह दूसरी आकृति में 1 षट्भुज, 3 तीर और 2 गोले (Black) हैं। पहली आकृति से दूसरी आकृति में जाने पर एक तीर बढ़ तथा षट्भुजों की संख्या दो कम हो जाती है। इसलिए, फिर यही प्रक्रिया आकृति 3 और 4 में लागू होगी।

इसलिए, इस प्रकार स्पष्ट है कि उत्तर आकृति (1) प्रश्न आकृति की अगली श्रृंखला होगी।

अतः विकल्प (D) सही है।

147. संबंध आरेख इस प्रकार है:

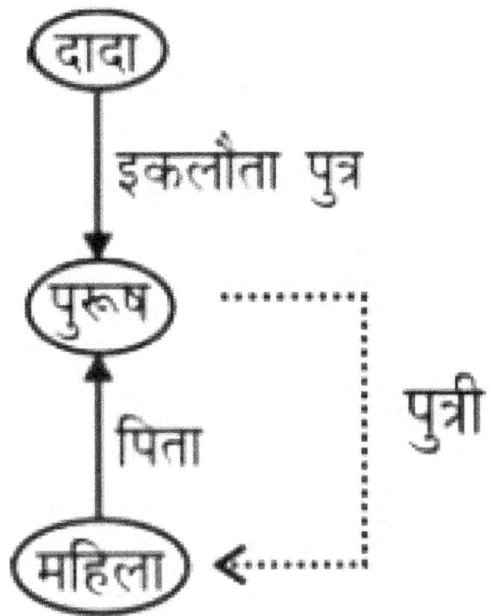

इसलिए, स्पष्ट है कि वह महिला उस पुरूष की पुत्री है।

148. महिला का गमन पथ इस प्रकार है:

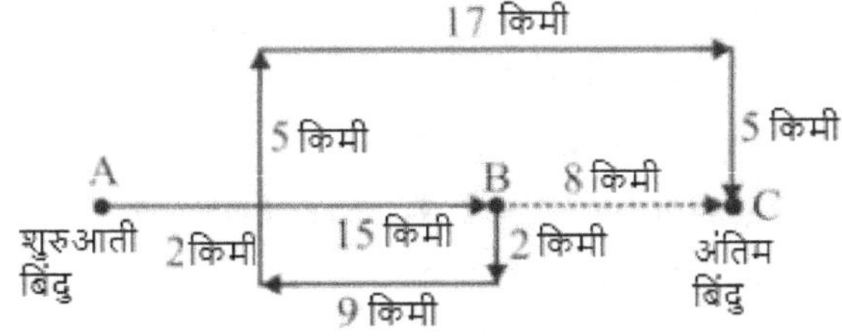

शुरुआती बिंदु से अभीष्ट दूरी $= AB + BC = 15 + 8$

$= 23$ किमी

अतः विकल्प (B) सही है।

149. यहाँ अनुसरण किया गया पैटर्न है:

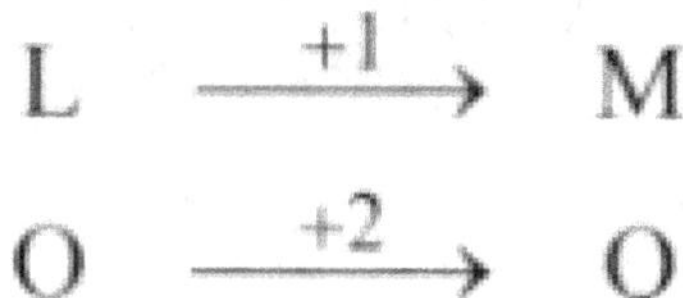

$$L \xrightarrow{+1} M$$

$$O \xrightarrow{+2} Q$$

$$C \xrightarrow{+3} F$$

$$A \xrightarrow{+4} E$$

$$T \xrightarrow{+5} Y$$

इसी प्रकार,

$$G \xrightarrow{+1} H$$

$$R \xrightarrow{+2} T$$

$$A \xrightarrow{+3} D$$

$$P \xrightarrow{+4} T$$

$$H \xrightarrow{+5} M$$

अतः विकल्प (A) सही है।

150. संख्या 7 ऐसी है जो उन महिलाओं एवं पुरूषों को दर्शाती है, जो कार्यरत नहीं हैं।

अतः विकल्प (A) सही है।

151. दिया गया मूल शब्द - IMPRACTICABILITY

सभी स्वरों को निकालने पर- MPRCTCBLTY

अक्षरों को वर्णानुक्रम में व्यवस्थित करने पर- BCCLMPRTTY

इसलिए, दाईं ओर से सातवाँ अक्षर 'L' होगा।

अतः विकल्प (A) सही है।

152. विवादों को न्यायालय के बाहर समाप्त करने के उद्देश्य से मध्यस्थता तथा सुलह अधिनियम 1996 बनाया गया। यह अधिनियम इसके नाम से ही प्रतीत होता है कि विवादों को सुलह के माध्यम से निपटाने का प्रयास कर रहा है। इसके द्वारा मध्यस्थता के नियमों को समेकित किया गया है तथा उन्हें सूचित भी किया गया है।

मध्यस्थता एक विवाद समाधान प्रक्रिया है जो पार्टियों के बीच सहमत होती है जिसमें विवाद एक या अधिक मध्यस्थों को प्रस्तुत किया जाता है जो एक पुरस्कार जारी करते हैं। यह एक वैकल्पिक विवाद समाधान (एडीआर) तंत्र इसलिए क्योंकि इससे राज्य न्यायालयों के बाहर पक्षकार अपने विवाद को हल कर सकते हैं।

अतः विकल्प (A) सही है।

153. दिए गए आरेख में संख्या 5 केवल शर्ट एवं पैंट का प्रतिनिधित्व करता है।

अतः विकल्प (D) सही है।

154. यहाँ अनुसरण किया गया तर्क है:

$$(2 + 2 + 2) \times 5 = 30$$

इसी प्रकार,

$$(5 + 2 + 4) \times 5 = 55$$

अतः विकल्प (B) सही है।

155. प्रश्न आकृति (1) में अक्षरों के मानों का योग लिखा गया है जबकि अन्य आकृतियों में अक्षरों के मानों के योग से (1) अधिक लिखा गया है।

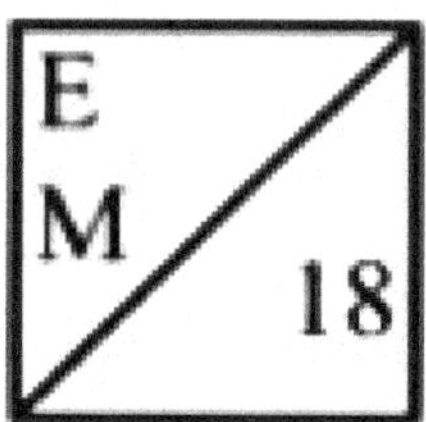

इसलिए आकृति (1) असंगत है।

अतः विकल्प (A) सही है।

156. प्रश्नानुसार,

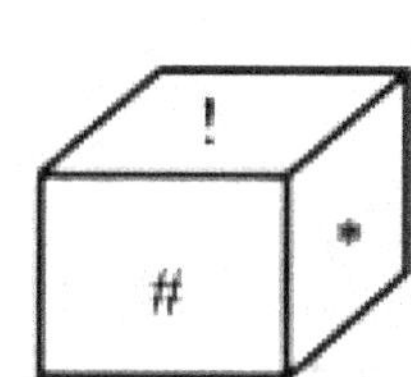

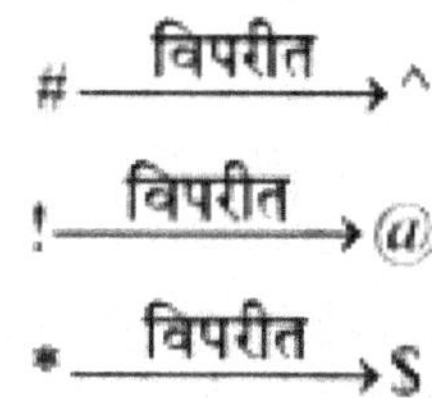

इसलिए, स्पष्ट है कि #, * और $ के बीच है।

अतः विकल्प (B) सही है।

157. दिया गया है,

$$© = 7, @ = 5, \$ = 3, \& = 24, \% = 81$$

$$© + \& \times @ - \% \div \$.$$

$$= 7 + 24 \times 5 - 81 \div 3$$

$$= 7 + 120 - 27$$

$$= 100$$

अतः विकल्प (D) सही है।

158. दिए गए शब्दों का अर्थ,

Resist- विरोध करना

Accept- स्वीकार करना

Oppose- विरोध करना

Dispute- विवाद/झगड़ा करना

Accept को छोड़कर अन्य सभी शब्दों का अर्थ विरोध या झगड़े से सम्बंधित हैं। इसलिए यह असंगत है।

अतः विकल्प (D) सही है।

142. यहाँ अनुसरण किया गया पैटर्न है:

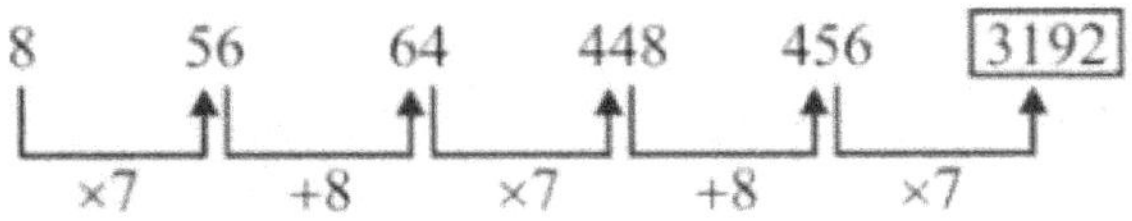

अतः विकल्प (A) सही है।

143. दी गई आकृति

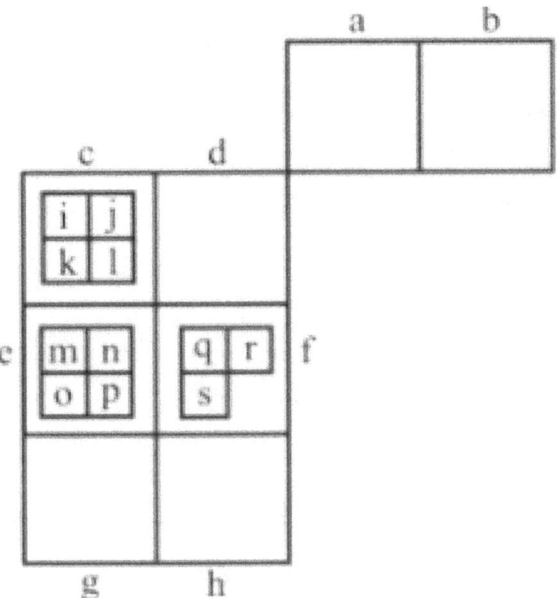

एक अक्षर वाले वर्ग =
$a, b, c, d, e, f, g, h, i, j, k, l, m, n, o, p, q, r, s) = 19$

चार अक्षर वाले वर्ग =
$[(c, d, e, f), (e, f, g, h), (i, j, k, l), (m, n, o, p)] = 4$

अतः कुल वर्गों की संख्या $= 19 + 4$

$= 23$

अतः विकल्प (C) सही है।

144. यहाँ अनुसरण किया गया पैटर्न है:

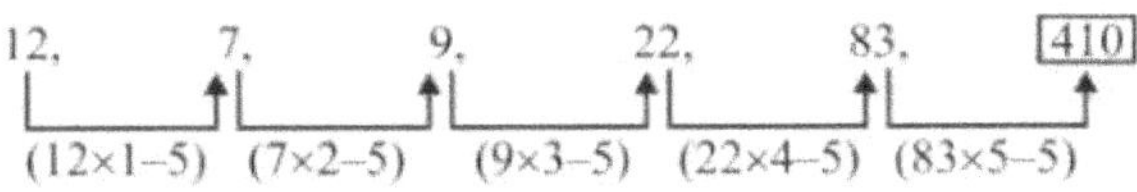

अतः विकल्प (A) सही है।

145. मूल शब्द - I N T E R P E N E T R A T I O N

अक्षर परिवर्तन के बाद - N I E T P R N E T E A R I T N O

इसलिए, बाईं ओर से 10 वाँ अभीष्ट अक्षर E होगा।

अतः विकल्प (D) सही है।

146. यहाँ अनुसरण किया गया तर्क है:

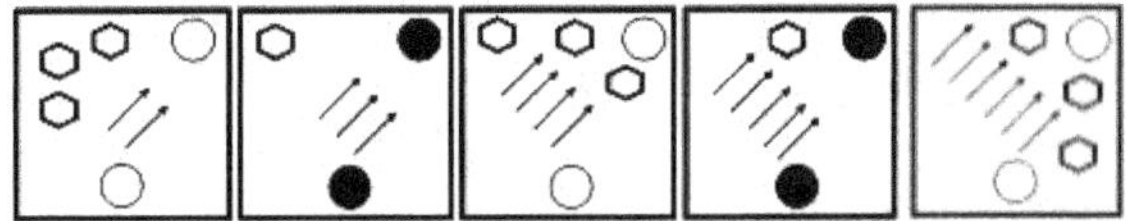

दी गई आकृति में पहली आकृति में क्रमशः 3 षट्भुज, 2 तीर और 2 गोले हैं यही चिन्ह दूसरी आकृति में 1 षट्भुज, 3 तीर और 2 गोले (Black) हैं। पहली आकृति से दूसरी आकृति में जाने पर एक तीर बढ़ तथा षट्भुजों की संख्या दो कम हो जाती है। इसलिए, फिर यही प्रक्रिया आकृति 3 और 4 में लागू होगी।

इसलिए, इस प्रकार स्पष्ट है कि उत्तर आकृति (1) प्रश्न आकृति की अगली श्रृंखला होगी।

अतः विकल्प (D) सही है।

147. संबंध आरेख इस प्रकार है:

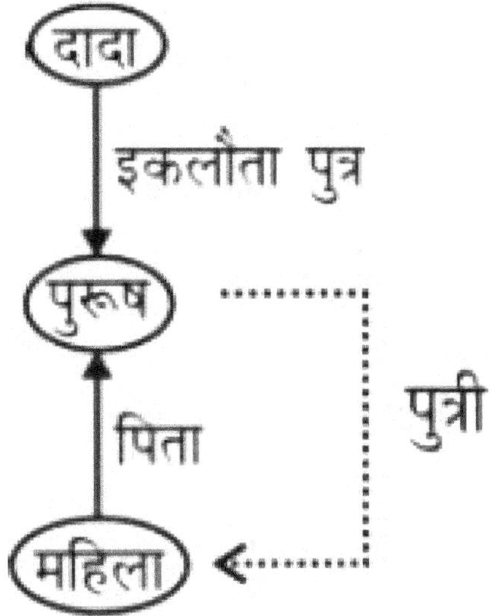

इसलिए, स्पष्ट है कि वह महिला उस पुरूष की पुत्री है।

148. महिला का गमन पथ इस प्रकार है:

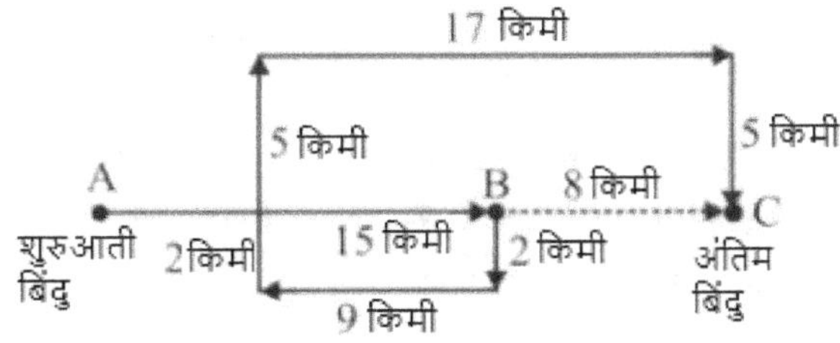

शुरुआती बिंदु से अभीष्ट दूरी $= AB + BC = 15 + 8$

$= 23$ किमी

अतः विकल्प (B) सही है।

149. यहाँ अनुसरण किया गया पैटर्न है:

$$L \xrightarrow{+1} M$$

$$O \xrightarrow{+2} Q$$

$$C \xrightarrow{+3} F$$

$$A \xrightarrow{+4} E$$

$$T \xrightarrow{+5} Y$$

इसी प्रकार,

$$G \xrightarrow{+1} H$$
$$R \xrightarrow{+2} T$$
$$A \xrightarrow{+3} D$$
$$P \xrightarrow{+4} T$$
$$H \xrightarrow{+5} M$$

अतः विकल्प (A) सही है।

150. संख्या 7 ऐसी है जो उन महिलाओं एवं पुरूषों को दर्शाती है, जो कार्यरत नहीं है।

अतः विकल्प (A) सही है।

151. दिया गया मूल शब्द - IMPRACTICABILITY

सभी स्वरों को निकालने पर- MPRCTCBLTY

अक्षरों को वर्णानुक्रम में व्यवस्थित करने पर- BCCLMPRTTY

इसलिए, दाईं ओर से सातवाँ अक्षर 'L' होगा।

अतः विकल्प (A) सही है।

152. विवादों को न्यायालय के बाहर समाप्त करने के उद्देश्य से मध्यस्थता तथा सुलह अधिनियम 1996 बनाया गया। यह अधिनियम इसके नाम से ही प्रतीत होता है कि विवादों को सुलह के माध्यम से निपटाने का प्रयास कर रहा है। इसके द्वारा मध्यस्थता के नियमों को समेकित किया गया है तथा उन्हें सूचित भी किया गया है।

मध्यस्थता एक विवाद समाधान प्रक्रिया है जो पार्टियों के बीच सहमत होती है जिसमें विवाद एक या अधिक मध्यस्थों को प्रस्तुत किया जाता है जो एक पुरस्कार जारी करते हैं। यह एक वैकल्पिक विवाद समाधान (एडीआर) तंत्र इसलिए क्योंकि इससे राज्य न्यायालयों के बाहर पक्षकार अपने विवाद को हल कर सकते हैं।

अतः विकल्प (A) सही है।

153. दिए गए आरेख में संख्या 5 केवल शर्ट एवं पैंट का प्रतिनिधित्व करता है।

अतः विकल्प (D) सही है।

154. यहाँ अनुसरण किया गया तर्क है:

$$(2 + 2 + 2) \times 5 = 30$$

इसी प्रकार,

$$(5 + 2 + 4) \times 5 = 55$$

अतः विकल्प (B) सही है।

155. प्रश्न आकृति (1) में अक्षरों के मानों का योग लिखा गया है जबकि अन्य आकृतियों में अक्षरों के मानों के योग से (1) अधिक लिखा गया है।

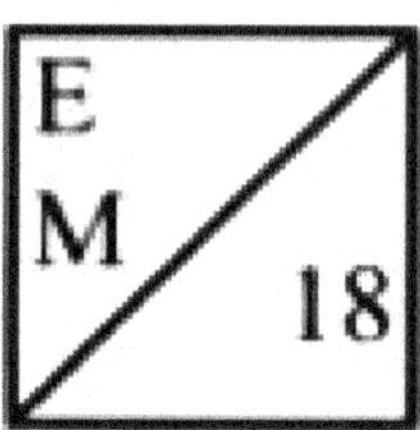

इसलिए आकृति (1) असंगत है।

अतः विकल्प (A) सही है।

156. प्रश्नानुसार,

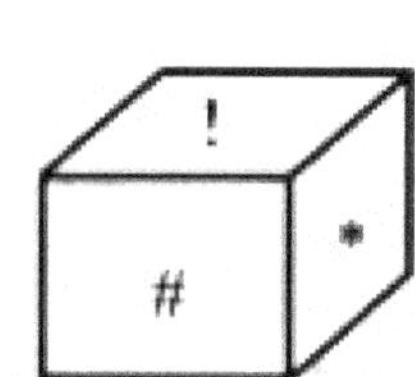

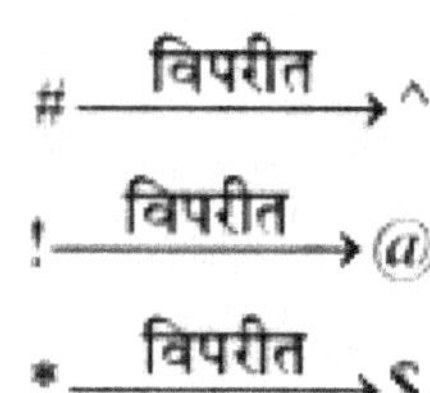

इसलिए, स्पष्ट है कि #, * और $ के बीच है।

अतः विकल्प (B) सही है।

157. दिया गया है,

$$© = 7, @ = 5, \$ = 3, \& = 24, \% = 81$$

$$© + \& \times @ - \% \div \$.$$

$$= 7 + 24 \times 5 - 81 \div 3$$

$$= 7 + 120 - 27$$

$$= 100$$

अतः विकल्प (D) सही है।

158. दिए गए शब्दों का अर्थ,

Resist- विरोध करना

Accept- स्वीकार करना

Oppose- विरोध करना

Dispute- विवाद/झगड़ा करना

Accept को छोड़कर अन्य सभी शब्दों का अर्थ विरोध या झगड़े से सम्बंधित हैं। इसलिए यह असंगत है।

अतः विकल्प (B) सही है।

159. पाकिस्तान और बांग्लादेश के साथ भारत की सीमा की रक्षा सीमा सुरक्षा बल करता है।

सीमा सुरक्षा बल एक प्रमुख अर्द्धसैनिक बल है। वर्तमान समय में सीमा सुरक्षा बल की 192 बटालियन और 7 आर्टी रेजिमेंट भारत-पाकिस्तान और भारत बांग्लादेश की अंतरराष्ट्रीय सीमा की सुरक्षा में तैनात है। जिसकी स्थापना 1 दिसम्बर, 1965 में की गई थी। इसका मुख्यालय नई दिल्ली में है।

अतः विकल्प (A) सही है।

160. अंतर्राष्ट्रीय महिला दिवस 8 मार्च को मनाया जाता है।

इस दिन महिलाओं की उपलब्धियों और के लिए इसका जश्न मनाया जाता है। इस खास दिन को मनाने का मकसद उन महिलाओं की उपलब्धियों, उनके जज्बे, उनकी ऐतिहासिक यात्राओं और उनके जीवन को याद करना हैं। अंतरराष्ट्रीय महिला दिवस 2022 की थीम - 'जेंडर इक्वालिटी टुडे फॉर ए सस्टेनेबल टुमारो' है।

अतः विकल्प (A) सही है।

General Hindi

Q.1 इनमें से कर्म कारक का चिह्न कौन-सा है?

A. को   **B.** ने   **C.** से   **D.** में

Q.2 'किसी को बुलाओ' वाक्य में 'किसी' इनमें से क्या है?
A. यौगिक सार्वनामिक विशेषण
B. सार्वनामिक विशेषण
C. संयुक्त सर्वनाम
D. अनिश्चयवाचक सर्वनाम

Q.3 'कोर्ट मार्शल' किस विधा की रचना है?
A. नाटक   **B.** उपन्यास   **C.** कहानी   **D.** आत्मकथा

Q.4 इनमें से गणनावाचक विशेषण का उदाहरण कौन-सा है?
A. तीन   **B.** तीसरा   **C.** तिगुना   **D.** तीनों

Q.5 इनमें से कौन-सी बोली हिंदी भाषा के अंतर्गत नहीं आती है?
A. तेलुगु   **B.** कन्नौजी   **C.** अवधी   **D.** बांगरू

Q.6 इनमें से मध्यम पुरुषवाचक सर्वनाम का उदाहरण कौन-सा है?
A. मैं   **B.** तू
C. वह   **D.** उपरोक्त सभी

Q.7 इनमें से आलवार महिला संत का नाम क्या है?
A. गार्गी   **B.** अपाला   **C.** आण्डाल   **D.** राबिया

Q.8 "वह आया है' इनमें से किस काल का उदाहरण है?
A. तात्कालिक वर्तमान का   **B.** संदिग्ध वर्तमान का
C. सामान्य वर्तमान का   **D.** पूर्ण वर्तमान का

Q.9 पूर्व दिशा के लिए इनमें से उपयुक्त शब्द कौन-सा है?
A. उदीची   **B.** अवाची   **C.** प्रतीची   **D.** प्राची

Q.10 'छलिया' में प्रयुक्त प्रत्यय इनमें से कौन-सा है?
A. अया   **B.** इया   **C.** ऐया   **D.** वैया

Q.11 'पुत्रशोक' में कौन-सा समास है?
A. द्वंद्व समास   **B.** कर्मधारय समास
C. तत्पुरुष समास   **D.** अव्ययीभाव समास

Q.12 इनमें से किसका उच्चारण स्थान 'ओष्ठ' है?
A. च   **B.** प   **C.** त   **D.** ग

Q.13 इनमें से कौन-सा शब्द 'पाश्चात्य' का विलोम है?
A. शाश्वत   **B.** पौर्वात्य   **C.** विदेशी   **D.** पूर्ववर्ती

Q.14 कुंवरनारायण को ज्ञानपीठ पुरस्कार किस वर्ष मिला था?
A. 2007 ई.   **B.** 2004 ई.   **C.** 2006 ई.   **D.** 2005 ई.

Q.15 इनमें से 'श्री गुरु ग्रंथ साहब' का संकलन किसने किया?
A. गुरु हरगोविंद सिंह देव   **B.** गुरु अर्जुन देव
C. गुरु गोविन्द सिंह   **D.** गुरुनानक देव

Q.16 प्रथम राजभाषा आयोग के अध्यक्ष इनमें से कौन थे?
A. पी० सुब्बोरोयान   **B.** बी०जी० खेर

C. जी० बी० पन्त   **D.** सुनीति कुमार चटर्जी

Q.17 कर्ता के 'ने' चिह्न का प्रयोग इनमें से कहाँ होता है?
A. संदिग्ध भूत में   **B.** सामान्य भविष्य में
C. सामान्य वर्तमान में   **D.** सामान्य भूत में

Q.18 किस रचना के बारे में प्रसिद्ध है कि इसे पढ़ने के लिए बहुत से लोगो ने हिंदी सीखी?
A. गोदान   **B.** अद्भुत लाश
C. परीक्षागुरु   **D.** चंद्रकांता

Q.19 'बेगमपुरा' की अवधारणा को इनमें से किस कवि ने प्रस्तुत किया?
A. रविदास   **B.** कबीरदास   **C.** तुलसीदास   **D.** सूरदास

Q.20 राम लक्ष्मण से पत्र लिखवाता है - इस वाक्य में क्रिया का कौन-सा रूप है?
A. संयुक्त क्रिया   **B.** पूर्णकालिक क्रिया
C. अपूर्ण क्रिया   **D.** प्रेरणार्थक क्रिया

Q.21 इनमें से कौन-सा शब्द 'लक्ष्मी' का पर्यायवाची नहीं है?
A. चंचला   **B.** भारती   **C.** इंदिरा   **D.** अमला

Q.22 इस चिह्न (;) को क्या कहा जाता है?
A. पूर्ण विराम   **B.** निर्देशक
C. अल्प विराम   **D.** अर्द्ध विराम

Q.23 निम्न वाक्य 'गरीबों को दान दो' में 'गरीब' किस कारक का उदाहरण है?
A. करण   **B.** कर्म   **C.** सम्प्रदान   **D.** अपादान

Ques (24-26):निर्देश: अनुच्छेद पढ़कर दिए गए प्रश्नों के सही उत्तर चुनिए-

"आवश्यकता इस बात की है कि हमारी शिक्षा का माध्यम भारतीय भाषा हो, जिसमें राष्ट्र के हृदय-मन-प्राण के सूक्ष्मतम और गम्भीरतम संवेदन मुखरित हों और हमारा पाठ्यक्रम यूरोप तथा अमेरिका के पाठ्यक्रम आधारित न होकर हमारी अपनी सांस्कृतिक परम्पराओं एवं आवश्ककताओं का प्रतिनिधित्व करें। भारतीय भाषाओं, भारतीय इतिहास, भारतीय दर्शन, भारतीय धर्म और भारतीय समाजशास्त्र को हम सर्वोपरि स्थान दें। उन्हें अपने शिक्षाक्रम में गौण स्थान देकर या शिक्षित जन को उनसे वंचित रखकर हमने राष्ट्रीय संस्कृति में एक महान रिक्ति को जन्म दिया है, जो नयी पीढ़ी को भीतर से खोखला कर रहा है। हम राष्ट्रीय परम्परा से ही नहीं, सामयिक जीवन प्रवाह से भी दूर जा पड़े हैं। विदेशी पश्चिमी चश्मों के भीतर से देखने पर अपने घर के प्राणी भी बे-पहचाने और अजीब से लगने लगे हैं। शिक्षित जन और सामान्य जनता के बीच खाई बढ़ती गई और विश्व संस्कृति के दावेदार होने का दम्भ करते हुए भी हम घर में वामन ही बने रह गए हैं। इस स्थिति को हास्यास्पद ही कहा जा सकता है।"

Q.24 उपरोक्त गद्यांश का इनमें से सर्वाधिक उपयुक्त शीर्षक क्या है?
A. हमारी सांस्कृतिक परम्परा
B. हमारा शिक्षा माध्यम और पाठ्यक्रम
C. शिक्षा का माध्यम
D. शिक्षित जन और सामान्य जनता

Q.25 उपरोक्त गद्यांश के अनुसार हमारी शिक्षा का माध्यम किस भाषा में होना चाहिए?
A. विदेशी भाषाओं में   **B.** भारतीय भाषा में

C. अंग्रेजी-हिंदी दोनों में **D.** मिश्रित भाषा में

Q.26 उपरोक्त गद्यांश के अनुसार हम किस तरह के जीवन-प्रवाह से दूर होते जा रहे हैं?

A. खुशहाल जीवन प्रवाह से
B. हम राष्ट्रीय परम्परा से ही नहीं, सामयिक जीवन प्रवाह से भी दूर जा पड़े हैं।
C. सांस्कृतिक एवं सामाजिक जीवन से
D. इनमें से कोई भी नहीं

Q.27 उपसर्ग इनमें से कहाँ जोड़ा जाता है?

A. शब्द के पहले **B.** शब्दों के बीच में
C. शब्द के अंत में **D.** वाक्य के अंत में

Q.28 इनमें से शुद्ध वाक्य कौन-सा है?

A. मेरे को जाना है। **B.** राम के अनेकों नाम हैं।
C. मैंने पुस्तक पढ़ा। **D.** मैंने पुस्तक पढ़ी।

Q.29 इनमें से कौन-से कवि अष्टछाप में सम्मिलित नहीं हैं?

A. छीत स्वामी **B.** गोविन्द स्वामी
C. सूरदास **D.** हरिदास

Q.30 'पंचामृत' में इनमें से कौन-सा समास है?

A. द्वंद्व **B.** तत्पुरुष
C. द्विगु समास **D.** अव्ययीभाव

Q.31 'महत्त्व' में कौन-सा प्रत्यय है?

A. मह **B.** व **C.** महत **D.** त्व

Q.32 इनमें से 'हानूश' नाटक के लेखक कौन हैं?

A. धर्मवीर भारती **B.** भीष्म साहनी
C. सुरेन्द्र वर्मा **D.** स्वदेश दीपक

Q.33 "सब में व्याप्त रहने वाला" वाक्यांश के लिए इनमें से उपयुक्त शब्द कौन-सा है?

A. सर्वव्यापी **B.** सर्वयापी **C.** सरव्यापी **D.** सर्ववयापी

Q.34 इनमें से कौन-सी भाषा भारोपीय परिवार की भाषा नहीं है?

A. हिंदी **B.** गुजराती **C.** मराठी **D.** मलयालम

Q.35 इनमें से अल्पविराम का चिह्न कौन-सा है?

A. ! **B.** ? **C.** , **D.** -

Q.36 भाषा की सबसे छोटी इकाई को क्या कहा जाता है?

A. वर्ण **B.** उच्चारण **C.** शब्द **D.** पद

Q.37 इनमें से कौन-सा शब्द तद्भव नहीं है?

A. ताला **B.** दृक **C.** दृग **D.** तमोली

Q.38 "घी के दिए जलाना" मुहावरे का क्या अर्थ है?

A. विवाह करना
B. उत्सव मनाना
C. अप्रत्याशित लाभ पर प्रसन्न होना
D. दीपावली मनाना

Q.39 निम्नलिखित में कौन-सा शब्द तद्भव है?

A. धात्री **B.** दोलिका **C.** द्विवेदी **D.** दिवाली

Q.40 इनमें से कौन-सा व्यंजन 'संयुक्त व्यंजन' का उदाहरण है?

A. ड **B.** क्ष **C.** ढ **D.** झ

Law/ Constitution/General Knowledge

Q.41 निम्नलिखित में से किसने भारत में सती प्रथा को समाप्त किया?
A. विलियम बेंटिक **B.** वैलेस्ली
C. डलहौज़ी **D.** कर्जन

Q.42 भारतीय संविधान के निम्नलिखित में से कौन सा भाग "अखिल भारतीय सेवाओं" से संबंधित है?
A. भाग III **B.** भाग IX **C.** भाग VII **D.** भाग XIV

Q.43 संघ लोक सेवा आयोग के अध्यक्ष को हटाने का अधिकार किसके पारा है?
A. भारत के उप-राष्ट्रपति
B. भारत के प्रधानमंत्री
C. भारत के मुख्य न्यायाधीश
D. भारत के राष्ट्रपति

Q.44 भारतीय संविधान का कौन सा अनुच्छेद 'धन विधेयक' को परिभाषित करता है?
A. अनुच्छेद 120 **B.** अनुच्छेद 101
C. अनुच्छेद 116 **D.** अनुच्छेद 110

Q.45 वर्तमान में भारत में कुल कितनी अखिल भारतीय सेवाएँ हैं?
A. 10 **B.** 5 **C.** 3 **D.** 7

Q.46 निम्नलिखित में से कौन सा सेक्टर, 8 कोर उद्योगों के अंतर्गत नहीं आता है?
A. उर्वरक **B.** निर्माण
C. प्राकृतिक गैस **D.** कच्चा तेल

Q.47 2020 का नोबेल शांति पुरस्कार ___________ को प्रदान किया गया है।
A. डब्ल्यू.टी.ओ. **B.** एफ.एस.एस.ए.आई.
C. विश्व बैंक **D.** विश्व खाद्य कार्यक्रम

Q.48 किस संवैधानिक संशोधन ने लोकसभा और विधानसभा चुनावों के लिए मतदान की आयु को 21 से घटाकर 18 कर दिया था?
A. 71वें संशोधन **B.** 51वें संशोधन
C. 61वें संशोधन **D.** 41वें संशोधन

Q.49 इन्वेस्ट इंडिया- किस मंत्रालय के तहत निवेश को बढ़ावा देने के लिए एक प्रमुख एजेंसी है?
A. कॉर्पोरेट कार्य मंत्रालय
B. सूचना प्रौद्योगिकी मंत्रालय
C. वाणिज्य और उद्योग मंत्रालय
D. वित्त मंत्रालय

Q.50 'समाजवादी' शब्दपद किस वर्ष में भारतीय संविधान की उद्देशिका में जोड़ा गया था?
A. 1967 **B.** 1971 **C.** 1976 **D.** 1985

Q.51 निम्नलिखित में से कौन, भारत में अलीगढ़ आंदोलन के संस्थापक थे?
A. मोहम्मद अली जिन्ना
B. सैयद अहमद खान
C. मौलाना अबुल कलाम आजाद
D. एम. ए. अंसारी

Q.52 हाल ही में पारित कृषि अधिनियम के अनुसार, कृषि समझौते की अधिकतम अवधि क्या है?

A. 5 वर्ष   **B.** 8 वर्ष   **C.** 7 वर्ष   **D.** 10 वर्ष

C. A, B और C   **D.** A और B

Q.53 भारत के सर्वोच्च न्यायालय ने, __________ के मामले में भारतीय दंड संहिता, 1860 की धारा 497 को हटाते हुए, व्यभिचार को अपराध मुक्त किया।

A. नितिन वालिया बनाम भारत संघ
B. नंदिनी सुंदर बनाम छत्तीसगढ़ राज्य
C. जोसेफ शाइन बनाम भारत संघ
D. फ़ज़ल रब चौधरी बनाम बिहार राज्य

Q.54 किसी व्यक्ति के पूर्ण दायित्व में न केवल प्रदूषण के पीड़ितों की क्षतिपूर्ति शामिल है, बल्कि पर्यावरणीय क्षति को पुनः ठीक करने की लागत भी शामिल है। इस सिद्धांत को ______________ कहा जाता है।

A. पूर्वोपाय सिद्धांत
B. प्रदूषक द्वारा भुगतान (पॉल्युटर पेज़) सिद्धांत
C. प्रतिनिधिक दायित्व
D. संपोषणीय विकास

Q.55 निम्नलिखित में से कौन सी जोड़ी रबी फसलों का सबसे अच्छा वर्णन करती है?

A. धान और मकई   **B.** गेहूँ और जौ
C. मूंगफली और सरसों   **D.** कपास और जूट

Q.56 भारतीय संविधान का निम्नलिखित में से कौन सा अनुच्छेद राज्य विधायिका के वार्षिक वित्तीय विवरण से संबंधित है?

A. अनुच्छेद 370   **B.** अनुच्छेद 202
C. अनुच्छेद 366   **D.** अनुच्छेद 156

Q.57 हमारे शरीर की सबसे बड़ी ग्रंथि कौन सी है, जिसे इसके लाल भूरे रंग से अभिलक्षित किया जाता है?

A. पीयूषिका
B. यकृत
C. अग्न्याशय (पाचक ग्रंथि)
D. बाल्यग्रंथि (थाइमस ग्रंथि)

Q.58 किस मामले में सर्वोच्च न्यायालय ने यह निर्णय दिया कि अनुच्छेद 21 के तहत संरक्षण केवल स्वेच्छित कार्यकारी कार्रवाई के विरुद्ध उपलब्ध है, न कि स्वेच्छित वैधानिक कार्रवाई के विरुद्ध?

A. मेनका गांधी मामला
B. प्रथम न्यायाधीश मामला
C. केशवानंद भारती मामला
D. ए. के. गोपालन मामला

Q.59 वर्तमान में, कौन सी कंपनी व्हाट्सएप की मालिक है?

A. स्नैपचैट   **B.** फेसबुक   **C.** लिंक्डइन   **D.** ट्विटर

Q.60 "राष्ट्रीय भारत परिवर्तन संस्थान" के अध्यक्ष कौन होते हैं?

A. भारत के प्रधानमंत्री   **B.** केंद्रीय वित्त मंत्री
C. केंद्रीय गृह मंत्री   **D.** भारत के राष्ट्रपति

Q.61 कंप्यूटर माउस का आविष्कार किसने किया?

A. टिम बर्नर्स ली   **B.** डगलस एंजेलबर्ट
C. सेमूर क्रे   **D.** चार्ल्स बैबेज

Q.62 निम्नलिखित में से किस न्यायाधीश ने भारत में जनहित याचिका का मार्ग प्रशस्त किया?

(A) वी. आर. कृष्ण अय्यर
(B) एम. एन. वेंकटचलैया
(C) एस. पी. साठे

A. A   **B.** B

Q.63 वेल्ड (घास का खुला मैदान) __________ में समशीतोष्ण घास के मैदान होते हैं।

A. दक्षिण अफ्रीका   **B.** ऑस्ट्रेलिया
C. श्रीलंका   **D.** भारत

Q.64 किस संशोधन द्वारा 'संपत्ति के अधिकार को मौलिक अधिकार के रूप में भारत के संविधान से हटा दिया गया था?

A. 25वें संशोधन   **B.** 42वें संशोधन
C. 44वें संशोधन   **D.** 52वें संशोधन

Q.65 एक पुलिस अधिकारी ने एक लड़की को जमानत का आदेश प्रस्तुत करने के बाद भी गिरफ्तार किया और हवालात में निरुद्ध किया। पुलिस अधिकारी ________ का दोषी होगा।

A. धमकी   **B.** अपहरण
C. अपगमन   **D.** अनधिकृत कारावास

Q.66 राष्ट्रीय सुरक्षा अधिनियम ______ से संबंधित है।

A. सार्वजनिक सुरक्षा   **B.** आतंकवाद नियंत्रण
C. निवारक निरोध   **D.** असामाजिक तत्व

Q.67 भारत ने किस देश के साथ 'परमाणु प्रतिष्ठान और सुविधाओं पर हमले के निषेध पर समझौते' पर हस्ताक्षर किए?

A. पाकिस्तान   **B.** अफ़्ग़ानिस्तान
C. श्रीलंका   **D.** चीन

Q.68 आयकर अधिनियम के तहत निम्नलिखित में से किसे निर्धारिती कहा जाता है?

(A) एक हिंदू अविभाजित परिवार
(B) एक कंपनी
(C) व्यक्तियों का निकाय

A. A और B   **B.** A, B और C
C. A   **D.** B और C

Q.69 "राजमन्नार समिति (1969)" को ________ द्वारा नियुक्त किया गया था।

A. गुजरात सरकार   **B.** पश्चिम बंगाल सरकार
C. तमिलनाडु सरकार   **D.** केंद्र सरकार

Q.70 यदि कोई व्यक्ति मोटर वाहन चलाते समय सुरक्षा बेल्ट नहीं पहनता है, तो वह ________ की जुर्माना राशि के साथ दंडनीय होगा।

A. ₹ 1000   **B.** ₹ 2000   **C.** ₹ 5000   **D.** ₹ 500

Q.71 भारतीय संविधान के निम्नलिखित अनुच्छेदों में से कौन सा अनुच्छेद राज्य को "राष्ट्रीय महत्व के स्मारकों की सुरक्षा" का निर्देश देता है?

A. अनुच्छेद 55   **B.** अनुच्छेद 49
C. अनुच्छेद 53   **D.** अनुच्छेद 51

Q.72 'राज्य निर्वाचन आयुक्त' को ________ द्वारा नियुक्त किया जाता है।

A. भारत के प्रधानमंत्री   **B.** राज्य के राज्यपाल
C. भारत के राष्ट्रपति   **D.** राज्य के मुख्यमंत्री

Q.73 ________ भूधृति की एक प्रणाली है जिसमें 1793 में लॉर्ड कॉर्नवालिस द्वारा स्थायी बंदोबस्त के माध्यम से मध्यस्थों के भूमि अधिकारों की पुष्टि की गई थी।

A. महलवारी प्रणाली   **B.** रैयतवाड़ी प्रणाली
C. संरक्षक ग्राहक संबंध   **D.** ज़मींदारी प्रणाली

Q.74 भारत में, बाल लिंग अनुपात को ______ आयु वर्ग में प्रति हजार पुरुषों पर महिलाओं की संख्या के रूप में परिभाषित किया गया है।

A. 0-1 वर्ष	**B.** 0-12 वर्ष	**C.** 0-17 वर्ष	**D.** 0-6 वर्ष

Q.75 भारत में निष्क्रिय इच्छामृत्यु को _____ के मामले में वैध बनाया गया था।

A. सहेली बनाम पुलिस आयुक्त
B. अरुणा रामचंद्र शानबाग बनाम भारतीय संघ
C. लिली थॉमस बनाम भारतीय संघ
D. जियान कौर बनाम पंजाब राज्य

Q.76 राजस्व बोर्ड (उत्तर प्रदेश) की स्थापना वर्ष 1831 में _____ में की गई थी।

A. मिर्जापुर **B.** इलाहाबाद **C.** वाराणसी **D.** कुशीनगर

Q.77 सीईआरटी (CERT) का पूर्ण रूप क्या है?

A. सेंट्रल इमरजेंसी रिस्पॉन्स टीम
B. कंप्यूटर इमरजेंसी रिस्पॉन्स टीम
C. कंबाइंड इमरजेंसी रिस्पॉन्स टास्क
D. कंप्यूटर एजुकेशन रिसर्च टीम

Q.78 बक्सर का युद्ध किस वर्ष में लड़ा गया था?

A. 1760 **B.** 1762 **C.** 1757 **D.** 1764

Q.79 महात्मा गांधी ने दमनकारी वृक्षारोपण प्रणाली के खिलाफ किसानों को विरोध करने हेतु प्रेरित करने के लिए कहाँ यात्रा की थी?

A. अवध **B.** चम्पारन **C.** अमृतसर **D.** राय बरेली

Q.80 निम्नलिखित में से किस रोग के कारण स्मृति लोप होता है?

A. सूखा रोग
B. अल्जाइमर रोग
C. निशांधता
D. शीताद (स्कर्वी)

Numerical & Mental Ability Test

Q.81 A ने एक वस्तु खरीदी और इसकी मरम्मत पर ₹ 550 खर्च किए। फिर उसने इसे 10% लाभ पर B को बेच दिया। B ने इसे 20% हानि पर C को बेच दिया। अंततः C ने इसे 30% लाभ पर ₹ 6864 में बेच दिया। A ने वस्तु के लिए कितना भुगतान किया? (₹ में)

A. 5750 **B.** 5550 **C.** 5650 **D.** 5450

Q.82 यदि 8 जून, 2037 रविवार है, तो 8 जून, 2036 को सप्ताह का कौन सा दिन था?

A. मंगलवार **B.** शनिवार **C.** सोमवार **D.** शुक्रवार

Q.83 एक लड़का मैदान में उत्तर दिशा की ओर अभिमुख होकर खड़ा है। यदि वह लड़का 65 अंश दक्षिणावर्त दिशा में और 155 अंश वामावर्त दिशा में मुड़ता है, तो अब वह किस दिशा की ओर अभिमुख होगा?

A. पूर्व **B.** पश्चिम **C.** उत्तर **D.** दक्षिण

Q.84 प्रश्नवाचक चिह्न को उस विकल्प से प्रतिस्थापित कीजिए, जो प्रथम युग्म में लागू तर्क का अनुसरण करता है।

$BE : 35 :: DF : ??$

A. 90 **B.** 80 **C.** 120 **D.** 50

Q.85 3600 के 50% के 40% के 30% के 20% का मान ज्ञात कीजिए।

A. 45.2 **B.** 43.2 **C.** 41.2 **D.** 47.2

Q.86 प्रश्नवाचक चिह्न को उस विकल्प से प्रतिस्थापित कीजिए जो प्रथम युग्म में लागू तर्क का अनुसरण करता है।

$TALE : LETA :: WEAK : ??$

A. *KWAE*	**B.** *AKWE*	**C.** *AEWK*	**D.** *WAEK*

Q.87 18% की छूट के बाद किसी मेज़ का विक्रय मूल्य ₹ 18860 है। यदि क्रय मूल्य, अंकित मूल्य का 60% है, तो क्रय मूल्य ज्ञात कीजिए। (₹ में)

A. 12800 **B.** 10800 **C.** 13800 **D.** 11800

Q.88 निर्देश: दिए गए प्रश्न का उत्तर देने के लिए निम्नलिखित आरेख का ध्यानपूर्वक अध्ययन कीजिए:

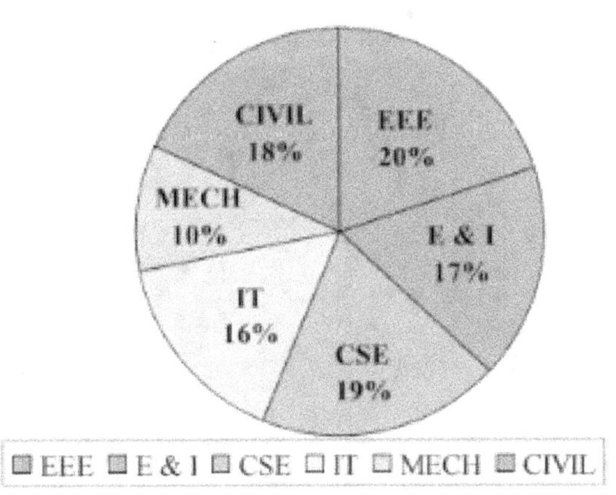

सभी विभागों में विद्यार्थियों का % आईटी (IT) एवं सीएसई (CSE) विभाग में विद्यार्थियों की संख्या ज्ञात कीजिए।

A. 5040 **B.** 5140 **C.** 5240 **D.** 4940

Q.89 निर्देश: इस प्रश्न में, एक कथन और उसके बाद i और ii से संख्यांकित दो निष्कर्ष दिए गए हैं। कथन में दी गई समस्त सूचना को सत्य मानते हुए एक साथ दोनों निष्कर्षों पर विचार करें और निर्धारित करें कि उनमें से कौन सा निष्कर्ष कथन में दी गई सूचना का समुचित संदेह से परे तार्किक रूप से अनुसरण करता है।

कथन: प्रत्येक ऑस्ट्रेलियाई 6 भाषाएँ बोलता है। एंटोनी 6 भाषाएँ बोलता है।
निष्कर्ष:
(i) एंटोनी एक ऑस्ट्रेलियाई है।
(ii) दूसरे देशों के लोग 6 भाषाएँ नहीं बोलते।
निम्नलिखित विकल्पों में से उपयुक्त विकल्प चुनें।
(A) केवल निष्कर्ष i अनुसरण करता है
(B) केवल निष्कर्ष ii अनुसरण करता है
(C) या तो निष्कर्ष i या ii अनुसरण करता है
(D) न ही निष्कर्ष i और न ii अनुसरण करता है
(E) दोनों निष्कर्ष i और ii अनुसरण करते हैं।

A. E **B.** D **C.** A **D.** B

Q.90 तीन संख्याएँ 19 : 21 : 23 के अनुपात में हैं। यदि तीसरी संख्या के तीन गुना और पहली तथा दूसरी संख्या के योगफल के बीच का अंतर 841 है, तो पहली और तीसरी संख्या के बीच का अंतर ज्ञात कीजिए।

A. 116 **B.** 126 **C.** 146 **D.** 136

Q.91 यदि एक गुणोत्तर श्रेणी (GP) का प्रथम पद 16 और सार्व अनुपात 6 है तो इसके 4 पदों का योगफल ज्ञात कीजिए।

A. 4144 **B.** 4244 **C.** 4344 **D.** 4044

Q.92 X, किसी कार्य को 153 दिनों में कर सकता है, Y उसे 255 दिनों में कर सकता है और Z उस कार्य को 340 दिनों में कर सकता है। यदि X, Y और Z एक साथ कार्य करते हैं, तो कार्य पूरा करने में उन्हें कितने दिनों की आवश्यकता होगी?

A. $70\left(\frac{26}{41}\right)$ **B.** $74\left(\frac{26}{41}\right)$ **C.** $76\left(\frac{26}{41}\right)$ **D.** $72\left(\frac{26}{41}\right)$

Q.93 निर्देश: दिए गए प्रश्न का उत्तर देने के लिए निम्नलिखित आरेख का ध्यानपूर्वक अध्ययन कीजिए:

विद्यार्थियों की कुल संख्या = 14400

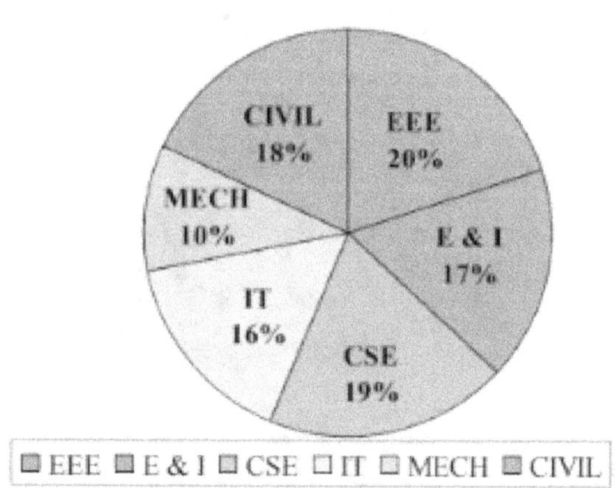

सभी विभागों में विद्यार्थियों का ___ % आईटी (IT) विभाग में विद्यार्थियों की संख्या ज्ञात कीजिए।

A. 2504 **B.** 2204 **C.** 2404 **D.** 2304

Q.94 निर्देश: नीचे दिए गए प्रश्न में एक कथन है, जिसके बाद 1 और 2 से संख्यांकित दो तर्क दिए गए है। आपको यह निर्णय लेना है कि कौन सा तर्क एक 'प्रबल' तर्क है और कौन सा तर्क 'दुर्बल' तर्क है।

उत्तर दीजिए:

(A) यदि केवल तर्क 1 प्रबल है

(B) यदि केवल तर्क 2 प्रबल है

(C) यदि तर्क 1 या तर्क 2 प्रबल है

(D) यदि न तो तर्क 1 न ही तर्क 2 प्रबल है और

(E) यदि 1 और 2 दोनों प्रबल हैं।

कथन:

क्या सार्वजनिक स्थानों में धूम्रपान पर प्रतिबंध होना चाहिए?

तर्क:

1. हाँ, यह अग्नि दुर्घटनाओं की संभावना को कम करेगा।

2. नहीं, यह प्रभावकारी नहीं है।

A. B **B.** C **C.** D **D.** A

Q.95 63789474 में से किस न्यूनतम संख्या को घटाया जाना चाहिए जिससे बची हुई संख्या 9 द्वारा विभाजित हो?

A. 5 **B.** 6 **C.** 3 **D.** 4

Ques (96-97):दिशा-निर्देश: निम्नलिखित आरेख का ध्यानपूर्वक अध्ययन कीजिए और इसके नीचे दिए गए प्रश्नों का उत्तर दीजिए। आरेख, कुछ महीनों में सैनीटाइज़र की बिक्री (हज़ारों में) दर्शाता है।

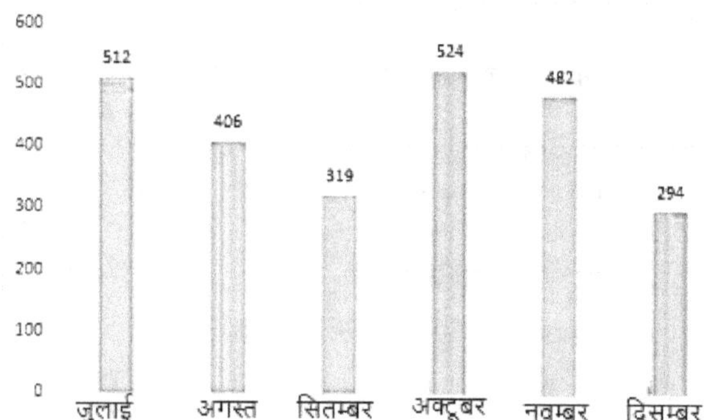

Q.96 सर्वेक्षण के तहत कुछ महीनों के दौरान कितने सैनीटाइज़र्स (हज़ारों में) की बिक्री हुई?

A. 2432 **B.** 2537 **C.** 2541 **D.** 2318

Q.97 अगस्त महीने में बिके सैनीटाइज़र्स, जुलाई महीने में बिके सैनीटाइज़र्स का लगभग कितने प्रतिशत हैं?

A. 85% **B.** 79% **C.** 83% **D.** 67%

Q.98 उस समांतर श्रेणी के पहले 151 पदों का योगफल ज्ञात कीजिए जिसका पहला पद और तीसरा पद क्रमशः 175 और 185 हैं।

A. 84050 **B.** 81050 **C.** 82050 **D.** 83050

Q.99 एक किंडल को 25% के लाभ पर $\$1325$ में बेचा जाता है। यदि इसे $\$742$ में बेचा जाता तो वास्तविक लाभ या हानि क्या होती?

A. 30% हानि **B.** 20% हानि

C. 20% लाभ **D.** 30% लाभ

Q.100 यदि एक दर्पण को छायांकित रेखा पर रखा जाता है, तो निम्नलिखित में से कौन सा विकल्प दी गई आकृति का दर्पण प्रतिबिम्ब होगा?

764352

A. 253467 **B.** 764352

C. 253467 **D.** 764352

Q.101 0.3585858 ... का भिन्न ज्ञात कीजिए।

A. $\frac{335}{990}$ **B.** $\frac{355}{990}$ **C.** $\frac{365}{990}$ **D.** $\frac{345}{990}$

Q.102 तीन भागीदार A, B और C कुल ₹ 240000 का निवेश करते है। वर्ष के अंत में लाभ के रूप में A को ₹ $15000, B$ को ₹ 20000 और C को ₹ 25000 प्राप्त होते हैं। A और C द्वारा एकसाथ कुल कितनी राशि का निवेश किया गया था? (₹ में)

A. 170000 **B.** 160000 **C.** 190000 **D.** 180000

Q.103 जब एक धनात्मक संख्या N को 13 से विभाजित किया जाता है तो शेषफल 11 बचता है, यदि $26N$ को उसी भाजक द्वारा विभाजित किया जाए, तो शेषफल ज्ञात कीजिए।

A. 0 **B.** 3 **C.** 10 **D.** 8

Q.104 दी गई श्रृंखला में प्रश्नचिह्न के स्थान पर क्या लिखा जाएगा?

$C\ 3\ E\ 5\ Z\ 26\ J\ 10\ ?\ 24$

A. Y **B.** X **C.** W **D.** Z

Ques (105-106):निर्देश: इस प्रश्न में, एक कथन और उसके बाद i और ii से संख्यांकित दो निष्कर्ष दिए गए हैं। कथन में दी गई समस्त सूचना को सत्य मानते हुए एक साथ दोनों निष्कर्षों पर विचार करें और निर्धारित करें कि उनमें से कौन सा निष्कर्ष कथन में दी गई सूचना का समुचित संदेह से परे तार्किक रूप से अनुसरण करता है।

चुनिए:

(A) केवल निष्कर्ष i अनुसरण करता है

(B) केवल निष्कर्ष ii अनुसरण करता है

(C) न ही निष्कर्ष i और न ii अनुसरण करता है

(D) दोनों निष्कर्ष i और ii अनुसरण करते हैं

(E) या तो निष्कर्ष i या ii अनुसरण करता है

Q.105 कथन:

कुछ सॉन्स, लिरिक्स हैं।

कुछ लिरिक्स, गुड्स हैं।

निष्कर्ष:

(i) कुछ सॉन्स, गुड्स हैं।

(ii) कुछ लिरिक्स, सॉन्स हैं।

A. A　　**B.** E　　**C.** C　　**D.** B

Q.106 कथन:

सभी शहर, कस्बे हैं।

कुछ कस्बे, राज्य हैं।

कोई राज्य, महाद्वीप नहीं हैं।

निष्कर्ष:

(i) कुछ शहर, राज्य हैं।

(ii) कोई शहर, महाद्वीप नहीं है।

A. B　　**B.** C　　**C.** A　　**D.** D

Q.107 निर्देश: दिए गए प्रश्न का उत्तर देने के लिए निम्नलिखित आरेख का ध्यानपूर्वक अध्ययन कीजिए:

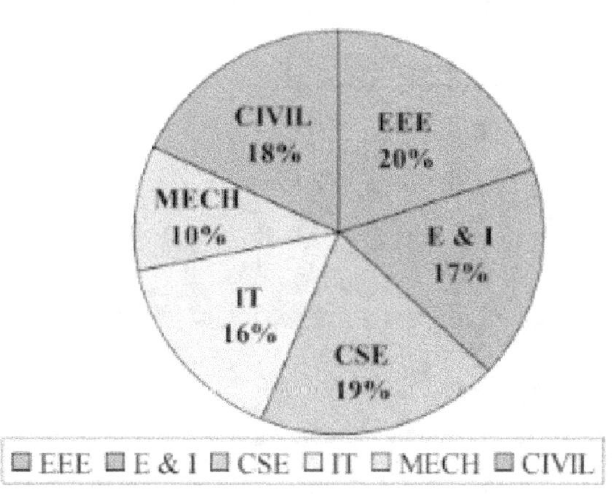

सभी विभागों में विद्यार्थियों का % E और I विभाग में विद्यार्थियों की संख्या ज्ञात कीजिए।

A. 2558　　**B.** 2668　　**C.** 2778　　**D.** 2448

Q.108 दो अलार्म घड़ियों में 144 सेकंड तथा 120 सेकंड के नियमित अंतराल पर अलार्म बजते हैं। यदि वे पहली बार एक साथ 6:00 अपराह्न पर बजती है, तो वे अगली बार एक साथ कब बजेंगी?

A. 6:18 अपराह्न　　**B.** 6:15 अपराह्न

C. 6:21 अपराह्न　　**D.** 6:12 अपराह्न

Q.109 संख्याओं के उस संयोजन का चयन कीजिए जिसके अनुसार व्यवस्थित करने पर अक्षर, एक सार्थक शब्द बनाएंगे।

$1. E\ 2. S\ 3. E\ 4. D\ 5. P$

A. 1,5,4,2,3　　**B.** 2,5,4,1,3

C. 2,5,3,1,4　　**D.** 4,1,3,2,5

Q.110 दी गई श्रृंखला में अगला पद ज्ञात कीजिए।
EXCOMMUNICATION, OMMUNICAT, XCOMMUNICATIO, MMUNICA, COMMUNICATI, ?

A. MUNICAT　　**B.** OMMUNI

C. OMMUNIC　　**D.** MUNIC

Q.111 निम्नलिखित प्रश्न में प्रश्नवाचक चिह्न के स्थान पर कौन सा मान आना चाहिए?

$$4 + \left(3\sqrt{5}\right)^2 = ? - \left(\sqrt{5}\right)^2 + 191$$

A. −137　　**B.** 137　　**C.** −135　　**D.** 135

Q.112 यदि R का अर्थ है 'से जोड़ना', Q का अर्थ है 'से गुणा करना', S का अर्थ है 'में से घटाना' तथा P का अर्थ है 'से भाग देना', तो $27S(15P3R7Q4) = ?$

A. 12　　**B.** 8　　**C.** −6　　**D.** 10

Q.113 एक कक्षा में 32 विद्यार्थियों का औसत वजन 53.25 किग्रा है और शेष 16 विद्यार्थियों का औसत वजन 49.5 किग्रा है। कक्षा में सभी विद्यार्थियों का औसत वजन ज्ञात कीजिए। (किग्रा में)

A. 48　　**B.** 52　　**C.** 40　　**D.** 44

Q.114 साधारण ब्याज पर निवेशित धन की एक राशि 25 वर्षों में अपने आप की 3 गुना हो जाती है। यह 75 वर्षों में कितने गुना हो जाएगी?

A. 9　　**B.** 7　　**C.** 11　　**D.** 5

Q.115 अशोक शांत जल में 43.5 किमी प्रति घंटे की चाल से नाव चलाता है। यदि नदी 14.5 किमी प्रति घंटे पर बह रही है, तो उसे एक स्थान तक जाने और वापस आने में 90 मिनट का समय लगता है। वह स्थान आरंभिक बिंदु से कितनी दूरी पर है? (किमी में)

A. 27　　**B.** 25　　**C.** 23　　**D.** 29

Q.116 2 वर्षों के लिए ₹ 23,000 की धनराशि पर चक्रवृद्धि ब्याज तथा साधारण ब्याज के बीच का अंतर ₹ 230 है। वार्षिक ब्याज दर क्या है? (% में)

A. 12　　**B.** 8　　**C.** 10　　**D.** 14

Q.117 A, एक कार्य को 1170 दिनों में समाप्त करता है और B उसी कार्य को 2340 दिनों में समाप्त करता है। एक साथ कार्य करते हुए, वे इस कार्य को कितने दिनों में समाप्त करेंगे?

A. 780　　**B.** 820　　**C.** 800　　**D.** 760

Q.118 दो स्थान, A और B एक दूसरे से 3710 किमी की दूरी पर हैं। A से B के लिए एक रेलगाड़ी निकलती है, उसी समय B से A के लिए दूसरी रेलगाड़ी निकलती है। दोनों रेलगाड़ियाँ 35 घंटे बाद मिलती हैं। यदि

A से B तक जाने वाली रेलगाड़ी, दूसरी रेलगाड़ी से 35 किमी प्रति घंटे तेज़ है, तो तेज़ रेलगाड़ी की चाल ज्ञात कीजिए। (किमी प्रति घंटे में)

A. 73.5　　B. 71.5　　C. 72.5　　D. 70.5

Q.119 उस शंकु का वक्र पृष्ठीय क्षेत्रफल ज्ञात कीजिए, जिसकी त्रिज्या 13 सेमी और तिर्यक ऊंचाई 21 सेमी है। ($\pi = \frac{22}{7}$ का उपयोग करें और वक्र पृष्ठीय क्षेत्रफल सेमी ^{2} में)

A. 888　　B. 868　　C. 858　　D. 878

Q.120 निम्नलिखित समीकरण में सभी $*$ चिह्नों को प्रतिस्थापित करने तथा इसे संतुलित करने के लिए गणितीय संकारकों के अनुक्रम के उपयुक्त समुच्चय का चयन कीजिए।

$60 * 5 * 4 * 48$

A. $\div \times =$　　B. $+ \times =$　　C. $- \times =$　　D. $\times + =$

Mental Aptitude Test/Intelligence Test/Test of Reasoning

Q.121 श्रेणी में अगली संख्या ज्ञात कीजिए।

$372, 339, 286, 213, 120, ?$

A. 8　　B. 7　　C. 6　　D. 5

Q.122 भारतीय संविधान का निम्नलिखित में से कौन सा अनुच्छेद "कुछ निश्चित मामलों में गिरफ्तारी और निरोध के विरुद्ध संरक्षण" से संबंधित है?

A. अनुच्छेद 21　　B. अनुच्छेद 22
C. अनुच्छेद 20　　D. अनुच्छेद 24

Q.123 एक पुरुष की ओर इशारा करते हुए, एक महिला ने कहा, "उसकी माँ की माँ की इकलौती बेटी मेरी माँ है"। पुरुष का महिला से क्या संबंध है?

A. कजिन　　B. बहन　　C. भाई　　D. पिता

Q.124 दी गई श्रृंखला में से असंगत चित्र ज्ञात करें।

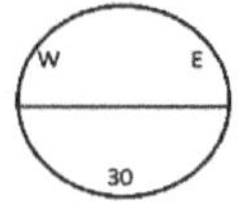

A. 3　　B. 1　　C. 4　　D. 2

Q.125 निम्नलिखित पांच में से चार एक निश्चित रूप से समान हैं अतः एक समूह बनाते हैं। इनमें से कौन सा उस समूह से नहीं है?

Herd, Flock, Shoal, Pride, Lion

A. Lion　　B. Herd　　C. Shoal　　D. Flock

Q.126 श्रेणी में अगली संख्या ज्ञात कीजिए।

$12, 17, 24, 33, 44, ?$

A. 52　　B. 51　　C. 57　　D. 48

Q.127 नीचे दी गई श्रृंखला में, ऐसे कितने 8 हैं जिनमें से प्रत्येक अपनी ठीक अनुवर्ती संख्या द्वारा पूर्णतः विभाज्य है?

$2\ 8\ 4\ 8\ 5\ 2\ 8\ 2\ 8\ 4\ 8\ 8\ 2\ 4\ 8\ 2\ 8\ 1\ 8\ 4$

A. चार　　B. छः　　C. पांच　　D. आठ

Q.128 इस प्रश्न में, कथन में विभिन्न तत्वों के बीच संबंध दर्शाया गया है। इस कथन के बाद दो निष्कर्ष दिए गए हैं:

कथन:

$S < A \leq N < D = W > I \geq C > H$

निष्कर्ष:

i) $S < N$

ii) $D \geq A$

निम्नलिखित विकल्पों में से उपयुक्त विकल्प चुनें:

(A) केवल निष्कर्ष i अनुसरण करता है
(B) केवल निष्कर्ष ii अनुसरण करता है
(C) या तो निष्कर्ष i या निष्कर्ष ii अनुसरण करता है
(D) न ही निष्कर्ष i और न निष्कर्ष ii अनुसरण करता है
(E) दोनों निष्कर्ष i और निष्कर्ष ii अनुसरण करते हैं

A. B　　B. A　　C. C　　D. D

Q.129 एक पासा 1 से 6 तक संख्यांकित है। पासे की तीन छवियों के आधार पर, ज्ञात करें कि निम्नलिखित में से कौन सी संख्या C के स्थान पर आएगी।

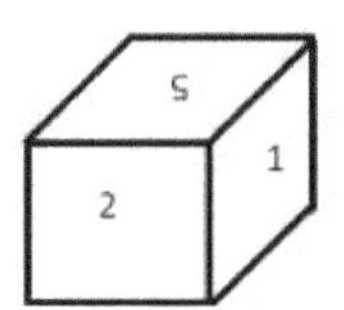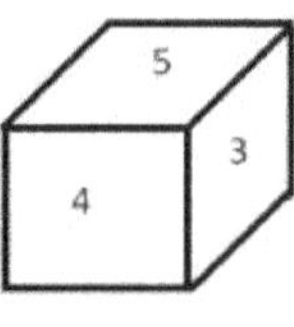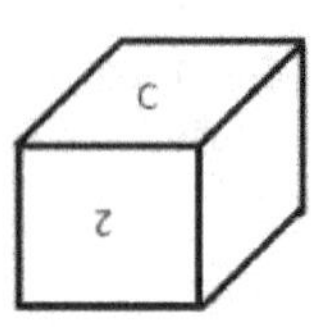

A. 6　　B. 3　　C. 2　　D. 1

Q.130 दी गई आकृति में कितने वर्ग हैं?

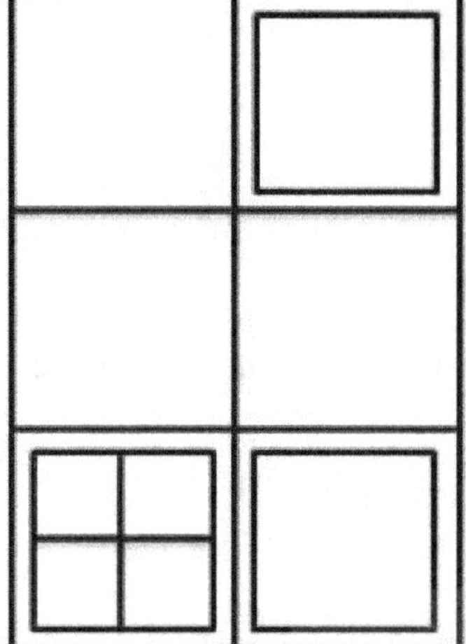

A. 15　　B. 20　　C. 24　　D. 18

Q.131 श्रेणी में लुप्त संख्या ज्ञात कीजिए।

$62, 72, 92, ?, 162, 212$

A. 128　　B. 122　　C. 120　　D. 132

Q.132 प्रश्नचिह्न को उस विकल्प से प्रतिस्थापित करें जो पहले युग्म में लागू तर्क का अनुसरण करता है।

$21027 : 12 :: 32576 : ?$

A. 21　　B. 23　　C. 22　　D. 32

Q.133 निम्नलिखित कथनों को ध्यानपूर्वक पढ़ें और दिए गए प्रश्न का उत्तर दें।

$A@B$ का अर्थ है, A, B का पति है

$A\#B$ का अर्थ है, A, B की पत्नी है

$A\$B$ का अर्थ है, A, B का बेटा है

A का अर्थ है, A, B की बेटी है

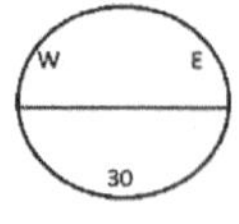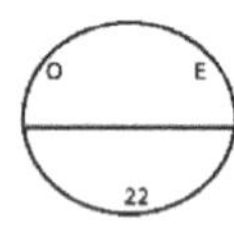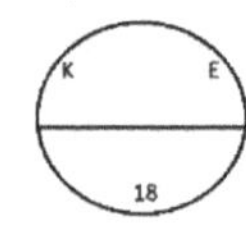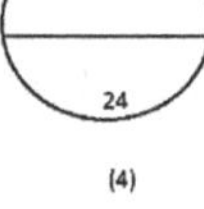

$A@B$ का अर्थ है, A, B का पति है

$A\#B$ का अर्थ है, A, B की पत्नी है

$A\$B$ का अर्थ है, A, B का बेटा है

A का अर्थ है, A, B की बेटी है

समीकरण $P\$Q\#R\$S$ में, यदि S एक महिला है, तो S का P से क्या संबंध है?

A. सास **B.** ग्रैंडफादर **C.** ग्रैंडमदर **D.** माँ

Q.134 दो व्यक्ति, A और B, समान बिंदु पर खड़े हैं। A, 6 किमी पूर्व की ओर चलता है, दाएँ मुड़ता है और 4 किमी चलता है और बाएँ मुड़ता है तथा 2 किमी चलता है। B, 3 किमी पश्चिम की ओर चलता है; दाएँ मुड़ता है और 2 किमी चलता है; फिर से दाएँ मुड़ता है और 11 किमी चलता है। A, B से कितनी दूर है?

A. 6 किमी **B.** 12 किमी **C.** 10 किमी **D.** 8 किमी

Q.135 निम्नलिखित में से किस अधिनियम में तलाक के लिए प्रावधान दिया गया है?

A. हिंदू विवाह अधिनियम, 1955
B. दहेज प्रतिबंध अधिनियम, 1961
C. बाल विवाह निषेध अधिनियम, 2006
D. सती (रोकथाम) अधिनियम, 1987

Q.136 "की टू थियोसॉफी" पुस्तक के लेखक कौन हैं?

A. भगत सिंह **B.** महात्मा गांधी
C. एडविन आर्नोल्ड **D.** हेलेना ब्लावट्स्की

Q.137 A कतार के आरंभ से 13 वें स्थान पर खड़ा है तथा A और B के बीच 2 व्यक्ति हैं। B, A के बाद खड़ा है। यदि कतार से पहले 8 व्यक्तियों को हटा दिया जाता है तो कतार के आरंभ से B का स्थान क्या होगा?

A. 5 **B.** 7 **C.** 8 **D.** 6

Q.138 यदि $P = 24, Q = 12, R = 18, S = 9$ है, तो $P \times Q + R \div S =$?

A. 240 **B.** 280 **C.** 290 **D.** 250

Q.139 एक निश्चित कूट भाषा में:
'learn life lessons' को 'lo ma ku' के रूप में लिखा जाता है,
'lessons are good' को 'pi rh ma' के रूप में लिखा जाता है,
'lead good life' को 'lo ja pi' के रूप में लिखा जाता है।
दी गई कूट भाषा में 'learn' के लिए किस कूटशब्द का उपयोग किया गया है?

A. ku **B.** lo **C.** pi **D.** ma

Q.140 मान लीजिए शब्द SUPERNATURAL में पहला तथा दूसरा अक्षर स्थान बदल लेते हैं, इसी तरह तीसरा तथा चौथा, पांचवां तथा छठा, और इसी प्रकार आगे के अक्षर स्थान बदलते हैं। नए गठित शब्द में, बाएँ से छठा अक्षर कौन सा होगा?

A. A **B.** N **C.** P **D.** R

Q.141 प्रश्नचिह्न को उस विकल्प से प्रतिस्थापित कीजिए जो प्रथम युग्म में लागू तर्क का अनुसरण करता है।

Pig : Piglet :: Lion : ??

A. Calf **B.** Puppy **C.** Kitten **D.** Cub

Q.142 एक बॉक्स में एक रुपए, दो रुपए और पांच रुपए के मूल्यवर्गों के सिक्के हैं जिनकी कुल राशि 1080 रु. है। सभी मूल्यवर्गों के सिक्के बराबर हैं। बॉक्स में सिक्कों की कुल संख्या ज्ञात कीजिए।

A. 405 **B.** 135 **C.** 115 **D.** 425

Q.143 स्वतंत्रता के बाद पहली पुलिस सुधार समिति का गठन किस राज्य में हुआ था?

A. तमिलनाडु **B.** केरल **C.** आंध्र प्रदेश **D.** कर्नाटक

Q.144 भारतीय दंड संहिता की धारा 307 निम्नलिखित में से किस अपराध से संबंधित है?

A. बलात्कार **B.** चोरी
C. हत्या का प्रयास **D.** दंगा

Q.145 निर्देश: इस प्रश्न में, एक गद्यांश के बाद एक कथन दिया गया है। गद्यांश को ध्यानपूर्वक पढ़ें और दिए गए गद्यांश के आधार पर कथन का आकलन करें।

वर्तमान टीम के लिए यह एक जबरदस्त अवसर है, यकीनन यह आधुनिक युग की सबसे अधिक प्रचारित भारतीय टेस्ट टीम है। एशिया के बाहर अपने पिछले आठ टेस्ट मैचों में इस टीम ने दो टेस्ट जीते हैं और छह में हार का सामना करना पड़ा है। इससे उबरने की जरूरत है। और ऑस्ट्रेलिया इसके लिए सबसे अच्छी जगह है। इस बार के हालात अलग हैं।

हाल के दिनों में किसी भी भ्रमणकारी टीम के लिए ऑस्ट्रेलिया में श्रृंखला जीतने का इतना शानदार मौका नहीं मिला है। यह स्टीव वॉ और रिकी पोंटिंग की आक्रामक ऑस्ट्रेलियाई टीम नहीं है, जो इसके पहले गई सभी टीमों पर भारी पड़ती थी और जिनके लिए घरेलू मैदान में उनके खिलाफ खेलना खतरनाक लगता था।

मौजूदा ऑस्ट्रेलियाई क्रिकेट टीम ने पाँच टेस्ट मैचों की श्रृंखला खेली है, जिसमें उसे तीन में हार का सामना करना पड़ा है। वह अपनी आखिरी दो श्रृंखलाओं में पराजित रही है, जिसमें एक श्रृंखला पाकिस्तान के खिलाफ थी, जो कि वर्तमान समय में खेल में मजबूत नहीं रहा है। ऑस्ट्रेलियाई टीम अपने दो निलंबित चल रहे सर्वश्रेष्ठ बल्लेबाजों स्टीव स्मिथ और डेविड वार्नर की अनुपस्थिति से कमजोर पड़ गई है।

कथन:
लेखक ने इस गद्यांश में यह बताने के लिए 'स्टीव वॉ और रिकी पोंटिंग' का उल्लेख किया है, कि ऑस्ट्रेलियाई टीम पहले कितनी मजबूत थी।

निम्नलिखित विकल्पों में से उपयुक्त विकल्प चुनें:
A - कथन निश्चित रूप से सत्य है।
B - कथन संभवतः सत्य है।
C - कथन निर्धारित नहीं किया जा सकता।
D - कथन निश्चित रूप से असत्य है।

A. D **B.** C **C.** B **D.** A

Q.146 वेन आरेख में निम्नलिखित में से कौन सी संख्या केवल उन बच्चों को दर्शाती है जो पढ़ाकू और शरारती हैं?

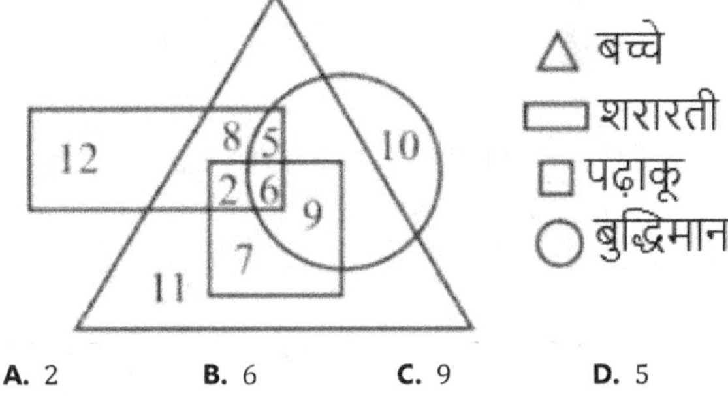

A. 2 **B.** 6 **C.** 9 **D.** 5

Q.147 $(1), (2), (3), (4)$ के रूप में संख्यांकित, निम्नलिखित में से कौन सा चित्र, दी गई शृंखला के लिए अगला चित्र होगा?

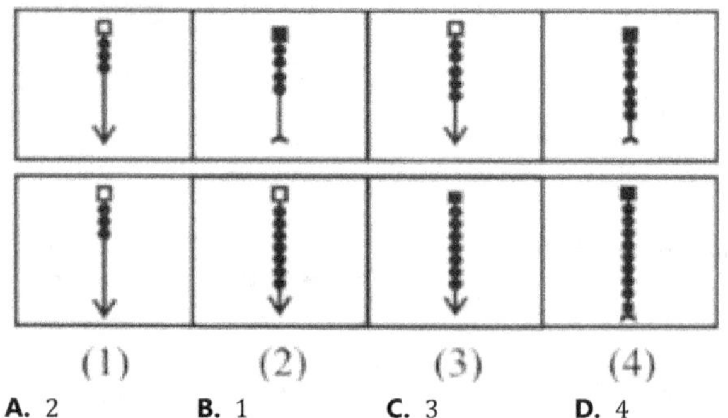

(1)　　(2)　　(3)　　(4)

A. 2　　**B.** 1　　**C.** 3　　**D.** 4

Q.148 भारत में किशोर न्याय (देखभाल और संरक्षण) अधिनियम कब अधिनियमित किया गया था?

A. 1995　　**B.** 2015　　**C.** 2005　　**D.** 2020

Q.149 निम्नलिखित में से कौन सा विकल्प दी गई आकृति को उत्तम रूप से पूर्ण करेगा?

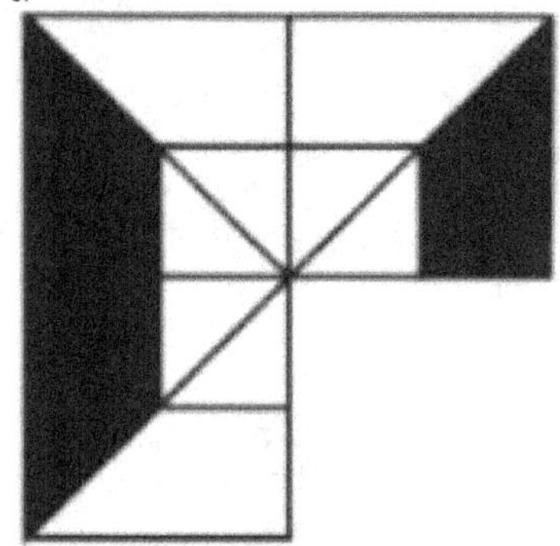

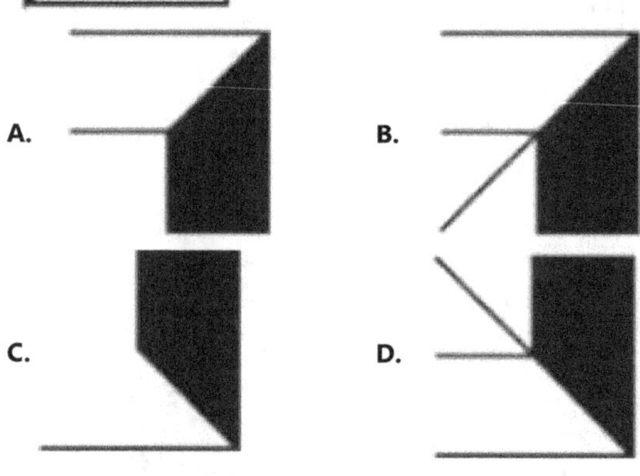

A.　　**B.**　　**C.**　　**D.**

Q.150 एक पंक्ति में सभी व्यक्ति उत्तर की ओर अभिमुख हैं, A, B के बाएँ 9 वें स्थान पर है जो एकदम दाहिने छोर पर है। A की बाईं ओर 3 व्यक्ति हैं। पंक्ति में व्यक्तियों की कुल संख्या कितनी है?

A. 12　　**B.** 13　　**C.** 14　　**D.** 15

Q.151 दिए गए विकल्पों में से असंगत शब्द/संख्या/अक्षर युग्म वाले विकल्प का चयन कीजिए।

A. तरबूज　　**B.** कमल　　**C.** लिली　　**D.** सूरजमुखी

Q.152 यदि अंग्रेज़ी वर्णमाला श्रृंखला में से सभी स्वर (vowels) हटा दिए जाएं, तो बाएँ से सातवें अक्षर की दाईं ओर पांचवां अक्षर कौन सा होगा?

A. N　　**B.** Q　　**C.** R　　**D.** P

Q.153 एक व्यक्ति 9 किमी पश्चिम की ओर चलता है; दाएँ मुड़ता है और 12 किमी चलता है। फिर वह 7 किमी प्रारंभिक बिंदु की ओर चलता है और गंतव्य स्थान पर पहुँच जाता है।

वह प्रारंभिक बिंदु से कितनी दूरी पर है?

A. 8 किमी　　**B.** 12 किमी　　**C.** 13 किमी　　**D.** 10 किमी

Q.154 एक निश्चित कूट भाषा में:

'learn life lessons' को 'lo ma ku' के रूप में लिखा जाता है,

'lessons are good' को 'pi rh ma' के रूप में लिखा जाता है,

'lead good life' को 'lo ja pi' के रूप में लिखा जाता है।

कूटशब्द 'ja' का उपयोग किसके लिए किया गया है?

A. lessons　　**B.** good　　**C.** lead　　**D.** life

Q.155 वेन आरेख में निम्नलिखित में से कौन सा वर्ण केवल उन पुरुषों को दर्शाता है जो निरक्षर हैं?

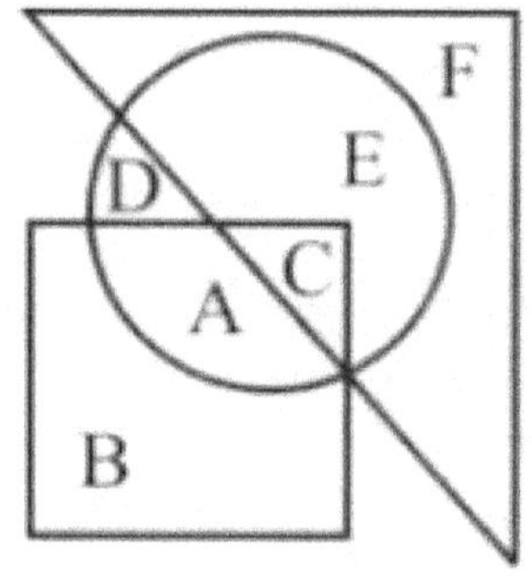

A. A　　**B.** D　　**C.** E　　**D.** F

Q.156 श्रेणी में अगली संख्या ज्ञात कीजिए।

5, 6, 11, 34, 135, ?

A. 679　　**B.** 677　　**C.** 678　　**D.** 676

Q.157 यदि संख्या अनुक्रम 5 7 8 3 2 1 1 4 5 6 3 2 में, सभी विषम संख्याओं में एक जोड़ा जाता है और सभी सम संख्याओं में एक जोड़ा जाता है, फिर नए संख्या अनुक्रम को आरोही क्रम में व्यवस्थित किया जाता है, तो दाएँ से पांचवां अंक कौन सा होगा?

A. 7　　**B.** 3　　**C.** 6　　**D.** 4

Q.158 E, D की बेटी है जिसकी पत्नी C है। C, जो A की बेटी है जिसका पति B है। D का B से क्या संबंध है?

A. दामाद　　**B.** बेटा　　**C.** ग्रैंडसन　　**D.** ससुर

Q.159 जानकारी को ध्यान से पढ़ें और निम्नलिखित प्रश्न का उत्तर दें।

A+B का अर्थ है, A, B का भाई है

A-B का अर्थ है, A, B की बहन है

A*B का अर्थ है, A, B की माँ है

A/B का अर्थ है, A, B का पिता है

दिए गए व्यंजक P/Q + R - S में P का S से क्या संबंध है?

A. पुत्री　　**B.** पिता　　**C.** माँ　　**D.** पुत्र

Q.160 भारतीय संविधान का निम्नलिखित में से कौन सा अनुच्छेद, राज्य को महिलाओं और बच्चों के लिए विशेष कानून बनाने का अधिकार देता है?

A. अनुच्छेद 4　　**B.** अनुच्छेद 17

C. अनुच्छेद 15　　**D.** अनुच्छेद 18

// स्मार्ट उत्तर पुस्तिका //

| सही उत्तर | उन छात्रों के प्रतिशत को इंगित करता है जिन्होंने प्रश्नों का सही उत्तर दिया था। |

| छोड़ दिया | उन छात्रों के प्रतिशत को इंगित करता है जिन्होंने प्रश्नों को छोड़ दिया था। |

प्रश्न संख्या	उत्तर	सही उत्तर / छोड़ दिया	प्रश्न संख्या	उत्तर	सही उत्तर / छोड़ दिया	प्रश्न संख्या	उत्तर	सही उत्तर / छोड़ दिया	प्रश्न संख्या	उत्तर	सही उत्तर / छोड़ दिया	प्रश्न संख्या	उत्तर	सही उत्तर / छोड़ दिया
1	A	58.25 % / 1.82 %	17	D	86.21 % / 0.0 %	33	D	86.74 % / 0.0 %	49	C	69.47 % / 1.54 %	65	D	30.96 % / 3.33 %
2	D	82.72 % / 0.0 %	18	D	67.74 % / 1.08 %	34	D	27.71 % / 4.45 %	50	C	25.9 % / 4.72 %	66	C	68.46 % / 1.16 %
3	A	26.45 % / 3.72 %	19	A	12.93 % / 3.52 %	35	C	57.54 % / 1.06 %	51	B	86.87 % / 0.0 %	67	A	43.17 % / 1.07 %
4	A	63.98 % / 1.02 %	20	D	50.5 % / 1.24 %	36	A	85.96 % / 0.0 %	52	A	47.32 % / 1.69 %	68	B	27.36 % / 3.01 %
5	A	64.12 % / 1.5 %	21	B	64.35 % / 1.61 %	37	B	68.11 % / 1.88 %	53	C	32.56 % / 4.08 %	69	C	48.38 % / 1.41 %
6	B	52.95 % / 1.21 %	22	D	54.24 % / 1.6 %	38	C	42.14 % / 1.09 %	54	B	59.87 % / 1.3 %	70	A	53.03 % / 1.68 %
7	C	84.43 % / 0.0 %	23	C	89.83 % / 0.0 %	39	D	13.15 % / 3.39 %	55	B	44.05 % / 1.83 %	71	B	51.66 % / 1.71 %
8	D	66.85 % / 1.91 %	24	B	43.58 % / 1.17 %	40	B	10.08 % / 3.76 %	56	B	59.41 % / 1.59 %	72	B	16.8 % / 3.32 %
9	D	44.68 % / 1.71 %	25	B	49.66 % / 1.78 %	41	A	69.93 % / 1.66 %	57	B	89.21 % / 0.0 %	73	D	45.01 % / 1.01 %
10	B	77.43 % / 0.0 %	26	B	50.56 % / 1.72 %	42	D	44.66 % / 1.09 %	58	D	30.23 % / 4.7 %	74	D	69.15 % / 1.7 %
11	C	62.02 % / 1.84 %	27	A	56.4 % / 1.4 %	43	D	46.89 % / 1.63 %	59	B	88.1 % / 0.0 %	75	B	80.3 % / 0.0 %
12	B	42.28 % / 1.27 %	28	D	85.29 % / 0.0 %	44	D	43.24 % / 1.94 %	60	A	83.29 % / 0.0 %	76	B	61.76 % / 1.63 %
13	B	47.15 % / 1.9 %	29	D	21.79 % / 3.56 %	45	C	48.03 % / 1.75 %	61	B	86.23 % / 0.0 %	77	B	89.9 % / 0.0 %
14	D	43.5 % / 1.08 %	30	C	52.04 % / 1.92 %	46	B	86.46 % / 0.0 %	62	A	49.07 % / 1.95 %	78	D	65.77 % / 1.99 %
15	B	28.39 % / 3.58 %	31	D	65.66 % / 1.81 %	47	D	88.41 % / 0.0 %	63	A	68.73 % / 1.41 %	79	B	41.01 % / 1.75 %
16	B	86.51 % / 0.0 %	32	B	52.84 % / 1.02 %	48	C	63.1 % / 1.97 %	64	C	59.85 % / 1.57 %	80	B	41.65 % / 1.22 %

प्रश्न संख्या	उत्तर	सही उत्तर / छोड़ दिया	प्रश्न संख्या	उत्तर	सही उत्तर / छोड़ दिया	प्रश्न संख्या	उत्तर	सही उत्तर / छोड़ दिया	प्रश्न संख्या	उत्तर	सही उत्तर / छोड़ दिया	प्रश्न संख्या	उत्तर	सही उत्तर / छोड़ दिया
81	D	44.76 % / 1.72 %	97	B	81.49 % / 0.0 %	113	B	52.8 % / 1.33 %	129	A	86.98 % / 0.0 %	145	D	69.04 % / 1.49 %
82	B	60.15 % / 1.2 %	98	D	43.7 % / 1.27 %	114	B	63.91 % / 1.35 %	130	A	60.3 % / 1.24 %	146	A	42.7 % / 1.95 %
83	B	49.33 % / 1.38 %	99	A	51.31 % / 1.62 %	115	D	59.66 % / 1.34 %	131	B	82.28 % / 0.0 %	147	A	64.42 % / 1.87 %
84	D	59.94 % / 1.34 %	100	C	78.75 % / 0.0 %	116	C	47.89 % / 1.42 %	132	B	51.97 % / 1.53 %	148	B	48.95 % / 1.01 %
85	B	81.17 % / 0.0 %	101	B	83.96 % / 0.0 %	117	A	53.89 % / 1.32 %	133	C	67.35 % / 1.95 %	149	D	79.48 % / 0.0 %
86	B	87.01 % / 0.0 %	102	B	86.49 % / 0.0 %	118	D	16.67 % / 3.12 %	134	A	54.18 % / 1.25 %	150	B	61.75 % / 1.29 %
87	C	51.75 % / 1.46 %	103	A	42.05 % / 1.01 %	119	C	43.91 % / 1.26 %	135	A	43.66 % / 1.12 %	151	A	83.95 % / 0.0 %
88	A	63.31 % / 1.38 %	104	B	76.91 % / 0.0 %	120	A	59.92 % / 1.83 %	136	D	45.13 % / 1.5 %	152	D	46.82 % / 1.24 %
89	B	68.23 % / 1.56 %	105	D	44.07 % / 1.71 %	121	B	68.46 % / 1.17 %	137	C	42.57 % / 1.45 %	153	A	60.26 % / 1.74 %
90	A	45.39 % / 1.33 %	106	B	40.51 % / 1.41 %	122	B	54.31 % / 1.16 %	138	C	50.89 % / 1.59 %	154	C	53.27 % / 1.76 %
91	A	65.38 % / 1.44 %	107	D	49.63 % / 1.65 %	123	C	66.56 % / 1.1 %	139	A	63.0 % / 1.34 %	155	C	65.19 % / 1.06 %
92	B	16.57 % / 3.76 %	108	D	87.44 % / 0.0 %	124	C	18.04 % / 3.88 %	140	D	47.88 % / 1.79 %	156	D	62.4 % / 1.13 %
93	D	84.84 % / 0.0 %	109	C	78.58 % / 0.0 %	125	A	57.98 % / 1.18 %	141	D	77.48 % / 0.0 %	157	C	46.19 % / 1.18 %
94	D	88.91 % / 0.0 %	110	D	69.43 % / 1.88 %	126	C	54.92 % / 1.63 %	142	A	40.14 % / 1.95 %	158	A	63.42 % / 1.37 %
95	C	63.46 % / 1.85 %	111	A	58.91 % / 1.77 %	127	D	48.09 % / 1.79 %	143	B	65.77 % / 1.27 %	159	B	46.5 % / 1.37 %
96	B	76.22 % / 0.0 %	112	C	57.05 % / 1.54 %	128	B	41.18 % / 1.76 %	144	C	63.09 % / 1.33 %	160	C	84.46 % / 0.0 %

कार्य विश्लेषण

औसत अंक (%)	42.25%
टॉपर्स स्कोर (%)	72.0%
आपका स्कोर	

//संकेत और समाधान//

1. दिये गये विकल्पों में 'को' परसर्ग कर्म कारक का चिन्ह है।

संज्ञा या सर्वनाम के जिस रूप से वाक्य के अन्य शब्दों के साथ उनका संबंध सूचित हो उसे कारक कहते हैं। हिंदी व्याकरण में कुल 8 प्रकार के कारकों का विधान किया गया है, जो परसर्ग सहित इस प्रकार हैं-

कारक	परसर्ग
कर्ता	ने
कर्म	को
करण	से/के द्वारा
सम्प्रदान	के लिए
अपादान	से (अलगाव)
संबंध	का, के, की, ना, ने, नी, रा, रे, री
अधिकरण	में, पर
सम्बोधन	हे!, ओ!, अरे!, अजी!

अतः विकल्प (A) सही है।

2. 'किसी को बुलाओ' वाक्य में 'किसी' 'अनिश्चयवाचक सर्वनाम' है।

जिस सर्वनाम से किसी व्यक्ति या पदार्थ का निश्चित बोध न हो, उसे अनिश्चयवाचक सर्वनाम कहते हैं।

जैसे- दुकान पर कोई आया था।

अतः विकल्प (D) सही है।

3. 'कोर्ट मार्शल' स्वदेश दीपक का सर्वश्रेष्ठ नाटक है जो सन् 1991 में प्रकाशित हुआ था। स्वदेश दीपक द्वारा रचित कुछ प्रसिद्ध नाटक इस प्रकार है- नाटक बाल भगवान, कालकोठरी, जलता हुआ रथ, सबसे उदास कविता आदि।

'कोर्ट मार्शल' एक ऐसी नाट्य-रचना है जिसमें कोर्ट मार्शल जैसी सैन्य न्याय-व्यवस्था का सच उजागर हुआ है।

नाटककार स्वदेश दीपक ने अपनी इस नाट्य-रचना में बड़ी कुशलता से एक अपराधिक घटना को समूचे समाज और मानव स्वभाव से जोड़कर व्याख्यायित किया है तथा यथार्थ को देखने का नया नज़रिया दिया है। यह नाटक जितना बाहर घटित होता है उतना ही हमारे भीतर, इसलिए 'कोर्ट मार्शल' एक आन्दोलित करनेवाली कृति है।

अतः विकल्प (A) सही है।

4. तीन गणनावाचक विशेषण का उदाहरण है।

वह संख्यावाची विशेषण जो पूर्णांकबोध और अपूर्णांकबोधक के रूप में गिनने योग्य हो, उसे गणनावाचक विशेषण शब्द कहते हैं। जैसे- एक, दो, तीन, चार आदि।

अन्य विकल्पों में दिये गये विशेषण शब्दों के विवरण इस प्रकार है-

- तीसरा - क्रमवाचक विशेषण
- तिगुना - आवृत्तिवाचक विशेषण
- तीनों - समुदायवाचक विशेषण

अतः विकल्प (A) सही है।

5. 'तेलुगु' बोली हिंदी भाषा के अंतर्गत नहीं, बल्कि द्रविड़ भाषा के अंतर्गत आती है। बांगरू/हरियाणी तथा कन्नौजी बोली पश्चिमी हिंदी एवं अवधी बोली पूर्वी हिंदी के अंतर्गत आती है।

तेलुगु भाषा भारत के आंध्र प्रदेश और तेलंगाना राज्यों की मुख्यभाषा और राजभाषा है। विश्वभर में सबसे ज़्यादा वक्ताओं वाली द्रविड़ भाषा का दर्जा तेलुगु को मिलता है और यह भारत की उन चुनिंदा भाषाओं में शामिल है जिन्हें एक से ज़्यादा राज्यों में राजभाषा का दर्जा प्राप्त है।

अतः विकल्प (A) सही है।

6. दिये गये विकल्पों में 'तू' सार्वनामिक शब्द मध्यम पुरुषवाचक सर्वनाम है जबकि 'में' उत्तमपुरुष तथा 'वह' अन्य पुरुष सर्वनाम का उदाहरण है।

जिन सर्वनाम शब्दों का प्रयोग बोलने वाला व्यक्ति सुनने वाले व्यक्ति के लिए करता है उन सर्वनाम शब्दों को मध्यम पुरुषवाचक सर्वनाम कहते हैं। मध्यम पुरुषवाचक सर्वनाम में तू, तुम, तुझे, तुम्हें, तेरा, आप, आपका, आपके, आपको इत्यादि सर्वनाम शब्द आते हैं।

अतः विकल्प (B) सही है।

7. विष्णु या नारायण की उपासना करने वाले भक्त 'आलवार' कहलाते हैं। आलवार संतों की संख्या 12 मानी जाती है जिनमें मात्र एक महिला संत थी, जिन्हें 'आण्डाल' के नाम से जाना जाता है।

इनकी संख्या 12 हैं। उनके नाम इस प्रकार है -

- पोग्यै आलवार
- भूतत्तालवार
- पेयालवार
- तिरुमालिसै आलवार
- नम्मालवार
- मधुरकवि आलवार
- कुलशेखरालवार
- पेरियालवार
- आण्डाल
- तोण्डरडिप्पोड़ियालवार
- तिरुप्पाणालवार
- तिरुमंगैयालवार

अतः विकल्प (C) सही है।

8. 'वह आया है।' वाक्य पूर्ण वर्तमान काल का उदाहरण है।

वर्तमान समय में क्रिया के जिस रूप से कार्य के पूरा होने का बोध होता है, पूर्ण वर्तमान काल की क्रिया कहलाती है। जैसे-

- वह आया है।
- मैंने फल खाए हैं।

अतः विकल्प (D) सही है।

9. दिये गये विकल्पों में 'प्राची' शब्द पूर्व दिशा के लिए उपयुक्त शब्द होगा।

दिये गये सभी विकल्पों का विवरण इस प्रकार होगा-

- प्राची - पूर्व
- उदीची - उत्तर
- प्रतीची - पश्चिम
- अवाची - दक्षिण

अतः विकल्प (D) सही है।

10. 'छलिया' शब्द में 'इया' प्रत्यय प्रयुक्त हुआ है।

वे शब्दांश जो किसी शब्द के अंत में जुड़कर उसके अर्थ में विशेषता ला देते है, प्रत्यय कहलाते हैं।

छल + इया = छलिया

अतः विकल्प (B) सही है।

11. 'पुत्रशोक' में 'तत्पुरूष समास' है।

तत्पुरूष समास में उत्तर पद की प्रधानता होती है। कर्ता कारक एवं सम्बोधन कारक के अतिरिक्त अन्य सभी कारक के विभक्तियों का लोप कर तत्पुरूष सामासिक शब्द बनता है।

- जैसे- पुत्रशोक- पुत्र के लिए शोक
- अर्थात् 'पुत्रशोक' में सम्प्रदान तत्पुरूष समास है।

अतः विकल्प (C) सही है।

12. दिये गये विकल्प में 'प' वर्ण का उच्चारण स्थान 'ओष्ठ' है। शेष विकल्पों में दिये गये वर्णों के उच्चारण स्थान का विवरण इस प्रकार है-

वर्ण	उच्चारण
ग	कण्ठ्य
त	दन्त्य
च	तालव्य

अतः विकल्प (B) सही है।

13. पौर्वात्य शब्द 'पाश्चात्य' का विलोम है।

विलोम शब्द का अर्थ होता है उल्टा। किसी भी शब्द का विपरीत या उल्टा अर्थ देने वाले शब्द विलोम शब्द कहलाते है।

अन्य विकल्पों के विलोम शब्द:

शाश्वत - क्षणिक

विदेशी - देशी

पूर्ववर्ती - उत्तरवर्ती/परवर्ती

अतः विकल्प (B) सही है।

14. वर्ष 2005 में कुंवर नारायण को साहित्य जगत के सर्वोच्च सम्मान ज्ञानपीठ पुरस्कार से सम्मानित किया गया। कुंवर नारायण की कुछ प्रकाशित कृतियाँ इस प्रकार हैं-चक्रव्यूह, परिवेश:, हम-तुम, आमने सामने, आत्मजयी, कोई दूसरा नहीं, वाजश्रवा के बहाने आदि।

अतः विकल्प (D) सही है।

15. सिखों के प्रसिद्ध धर्मग्रंथ 'श्री गुरू ग्रंथ साहब' का संकलन उनके पाँचवें गुरू 'अर्जुन देव' द्वारा सन् 1604 ई. में किया गया। गुरू ग्रंथ साहब को आदिग्रंथ भी कहा जाता है।

गुरु ग्रंथ साहिब सिख समुदाय का एक धार्मिक ग्रंथ है। इसे केवल धार्मिक ग्रंथ ही नहीं, सिख धर्म का अंतिम और जीवित गुरु भी माना जाता है। दसवें गुरु, गुरु गोविंद सिंह ने वर्ष 1708 में अपनी मृत्यु से पहले घोषणा कर दी थी कि उनके बाद कोई व्यक्ति गुरु नहीं होगा और गुरु ग्रंथ साहिब आखिरी गुरु होंगे।

अतः विकल्प (B) सही है।

16. राजभाषा आयोग के प्रथम अध्यक्ष 'बाल गंगाधर खेर' (बी० जी० खेर) थे।

भारतीय संविधान के अनुच्छेद 344 में प्राप्त शक्तियों के आधार पर 7 जून 1955 को राजभाषा आयोग का गठन किया गया। अनुच्छेद-343 के अनुसार संघ की राजभाषा हिन्दी तथा लिपि देवनागरी होगी।

अतः विकल्प (B) सही है।

17. कर्ता के 'ने' चिन्ह का प्रयोग 'सामान्य भूत में' होता है।

'क्रिया के जिस रूप से कार्य के सामान्य रूप से बीते समय में पूरा होने का बोध हो, उसे सामान्य भूतकाल की क्रिया कहते हैं।'

उदाहरण-राम ने रावण को मारा।

अतः विकल्प (D) सही है।

18. 'चंद्रकांता' हिंदी के आरम्भिक उपन्यासों में से एक है। जिसके लेखक देवकी नंदन खत्री हैं। यह उपन्यास अपने समय में अत्यधिक लोकप्रिय हुआ

था। सबसे पहले इसका प्रकाशन सन् 1888 में हुआ था। यह लेखक का पहला उपन्यास था तथा इसे पढ़ने के लिए बहुत से लोगों ने हिंदी भाषा सीखी थी।

अतः विकल्प (D) सही है।

19. 'बेगमपुरा' की अवधारणा को भक्तिकाल के महान संत 'रविदास' ने प्रस्तुत किया था। यह एक राजनीतिक-आर्थिकसामाजिक अवधारणा है। संत रविदास ने बेगमपुर शहर में एक दुःखविहीन समाज की कल्पना की है, जिसमें ऊँच-नीच, अमीरगरीब और छूआछूत का भेद नहीं है।

महान संत रविदास (रैदास) का जन्म काशी में हुआ था। उनकी माता का नाम कर्मा देवी तथा पिता का नाम संतोख दास था। चर्मकार कुल से होने के कारण जूते बनाने का अपना पैतृक व्यवसाय उन्होंने हृदय से अपनाया था। वे पूरी लगन तथा परिश्रम से अपना कार्य करते थे।

अतः विकल्प (A) सही है।

20. 'राम लक्ष्मण से पत्र लिखवाता है।' इस वाक्य में क्रिया का प्रयोग 'प्रेरणार्थक क्रिया' के रूप में किया गया है।

जिस क्रिया से इस बात का बोध होता है, कि कर्ता स्वयं कार्य न करके किसी दूसरे को कार्य करने के लिए प्रेरित करता है। वह प्रेरणार्थक क्रिया कहलाती है। जैसे:

- लिखना - लिखाना, लिखवाना
- खाना - खिलाना, खिलवाना
- काटना - कटाना, कटवाना

अतः विकल्प (D) सही है।

21. दिये गये विकल्पों में 'भारती' शब्द 'लक्ष्मी' का पर्यायवाची नहीं है। जबकि चंचला, अमला, इंदिरा, श्री, कमला, हरिप्रिया, पद्मा, रमा आदि 'लक्ष्मी' के पर्यायवाची शब्द हैं।

ऐसे शब्द जिनके अर्थ समान हों, पर्यायवाची शब्द कहलाते हैं। जैसे:

- अतिथि- मेहमान, अभ्यागत, आगन्तुक, पाहुना।
- अलंकार- आभूषण, भूषण, विभूषण, गहना, जेवर।

अतः विकल्प (B) सही है।

22. उपर्युक्त प्रश्न में प्रस्तुत चिन्ह (;) को अर्द्ध विराम चिन्ह कहा जाता है। जब एक ही प्रधान उपवाक्य पर अनेक आश्रित उपवाक्य हों तब अर्द्ध विराम (;) चिन्ह का प्रयोग किया जाता है। जैसे-

सूर्योदय हुआ; अंधकार मिटा; पक्षी चहचहाने लगे और मैं प्रातः भ्रमण को चल पड़ा।

अन्य विकल्प:

- पूर्णविराम चिन्ह - (।)
- अल्पविराम - (,)
- निर्देशक चिन्ह - (:-)

अतः विकल्प (D) सही है।

23. 'गरीबों को दान दो' इस वाक्य में 'गरीब' शब्द 'सम्प्रदान कारक' का उदाहरण है। जब कर्ता के द्वारा दान देने की क्रिया हो, उसकी 'सम्प्रदान कारक' संज्ञा होगी।

जैसे- वह भिखारी को कम्बल देता है।

अतः विकल्प (C) सही है।

24. 'हमारा शिक्षा माध्यम और पाठ्यक्रम' उपर्युक्त गद्यांश का सर्वाधिक उपयुक्त शीर्षक होगा।

उपर्युक्त गद्यांश में लेखक ने हमारे शिक्षा माध्यम और पाठ्यक्रम को हमारी भारतीय भाषा में होने की बात कही है जिससे हमारी संस्कृति और साथ ही भारतीय भाषा का विकास को और आने वाली पीढ़ी भी इससे अवगत हो सके।

अतः विकल्प (B) सही है।

25. उपरोक्त गद्यांश के अनुसार "आवश्यकता इस बात की है कि हमारी शिक्षा का माध्यम भारतीय भाषा हो, जिसमें राष्ट्र के हृदय-मन-प्राण के सूक्ष्मतम और गम्भीरतम संवेदन मुखरित हों और हमारा पाठ्यक्रम यूरोप तथा अमेरिका के पाठ्यक्रम आधारित न होकर हमारी अपनी सांस्कृतिक परम्पराओं एवं आवश्कताओं का प्रतिनिधित्व करें।

अतः विकल्प (B) सही है।

26. गद्यांश के अनुसार, हम राष्ट्रीय परम्परा से ही नहीं, सामयिक जीवन प्रवाह से भी दूर जा पड़े हैं। विदेशी पश्चिमी चश्मों के भीतर से देखने पर अपने घर के प्राणी भी बे-पहचाने और अजीब से लगने लगे हैं।

अतः विकल्प (B) सही है।

27. वे शब्दांश जो किसी 'शब्द के पहले' जुड़कर उसके अर्थ में विशेषता उत्पन्न कर देते हैं, उपसर्ग कहलाते हैं। उपसर्ग दो शब्दों 'उप + सर्ग' से मिलकर बना है जिसमें 'उप' का अर्थ है- 'समीप' तथा 'सर्ग' का अर्थ है- सृष्टि करना।

जैसे- 'प्र'- प्रयत्न, प्रयोग, प्रहार, प्रभार, प्रयोजन आदि।

अतः विकल्प (A) सही है।

28. विकल्प (D) में दिया गया वाक्य 'मैंने पुस्तक पढ़ी।' शुद्ध वाक्य है।

अन्य विकल्प इस प्रकार हैं-

- राम के अनेक नाम हैं।
- मुझे जाना है।

अतः विकल्प (D) सही है।

29. कवि 'हरिदास' अष्टछाप में सम्मिलित नहीं हैं। 'अष्टछाप' आठ भक्तिकालीन कवियों का एक समूह था इसकी स्थापना महाप्रभु श्री वल्लभाचार्य जी के पुत्र श्री विठ्ठलनाथ जी ने किया था। अष्टछाप के कवि कृष्ण भक्ति काव्यधारा के कवि थे। अष्टछाप में सम्मिलित आठ कवियों के नाम इस प्रकार है-

(i) कुम्भनदास

(ii) सूरदास

(iii) परमानंददास

(iv) कृष्णदास

(v) नंददास

(vi) चतुर्भुजदास

(vii) छीतस्वामी

(viii) गोविंदस्वामी

अतः विकल्प (D) सही है।

30. 'पंचामृत' में 'द्विगु समास' है। वह सामासिक शब्द जिसका पूर्व पद संख्यावाची विशेषण हो तथा समस्त पद किसी समूह का बोध करा रहा हो, द्विगु समास कहलाता है।

उदाहरण- त्रिफला, अष्टाध्यायी, चौराहा, पंचतत्व, त्रिवेणी, दोपहर आदि।

अतः विकल्प (C) सही है।

31. 'महत्त्व' में 'त्व' प्रत्यय का प्रयोग हुआ है। प्रत्यय वे शब्दांश होते हैं, जो किसी शब्द के अंत में जुड़कर उसके अर्थ में विशिष्टता ला देते हैं। 'त्व' प्रत्यय से बने शब्द इस प्रकार हैं-

'त्व'- महत्त्व, गुरूत्व, लघुत्व, व्यक्तित्व, देवत्व, अपनत्व आदि।

अतः विकल्प (D) सही है।

32. 'हानूश' नाटक के लेखक 'भीष्म साहनी' जी हैं। इसका प्रकाशन सन् 1977 ई. में हुआ था। 'भीष्म साहनी' जी की अन्य नाट्य कृतियाँ- भाग्यरेखा, माधवी, रंग दे बसंती चोला, आलमगीर, मुआवजे, कबिरा खड़ा बाजार में आदि।

अतः विकल्प (B) सही है।

33. 'सब में व्याप्त रहने वाला' वाक्यांश के लिए उपयुक्त शब्द 'सर्वव्यापी' होगा। शेष सभी विकल्प वर्तनी की दृष्टि से त्रुटिपूर्ण हैं।

वाक्य प्रयोग- उस सर्वव्यापी भाषा को समझने और बूझने के लिए हिम्मत का होना बहुत जरूरी है।

अतः विकल्प (D) सही है।

34. 'मलयालम' भाषा भारोपीय परिवार की भाषा नहीं हैं। मलयालम द्रविड़ परिवार की भाषा है, जबकि हिंदी, मराठी एवं गुजराती भारोपीय परिवार की भाषाएँ हैं।

भारोपीय भाषा परिवार विश्व में बोली जाने वाली भाषाओं में सर्वप्रमुख भाषा परिवार है। इसके बोलने वालों की संख्या विश्व में सबसे ज़्यादा है। इस भाषा परिवार की प्रमुख भाषाएँ संस्कृत, पालि, प्राकृत, अपभ्रंश, हिन्दी, बंगाली, फ़ारसी, ग्रीक, लेटिन, अंग्रेज़ी, रूसी, जर्मन, पुर्तग़ाली और इतालवी इत्यादि हैं।

अतः विकल्प (D) सही है।

35. विकल्प (C) में दिया गया विराम चिन्ह (,) अल्पविराम का चिन्ह है।

वाक्य के भीतर एक ही प्रकार के शब्दों को अलग करने के लिए अल्पविराम चिन्ह (,) का प्रयोग किया जाता है। अन्य विकल्प योजक चिन्ह (-), प्रश्नवाचक चिन्ह (?) तथा विस्मयादिकबोधक (!) चिन्ह है।

जैसे- राजू ने सेब, पपीता, केले आदि खरीदे।

अतः विकल्प (C) सही है।

36. भाषा की सबसे छोटी इकाई को 'वर्ण' कहा जाता है। वर्ण को दो भागों में बाँटा गया है- (i) स्वर, (ii) व्यंजन

हिंदी वर्णमाला में कुल '52' वर्ण होते हैं जिनमें स्वरों की संख्या '11' तथा व्यंजनों की कुल संख्या '41' होती है।

अतः विकल्प (A) सही है।

37. विकल्प (B) में दिया गया शब्द 'वृक' तद्भव शब्द नहीं है। सभी विकल्पों के विवरण इस प्रकार हैंहैं। सभी विकल्पों के विवरण इस प्रकार हैं-

तद्भव	तत्सम
वृग	वृक
ताला	तालक
तमोली	ताम्बूलिक
भीतर	आभ्यन्तर

अतः विकल्प (B) सही है।

38. 'घी के दिये जलाना' मुहावरे का सही अर्थ है-अप्रत्याशित लाभ पर प्रसन्न होना। 'घी के दिये जलाना' मुहावरे का अनेक अर्थ होता है। जैसे-बहुत अधिक खुशी मनाना, अत्यंत प्रसन्न होना।

वाक्य प्रयोग-रमेश को नौकरी मिलने पर उसके परिवारजनों ने घी के दिये जलाए।

अतः विकल्प (C) सही है।

39. दिवाली शब्द तद्भव है।

तद्भव एक संस्कृत शब्द है जो मध्यकालीन भारत-आर्य भाषाओं के सन्दर्भ में उन शब्दों को कहते हैं जो संस्कृत के मूल शब्द नहीं हैं बल्कि संस्कृत के किसी मूल शब्द से व्युत्पन्न (निकले हुए) हैं।

तद्भव	तत्सम
दिवाली	दीपावली
दूबे	द्विवेदी
दाई	धात्री
दोना	द्रोण

अतः विकल्प (D) सही है।

40. 'क्ष' व्यंजन 'संयुक्त व्यंजन' का उदाहरण है।

क्ष = क् + ष

शेष विकल्पों में दिये गये व्यंजन 'ड', 'झ' तथा 'ढ' स्पर्शी व्यंजन के उदाहरण हैं।

'दो या दो से अधिक व्यंजन वर्णों के योग से बने व्यंजन संयुक्त व्यंजन कहलाते हैं।' हिंदी वर्णमाला में संयुक्त व्यंजनों की संख्या 4 (क्ष, त्र, ज्ञ, श्र) मानी गयी है।

अतः विकल्प (B) सही है।

41. भारत में, विलियम बेंटिक (1828-1835) ने राजा राममोहन राय के समर्थन से 1829 में सती प्रथा को समाप्त कर दिया। बेंटिक ने इस प्रथा के खिलाफ एक कानून बनाया और 1829 ईस्वी में, धारा 17 के माध्यम से, विधवाओं की सती को अवैध घोषित कर दिया।

कहा जाता है कि भारत में सती प्रथा की उत्पत्ति ईसा पूर्व चौथी शताब्दी में हुई थी। हालाँकि, इस प्रथा के प्रमाण 5 वीं और 9वीं शताब्दी ईस्वी के बीच मिलते हैं जब राजाओं की विधवाओं ने यह बलिदान किया था। जौहर राजस्थान और मध्य प्रदेश में सबसे प्रचलित सती प्रथाओं में से एक था।

अतः विकल्प (A) सही है।

42. भारतीय संविधान के भाग-XIV में 'अखिल भारतीय सेवाओं' का उल्लेख किया गया है।

- भाग-VII में पहली अनुसूची के 'भाग ख के राज्य' का वर्णन है। वर्तमान में यह भाग निरसित है।
- भाग-IX में पंचायतों का उल्लेख किया गया है।
- संविधान का भाग-III मौलिक अधिकारों से संबंधित है।

अतः विकल्प (D) सही है।

43. भारतीय संविधान के अनुच्छेद 317(3) में प्रावधान किया गया है कि राष्ट्रपति संघ लोक सेवा आयोग के अध्यक्ष व सदस्यों को निम्नलिखित आधारों पर हटा सकता है-

- दिवालिया घोषित किया गया हो।
- अपने कार्यकाल के दौरान कार्यालय के कर्तव्यों के बाहर किसी भी भुगतान वाले रोजगार में संलग्न होना है।
- राष्ट्रपति की राय में मानसिक या शारीरिक दुर्बलता के कारण पद पर बने रहने के लिए अयोग्य है।

अतः विकल्प (D) सही है।

44. भारतीय संविधान के अनुच्छेद-110 में धन विधेयक की परिभाषा दी गयी है।

कोई विधेयक धन विधेयक माना जाएगा यदि वह भारत की संचित निधि या आकस्मिकता निधि की अभिरक्षा, या ऐसी किसी निधि में धन जमा करने या उसमें से धन निकालने संबंधित हो। भारत सरकार की संचित निधि से या आकस्मिकता निधि की अभिरक्षा करता हो। भारत सरकार की संचित निधि से धन का विनियोग करता हो।

उल्लेखनीय है कि किसी विधेयक के बारे में विवाद उठने पर कि वह धन विधेयक है अथवा नहीं, लोकसभा के अध्यक्ष का निर्णय अंतिम होता है।

अतः विकल्प (D) सही है।

45. भारत में 3 अखिल भारतीय सेवाएं हैं। इनमें भारतीय प्रशासनिक सेवा (आईएएस), भारतीय वन सेवा (आईएफएस) और भारतीय पुलिस सेवा (आईपीएस) शामिल हैं जो भारत की सभी सिविल सेवाएं हैं। हालांकि इन सेवाओं के सदस्यों को विभिन्न राज्यों के तहत रखा जाता है, लेकिन वे केंद्र द्वारा भर्ती होते हैं।

अतः विकल्प (C) सही है।

46. निर्माण 8 कोर उद्योगों के अंतर्गत नहीं आता है।

कोयला, कच्चा तेल, प्राकृतिक गैस, उर्वरक, स्टील, पेट्रो रिफाइनिंग, बिजली व सीमेंट उद्योगों को आठ कोर सेक्टर कहा जाता है। इन उद्योगों को देश के विकास के लिए परमावश्यक माना जाता है।

अतः विकल्प (B) सही है।

47. वर्ष 2020 का नोबेल शांति पुरस्कार 'विश्व खाद्य कार्यक्रम' को प्रदान किया गया जबकि वर्ष 2021 का नोबल शांति पुरस्कार 'मारिया रेसा' व 'दिमित्री मुराटोव' को प्राप्त हुआ।

'विश्व खाद्य कार्यक्रम' - एक अग्रणी मानवीय संगठन है जो आपात स्थिति में लोगों के जीवन को बचाने और परिवर्तित हेतु खाद्य सहायता प्रदान करता है यह पोषण स्तर में सुधार करने और लचीलापन लाने हेतु समुदायों के साथ मिलकर कार्य करता है।

अतः विकल्प (D) सही है।

48. 61वें संविधान संशोधन अधिनियम 1989 ई. के द्वारा संविधान के अनुच्छेद 326 में संशोधन करके मतदान के लिए आयु-सीमा 21 वर्ष से घटाकर 18 वर्ष कर दिया गया था। 41 वें संविधान संशोधन अधिनियम 1976 ई. के द्वारा संविधान के अनुच्छेद 316 में संशोधन करके राज्य लोक सेवा आयोग के सदस्यों की सेवा मुक्ति की आयु 60 वर्ष से बढ़ाकर 62 वर्ष कर दी गई किंतु संघ लोक सेवा आयोग के सदस्यों की सेवा-निवृत्ति की अधिकतम आयु 65 वर्ष रहने दी गयी।

71 वें संविधान संशोधन अधिनियम 1992 के तहत 8 वीं अनुसूची में कोंकणी, मणिपुरी और नेपाली भाषा को सम्मिलित किया गया।

अतः विकल्प (C) सही है।

49. इन्वेस्ट इंडिया वाणिज्य एवं उद्योग मंत्रालय के तहत निवेश को बढ़ावा देने के लिए एक प्रमुख एजेंसी है। अक्टूबर, 2021 में इन्वेस्ट इंडिया को सर्वसम्मति से 2021-2023 के लिए वर्ल्ड एसोसिएशन ऑफ इन्वेस्टमेंट प्रमोशन एजेंसीज (WAIPA) का अध्यक्ष चुना गया है। इन्वेस्ट इंडिया एक राष्ट्रीय निवेश संवर्धन और सुविधा एजेंसी है जो निवेशकों की भारत में निवेश के अवसरों एवं विकल्पों की तलाश में मदद करती है।

अतः विकल्प (C) सही है।

50. 42वें संविधान संशोधन अधिनियम 1976 के द्वारा संविधान में निम्नलिखित परिवर्तन किये गये-

- संविधान की प्रस्तावना में समाजवादी, धर्मनिरपेक्ष एवं एकता व अखण्डता शब्द जोड़े गये।
- सभी नीति-निर्देशक सिद्धांतों को मूल अधिकारों पर सर्वोच्चता सुनिश्चित की गयी।
- इसके अन्तर्गत संविधान में दस मौलिक कर्त्तव्यों को अनुच्छेद 51(क) भाग (IVक) के अन्तर्गत जोड़ा गया।
- इसने संसद को राष्ट्रविरोधी गतिविधियों से निपटने के लिए कानून बनाने के अधिकार दिए एवं सर्वोच्चता स्थापित की।

अतः विकल्प (C) सही है।

51. भारत में अलीगढ़ आंदोलन के संस्थापक सैयद अहमद खान थे। यह एक इस्लामी आंदोलन था। इस आंदोलन का मुख्य उद्देश्य मुसलमानों में धार्मिक सुधार करना था। सैयद अहमद खान ने 'पीरी-मुरीदी प्रथा' एवं दास प्रथा को समाप्त करने का प्रयत्न किया। सैयद अहमद खान ने 1875 ई. में अलीगढ़ में एक 'एंग्लो मुस्लिम स्कूल' की स्थापना की, जिसे 'एंग्लो ओरिएंटल स्कूल' भी कहा जाता है। इस केन्द्र पर पाश्चात्य विषय विज्ञान एवं मुस्लिम धर्म जैसी सभी विषयों की शिक्षा दी जाती थी।

अतः विकल्प (B) सही है।

52. हाल ही में पारित कृषि अधिनियम के अनुसार, कृषि समझौते की अधिकतम अवधि 5 वर्ष है।

कृषि (सशक्तिकरण और संरक्षण) कीमत आश्वासन और कृषि सेवा पर करार विधेयक, 2020 का उद्देश्य अनुबंधों के तहत होने वाली कृषि को एक कानूनी सुरक्षा कवच देना है। इस विधेयक की मदद से किसान किसी फसल को पैदा करने के लिए पाँच साल तक का अनुबंध कर सकता है। उल्लेखनीय है कि वर्तमान में केन्द्र सरकार ने कृषि कानूनों को वापस ले लिया है।

अतः विकल्प (A) सही है।

53. भारत के सर्वोच्च न्यायालय ने 'जोसेफ शाइन बनाम भारत संघ' (2018 SC) के मामले में भारतीय दंड संहिता, 1860 की धारा 497 को हटाते हुए, व्यभिचार को अपराध मुक्त किया।

सर्वोच्च न्यायालय के निर्णय के अनुसार:

- भारतीय दंड संहिता की धारा 497 महिला की गरिमा के अधिकार का उल्लंघन करती है। अतः यह संविधान के अनुच्छेद 21 का उल्लंघन है।

- धारा 497 स्पष्ट रूप से मनमानी है क्योंकि स्त्री पर पुरुष की कानूनी संप्रभुता गलत है। अतः पत्नी पति की संपत्ति नहीं है।

- व्यभिचार अपराध की अवधारणा में फिट नहीं है। यदि इसे अपराध के रूप में माना जाता है, तो वैवाहिक क्षेत्र की अत्यधिक निजता में अत्यधिक घुसपैठ होगी।

- धारा 497, अनुच्छेद 14 और 15 (समानता का अधिकार) का उल्लंघन करता है क्योंकि यह लिंग के आधार पर भेदभाव करता है और इसके तहत केवल पुरुषों को दंडित किया जाता है।

- व्यभिचार को अपराध मानना एक 'पुरातन विचार' है जिसमें पुरुष को अपराधी और महिला को पीड़ित माना जाता है लेकिन वर्तमान परिदृश्य में ऐसा नहीं है।

- धारा 497 संस्थागत भेदभाव और विसंगतियों एवं असंगतताओं से भरा हुआ था।

- धारा 497 उस सिद्धांत पर आधारित है जिसके अनुसार, एक महिला विवाह के साथ अपनी पहचान और कानूनी अधिकार खो देती है। ये उनके मौलिक अधिकारों का उल्लंघन करती है। यह सिद्धांत संविधान द्वारा मान्यता प्राप्त नहीं है। व्यभिचार अनैतिक हो सकता है लेकिन गैरकानूनी नहीं।

अतः विकल्प (C) सही है।

54. प्रदूषक द्वारा भुगतान (पॉल्युटर पेय) सिद्धांत के अनुसार, किसी व्यक्ति के पूर्ण दायित्व में न केवल प्रदूषण के पीड़ितों की क्षतिपूर्ति शामिल है, बल्कि पर्यावरणीय क्षति को पुनः ठीक करने की लागत भी शामिल है।

भारत के उच्चतम न्यायालय ने 'प्रदूषक भुगतान सिद्धांत' की व्याख्या इस प्रकार की है - पर्यावरण को हानि पहुंचाने के लिए निरपेक्ष दायित्व के रूप में परिभाषित किया गया है जो न केवल प्रदूषण के पीड़ितों को क्षतिपूर्ति प्रदान करने के स्तर तक सीमित है बल्कि पर्यावरण की निम्नीकरण की बहाली की लागत भी शामिल है।

अतः विकल्प (B) सही है।

55. गेहूँ और जौ की जोड़ी रबी फसलों का सबसे अच्छा वर्णन करती है।

रबी की फसल सामान्यतः अक्तूबर-नवम्बर के महिनों में बोई जाती हैं। इन फसलों की बुआई के समय कम तापमान तथा पकते समय खुश्क और गर्म वातावरण की आवश्यकता होती है। उदाहरण के तौर पर गेहूँ, जौ, आलू, चना, मसूर, अलसी, मटर व सरसों रबी की प्रमुख फसलें मानी जाती हैं।

अतः विकल्प (B) सही है।

56. भारतीय संविधान के अनुच्छेद 202 के अनुसार राज्यपाल प्रत्येक वित्तीय वर्ष के संबंध में राज्य के विधान-मण्डल के सदन या सदनों के समक्ष उस राज्य की उस वर्ष के लिए प्राक्कलित प्राप्तियों और व्यय का विवरण रखवाता है, जिसे वार्षिक वित्तीय विवरण कहा जाता है।

अतः विकल्प (B) सही है।

57. हमारे शरीर की सबसे बड़ी ग्रंथि यकृत और सबसे छोटी ग्रंथि पिट्यूटरी कहलाती है। पिट्यूटरी को 'मास्टर ग्रंथि' भी कहा जाता है। यह एक अंतःस्रावी ग्रन्थि है जिसका आकार एक मटर के दाने जैसा होता है और वजन 0.6 ग्राम होता है। यह मस्तिष्क के तल पर हाइपोथैलमस के निचले हिस्से से निकला हुआ उभार होता है।

अतः विकल्प (B) सही है।

58. ए. के. गोपालन मामले में सर्वोच्च न्यायालय ने यह निर्णय दिया कि अनुच्छेद 21 के तहत संरक्षण केवल स्वेच्छित कार्यकारी कार्रवाई के विरुद्ध उपलब्ध है, न कि स्वेच्छित वैधानिक कार्रवाई के विरुद्ध।

भारत के संविधान के अनुच्छेद 21 के अंतर्गत प्राण और दैहिक स्वतंत्रता का उल्लेख किया गया है। मेनका गांधी के प्रकरण में प्राण और दैहिक स्वतंत्रता के संबंध में विस्तृत विवेचना की गई और अनुच्छेद 21 के अंतर्गत उल्लेख किए गए अधिकार को अत्यधिक महत्वपूर्ण अधिकार बनाया गया। भारत के उच्चतम न्यायालय द्वारा इस अनुच्छेद के संदर्भ में व्याख्या की गई की अनुच्छेद 21 स्वतंत्रता के अधिकारों का निचोड़ है। भारत के संविधान के अंतर्गत जितने अधिकार स्वतंत्रता से संबंधित हैं उन सभी का सम्ग्र उल्लेख अनुच्छेद 21 में भी उपलब्ध है। इसी प्रकार अनुच्छेद 21 से संबंधित अनुच्छेद 22 भी है। अनुच्छेद 22 अपने आप में पूर्ण रूप से कोई एक अनुच्छेद नहीं माना जा सकता अपितु इस अनुच्छेद का महत्व संविधान के अनुच्छेद 21 के साथ सम्मिलित है इसलिए अनुच्छेद 21 अनुच्छेद 20 को एक साथ पढ़ा जाना चाहिए।

अतः विकल्प (D) सही है।

59. वर्ष 2014 में फेसबुक ने वाट्सएप को 19 बिलियन डॉलर में खरीद लिया। वाट्सएप की स्थापना वर्ष 2009 में की गयी थी।

व्हाट्सएप मैसेंजर एक क्रॉस-प्लेटफॉर्म इंस्टेंट मैसेजिंग एप्लिकेशन है जो आईफोन, ब्लैकबेरी, एंड्रॉइड, विंडोज फोन और नोकिया स्मार्टफोन उपयोगकर्ताओं को मुफ्त में टेक्स्ट, इमेज, वीडियो और ऑडियो संदेशों का आदान-प्रदान करने की अनुमति देता है।

अतः विकल्प (B) सही है।

60. "राष्ट्रीय भारत परिवर्तन संस्थान" के अध्यक्ष भारत के प्रधानमंत्री होते हैं।

"राष्ट्रीय भारत परिवर्तन संस्थान (नीति आयोग)" का गठन 1 जनवरी, 2015 को किया गया। यह संस्थान भारत सरकार के 'थिंक टैंक' के रूप में कार्य कर रहा है। 22 अप्रैल, 2022 को केंद्र सरकार ने प्रसिद्ध अर्थशास्त्री डॉ. सुमन के बरी (डॉ. राजीव कुमार के स्थान पर) को नीति आयोग का उपाध्यक्ष नियुक्त किया। वर्तमान में इसके उपाध्यक्ष राजीव कुमार हैं।

अतः विकल्प (A) सही है।

61. डगलस एंजेलबर्ट ने कम्प्यूटर माउस का आविष्कार किया था।

1970 में डगलस एंजेलबर्ट ने माउस का पेटेंट कराया था, उनके नाम माउस के अलावा 45 और आविष्कारों का पेटेंट है। शुरुआत में माउस को 'बग' नाम से जाना जाता था, लेकिन इसे माउस इसलिए कहा गया, क्योंकि स्टैंफोर्ड रिसर्च इंस्टीट्यूट में विकसित किए गए माउस का आकार बिल्कुल चूहे की तरह था।

अतः विकल्प (B) सही है।

62. न्यायमूर्ति वी.आर. कृष्णा अय्यर तथा न्यायमूर्ति पी.एन. भगवती को जनहित याचिका (PIL) का प्रवर्त्तक माना जाता है।

भारत में जनहित याचिका सर्वोच्च न्यायालय के न्यायिक सक्रियता का एक उत्पाद है। इसकी शुरूआत 1980 में हुई थी। जनहित याचिका (जहिया), भारतीय कानून में, सार्वजनिक हित की रक्षा के लिए मुकदमे का प्रावधान है। अन्य सामान्य अदालती याचिकाओं से अलग, इसमें यह आवश्यक नहीं की पीड़ित पक्ष स्वयं अदालत में जाए। यह किसी भी नागरिक या स्वयं न्यायालय द्वारा पीड़ितों के पक्ष में दायर किया जा सकता है।

अतः विकल्प (A) सही है।

63. वेल्ड दक्षिणी अफ्रीका के खुले क्षेत्रों को कहते हैं जो काफ़ी हद तक घास व छोटी झाड़ों से ढके हुए मैदानी क्षेत्र हैं। वेल्ड विशेषकर ज़िम्बाबवे, बोत्सवाना, नामीबिया और दक्षिण अफ्रीका के कई भागों में वस्तृत है। ऐसे घासदार मैदान लगभग सभीमहाद्वीपों पर भी मिलते हैं: इन्हें उत्तरी अमेरिका में "प्रेरी", यूरेशिया में "स्टॉप" या "स्टॉपी", दक्षिण अमेरिका में "पाम्पा" और दक्षिणी अफ्रीका में "वेल्ड" कहा जाता है।

अतः विकल्प (A) सही है।

64. संपत्ति के अधिकार को मौलिक अधिकारों की सूची से हटा दिया गया। चूंकि इस अधिकार ने समाजवाद के लक्ष्य को प्राप्त करने और धन के समान वितरण के रास्ते में बहुत सारी समस्याएं पैदा कीं, इसलिए इसे 1978 में 44 वें संविधान संशोधन द्वारा मौलिक अधिकारों की सूची से हटा दिया गया। हालांकि, इसे हटाने का मतलब यह नहीं है कि हमारे पास संपत्ति के अधिग्रहण, धारण और निपटान का अधिकार नहीं है। नागरिक अभी भी इस अधिकार का आनंद लेने के लिए स्वतंत्र हैं। लेकिन अब यह सिर्फ एक कानूनी अधिकार है न कि मौलिक अधिकार।

अतः विकल्प (C) सही है।

65. यदि एक पुलिस अधिकारी एक लड़की को जमानत का आदेश प्रस्तुत करने के बाद भी गिरफ्तार करता है और हवालात में बंद करता है तो वह अधिकारी भारतीय दण्ड संहिता 1860 की धारा 340 के तहत 'अनधिकृत कारावास' का दोषी माना जायेगा।

भारतीय दंड संहिता की धारा 340 के अनुसार, जो भी कोई किसी व्यक्ति का गलत तरीके से अवरोध करता है कि उस व्यक्ति को निश्चित सीमा से परे जाने से निवारित कर दे, वह उस व्यक्ति को गलत तरीके से प्रतिबंधित करना कहलाता है।

- (क) "य" को दीवार से घिरे हुए स्थान में प्रवेश कराकर "क" उसमें ताला लगा देता है । इस प्रकार "य" दीवार की परिसीमा से परे किसी भी दिशा में नहीं जा सकता । "क" ने "य" का गलत तरीके से प्रतिबंधित किया है ।
- (ख) "क" एक भवन के बाहर जाने के द्वारों पर बन्दूकधारी मनुष्यों को बैठा देता है और "य" से कह देता है कि यदि "य" भवन के बाहर जाने का प्रयत्न करेगा, तो वे "य" को गोली मार देंगे । "क" ने "य" का गलत तरीके से प्रतिबंधित किया है।

अतः विकल्प (D) सही है।

66. राष्ट्रीय सुरक्षा अधिनियम निवारक निरोध से संबंधित है। 1980 का राष्ट्रीय सुरक्षा अधिनियम 23 सितंबर 1980 को प्रख्यापित भारतीय संसद का एक अधिनियम है। इसमें 18 खंड शामिल हैं।

'निवारक निरोध' राज्य की सुरक्षा, सार्वजनिक व्यवस्था के रखरखाव या भारत की सुरक्षा से संबंधित कारणों से हो सकता है। इस कानून के तहत अपराध करने से पहले ही व्यक्ति को गिरफ्तार कर लिया जाता है।

अतः विकल्प (C) सही है।

67. भारत ने पाकिस्तान के साथ 'परमाणु प्रतिष्ठान और सुविधाओं पर हमले के निषेध पर समझौते' पर हस्ताक्षर किए।

वर्ष 2021 में भारत और पाकिस्तान ने अपने परमाणु प्रतिष्ठानों की सूची का आदान-प्रदान किया है।

- यह आदान-प्रदान पाकिस्तान और भारत के बीच परमाणु प्रतिष्ठानों तथा सुविधाओं के खिलाफ हमलों के निषेध पर समझौते के अनुच्छेद- II के अनुसार था।
- दोनों देशों ने मई 2008 में हस्ताक्षरित कांसुलर एक्सेस समझौते के प्रावधानों के तहत एक-दूसरे की जेलों में बंद कैदियों की सूची का आदान-प्रदान भी किया था।

अतः विकल्प (A) सही है।

68. भारत में आयकर निर्धारण 'आयकर अधिनियम, 1961' के तहत किया जाता है। एक हिन्दू अविभाजित परिवार, एक कंपनी व व्यक्तियों का निकाय इस अधिनियम में शामिल है तथा इन्हें निर्धारिती कहा जाता है।

यह अधिनियम 1 अप्रैल, 1962 से प्रभाव में आया। इस अधिनियम में कुल 298 धाराएँ तथा XIV अनुसूचियाँ शामिल हैं। संसद द्वारा पारित वित्त अधिनियम द्वारा इसमें सम्वर्धन और विलोपन के साथ प्रतिवर्ष परिवर्तित होता है। आयकर अधिनियम 1961 को सही ढंग से संचालित करने के लिए अधिकारियों को उपयुक्त अधिकार दिये गये हैं।

अतः विकल्प (B) सही है।

69. "राजमन्नार समिति (1969)" को 'तमिलनाडु सरकार' द्वारा नियुक्त किया गया था। इस समिति का गठन केन्द्र व राज्य के बीच संबंधों पर विचार करने के लिए किया गया था। इस समिति की प्रमुख सिफारिशें थीं-

- अवशिष्ट विषय या तो समाप्त कर दिया जाए अथवा राज्यों को दे दिये जाएँ।
- अन्तर्राज्यीय परिषद का गठन किया जाना चाहिए।
- अखिल भारतीय सेवाओं को समाप्त किया जाना चाहिए।

अतः विकल्प (C) सही है।

70. मोटरयान अधिनियम 1988 की धारा 194B के अनुसार यदि कोई व्यक्ति मोटर वाहन चलाते समय सुरक्षा बेल्ट नहीं पहनता है तो वह ₹ 1000 की जुर्माना राशि के साथ दंडनीय होगा।

मोटरयान अधिनियम 1988 - इसमें 18 खंड थे, और स्थानीय सरकारों को वाहनों और मोटर चालकों को पंजीकृत करने और लाइसेंस देने और नियमों को लागू करने की जिम्मेदारी दी गई थी। इसे मोटर वाहन अधिनियम, 1939 द्वारा प्रतिस्थापित किया गया, जो 1940 में लागू हुआ।

अतः विकल्प (A) सही है।

71. भारतीय संविधान के अनुच्छेद 49 के अनुसार संसद द्वारा बनाई गई विधि द्वारा या उसके अधीन राष्ट्रीय महत्व वाले घोषित किये गये कलात्मक या ऐतिहासिक अभिरूचि वाले प्रत्येक संस्मारक, स्थान या वस्तु का यथास्थिति विरूपण, विनाश, अपसारण, व्यय या निर्यात से संरक्षण करना राज्य की बाध्यता होगी।

- अनुच्छेद 55 -आनुपातिक प्रतिनिधित्व प्रणाली के एकल संक्रमणीय मत द्वारा राष्ट्रपति का चुनाव।
- अनुच्छेद 53-संघ की कार्यपालक शक्ति।
- अनुच्छेद 51-राज्य अंतर्राष्ट्रीय शांति तथा सुरक्षा को बढ़ावा देने का प्रयास करेगा।

अतः विकल्प (B) सही है।

72. भारतीय संविधान के अनुच्छेद 243 K के अनुसार, राज्य निर्वाचन आयुक्त को संबंधित राज्य के राज्यपाल द्वारा नियुक्त किया जाता है।

उल्लेखनीय है कि राज्य निर्वाचन आयोग को राज्य में स्थानीय निकायों के लिए स्वतंत्र और निष्पक्ष चुनाव आयोजित कराने का कार्य सौंपा गया है।

भारतीय संविधान के अनुच्छेद 243 K (1) के अनुसार, पंचायती राज संस्थाओं के चुनावों के लिए निर्वाचन नामावली तैयार करने और चुनाव आयोजित करने हेतु अधीक्षण, निर्देशन एवं नियंत्रण संबंधी सभी शक्तियाँ राज्य निर्वाचन आयोग में निहित होंगी। इसमें राज्यपाल द्वारा नियुक्त राज्य निर्वाचन आयुक्त भी सम्मिलित है।

अतः विकल्प (B) सही है।

73. 'स्थायी बंदोबस्त' को 'जमींदारी व्यवस्था' या 'इस्तमरारी व्यवस्था' के नाम से भी जाना जाता है। इसे 1793 ई. में लार्ड कार्नवालिस ने बंगाल, बिहार, उड़ीसा, उत्तर प्रदेश के बनारस प्रखंड तथा उत्तरी कर्नाटक में लागू किया।

औपनिवेशिक काल में भारत में मुख्य रूप से निम्नलिखित भू-धृति पद्धतियाँ अपनायी गयी-

- इजारेदारी प्रथा
- स्थायी बंदोबस्त
- रैयतवाड़ी
- महालवाड़ी

अतः विकल्प (D) सही है।

74. भारत में बाल लिंगानुपात को 0-6 वर्ष आयु वर्ग में प्रति हजार पुरूषों पर महिलाओं की संख्या के रूप में परिभाषित किया गया है।

हमारे देश में वर्ष 2011 की जनगणना के अनुसार प्रति एक हजार पुरुष पर महिलाओं की संख्या 940 है। प्रति एक हजार पुरुष पर सबसे कम महिलाएं हरियाणा (830), पंजाब (846), जम्मू कश्मीर (859) हैं. जबकि 0-6 वर्ष के आयु वर्ग में लिंगानुपात 918 है, जो वर्ष 2001 की जनगणना में प्रति एक हजार लड़कों पर 927 था।

अतः विकल्प (D) सही है।

75. भारत में निष्क्रिय इच्छामृत्यु को 'अरूणा रामचंद्र शानबाग बनाम भारतीय संघ' (2011 SC) के मामले में वैध बनाया गया था। निष्क्रिय इच्छामृत्यु अर्थात् ऐसे मामले जहाँ लाइलाज बीमारी से पीड़ित व्यक्ति लंबे समय से कोमा में पड़ा हो, तब रिश्तेदारों की सहमति से डॉक्टर उसका लाइफ सपोर्टिंग सिस्टम यानी जीवन रक्षक उपकरण बंद कर देते हैं और उनकी मौत हो जाती है।

अतः विकल्प (B) सही है।

76. राजस्व बोर्ड (उत्तर प्रदेश) की स्थापना 1831 में इलाहाबाद (प्रयागराज) में की गई थी।

अंग्रेजों द्वारा भूमि व्यवस्था और राजस्व संचयन निमित्त सन् 1831 में उत्तर प्रदेश स्थित इलाहाबाद में राजस्व परिषद की स्थापना की गई जो कालान्तर में राजस्व प्रशासन का मेरूदण्ड बन गया। राजस्व परिषद उद्भव से लेकर आज तक राजस्व प्रशासन की एक मजबूत एवं अति महत्वपूर्ण इकाई के रूप में क्रियाशील रहा है।

अतः विकल्प (B) सही है।

77. 'सीईआरटी' (CERT) कम्प्यूटर इमरजेंसी रिस्पॉन्स टीम का संक्षिप्त रूप है। इस टीम का गठन वर्ष 2004 में किया गया था। इसका मुख्यालय नई दिल्ली में है। यह टीम 'इलेक्ट्रॉनिक्स एवं सूचना प्रौद्योगिकी' मंत्रालय के अधीन कार्य करता है।

अतः विकल्प (B) सही है।

78. बक्सर का युद्ध 22/23 अक्टूबर 1764 में बक्सर नगर के पास ईस्ट इंडिया कंपनी के हैक्टर मुनरो और मुगल तथा नवाबों की सेनाओं के बीच लड़ा गया था। बंगाल के नबाब मीर कासिम, अवध के नबाब शुजाउद्दौला, तथा मुगल बादशाह शाह आलम द्वितीय की संयुक्त सेना अंग्रेज कम्पनी से लड़ रही थी। लड़ाई में अंग्रेजों की जीत हुई और इसके परिणाम में पश्चिम बंगाल, बिहार, झारखंड, उड़ीसा और बांग्लादेश का दीवानी और राजस्व अधिकार अंग्रेज कम्पनी के हाथ चला गया।

अतः विकल्प (D) सही है।

79. महात्मा गाँधी ने दमनकारी वृक्षारोपण प्रणाली के खिलाफ किसानों को विरोध करने हेतु प्रेरित करने के लिए 1917 में चंपारण (बिहार) की यात्रा की थी।

1916 में ब्रिटिश शासक चंपारण में कई पट्टेदार किसानों को इस शर्त पर खेती करने के लिए मजबूर करते थे की वे अपनी भूमि पर सिर्फ नील की खेती करेंगे। महात्मा गांधी वहां गये और किसानों को इस उत्पीड़न के खिलाफ संघर्ष करने के लिए प्रेरित किया।

अतः विकल्प (B) सही है।

80. अल्जाइमर रोग के कारण स्मृति लोप होता है। इसीलिए इस रोग को 'भूलने का रोग' भी कहा जाता है। यह मस्तिष्क से संबंधित एक विकार है।

इसका नाम अलोइस अल्जाइमर पर रखा गया है, जिन्होंने सबसे पहले इसका विवरण दिया। इस बीमारी के लक्षणों में याददाश्त की कमी होना, निर्णय न ले पाना, बोलने में दिक्कत आना तथा फिर इसकी वजह से सामाजिक और पारिवारिक समस्याओं की गंभीर स्थिति आदि शामिल हैं। रक्तचाप, मधुमेह, आधुनिक जीवनशैली और सर में कई बार चोट लग जाने से इस बीमारी के होने की आशंका बढ़ जाती है। अमूमन 60 वर्ष की उम्र के आसपास होने वाली इस बीमारी का फिलहाल कोई स्थायी इलाज नहीं है।

अतः विकल्प (B) सही है।

81. माना, A ने एक वस्तु ₹ x में खरीदी, और मरम्मत पर खर्च = ₹ 550

B द्वारा खरीदी गयी वस्तु की राशि $= (x + 550) \times \dfrac{110}{100}$ रु.

C द्वारा खरीदी गयी वस्तु की राशि $= (x + 550) \times \dfrac{110}{100} \times \dfrac{80}{100}$ रु

अब C में इसे 30% लाभ पर बेचा तो प्रश्नानुसार,

$$(x + 550) \times \frac{110}{100} \times \frac{80}{100} \times \frac{130}{100} = 6864$$

$$(x + 550) = \frac{6864000}{11 \times 8 \times 13}$$

$$x = 6000 - 550$$

$$x = ₹\ 5450$$

इसलिए, A ने वस्तु के लिए ₹ 5450 का भुगतान किया।

अतः विकल्प (D) सही है।

82. दिया गया है,

8 जून, 2037 का दिन रविवार है,

तो, 8 जून, 2036 का दिन $=$ रविवार $- \dfrac{365}{7}$ में शेष

$=$ रविवार $-$ शेष एक दिन

$=$ शनिवार

7) 365(52
$\underline{35}$
15
$\underline{14}$
1 शेष

इसलिए, 8 जून, 2036 का दिन 'शनिवार' होगा।

अतः विकल्प (B) सही है।

83. प्रश्नानुसार,

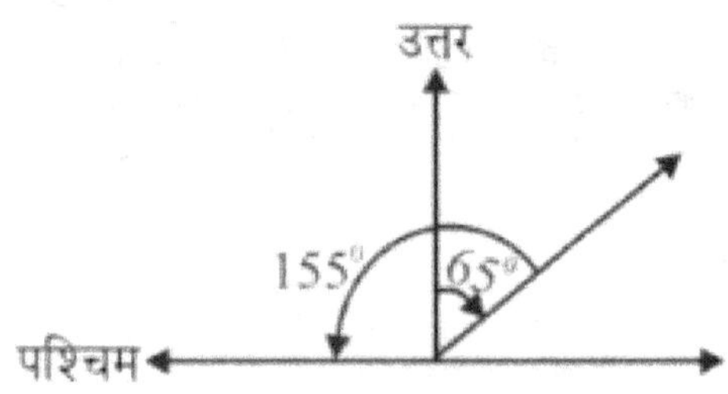

इसलिए, अब वह 'पश्चिम' दिशा की ओर अभिमुख है।

अतः विकल्प (B) सही है।

84. दिया गया है,

$BE : 35 :: DF : ??$

जिस प्रकार,

$$\begin{matrix} B & & E \\ \downarrow & & \downarrow \\ 2 & + & 5 \end{matrix} = 7 \times 5 = 35$$

उसी प्रकार,

$$\begin{matrix} D & & F \\ \downarrow & & \downarrow \\ 4 & + & 6 \end{matrix} = 10 \times 5 = 50$$

इसलिए, $? = 50$

अतः विकल्प (D) सही है।

85. दिया गया है,

3600 के 50% के 40% के 30% के 20%

$$= 3600 \times \frac{50}{100} \times \frac{40}{100} \times \frac{30}{100} \times \frac{20}{100}$$

$$= \frac{4320}{100}$$

$$= 43.2$$

अतः विकल्प (B) सही है।

86. जिस प्रकार

$TALE$ में,

T, 1 के रूप में कोडित

A, 2 के रूप में कोडित

L, 3 के रूप में कोडित

E, 4 के रूप में कोडित

उपरोक्त के अनुसार $LETA$ को 3412 के रूप में कोडित होगा।

उसी प्रकार,

$WEAK$ में,

W 1 के रूप में कोडित

E, 2 के रूप में कोडित

A, 3 के रूप में कोडित

K, 4 के रूप में कोडित

उपरोक्त के अनुसार $AKWE$ को 3412 के रूप में कोडित होगा।

अतः विकल्प (B) सही है।

87. दिया गया है,

मेज का विक्रय मूल्य $=$ ₹ 18860

18% छूट के बाद, अंकित मूल्य $= 18860 \times \frac{100}{82}$

प्रश्नानुसार,

मेज का क्रय मूल्य $= 18860 \times \frac{100}{82} \times \frac{60}{100}$

क्रय मूल्य $=$ ₹ 13800

अतः विकल्प (C) सही है।

88. दिया गया है,

कुल विद्यार्थियों की संख्या $= 14400$

आईटी (IT) विभाग में विद्यार्थियों की संख्या $= 14400 \times \frac{16}{100}$

$= 2304$

सीएसई (CSE) विभाग में विद्यार्थियों की संख्या $14400 \times \frac{19}{100}$

$= 2736$

इसलिए, आईटी (IT) और सीएसई (CSE) विभाग में विद्यार्थियों की कुल संख्या

$= 2304 + 2736$

$= 5040$

अतः विकल्प (A) सही है।

89. एंटोनी 6 भाषाएँ बोलता है परन्तु जरूरी नहीं है कि वह आस्ट्रेलियाई है। इसलिए, निष्कर्ष (i) असत्य है।

दूसरे देशों के लोग भी एक से अधिक या 6 से अधिक भाषाएँ बोल सकते हैं। लेकिन कथन में सिर्फ ऑस्ट्रेलिया की बात की गई है इसलिए, यह भी निष्कर्ष असत्य है।

इस प्रकार, दोनों निष्कर्ष अनुसरण नहीं करते हैं।

अतः विकल्प (B) सही है।

90. दिया गया है,

तीन संख्याएँ $19 : 21 : 23$ के अनुपात में हैं।

माना तीन संख्याएँ क्रमशः $19x, 21x$ और $23x$ हैं।

प्रश्नानुसार,

$\Rightarrow 23x \times 3 - (19x + 21x) = 841$

$\Rightarrow 69x - 40x = 841$

$\Rightarrow x = \frac{841}{29}$

$= 29$

इसलिए, पहली और तीसरी संख्या के बीच अन्तर $= 23x - 19x$

$= 4x$

$= 4 \times 29$

$= 116$

अतः विकल्प (A) सही है।

91. दिया गया है,

प्रथम पद $(a) = 16$

सार्व अनुपात $(r) = 6$

$n = 4$

जैसा कि हम जानते हैं,

$S_n = \frac{a(r^n - 1)}{r - 1}$ से, $[\because r > 1]$

$S_4 = \frac{16(6^4 - 1)}{6 - 1}$

$= \frac{16 \times 1295}{5}$

$= 4144$

अतः विकल्प (A) सही है।

92. दिया गया है,

X, किसी कार्य को 153 दिनों में कर सकता है।

Y उसे 255 दिनों में कर सकता है।

Z उस कार्य को 340 दिनों में कर सकता है।

X का एक दिन का काम $= \frac{1}{153}$ भाग

Y का एक दिन का काम $= \frac{1}{255}$ भाग

Z का एक दिन का काम $= \frac{1}{340}$ भाग

X, Y और Z एक साथ काम करें तो-

$= \frac{1}{153} + \frac{1}{255} + \frac{1}{340}$

$= \frac{20 + 12 + 9}{3060}$

$= \frac{41}{3060}$

इसलिए, तीनों द्वारा एक साथ करने में लगा समय $= \frac{3060}{41}$ दिन

$= 74\frac{26}{41}$ दिन

अतः विकल्प (B) सही है।

93. दिया गया है,

कुल विद्यार्थियों की संख्या $= 14400$

आईटी (IT) विभाग में विद्यार्थियों की संख्या $= 14400 \times \frac{16}{100}$

$= 2304$

अतः विकल्प (D) सही है।

94. दिये गये कथन के अनुसार केवल तर्क 1 प्रबल है क्योंकि जब सार्वजनिक स्थानों में धूम्रपान पर प्रतिबंध होगा, तभी अग्नि दुर्घटनाओं की संभावना को कम किया जा सकता है।

अतः विकल्प (D) सही है।

95. दिया गया है,

संख्या $= 63789474$

संख्या को 9 से विभाजित होने के लिये दी गयी संख्या के अंकों का योग 9 से विभाजित होना चाहिये।

अंकों का योग $= 6 + 3 + 7 + 8 + 9 + 4 + 7 + 4$

$= 48$

इसलिए 48 को 9 से विभाजित करने पर शेष 3 बचेगा।

तो 63789474 में से न्यूनतम संख्या 3 को घटाया जाना चाहिए।

अतः विकल्प (C) सही है।

96. सर्वेक्षण के तहत कुछ महीनों के दौरान सैनीटाइज़र्स की बिक्री,

$= 512 + 406 + 319 + 524 + 482 + 294$

$= 2537$ हजार

अतः विकल्प (B) सही है।

97. प्रश्नानुसार,

अभीष्ट प्रतिशत $= \frac{406}{512} \times 100$

$= 79.29\%$ या लगभग 79%

अतः विकल्प (B) सही है।

98. माना,

दूसरा पद $= a_2$

दिया गया है,

पहला पद $(a_1) = 175$

तीसरा पद $(a_3) = 185$

यदि a_1, a_2, a_3 समान्तर श्रेणी में हैं तो-

$a_2 - a_1 = a_3 - a_2$

$2a_2 = 185 + 175$

$a_2 = \frac{360}{2}$

$a_2 = 180$

$d = a_2 - a_1$

$= 180 - 175$

$= 5$

जैसा कि हम जानते हैं,

$S_n = \frac{n}{2}[2a + (n-1)d]$

$S_{151} = \frac{151}{2}[2 \times 175 + (151 - 1) \times 5]$

$S_{151} = \frac{151}{2}[350 + 750]$

$= \frac{151 \times 1100}{2}$

$S_{151} = 83050$

अतः विकल्प (D) सही है।

99. दिया गया है,

एक किडल को 25% के लाभ पर $1325 में बेचा जाता है।

विक्रय मूल्य $= \$742$

क्रय मूल्य $= 1325 \times \frac{100}{125}$

$= \$1060$

जैसा कि हम जानते हैं,

हानि $\%$ = क्रय मूल्य − विक्रय मूल्य /क्रय मूल्य $\times 100$

$= \frac{1060 - 742}{1060} \times 100$

$= \frac{318}{1060} \times 100$

$= 30\%$ हानि

अतः विकल्प (A) सही है।

100. यदि एक दर्पण को छायांकित रेखा पर रखा जाता है तो विकल्प (C) की आकृति का दर्पण प्रतिबिम्ब होगा।

764352

अतः विकल्प (C) सही है।

101. दिया गया है,

$= 0.3585858 \ldots \ldots$

$= 0.35\overline{8}$

$= \frac{358 - 3}{990}$

$= \frac{355}{990}$

अतः विकल्प (B) सही है।

102. दिया गया है,

$A + B + C = ₹\ 240000$

A, B, C के लाभ का अनुपात $= 15000 : 20000 : 25000$

$= 3 : 4 : 5$

A और C द्वारा कुल राशि का निवेश $= 240000 \times \frac{8}{12}$

$= ₹\ 160000$

अतः विकल्प (B) सही है।

103. दिया गया है,

जब एक धनात्मक संख्या N को 13 से विभाजित किया जाता है तो शेषफल 11 बचता है।

जैसा कि हम जानते हैं,

भाज्य = भाजक $\times$ भागफल + शेषफल

$N = 13 \times q + 11$

$26N = (26 \times 13q + 26 \times 11) \div 13$

शेषफल $= 0$ (शून्य)

अतः विकल्प (A) सही है।

104. दी गयी श्रृंखला का क्रम निम्नवत् है-

$$
\begin{array}{ccccc}
C & E & Z & J & X \\
\downarrow & \downarrow & \downarrow & \downarrow & \downarrow \\
3 & 5 & 26 & 10 & 24
\end{array}
$$

इसलिए, $? = X$

अतः विकल्प (B) सही है।

105. प्रश्नानुसार, वेन आरेख खींचने पर-

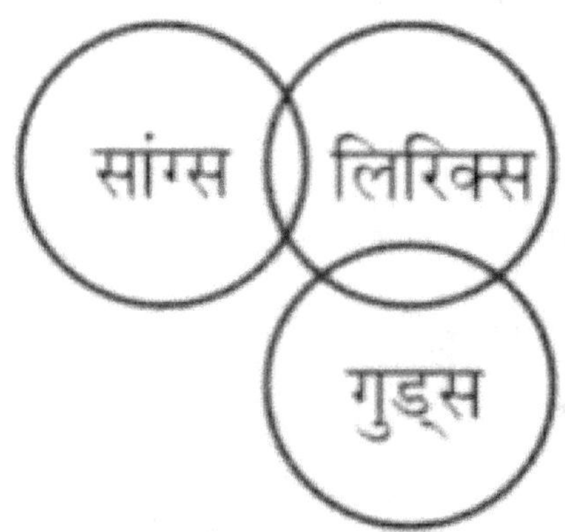

इस प्रकार, दिये गये कथन के अनुसार केवल निष्कर्ष (ii) अनुसरण करता है।

अतः विकल्प (D) सही है।

106. प्रश्नानुसार, वेन आरेख खींचने पर-

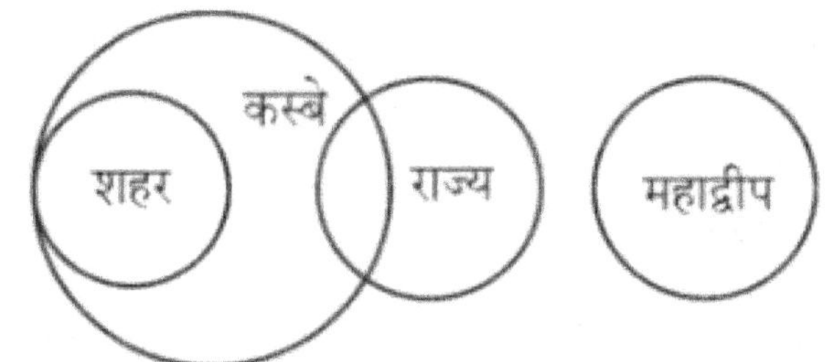

इस प्रकार, वेन आरेख से स्पष्ट है कि दिये गये कथन के अनुसार न ही निष्कर्ष (i) और न ही निष्कर्ष (ii) अनुसरण करता है।

अतः विकल्प (B) सही है।

107. दिया गया है,

विद्यार्थियों की कुल संख्या $= 14400$

E और I विभाग में विद्यार्थियों की संख्या $= 14400 \times \dfrac{17}{100}$

$= 2448$

अतः विकल्प (D) सही है।

108. दिया गया है,
दो अलार्म घड़ियों में 144 सेकंड तथा 120 सेकंड के नियमित अंतराल पर अलार्म बजते हैं।

144 और 120 का लघुत्तम समापवर्त्य

$$
\begin{array}{r|l}
2 & 144,120 \\
2 & 72,60 \\
2 & 36,30 \\
2 & 18,15 \\
3 & 9,15 \\
3 & 3,5 \\
5 & 1,5 \\
& 1,1
\end{array}
$$

$\Rightarrow 2 \times 2 \times 2 \times 2 \times 3 \times 3 \times 5 = 720$

$\Rightarrow 720$ सेकंड $= \dfrac{720}{60}$

$= 12$ मिनट

इसलिए, वे अगली बार $6:12$ अपराह्न पर एक साथ बजेंगी।
अतः विकल्प (D) सही है।

109. दिये गये अक्षरों को व्यवस्थित करने पर-

$$
\begin{array}{ccccc}
S & P & E & E & D \\
2 & 5 & 3 & 1 & 4
\end{array}
$$

इसलिए, सार्थक शब्द SPEED बनेगा जिसका संख्याओं में संयोजन $2,5,3,1,4$ होगा।

अतः विकल्प (C) सही है।

110. जिस प्रकार,

और,

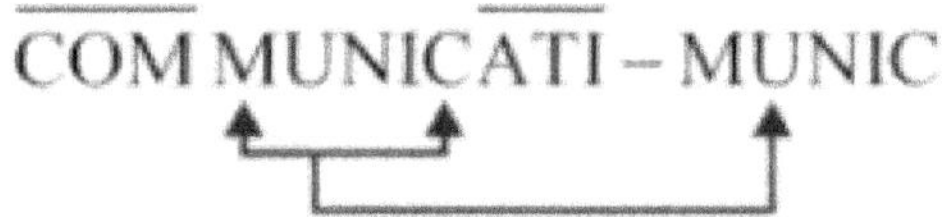

उसी प्रकार,

अतः विकल्प (D) सही है।

111. दिया गया है,

$$4 + \left(3\sqrt{5}\right)^2 = ? - \left(\sqrt{5}\right)^2 + 191$$

$$4 + 45 = ? - 5 + 191$$

$$54 - 191 = ?$$

$$? = -137$$

अतः विकल्प (A) सही है।

112. दिया गया है,

$$R = +, \quad Q = \times$$

$$S = -, \quad P = \div$$

$$27S(15P3R7Q4)$$

कूट रखने पर और फिर BODMAS नियम का उपयोग करने पर,

$$= 27 - (15 \div 3 + 7 \times 4)$$

$$= 27 - (5 + 28)$$

$$= 27 - 33$$

$$= -6$$

अतः विकल्प (C) सही है।

113. दिया गया है,

कक्षा में विद्यार्थियों की संख्या $= 32 + 16$

$= 48$

32 विद्यार्थियों का कुल वजन $= 32 \times 53.25$

$= 1704$ किग्रा

शेष 16 विद्यार्थियों का कुल वजन $= 16 \times 49.5$

$= 792$ किग्रा

सभी विद्यार्थियों का औसत वजन $= \dfrac{1704 + 792}{48}$

$= 52$ किग्रा

अतः विकल्प (B) सही है।

114. माना, मूलधन $P = ₹\ x$

तो,

मिश्रधन $(A) = ₹\ 3x$

साधारण ब्याज $(SI) =$ मिश्रधन $(A) -$ मूलधन $(P) = 3x - x$

$= ₹\ 2x$

साधारण ब्याज $(SI) =$ मूलधन $(P) \times$ दर $(R) \times$ समय $(T)/100$ से,

$2x = x \times$ दर $\times 25/100$

दर $= 8\%$

साधारण ब्याज $= \dfrac{x \times 8 \times 75}{100}$

साधारण ब्याज $= 6x$

मिश्रधन $(A) =$ साधारण ब्याज $+$ मूलधन (P\)

मिश्रधन $(A) = 6x + x = 7x$

इसलिए, 75 वर्षों में धनराशि 7 गुना हो जायेगी।

अतः विकल्प (B) सही है।

115. दिया गया है,

अशोक शांत जल में 43.5 किमी प्रति घंटे की चाल से नाव चलाता है।

यदि नदी 14.5 किमी प्रति घंटे पर बह रही है, तो उसे एक स्थान तक जाने और वापस आने में 90 मिनट का समय लगता है।

माना दूरी $= D$ किमी

शांत जल में नाव की चाल $= x$ किमी /घंटे $= 43.5$ किमी /घंटे

धारा की चाल $= y$ किमी /घंटे $= 14.5$ किमी /घंटे

समय $= 90$ मिनट $= \dfrac{3}{2}$ घण्टा

प्रश्नानुसार,

$\dfrac{D}{43.5+14.5} + \dfrac{D}{43.5-14.5} = \dfrac{3}{2}$

$\dfrac{D}{58} + \dfrac{D}{29} = \dfrac{3}{2}$

$\dfrac{3D}{58} = \dfrac{3}{2}$

$D = 29$ किमी

अतः विकल्प (D) सही है।

116. दिया गया है,

2 वर्षों के लिए ₹ $23,000$ की धनराशि पर चक्रवृद्धि ब्याज तथा साधारण ब्याज के बीच का अंतर ₹ 230 है।

जैसा कि हम जानते हैं,

जब दो वर्ष के लिये चक्रवृद्धि ब्याज और साधारण ब्याज का अन्तर दिया हो तो,

चक्रवृद्धि ब्याज $-$ साधारण ब्याज $=$ मूलधन $\left(\dfrac{r}{100}\right)^2$

जहाँ, $r =$ दर

$230 = 23000 \left(\dfrac{r^2}{10000}\right)$

$\dfrac{230 \times 10000}{23000} = r^2$

$r^2 = 100$

$r^2 = (10)^2$

$r = 10\%$

अतः विकल्प (C) सही है।

117. दिया गया है,

A, एक कार्य को 1170 दिनों में समाप्त करता है और B उसी कार्य को 2340 दिनों में समाप्त करता है।

A का एक दिन का काम $= \dfrac{1}{1170}$ भाग

B का एक दिन का काम $= \dfrac{1}{2340}$ भाग

दोनों एक साथ काम करें तो $= \dfrac{1}{1170} + \dfrac{1}{2340}$

$= \dfrac{2+1}{2340}$

$= \dfrac{3}{2340}$

$= \dfrac{1}{780}$ भाग

इसलिए, उन दोनों के द्वारा इस काम को करने में लगा समय $= 780$ दिन

अतः विकल्प (A) सही है।

118. दिया गया है,

दो स्थान, A और B एक दूसरे से 3710 किमी की दूरी पर हैं।

A से B के लिए एक रेलगाड़ी निकलती है, उसी समय B से A के लिए दूसरी रेलगाड़ी निकलती है।

माना A से B तक जाने वाली रेलगाड़ी की चाल $= x$ किमी /घंटा

प्रश्नानुसार,

B से A तक जाने वाली रेलगाड़ी की चाल $= (x - 35)$ किमी /घंटा और दोनों गाड़ियाँ मिलेगी 35 घंटे बाद,

तो, $\dfrac{d}{x} = 35$

$d = 35x$

और, $\dfrac{3710-d}{x-35} = 35$

$\dfrac{3710-35x}{x-35} = 35$

$35(106 - x) = 35(x - 35)$

$$106 - x = x - 35$$

$$2x = 106 + 35$$

$$x = 70.5 \text{ किमी } /\text{घंटा}$$

इसलिए, तेज रेलगाड़ी की चाल 70.5 किमी /घंटा है।

अतः विकल्प (D) सही है।

119. दिया गया है,

शंकु की त्रिज्या $= 13$ सेमी

शंकु की तिर्यक ऊंचाई $= 21$ सेमी

जैसा कि हम जानते हैं,

शंकु का वक्र पृष्ठीय क्षेत्रफल $= \pi r l$

$$= \frac{22}{7} \times 13 \times 21$$

$$= 858 \text{ सेमी }^2$$

अतः विकल्प (C) सही है।

120. विकल्प '(A)' के अनुसार,

$$60 \div 5 \times 4 = 48$$

$$\Rightarrow 12 \times 4 = 48$$

$$\Rightarrow 48 = 48$$

अतः विकल्प (A) सही है।

121. दी गयी श्रेणी का क्रम निम्नवत् है-

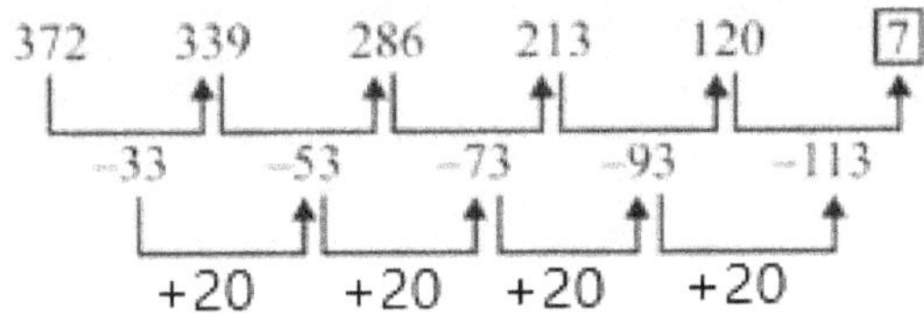

अतः विकल्प (B) सही है।

122. अनुच्छेद- 22 गिरफ्तार हुए और हिरासत में लिए गए लोगों को विशेष अधिकार प्रदान करता है, विशेष रूप से गिरफ्तारी के आधार सूचित किए जाने, अपनी पसंद के एक वकील से सलाह करने, गिरफ्तारी के 24 घण्टे के अन्तर एक मजिस्ट्रेट के समक्ष पेश किए जाने और मजिस्ट्रेट के आदेश के बिना उस अवधि से अधिक हिरासत में न रखे जाने का अधिकार।

अतः विकल्प (B) सही है।

123. प्रश्नानुसार,

सम्बन्ध आरेख बनाने पर-

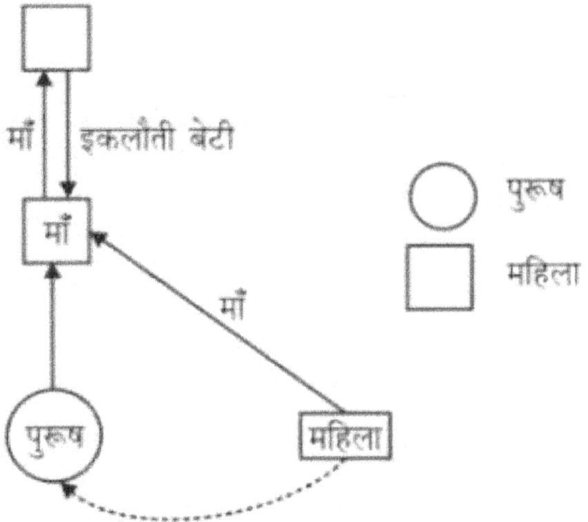

इसलिए, सम्बन्ध आरेख से स्पष्ट है वह पुरूष उस महिला का भाई है।

अतः विकल्प (C) सही है।

124. दी गयी श्रेणी को हल करने पर-

(1)
$$\begin{array}{ccc} W & & E \\ \downarrow & & \downarrow \\ 23 & + & 5 & = 28 + 2 = 30 \end{array}$$

(2)
$$\begin{array}{ccc} O & & E \\ \downarrow & & \downarrow \\ 15 & + & 5 & = 20 + 2 = 22 \end{array}$$

(3)
$$\begin{array}{ccc} K & & E \\ \downarrow & & \downarrow \\ 11 & + & 5 & = 16 + 2 = 18 \end{array}$$

(4)
$$\begin{array}{ccc} S & & E \\ \downarrow & & \downarrow \\ 19 & + & 5 & = 24 + 2 = 26 \neq 24 \end{array}$$

इसलिए, असंगत चित्र ' 4' है, क्योंकि 24 के स्थान पर 26 होना चाहिए।

अतः विकल्प (C) सही है।

125. lion सभी से भिन्न है, क्योंकि यह जातीय विशेष को बताता है, जबकि अन्य समूह विशेष को बताता है।

Herd	पशुओं का झुंड
Flock	भेड़ों का झुंड
Shoal	मछलियों का झुंड
Lion	शेर
Pride	शेरों का झुंड

अतः विकल्प (A) सही है।

126. दी गयी श्रेणी का क्रम निम्नवत् है-

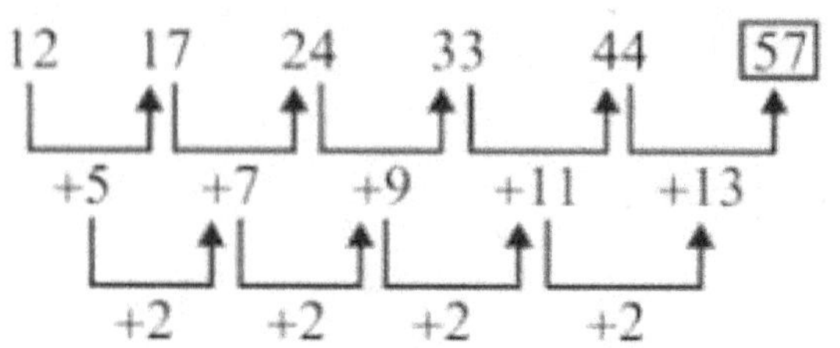

इसलिए, ? = 57

अतः विकल्प (C) सही है।

127. प्रश्नानुसार,

$$2 \ 8 \ 4 \ 8 \ 5 \ 2 \ \underset{1}{8} \ \underset{2}{2} \ \underset{3}{8} \ \underset{4}{4} \ \overset{5}{8} \ \underset{}{8} \ 2 \ 4 \ 8 \ \underset{6}{2} \ \underset{7}{8} \ 1 \ \underset{8}{8} \ 4$$

इसलिए, दी गई शृंखला में ऐसे आठ, 8 है जिनमें से प्रत्येक अपनी ठीक अनुवर्ती संख्या द्वारा पूर्णतः विभाज्य है।

अतः विकल्प (D) सही है।

128. दिये गये कथन के अनुसार निष्कर्ष i अनुसरण करता है।

S < A ≤ N   अर्थात्   S < N   (सही)

A ≤ N < D   अर्थात्   D > A, D ≠ A   (गलत)

अतः विकल्प (B) सही है।

129. पासे के प्रथम दो छवियों को लेने पर, उभयनिष्ठ सतह 5

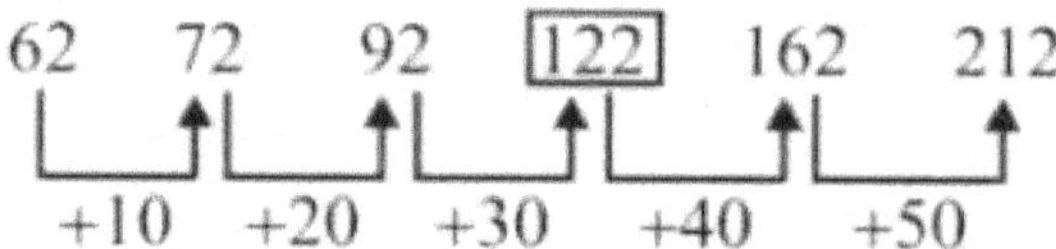

इसलिए, C के स्थान पर छुपी सतह 6 होगी।

अतः विकल्प (A) सही है।

130. दी गई आकृति में 15 वर्ग हैं।

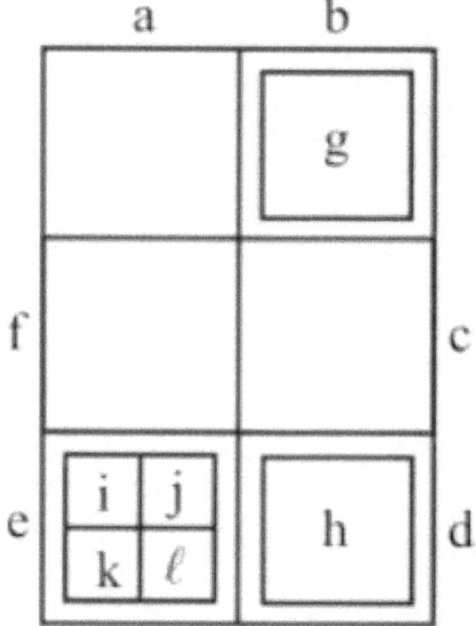

एक अक्षर वाले वर्ग $= (a, b. c, d, e, f, g, h, i, j, k, l)$

$= 12$

चार अक्षर वाले वर्ग $= [(a, b, c, f), (f, c, e, d), (i, j, k, l)]$

$= 3$

इसलिए कुल वर्गों की संख्या $= 12 + 3$

$= 15$

अतः विकल्प (A) सही है।

131. दी गयी श्रेणी का क्रम निम्नवत् है-

$$62 \quad 72 \quad 92 \quad \boxed{122} \quad 162 \quad 212$$
$$+10 \quad +20 \quad +30 \quad +40 \quad +50$$

इसलिए, ? = 122

अतः विकल्प (B) सही है।

132. जिस प्रकार,

$21027 \rightarrow 2 + 1 + 0 + 2 + 7 = 12$

उसी प्रकार,

$32576 \rightarrow 3 + 2 + 5 + 7 + 6 = 23$

इसलिए, ? = 23

अतः विकल्प (B) सही है।

133. सम्बन्ध आरेख बनाने पर:

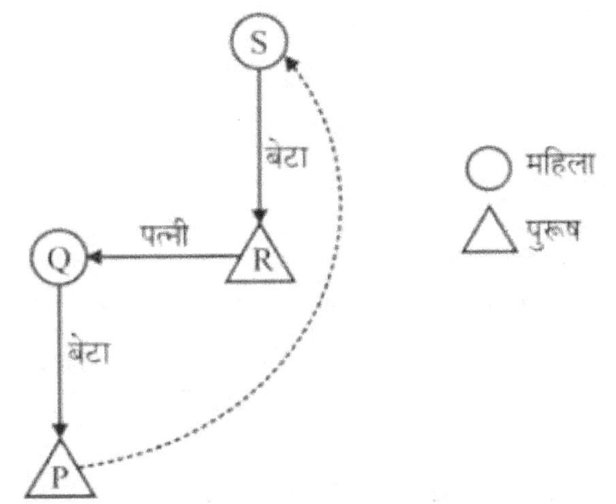

इसलिए सम्बन्ध आरेख से स्पष्ट है कि S, P की ग्रैंडमदर है।

अतः विकल्प (C) सही है।

134. प्रश्नानुसार,

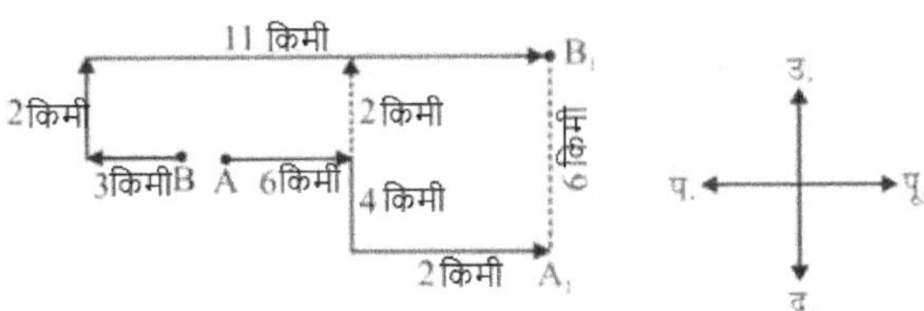

इसलिए, A और B के बीच की दूरी 6 किमी होगी।

अतः विकल्प (A) सही है।

135. हिंदू विवाह अधिनियम की धारा 13-बी में आपसी सहमति से तलाक लेने वाले जोड़े को तलाक के लिए पहला संयुक्त आवेदन करने के बाद छह महीने की अवधि तक इंतजार करने का प्रावधान है। छह महीने की समाप्ति के बाद ही दंपति अपने विवाह के विघटन के लिए दूसरा आवेदन कर सकते हैं।

हिंदू विवाह अधिनियम, 1955 का उद्देश्य दूल्हे और दुल्हन के लिए विवाह के अधिकारों को सुरक्षित करना था जो हिंदू हैं और किसी भी समारोह के तहत विवाह के पवित्र बंधन के तहत बंधे हैं। कानून इस तरह के समारोह को परिभाषित नहीं करता है क्योंकि ऐसे कई तरीके हैं जिनसे एक पुरुष और एक महिला इस धार्मिक कार्य को अंजाम दे सकते हैं।

अतः विकल्प (A) सही है।

136. हेलेना ब्लावट्स्की 'की टू थियोसॉफी' की लेखिका हैं जो 1889 में प्रकाशित हुई थी।

हेलेना ब्लावट्स्की 19वीं सदी के उत्तरार्ध की सबसे प्रसिद्ध और कुख्यात रहस्यवादी, तांत्रिक और माध्यम थीं। अध्यात्मवाद और गुह्यवाद के युग में, मैडम ब्लावट्स्की, जैसा कि उन्हें आमतौर पर जाना जाता था, ने 1875 में "विज्ञान, धर्म और दर्शन के संश्लेषण" के उद्देश्य से अभी भी मौजूद थियोसोफिकल सोसाइटी की सह-स्थापना की।

अतः विकल्प (D) सही है।

137. प्रश्नानुसार,

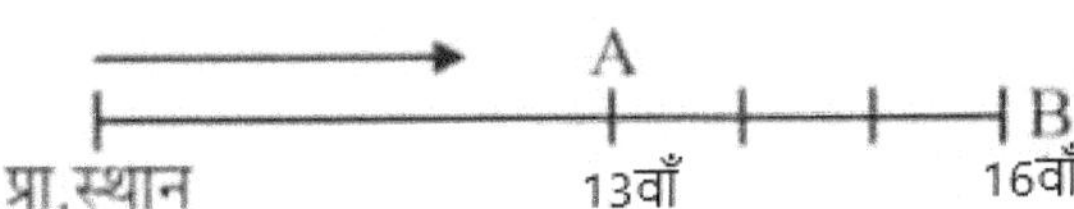

इसलिए, कतार से पहले 8 व्यक्तियों को हटाने पर,

B का स्थान $= 16 - 8$

$= 8$वाँ

अतः विकल्प (C) सही है।

138. दिया गया है,

$P = 24, \quad Q = 12, \quad R = 18, \quad S = 9$

$P \times Q + R \div S = 24 \times 12 + 18 \div 9$

$= 288 + 2$

$= 290$

अतः विकल्प (C) सही है।

139. जैसा कि हम जानते हैं,

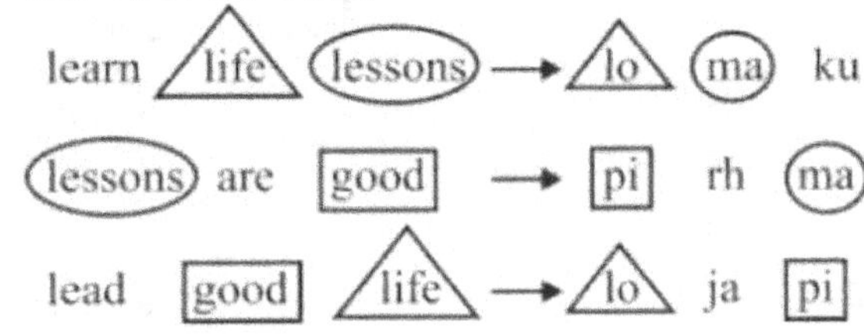

इसलिए, learn को ku लिखा जायेगा।

अतः विकल्प (A) सही है।

140. प्रश्नानुसार,

मूल शब्द- SUPERNATURAL

अक्षरों के स्थान बदलने पर,

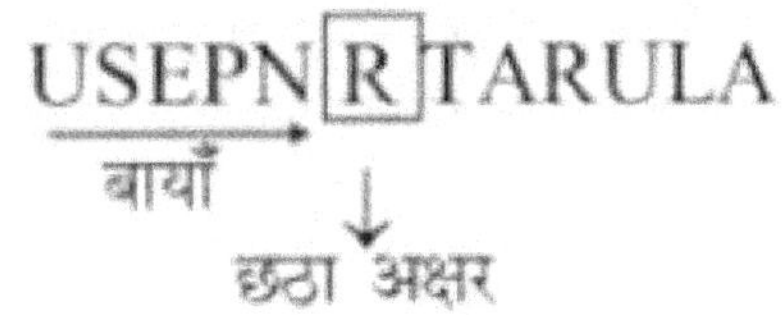

इसलिए, बाईं ओर से छठा अक्षर R होगा।

अतः विकल्प (D) सही है।

141. जिस प्रकार,

Pig - Piglet

उसी प्रकार,

Lion - Cub

अन्य शब्द

- Puppy
- Calf
- Kitten

अतः विकल्प (D) सही है।

142. माना,

₹ 1 के सिक्कों की संख्या $= x$

₹ 2 के सिक्कों की संख्या $= x$

₹ 5 के सिक्कों की संख्या $= x$

प्रश्नानुसार,

$x + 2x + 5x = 1080$

$8x = 1080$

$x = 135$

इसलिए, बॉक्स में सिक्कों की कुल संख्या $= 3x$

$= 3 \times 135$

$= 405$

अतः विकल्प (A) सही है।

143. स्वतंत्रता के बाद, 1959 में केरल द्वारा पहली पुलिस सुधार समिति का गठन किया गया था। इसके बाद मुख्य रूप से साठ और सत्तर के दशक के दौरान विभिन्न राज्य सरकारों द्वारा नियुक्त पुलिस आयोगों का उत्तराधिकार हुआ (1960-61 में पश्चिम बंगाल, 1961-62 में पंजाब, 1968 में दिल्ली, 1971 में तमिलनाडु कुछ नाम रखने के लिए)।

अतः विकल्प (B) सही है।

144. भारतीय दंड संहिता की धारा 307 हत्या के प्रयास के अपराध से संबंधित है।

अतः विकल्प (C) सही है।

145. दिया गया कथन,

लेखक ने इस गद्यांश में यह बताने के लिए 'स्टीव वॉ और रिकी पोंटिंग' का उल्लेख किया है, कि ऑस्ट्रेलियाई टीम पहले कितनी मजबूत थी।

जैसा कि हम दिए गए गद्यांश में स्पष्ट रूप से देख सकते हैं, हाल के दिनों में किसी भी भ्रमणकारी टीम के लिए ऑस्ट्रेलिया में शृंखला जीतने का इतना शानदार मौका नहीं मिला। यह स्टीव वॉ और रिकी पोंटिंग की आक्रामक ऑस्ट्रेलियाई टीम नहीं हैं, जो इसके पहले गई सभी टीमों पर भारी पड़ती थी और जिनके लिए घरेलू मैदान में उनके खिलाफ खतरनाक लगता था।

इसलिए, कथन निश्चित रूप से सत्य है।

अतः विकल्प (D) सही है।

146.

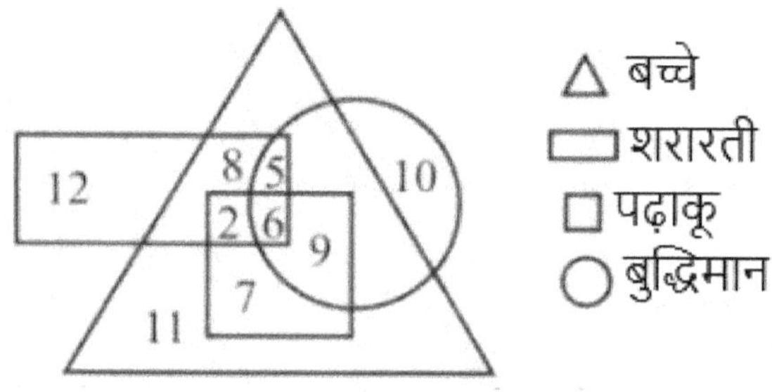

दिए गए वेन आरेख में संख्या '2' केवल उन बच्चों को दर्शाती है जो पढ़ाकू और शरारती हैं।

अतः विकल्प (A) सही है।

147. दी गयी शृंखला का अगला चित्र '2' का चित्र होगा।

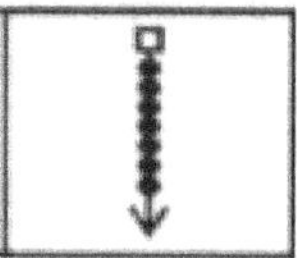

अतः विकल्प (A) सही है।

148. भारत में किशोर न्याय (देखभाल और संरक्षण) अधिनियम 2015 में अधिनियमित किया गया था।

किशोर न्याय (देखभाल और संरक्षण) अधिनियम, 2015 में कहा गया है कि नागरिक अदालत द्वारा गोद लेने का आदेश जारी होने पर बच्चे को गोद लेना अंतिम होता है। बिल में यह प्रावधान है कि अदालत के बजाय जिला मजिस्ट्रेट (अतिरिक्त जिला मजिस्ट्रेट सहित) ऐसे गोद लेने के आदेश जारी करेगा।

अतः विकल्प (B) सही है।

149. विकल्प (D) का आंकड़ा दिए गए आंकड़े को सबसे अच्छा पूरा करेगा।

अतः विकल्प (D) सही है।

150. प्रश्नानुसार,

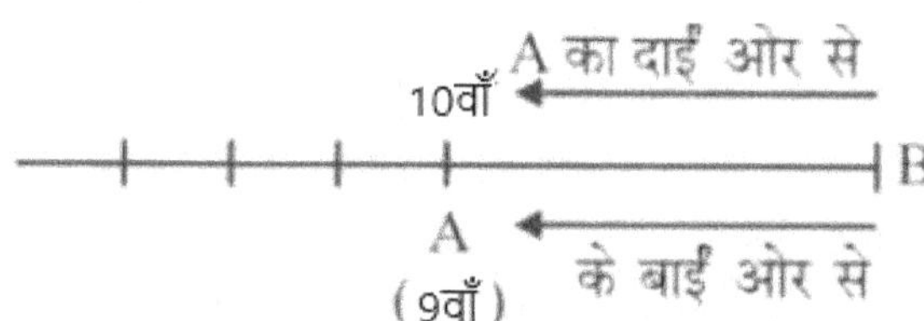

इसलिए, पंक्ति में कुल व्यक्तियों की संख्या,

$= 10 + 3$

$= 13$

अतः विकल्प (B) सही है।

151. लिली, सूरजमुखी, कमल सभी फूल हैं जबकि तरबूज एक फल है।

अतः विकल्प (A) सही है।

152. प्रश्नानुसार,

$$BCDFGH \quad J \quad KLMN \quad \boxed{P}\, QRSTVWXYZ$$

बाईं ओर से → 7वाँ ↓ ← के दाईं ओर → 5वाँ ↓

इसलिए, बाएँ से सातवें अक्षर की दाईं ओर पांचवां अक्षर P होगा।

अतः विकल्प (D) सही है।

153. प्रश्नानुसार,

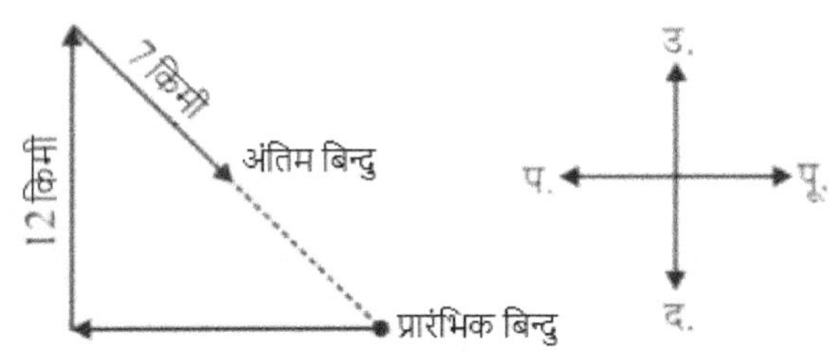

माना प्रारंभिक बिन्दु और अंतिम बिन्दु के बीच की दूरी x किमी है।

इसलिए, $(7 + x)^2 = 12^2 + 9^2$

$\Rightarrow (7 + x)^2 = 144 + 81$

$\Rightarrow (7 + x)^2 = 225$

$\Rightarrow (7 + x)^2 = (15)^2$

$\Rightarrow 7 + x = 15$

$\therefore x = 8$ किमी

अतः विकल्प (A) सही है।

154. जैसा कि हम जानते हैं,

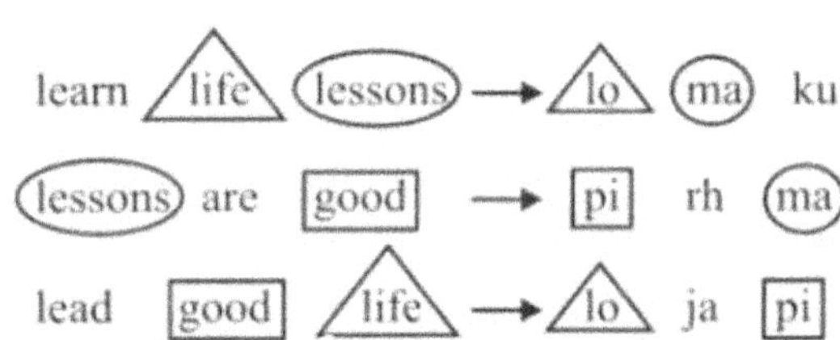

इसलिए, कूट शब्द ja का उपयोग lead के लिये किया गया है।

अतः विकल्प (C) सही है।

155.

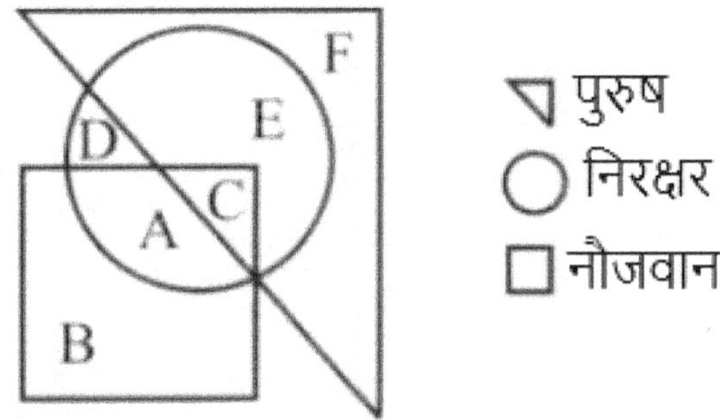

वेन आरेख में 'E' वर्ण केवल उन पुरूषों को दर्शाता है जो निरक्षर हैं।

अतः विकल्प (C) सही है।

156. दी गयी श्रेणी का क्रम निम्नवत् है-

5	6	11	34	135	676

$5×1+1 \quad 6×2-1 \quad 11×3+1 \quad 34×4-1 \quad 135×5+1$

इसलिए, $? = 676$

अतः विकल्प (D) सही है।

157. प्रश्नानुसार,

सभी विषम और सम संख्याओं में 1 जोड़ने पर-

6 8 9 4 3 2 2 5 6 7 4 3

आरोही क्रम में लिखने पर-

$$2 2 3 3 4 4 5 \boxed{6} 6 7 8 9$$

दायें से

इसलिए, दायें से 5 वाँ अंक 6 होगा।

अतः विकल्प (C) सही है।

158. प्रश्नानुसार,

सम्बन्ध आरेख खींचने पर-

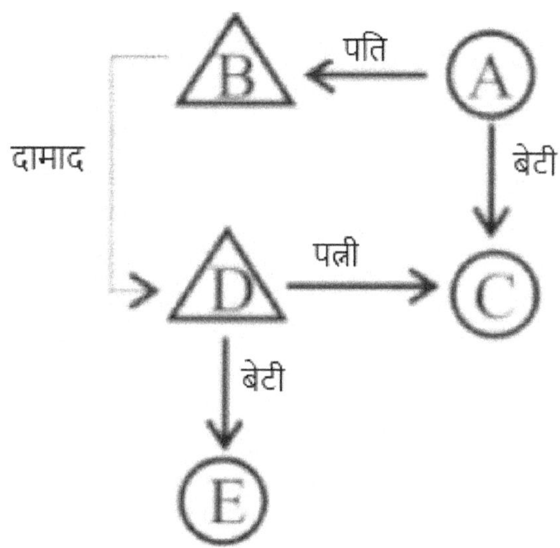

इसलिए, D, B का दामाद है।

अतः विकल्प (A) सही है।

159. प्रश्नानुसार,

सम्बन्ध आरेख बनाने पर-

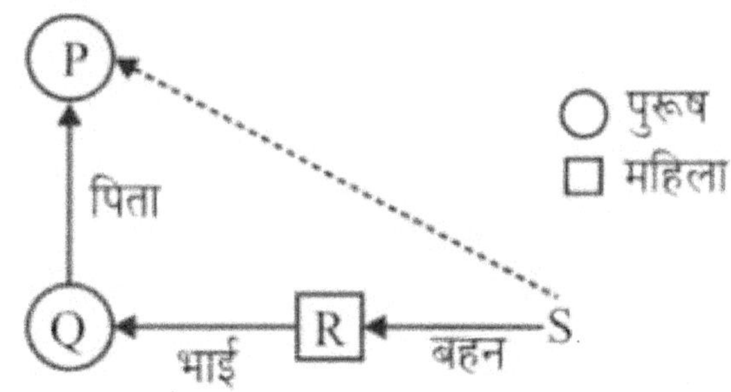

इसलिए, सम्बन्ध आरेख से स्पष्ट है कि P, S का पिता है।

अतः विकल्प (B) सही है।

160. अनुच्छेद-15 में किसी भी भारतीय नागरिक को जाति, धर्म, लिंग, जन्म स्थान और वंश के आधार पर भेदभाव नहीं किया जायेगा, लेकिन इसका अपवाद-अनुच्छेद 15(3) के अनुसार यदि महिलाओं और बच्चों के लिये स्पेशल प्रोविजन बनाए जा सकते हैं अर्थात् राज्यों को महिलाओं और बच्चों के लिए विशेष कानून बनाने का अधिकार है।

अतः विकल्प (C) सही है।

General Hindi

Q.1 इनमें से कौन-सी बोली राजस्थानी बोली नहीं है?

A. मारवाड़ी   B. मालवी   C. मेवाती   D. बुन्देली

Q.2 प्रेमचंद के अपूर्ण उपन्यास का क्या नाम है?

A. रंगभूमि   B. सेवासदन   C. गबन   D. मंगलसूत्र

Q.3 सर्वनाम का भेद इनमें से कौन-सा नहीं है?

A. गुणवाचक   B. प्रश्नवाचक
C. संबंधवाचक   D. निजवाचक

Q.4 निम्नलिखित में से कौन-सा तत्सम शब्द है?

A. स्थायी   B. केवड़ा   C. केतकी   D. करेला

Q.5 'रानी केतकी की कहानी' किसकी प्रसिद्ध कहानी है?

A. इंशा अल्ला खां   B. लल्लूलाल
C. माधव सप्रे   D. सदासुखलाल

Q.6 मिश्रित तथा संयुक्त वाक्यों में विरोध का भाव प्रकट करने के लिए किस विराम चिह्न का प्रयोग किया जाता है?

A. योजक चिह्न   B. कोष्ठक
C. उपविराम   D. अर्ध विराम

Q.7 किस पत्रिका का संपादन भारतेन्दु ने नहीं किया?

A. बालाबोधिनी   B. कविवचन सुधा
C. हरिश्चंद्र मैगज़ीन   D. भारतेन्दु

Q.8 निम्न में से कौन-सा शब्द सदैव एकवचन में प्रयुक्त होता है?

A. सहायता   B. पुस्तक   C. लड़का   D. पौधा

Q.9 'घासफूस' में कौन-सा समास है?

A. अव्ययीभाव समास   B. द्वंद्व समास
C. द्विगु समास   D. बहुव्रीहि समास

Q.10 'शिक्षक' संज्ञा का कौन-सा प्रकार है?

A. समूहवाचक संज्ञा   B. जातिवाचक संज्ञा
C. व्यक्तिवाचक संज्ञा   D. भाववाचक संज्ञा

Q.11 'राम किताब पढ़ता है।' इस वाक्य में वाच्य का कौन-सा प्रकार है?

A. कर्म वाच्य   B. भाव वाच्य
C. कर्तृ वाच्य   D. इनमें से कोई नहीं

Q.12 गुलेरीजी द्वारा संपादित पत्र कौन-सा था?

A. भारत मित्र   B. नागरी नीरद
C. माधुरी   D. समालोचक

Q.13 निम्नलिखित में से कौन-सा शब्द 'खर' का पर्यायवाची है?

A. गधा   B. रावण   C. मूर्ख   D. कुंठित

Q.14 निम्नलिखित में से कौन-सा शब्द 'अथ' का विलोम है?

A. अर्थ   B. अध   C. अंत   D. इति

Q.15 वात्सल्य रस का सम्राट किस कवि को कहा जाता है?

A. सूरदास   B. तुलसीदास   C. बिहारी   D. नंददास

Q.16 निम्नलिखित में से किस वाक्य में 'कर्मवाच्य' नहीं है?

A. उससे खाना नहीं खाया गया।
B. छात्र द्वारा पुस्तक पढ़ी गयी।
C. दोषी व्यक्ति द्वारा क्षमा याचना की गयी।
D. बालक खिलखिलाकर हँस रहा था।

Q.17 'दोपहर के बाद का समय' इस वाक्यांश के लिए उपयुक्त शब्द लिखिए।

A. पूर्वाह्न   B. मध्याह्न   C. अपराह्न   D. विहान

Q.18 कबीर की उलटबाँसियों में कौन-सा रस प्रमुख है?

A. बीभत्स रस   B. अद्भुत रस
C. करुण रस   D. शांत रस

Q.19 कमल, मोती, पानी में उत्पन्न होनेवाला - ये किस शब्द के अनेकार्थी शब्द हैं?

A. इन्द्रधनुष   B. जलद   C. जलज   D. पयोधर

Q.20 'हिंदी साहित्य का आदिकाल' के लेखक कौन हैं?

A. नंददुलारे वाजपेई   B. हजारी प्रसाद द्विवेदी
C. रामचंद्र शुक्ल   D. रामस्वरूप चतुर्वेदी

Q.21 'वे आम के पेड़ हैं।' इस वाक्य में अधोरेखित शब्द का सर्वनाम का प्रकार लिखिए।

A. निश्चयवाचक सर्वनाम   B. निजवाचक सर्वनाम
C. प्रश्नवाचक सर्वनाम   D. संबंधवाचक सर्वनाम

Q.22 "जाके प्रिय न राम वैदेहि, ताजिये ताहि कोटि बैरी सम जदपि परम सनेही।" यह किसकी प्रसिद्ध उक्ति है?

A. तुलसीदास   B. नामदेव   C. कबीर   D. सूरदास

Q.23 'तरल' का विलोम शब्द है:

A. सरल   B. ठोस   C. तीक्ष्ण   D. जटिल

Q.24 'हिन्दुस्तानी' भाषा का रूप क्या है?

A. दक्खिनी हिंदी
B. संस्कृतनिष्ठ
C. ब्रज-अवधी का मिश्रित रूप
D. हिंदी-उर्दू मिश्रित

Q.25 निम्नलिखित में से कौन-सा शब्द स्त्रीलिंग है?

A. स्पर्श   B. लेख   C. दुःख   D. गरिमा

Q.26 निम्न में से कौन-सा शब्द तद्भव नहीं है?

A. कसौटी   B. काठ   C. कार्य   D. कहानी

Q.27 किस शब्द में उपसर्ग नहीं है?

A. विरासत   B. व्यापार   C. वीक्षक   D. विकल

Q.28 केदारनाथ अग्रवाल को किस कृति पर साहित्य अकादमी पुरस्कार प्राप्त हुआ?

A. अपूर्वा   B. फूल नहीं रंग बोलते हैं
C. गुलमेहंदी   D. नींद के बादल

Q.29 निम्न में से सर्वनाम शब्द कौन-सा है?

A. रोग   B. कौन   C. नींद   D. सफाई

Q.30 पूर्वी हिंदी का विकास इनमें से किस अपभ्रंश से हुआ है?

A. मागधी   B. ब्राचड   C. अर्धमागधी   D. खस

Q.31 'राम सेब खाता है।' इस वाक्य में क्रिया का कौन-सा प्रकार है?

A. पूर्वकालिक क्रिया   B. सकर्मक क्रिया
C. अकर्मक क्रिया   D. अनेकार्थक क्रिया

Q.32 "सारंग लै सारंग चली कई सारंग की ओट, सारंग झीनो पाइके सारंग कई गई चोट।" में कौन-सा अलंकार है?

A. यमक   B. उत्प्रेक्षा   C. श्लेष   D. रूपक

Q.33 निम्नलिखित में से कौन-सा शब्द 'उदार' का विलोम है?

A. नम्र   B. कोमल   C. कठोर   D. पुरुष

Ques (34-36):निर्देश: नीचे दिए गए अवतरण को ध्यानपूर्वक पढ़िए और उस पर आधारित दिए गए सम्भावित उत्तरों में से सही उत्तर का चयन कीजिए।

भारत जैसे देश के लिए सहकारिता की पद्धति को अपना विशेष रूप से आवश्यक है। इसका कारण यह है कि भारत में छोटे किसानों तथा व्यापारियों की संख्या ही अधिक है। ये लोग निर्धनता तथा विवशता के चक्र में बुरी तरह फंसे हुए हैं। सहकारिता ही इनकी शक्तियों को एक सूत्र में पिरोकर उनका उद्धार कर सकती है। कृषि के क्षेत्र में तो सहकारिता की पद्धति विशेष रूप से उपयोगी है। इसकी सहायता से खेतों को बड़ा किया जा सकता है तथा क्रय-विक्रय का समुचित प्रबन्ध हो सकता है। गृह उद्योगों के विकास के लिए भी सहकारिता की पद्धति बहुत लाभकारी है। बैंक, व्यापार तथा यातायात के क्षेत्र में भी सहकारिता के आधार पर संगठन किया जा सकता है। सहकारिता के सिद्धांतों की इन विशिष्टताओं को दृष्टि में रखकर ही हमारी पंचवर्षीय योजनाओं में सहकारिता को बहुत ऊँचा स्थान दिया गया है। योजना आयोग का यह विचार कि अर्थव्यवस्था के विभिन्न क्षेत्रों में सहकारिता का अधिकाधिक उपयोग किया जाना चाहिए।

Q.34 योजना आयोग के अनुसार सहकारिता का अधिकाधिक उपयोग किया जाना चाहिए:

A. विज्ञान और प्रौद्योगिकी के क्षेत्र में
B. अर्थव्यवस्था के विभिन्न क्षेत्रों में
C. कृषकों की दशा सुधारने में
D. योजना के विभिन्न क्षेत्रों में

Q.35 सहकारिता का मुख्य उद्देश्य है:

A. पंचवर्षीय योजनाओं को सफल बनाना
B. छोटे कृषकों और व्यापारियों के आर्थिक स्तर को उठाना
C. निर्धनों की शक्तियों को एकजुट करना
D. धन का समान वितरण

Q.36 सहकारिता निर्धन किसानों का उद्धार कर सकती है:

A. उन्हें कृषि-संबंधी सुविधाएं दिलाकर
B. उनकी शक्तियों से अवगत होकर
C. उनकी वास्तविक दशा का परिचय देकर
D. उन्हें एक सूत्र में पिरो कर तथा उनका आर्थिक स्तर विकसित कर

Q.37 'जंगम' का विलोम शब्द है:

A. चेतन   B. सुकर   C. स्थावर   D. अगम

Q.38 निम्नलिखित में से कौन-सा शब्द स्त्रीलिंग है?

A. आय   B. विवाद   C. सार   D. रूप

Q.39 'आप मियाँजी माँगते द्वार खड़े दरवेश' इस लोकोक्ति का सही अर्थ है:

A. माँगने में शर्म न करना
B. किसी निर्धन के घर भिखारियों की भीड़ होना
C. शेखी मारना
D. भीख मांग कर भी दान देने वाला

Q.40 "अवधि शिला का उस पर, था गुरु भार। तिल तिल काट रही थी, हग जल धार।।" में कौन-सा छन्द है?

A. तोटक   B. बरवै   C. वंशस्थ   D. रोला

Law/ Constitution/General Knowledge

Q.41 राज्यसभा के सदस्य के रूप में चुने जाने के लिए किसी व्यक्ति की न्यूनतम आयु कितनी होनी चाहिए?

A. 35 वर्ष   B. 25 वर्ष   C. 30 वर्ष   D. 21 वर्ष

Q.42 कंप्यूटर शब्दावली में, एक गीगाबाइट के समान है:

A. 1024 टेराबाइट्स   B. 1024 किलोबाइट्स
C. 1024 बिट्स   D. 1024 मेगाबाइट्स

Q.43 निम्नलिखित में से कौन सा/से कथन सही है/ हैं?

A. क्रिप्टोग्राफ़ी, अनुवाद के लिए है; स्टेग्नोग्राफ़ी, श्रुतलेख के लिए है

B. क्रिप्टोग्राफ़ी, संदेश सामग्री के आवरण के लिए है; स्टेग्नोग्राफ़ी, श्रुतलेख के लिए है

C. क्रिप्टोग्राफ़ी संदेश सामग्री के आवरण के लिए है; स्टेग्नोग्राफ़ी, स्वयं संदेश के अस्तित्व को छिपाने के लिए है

A. A और B   B. B   C. B और C   D. C

Q.44 भारत का केंद्रीय चिड़ियाघर प्राधिकरण (सेंट्रल जू अथॉरिटी) की स्थापना वर्ष _______ में की गई थी।

A. 1982   B. 1972   C. 1992   D. 2002

Q.45 सीआरपीसी की धारा _______ के अनुसार एक थाने के प्रभारी अधिकारी का कर्तव्य मौखिक रूप से दी गई प्रत्येक जानकारी का रिकॉर्ड रखना तथा एफआईआर तैयार करना है।

A. 154   B. 134   C. 174   D. 164

Q.46 माल्थस का जनसंख्या सिद्धांत किस अवधारणा पर आधारित है?

A. ज्यामितीय जनसंख्या वृद्धि और अंकगणितीय खाद्य आपूर्ति वृद्धि
B. घातीय मुद्रास्फीति और निम्न बेरोज़गारी दर
C. उच्च जन्म दर और निम्न मृत्यु दर
D. निम्न निर्भरता अनुपात और उच्च जनसांख्यिकीय लाभांश

Q.47 राष्ट्रीय सुरक्षा अधिनियम के तहत गठित सलाहकार बोर्ड द्वारा अपनाई जाने वाली प्रक्रिया, अधिनियम की धारा _____ में पाई जाती है।

A. 11   B. 10   C. 9   D. 12

Q.48 किस संवैधानिक संशोधन अधिनियम में "शहरी स्थानीय शासन" से संबंधित संवैधानिक प्रावधान किए गए थे?

A. 74वां संवैधानिक संशोधन अधिनियम, 1992
B. 31वां संवैधानिक संशोधन अधिनियम, 1951
C. 44वां संवैधानिक संशोधन अधिनियम, 1976
D. 51वां संवैधानिक संशोधन अधिनियम, 1984

Q.49 भारत में सर्वोच्च न्यायालय के न्यायाधीशों (भारत के मुख्य न्यायाधीश सहित) की अधिकतम संभावित संख्या कितनी होती है?

A. 26   B. 24   C. 34   D. 19

Q.50 पृथ्वी के क्षोभमंडल में सबसे प्रचुर गैस कौन-सी है?

A. नाइट्रोजन   B. आर्गन
C. कार्बन-डाइऑक्साइड   D. ऑक्सीजन

Q.51 भारतीय संविधान का कौन सा अनुच्छेद "बिना हथियार के शांतिपूर्ण रूप से एकत्रित होने के अधिकार" से संबंधित है?

A. अनुच्छेद 19(1)(d)   B. अनुच्छेद 19(1)(c)

C. अनुच्छेद 19(1)(a)   **D.** अनुच्छेद 19(1)(b)

Q.52 भारत में किस राज्य सरकार ने सूचना का अधिकार अधिनियम, 2005 के तहत सरकारी कार्यालयों और प्राधिकरणों के बारे में जानकारी प्रदान करने के लिए 'जन सूचना पोर्टल' शुरू किया है?

A. राजस्थान   **B.** पश्चिम बंगाल

C. तमिलनाडु   **D.** महाराष्ट्र

Q.53 नेशनल स्टॉक एक्सचेंज की स्थापना के लिए किस समिति द्वारा अनुशंसा की गई थी?

A. एम.एल. झिंगन समिति   **B.** फेरवानी समिति

C. अरविंद मायाराम समिति   **D.** वाई.वी. रेड्डी समिति

Q.54 निम्नलिखित में से किस रोग में लार ग्रंथियों की सूजन के लक्षण दिखते हैं?

A. मोतियाबिंद

B. करोनरी धमनी रोग

C. परिहृदशोथ

D. कण्ठमाला (गल गण्ड रोग)

Q.55 मानव अधिकार संरक्षण अधिनियम में ______ के लिए प्रावधान दिया गया है।

A. राष्ट्रीय मानवाधिकार आयोग

B. राज्य मानवाधिकार आयोग

C. जिला मानवाधिकार आयोग

D. मानवाधिकार न्यायालय

A. A, B और D   **B.** B,C और A

C. C,D और A   **D.** B, C और D

Q.56 विधायिका के पास मौलिक अधिकारों को हटाने या कम करने के लिए संविधान के भाग III में संशोधन करने की शक्ति नहीं है, यह किसकी वजह से निर्धारित किया गया था?

A. सज्जन सिंह बनाम राजस्थान राज्य

B. केशवानंद भारती बनाम केरल राज्य

C. गोलक नाथ बनाम पंजाब राज्य

D. शंकरी प्रसाद सिंह देव बनाम भारत संघ

Q.57 भारतीय संविधान के किस अनुच्छेद के तहत भारत के सर्वोच्च न्यायालय की स्थापना हुई थी?

A. अनुच्छेद 144   **B.** अनुच्छेद 124

C. अनुच्छेद 134   **D.** अनुच्छेद 113

Q.58 ______ एक प्रकार का साइबर अपराध है जहाँ कंप्यूटर सिस्टम या नेटवर्क, कंप्यूटर वायरस से संक्रमित होता है।

A. प्रकाशनाधिकृत उल्लंघन (कॉपीराइट इन्फ्रिंजमेंट)

B. जालसाज़ी (फिशिंग)

C. साहित्यिक चोरी (प्लैजरिज़म)

D. मैलवेयर अटैक

Q.59 ज़ायद फसल, ______ ऋतु के दौरान होती है।

A. शरद   **B.** ग्रीष्म   **C.** शीत   **D.** वर्षा

Q.60 आय के पांच मदों के तहत दी गई आय को जोड़ने के बाद प्राप्त राशि को ______ कहा जाता है।

A. निवल आय   **B.** वास्तविक आय

C. शुद्ध कुल आय   **D.** सकल कुल आय

Q.61 भारतीय संविधान के निम्नलिखित अनुच्छेदों में से कौन सा अनुच्छेद "राष्ट्रपति चुनाव की प्रक्रिया" से संबंधित है?

A. अनुच्छेद 55   **B.** अनुच्छेद 72

C. अनुच्छेद 78   **D.** अनुच्छेद 60

Q.62 निम्नलिखित में से कौन, एन.आर.आई. और निर्यात उन्मुख इकाइयों के प्रस्तावों, पूंजीगत वस्तुओं / उपकरणों के आयात के लिए इक्विटी मुद्दों से संबंधित प्रार्थना पत्रों, पूर्व-संचालन करता है?

A. डाक विभाग

B. दूरसंचार विभाग

C. औद्योगिक नीति और संवर्धन विभाग (डी.आई.पी.पी.)

D. उपभोक्ता मामले का विभाग

Q.63 भूमि अधिग्रहण, पुनर्वास और पुनस्थापन अधिनियम, 2013 में उचित मुआवजा और पारदर्शिता के अधिकार के तहत अधिग्रहित भूमि के बाजार मूल्य का आकलन और निर्धारण करने की शक्ति किसके पास है?

A. ग्राम प्रशासनिक अधिकारी

B. समाहर्ता (जिलाधिकारी)

C. उप-पंजीयक

D. तहसीलदार

Q.64 निम्नलिखित में से उत्तर प्रदेश का लोक नृत्य कौन सा है?

A. चरकुला   **B.** लावा   **C.** कोलट्टम   **D.** बिहू

Q.65 साउथ एशिया वीमेन इन एनर्जी (SAWIE) मंच को ______ द्वारा शुरू किया गया था।

A. संयुक्त राष्ट्र महिला संगठन

B. अंतर्राष्ट्रीय विकास के लिए संयुक्त राज्य एजेंसी (यू.एस.ए.आई.डी.)

C. यू.एन.ओ.

D. ह्यूमन राइट्स वॉच

Q.66 6-14 वर्ष की आयु के सभी बच्चों को नि: शुल्क और अनिवार्य शिक्षा के मौलिक अधिकार को भारत के संविधान में वर्ष ______ में प्रस्तावित किया गया था।

A. 1995   **B.** 1998   **C.** 2002   **D.** 2000

Q.67 उत्तर प्रदेश पुनर्गठन अधिनियम निम्नलिखित में से किस वर्ष में अधिनियमित किया गया था?

A. 2000   **B.** 2010   **C.** 1995   **D.** 2003

Q.68 भारतीय संविधान का निम्नलिखित में से कौन सा अनुच्छेद राष्ट्रीय आपातकाल से संबंधित है?

A. अनुच्छेद 352   **B.** अनुच्छेद 356

C. अनुच्छेद 331   **D.** अनुच्छेद 360

Q.69 निम्नलिखित में से किसे राज्य मानवाधिकार आयोग के अध्यक्ष या किसी अन्य सदस्य को हटाने का अधिकार प्राप्त है?

A. राज्य के राज्यपाल

B. भारत के मुख्य न्यायाधीश

C. केंद्रीय गृह मंत्री

D. भारत के राष्ट्रपति

Q.70 भारतीय क्रांतिकारियों द्वारा ग़दर विद्रोह पार्टी की स्थापना कहाँ की गई थी?

A. तुर्की   **B.** ब्रिटेन

C. यू.एस.ए. (अमेरिका)   **D.** आयरलैंड

Q.71 तहसीलदार के पास ______ की शक्ति होती है।

A. संबंधित गाँव की अडंगल/पहानी प्रविष्टियों को सत्यापित करना और जाँचना

B. स्थानीय तौर पर जानकारी हासिल करना कि क्या फसलें अडंगल/पहानी के अनुसार उगाई गई हैं

C. अनधिकृत अतिक्रमण और सरकारी जल के अनियमित उपयोग के सभी मामलों का निरीक्षण करना

A. B
B. C
C. A
D. A,B और C

Q.72 सक्रिय ज्वालामुखियों की मौजूदगी के कारण निम्नलिखित में से किस क्षेत्र को 'रिम ऑफ़ फ़ायर' कहा जाता है?

A. पूर्वी अफ़्रीका के रिम
B. प्रशांत (पैसिफिक) के रिम
C. अल्पाइन बेल्ट के रिम
D. हिमालय बेल्ट का रिम

Q.73 गोलाकार दर्पण की परावर्तक सतह के केंद्र को क्या कहा जाता है?

A. वक्रता का केंद्र
B. मुख्य अक्ष
C. ध्रुव
D. वक्रता की त्रिज्या

Q.74 जैविक हथियारों पर समझौता(कन्वेंशन) किस वर्ष में लागू किया गया था?

A. 1992
B. 1962
C. 1975
D. 2002

Q.75 राज्य लोक सेवा आयोग के अध्यक्ष और अन्य सदस्यों की नियुक्ति कौन करता है?

A. राज्य के मुख्यमंत्री
B. केंद्रीय कार्मिक, लोक शिकायत और पेंशन मंत्री
C. भारत के राष्ट्रपति
D. राज्य के राज्यपाल

Q.76 हरिहर और बुक्का भाइयों ने किस वर्ष में विजयनगर साम्राज्य की स्थापना की?

A. 1336
B. 1346
C. 1356
D. 1367

Q.77 भारत में निम्नलिखित में से कौन सर्वोच्च है?

A. उच्चतम न्यायालय
B. संसद
C. प्रधानमंत्री
D. संविधान

Q.78 2011 के 97वें संवैधानिक संशोधन अधिनियम द्वारा भारतीय संविधान में कौन सा निर्देशक सिद्धांत जोड़ा गया था?

A. कृषि और पशुपालन को व्यवस्थित करना
B. सहकारी समितियों को बढ़ावा देना
C. कुटीर उद्योगों को बढ़ावा देना
D. पर्यावरण की रक्षा और सुधार करना

Q.79 मोटर वाहन (संशोधन) अधिनियम 2019 के तहत नए यातायात नियमों के अनुसार किशोरों द्वारा किए गए उल्लंघनों के लिए जुर्माना राशि रुपए है।

A. 2000
B. 25000
C. 5000
D. 10000

Q.80 भारतीय संविधान की प्रस्तावना में प्रयुक्त निम्नलिखित में से किस शब्दपद का अर्थ 'विशेषाधिकार का अभाव' है?

A. समानता
B. बंधुता
C. स्वतंत्रता
D. संप्रभुता

Numerical & Mental Ability Test

Q.81 निम्न गुणोत्तर श्रेणी का योगफल ज्ञात कीजिए।

$$\frac{2}{5}, \frac{2}{25}, \frac{2}{125}, \frac{2}{625}, \ldots n \text{ पदों तक}$$

A. $\frac{5}{4}\left(1 - \left(\frac{1}{5}^n\right)\right)$
B. $\frac{2}{5}\left(1 - \left(\frac{1}{5}^n\right)\right)$
C. $\frac{1}{2}\left(1 - \left(\frac{1}{5}^n\right)\right)$
D. $\frac{4}{5}\left(1 - \left(\frac{1}{5}^n\right)\right)$

Q.82 X एक कार्य 131 दिनों में पूर्ण कर सकता है। वह 47 दिनों तक अकेले कार्य करता रहा और शेष कार्य को Y ने 84 दिनों में पूरा किया। दोनों को एक साथ संपूर्ण कार्य को पूरा करने में कितना दिन लगेगा?

A. 63.5
B. 65.5
C. 59.5
D. 61.5

Q.83 निर्देश: निम्नलिखित विकल्पों में से दी गई आकृति का सही जल प्रतिबिंब चुनें।

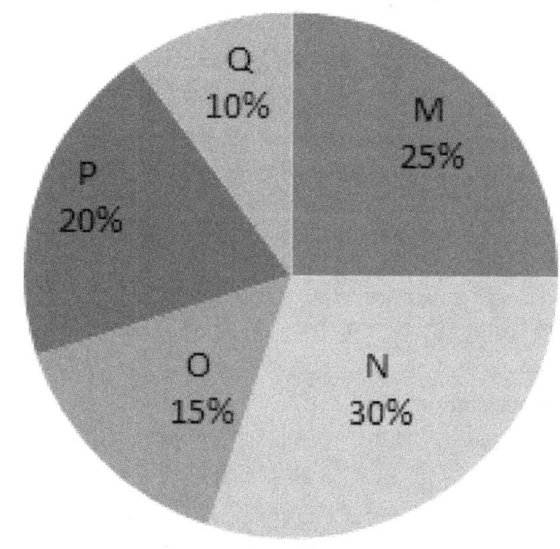

Q.84 4 अंकों की सबसे छोटी संख्या ज्ञात कीजिए जिसे 8,10,12,15,20 से विभाजित करने पर शेषफल 7 रहता है।

A. 1100
B. 1073
C. 1087
D. 1080

Ques (85-86):निर्देश: दिये गये पाई चार्ट का अध्ययन कीजिए और नीचे दिए गये प्रश्नों के उत्तर दीजिए। दिया गया चार्ट मुम्बई में विभिन्न ब्रांड के वॉशिंग मशीन की बिक्री को दर्शाता है।

बेची गई वाशिंग मशीनों की कुल संख्या = 85,000

Q.85 ब्रांड N और ब्रांड Q दोनों की मिलाकर बेची गई वाशिंग मशीनों की कुल संख्या कितनी है?

A. 28000
B. 26000
C. 34000
D. 32000

Q.86 ब्रांड M और ब्रांड P की बेची गई वाशिंग मशीनों की संख्या के बीच अंतर ज्ञात कीजिए।

A. 4200
B. 4250
C. 4300
D. 4150

Q.87 किसी संख्या को 11 से विभाजित करने पर शेषफल 3 रहता है। उसी संख्या के वर्ग को 11 से विभाजित करने पर क्या शेषफल रह जाता है?

A. 7   **B.** 5   **C.** 9   **D.** 11

Q.88 700 तक कितनी संख्याएँ 3 और 5 दोनों से विभाज्य है?

A. 46   **B.** 42   **C.** 39   **D.** 52

Q.89 यदि 320 का 20%, 460 के 40% से x कम है, तो x का मान ज्ञात कीजिए।

A. 126   **B.** 122   **C.** 124   **D.** 120

Q.90 किसी देश के नाम के अक्षर N, E, R, C, F और A हैं। यदि अक्षरों को सही तरीके से पुनर्व्यवस्थित किया जाता है, तो गठित शब्द का पांचवां अक्षर क्या है?

A. R **B.** C **C.** A **D.** F

Q.91 निर्देश: X का मान ज्ञात कीजिए।

$$X = \sqrt{587 - \sqrt{121}} \div \sqrt{2316 - \sqrt{180 - \sqrt{1296}}}$$

A. 1   **B.** 4   **C.** 2   **D.** 0.5

Q.92 निम्नलिखित विकल्पों में से कौन सा 11 से विभाज्य है?

A. 2799048   **B.** 2899048   **C.** 2699048   **D.** 2999048

Q.93 एक कार मालिक लगातार तीन वर्षों तक ₹ 17, ₹ 19 और ₹ 20 प्रति लीटर पर पेट्रोल खरीदता है। प्रति लीटर की औसत लागत की गणना करें, यदि वह प्रति वर्ष 6460 रुपये खर्च करता है।

A. ₹ 18.49   **B.** ₹ 18.58   **C.** ₹ 19.20   **D.** ₹ 21.66

Q.94 निर्देश: प्रश्न चिह्न को उस विकल्प से बदलें जो पहले जोड़े में लागू तर्क का अनुसरण करता है।

Architect : Building :: Author : ??

A. Act   **B.** Books   **C.** Lecture   **D.** Report

Q.95 निर्देश: निम्नलिखित प्रश्नों के उत्तर देने के लिए निम्नलिखित रेखा चार्ट और दी गई जानकारी का अध्ययन कीजिए।

2001, 2011, 2021 और 2031 वर्षों में 3-अलग-अलग A, B और C मोबाइल कंपनियों की बिक्री दी गई है। (हजारों में)

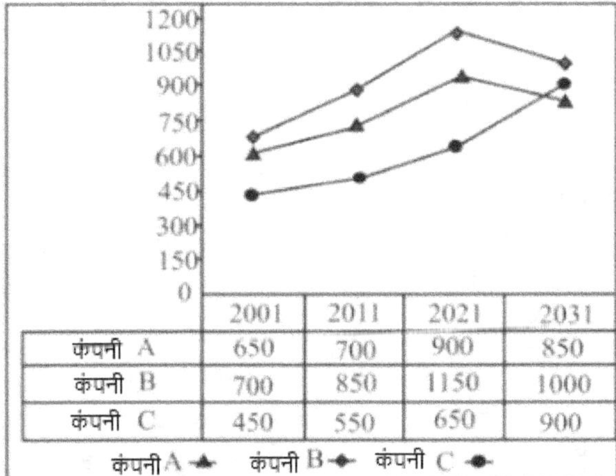

	2001	2011	2021	2031
कंपनी A	650	700	900	850
कंपनी B	700	850	1150	1000
कंपनी C	450	550	650	900

कंपनी A ▲   कंपनी B ◆   कंपनी C ●

2011 से 2021 तक A कंपनी की बिक्री में कितनी प्रतिशत वृद्धि हुई? (दो दशमलव तक)

A. 28.57%   **B.** 36.52%   **C.** 36.65%   **D.** 45.26%

Q.96 एक दुकानदार दो बैग को 5500 रूपये में बेचता है। एक पर उसे 21% लाभ मिलता है और दूसरी पर उसे 21% की हानि होती है। पूरे लेन-देन के लिए उसका उसका लाभ या हानि प्रतिशत ज्ञात करें।

A. 4.41% लाभ   **B.** 4.41% हानि
C. 3.61% लाभ   **D.** 3.61% हानि

Q.97 निर्देश: दी गई श्रृंखला में अगला पद ज्ञात कीजिए।

$W29, P34, I39, B44, ?$

A. $V49$ **B.** $U49$ **C.** $V48$ **D.** $W48$

Q.98 निर्देश: इस प्रश्न में, एक कथन के बाद दो निष्कर्ष i और ii दिए गए हैं। आपको दिए गए कथन को सत्य मानना है, फिर दोनों निष्कर्षों पर विचार करें और तय करें कि उनमें से कौन सा निष्कर्ष अनुसरण करता है?

कथन:
तंजावुर को तमिलनाडु के चावल के कटोरे के रूप में जाना जाता है।

निष्कर्ष:
(i) चावल का उत्पादन केवल तंजावुर में ही किया जाता है।
(ii) चावल तंजावुर में उगाई जाने वाली प्रमुख फसल हो सकती है।

निम्नलिखित विकल्पों में से उपयुक्त विकल्प का चयन करें

(A) केवल निष्कर्ष i अनुसरण करता है।
(B) केवल निष्कर्ष ii अनुसरण करता है।
(C) या तो i या ii अनुसरण करता है।
(D) न तो i और न ही ii अनुसरण करता है।
(E) i और ii दोनों अनुसरण करते हैं।

A. C   **B.** A   **C.** B   **D.** E

Q.99 4 वर्षों में साधारण ब्याज दर पर, एक राशि में 20% की वृद्धि होती है। उसी ब्याज दर पर 2 वर्षों के बाद 44500 रुपये पर चक्रवृद्धि ब्याज कितना होगा?

A. 4561.25   **B.** 4261.25   **C.** 4461.25   **D.** 4361.25

Q.100 अजय और भास्कर ने 3:5 के अनुपात में कुछ राशि का निवेश करके साझेदारी में एक व्यापार आरम्भ किया। चंद छह महीने के बाद भास्कर के बराबर राशि के साथ उनके साथ जुड़ गया। एक वर्ष के अंत में लाभ को अजय, भास्कर और चांद के बीच किस अनुपात में बांटा जाना चाहिए?

A. 6:7:5   **B.** 5:10:6
C. 3:7:5   **D.** 6:10:5

Q.101 पाइप A, 48 मिनटों में एक टैंक खाली कर सकता है, पाइप B, उसी टैंक को 72 मिनटों में भर सकता है और पाइप C, उसी टैंक को 96 मिनटों में भर सकता है। यदि तीनों पाइपों को एक साथ खोल दिया जाए, तो खाली टंकी को भरने में कितने मिनट लगेंगे?

A. 298   **B.** 268   **C.** 278   **D.** 288

Q.102 निर्देश: निम्नलिखित में * को प्रतिस्थापित करने के लिए चिह्नों के कौन से समुच्चय का उपयोग किया जाना चाहिए?

$56 * 4 * 3 = 9 * 2 * 7$

A. $+ \times \div -$ **B.** $+ \times \times +$
C. $\times - \div +$ **D.** $\div - \times -$

Q.103 निर्देश: दी गई श्रृंखला में अगला पद ज्ञात कीजिए।

RETIREMENT, TIREME, ETIREMEN, IREM, ?

A. ETIRE   **B.** IREME
C. TIREM   **D.** TIREME

Q.104 आज बुधवार है। 59 दिनों के बाद, होगा:

A. मंगलवार   **B.** शनिवार   **C.** सोमवार   **D.** रविवार

Q.105 निर्देश: प्रश्न चिह्न को उस विकल्प से बदलें जो पहले जोड़े में लागू तर्क का अनुसरण करता है।

SRDA : UTEB :: PUOX : ??

A. RWPY   **B.** RUPY   **C.** RWSY   **D.** RUQY

Q.106 25% की हानि पर \$15825 में एक मोबाइल बेचा जाता है। यदि इसे \$25320 में बेचा जाता तो इस पर वास्तविक लाभ या हानि कितने प्रतिशत होती?

A. 26% हानि   **B.** 22% हानि

C. 20% लाभ   **D.** 24% लाभ

Q.107 गौर पूर्व दिशा में 15 किमी चलता है। वह दाएं मुड़ता है, फिर दाएं मुड़ता है और अंत में बाईं ओर मुड़ता है। अब वह किस दिशा की ओर अभिमुख है?

A. पश्चिम   **B.** दक्षिण   **C.** पूर्व   **D.** उत्तर

Q.108 एक नाव 54 घंटों में 270 किमी धारा की विपरीत दिशा में जाती है और 64 घंटों में 448 किमी धारा की दिशा में जाती है। शांत जल में नाव की गति ज्ञात कीजिए। (किमी प्रति घंटे में)

A. 7   **B.** 8   **C.** 9   **D.** 6

Q.109 एक धनराशि 3 वर्षों में साधारण ब्याज के तहत अपने आप की दोगुनी हो जाती है। यह कितने वर्षों में अपने आप की 52 गुनी हो जाएगी?

A. 157   **B.** 155   **C.** 153   **D.** 151

Q.110 यदि A का अर्थ $+$ है, B का अर्थ $-$, C का अर्थ $\times$ है, तो $(7C2)A(3C3)B6$ का मान क्या है?

A. 17   **B.** 22   **C.** 15   **D.** 20

Q.111 निर्देश: निम्नलिखित प्रश्नों के उत्तर देने के लिए निम्नलिखित रेखा-चार्ट और दी गई जानकारी का अध्ययन कीजिए।

2001, 2011, 2021 और 2031 वर्षों में 3-अलग-अलग A, B और C मोबाइल कंपनियों की बिक्री दी गई है। (हजारों में)

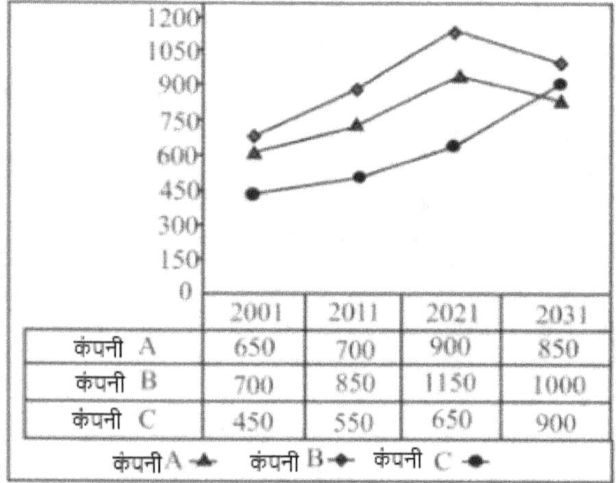

	2001	2011	2021	2031
कंपनी A	650	700	900	850
कंपनी B	700	850	1150	1000
कंपनी C	450	550	650	900

कंपनी B ने अधिकतम बिक्री किस वर्ष की?

A. 2001   **B.** 2021   **C.** 2031   **D.** 2011

Q.112 निर्देश: निम्नलिखित प्रश्न में प्रश्न चिह्न (?) के स्थान पर क्या मान आना चाहिए?

$$\sqrt{12.96} \times \sqrt{7.84} \div \sqrt{3.24} \times \sqrt{31.36} = ?$$

A. 56.58   **B.** 31.36   **C.** 78.45   **D.** 26.35

Q.113 एक कॉलेज में पुरुषों और महिलाओं की संख्या के बीच का अनुपात 21 : 22 है। यदि पुरुषों की संख्या में 20% की वृद्धि हुई है और महिलाओं की संख्या में 30% की वृद्धि हुई है तो पुरुष से महिला का नया अनुपात ज्ञात कीजिए।

A. 127 : 143   **B.** 125 : 143

C. 128 : 143   **D.** 126 : 143

Q.114 उस अर्धगोले का कुल पृष्ठीय क्षेत्रफल ज्ञात कीजिए जिसकी त्रिज्या 33 सेमी है और $\pi = 3.14$ है। (सेमी^{2} में)

A. 10358.38   **B.** 10258.38

C. 10558.38   **D.** 10458.38

Q.115 एक ट्रेन 80 किमी/घंटा की गति से दिल्ली से जामनगर तक जाती है और 82 किमी/घंटा की गति से लौटती है।यदि कुल यात्रा में 162 घंटे लगते हैं, तो दिल्ली और जामनगर के बीच की दूरी ज्ञात कीजिए।

A. 6660   **B.** 6760   **C.** 6460   **D.** 6560

Ques (116-117):निर्देश: निम्नलिखित प्रश्नों में कुछ कथन दिए गए हैं और इन कथनों के बाद दो निष्कर्ष संख्या i और ii दिए गए हैं। आपको कथनों को सत्य मानना है, भले ही वे सर्वज्ञात तथ्यों से भिन्न प्रतीत होते हों। आपको तय करना है कि दिए गए दो निष्कर्षों (प्रतिक्रियाओं) में से कौन सा निश्चित रूप से दिए गए कथनों से लिया गया है।

(A) केवल (i) निष्कर्ष अनुसरण करता है

(B) केवल (ii) निष्कर्ष अनुसरण करता है

(C) न तो (i) और न ही (ii) अनुसरण करता है

(D) दोनों (i) और (ii) अनुसरण करते हैं

(E) या तो (i) या (ii) अनुसरण करता है

Q.116 कथन:
सभी पुरुष, महिलाएं हैं।
कुछ महिलाएं, लोग हैं।
निष्कर्ष:
(i). कुछ पुरुष, लोग हैं।
(ii). कुछ महिलाएं, पुरुष हैं।

A. (C)   **B.** (A)   **C.** (E)   **D.** (B)

Q.117 कथन:
सभी सामग्री, उत्पाद हैं।
सभी उत्पाद, सामान हैं।
सभी सामान, खराब हैं।
निष्कर्ष:
(i). सभी सामग्री, सामान हैं।
(ii). सभी उत्पाद, खराब हैं।

A. (D)   **B.** (B)   **C.** (C)   **D.** (A)

Q.118 निर्देश: नीचे दिए गए प्रत्येक प्रश्न में एक कथन है, जिसके बाद दो तर्क 1 और 2 दिए गए हैं। आपको यह तय करना है कि कौन सा तर्क एक 'प्रबल' तर्क है और कौन सा एक 'दुर्बल' तर्क हैं।

उत्तर दीजिए:

(A) यदि केवल तर्क 1 प्रबल है।

(B) यदि केवल तर्क 2 प्रबल है।

(C) यदि या तो 1 या 2 प्रबल है।

(D) यदि न तो 1 और न ही 2 प्रबल है। और

(E) यदि 1 और 2 दोनों प्रबल हैं।

कथन:

क्या जंगली जानवरों के शिकार पर प्रतिबंध होना चाहिए?

तर्क:

1. हाँ, इसके कारण विशेष प्रजातियां विलुप्त हो सकती हैं।

2. नहीं, यह मांस का सस्ता स्रोत प्रदान करता है।

A. (B)　　**B.** (A)　　**C.** (D)　　**D.** (C)

Q.119 निर्देश: निम्नलिखित प्रश्नों के उत्तर देने के लिए निम्नलिखित रेखा चार्ट और दी गई जानकारी का अध्ययन कीजिए।

2001, 2011, 2021 और 2031 वर्षों में 3-अलग-अलग A, B और C मोबाइल कंपनियों की बिक्री दी गई है। (हजारों में)

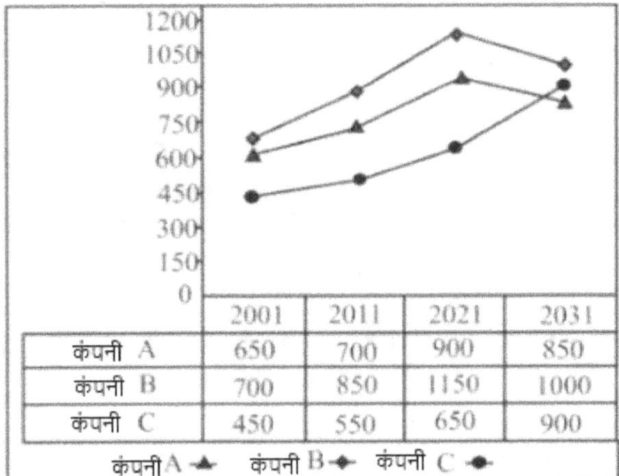

	2001	2011	2021	2031
कंपनी A	650	700	900	850
कंपनी B	700	850	1150	1000
कंपनी C	450	550	650	900

कंपनी A ▲　कंपनी B ◆　कंपनी C ●

दिए गए सभी वर्षों में कंपनी A की तुलना में कंपनी B ने कितने प्रतिशत अधिक बिक्री की है? (दो दशमलव तक)

A. 75.65%　　**B.** 19.35%　　**C.** 15.75%　　**D.** 2.65%

Q.120 एक व्यापारी क्रमश: 31% और 32% की दो क्रमागत छूट देने के बाद वस्तु बेचता है। यदि वस्तु का अंकित मूल्य ₹ 31300 है, तो इसका विक्रय मूल्य ज्ञात कीजिए।(₹ में)

A. 14685.96　　　　**B.** 11685.96

C. 13685.96　　　　**D.** 12685.96

Mental Aptitude Test/Intelligence Test/Test of Reasoning

Q.121 निर्देश: प्रश्न चिह्न को उस विकल्प से बदलें जो पहले युग्म में लागू तर्क का अनुसरण करता है।

Gynecology : Women :: Hematology : ??

A. Herbs　　**B.** Child　　**C.** Worms　　**D.** Blood

Q.122 एक निश्चित कूट भाषा में, यदि ADOPT को DGRSW के रूप में कूटबद्ध किया जाता है, तो DATED को उसी भाषा में कैसे कूटबद्ध किया जाता है?

A. HIXEH　　　　**B.** DGWGH

C. WZGVW　　　　**D.** GDWHG

Q.123 निर्देश: निम्नलिखित पांच में से चार एक निश्चित तरीके से एक समान हैं और इसलिए एक समूह बनाते हैं। वह कौन सा है जो उस समूह से संबंधित नहीं है?

AD, MP, SU, VY, LO

A. LO　　**B.** VY　　**C.** SU　　**D.** AD

Q.124 A, B का/की जीवनसाथी है, जिसकी कोई बच्ची नहीं है। C, D और E का भाई है जो B का पुत्र है। A, D की मां नहीं है। D का B से क्या संबंध है?

A. पुत्र　　　　**B.** मां

C. पुत्री　　　　**D.** या तो (A) या (C)

Q.125 भारतीय दंड संहिता के अनुसार, किसी अपराधी को कितनी प्रकार की सजाएं दी जा सकती हैं?

A. 3　　**B.** 7　　**C.** 9　　**D.** 5

Q.126 भारत के संविधान का अनुच्छेद 40 राज्य को _________ के लिए कार्य करने की सलाह देता है।

A. ग्राम पंचायत के संगठन

B. समान नागरिक (सिविल) संहिता

C. कामगारों के लिए आजीविका

D. नगर पालिकाओं का गठन

Q.127 निर्देश: निम्नलिखित विकल्पों में से कौन सा विकल्प दी गई आकृति को उत्तमता से पूरा करेगा?

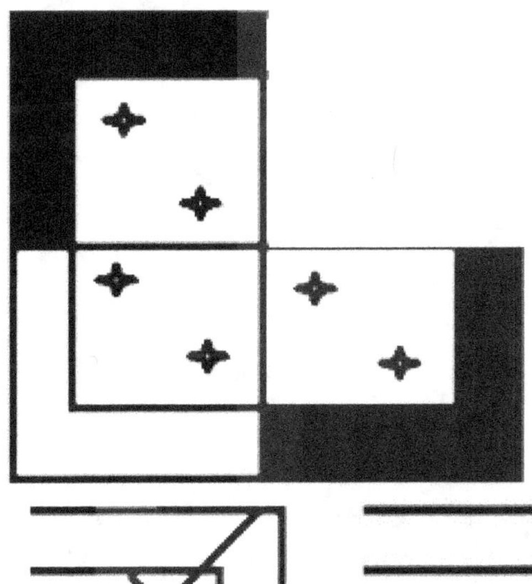

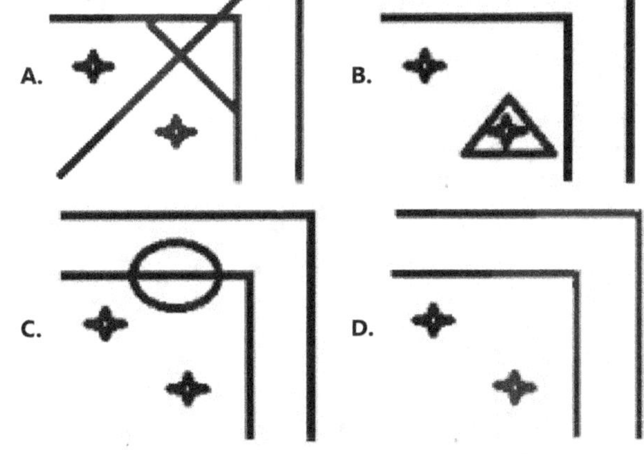

Q.128 निर्देश: श्रेणी में अगली संख्या ज्ञात कीजिए।

3,4,10,33,136, ?

A. 682   **B.** 686   **C.** 683   **D.** 685

Q.129 यदि अंग्रेजी वर्णमाला श्रृंखला के B से शुरू होने वाले प्रत्येक दूसरे अक्षर को छोटे अक्षरों में लिखा गया है, बाकी सभी बड़े अक्षरों में लिखे गए हैं, तो दिए गए शब्द 'Adequate' को कैसे लिखा जायेगा?

A. AdEquATE   **B.** AdEQUAtE
C. ADequAtE   **D.** AdequatE

Q.130 वह विकल्प चुनिए जो दिए गए विकल्पों में से एक असंगत शब्द/संख्या/वर्ण-युग्म हो।

A. Support   **B.** Help   **C.** Aid   **D.** Hurt

Q.131 यदि AUTOMOBILE शब्द के पहले आधे भाग को व्युत्क्रमित किया जाता है, तो निम्नलिखित में से कौन- सा बाएं छोर से तीसरे अक्षर के दाईं ओर चौथे स्थान पर होगा?

A. M   **B.** T   **C.** O   **D.** B

Q.132 निर्देश: श्रेणी में अगली संख्या ज्ञात कीजिए।

675, 580, 471, 348, 211, ?

A. 61   **B.** 59   **C.** 57   **D.** 60

Q.133 एक बॉक्स में एक रुपए के सिक्के, पाँच रुपए के सिक्के और दस रुपए के सिक्के हैं, जिनका कुल मूल्य 1360 रुपये है। सभी मूल्यवर्गों के सिक्कों की संख्या समान है। प्रत्येक मूल्यवर्ग के कितने सिक्के हैं?

A. 86   **B.** 87   **C.** 85   **D.** 84

Q.134 निर्देश: एक पासे के फ़लकों पर 6 अलग-अलग चिह्न, (*, $, #, ^, %, !) है।
कौन सा चिह्न % के विपरीत है?

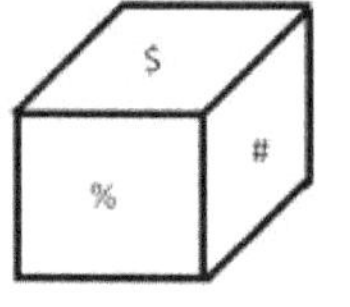 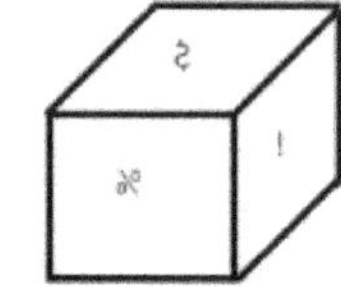 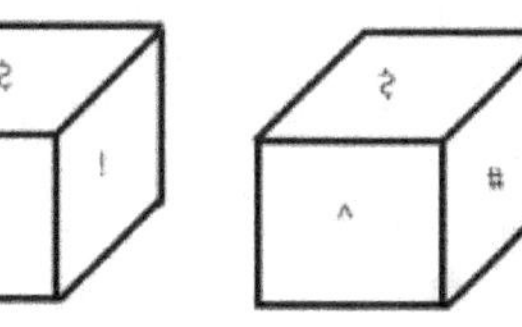

A. $ **B.** %   **C.** ^   **D.** #

Q.135 मदन के पिता के इकलौते बेटे की पत्नी का मदन की बहन से क्या संबंध है?

A. ब्रदर इन लॉ   **B.** दामाद
C. पुत्रवधू   **D.** सिस्टर इन लॉ

Q.136 एक महिला की ओर इशारा करते हुए, एक लड़की ने कहा, "वह मेरी माँ के पिता की पत्नी की सास है।" महिला का लड़की से क्या संबंध है?

A. ग्रैंडमदर   **B.** माँ
C. ग्रैंडआंट   **D.** ग्रेट ग्रैंडमदर

Q.137 एक निश्चित कूट भाषा में, यदि GROUP को TILFK के रूप में कूटबद्ध किया जाता है, तो RATIO को उसी भाषा में कैसे कूटबद्ध किया जाता है?

A. EVXSM   **B.** IZGRL   **C.** OUOGX   **D.** VEXMS

Q.138 निर्देश: अनुक्रम में कितनी सम संख्याएँ हैं जिनके ठीक बाद एक विषम संख्या है?

4678334576892791352

A. पांच   **B.** छह   **C.** चार   **D.** तीन

Q.139 राष्ट्रीय साम्प्रदायिक सद्भाव प्रतिष्ठान को वर्ष__________ में स्थापित किया गया था।

A. 1992   **B.** 1989   **C.** 1987   **D.** 1995

Q.140 __________ समस्त भारत या अंतर-राज्यीय विस्तार वाले गंभीर अपराधों की जाँच के लिए उत्तरदायी है।

A. केंद्रीय अन्वेषण ब्यूरो (CBI)
B. केंद्रीय सतर्कता आयोग (CVC)
C. राष्ट्रीय अपराध रिकॉर्ड ब्यूरो (NCRB)
D. खुफिया विभाग (IB)

Q.141 निर्देश: वेन आरेख में निम्नलिखित में से कौन सी संख्या केवल ग्रामीण क्षेत्रों में रहने वाले बेरोजगारों को निरूपित करती है?

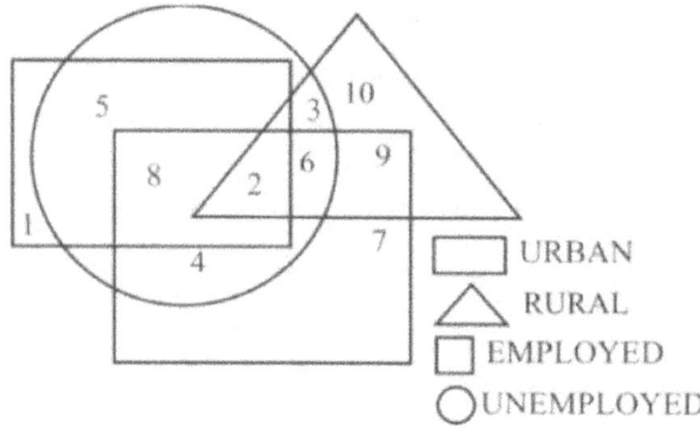

A. 2   **B.** 4   **C.** 6   **D.** 3

Q.142 E दाएं छोर से 9वें स्थान पर है। यदि E को छह स्थान बाईं ओर स्थानांतरित किया जाता है, तो E, सबसे बाईं ओर होगा। पंक्ति में कितने व्यक्ति हैं?

A. 15   **B.** 17   **C.** 18   **D.** 19

Q.143 निर्देश: यदि एक दर्पण को छायांकित रेखा पर रखा जाता है, तो निम्नलिखित में से कौन सा विकल्प दी गई आकृति का दर्पण प्रतिबिम्ब है?

4862atkn

A. 4862atku
B. 4862atkn
C. 4862atkn
D. 4892atkn

Q.144 निर्देश: वेन आरेख में निम्नलिखित में से कौन सी संख्या केवल चीनी चित्रकारों को निरूपित करती है?

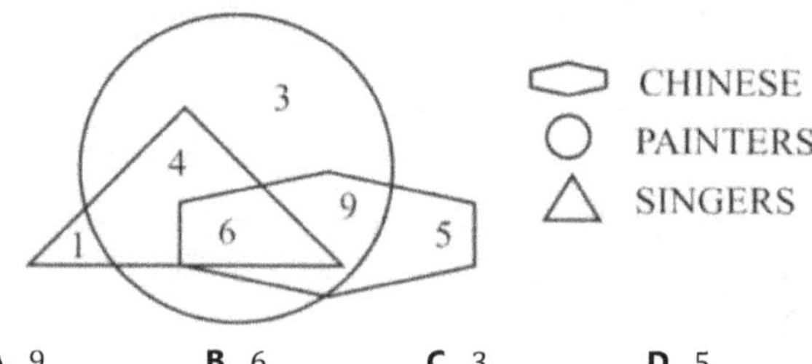

A. 9   **B.** 6   **C.** 3   **D.** 5

Q.145 निर्देश: दी गई जानकारी को ध्यान से पढ़ें और निम्नलिखित प्रश्न का उत्तर दें।

$A + B$ का अर्थ है, A, B का पिता है

$A - B$ का अर्थ है, A, B की माता है

$A \times B$ का अर्थ है, A, B की बहन है

$A \div B$ का अर्थ है, A, B का भाई है

दिए गए व्यंजक $M \times N + O - P$ में, O का N की नीस से क्या संबंध है?

A. बेटी   **B.** कज़िन   **C.** माता   **D.** बहन

Q.146 एक कतार में व्यक्ति A, P और Q के बिल्कुल बीच में खड़ा है। P कतार के आरंभ से 6वें और Q कतार के अंत से 6 वें स्थान पर है। P और A के बीच 2 व्यक्ति हैं। कतार में कुल कितने व्यक्ति है?

A. 17   **B.** 15   **C.** 18   **D.** 5

Q.147 निम्नलिखित में से किस वर्ष में भारत सरकार द्वारा, "घरेलू हिंसा से महिलाओं का संरक्षण अधिनियम" अधिनियमित किया गया था?

A. 2010   **B.** 2005   **C.** 2020   **D.** 2000

Q.148 अगर शब्द BEAUTICIAN में, सभी व्यंजन वर्णमाला के पिछले अक्षर से बदल दिए जाते हैं और सभी स्वर अगले अक्षर से बदल दिए जाते हैं, पुनर्व्यवस्था के बाद छठा अक्षर कौन सा होगा?

A. J   **B.** M   **C.** F   **D.** N

Q.149 निर्देश: इस प्रश्न में, एक गद्यांश के बाद एक कथन दिया गया है। गद्यांश को ध्यान से पढ़ें और दिए गए गद्यांश के आधार पर कथन का आकलन करें।

चाकू और कैंची का उपयोग करते हुए, रूसी अंतरिक्ष वॉकरों की एक जोड़ी ने मंगलवार को अंतर्राष्ट्रीय अंतरिक्ष स्टेशन पर डॉक किए गए सोयुज अंतरिक्ष यान में एक रहस्यमय छेद के आसपास सामग्री के नमूने काट दिए, जो कि मास्को के एक अधिकारी ने सुझाव दिया था कि जानबूझकर तोड़फोड़ की जा सकती थी। आईएसएस में डॉक किए गए सोयुज अंतरिक्ष यान पर गुहा ने शिल्प की आखिरी यात्रा के दो महीने बाद अगस्त में एक हवाई रिसाव का पता लगाया। रोस्कोस्मोस अंतरिक्ष एजेंसी ने कहा कि इसका उद्देश्य यह पता लगाना था कि क्या छोटा लेकिन खतरनाक छेद पृथ्वी पर या अंतरिक्ष में बनाया गया था, छेद को कवर करने वाले इन्सुलेशन को काटने के लिए, विश्लेषण करने के लिए इसके चारों ओर सामग्री का एक नमूना बाहर निकालना और नए इन्सुलेशन को ऊपर रखना था। क्षेत्र। रोस्कोस्मोस के प्रमुख ने कहा कि एक जांच ने विनिर्माण त्रुटि से इनकार किया था।

अनुभवी अंतरिक्ष यात्रियों ने संघर्ष किया लेकिन अंततः अपने मिशन में सफल रहे। इस स्पेसवॉक से पहले, अंतरिक्ष यात्री केवल अंतरिक्ष यान के अंदर से छेद की जांच करने में सक्षम थे। आईएसएस के विपरीत, सोयुज अंतरिक्ष यान को विशेष रूप से कठिन बना दिया गया था, जिसे स्पेसवॉक में मरम्मत के लिए डिज़ाइन नहीं किया गया था और इसमें अंतरिक्ष यात्रियों के लिए कोई बाहरी रेलिंग नहीं है।

कथन:
आईएसएस (ISS) को स्पेसवॉक में मरम्मत के लिए डिज़ाइन किया गया था। निम्नलिखित विकल्पों में से एक उगगुक्त चुनिए।

A - कथन निश्चित रूप से सही है।

B - कथन शायद सही है।

C - कथन निर्धारित नहीं किया जा सकता है।

D - कथन निश्चित रूप से गलत है।

A. C   **B.** A   **C.** D   **D.** B

Q.150 दहेज प्रतिषेध (दूल्हा और दुल्हन को उपहारों की सूची का अनुरक्षण) नियम, किस वर्ष में बनाए गए थे?

A. 1960   **B.** 1950   **C.** 1985   **D.** 1970

Q.151 निम्नलिखित प्रश्न में, कुछ चिह्नों को नीचे दिखाए गए अनुसार अक्षरों द्वारा दर्शाया गया है: ' M' का अर्थ $+$, ' N' का अर्थ है $-$, ' R' का अर्थ $\times$, 'P' का अर्थ $\div$, ' Q' का अर्थ $=$ है। निम्नलिखित में से कौन सा व्यंजक सही है?

A. $11R4N9M7Q45$ **B.** $8R7N10M13Q70$

C. $6R8N39P13Q45$ **D.** $12P4M3R6Q30$

Q.152 निर्देश: इस प्रश्न में, कथन में विभिन्न तत्वों के बीच संबंध दिखाया गया है। इस कथन के बाद दो निष्कर्ष हैं।

कथन:

$$T > H > U \leq R < S = D < A \leq Y$$

निष्कर्ष:

(i) $T > U$

(ii) $A < R$

निम्नलिखित विकल्पों में से उपयुक्त विकल्प चुनिए।

A. केवल निष्कर्ष i अनुसरण करता है

B. केवल निष्कर्ष ii अनुसरण करता है

C. या तो i या ii अनुसरण करता है

D. न तो i और न ही ii अनुसरण करता है

E. i और ii दोनों अनसरण करते हैं

A. D   **B.** C   **C.** A   **D.** B

Q.153 एक लड़की उत्तर दिशा की ओर अभिमुख है। यदि वह 59 डिग्री दक्षिणावर्त दिशा और उसी दिशा में 31 डिग्री मुड़ती है, अब वह किस दिशा के अभिमुख होगी?

A. दक्षिण   **B.** पश्चिम   **C.** उत्तर   **D.** पूर्व

Q.154 निर्देश: प्रश्न चिह्न को उस विकल्प से बदलें जो पहले युग्म में लागू तर्क का अनुसरण करता है।

$29 : 18 : : 39 : ?$

A. 28   **B.** 27   **C.** 29   **D.** 30

Q.155 निम्नलिखित में से कौन सी सरकारी एजेंसी, दोषी व्यक्तियों के फिंगरप्रिंट रिकॉर्ड के लिए राष्ट्रीय भंडार गृह के रूप में कार्य करती है?

A. केंद्रीय अन्वेषण ब्यूरो (CBI)

B. राष्ट्रीय अपराध रिकॉर्ड ब्यूरो (NCRB)

C. पुलिस अनुसंधान एवं विकास ब्यूरो (BPRD)

D. राष्ट्रीय अन्वेषण अभिकरण (NIA)

Q.156 एक पुरुष पश्चिम दिशा में 16 किमी चलता है, बाएँ मुड़ता है, बाएँ मुड़ता है और अंत में दाएँ मुड़ता है। अब वह किस दिशा की ओर अभिमुख है?

A. पश्चिम   **B.** पूर्व   **C.** दक्षिण   **D.** उत्तर

Q.157 निर्देश: दी गई आकृति में कितने वर्ग हैं?

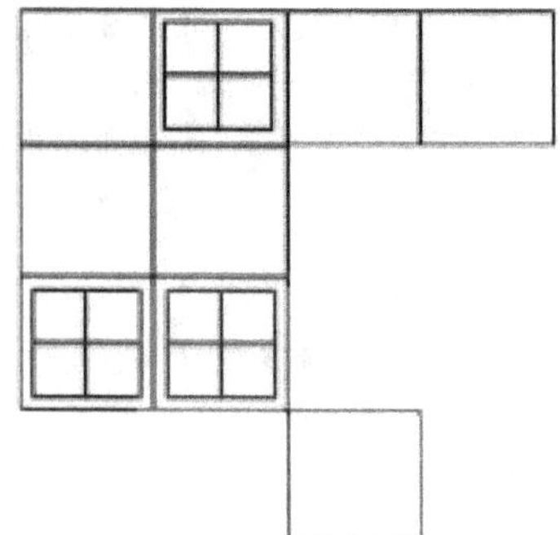

A. 20   **B.** 21   **C.** 26   **D.** 25

Q.158 निर्देश: दी गई श्रृंखला में असंगत छवि ज्ञात कीजिए।

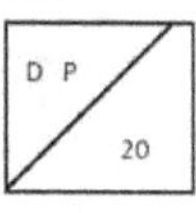 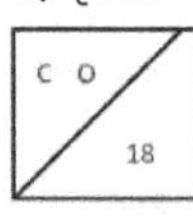 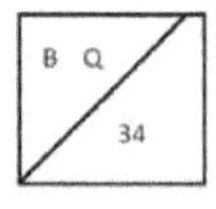 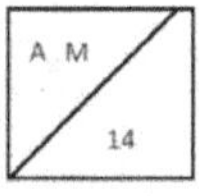

(1)   (2)   (3)   (4)

A. (1)   **B.** (3)   **C.** (4)   **D.** (2)

Q.159 निर्देश: श्रेणी में अगली संख्या ज्ञात करें।

24,36,60,84,132,156, ?

A. 184   **B.** 204   **C.** 220   **D.** 192

Q.160 निर्देश: श्रेणी में अगली संख्या ज्ञात करें।

6,12,18,36,54,108, ?

A. 162   **B.** 154   **C.** 168   **D.** 152

// स्मार्ट उत्तर पुस्तिका //

सही उत्तर — उन छात्रों के प्रतिशत को इंगित करता है जिन्होंने प्रश्नों का सही उत्तर दिया था।

छोड़ दिया — उन छात्रों के प्रतिशत को इंगित करता है जिन्होंने प्रश्नों को छोड़ दिया था।

प्रश्न संख्या	उत्तर	सही उत्तर / छोड़ दिया	प्रश्न संख्या	उत्तर	सही उत्तर / छोड़ दिया	प्रश्न संख्या	उत्तर	सही उत्तर / छोड़ दिया	प्रश्न संख्या	उत्तर	सही उत्तर / छोड़ दिया	प्रश्न संख्या	उत्तर	सही उत्तर / छोड़ दिया
1	D	85.11 % / 0.0 %	17	C	87.01 % / 0.0 %	33	C	84.86 % / 0.0 %	49	C	76.89 % / 0.0 %	65	B	81.8 % / 0.0 %
2	D	68.07 % / 1.32 %	18	B	52.79 % / 1.8 %	34	B	83.75 % / 0.0 %	50	A	77.93 % / 0.0 %	66	C	86.8 % / 0.0 %
3	A	81.77 % / 0.0 %	19	C	77.25 % / 0.0 %	35	B	78.46 % / 0.0 %	51	D	85.04 % / 0.0 %	67	A	60.26 % / 1.73 %
4	C	84.41 % / 0.0 %	20	B	86.32 % / 0.0 %	36	D	82.11 % / 0.0 %	52	A	83.53 % / 0.0 %	68	A	78.54 % / 0.0 %
5	A	45.44 % / 1.56 %	21	A	88.99 % / 0.0 %	37	C	78.4 % / 0.0 %	53	B	77.33 % / 0.0 %	69	D	78.0 % / 0.0 %
6	D	88.22 % / 0.0 %	22	A	76.74 % / 0.0 %	38	A	84.92 % / 0.0 %	54	D	81.18 % / 0.0 %	70	C	41.36 % / 1.52 %
7	D	66.05 % / 1.06 %	23	B	82.89 % / 0.0 %	39	B	48.65 % / 1.87 %	55	A	82.12 % / 0.0 %	71	D	60.1 % / 1.38 %
8	A	40.34 % / 1.64 %	24	D	40.08 % / 1.43 %	40	B	89.53 % / 0.0 %	56	C	54.25 % / 1.44 %	72	B	46.19 % / 1.55 %
9	B	85.8 % / 0.0 %	25	D	88.98 % / 0.0 %	41	C	85.11 % / 0.0 %	57	B	86.16 % / 0.0 %	73	C	78.59 % / 0.0 %
10	B	79.37 % / 0.0 %	26	C	54.44 % / 1.68 %	42	D	87.31 % / 0.0 %	58	D	84.75 % / 0.0 %	74	C	76.04 % / 0.0 %
11	C	51.69 % / 1.05 %	27	A	60.83 % / 1.71 %	43	D	77.33 % / 0.0 %	59	B	79.67 % / 0.0 %	75	D	81.76 % / 0.0 %
12	D	64.24 % / 1.91 %	28	A	79.51 % / 0.0 %	44	C	86.67 % / 0.0 %	60	D	81.03 % / 0.0 %	76	A	84.71 % / 0.0 %
13	A	89.59 % / 0.0 %	29	B	85.54 % / 0.0 %	45	A	76.61 % / 0.0 %	61	A	88.63 % / 0.0 %	77	D	89.02 % / 0.0 %
14	D	78.65 % / 0.0 %	30	C	78.41 % / 0.0 %	46	A	84.31 % / 0.0 %	62	C	86.5 % / 0.0 %	78	B	43.43 % / 1.25 %
15	A	89.92 % / 0.0 %	31	B	62.71 % / 1.46 %	47	A	85.23 % / 0.0 %	63	B	89.38 % / 0.0 %	79	B	58.5 % / 1.86 %
16	D	83.62 % / 0.0 %	32	A	77.03 % / 0.0 %	48	A	77.0 % / 0.0 %	64	A	85.85 % / 0.0 %	80	A	47.11 % / 1.53 %

प्रश्न संख्या	उत्तर	सही उत्तर / छोड़ दिया		प्रश्न संख्या	उत्तर	सही उत्तर / छोड़ दिया		प्रश्न संख्या	उत्तर	सही उत्तर / छोड़ दिया		प्रश्न संख्या	उत्तर	सही उत्तर / छोड़ दिया		प्रश्न संख्या	उत्तर	सही उत्तर / छोड़ दिया
81	C	83.09 %	0.0 %	97	B	79.13 %	0.0 %	113	D	61.46 %	1.62 %	129	B	53.84 %	1.42 %	145	B	79.84 %	0.0 %
82	B	76.33 %	0.0 %	98	C	43.56 %	1.6 %	114	B	78.63 %	0.0 %	130	D	82.75 %	0.0 %	146	A	79.32 %	0.0 %
83	D	52.64 %	1.89 %	99	A	83.91 %	0.0 %	115	D	86.5 %	0.0 %	131	D	80.27 %	0.0 %	147	B	85.6 %	0.0 %
84	C	78.95 %	0.0 %	100	D	77.21 %	0.0 %	116	D	85.82 %	0.0 %	132	D	83.84 %	0.0 %	148	A	89.7 %	0.0 %
85	C	83.04 %	0.0 %	101	D	69.0 %	1.91 %	117	A	52.28 %	1.9 %	133	C	58.14 %	1.22 %	149	B	66.2 %	1.65 %
86	B	85.1 %	0.0 %	102	D	64.44 %	1.09 %	118	B	59.01 %	1.65 %	134	C	78.49 %	0.0 %	150	C	81.57 %	0.0 %
87	C	82.53 %	0.0 %	103	D	76.21 %	0.0 %	119	B	62.29 %	1.13 %	135	D	48.41 %	1.6 %	151	C	80.18 %	0.0 %
88	A	82.82 %	0.0 %	104	B	81.2 %	0.0 %	120	A	88.8 %	0.0 %	136	D	46.38 %	1.73 %	152	C	77.25 %	0.0 %
89	D	56.5 %	1.47 %	105	A	41.47 %	1.95 %	121	D	79.6 %	0.0 %	137	B	79.41 %	0.0 %	153	D	76.28 %	0.0 %
90	B	51.55 %	1.1 %	106	C	41.07 %	1.77 %	122	D	50.76 %	1.96 %	138	A	80.21 %	0.0 %	154	B	88.58 %	0.0 %
91	D	77.36 %	0.0 %	107	B	61.81 %	1.24 %	123	C	47.59 %	1.87 %	139	A	79.12 %	0.0 %	155	B	58.2 %	1.35 %
92	C	81.84 %	0.0 %	108	D	69.93 %	1.69 %	124	A	54.19 %	1.64 %	140	A	69.79 %	1.21 %	156	C	40.19 %	1.89 %
93	B	80.33 %	0.0 %	109	C	46.33 %	1.28 %	125	D	43.52 %	1.24 %	141	D	60.16 %	1.24 %	157	C	76.9 %	0.0 %
94	B	49.57 %	1.07 %	110	A	79.14 %	0.0 %	126	A	52.59 %	1.64 %	142	A	80.83 %	0.0 %	158	B	83.57 %	0.0 %
95	A	78.67 %	0.0 %	111	B	81.86 %	0.0 %	127	D	51.35 %	1.47 %	143	B	84.13 %	0.0 %	159	B	81.19 %	0.0 %
96	B	62.68 %	1.91 %	112	B	77.29 %	0.0 %	128	D	86.43 %	0.0 %	144	A	50.21 %	1.71 %	160	A	83.86 %	0.0 %

कार्य विश्लेषण	
औसत अंक (%)	51.0%
टॉपर्स स्कोर (%)	65.0%
आपका स्कोर	

//संकेत और समाधान//

1. बुन्देली राजस्थानी बोली नहीं है।

राजस्थानी भाषा की निम्न किस्में (मुख्य लिखित रूप व बोलियां) है:

- मानक राजस्थानी
- मारवाड़ी बोली
- मालवी बोली
- ढूंढाढ़ी बोली
- हाड़ौती बोली
- मेवाड़ी बोली
- अहीरवाटी बोली
- शेखावाटी बोली
- वागड़ी बोली
- बागड़ी बोली
- निमाड़ी बोली
- जालोरी बोली

इसकी अन्य बोलियों को मिलाकर कुल 73 बोलियां है।

अत: विकल्प (D) सही है।

2. प्रेमचंद के अपूर्ण उपन्यास का नाम मंगलसूत्र है।

प्रेमचंद द्वारा लिखित 'मंगलसूत्र' उपन्यास उनका अपूर्ण उपन्यास है। 1936 ई. में अपने अंतिम दिनों में प्रेमचंद 'मंगलसूत्र' उपन्यास लिख रहे थे किंतु वे उसे पूर्ण न सके। इस उपन्यास का अंतिम रूप क्या होता, यह तो कहना कठिन है तो भी ऐसी प्रतीत होता है कि वे इसकी रचना आत्मकथात्मक रूप में करना चाहते थे।

अत: विकल्प (D) सही है।

3. सर्वनाम का भेद गुणवाचक नहीं है।

गुणवाचक विशेषण का भेद है।

गुणवाचक विशेषण: "जो शब्द, किसी व्यक्ति या वस्तु के गुण, दोष, रंग, आकार, अवस्था, स्थिति, स्वभाव, दशा, दिशा, स्पर्श, गंध, स्वाद आदि का बोध कराए, 'गुणवाचक विशेषण' कहलाते हैं।" जैसे - काला, मोटा

अत: विकल्प (A) सही है।

4. केतकी तत्सम शब्द है।

जिन शब्दों को संस्कृत से बिना किसी परिवर्तन के ले लिया जाता है, उन्हें तत्सम शब्द कहते हैं।

अत: विकल्प (C) सही है।

5. रानी केतकी की कहानी हिन्दी की प्रथम गद्य रचना मानी जाती है। इसके लेखक इंशा अल्ला खां थे।

यह संभवत: खड़ी बोली की पहली कहानी है और इसका रचनाकाल 1803 ईस्वी के आसपास माना जाता है।

अत: विकल्प (A) सही है।

6. मिश्रित तथा संयुक्त वाक्यों में विरोध का भाव प्रकट करने के लिए अर्ध विराम चिह्न का प्रयोग किया जाता है।

जब किसी वाक्य को कहते हुए बीच में हल्का सा विराम लेना हो पर वाक्य को खत्म न किया जाये तो वहाँ पर अर्ध विराम (;) चिन्ह का प्रयोग किया जाता है। या कहा जाये कि जहाँ पूर्ण विराम की अपेक्षा कम विराम लेना हो और अल्प विराम (,) की अपेक्षा ज्यादा विराम (रुकना) हो वहां अर्ध विराम (;) का प्रयोग करते हैं।

अत: विकल्प (D) सही है।

7. भारतेन्दु पत्रिका का संपादन भारतेन्दु ने नहीं किया।

हिंदी पत्र पत्रिकाओं के विकास में भारतेन्दु युग का महत्वपूर्ण योगदान है। सन् 1868 ई. में भारतेन्दु हरिश्चंद्र ने साहित्यिक पत्रिका कवि वचन सुधा का प्रवर्तन किया और यहीं से हिंदी पत्रिकाओं के प्रकाशन में तीव्रता आई। 'कविवचन सुधा' में पुराने कवियों की कविताएं छपा करती थी। भारतेंदु ने 1873 ई. में 'हरिश्चंद्र मैगज़ीन' मासिक पत्रिका निकली जो 8 अंक निकलने के बाद 'हरिश्चंद्र चंद्रिका' हो गई। हिंदी गद्य का परिष्कृत रूप पहले पहल इसी पत्रिका में हुआ। 1873 ई. में भारतेन्दु ने स्त्री शिक्षा के संबंध में 'बालबोधनी' नामक पत्रिका निकाली।

अत: विकल्प (D) सही है।

8. सहायता शब्द सदैव एकवचन में प्रयुक्त होता है।

वचन के कुछ शब्दों का प्रयोग सदैव एकवचन में ही होता है। जैसे- तेल, घी, पानी, दूध, दही, लस्सी आदि।

वचन के कुछ शब्दों का प्रयोग सदैव बहुवचन में किया जाता है। जैसे- प्राण, आसूँ लोग, समाचार आदि।

अत: विकल्प (A) सही है।

9. 'घासफूस' में द्वंद्व समास है।

जिन शब्दों के योग में और, अथवा, या जैसे योजक शब्द छिपे हों, उन्हें द्वंद्व समास कहते हैं।

अत: विकल्प (B) सही है।

10. 'शिक्षक' जातिवाचक संज्ञा है।

किसी प्राणी, वस्तु या स्थान विशेष की जाति या सम्पूर्ण वर्ग का बोध करवाने वाले शब्द को जातिवाचक संज्ञा कहते हैं। जैसे: नदी, पहाड़, जानवर, शहर, गाँव इत्यादि।

अत: विकल्प (B) सही है।

11. 'राम किताब पढ़ता है।' इस वाक्य में कर्तृ वाच्य है।

क्रिया के उस रूपान्तर को कर्तृ वाच्य कहते हैं, जिससे वाक्य में कर्ता की प्रधानता का बोध हो। सरल शब्दों में, क्रिया के जिस रूप में कर्ता प्रधान हो और सकर्मक और अकर्मक दोनों क्रियाएं हो, उसे कर्तृ वाच्य कहते हैं।

अत: विकल्प (C) सही है।

12. गुलेरीजी द्वारा संपादित पत्र समालोचक है।

- समालोचक आगरा से प्रकाशित होने वाला हिंदी का पत्र है।
- समालोचक पत्र का स्तर 'सरस्वती' 'नागरी प्रचारिणी पत्रिका' तथा 'इन्दु' आदि पत्रिकाओं के समान ही ऊँचा था।
- गुलेरीजी सन् 1903 से 1906 ई. तक इसके सम्पादक रहे।

अत: विकल्प (D) सही है।

13. 'गधा' शब्द 'खर' का पर्यायवाची है।

इसके अन्य पर्यायवाची धूसर, रासभ, गर्दभ, शीतलावाहन, चक्रीवान, शंखकर्ण, वैशाखनंदन आदि है।

अत: विकल्प (A) सही है।

14.

शब्द	विलोम

अथ	इति
अर्थ	अनर्थ
अंत	आदि
अध	उपरि

किसी शब्द का विलोम शब्द उस शब्द के अर्थ से उल्टा या विपरीत अर्थ वाला होता है।

अत: विकल्प (D) सही है।

15. 'सूरदास' जी को 'वात्सल्य रस' का सम्राट कहा जाता है।

सूरदास जी ने अपने काव्य में श्री कृष्ण के बाल लीलाओं के साथ ही माता यशोदा के वात्सल्य रूपी प्रेम का अद्भुत वर्णन किया है।
सूरसागर, सूरसारावली, साहित्य-लहरी, आदि सूरदास की प्रसिद्ध रचनाएँ हैं।

अत: विकल्प (A) सही है।

16. 'बालक खिलखिलाकर हँस रहा था।' इस वाक्य में कर्म वाच्य नहीं अपितु कर्तृ वाच्य है।

जिस वाक्य में कर्म की प्रधानता हो अर्थात मुख्य बिंदु कर्म हो उस वाक्य को कर्म वाच्य कहते हैं। विकल्प में दिये गये शेष वाक्यों में कर्म वाच्य है।

अत: विकल्प (D) सही है।

17. 'दोपहर के बाद का समय' इस वाक्यांश के लिए 'अपराह्न' शब्द उपयुक्त होगा।

दोपहर के पहले का समय- पूर्वाह्न

दोपहर का समय- मध्याह्न

विहान नाम का अर्थ "सुबह, भोर" होता है।

अत: विकल्प (C) सही है।

18. कबीर की उलटबाँसियों में 'अद्भुत रस' की प्रमुखता है।

सीधे-सीधे न कहकर, घुमा-फिराकर उलटकर कविता माध्यम से कही हुई बात अथवा व्यंजना उलटबाँसी कहलाती है। संतों और विशेष रूप से कबीर ने अनेक उलटबाँसियों की रचना की है जिन्हें लेकर ऐतिहासिक दृष्टि तथा संतमानस की ठीक ठीक समझ के अभाव के कारण न केवल भारी भ्रम फैला है, अपितु काफी विवाद भी हुआ है।

अत: विकल्प (B) सही है।

19. कमल, मोती, एवं पानी में उत्पन्न होने वाला ये सभी 'जलज' के अनेकार्थी शब्द हैं।

ऐसे शब्द, जिनके अनेक अर्थ होते है, अनेकार्थी शब्द कहलाते है।

अत: विकल्प (C) सही है।

20. 'हिन्दी साहित्य का आदिकाल' के लेखक 'हजारी प्रसाद द्विवेदी' हैं।

हिन्दी साहित्य की भूमिका, हिन्दी साहित्य : उद्भव एवं विकास इनकी अन्य रचनाएँ हैं जबकि आधुनिक हिंदी साहित्य नंद दुलारे वाजपेयी का तथा हिंदी साहित्य का इतिहास आचार्य रामचन्द्र शुक्ल की रचना है।

अत: विकल्प (B) सही है।

21. अधोरेखित शब्द 'वे', 'निश्चयवाचक सर्वनाम' है।

जिस सर्वनाम से किसी वस्तु का निश्चित बोध होता है, उसे निश्चयवाचक सर्वनाम कहते हैं। जैसे- यह किताब मेरी है।

अत: विकल्प (A) सही है।

22. "जाके प्रिय न राम वैदेहि, ताजिये ताहि कोटि बैरी सम जदपि परम सनेही।" यह प्रसिद्ध उक्ति तुलसीदास की है।

तुलसीदास रामभक्ति शाखा के प्रमुख कवि थे। रामचरितमानस, गीतावली, कवितावली, रामाज्ञाप्रश्नावली आदि इनकी प्रसिद्ध रचनाएँ हैं।

अत: विकल्प (A) सही है।

23. 'तरल' का विलोम शब्द ठोस है।

किसी शब्द का विलोम शब्द उस शब्द के अर्थ से उल्टा या विपरीत अर्थ वाला होता है।

शब्द	विलोम
तरल	ठोस
सरल	जटिल/कठिन
तीक्ष्ण	कुन्द

अत: विकल्प (B) सही है।

24. 'हिन्दुस्तानी' भाषा का रूप हिंदी-उर्दू मिश्रित है।

हिन्दुस्तानी भी हिंदी भाषा का एक रूप है। वस्तुत: हिंदी-उर्दू मिश्रित भाषा को हिन्दुस्तानी कहा जाता है। यह आम बोल-चाल की भाषा है, जिसमें देश के अधिकांश लोग बात-चीत करते हैं। यही वह भाषा है जो बाजार, कारोबार, फिल्म, नाटक आदि में प्रयुक्त होती है।

अत: विकल्प (D) सही है।

25. गरिमा शब्द स्त्रीलिंग है।

वह संज्ञा शब्द जो हमें स्त्री जाति का बोध कराते हैं, वे शब्द स्त्रीलिंग संज्ञा शब्द कहलाते हैं। जैसे: माता, लड़की, भेद, गाय, भैंस

अत: विकल्प (D) सही है।

26. कार्य शब्द तद्भव नहीं है। 'कार्य' तत्सम शब्द है इसका तद्भव रूप 'काज' होगा।

- ऐसे शब्द, जो संस्कृत और प्राकृत से विकृत होकर हिंदी में आये है, 'तद्भव' कहलाते है।
- जिन शब्दों को संस्कृत से बिना किसी परिवर्तन के ले लिया जाता है, उन्हें तत्सम शब्द कहते हैं।

अत: विकल्प (C) सही है।

27. विरासत में उपसर्ग नहीं है।

उपसर्ग ऐसे शब्दांश जो किसी शब्द के पूर्व जुड़ कर उसके अर्थ में परिवर्तन कर देते हैं या उसके अर्थ में विशेषता ला देते हैं।

अत: विकल्प (A) सही है।

28. केदारनाथ अग्रवाल को अपूर्वा कृति पर साहित्य अकादमी पुरस्कार प्राप्त हुआ।

केदारनाथ अग्रवाल को कविता संग्रह 'अपूर्वा' के लिये 1986 का साहित्य अकादमी पुरस्कार मिला। इसके अलावा वे हिंदी संस्थान पुरस्कार, तुलसी पुरस्कार, मैथिलीशरण गुप्त पुरस्कार आदि पुरस्कारों से सम्मानित हुए।

अत: विकल्प (A) सही है।

29. कौन सर्वनाम शब्द है।

"वह शब्द जो संज्ञा के बदले में आए उसे सर्वनाम कहते हैं।" जैसे – मैं, तुम, हम, वह, आप, उसका, उसकी, वह आदि।

अत: विकल्प (B) सही है।

30. पूर्वी हिंदी का विकास अर्धमागधी अपभ्रंश से हुआ है।

पूर्वी हिंदी का विकास अर्धमागधी भाषा से माना गया है। पूर्वी हिंदी में तीन बोलियां: अवधी, बघेली और छत्तीसगढ़ी आती हैं।

अत: विकल्प (C) सही है।

31. 'राम सेब खाता है।' इस वाक्य में सकर्मक क्रिया है।

सकर्मक क्रिया उस प्रकार की क्रिया होती है जिसमें कर्ता द्वारा किया गया कार्य किसी अन्य चीज को प्रभावित करता है, तो वहां पर सकर्मक क्रिया होती है। या दूसरे शब्दों में जब किसी वाक्य में कर्ता, क्रिया और कर्म तीनों उपस्थित हों, तो वहां सकर्मक क्रिया होती है। जैसे- राहुल ने केला खाया।

अत: विकल्प (B) सही है।

32. "सारंग लै सारंग चली कई सारंग की ओट, सारंग झीनो पाइके सारंग कई गई चोट।" में यमक अलंकार है।

जिस काव्य में समान शब्द के अलग-अलग अर्थों में आवृति हो, वहाँ यमक अलंकार होता है। यानी जहाँ एक ही शब्द जितनी बार आए उतने ही अलग-अलग अर्थ दे।

अत: विकल्प (A) सही है।

33. 'उदार' का विलोम कठोर है।

किसी शब्द का विलोम शब्द उस शब्द के अर्थ से उल्टा या विपरीत अर्थ वाला होता है।

अत: विकल्प (C) सही है।

34. गद्यांश के अनुसार, "सहकारिता के सिद्धांतों की इन विशिष्टताओं को दृष्टि में रखकर ही हमारी पंचवर्षीय योजनाओं में सहकारिता को बहुत ऊँचा स्थान दिया गया है। योजना आयोग का यह विचार कि अर्थव्यवस्था के विभिन्न क्षेत्रों में सहकारिता का अधिकाधिक उपयोग किया जाना चाहिए।"

अत: विकल्प (B) सही है।

35. गद्यांश के अनुसार, "भारत में छोटे किसानों तथा व्यापारियों की संख्या ही अधिक है। ये लोग निर्धनता तथा विवशता के चक्र में बुरी तरह फंसे हुए हैं। सहकारिता ही इनकी शक्तियों को एक सूत्र में पिरोकर उनका उद्धार कर सकती है। कृषि के क्षेत्र में तो सहकारिता की पद्धति विशेष रूप से उपयोगी है।"

इसलिए, यह निष्कर्ष निकाला जा सकता है कि सहकारिता का मुख्य उद्देश्य छोटे कृषकों और व्यापारियों के आर्थिक स्तर को उठाना है।

अत: विकल्प (B) सही है।

36. गद्यांश के अनुसार, "भारत में छोटे किसानों तथा व्यापारियों की संख्या ही अधिक है। ये लोग निर्धनता तथा विवशता के चक्र में बुरी तरह फंसे हुए हैं। सहकारिता ही इनकी शक्तियों को एक सूत्र में पिरोकर उनका उद्धार कर सकती है। कृषि के क्षेत्र में तो सहकारिता की पद्धति विशेष रूप से उपयोगी है।"

इसलिए, यह निष्कर्ष निकाला जा सकता है कि सहकारिता निर्धन किसानों का उद्धार उन्हें एक सूत्र में पिरो कर तथा उनका आर्थिक स्तर विकसित कर सकती है।

अत: विकल्प (D) सही है।

37. 'जंगम' का विलोम शब्द स्थावर है।

विलोम शब्द: किसी शब्द का विलोम शब्द उस शब्द के अर्थ से उल्टा या विपरीत अर्थ वाला होता है।

जंगम का विलोम शब्द: स्थावर, स्थिर, जड़

अत: विकल्प (C) सही है।

38. आय शब्द स्त्रीलिंग है।

वह संज्ञा शब्द जो हमें स्त्री जाति का बोध कराते हैं, वे शब्द स्त्रीलिंग संज्ञा शब्द कहलाते हैं। जैसे: माता, लड़की, आदि।

अत: विकल्प (A) सही है।

39. 'आप मियाँजी माँगते द्वार खड़े दरवेश' इस लोकोक्ति का सही अर्थ 'किसी निर्धन के घर भिखारियों की भीड़ होना' है।

अत: विकल्प (B) सही है।

40. "अवधि शिला का उस पर, था गुरु भार। तिल तिल काट रही थी, हग जल धार।।" में बरवै छन्द है।

यह अवधी भाषा' का व्यक्तिगत छन्द है जो प्रायः श्रृंगार रस के लिए प्रयुक्त होता है, इसमें कुल 19 मात्रा होती है, जिसमें 12 एवं 7 पर यति अर्थात विराम होता है।

अवधि शिला का उर पर, था गुरुभार।
||| |S S |||| S ||S| = 12+7=19

इसलिए, यहाँ पर बरवै छंद है।

अत: विकल्प (B) सही है।

41. राज्यसभा के सदस्य के रूप में चुने जाने के लिए किसी व्यक्ति की न्यूनतम आयु 30 वर्ष होनी चाहिए।

भारतीय संविधान के अनुच्छेद 84 के अनुसार, एक व्यक्ति संसद का सदस्य बनने के योग्य है बशर्ते वह:

- भारत का नागरिक हो।
- उसने राज्यसभा के मामले में 30 वर्ष और लोकसभा के मामले में 25 वर्ष की आयु पूरी कर ली हो।

अत: विकल्प (C) सही है।

42. कंप्यूटर में जानकारी का आकार किलोबाइट्स (केबी), मेगाबाइट्स (एमबी), गीगाबाइट्स (जीबी) और टेराबाइट्स (टीबी) में मापा जाता है।

- 1 किलोबाइट (केबी)= लगभग 1 हजार बाइट्स (या 1024 बाइट्स)
- एक मेगाबाइट (एमबी) लगभग 1 मिलियन बाइट्स (या लगभग 1024 किलोबाइट्स (केबी) है।
- एक गीगाबाइट (जीबी) लगभग 1 बिलियन बाइट्स या (1024 मेगाबाइट एमबी) है।
- एक टेराबाइट (टीबी) लगभग 1 ट्रिलियन बाइट्स या 1024 गीगाबाइट (जीबी) के बराबर होता है।

अत: विकल्प (D) सही है।

43. क्रिप्टोग्राफी संदेश सामग्री को छिपाने के लिए है; स्टेग्रोग्राफ़ी संदेश के अस्तित्व को ही छिपाने के लिए है।

- डिजिटल डेटा की सुरक्षा के लिए क्रिप्टोग्राफी का उपयोग किया जाता है। यह कंप्यूटर विज्ञान का एक प्रभाग है जो डेटा को ऐसे प्रारूपों में बदलने पर केंद्रित है जिन्हें अनधिकृत उपयोगकर्ताओं द्वारा पहचाना नहीं जा सकता है। बुनियादी क्रिप्टोग्राफी का एक उदाहरण एक एन्क्रिटेड संदेश है जिसमें अक्षरों को अन्य वर्णों से बदल दिया जाता है।
- स्टेग्रोग्राफ़ी किसी संदेश को किसी अन्य संदेश या भौतिक वस्तु के भीतर छिपाने का अभ्यास है। कंप्यूटिंग/इलेक्ट्रॉनिक संदर्भों में, एक कंप्यूटर फ़ाइल, संदेश, छवि, या वीडियो किसी अन्य फ़ाइल, संदेश, छवि, या वीडियो में छुपाया जाता है।

अत: विकल्प (D) सही है।

44. केंद्रीय चिड़ियाघर प्राधिकरण की स्थापना वर्ष 1992 में भारत सरकार द्वारा पर्यावरण और वन मंत्रालय के तहत एक वैधानिक निकाय के रूप में की गई थी। प्राधिकरण में एक अध्यक्ष, दस सदस्य और एक सदस्य सचिव शामिल होते हैं।

अत: विकल्प (C) सही है।

45. सीआरपीसी की धारा 154 के अनुसार एक थाने के प्रभारी अधिकारी का कर्तव्य मौखिक रूप से दी गई प्रत्येक जानकारी का रिकार्ड रखना तथा एफआईआर तैयार करना है।

दंड प्रक्रिया संहिता (सीआरपीसी) की धारा 154 प्राथमिकी दर्ज करने के लिए एक विस्तृत प्रक्रिया प्रदान करती है। थाने के प्रभारी अधिकारी को प्राथमिकी के रूप में सूचना दर्ज करने का अधिकार है।

अत: विकल्प (A) सही है।

46. जनसंख्या का माल्थस सिद्धांत ज्यामितीय जनसंख्या वृद्धि और अंकगणितीय खाद्य आपूर्ति वृद्धि पर आधारित है।

जनसंख्या का माल्थसियन सिद्धांत घातीय जनसंख्या और अंकगणितीय खाद्य आपूर्ति वृद्धि का सिद्धांत है। सिद्धांत थॉमस रॉबर्ट माल्थस द्वारा प्रस्तावित किया गया था। उनका मानना था कि निवारक और सकारात्मक जाँच के माध्यम से जनसंख्या वृद्धि और खाद्य आपूर्ति के बीच संतुलन स्थापित किया जा सकता है।

माल्थुसियन सिद्धांत ने समझाया कि जनसंख्या एक ज्यामितीय फैशन में बढ़ती है। इस दर से जनसंख्या 25 वर्षों में दोगुनी हो जाएगी। हालांकि, खाद्य आपूर्ति एक अंकगणितीय प्रगति में बढ़ती है। जनसंख्या की तुलना में खाद्य आपूर्ति धीमी दर से बढ़ती है। यानी कुछ वर्षों में खाद्य आपूर्ति सीमित हो जाएगी। खाद्य आपूर्ति की कमी बढ़ती जनसंख्या को इंगित करती है।

अत: विकल्प (A) सही है।

47. राष्ट्रीय सुरक्षा अधिनियम के तहत गठित सलाहकार बोर्ड द्वारा अपनाई जाने वाली प्रक्रिया अधिनियम की धारा 11 में पाई जाती है।

एनएसए के तहत गठित सलाहकार बोर्ड को उन आधारों की जांच करने के लिए निगरानी तंत्र के महत्वपूर्ण कार्य से सम्मानित किया गया है जिन पर नजरबंदी आदेश दिया गया है और सरकार द्वारा हिरासत आदेश को सही ठहराने के लिए सामग्री की पेशकश की गई है।

अत: विकल्प (A) सही है।

48. 74वां संविधान संशोधन अधिनियम, 1992 में "शहरी स्थानीय शासन" से संबंधित संवैधानिक प्रावधान किए गए थे।

शहरी स्थानीय स्वशासन के प्रावधान के लिए दिया गया 74वां संविधान संशोधन अधिनियम, 1992 दिया गया है। नगर निगम दस लाख से अधिक आबादी वाले क्षेत्र का प्रशासन करता है। व्यक्तियों को सीधे वार्डों से चुना जाता है जिन्हें पार्षद कहा जाता है और मुखिया को मेयर कहा जाता है।

अत: विकल्प (A) सही है।

49. भारत में सर्वोच्च न्यायालय के न्यायाधीशों (भारत के मुख्य न्यायाधीश सहित) की अधिकतम संभावित संख्या 34 है।

वर्तमान में 31 न्यायाधीश (भारत के मुख्य न्यायाधीश सहित) हैं, जिनमें भारत का सर्वोच्च न्यायालय, देश का सर्वोच्च न्यायालय शामिल है। अधिकतम संभव शक्ति 34 है। देश के संविधान के अनुसार, सर्वोच्च न्यायालय के न्यायाधीश 65 वर्ष की आयु में सेवानिवृत्त होते हैं।

अत: विकल्प (C) सही है।

50. नाइट्रोजन पृथ्वी के क्षोभमंडल में सबसे प्रचुर गैस है।

पृथ्वी के वायुमंडल में गैसों की संरचना:

- नाइट्रोजन (78.08%)
- ऑक्सीजन (20.95%)
- आर्गन (0.93%)
- कार्बन डाइऑक्साइड (0.036%)

अत: विकल्प (A) सही है।

51. अनुच्छेद 19(1)(b) अनुच्छेद "बिना हथियार के शांतिपूर्ण रूप से एकत्रित होने के अधिकार" से संबंधित है।

इसमें जनसभा करने, भूख हड़ताल करने और जुलूस निकालने का अधिकार शामिल है। हालांकि, विधनसभा शांतिपूर्ण और बिना हथियारों के होनी चाहिए।

अत: विकल्प (D) सही है।

52. राजस्थान राज्य सरकार ने "जन सूचना पोर्टल-2019" नाम से पहला सार्वजनिक सूचना पोर्टल लॉन्च किया है।

- पोर्टल का उद्देश्य जनता को उपयोगी जानकारी तक पहुंच प्रदान करने वाले सरकारी अधिकारियों और विभागों के बारे में जानकारी प्रदान करना है।
- पोर्टल को सरकारी अधिकारियों द्वारा आईटी पेशेवरों और नागरिक समाज समूहों के निकट सहयोग से विकसित किया गया था।
- यह शुरुआत में एक ही प्लेटफॉर्म पर लगभग 13 सरकारी विभागों की जानकारी देता है।
- इस मंच पर खाद्यान्न एवं राशन की दुकानों की उपलब्धता, योजनाओं के क्रियान्वयन एवं उनके हितग्राहियों, भूमि अभिलेख एवं सामाजिक सुरक्षा पेंशन आदि की जानकारी रीयल-टाइम आधार पर उपलब्ध होगी।

अत: विकल्प (A) सही है।

53. नेशनल स्टॉक एक्सचेंज की स्थापना के लिए फेरवानी समिति द्वारा अनुशंसा की गई थी।

नेशनल स्टॉक एक्सचेंज में पारदर्शिता लाने के लिए भारत सरकार के इशारे पर प्रमुख भारतीय वित्तीय संस्थानों के एक समूह द्वारा एनएसई की स्थापना की गई थी। फेरवानी समिति द्वारा निर्धारित सिफारिशों के आधार पर, एनएसई की स्थापना एक विविध शेयरधारिता के साथ की गई थी जिसमें घरेलू और वैश्विक निवेशक शामिल थे।

अत: विकल्प (B) सही है।

54. कण्ठमाला में लार ग्रंथियों में सूजन के लक्षण दिखते हैं।

- कण्ठमाला एक तीव्र संक्रामक रोग है जो जीनस रूबुलावायरस के कण्ठमाला वायरस के कारण होता है और बुखार, सूजन और पैरोटिड ग्रंथि की सूजन और कभी-कभी अन्य लार ग्रंथियों की सूजन इस रोग में उत्पन्न हो जाती है।
- कण्ठमाला का मुख्य लक्षण दर्दनाक और सूजी हुई पैरोटिड (लार) ग्रंथियां हैं, जिसके कारण व्यक्ति के गाल फूल जाते हैं।
- एमएमआर वैक्सीन आमतौर पर कम उम्र में दिया जाता है ताकि शरीर को वायरस से प्रतिरक्षित करने में मदद मिल सके।

अत: विकल्प (D) सही है।

55. मानव अधिकार संरक्षण अधिनियम एक राष्ट्रीय मानवाधिकार आयोग, राज्यों में राज्य मानवाधिकार आयोगों और मानवाधिकार न्यायालयों के गठन के लिए मानव अधिकारों की बेहतर सुरक्षा के लिए और उससे जुड़े या उसके प्रासंगिक मामलों के लिए एक अधिनियम है।

अत: विकल्प (A) सही है।

56. विधायिका के पास मौलिक अधिकारों को हटाने या कम करने के लिए संविधान के भाग III में संशोधन करने की शक्ति नहीं है, यह गोलक नाथ की वजह से निर्धारित किया गया था।

मामला: पंजाब में एक निश्चित परिवार - हेनरी और विलियम गोलकनाथ के पास 500 एकड़ कृषि भूमि थी। हालाँकि, 1953 में, पंजाब सरकार पंजाब सुरक्षा और भूमि काश्तकारी अधिनियम लेकर आई। अधिनियम के अनुसार, एक व्यक्ति केवल 30 मानक एकड़ (या 60 साधारण एकड़) भूमि का स्वामी हो सकता है। इसलिए गोलकनाथ परिवार को अतिरिक्त भूमि छोड़ने का आदेश

दिया गया और उसे उक्त भूमि में से केवल 30 एकड़ जमीन रखने की अनुमति दी गई (30 एकड़ जमीन के अलावा कुछ एकड़ जमीन काश्तकारों के पास जाएगी)।

गोलकनाथ परिवार 1953 के अधिनियम की वैधता को चुनौती देते हुए अदालत में गया। परिवार का मुख्य तर्क था:

- 1953 के कानून ने अनुच्छेद 19(1)(f) में निहित संपत्ति के स्वामित्व के उनके अधिकार को बाधित किया।

- कानून ने उन्हें अपनी पसंद के पेशे के साथ आगे बढ़ने से रोक दिया।

- जैसा कि भारतीय संविधान के अनुच्छेद 14 में कहा गया है, कानून ने समान सुरक्षा पाने के उनके अधिकार को खतरे में डाल दिया।

- उसके ऊपर, परिवार ने अदालत से 17वें संशोधन (जिसके माध्यम से 1953 का कानून अस्तित्व में आया) को गैरकानूनी घोषित करने का भी आग्रह किया।

निर्णय: न्यायमूर्ति सुब्बा राव इस निष्कर्ष पर पहुंचे कि 17वें संशोधन ने किसी भी भूमि को प्राप्त करने और संविधान द्वारा भारतीय नागरिकों को दिए गए किसी भी वैध पेशे में लिप्त होने के मौलिक अधिकारों का उल्लंघन किया। हालांकि, चूंकि उन्होंने संभावित ओवररूलिंग के सिद्धांत का इस्तेमाल किया था, इसलिए सुप्रीम कोर्ट के फैसले ने 17 वें संशोधन और इसलिए 1953 के कानून की वैधता को प्रभावित नहीं किया। हालांकि, न्यायमूर्ति सुब्बा राव ने कहा कि तब से, संसद को संविधान के भाग ||| में कोई संशोधन करने की कोई शक्ति नहीं होगी जो नागरिकों के मौलिक अधिकारों से संबंधित है।

अत: विकल्प (C) सही है।

57. भारतीय संविधान के अनुच्छेद 124 के तहत भारत के सर्वोच्च न्यायालय की स्थापना की गई थी।

मसौदा अनुच्छेद 103 (अनुच्छेद 124) पर 24 मई 1949 को बहस हुई थी। इसने भारत के सर्वोच्च न्यायालय की स्थापना की और इसके न्यायाधीशों की नियुक्ति, महाभियोग और आचरण से संबंधित प्रावधान भी रखे।

अत: विकल्प (B) सही है।

58. मैलवेयर अटैक एक प्रकार का साइबर अपराध है जहाँ कंप्यूटर सिस्टम या नेटवर्क, कंप्यूटर वायरस से संक्रमित होता है।

मैलवेयर अटैक एक सामान्य साइबर हमला है जहां मैलवेयर (सामान्य रूप से दुर्भावनापूर्ण सॉफ़्टवेयर) पीड़ित के सिस्टम पर अनधिकृत कार्रवाई करता है। दुर्भावनापूर्ण सॉफ़्टवेयर में कई विशिष्ट प्रकार के हमले शामिल हैं जैसे रैंसमवेयर, स्पाइवेयर, कमांड और नियंत्रण।

अत: विकल्प (D) सही है।

59. ज़ायद फसल, ग्रीष्म ऋतु के दौरान होती है।

ज़ायद की फसलें ग्रीष्म ऋतु की फसलें हैं। वे खरीफ और रबी फसलों के बीच मुख्य रूप से मार्च से जून तक थोड़े समय के लिए उगते हैं। ये फसलें मुख्य रूप से ग्रीष्म मौसम में ज़ायद फसल के मौसम के दौरान उगाई जाती हैं। प्रमुख विकास अवधि और फूल आने के लिए दिन की लंबी अवधि के रूप में उन्हें गर्म शुष्क मौसम की आवश्यकता होती है।

अत: विकल्प (B) सही है।

60. आय के पांच मदों के तहत दी गई आय को जोड़ने के बाद प्राप्त राशि को सकल कुल आय कहा जाता है।

सकल कुल आय एक निर्दिष्ट अवधि के दौरान आपके द्वारा अर्जित सभी आय का योग है। आयकर अधिनियम 1961 की धारा 14 के अनुसार, एक व्यक्ति या एक निर्धारिती की आय को इन पांच प्रमुखों वेतन से आय के तहत वर्गीकृत किया जा सकता है।

अत: विकल्प (D) सही है।

61. अनुच्छेद 55 "राष्ट्रपति चुनाव की प्रक्रिया" से संबंधित है।

भारत के संविधान के अनुच्छेद 55(3) के अनुसार, राष्ट्रपति का चुनाव आनुपातिक प्रतिनिधित्व प्रणाली के अनुसार एकल संक्रमणीय मत के माध्यम से होगा और ऐसे चुनाव में मतदान गुप्त मतदान द्वारा होगा।

अत: विकल्प (A) सही है।

62. औद्योगिक नीति और संवर्धन विभाग (डी.आई.पी.पी.) एन.आर.आई. और निर्यात उन्मुख इकाइयों के प्रस्तावों, पूंजीगत वस्तुओं / उपकरणों के आयात के लिए इक्विटी मुद्दों से संबंधित प्रार्थना पत्रों, पूर्व-संचाल करता है।

डीआईपीपी की स्थापना 1995 में वाणिज्य और उद्योग मंत्रालय के तहत औद्योगिक, व्यापार और वाणिज्य नीतियों के डिजाइन और सुविधा के लिए एक नोडल एजेंसी के रूप में की गई थी। इसे 2000 में औद्योगिक विकास विभाग के विलय के साथ पुनर्गठित किया गया था।

अत: विकल्प (C) सही है।

63. भूमि अधिग्रहण, पुनर्वास और पुनर्स्थापन अधिनियम, 2013 में उचित मुआवजा और पारदर्शिता के अधिकार के तहत अधिग्रहित भूमि के बाजार मूल्य का आकलन और निर्धारण करने की शक्ति समाहर्ता (जिलाधिकारी) के पास है।

अत: विकल्प (B) सही है।

64. चरकुला उत्तर प्रदेश का लोक नृत्य है।

चरकुला उत्तर प्रदेश के ब्रज क्षेत्र में किया जाने वाला नृत्य है। इस नृत्य में, ढकी हुई महिलाएं अपने सिर पर बड़े बहु-स्तरीय गोलाकार लकड़ी के पिरामिडों को संतुलित करती हैं, कृष्ण के गीतों पर नृत्य करती हैं। प्रत्येक पिरामिड में 108 जले हुए तेल के दीपक एक सर्पिल में व्यवस्थित होते हैं। यह होली के तीसरे दिन विशेष रूप से किया जाता है।

अत: विकल्प (A) सही है।

65. साउथ एशिया वीमेन इन एनर्जी (SAWIE) प्लेटफॉर्म को अंतर्राष्ट्रीय विकास के लिए संयुक्त राज्य एजेंसी (यू.एस.ए.आई.डी.) और यूएस एजेंसी फॉर इंटरनेशनल डेवलपमेंट (USAID) और यूएस-इंडिया स्ट्रेटेजिक पार्टनरशिप फोरम द्वारा लॉन्च किया गया था। (USISPF) ने दक्षिण एशिया क्षेत्र में ऊर्जा क्षेत्र में महिला सशक्तिकरण और लिंग संवेदीकरण को बढ़ावा देने के लिए आधिकारिक तौर पर "साउथ एशिया वीमेन इन एनर्जी (SAWIE) प्लेटफॉर्म" लॉन्च किया है।

अत: विकल्प (B) सही है।

66. 6-14 वर्ष की आयु के सभी बच्चों को नि: शुल्क और अनिवार्य शिक्षा के मौलिक अधिकार को भारत के संविधान में वर्ष 2002 में प्रस्तावित किया गया था।

86वें संविधान संशोधन 2002 के माध्यम से मौलिक अधिकार के अनुच्छेद 21 (A) में 6 से 14 वर्ष के आयु वर्ग के सभी बच्चों को मुफ्त और अनिवार्य शिक्षा का प्रावधान किया गया था और नीति निर्देशक सिद्धांतों के मामले में, 6 साल से कम अनुच्छेद 45 में वृद्धावस्था के बच्चों की देखभाल और निःशुल्क शिक्षा का प्रावधान किया गया है। यह प्रावधान 86वें संविधान संशोधन 2002 के माध्यम से किया गया था।

अत: विकल्प (C) सही है।

67. उत्तर प्रदेश पुनर्गठन अधिनियम 2000 में अधिनियमित किया गया था।

उत्तर प्रदेश पुनर्गठन अधिनियम संसद द्वारा वर्ष 2000 में अधिनियमित किया गया था। इस अधिनियम के तहत, 9 नवम्बर 2000 को, पहाड़ी क्षेत्रों को उत्तर प्रदेश से अलग करके एक नया राज्य 'उत्तरांचल' बनाया गया था। जनवरी 2007 में उत्तरांचल का नाम बदलकर 'उत्तराखंड' कर दिया गया।

अत: विकल्प (A) सही है।

68. अनुच्छेद 352 राष्ट्रीय आपातकाल से संबंधित है।

यह युद्ध, बाहरी आक्रमण और सशस्त्र विद्रोह की स्थिति में लगाया जाता है, इसे राष्ट्रपति द्वारा कैबिनेट की लिखित सहमति से लगाया जाता है, 44 वें संशोधन अधिनियम 1978 के माध्यम से आंतरिक अशांति को सशस्त्र विद्रोह द्वारा प्रतिस्थापित किया गया है। 42वें संशोधन अधिनियम 1976 के माध्यम से यह प्रावधान किया गया था कि पूरे देश या उसके किसी भी हिस्से में राष्ट्रपति आपातकाल की घोषणा की जा सकती है और इस आपातकाल की अवधि शुरू में 6 महीने और अधिकतम अनिश्चित अवधि के लिए है। सूची के विषय पर कानून बना सकते हैं। आपातकाल की घोषणा के समय, संसद कानून द्वारा लोकसभा की अवधि को एक बार में एक वर्ष के लिए बढ़ा सकती है और इस अवधि के दौरान धारा 20 और पीआर 21 को निलंबित नहीं किया जा सकता है।

अतः विकल्प (A) सही है।

69. भारत के राष्ट्रपति के पास राज्य मानवाधिकार आयोग के अध्यक्ष या किसी अन्य सदस्य को हटाने की शक्ति है।

मानवाधिकार संरक्षण अधिनियम 1993 के तहत केंद्रीय स्तर पर राष्ट्रीय मानवाधिकार आयोग और राज्य स्तर पर राज्य मानवाधिकार आयोग की स्थापना का प्रावधान है। राष्ट्रीय मानवाधिकार आयोग की स्थापना 1993 में हुई थी और इसका मुख्यालय नई दिल्ली में स्थित है। राज्य स्तर पर, एक राज्य मानवाधिकार आयोग की स्थापना की जाती है, एक राज्य मानवाधिकार आयोग जो सातवीं अनुसूची में राज्य सूची (सूची II) और समवर्ती सूची (सूची III) के अंतर्गत आने वाले विषयों में मानवाधिकारों के उल्लंघन की जांच करता है और मानवाधिकारों की रक्षा करता है। भारतीय संविधान के. मानवाधिकार संरक्षण अधिनियम द्वारा वर्ष 2006 से, इसमें एक अध्यक्ष और तीन सदस्य शामिल हैं। उन्हें राज्यपाल द्वारा नियुक्त किया जाता है और उन्हें हटाने की शक्ति राष्ट्रपति के पास होती है।

अतः विकल्प (D) सही है।

70. भारतीय क्रांतिकारियों द्वारा ग़दर विद्रोह पार्टी की स्थापना यू.एस.ए. (अमेरिका) में की गई थी।

ग़दर विद्रोह पार्टी की स्थापना अमेरिका में भारतीय क्रांतिकारियों ने की थी। ग़दर पार्टी भारत को ब्रिटिश आधिपत्य से मुक्त करने के उद्देश्य से बनाई गई एक संस्था थी, इसका गठन 15 जुलाई 1913 को सैन फ्रांसिस्को शहर में अमेरिका और कनाडा के भारतीयों द्वारा किया गया था। इसे प्रशांत तट के हिंदी संघ के रूप में भी जाना जाता है। इस पार्टी ने "हिन्दुस्तान गदर" नाम से एक पत्र भी तैयार किया, जो उर्दू और पंजाबी में प्रकाशित हुआ। इस संगठन ने भारत को कई महान क्रांतिकारी दिए, इस पार्टी के महान नेताओं में सोहन सिंह भखना, करतार सिंह सराभा, लाला हरदयाल आदि थे।

अतः विकल्प (C) सही है।

71. भारत में कुल 28 राज्य हैं और एक राज्य में कई जिले हैं, सभी राज्यों में जिलों की संख्या अलग-अलग है। प्रत्येक जिले को कई तहसीलों में विभाजित किया जाता है और प्रत्येक तहसील का एक प्रभारी होता है, जिसे एक तहसीलदार कहा जाता है। तहसीलदार का मुख्य कार्य राजस्व एकत्र करना, संबंधित गाँव की अडंगल प्रणाली प्रविष्टियों को सत्यापित करना और जाँचना और स्थानीय रूप से यह जानकारी प्राप्त करना है कि क्या फ़सलें अडंगल/ पहानी के अनुसार उगाई गई हैं और साथ ही अनधिकृत अतिक्रमण के सभी मामलों का निरीक्षण करना है और सरकारी पानी का अनियमित उपयोग का निरीक्षण करना है।

अतः विकल्प (D) सही है।

72. सक्रिय ज्वालामुखियों की मौजूदगी के कारण प्रशांत (पैसिफिक) को 'रिम ऑफ़ फ़ायर' कहा जाता है।

रिंग ऑफ फायर (पैसिफिक रिंग ऑफ फायर, रिम ऑफ फायर, गर्डल ऑफ फायर या सर्कम-पैसिफिक बेल्ट के रूप में भी जाना जाता है) प्रशांत महासागर के अधिकांश रिम के आसपास का एक क्षेत्र है जहां कई ज्वालामुखी विस्फोट और भूकंप आते हैं।

अतः विकल्प (B) सही है।

73. गोलाकार दर्पण की परावर्तक सतह के केंद्र को ध्रुव कहा जाता है।

ध्रुव एक गोलाकार दर्पण के परावर्तक सतह के केंद्र में एक बिंदु है जो दर्पण की सतह पर स्थित होता है। साथ ही यह गोलीय दर्पण के छिद्र का मध्यबिंदु है और आमतौर पर इसे P अक्षर द्वारा दर्शाया जाता है।

अतः विकल्प (C) सही है।

74. जैविक हथियारों पर कन्वेंशन 1975 में लागू हुआ।

जैविक हथियार सम्मेलन (बीडब्ल्यूसी), जो प्रभावी रूप से जैविक और विषाक्त हथियारों को प्रतिबंधित करता है, 10 अप्रैल 1972 को हस्ताक्षर के लिए खोला गया और 26 मार्च 1975 को लागू हुआ।

अतः विकल्प (C) सही है।

75. राज्य का राज्यपाल राज्य लोक सेवा आयोग के अध्यक्ष और अन्य सदस्यों की नियुक्ति करता है।

राज्यपाल मुख्यमंत्री और उनकी सलाह पर अन्य मंत्रियों और राज्य के कई महत्वपूर्ण अधिकारियों जैसे महाधिवक्ता, राज्य लोक सेवा आयोग के अध्यक्ष और सदस्यों की नियुक्ति करता है।

अतः विकल्प (D) सही है।

76. 1336 में हरिहर और बुक्का भाइयों ने विजयनगर साम्राज्य की स्थापना की।

यह 1336 में संगम वंश के भाइयों हरिहर प्रथम और बुक्का राय प्रथम द्वारा स्थापित किया गया था, जो यादव वंश का दावा करने वाले एक चरवाहे समुदाय के सदस्य थे। 13 वीं शताब्दी के अंत तक तुर्किक इस्लामी आक्रमणों को रोकने के लिए दक्षिणी शक्तियों द्वारा किए गए प्रयासों की परिणति के रूप में साम्राज्य प्रमुखता से बढ़ गया।

अतः विकल्प (A) सही है।

77. भारत में संविधान सर्वोच्च है।

भारत का संविधान भारत का सर्वोच्च कानून है। दस्तावेज़ उस ढांचे को निर्धारित करता है जो मौलिक राजनीतिक कोड, संरचना, प्रक्रियाओं, शक्तियों और सरकारी संस्थानों के कर्तव्यों का सीमांकन करता है और मौलिक अधिकारों, निर्देशक सिद्धांतों और नागरिकों के कर्तव्यों को निर्धारित करता है।

अतः विकल्प (D) सही है।

78. 2011 के 97वें संवैधानिक संशोधन अधिनियम द्वारा भारतीय संविधान में सहकारी समितियों को बढ़ावा देना जोड़ा गया था।

2011 के 97वें संविधान संशोधन अधिनियम ने सहकारी समितियों को संवैधानिक दर्जा और संरक्षण प्रदान किया। इसने सहकारी समितियों को मौलिक अधिकार के रूप में स्थापित करने का अधिकार स्थापित किया (अनुच्छेद 19) है।

अतः विकल्प (B) सही है।

79. मोटर वाहन (संशोधन) अधिनियम 2019 के तहत नए यातायात नियमों के अनुसार, किशोर द्वारा किए गए उल्लंघनों के लिए जुर्माना राशि 25000 है।

मोटर वाहन (संशोधन) अधिनियम 2019 के तहत नए यातायात नियमों के अनुसार, किशोरों द्वारा किए गए उल्लंघन के लिए जुर्माना राशि 25000 रुपये है। यह अधिनियम मोटर वाहन विधेयक 2019 में वर्ष 1988 के मोटर वाहन अधिनियम में संशोधन करके लाया गया था और पहले दो पहिया वाहनों पर 2 से अधिक सवारी के लिए 100 रुपये अब 1000 हो गए हैं। इसका उद्देश्य देश में सड़क दुर्घटनाओं को कम करना और सड़क सुरक्षा को बनाए रखना है।

(i) सीट बेल्ट न लगाने पर पहले 100 रुपये और अब 1000 रुपये का जुर्माना लगाया गया है।

(ii) पहले 100 रुपये और अब 1000 जुर्माना और हेलमेट न पहनने पर तीन महीने के लिए लाइसेंस निलंबित कर दिया जाएगा।

अत: विकल्प (B) सही है।

80. भारतीय संविधान की प्रस्तावना में प्रयुक्त समानता शब्द का अर्थ समाज के किसी भी वर्ग के लिए विशेषाधिकारों की अनुपस्थिति और बिना किसी भेदभाव के प्रत्येक व्यक्ति को समान अवसर प्रदान करने का प्रावधान है। भारत के संविधान की प्रस्तावना के पीछे के आदर्शों को जवाहरलाल नेहरू के उद्देश्य प्रस्ताव द्वारा निर्धारित किया गया था, जिसे 22 जनवरी 1947 को संविधान सभा द्वारा अपनाया गया था। भारतीय संविधान में प्रस्तावना का विचार अमेरिका के संविधान से लिया गया है। जबकि प्रस्तावना की भाषा और शैली ऑस्ट्रेलिया के संविधान से ली गई है। 42वें संविधान संशोधन अधिनियम 1976 द्वारा इसमें समाजवादी, धर्मनिरपेक्ष और अखंडता जैसे तीन शब्द जोड़े गए।

अत: विकल्प (A) सही है।

81. दिया गया है,

$$\frac{2}{5}, \frac{2}{25}, \frac{2}{125}, \frac{2}{625} \dots\dots\dots\ n \text{ पदों तक}$$

जैसा कि हम जानते हैं,

गुणोत्तर श्रेणी के n पदों का योग $(S_n) = \dfrac{a(1-r^n)}{1-r}$ $[\because r < 1]$

$$a = \frac{2}{5}$$

$$r = \frac{\frac{2}{25}}{\frac{2}{5}}$$

$$= \frac{1}{5}$$

$$S_n = \frac{\frac{2}{5}\left(1-\left(\frac{1}{5}\right)^n\right)}{1-\frac{1}{5}}$$

$$= \frac{2}{4}\left[1 - \left(\frac{1}{5}\right)^n\right]$$

$$= \frac{1}{2}\left[1 - \left(\frac{1}{5}\right)^n\right]$$

अत: विकल्प (C) सही है।

82. दिया है,

X द्वारा एक दिन में किया गया कार्य $= \dfrac{1}{131}$

47 दिनों तक X द्वारा किया गया कार्य $= \dfrac{47}{131}$

शेष कार्य $= 1 - \dfrac{47}{131}$

$$= \frac{84}{131}$$

Y द्वारा शेष काम को करने में लगा समय $= 84$

प्रश्नानुसार,

$$\frac{84}{131y} = 84$$

$$\therefore Y = \frac{1}{131}$$

X और Y दोनों द्वारा मिलकर किया गया एक दिन का कार्य $= \dfrac{1}{131} + \dfrac{1}{131}$

$$= \frac{2}{131}$$

दोनों द्वारा मिलकर किये गये कार्य में लगा कुल समय $= \dfrac{131}{2}$

$$= 65.5 \text{ दिन}$$

अत: विकल्प (B) सही है।

83. दी गई प्रश्न आकृति का विकल्प (D) सही जल प्रतिबिंब है।

$$\text{ᴚ8ɪ੧ᴎੋᴀ}$$

अत: विकल्प (D) सही है।

84. 8,10,12,15,20 का ल.स.प

2	8,10,12,15,20
2	4,5,6,15,10
2	2,5,3,15,5
3	1,5,3,15,5
5	1,5,1,5,5
	1,1,1,1,1

इसलिए, ल.स.प $2 \times 2 \times 2 \times 3 \times 5$

$$= 120$$

$$120)1000(8$$
$$\underline{960}$$
$$40$$
$$\frac{960}{40}$$

$$\Rightarrow 120 - 40 = 80$$

इसलिए, सबसे छोटी 4-अंकीय संख्या जिसे 120 से विभाजित करने पर शेष 7 बचेगा।

$$= 1000 + 80 = 1080$$

$$= 1080 + 7 = 1087$$

अत: विकल्प (C) सही है।

85. दिया गया है,

बेची गई वाशिंग मशीनों की कुल संख्या $= 85,000$

ब्रांड N द्वारा बेची गई वाशिंग मशीन $= 30\%$

ब्रांड Q द्वारा बेची गई वाशिंग मशीन $= 10\%$

ब्रांड N और ब्रांड Q दोनों को मिलाकर बेची गई कुल वाशिंग मशीनों की

संख्या $= \dfrac{85000 \times 40}{100}$

$= 34000$

अत: विकल्प (C) सही है।

86. दिया गया है,

बेची गई वाशिंग मशीनों की कुल संख्या $= 85{,}000$

ब्रांड M द्वारा बेची गई वाशिंग मशीन $= 25\%$

ब्रांड P द्वारा बेची गई वाशिंग मशीन $= 20\%$

अंतर $= 5\%$

ब्रांड M और ब्रांड P बेची गई वाशिंग मशीनों का अंतर $=$
$85000 \times \dfrac{5}{100}$

$= 850 \times 5$

$= 4250$

अत: विकल्प (B) सही है।

87. माना संख्या x है।

$$11 \overline{)x(}1$$
$$\overline{3}$$

भाज्य $(x) = 11 \times 1 + 3$

$= 14$

संख्या का वर्ग $= (14)^2$

$= 196$

$$11 \overline{)196(}17$$
$$\underline{11}$$
$$86$$
$$\underline{77}$$
$$9$$

इसलिए, शेषफल $= 9$

अत: विकल्प (C) सही है।

88. दिया गया है,

3 और 5 का $= 3 \times 5 = 15$ ल.स.प.

15 से 700 तक विभाज्य संख्या

$$15 \overline{)700(}46$$
$$\underline{60}$$
$$100$$
$$\underline{90}$$
$$10$$

इसलिए, 700 तक 46 संख्याएँ 3 और 5 दोनों से विभाज्य है।

अत: विकल्प (A) सही है।

89. प्रश्नानुसार,

$320 \times \dfrac{20}{100} = 460 \times \dfrac{40}{100} - x$

$\Rightarrow 64 = 184 - x$

$\Rightarrow x = 184 - 64$

$\Rightarrow x = 120$

अत: विकल्प (D) सही है।

90. N, E, R, C, F और A अक्षरों को गठित देश का नाम,

$$F \quad R \quad A \quad N \quad C \quad E$$

इसलिए, '$FRANCE$' शब्द का पाँचवा अक्षर C होगा।

अत: विकल्प (B) सही है।

91. दिया गया है,

$X = \sqrt{587 - \sqrt{121}} \div \sqrt{2316 - \sqrt{180 - \sqrt{1296}}}$

$\Rightarrow X = \sqrt{587 - 11} \div \sqrt{2316 - \sqrt{180 - 36}}$

$\Rightarrow X = \sqrt{576} \div \sqrt{2316 - \sqrt{144}}$

$\Rightarrow X = 24 \div \sqrt{2316 - 12}$

$\Rightarrow X = 24 \div \sqrt{2304}$

$\Rightarrow X = 24 \div 48$

$\Rightarrow X = \dfrac{1}{2}$

$\Rightarrow X = 0.5$

अत: विकल्प (D) सही है।

92.

$$26 \quad 99 \quad 0 \quad 48$$

सम स्थान के अंकों का योग — विषम स्थान के अंकों का योग $= 0$ हो या तो 11 से विभाजित हो तो संख्या 11 से विभाज्य होगी।

इसलिए, $(6 + 9 + 4) - (2 + 9 + 0 + 8)$

$= 19 - 19$

$= 0$

इसलिए, संख्या $2699048, 11$ से विभाज्य है।

अत: विकल्प (C) सही है।

93. दिया गया है,

एक कार मालिक लगातार तीन वर्षों तक ₹ 17, ₹ 19 और ₹ 20 प्रति लीटर पर पेट्रोल खरीदता है।

3 वर्षों में खपत किए गए पेट्रोल की कुल मात्रा $= \left(\frac{6460}{17} + \frac{6460}{19} + \frac{6460}{20}\right)$ लीटर

$= (380 + 340 + 323)$ लीटर

$= 1043$ लीटर

खर्च की गई कुल राशि $= ₹\ (3 \times 6460)$

$= ₹\ 19380$

$\therefore$ औसत लागत $= ₹\left(\frac{19380}{1043}\right)$

$= ₹\ 18.58$

अत: विकल्प (B) सही है।

94. यहाँ तर्क इस प्रकार है:

Architect, Building को डिजाइन करता है।

इसी तरह,

Author, Books लिखता है।

अत: विकल्प (B) सही है।

95. दिया गया है,

2011 में कंपनी A की बिक्री $= 700$

2021 में कंपनी A की बिक्री $= 900$

2011 से 2021 तक A कंपनी की बिक्री में वृद्धि $= 200$

आवश्यक प्रतिशत $= \frac{200}{700} \times 700$

$= \frac{200}{7}$

$= \frac{2}{8}.57\%$

अत: विकल्प (A) सही है।

96. माना बैग 1 का क्रय मूल्य x है और बैग 2 का लागत मूल्य y है।

अब हमारे पास है,

$x + \frac{21x}{100} = 5500$

$\Rightarrow 121x = 550000$

$\Rightarrow x = 4545.45$

$y - \frac{21y}{100} = 5500$

$\Rightarrow \frac{79y}{100} = 5500$

$y = 6962.02$

कुल CP $= x + y$

$= 4545.45 + 6962.02$

$= 11507.47$

कुल SP $= 5500 + 5500$

$= 11000$

हानि $= 11507.47 - 11000$

$= 507.47$

हानि प्रतिशत $=$ हानि/CP $\times 100$

$= \frac{507.47}{11507.47} \times 100$

$= 4.4099 \approx 4.41\%$

अत: विकल्प (B) सही है।

97. अंग्रेजी वर्णमाला श्रृंखला और उसके स्थानीय मान के अनुसार:

अक्षर	A	B	C	D	E	F	G	H	I	J	K	L	M
स्थानीय मान	1	2	3	4	5	6	7	8	9	10	11	12	13
स्थानीय मान	26	25	24	23	22	21	20	19	18	17	16	15	14
अक्षर	Z	Y	X	W	V	U	T	S	R	Q	P	O	N

यहां अनुसरण किया गया पैटर्न है:

दी गई श्रृंखला दो पैटर्न एक वर्णमाला और एक संख्यात्मक श्रृंखला का अनुसरण करती है।

वर्णमाला श्रृंखला:

W

W $-7 =$P

P $-7 =$I

I $-7 =$B

B $-7 =$ U

संख्यात्मक श्रृंखला

29

$29 + 5 = 34$

$34 + 5 = 39$

$39 + 5 = 44$

$44 + 5 = 49$

इसलिए, दी गई श्रृंखला में अगला पद $U49$ है।

अत: विकल्प (B) सही है।

98. कथन में यह उल्लेख नहीं है कि चावल का उत्पादन केवल तंजावुर में होता है। इसलिए, i अनुसरण नहीं करता है।

कथन के अनुसार, तंजावुर को तमिलनाडु के चावल के कटोरे के रूप में जाना जाता है। इसलिए, चावल तंजावुर में खेती की जाने वाली प्रमुख फसल हो सकती है। इसलिए केवल निष्कर्ष ii अनुसरण करता है।

अत: विकल्प (C) सही है।

99. दिया गया है,

साधारण ब्याज पर 4 वर्षों में एक राशि में 20% की वृद्धि होती है।

जैसा कि हम जानते हैं,

$$\text{S.I} = \frac{(P \times R \times t)}{100}$$

$$A = P \times \left(1 + \frac{r}{100}\right)^t ; C.I = (A - P)$$

माना राशि $100x$ रूपये है।

$$\therefore 20\% \text{ of } 100 = \left(\frac{20}{100}\right) \times 100$$

$$= 20x$$

$$\therefore \text{बढ़ी हुई राशि} = 20x$$

$$\Rightarrow \text{इसलिए साधारण ब्याज} = 20x$$

अब,

$$\Rightarrow 20x = \frac{(100x \times R \times 4)}{100}$$

$$\Rightarrow 20 \times 100 = 100 \times R \times 4$$

$$\Rightarrow \frac{2000}{100} = R \times 4$$

$$\Rightarrow R = \frac{20}{4}$$

$$\Rightarrow R = 5\%$$

अब उसी दर पर 2 वर्ष की अवधि के लिए 44500 रुपये चक्रवृद्धि ब्याज पर,

$$P = 44500, R = 5\%, T = 2 \text{ वर्ष}$$

$$\Rightarrow A = P \times \left(1 + \frac{r}{100}\right)^t$$

$$\Rightarrow A = 44500 \times \left(1 + \frac{5}{100}\right)^2$$

$$\Rightarrow A = 44500 \times \frac{21}{20} \times \frac{21}{20}$$

$$\Rightarrow A = 49061.25$$

अब

$$\Rightarrow A = C.I + P$$

$$\therefore C.I = (A - P)$$

$$\Rightarrow C.I = 49061.25 - 44500$$

$$= 4561.25 \text{ रूपये}$$

अत: विकल्प (A) सही है।

100. प्रश्नानुसार,

माना इनकी राशियों में अनुपात x है।

अजय : भास्कर : चाँद $= 3x \times 12 : 5x \times 12 : 5x \times 6$

$$= 6 : 10 : 5$$

इसलिए, लाभ का अनुपात $= 6 : 10 : 5$

अत: विकल्प (D) सही है।

101. दिया गया है,

पाइप A टैंक को 48 मिनट में खाली कर सकता है,

पाइप B टैंक को 72 मिनट में भर सकता है,

पाइप C टैंक को 96 मिनट में भर सकता है,

माना पाइप B टंकी को x घंटे में भर सकता है।

पाइप B टैंक को 1 घंटे में भर सकता है $= \frac{1}{x}$

पाइप A टैंक को 1 घंटे में खाली कर सकता है $= \frac{1}{48}$

पाइप B टैंक को 1 घंटे में भर सकता है $= \frac{1}{72}$

पाइप C टैंक को 1 घंटे में भर सकता है $= \frac{1}{96}$

अब,

$$= \frac{1}{72} + \frac{1}{96} - \left(\frac{1}{48}\right)$$

$$= \frac{4+3}{288} - \frac{1}{48}$$

$$= \frac{7-6}{288}$$

$$= \frac{1}{288}$$

∴ यदि तीनों पाइपों को एक साथ खोल दिया जाए, तो खाली टंकी को भरने में 288 मिनट लगेंगे।

अत: विकल्प (D) सही है।

102. विकल्प (A) की जांच करने पर:

$\Rightarrow 56 * 4 * 3 = 9 * 2 * 7$

$\Rightarrow 56 + 4 \times 3 = 9 \div 2 - 7$

$\Rightarrow 56 + 12 = 4.5 - 7$

$\Rightarrow 68 \neq 3.5$

L.H.S $\neq$ R.H.S

विकल्प (B) की जांच करने पर:

$\Rightarrow 56 * 4 * 3 = 9 * 2 * 7$

$\Rightarrow 56 + 4 \times 3 = 9 \times 2 + 7$

$\Rightarrow 56 + 12 = 18 + 7$

$\Rightarrow 68 \neq 25$

L.H.S $\neq$ R.H.S

विकल्प (C) की जांच करने पर:

$\Rightarrow 56 * 4 * 3 = 9 * 2 * 7$

$\Rightarrow 56 \times 4 - 3 = 9 \div 2 + 7$

$\Rightarrow 224 - 3 = 4.5 + 7$

$\Rightarrow 221 \neq 11.5$

L.H.S $\neq$ R.H.S

विकल्प (D) की जांच करने पर:

$\Rightarrow 56*4*3 = 9*2*7$

$\Rightarrow 56 \div 4 - 3 = 9 \times 2 - 7$

$\Rightarrow 14 - 3 = 18 - 7$

$\Rightarrow 11 = 11$

L.H.S. $=$ R.H.S.

अत: विकल्प (D) सही है।

103. दिया गया है,

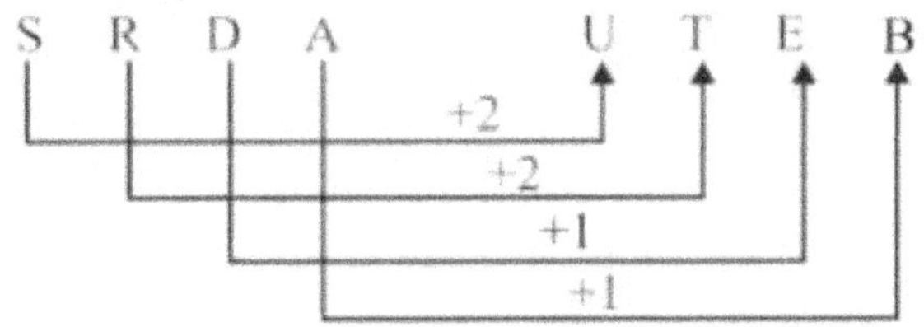

इसलिए, शृंखला का अगला पद TIREME होगा।

अत: विकल्प (D) सही है।

104. जैसा कि हम जानते हैं,

59 दिनों में कुल अतिरिक्त दिन $= \dfrac{59}{7}$

$= 3$

आज बुधवार है तो 59 दिन के बाद का दिन $=$ बुधवार $+3$ दिन

$=$ शनिवार

अत: विकल्प (B) सही है।

105. यहाँ अनुसरण किया गया पैटर्न है:

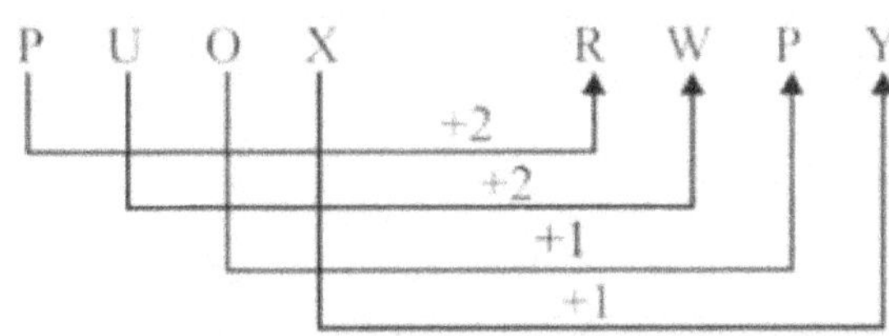

उसी प्रकार,

इसलिए, ? = RWPY

अत: विकल्प (A) सही है।

106. माना मोबाइल का वास्तविक मूल्य x है।

अब इसे 15825 पर 25% के हानि पर बेच रहे हैं।

इसलिए,

$x - \dfrac{25x}{100} = 15825$

$\Rightarrow \dfrac{75x}{100} = 15825$

$\Rightarrow x = \dfrac{15825}{75} \times 100$

$\Rightarrow x = 21100$

अब, लाभ होगा $25320 > 21100$

तो, लाभ $\% = $ लाभ $/$ मूल कीमत $\times 100$

$= \dfrac{25320 - 21100}{21100} \times 100$

$= \dfrac{4220}{211}$

$= 20\%$

अत: विकल्प (C) सही है।

107. दी गई जानकारी के अनुसार,

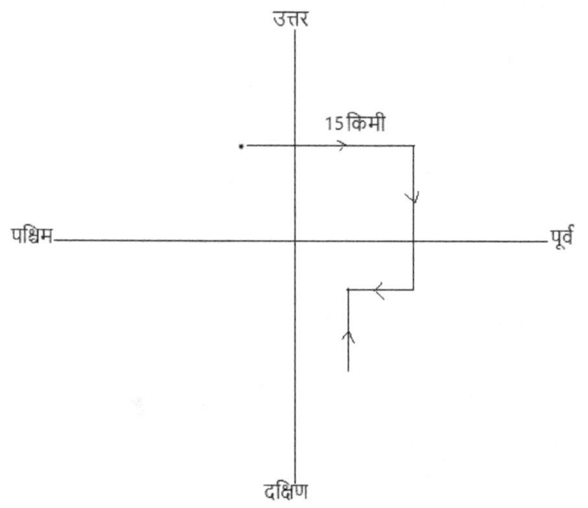

वह दक्षिण दिशा की ओर अभिमुख है।

अत: विकल्प (B) सही है।

108. माना शांत जल में नाव की गति x किमी /घंटा है।

धारा की गति y किमी /घंटा है।

धारा की दिशा में गति $= (x + y)$ किमी /घंटा

धारा के विपरीत गति $= (x - y)$ किमी /घंटा

नाव 54 घंटों में 270 किमी धारा की विपरीत दिशा में जाती है,

$$x - y = \frac{270}{54} \quad \dots(i)$$

नाव 64 घंटों में 448 किमी धारा की दिशा में जाती है,

$$x + y = \frac{448}{64} \quad \dots(ii)$$

समीकरणों को हल करने पर, हम प्राप्त करते हैं,

$$x - y + x + y = \frac{270}{54} + \frac{448}{64}$$

$$\Rightarrow 2x = 5 + 7$$

$$\Rightarrow 2x = 12$$

$$\Rightarrow x = 6$$

∴ शांत जल में नाव की गति 6 किमी है।

अत: विकल्प (D) सही है।

109. दिया गया है,

धनराशि $= 2 \times$ मूलधन, जब समय $= 3$ वर्ष

जैसा कि हम जानते हैं,

धनराशि $= P + \frac{P \times R \times T}{100}$

$P =$ मूलधन, $R =$ दर, $T =$ समय

$$2P = P + \left(\frac{3 \times P \times R}{100}\right)$$

$$\Rightarrow P = \frac{3PR}{100}$$

$$\Rightarrow R = \frac{P \times 100}{3P}$$

$$\Rightarrow R = \frac{100}{3}$$

$$52P = \frac{P + P \times \frac{100}{3} \times T}{100}$$

$$\Rightarrow 51P = P \times \frac{100}{3} \times \frac{T}{100}$$

$$\Rightarrow T = 51 \times 3$$

$$\Rightarrow T = 153$$

अत: विकल्प (C) सही है।

110. दिया गया है,

A का अर्थ $+$ है, B का अर्थ $-$, C का अर्थ $\times$ है।

$(7C2)A(3C3)B6$

$= (7 \times 2) + (3 \times 3) - 6$

$= 14 + 9 - 6$

$= 23 - 6$

$= 17$

अत: विकल्प (A) सही है।

111. दिया गया है,

2001 में कंपनी B की बिक्री $= 650$

2011 में कंपनी B की बिक्री $= 700$

2021 में कंपनी B की बिक्री $= 900$

2031 में कंपनी B की बिक्री $= 850$

इसलिए, कंपनी B ने अधिकतम बिक्री 2021 में की।

अत: विकल्प (B) सही है।

112. दिया गया है,

$$\sqrt{12.96} \times \sqrt{7.84} \div \sqrt{3.24} \times \sqrt{31.36}$$

सभी संख्याओं में 100 से गुणा करने पर, हम प्राप्त करते हैं:

$$\sqrt{1296} \times \sqrt{784} \div \sqrt{324} \times \sqrt{3136}$$

$$= 36 \times 28 \div 18 \times 56$$

$$= 3136$$

100 से भाग देने पर, हम प्राप्त करते हैं:

$= \dfrac{3136}{100}$

$= 31.36$

अत: विकल्प (B) सही है।

113. दिया गया है,

पुरुषों और महिलाओं के बीच का अनुपात $= 21:22$

माना पुरुषों की संख्या $21x$ और महिलाओं की संख्या $22x$ है।

प्रश्न के अनुसार,

20% पुरुषों की वृद्धि के बाद,

$21x + 21x \times \dfrac{20}{100}$

$= 21x + 21x \times \dfrac{1}{5}$

$= 21x + \dfrac{21x}{5}$

$= \dfrac{105x + 21x}{5}$

$= \dfrac{126x}{5}$

महिलाओं की संख्या में 30% वृद्धि के बाद,

$22x + 22x \times \dfrac{30}{100}$

$= 22x + 22x \times \dfrac{3}{10}$

$= 22x + \dfrac{66x}{10}$

$= \dfrac{220x + 66x}{10}$

$= \dfrac{286x}{10}$

$= \dfrac{143x}{5}$

पुरुषों और महिलाओं का नया अनुपात $= 126:143$

अत: विकल्प (D) सही है।

114. दिया गया है,

त्रिज्या $(r) = 33$ सेमी

जैसा कि हम जानते हैं,

अर्धगोले का कुल पृष्ठीय क्षेत्रफल $= 3\pi r^2$

$= 3 \times 3.14 \times 33 \times 33$

$= 10258.38$

अत: विकल्प (B) सही है।

115. दिया गया है,

लिया गया समय $= 162$

तय की गई दूरी $= x$ किमी

गति $= 80$ किमी /घंटा

इसलिए, लिया गया समय $=$ दूरी /गति

$= \dfrac{x}{80}$ किमी /घंटा

गति $= 82$ किमी /घंटा

इसलिए, लिया गया समय $= \dfrac{x}{82}$

प्रश्न के अनुसार,

$\dfrac{x}{80} + \dfrac{x}{82} = 162$

$\Rightarrow \dfrac{82x + 80x}{6560} = 162$

$\Rightarrow 162x = 162 \times 6560$

$x = 6560$

$\therefore$ दिल्ली से जामनगर के बीच की दूरी 6560 है।

अत: विकल्प (D) सही है।

116. न्यूनतम संभावित वेन-आरेख होगा:

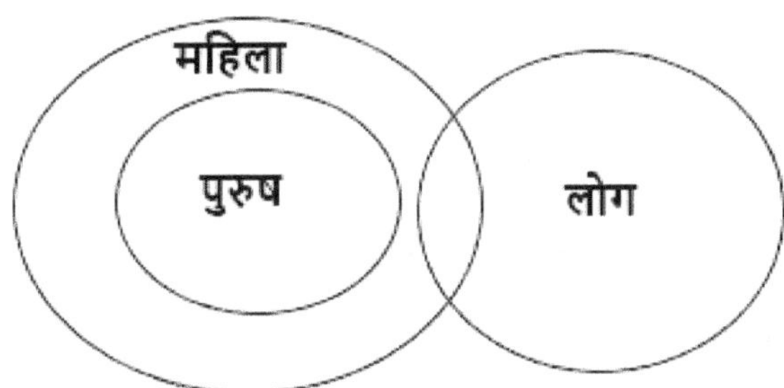

निष्कर्ष:

(i). कुछ पुरुष, लोग हैं। - असत्य

(ii). कुछ महिलाएं, पुरुष हैं। - सत्य

अत: विकल्प (D) सही है।

117. न्यूनतम संभावित वेन-आरेख होगा:

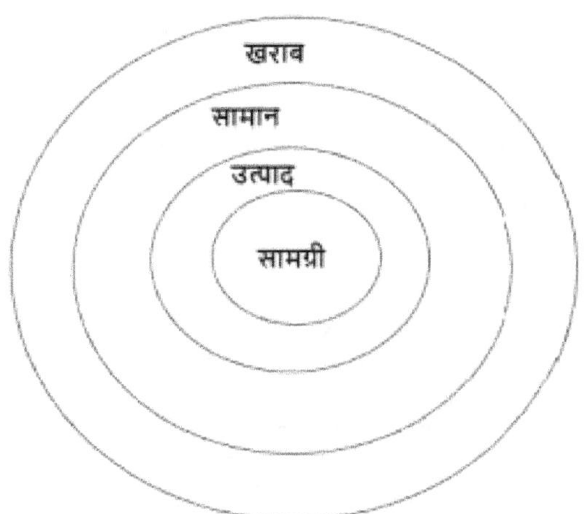

निष्कर्ष:

(i). सभी सामग्री, सामान हैं। - सत्य

(ii). सभी उत्पाद, खराब हैं। - सत्य

अत: विकल्प (A) सही है।

118. स्पष्ट रूप से प्रतिबंध हमारे प्राकृतिक पर्यावरण की रक्षा के लिए जरूरी है। इसलिए, तर्क 1 प्रबल है।

अत: विकल्प (B) सही है।

119. कंपनी A की कुल बिक्री $= 650 + 700 + 900 + 850$

$= 3100$

कंपनी B की कुल बिक्री $= 700 + 850 + 1150 + 1000$

$= 3700$

आवश्यक प्रतिशत $= \dfrac{600}{3100} \times 100$

$= 19.35\%$

अत: विकल्प (B) सही है।

120. दिया गया है,

छूट $= 31\%$ और 32%

अंकित मूल्य $= 31300$

जैसा कि हम जानते हैं,

विक्रय मूल्य $=$ अंकित मूल्य $-$ छूट

पहली छूट के बाद विक्रय मूल्य $= 31300 - \dfrac{31300 \times 31}{100}$

$= 31300 - 9703$

$= 21597$

दूसरी छूट के बाद विक्रय मूल्य $= 21597 - \dfrac{21597 \times 32}{100}$

$= 21597 - \dfrac{691104}{100}$

$= 21597 - 691104$

$= 14685.96$

अत: विकल्प (A) सही है।

121. जिस प्रकार Gynecology का अध्ययन महिलाओं (Women) से संबंधित है उसी प्रकार Hematology का अध्ययन रक्त (Blood) से संबंधित है।

अत: विकल्प (D) सही है।

122. यहाँ पैटर्न इस प्रकार है:

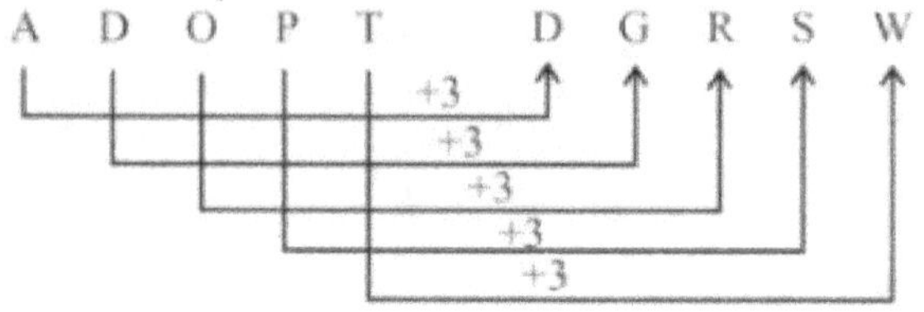

उसी प्रकार,

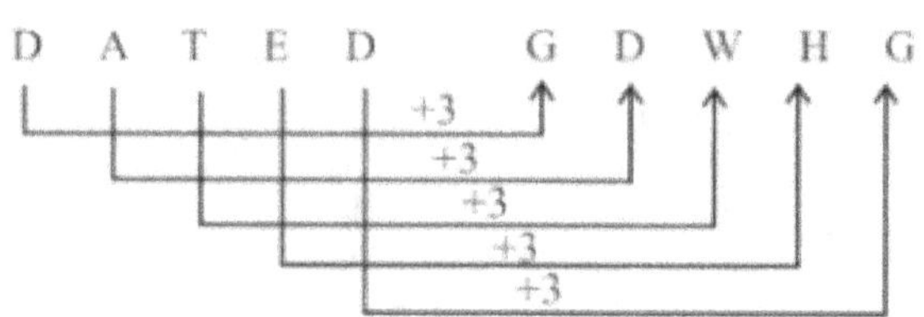

इसलिए, DATED को उसी भाषा में GDWHG के रूप में कूटबद्ध किया जाता है।

अत: विकल्प (D) सही है।

123. असमान अक्षर समूह निम्नवत् है:

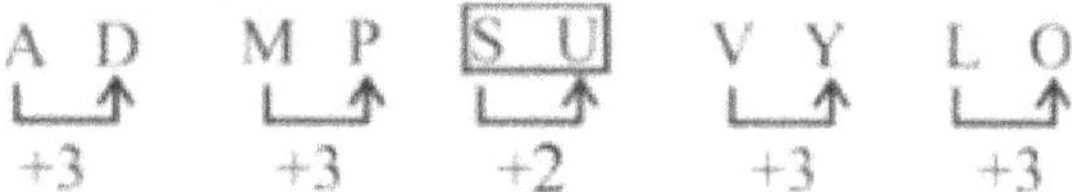

इसलिए, SU समूह से संबंधित नहीं है।

अत: विकल्प (C) सही है।

124. दी गई जानकारी के अनुसार,

$$\overset{+}{A} = \overset{-}{B}$$

जहाँ

$+$ $\Rightarrow$ पुरुष

$-$ $\Rightarrow$ महिला

$=$ $\Rightarrow$ जीवनसाथी

इसलिए, D, B का पुत्र है।

अत: विकल्प (A) सही है।

125. भारतीय दंड संहिता के अनुसार किसी अपराधी को पाँच प्रकार कि सजाएं दी जा सकती है।

भारतीय दंड संहिता, 1860 की धारा 53 में 5 प्रकार के दंड का प्रावधान है।

- मृत्यु दंड
- आजीवन कारावास
- कारावास
- संपत्ति की जब्ती
- जुर्माना

अत: विकल्प (D) सही है।

126. भारत के संविधान का अनुच्छेद 40 राज्य को ग्राम पंचायत के संगठन के लिए कार्य करने की सलाह देता है।

ग्राम पंचायतों को संगठित करना और उन्हें स्वशासन की इकाइयों के रूप में कार्य करने में सक्षम बनाने के लिए आवश्यक शक्तियाँ और अधिकार प्रदान करना (अनुच्छेद 40)। ये सिद्धांत गांधीवादी विचारधारा पर आधारित हैं। वे राष्ट्रीय आंदोलन के दौरान गांधी द्वारा प्रतिपादित पुनर्निर्माण के कार्यक्रम का

प्रतिनिधित्व करते हैं। गांधी के सपनों को पूरा करने के लिए उनके कुछ विचारों जैसे ग्राम पंचायतों को निदेशक सिद्धांतों के रूप में शामिल किया गया था।

अत: विकल्प (A) सही है।

127.

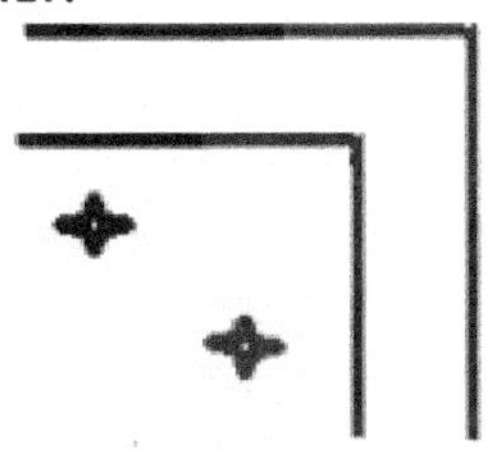

आकृति को उत्तमता से पूरा करेगा।

अत: विकल्प (D) सही है।

128.

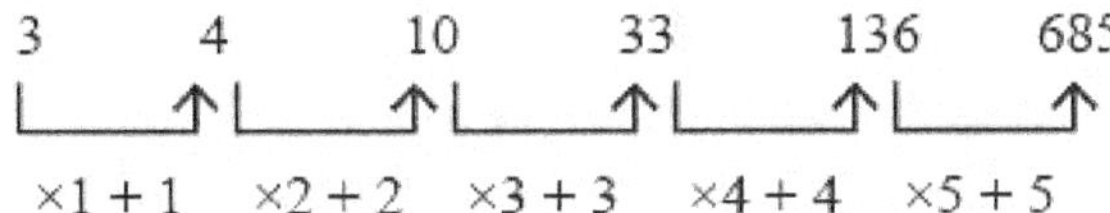

इसलिए, 685 श्रेणी की अगली संख्या है।

अत: विकल्प (D) सही है।

129. प्रश्न के अनुसार, ग्रेजी वर्णमाला श्रृंखला के B से शुरू होने वाले प्रत्येक दूसरे अक्षर को छोटे अक्षरों में लिखा गया है, बाकी सभी बड़े अक्षरों में लिखे जाते हैं।

| A | b | C | d | E | f | G | h | I | j | K | l | M | n | O | p | Q | r | S | t | U | v | W | x | Y |

इसलिए, दिए गए पैटर्न के अनुसार, Adequate इस प्रकार लिखा जाएगा:

AdEQUAtE

अत: विकल्प (B) सही है।

130. दिए गए शब्दों का अर्थ:

- Support: किसी को यह कहकर मदद करना कि आप उससे सहमत हैं, और कभी-कभी पैसे जैसी व्यावहारिक मदद देना
- Help: किसी के लिए उपयोगी होने के लिए या उसके लिए कुछ आसान बनाने के लिए कुछ करना
- Aid: सहायता
- Hurt: किसी को/खुद को शारीरिक पीड़ा या चोट पहुँचाना

इसलिए, दिए गए शब्दों के अर्थ से हम कह सकते हैं कि Hurt दूसरों से भिन्न है।

अत: विकल्प (D) सही है।

131. AUTOMOBILE शब्द के पहले आधे भाग को व्युत्क्रमित करने पर हम प्राप्त करते हैं

MOTUAOBILE,

बाएं छोर से तीसरा अक्षर T है।

इसलिए, T के दायें से चौथा B है।

अत: विकल्प (D) सही है।

132. यहाँ अनुसरण किया गया पैटर्न है:

$$675 - 95 = 580$$

$$580 - (95 + 14 \times 1) = 471$$

$$471 - (95 + 14 \times 2) = 348$$

$$348 - (95 + 14 \times 3) = 211$$

$$211 - (95 + 14 \times 4) = 60$$

इसलिए, 60 श्रेणी में अगली संख्या है।

अत: विकल्प (D) सही है।

133. दिया गया है,

एक बॉक्स में समान संख्या में 1 रुपये, 5 रुपये और 10 रुपये के सिक्के हैं।

कुल राशि = 1360 रुपये

माना सिक्कों की समान संख्या x, x, x है।

सिक्के की राशि = $1x, 5x, 10x$

प्रश्न के अनुसार,

$$1x + 5x + 10x = 1360$$

$$\Rightarrow 16x = 1360$$

$$\Rightarrow x = 85$$

$\therefore$ प्रत्येक मूल्यवर्ग के 85 सिक्के हैं।

अत: विकल्प (D) सही है।

134. आकृति से, हम यह निष्कर्ष निकालते हैं कि, #, $, और !, % के निकट स्थित हैं।

जैसा कि ऊपर विश्लेषण किया गया है, % के विपरीत प्रतीक ^ है।

अत: विकल्प (C) सही है।

135. निम्नलिखित प्रतीकों का उपयोग करके वंश वृक्ष:

चित्र में प्रतीक	अर्थ
⚪	महिला
☐	पुरुष
══	शादीशुदा जोड़ा
──	भाई-बहन
│	एक पीढ़ी का प्रसार

संभावित वंश वृक्ष आरेख होगा:

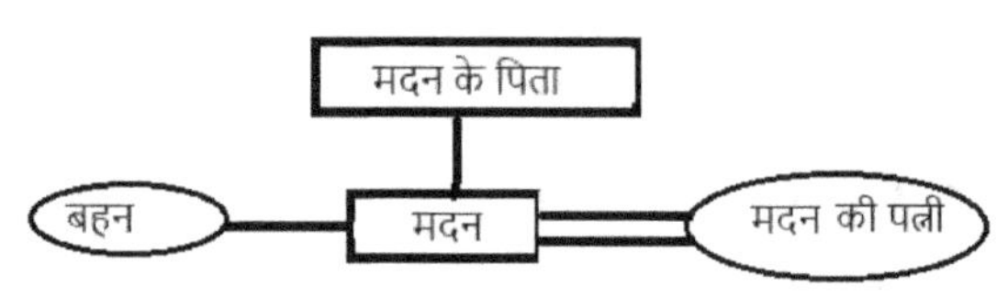

इसलिए, मदन के पिता के इकलौते बेटे की पत्नी मदन की बहन की सिस्टर इन लॉ है।

अत: विकल्प (D) सही है।

136. निम्नलिखित प्रतीकों का उपयोग करके वंश वृक्ष:

चित्र में प्रतीक	अर्थ
◯	महिला
▢	पुरुष
═	शादीशुदा जोड़ा
—	भाई-बहन
│	एक पीढ़ी का प्रसार

संभावित वंश वृक्ष आरेख होगा:

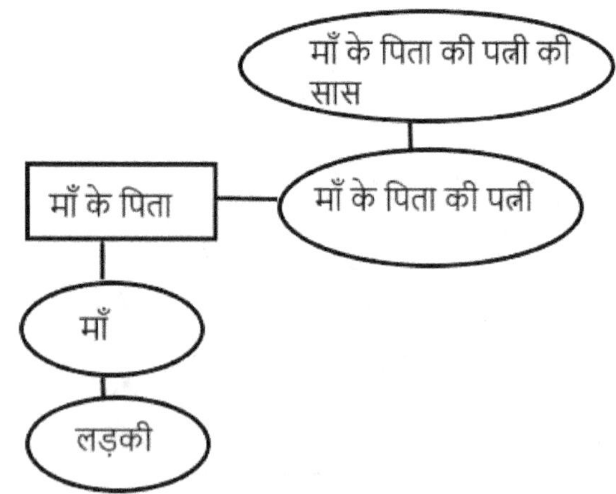

इसलिए, महिला उस लड़की की ग्रेट ग्रैंडमदर है।

अत: विकल्प (D) सही है।

137. अंग्रेजी वर्णमाला श्रृंखला और उसके स्थानीय मान के अनुसार:

अक्षर	A	B	C	D	E	F	G	H	I	J	K	L	M
स्थानी	1	2	3	4	5	6	7	8	9	10	11	12	13

य मान													
स्थानीय मान	26	25	24	23	22	21	20	19	18	17	16	15	14
अक्षर	Z	Y	X	W	V	U	T	S	R	Q	P	O	N

यहाँ अनुसरण किया गया पैटर्न है:

G, वर्णमाला में शुरू होने वाला 7वां अक्षर है, इसलिए इसे अंतिम से 7वें अक्षर से बदल दिया जाता है।

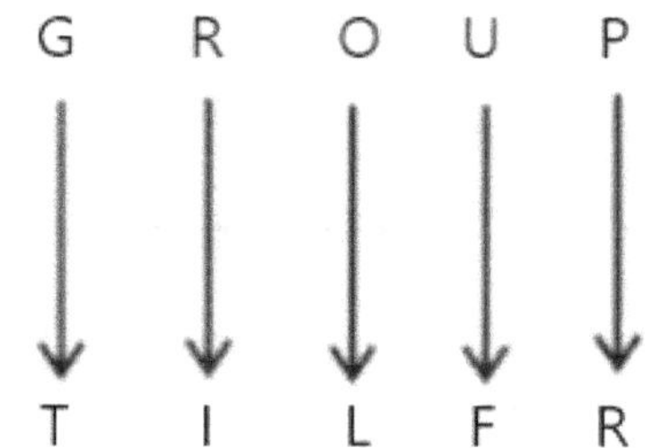

उसी प्रकार,

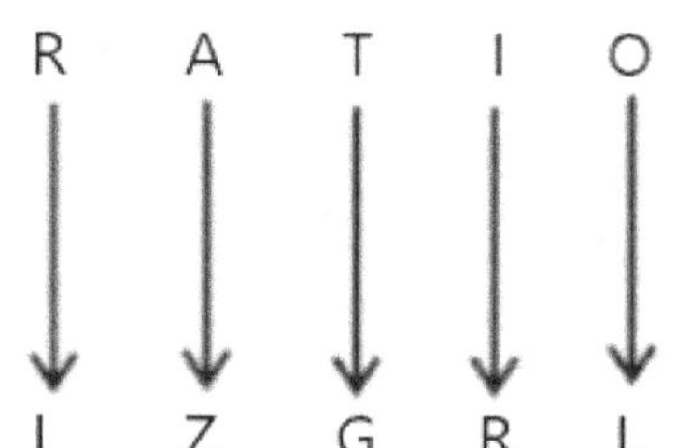

इसलिए, RATIO को IZGRL के रूप में कूटबद्ध किया जाएगा।

अत: विकल्प (B) सही है।

138. दिया गया है,

4678334576892791352

अनुक्रम में सम संख्याएँ जिनके ठीक बाद एक विषम संख्या आती है,

4678**3**34576**892791**352

इसलिए, अनुक्रम में 5 सम संख्याएँ हैं जिनके ठीक बाद एक विषम संख्या है।

अत: विकल्प (A) सही है।

139. राष्ट्रीय साम्प्रदायिक सद्भाव प्रतिष्ठान को वर्ष 1992 में स्थापित किया गया था।

राष्ट्रीय साम्प्रदायिक सद्भाव प्रतिष्ठान (NFCH) गृह मंत्रालय के तहत एक स्वायत्त संगठन है जिसकी स्थापना 19 फरवरी, 1992 को सोसायटी पंजीकरण अधिनियम, 1860 के तहत की गई थी।

अत: विकल्प (A) सही है।

140. केंद्रीय अन्वेषण ब्यूरो (CBI) समस्त भारत या अंतर-राज्यीय विस्तार वाले गंभीर अपराधों की जाँच के लिए उत्तरदायी है।

1963 में, CBI की स्थापना भारत सरकार द्वारा भारत की रक्षा से संबंधित गंभीर अपराधों, उच्च स्थानों पर भ्रष्टाचार, गंभीर धोखाधड़ी और गबन और सामाजिक अपराध, विशेष रूप से जमाखोरी, कालाबाजारी और मुनाफाखोरी से संबंधित

गंभीर अपराधों आवश्यक वस्तुएं, जिनका अखिल भारतीय और अंतरराज्यीय प्रभाव है की जांच के लिए की गई थी।

अत: विकल्प (A) सही है।

141.

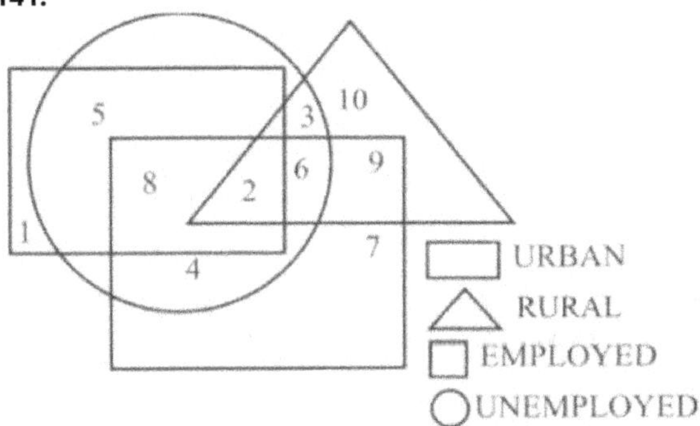

उपरोक्त आरेख में दी गई संख्या 3 केवल ग्रामीण क्षेत्रों में रहने वाले बेरोजगारों को निरूपित करती है।

अत: विकल्प (D) सही है।

142. दिया गया है,

E दाएं छोर से 9वें स्थान पर है।

E को छह स्थान बायीं ओर स्थानांतरित किया जाता है, तो E सबसे बायीं ओर होगा।

इसलिए, पंक्ति में व्यक्तियों की संख्या $= 9 + 6$

$= 15$

अत: विकल्प (A) सही है।

143. यदि दर्पण को छायांकित रेखा पर रखा जाता है तो उत्तर आकृति विकल्प (B) दी गयी प्रश्न आकृति का सही दर्पण प्रतिबिम्ब होगा।

4862ɔɑʇʞᴎ

अत: विकल्प (B) सही है।

144.

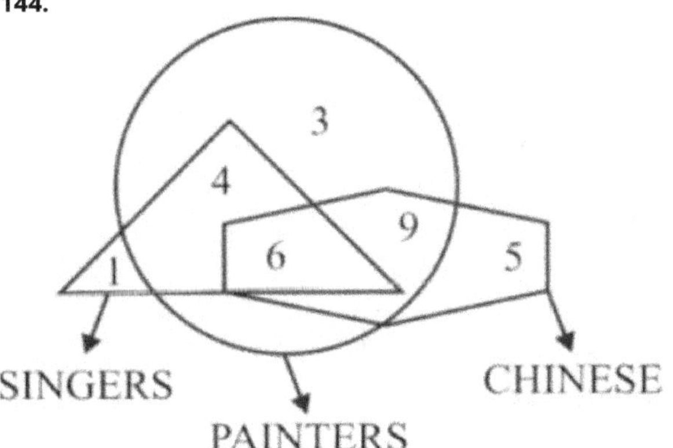

इसलिए, केवल चीनी चित्रकारों को अंक ' 9' निरुपित करता है।

अत: विकल्प (A) सही है।

145. $M * N + O - P$ के प्रश्न-वार निरूपण से:

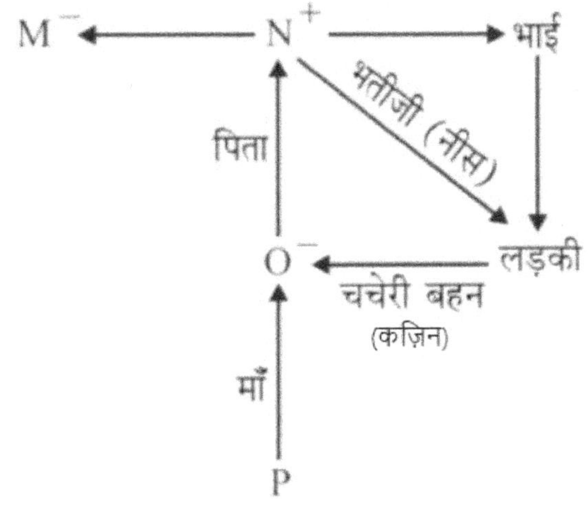

इसलिए, O, N की नीस की कज़िन है।

अत: विकल्प (B) सही है।

146. दी गई जानकारी के अनुसार,

इसलिए, कतार में कुल 17 व्यक्ति हैं।

अत: विकल्प (A) सही है।

147. वर्ष 2005 में भारत सरकार द्वारा, "घरेलू हिंसा से महिलाओं का संरक्षण अधिनियम" अधिनियमित किया गया था।

इस अधिनियम में उन सभी महिलाओं को शामिल किया गया है जो साझा घर में रहने वाली मां, बहन, पत्नी, विधवा या साथी हो सकती हैं। रिश्ता शादी या गोद लेने की प्रकृति में हो सकता है। इसके अलावा संयुक्त परिवार के रूप में एक साथ रहने वाले परिवार के सदस्यों के साथ संबंध भी शामिल हैं। हालांकि, पति या पुरुष साथी की कोई महिला रिश्तेदार पत्नी या महिला साथी के खिलाफ शिकायत दर्ज नहीं कर सकती है, उदाहरण के लिए सास बहू के खिलाफ आवेदन दायर नहीं कर सकती है, लेकिन वह अपनी बहू के खिलाफ अपने बेटे को उसके खिलाफ हिंसा करने के लिए उकसाने के लिए एक आवेदन दायर कर सकती है।

अत: विकल्प (B) सही है।

148. दिया गया है,

BEAUTICIAN

दी गई शर्त के बाद, हम प्राप्त करते हैं

AFBVSJBJBM

इसलिए, पुनर्व्यवस्था के बाद J छठा अक्षर होगा।

अत: विकल्प (A) सही है।

149. गद्यांश के अनुसार, "आईएसएस के विपरीत, सोयुज अंतरिक्ष यान को स्पेसवॉक में मरम्मत के लिए डिज़ाइन नहीं किया गया था और इसमें अंतरिक्ष यात्रियों के लिए कोई बाहरी रेलिंग नहीं है।"

इसलिए, यह निष्कर्ष निकाला गया है कि आईएसएस को स्पेसवॉक में मरम्मत के लिए डिजाइन किया गया था।

अत: विकल्प (B) सही है।

150. दहेज निषेध (दूल्हा और दुल्हन उपहारों की सूची का अनुरक्षण) नियम 1985 में बनाए गए थे।

वे दहेज निषेध (संशोधन) अधिनियम, 1984 (1984 का 63) के लागू होने के लिए नियत तिथि होने के कारण 2 अक्टूबर, 1985 को लागू हुए थे।

अत: विकल्प (C) सही है।

151. विकल्प (A) की जांच

$11R4N9M7Q45$

$11 \times 4 - 9 + 7 = 45$

$44 - 9 + 7 = 45$

$51 - 9 = 45$

$42 \neq 45$

L.H.S $\neq$ R.H.S

विकल्प (B) की जांच

$8R7N10M13Q70$

$8 \times 7 - 10 + 13 = 70$

$56 - 10 + 13 = 70$

$69 - 10 = 70$

$59 \neq 70$

L.H.S. $\neq$ R.H.S

विकल्प (C) की जांच

$6R8N39P13Q45$

$6 \times 8 - 39 \div 13 = 45$

$48 - 3 = 45$

$45 = 45$

L.H.S. = R.H.S

विकल्प (D) की जांच

$I2P4M3R6Q30$

$12 \div 4 + 3 \times 6 = 30$

$3 + 18 = 30$

$21 \neq 30$

L.H.S $\neq$ R.H.S

इसलिए, $6R8N39P13Q45$ सही है।

अत: विकल्प (C) सही है।

152. दिया गया कथन:

$T > H > U \leq R < S = D < A \leq Y$

निष्कर्ष:

(i) $T > U$ सत्य है।

(ii) $A < R$ असत्य है।

इसलिए, केवल निष्कर्ष (i) सत्य है।

अत: विकल्प (C) सही है।

153. दी गई जानकारी के अनुसार,

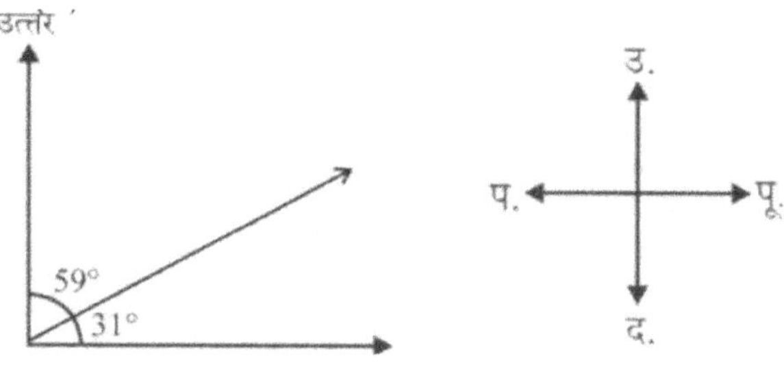

इसलिए, वह लड़की पूर्व दिशा की ओर अभिमुख होगी।

अत: विकल्प (D) सही है।

154. जिस प्रकार,

$29 : 18$

$2 \times 9 = 18$

उसी प्रकार,

$39 : 27$

$3 \times 9 = 27$

इसलिए, $? = 27$

अत: विकल्प (B) सही है।

155. राष्ट्रीय अपराध रिकॉर्ड ब्यूरो (एनसीआरबी) एजेंसियां दोषी व्यक्तियों के फिंगरप्रिंट रिकॉर्ड के लिए राष्ट्रीय भंडार गृह के रूप में कार्य करती हैं।

राष्ट्रीय अपराध रिकॉर्ड ब्यूरो, एनसीआरबी के लिए संक्षिप्त, एक भारतीय सरकारी एजेंसी है जो भारतीय दंड संहिता (आईपीसी) और विशेष और स्थानीय कानूनों (एसएलएल) द्वारा परिभाषित अपराध डेटा एकत्र करने और विश्लेषण करने के लिए जिम्मेदार है।

अत: विकल्प (B) सही है।

156. दी गई जानकारी के अनुसार,

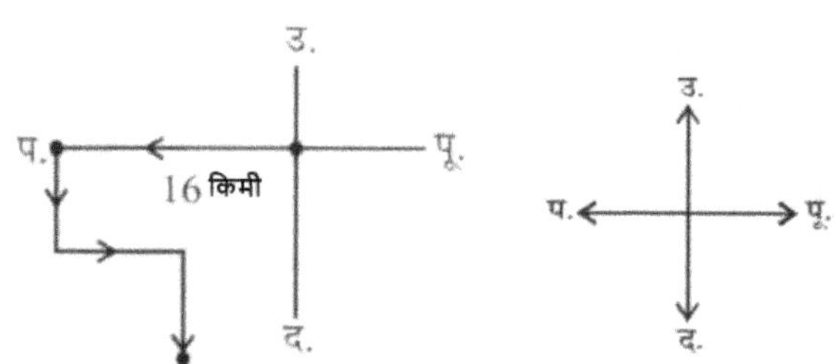

इसलिए, पुरुष अब 'दक्षिण' दिशा की ओर अभिमुख है।

अत: विकल्प (C) सही है।

157.

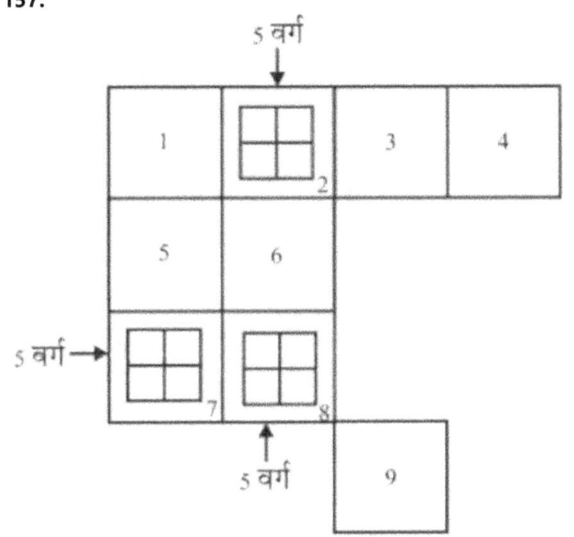

एक अंक से मिलकर बने वर्गों की संख्या $= 9$

चार अंकों से मिलकर बने वर्गों की संख्या $= (1,2,5,6)(5,6,7,8)$

$= 2$

इसलिए, कुल वर्गों की संख्या $= 9 + 2 + 5 + 5 + 5$

$= 26$

अत: विकल्प (C) सही है।

158. यहाँ अनुसरण किया गया पैटर्न है:

(1) $D + P = 20$

$4 + 16 = 20$

(2) $C + O = 18$

$3 + 15 = 18$

(3) $B + Q = 19$

$2 + 17 = 19 \neq 34$ (असंगत)

(4) $A + M = 14$

$1 + 13 = 14$

इसलिए, चित्र आकृति (3) असंगत है।

अत: विकल्प (B) सही है।

159. श्रेणी में अगली संख्या निम्नवत् है:

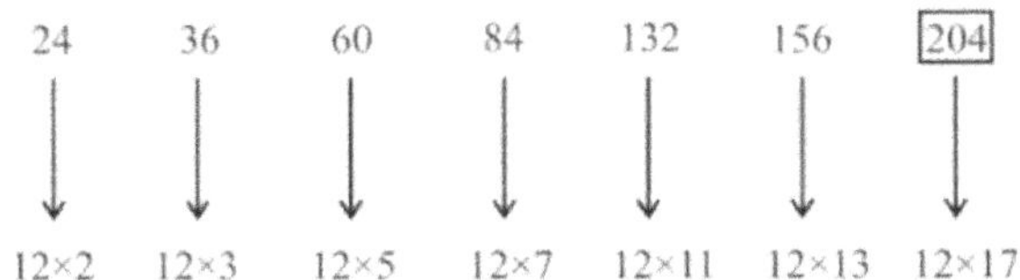

दी गई श्रेणी में संख्या 12 के साथ अभाज्य संख्याओं के क्रमिक गुणन को दिखाया गया है।

इसलिए, श्रेणी की अगली संख्या 204 होगी।

अत: विकल्प (B) सही है।

160. श्रेणी में अगली संख्या निम्नवत् है:

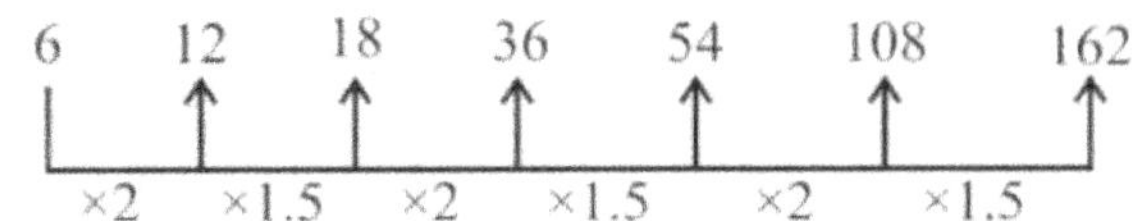

इसलिए, $? = 162$

अत: विकल्प (A) सही है।

// टिप्पणियाँ //